ANCA MIRCEA

Dicționar
FRANCEZ-ROMÂN
ROMÂN-FRANCEZ

NICOL

Descrierea CIP a Bibliotecii Naționale a României
MIRCEA, ANCA
Dicționar francez-român, român-francez/Anca Mircea. - București: Editura NICOL, 2009
ISBN 978-973-7664-80-8

92'542.6=176.1=111
92'542.6=111=176.1

Str. Alexandru Depărățeanu nr. 29
Sector 1, București
Tel./Fax: 021/2224093
Mobil: 0752205360
E-mail: allnicol@yahoo.com
www.librarienicol.ro

Copertă: TUFAN MIRELA

Tehnoredactare computerizată
S.C. Galaxis

ISBN 978-973-7664-80-8

Cuvânt înainte

Limba franceză, limba unei mari civilizații și culturi, a fost intens utilizată și studiată în secolele trecute. La noi însă, cu timpul a mai pierdut din adepți mai ales în perioada regimului comunist. Dar din momentul în care România a fost declarată țară francofonă, studiul limbii franceze s-a revigorat în școli și deasemenea a început să prezinte interes și pe plan individual odată cu deschiderea granițelor.

Franceza este una dintre limbile oficiale ale Uniunii Europene, dar și o limbă de circulație internațională.

Conținând un numar de peste 35.000 de termeni, dicționarul de față se adresează atât începătorilor cât și celor care au deja cunoștințe de limbă franceză și doresc să se perfecționeze.

S-au evitat pe cât posibil arhaismele și regionalismele, termenii tehnici și cei de specialitate pentru o mai ușoară utilizare a dicționarului. Scopul acestuia este de a ușura înțelegerea textelor din maualele școlare și de a facilita utilizarea unui limbaj adecvat în conversațiile din viața de zi cu zi.

Sperăm ca acest dicționar să se dovedească un instrument util de lucru pentru toate categoriile de persoane care încep să descopere frumusețea limbii franceze prin studiu.

Lista de abrevieri

adj.	adjectiv
adv.	adverb
art.	articol
card.	cardinal (numeral)
conj.	conjuncție
dem.	demonstrativ
fam.	familiar
fig.	figurat
geogr.	geografie
hot.	hotărât
impers.	impersonal
interj.	interjecție
interog.	interogativ
jur.	juridic
mat.	matematică
muz.	muzică.
nehot.	nehotărât
num.	numeral
ord.	ordinal(numeral)
pers.	personal
pl.	plural
pos.	posesiv
prep.	prepoziție
pron.	pronume, pronominal
qqch.	quelque chose
qqn.	quelqu'un
refl.	reflexiv
rel.	relativ
s.	substantiv
sf.	substantiv feminin
sg.	singular
sn.	substantiv neutru
sm.	substantiv masculin
smf.	substantiv masculin și feminin
tehn.	tehnic
v.	verb
vi.	verb intranzitiv
vt.	verb tranzitiv
vr.	verb reflexiv.

Dicționar
FRANCEZ-ROMÂN

A

à *prep.* la; *aller ~ Bucarest* a merge la Bucureşti; pe; *aller ~ pied* a merge pe jos; de; *machine ~ laver* maşină de spălat; după; *~ mon avis* după părerea mea; *partir ~ la hâte* a pleca în grabă.

abaisissement *sm.* coborâre; scădere; *~ des prix* scădere a prețurilor; (*fig.*) decădere; umilire.

abaisser 1. *vt. vr.* a (se) coborî, a (se) lăsa în jos; (*fig.*) a (se) înjosi, a (se) umili; **2.** *vt.* a coborî, a scădea (prețul).

abandon *sm.* abandon, părăsire; renunțare.

abandonner 1. *vt.* a părăsi, a abandona, a renunța la; **2.** *vr.* a se da, a se deda, a se lăsa pe mâna cuiva.

abasourdir *vt.* a asurzi.

abasourdissant, -e *adj.* asurzitor; uluitor.

abat-jour *sm.* abajur.

abattage *sm.* tăiere, doborâre.

abattis *sm.* potroace, măruntaie; morman de lucruri tăiate.

abattoir *sm.* abator.

abattre 1. *vt.* a tăia, a doborâ; a omorî; *petit pluie abat grand vent* buturuga mică răstoarnă carul mare; **2.** *vr.* a cădea; (*cu prep.* sur) a se repezi la.

abattu, -e *adj.* trist; doborât.

abbaye *sf.* mănăstire.

abbé *sm.* abate.

abbesse *sf.* stareță.

abcès *sm.* abces.

abdication *sf.* abdicare, renunțare.

abdiquer *vt.* a abdica, a renunța.

abdomen *sm.* abdomen, burtă.

abdominal, -e *adj.* abdominal.

abécédaire *sm.* abecedar.

abeille *sf.* albină; *~ male* trântor; *~ mère* matcă.

aberration *sf.* aberație.

abêtir *vt. vr.* a (se) îndobitoci, a (se) tâmpi.

abêtissement *sm.* îndobitocire.

abîme *sm.* abis, prăpastie.

abîmer 1. *vt.* a strica, a deteriora; **2.** *vr.* a se scufunda; a se prăbuși.

abject, -e *adj.* abject, josnic.

abjection *sf.* josnicie, ticăloșie.

abjuration *sf.* renunțare la credință, abjurație.

abjurer *vt.* a renega, a abjura.

abnégation *sf.* abnegație, devotament.

A

aboi *sm.* lătrat, lătrătură; *être aux ~s* a fi la ananghie; *aux ~s* încolțit.

aboiement *sm.* lătrat.

abolir *vt.* a aboli, a anula, a desființa.

abominable *adj.* oribil, monstruos, groaznic, abominabil.

abomination *sf.* nelegiuire, ticăloșie, mârșăvie.

abominer *vt.* a avea oroare de, a detesta.

abondamment *adv.* din belșug, din abundență.

abondance *sf.* abundență, belșug.

abondant, -ante *adj.* abundant.

abonder *vi.* a abunda, a fi din belșug; ~ *en* a fi bogat în.

abonnement *sm.* abonament.

abonner *vt. vr.* a (se) abona.

abord *sm. d'~* mai întâi; primire, întâmpinare; (*la pl.*) împrejurimi.

abordable *adj.* abordabil.

aborder 1. *vi.* a aborda; **2.** *vt.* a acosta pe cineva.

aboucher 1. *vt.* a îmbina; **2.** *vr.* a se înțelege, a lua contact.

aboutir *vi.* a ajunge la, a atinge.

aboutissement *sm.* rezultat.

aboyer *vi.* a lătra.

abrégé *sm.* rezumat; compendiu.

abrégement *sm.* prescurtare.

abréger *vt.* a scurta, a reduce.

abréviation *sf.* abreviere, prescurtare.

abri *sm.* adăpost; (*fig.*) refugiu.

abricot *sm.* caisă.

abricotier *sm.* cais.

abriter *vt.*, *vr.* a (se) adăposti.

abrogation *sf.* abrogare.

abroger *vt.* a abroga.

abrupt, -e *adj.* abrupt, prăpăstios, râpos.

abruti, -e *adj.* tâmpit, prostit.

abrutir 1. *vt.*, *vr.* a (se) prosti, a (se) tâmpi; **2.** (*fam.*) a copleși.

abrutissement *sm.* tâmpire, abrutizare.

absence *sf.* lipsă, absență.

absent, -e *adj.*, *smf.* absent; (*fig.*) distant, neatent.

absenter *vr.* a lipsi, a absenta.

absinthe *sf.* pelin; absint.

absolu, -e *adj.*, *smf.* absolut; total; poruncitor.

absolument *adv.* cu totul, cu desăvârșire.

absolutisme *sm.* absolutism.

absolutiste *adj.*, *smf.* absolutist.

absorbant, -e 1. *adj.* care absoarbe; **2.** *sm.* absorbant.

absorber 1. *vt.* a absorbi, a înghiți; **2.** *vr.* a se adânci.

absorption *sf.* absorbire, absorbție.

absoudre *vt.* a achita, a absolvi; ~ *un accusé* a achita un acuzat; (*fig.*) a ierta.

abstenir *vr.* a se abține.

abstention *sf.* abținere.

abstinence *sf.* abținere, abstinență; post, dietă.

abstinent, -e *adj.*, *smf.* abstinent, cumpătat.
abstraction *sf.* abstracție.
abstrait, -e *adj.* abstract.
absurde *adj.*, *sm.* absurd.
absurdité *sf.* absurdinate.
abus *sm.* abuz; exces.
abuser 1. *vi.* a abuza de; **2.** *vt.* a înșela.
abusif, -ive *adj.* abuziv.
abusivement *adv.* în mod abuziv.
acacia *sm.* salcâm.
académicien, -ienne *smf.* academician.
académie *sf.* academie.
acajou *sm.* acaju, mahon.
acariâtre *adj.* ursuz, arțăgos, morocănos.
accablant, -e *adj.* copleșitor, insuportabil.
accabler *vt.* a copleși.
accalmie *sf.* accalmie; răgaz.
accaparer *vt.* a acapara.
accapareur, -euse *smf.* acaparator.
accéder *vi.* a avea acces; a ajunge, a răzbate.
accélérateur, -trice *adj.*, *sm.* accelerator.
accélération *sf.* accelerare, iuțire; accelerație.
accélérer *vt.* a accelera, a grăbi, a iuți.
accent *sm.* accent.
accentuer 1. *vt.* a accentua, a pune accent; a sublinia, a pune în evidență; **2.** *vr.* a se accentua, a se intensifica.
acceptable *adj.* acceptabil.
accpter *vt.* a accepta, a consimți.
acception *sf.* accepție.
accès *sm.* intrare, acces; *voie d'~* cale de acces; criză, acces; *~ de fièvre* acces de febră.
accessible *adj.* accesibil.
accessoire 1. *adj.* accesoriu, secundar; **2.** *sm. pl.* accesorii, recuzită.
accident *sm.* accident; *par ~* accidental.
accidenté, -e *adj.* accidentat.
accidenter *vt.* a accidenta.
accidentel, -elle *adj.* întâmplător.
acclamation *sf.* aclamație.
acclamer *vt.* a aclama.
acclimatation *sf.* aclimatizare.
acclimater *vt.* *vr.* a (se) aclimatiza.
accointance *sf.* relație; legătură.
accointer *vr.* a stabili legături cu.
accommodation *sf.* acomodare.
accommoder 1. *vt.* a adapta; a aseza, a aranja; **2.** *vr.* a se adapta.
accompagnement *sm.* acompaniament; însoțire.
accompagner 1. *vt.* a însoți; a accompania; **2.** *vr.* a fi însoțit de.

A

accompli, -e *adj.* desăvârşit, împlinit.
accomplir *vt., vr.* a (se) împlini, a (se) săvârşi.
accord *sm.* acord, înţelegere; *d'accord* de acord, bine.
accorder 1. *vt.* a potrivi, a armoniza; a acorda ceva cuiva; **2.** *vr.* a-şi acorda.
accordeur *sm.* acordor.
accoster *vt.* a acosta, a opri pe cineva.
accouchement *sm.* naştere.
accoucher 1. *vi.* a da naştere, a naşte; **2.** *vt.* a moşi.
accouder *vr.* a se rezema în coate.
accourir *vi.* a veni în fugă.
accourcir *vt.* a scurta.
accoutumer *vt., vr.* a (se) obişnui.
accréditer 1. *vt.* a acredita; a garanta; **2.** a deveni demn de crezare.
accroc *sm.* agăţare; ruptură.
accrocher 1. *vt.* a agăţa, a atârna; a lovi uşor; **2.** *vr.* a se agăţa, a se ţine (de ceva).
accroître *vt., vr.* a creşte, a (se) mări.
accroupir *vr.* a se aşeza pe vine; a se chirci.
accueil *sm.* primire.
accueillant, -e *adj.* primitor, plăcut, atrăgător.
accueillir *vt.* a primi, a întâmpina.
acculer 1. *vt.* a încolţi, a înfunda; **2.** *vr.* a se sprijini cu spinarea (*cu prep.* contre).
accumulateur, -trice 1. *adj., smf.* strângător; **2.** *sm.* acumulator.
accumulation *sf.* acumulare.
accumuler *vt.* a acumula; a aduna; a strânge.
accusatif *sm.* acuzativ.
accusation *sf.* acuzare; acuzaţie.
accusé, -e *adj., smf.* acuzat, învinuit, inculpat; *(despre trăsături)* pronunţat.
accuser 1. *vt.* a acuza; a sublinia; **2.** *vr.* a se învinui.
acerbe *adj.* aspru, sever.
acéré, -e *adj.* foarte ascuţit; călit.
acérer *vt.* a căli; a ascuţi.
acétifier *vt., vr.* a se oţeti.
acétique *adj.* acetic.
acharné, -e *adj.* asmuţit; înverşunat; hotărât, dârz.
acharnement *sm.* furie, îndârjire; încăpăţânare.
acharner 1. *vt.* a asmuţi; **2.** *vr.* a se îndârji.
achat *sm.* cumpărătură, cumpărare.
acheminer *vt., vr.* a (se) îndrepta spre.
acheter *vt.* a cumpăra.
acheteur, -euse *smf.* cumpărător.
achevé, -e *adj.* desăvârşit.

A

achèvement *sm.* desăvârşire, terminare, sfârşire.
achever 1. *vt.* a termina, a isprăvi, a sfârşi; a finisa; 2. *vr.* a se sfârşi, a se termina.
achoppement *sm.* piedică, obstacol.
acide 1. *adj.* acru, acid; 2. *sm.* acid; ~ *sulfurique* acid sulfuric.
acidité *sf.* aciditate, acrime.
acidulé, -e *adj.* acidulat.
aciduler *vt.* a acidula.
acier *sm.* oțel; (*fig.*) sabie.
aciérie *sf.* oțelărie.
acolyte *sm.* acolit.
acompte *sm.* acont.
acoquiner *vr.* a se înhăita; a se nărăvi.
acoustique 1. *adj.* acustic; 2. *sf.* acustică.
acquérir 1. *vt.* a câştiga, a obține; a cumpăra; 2. *vr.* a-şi însuşi; a-şi câştiga devotamentul cuiva.
acquiescement *sm.* consimțire, aprobare.
acquiescer *vi.* a aproba; a consimți.
acquis *sm.* deprindere, experiență; *avoir de l'~* a avea experiență.
acquistion *sf.* achiziționare, dobândire, cumpărare.
acquit *sm.* chitanță.
acquittement *sm.* achitare.
acquitter 1. *vt.* a achita, a plăti; (*jur.*) a achita; 2. *vr.* a plăti; a se achita de.
âcre *adj.* ințepător, aspru; (*fig.*) tăios, muşcător, caustic.
acrobate *sm.* acrobat.
acrobatie *sf.* acrobație.
acrobatique *adj.* acrobatic.
acte *sm.* act, fapt; certificate, document; (*teatru*) act.
acteur, -trice *smf.* actor.
actif, -ive 1. *adj.* activ, energic, harnic; 2. *sm.* activ.
action *sf.* acțiune.
actionnaire *sm.* acționar.
actionner *vt.* a acționa, a pune în mişcare; a da pe cineva în judecată.
activer *vt.* a activa; a zori.
activité *sf.* activitate.
actualisation *sf.* actualizare.
actualiser *vt.* a actualiza.
actualité *sf.* actualitate.
actuel, -elle *adj.* actual, prezent.
acuité *sf.* acuitate; intensitate.
adaptable *adj.* adaptabil.
adaptation *sf.* adaptare; modificare; transformare.
adapter *vt.*, *vr.* a (se) adapta.
addition *sf.* adunare; adăugare; notă de plată.
additionnel, -elle *adj.* adițional, suplimentar.
additionner *vt.* a aduna; a adăuga.
adduction *sf.* aducere, aducție.
adéquat, -e *adj.* adecvat, potrivit, corespunzător.

A

adhérent, -e 1. *adj.* aderent, atașat; 2. *smf.* adept, membru, partizan.
adhérer *vt.* a adera la, a se lipi de.
adhésif, -ive *adj.* adeziv.
adhésion *sf.* adeziune.
adieu *interj.*, *sm.* adio, rămas bun.
adjacent, -e *adj.* învecinat; adiacent.
adjectif *sm.* adjectiv.
adjoindre *vt.* a adăuga; a asocia.
adjonction *sf.* adaos; adăugire.
adjudant *sm.* plutonier major; aghiotant.
adjudication *sf.* adjudecare.
adjuger 1. *vt.* a adjudeca; a conferi; 2. *vr.* a-și însuși.
adjurer *vt.* a ruga, a implora.
admettre *vt.* a admite.
administrateur, -trice *smf.* administrator.
administration *sf.* administrație; administrare.
administer *vt.* a administra; a guverna; a da un medicament; *(rel.)* a împărtăși.
admirable *adj.* admirabil, minunat.
admirateur, -trice *smf.* admirator.
admiration *sf.* admirație; *faire l'~ de quelqu'un* a provoca admirația cuiva.
admirer *vt.* a admira.
admis, -e *adj.* admis, permis; acceptat.
admissible *adj.* admisibil.
admission *sf.* ądmitere, *l'~ d'un candidat* admiterea unui candidat.
admonestation *sf.* admonestare, mustrare, dojană.
adolescence *sf.* adolescență.
adolescent, -e *adj.*, *smf.* adolescent.
adonner *vr.* a se deda; a se consacra; a se dedica.
adopter *vt.* a adopta.
adoptif, -ive *adj.* adoptiv.
adoption *sf.* adoptare; înfiere.
adorable *adj.* adorabil, fermecător.
adorateur, -trice *smf.* adorator.
adoration *sf.* adorare; cult.
adorer *vt.* a adora.
adosser *vt.*, *vr.* a (se) rezema; a (se) sprijini cu spatele.
adoucir 1. *vt.* a îndulci; a muia; *~ sa voix* a-și îndulci vocea; 2. *vr.* a se tempera.
adoucissement *sm.* îndulcire; netezire; îmblânzire.
adresse *sf.* adresă, domiciliu; iscusință.
adresser 1. *vt.* a adresa; 2. *vr.* a se adresa.
adroit, -e *adj.* dibaci, iscusit, îndemânatic.
adroitement *adv.* cu dibacie.
adulation *sf.* lingușire.
aduler *vt.* a lingiși, a răsfăța.
adulte *adj.*, *smf.* adult.

A

adultère *adj.*, *smf.* adulter.
advenir *vi.* a se întâmpla; *quoi qu'il advienne* orice s-ar întâmpla.
adverbe *sm.* adverb.
adverbial, -e *adj.* adverbial.
adversaire *sm.* adversar.
adverse *adj.* advers, potrivnic.
adversité *sf.* adversitate, vitregie; nenorocire, nefericire.
aérage *sm.* aerisire, ventilație.
aéré, -e *adj.* aerisit.
aérer *vt.* a aerisi.
aérien, -enne *adj.* aerian.
aérodrome *sm.* aerodrom.
aérodynamique 1. *adj.* aerodinamic; **2.** *sf.* aerodinamica.
aéronaute *smf.* aeronaut.
aéronef *sm.* aeronavă.
aéroport *sm.* aeroport.
affable *adj.* afabil, binevoitor, curtenitor; blând.
affaiblir *vt.*, *vr.* a slăbi, a micșora puterea.
affaire *sf.* afacere; *régler une ~* a încheia o afacere; chestiune, problemă; *(la pl.)* afaceri; lucruri, obiecte, haine; *les affaires sont les affaires* frate, frate, dar brânza-i pe bani.
affairer *vr.* a se agita, a nu avea astâmpăr.
affaissement *sm.* scufundare, surpare, prăbușire.
affaisser 1. *vt.* a surpa; a descuraja; **2.** *vr.* a se surpa.
affamé, -e *adj.*, *smf.* înfometat; flămând.
affamer *vt.* a înfometa.
affectation *sf.* afectare, prefăcătorie, simulare.
affecté, -e *adj.* afectat.
affecter 1. *vt.* a afecta; **2.** *vr.* a pune la suflet.
affectif, -ive *adj.* afectiv; emotiv.
affection *sf.* dragoste, afecțiune; boală.
affectionné, -e *adj.*, *smf.* iubitor, devotat.
affectionner *vt.* a iubi.
affectivité *sf.* afectivitate.
affectueusement *adv.* cu afecțiune.
affectueux, -euse *adj.* afectuos.
afférer *vt.* a distribui, a repartiza.
affiche *sf.* afiș; pancartă.
afficher 1. *vt.* a afișa; a expune; **2.** *vr.* a se afișa, a se arăta.
affilé, -e ascuțit, tăios; *couteau ~* cuțit ascuțit; *avoir la langue bien affilée* a fi rău de gură.
affilerie *sf.* tocilărie.
affileur, -euse *smf.* tocilar.
affiliation *sf.* afiliere.
affilier *vt.*, *vr.* a (se) afilia.
affirmatif, -ive *adj.* afirmativ.
affirmer 1. *vt.* a afirma; **2.** *vr.* a se afirma, a se evidenția.
affliction *sf.* durere, întristare, necaz.
affligé, -e *adj.* îndurerat, supărat.
affluence *sf.* afluență, aglomerație.

A

affluent *sm., adj.* afluent.
affolant, -e *adj.* înnebunitor; îngrozitor.
affolé, -e *adj.* înnebunit, îngrozit.
affoler 1. *vt.* a scoate din minți; **2.** *vr.* a-și ieși din minți.
affranchir 1. *vt.* a timbra o scrisoare; a elibera (un sclav); **2.** *vr.* a scăpa, a se elibera.
affres *sf. pl.* chinuri.
affreux, -euse *adj.* groaznic, îngrozitor.
affront *sm.* jignire publică; afront.
affronter *vt., vr.* a (se) înfrunta.
afin *adv.* ~ *de* pentru a, ca să; ~ *que* în scopul.
agaçant, -e *adj.* sâcâitor, agasant.
agacer *vt.* a agasa, a enerva, a sâcâi.
agate *sm.* agat.
âge *sm.* vârstă; ev; *le Moyen* ~ Evul mediu.
âgé, -e *adj.* în vârstă, bătrân; în vârstă de; ~ *de dix ans* în vârstă de zece ani.
agence *sf.* agenție.
agencer *vt.* a aranja, a rândui, a combina; a ajusta.
agenda *sm.* agendă.
agenouiller *vr.* a îngenunchea.
agent *sm.* agent, reprezentant; ~ *de police* agent de poliție.
agglomérer *vt., vr.* a (se) aglomera, a (se) îngrămădi.
aggravation *sf.* agravare.
aggraver *vt., vr.* a (se) agrava, a (se) înrăutăți, a (se) îngreuna.
agile *adj.* sprinten, agil, vioi.
agilité *sf.* vioiciune, sprinteneală, agilitate.
agir 1. *vi.* a acționa; a se purta; **2.** *vr.* a fi vorba; *il s'agit de* este vorba.
agissant, -e *adj.* eficient; activ.
agitateur, -trice *smf.* agitator.
agitation *sf.* agitație; neliniște; răzmeriță.
agité, -e *adj.* agitat, neliniștit.
agiter 1. *vt.* a agita, a scutura; **2.** *vr.* a se agita, a se frământa.
agneau *sm.* miel.
agonie *sf.* agonie.
agoniser *vi.* a agoniza.
agrafe *sf.* agrafă.
agrafer *vt.* a închide copca.
agraire *adj.* agrar.
agrandir 1. *vt.* a crește, a mări; a înalța; **2.** *vr.* a (se) extinde, a (se) mări.
agrandissement *sm.* mărire, creștere, extindere.
agréable 1. *adj.* agreabil, plăcut; **2.** *sm.* plăcutul.
agréer 1. *vt.* a agrea, a aproba; **2.** *vi.* a plăcea, a fi pe plac, a conveni.
agrégat *sm.* agregat.
agrément *sm.* agrement, distracție; aprobare, consimțământ.
agresseur *sm.* agresor.

agressif, -ive *adj.* agresiv.
agression *sf.* agresiune, atac.
agressivement *adv.* cu agresivitate.
agressivité *sf.* agresivitate.
agricole *adj.* agricol.
agriculteur *sm.* agricultor.
agriculture *sf.* agricultură.
agriffer *vt.*, *vr.* a (se) prinde cu ghearele.
agripper *vt.* a apuca, a înhăța.
agronome *sm.* agronom.
agronomie *sf.* agronomie.
agrumes *sm. pl.* citrice.
aguets *sm. pl.* pândă; *être aux* ~ a pândi.
ahuri, -e *adj.* năucit, aiurit.
ahurir *vt.* a aiuri, a buimăci.
ahurissant, -e *adj.* uluitor.
aide 1. *sf.* ajutor, sprijin; *à l'~ de* cu ajutorul; **2.** *smf.* ajutor, adjunct.
aider 1. *vt.* a ajuta, a sprijini; **2.** *vi.* a da ajutor; **3.** *vr.* a se ajuta, a se folosi de ceva.
aïe *interj.* vai!.
aïeul, -e *smf.* strămoș, înaintaș.
aigle *sm.* vultur; stemă, steag, blazon.
aigre 1. *adj.* acru; **2.** *sm.* acreală.
aigrette *sf.* egretă.
aigreur *sf.* acrime; aciditate.
aigri, -e *adj.* înăcrit.
aigrir *vt.*, *vi.*, vr a (se) acri.
aigrissement *sm.* acrire.
aigu, -ë *adj.* ascuțit; strident, pițăgăiat; acut.
aguille *sf.* ac; ~ *à coudre* ac de cusut; vârf; andrea; pisc, vârf; *chercher une ~ dans une botte de foin* a căuta acul în carul cu fân; ~ *de minutes* minutar.
aguillonner *vt.* a împunge, a îmboldi; a stimula.
aguiser *vt.* a ascuți; a stimula.
ail *sm.* usturoi.
aile *sf.* aripă; braț; *à tire - d' ~* iute ca săgeata.
ailé, -e *adj.* înaripat.
ailleurs *adv.* în alt loc, aiurea; *d'~* de astfel; din alt loc.
aimable *adj. smf.* amabil.
aimablement *adv.* cu amabilitate.
aimant[1] *sm.* magnet.
aimant[2], -e *adj.* iubitor, tandru.
aimer 1. *vt.* a iubi; a-i plăcea; **2.** *vr.* a se iubi.
aîné, -e 1. *adj.* mai mare; *fils ~* fiu mai mare; **2.** *smf.* primul născut; persoană în vârstă.
ainsi 1. *adv.* așa, astfel; **2.** *conj.* așadar, deci; ~ *que* ca și, precum.
air[1] *sm.* aer, atmosferă; *prendre l'~* a lua aer.
air[2] *sm.* aspect, expresia feței, înfățișare.
air[3] *sm. (muz.)* arie.
airain *sm.* bronz.
aire *sf.* arie.
airelle *sf.* afină.
ais *sm.* scândură.

A

A

aisance *sf.* uşurinţă; belşug, îndestulare; *vivre dans l'~* a trăi în belşug.
aise 1. *sf.* plăcere; comoditate; *à votre ~* cum doriţi; *être à l'~* a se simţi în largul său; **2.** *adj.* vesel, mulţumit, bucuros.
aisé, -e *adj.* uşor; înstărit.
aisselle *sf.* subsuoară.
ajourner *vt.* a amâna; a cita.
ajournement *sm.* amânare, citaţie.
ajouter *vt.* a adauga.
ajuster *vt.* a potrivi, a ajusta.
ajusteur *sm.* ajustor, montor.
alambic *sm.* alambic.
alambiquer *vt.* a complica.
alanguir 1. *vt.* a moleşi, a slei; **2.** *vr.* a se molipsi, a lâncezi.
alarmant, -e *adj.* alarmant, neliniştitor.
alarmer *vt.*, *vi.* a (se) alarma.
album *sm.* album.
albumine *sf.* albumină.
alchimie *sf.* alchimie.
alchimiste *smf.* alchimist.
alcool *sm.* alcool.
alcoolique 1. *adj.* alcoolic; **2.** alcoolic, beţiv.
alcoolisme *sm.* alcoolism.
alcôve *sf.* alcove.
aléa *sm.* hazard, risc.
aléatoire *adj.* aleatoriu, riscant.
alentour 1. *adv.* împrejur; **2.** *sm. pl.* împrejurimi.
alerte 1. *adj.* sprinten, ager; **2.** *sf.* alarmă; **3.** *interj.* drepţi.
alerter *vt.* a da alarma, a alerta.
algèbre *sf.* algebră.
algue *sf.* algă.
alibi *sm.* alibi.
aliéner 1. *vt.* a aliena, a înstrăina; **2.** *vr.* a se aliena, a-şi îndepărta.
aligner *vt.*, *vr.* a (se) alinia.
aliment *sm.* aliment.
alimentaire *adj.* alimentar.
alimentateur, -trice *adj.* care alimentează.
alimentation *sf.* alimentare.
alimenter *vt.* a alimenta, a hrăni, a aproviziona.
alinéa *sm.* alineat.
allaitement *sm.* alăptare.
allaiter *vt.* a alăpta.
alléchant, -e *adj.* atrăgător, ademenitor; apetisant, îmbietor.
allécher *vt.* a atrage, a îmbia.
allée *sf.* alee.
allégation *sf.* invocare; afirmaţie.
allégement *sm.* diminuare, scădere; uşurare.
alleger *vt.* a uşura.
allégorie *sf.* alegorie.
allègre *adj.* vesel, vioi.
allégresse *sf.* veselie, voie bună.
allemand, -e *adj.* german.
Allemand, -e *smf.* german, locuitor din Germania
aller *vi.* a merge; a duce; a-i conveni; *s'en ~* a pleca; a sta bine cuiva cu ceva; *cette jupe*

te va bien această fustă îți vine bine.
alliage *sm.* aliaj.
alliance *sf.* alianță; căsătorie; verighetă.
allié, -e *adj.*, *smf.* aliat.
allier *vt.*, *vr.* a (se) alia, a (se) uni.
allocation *sf.* alocație.
allocution *sf.* alocuțiune, discurs.
allonger **1.** *vt.* a lungi, a întinde; **2.** *vr.* a se lungi, a crește.
allouer *vt.* a aloca.
allumer *vt.*, *vr.* a aprinde.
allumette *sf.* chibrit.
allumeur, -euse *smf.* aprinzător, exploziv.
allure *sf.* aer, înfățișare, aspect.
alluvion *sf.* aluviune.
almanach *sm.* almanah.
alors *adv.* atunci.
alourdir *vt.*, *vr.* a (se) îngreuna.
alourdissement *sm.* îngreunare.
alphabet *sm.* alfabet.
alphabétiquement *adv.* în ordine alfabetică.
alpin, -e *adj.* alpin.
alpinisme *sm.* alpinism.
alpiniste *sm.* alpinist.
alterable *adj.* alterabil.
alteration *sf.* alterare, falsificare.
altercation *sf.* ceartă.
alternative, -ive *adj.* alternative.
alternative *sf.* alternativă.
alterner *vt.*, *vi.* a alterna.
altesse *sf.* alteță.
altier, -ère *adj.* semeț, trufaș, mândru.
altimètre *sm.* altimetru.
altitude *sf.* altitudine.
altruisme *sm.* altruism.
aluminium *sm.* aluminiu.
alvéole *sm.* alveolă.
amabilité *sf.* amabilitate.
amadou *sm.* iască.
amaigri, -e *adj.* slăbit.
amaigrir *vt.*, *vi.* a slăbi.
amalgamer **1.** *vt.* a amesteca, a amalgama; **2.** *vr.* a se amesteca.
amande *sf.*, migdală.
amandier *sm.* migdal.
amant, -e *smf.* amant, ibovnic, iubit; iubitor.
amarrer *vt.* a amara.
amas *sm.* grămadă, morman.
amasser *vt.* a aduna, a îngrămădi, a strânge, a acumula.
amateur, -trice *adj.*, *smf.* amator.
amazone *sf.* amazoană.
ambassade *sf.* ambasadă.
ambassadeur, -drice *smf.* ambasador.
ambiance *sf.* ambianță, climat.
ambient, -e *adj.* înconjurător, ambient.
ambigu, -ë *adj.* ambiguu, echivoc.
ambiguïté *sf.* ambiguitate.
ambitieux, -euse *adj.*, *smf.* ambițios.

A

A

ambition *sf.* ambiție.
ambitionner *vt.* a avea ambiția de a, a năzui.
ambre *sm.* chihlimbar.
ambulance *sf.* ambulanță.
âme *sf.* suflet; inimă; spirit; locuitor; *rendre l'~* a muri; *un village de 200 âmes* un sat cu 200 de locuitori; *manquer d'~* a fi indiferent; *dieu ait son ~!* dumnezeu să-l ierte.
amélioration *sf.* ameliorare, îmbunătățire, îndreptare.
améliorer *vt.*, *vr.* a (se) ameliora.
aménagé, -e *adj.* amenajat, aranjat.
aménagement *sm.* amenajare, organizare.
aménager *vt.* a amenaja, a aranja.
amende *sf.* amendă; *mettre à l'~* a amenda; *faire ~ honorable* a-și recunoaște vina.
amendement *sm.* amendament; îmbunătățire.
amender *vt.*, *vr.* a amenda, a modifica, a îmbunătăți.
amène *adj.* plăcut, amabil, politicos.
amener *vt.* a aduce (cu sine); a cauza; a arunca; *~ les dés* a arunca zarurile; *mandat d'~* mandat de arestare.
amer, -ère *adj.* amar; aspru; trist.
amertume *sf.* amărăciune, amăreală.
ameublement *sm.* mobilare.
ameuter **1.** *vt.* a asmuți; **2.** *vr.* a se revolta, a se răscula.
ami, -e **1.** *smf.* prieten, amic; **2.** *adj.* prietenos.
amiable *adj.* prietenos.
amical, -e *adj.* prietenesc, amical.
amicalement *adv.* prietenește.
amidon *sm.* amidon.
amincir *vt.*, *vr.* a (se) subția.
amincissement *sm.* subțiere.
amiral *adj.*, *sm.* amiral.
amitié *sf.* prietenie; serviciu, plăcere; complimente; *faire des amitiés* a face complimente.
ammoniaque *sf.* amoniac.
amnésie *sf.* amnezie.
amnistie *sf.* amnistie.
amnistier *vt.* a amnistia.
amoindrir *vt.*, *vr.* a (se) micșora, a (se) reduce.
amoindrissement *sm.* micșorare, reducere, diminuare.
amollir *vt.*, *vr.* a (se) muia.
amour *sm.* dragoste.
amoureux, -euse **1.** *adj.* îndrăgostit; **2.** *smf.* iubit, amant; adorator.
ampleur *sf.* amploare; lărgime; importanță.
amplificateur *sm.* amplificator.
amplifier *vt.* a amplifica, a mări, a crește.
amplitude *sf.* amplitudine.
ampoule *sf.* bășică, fiolă, bec.
amputation *sf.* amputare.

amputer *vt.* a amputa.
amulette *sf.* amuletă.
amusant, -e *adj.* amuzant, hazliu.
amusement *sm.* amuzament.
amuser *vt.*, *vr.* a (se) amuza, a (se) distra.
amygdale *sf.* amigdală.
amygdalite *sf.* amigdalită.
an *sm.* an; *le Nouvel ~* Anul nou.
anachronique *adj.* anacronic.
anagramme *sf.* anagramă.
anal, -e *adj.* anal.
analogie *sf.* analogie.
analogique *adj.* analogic.
analogue *adj.* analog, similar.
analphabète *smf.* analfabet.
analyse *sf.* analiză.
analyser *vt.* a analiza.
ananas *sm.* ananas.
anarchie *sf.* anarhie.
anathème *sm.* anatemă, blestem; blam, dezaprobare.
anatomie *sf.* anatomie.
ancêtre *sm.* strămoș.
anchois *sm.* anșoa.
ancien, -enne *adj.* vechi, străvechi; fost.
anciennement *adv.* odinioară.
ancienneté *sf.* vechime; *~ dans le travail* vechime în muncă.
ancre *sf.* ancoră.
ancrer *vt.* a ancora; *~ dans* a fixa (în).
andouille *sf.* caltaboș, cârnat de porc; (*fam.*) nătărau, idiot.
âne *sm.* măgar.
anéantir *vt.* a nimici, a distruge, a zdrobi.
anecdote *sf.* anecdotă.
anémie *sf.* anemie.
ânerie *sf.* prostie; stupiditate; ignoranță.
ânesse *sf.* măgăriță.
anesthésie *sf.* anestezie.
anesthésique *adj.*, *sm.* anestezic.
ange *sm.* înger; *être aux anges* a fi în al nouălea cer.
angélique *adj.* îngeresc, angelic.
angine *sf.* anghină.
anglais, -e *adj.* englezesc; englez.
Anglais, -e *smf.* locuitor din Anglia; limba engleză
angle *sm.* unghi, colț.
angoissant, -e *adj.* neliniștitor, îngrijorător.
angoisse *sf.* neliniște, îngrijorare.
anguille *sf.* anghilă.
anguleux, -euse *adj.* cu unghiuri, colțuros.
anicroche *sf.* mică piedica; chichiță.
animal **1.** *adj.* animal; **2.** *sm.* animal, vietate.
animateur, -trice *smf.* animator; prezentator.
animation *sf.* animație, însuflețire; antren.
animer *vt.* a însufleți; a anima.
anis *sm.* anason.
ankylose *vt.*, *vr.* a (se) anchiloza.

A

annal, -e *adj.* care ține un an.
annales *sf. pl.* anale; letopiseț.
annaliste *sm.* cronicar.
anneau *sm.* inel; verigă.
année *sf.* an; *bonne* ~ la mulți ani! an nou fericit!
annexe *sf.* anexă; supliment.
annexion *sf.* anexiune, anexare.
annihilation *sf.* anihilare.
annihiler *vt.* a anihila.
anniversaire *sm.* aniversare.
annonce *sf.* anunț; *les petites annonces* mica publicitate.
annonciateur, -trice *adj.* prevestitor, vestitor.
annotation *sf.* adnotare.
annoter *vt.* a adnota.
annuaire *sm.* anuar; ~ *du téléphone* carte de telefon.
annuel, -elle *adj.* anual.
annuellement *adv.* anual, în fiecare an.
annuité *sf.* anuitate; sumă de plată în fiecare an.
annulaire *sm.* deget inelar.
annulation *sf.* anulare, suprimare.
annuler *vt.* a anula, a suprima.
anoblir *vt.* a înnobila.
anoblissement *sm.* înnobilare.
anode *sf.* anod.
anodin, -e *adj.* anodin, inofensiv.
anomalie *sf.* anomalie.
ânon *sm.* măgăruș.
ânnoner *vt.* a vorbi bâlbâit.
anonymat *sm.* anonimat.
anonyme *adj.* anonim.
anorak *sm.* hanorac.
anormal, -e *adj.* anormal.
antarctique *adj.* antarctic.
antécédent, -e *adj.* anterior, antecedent.
antenne *sf.* antenă.
antérieur, -e *adj.* anterior.
anthracite *sm.* antracit.
antichambre *sf.* anticameră.
anticipation *sf.* anticipare.
anticiper *vt.* a anticipa.
antidote *sm.* antidot.
antilope *sf.* antilopă.
antpathie *sf.* antipatie.
antiquaire *sm.* anticar.
antique *adj.* antic.
antiquité *sf.* antichitate.
antisémite *adj.*, *smf.* antisemit.
antre *sm.* peșteră, grotă.
anxiété *sf.* anxietate, neliniște.
anxieux, -euse *adj.* neliniștit, îngrijorat.
août *sm.* luna august.
apache *sm.* apaș.
apaiser *vt.* a liniști, a calma, a domoli.
apanage *sm.* apanaj; *l'~ de* privilegiul unei personae.
apathie *sf.* apatie.
apathique *adj.* apatic.
apatride *adj.*, *smf.* apatrid.
apercevoir 1. *vt.* a zări; a băga de seamă, a observa; **2.** *vr. s'~ de* a-și da seama de, a remarca.
apeçu *sm.* rezumat, dare de seamă.
apéritif *sm.* aperitiv.

apeuré, -e *adj.* speriat.
aphone *adj.* afon.
aphorisme *sm.* aforism.
aphte *sm.* aftă.
apicole *adj.* apicol.
apiculteur *sm.* apicultor.
apiculture *sf.* apicultură.
apitoiement *sm.* compătimire.
apitoyer *vt.* a mișca, a înduioșa.
aplanir *vt.* a nivela; a aplana.
aplatir *vt.* a turti, a aplatiza.
aplastissement *sm.* turtire.
aplomb *sm.* aplomb, cutezanță, tupeu.
apocalypse *sf.* apocalipsa.
apocalyptique *adj.* apocaliptic.
apogée *sm.* apogeu.
apostille *sf.* apostilă.
apostrophe *sf.* apostrof; mustrare, reproș.
apostropher *vt.* a aprostrofa, a mustra.
apothéose *sf.* apoteoză.
apothicaire *sm.* farmacist, spițer.
apôtre *sm.* apostol.
apparaître *vi.* a aparea, a se ivi, a surveni.
appareil *sm.* aparat; ~ *photographique* aparat foto.
appareiller *vt.* a asorta; a împerechea.
apparemment *adv.* după cât se pare.
apparence *sf.* aparență; formă; înfățișare.
apparent, -e *adj.* aparent, vizibil, vădit.
apparenter **1.** *vt.* a înrudi; **2.** *vr.* a se înrudi; a se alia.
apparition *sf.* apariție.
appartement *sm.* apartament.
appartenir *vi.* a aparține; a face parte din.
appât *sm.* momeală; capcană, cursă; ispită.
appâter *vt.* a momi, a ademeni.
appauvrir *vt.* a sărăci.
appauvrissement *sm.* sărăcie, secătuire.
appel *sm.* apel.
appeler **1.** *vt.* a chema, a striga; a numi, a denumi; a convoca; **2.** *vr.* *s'~* a se numi, a se chema.
appellation *sf.* denumire.
appendice *sm.* apendice.
appendicite *sf.* apendicită.
appesantir **1.** *vt.* a împovăra, a îngreuna; **2.** *vr.* a se îngreuna; *s'~ sur* a insista asupra.
appétence *sf.* poftă, dorință.
appétissant, -e *adj.* apetisant, îmbietor.
appétit *sm.* poftă.
applauder *vt.* a aplauda.
applaudissement *sm.* aplauze.
applicable *adj.* aplicabil.
application *sf.* aplicare; punere; silință, atenție.
appliqué, -e *adj.* atent, silitor, studios.
appliquer **1.** *vt.* a aplica; a realiza; **2.** *vr.* a se strădui, a-și da silința să.
appoint *sm.* ajutor, sprijin.

A

A

appointements *sm. pl.* salariul fix al unui funcționar.
apporter *vt.* a aduce.
apposer *vt.* a pune, a aplica.
appréciable *adj.* apreciabil.
appréciation *sf.* apreciere.
apprécier *vt.* a aprecia, a prețui.
appréhension *sf.* teamă.
apprendre *vt.* a învăța; ~ *par coeur* a învăța pe dinafară; a afla.
apprenti, -e *smf.* ucenic; novice.
apprentissage *sm.* ucenicie.
apprêt *sm.* apret, scrobire; asezonare a mâncării, preparare.
apprêter 1. *vt.* a pregăti; a găti, a potrivi; a apreta; **2.** *vr.* a se pregăti.
apprivoisier *vt.* a îmblânzi un animal, a domestici.
approbation *sf.* aprobare, acord.
approche *sf.* apropiere; abordare a unei probleme.
approcher 1. *vt.* a apropia; **2.** *vi.* a înainta; ~ *de* a se apropia de, a atinge; **3.** *vr.* a se apropia; *s'~ de* a se apropia de.
approfondir *vt.*, *vr.* a aprofunda.
appropriation *sf.* apropriere, însușire.
appropier *vr.* a-și însuși.
approuver *vt.* a aproba, a admite.
approvisionnement *sm.* aprovizionare.
approvissioner *vt.*, *vr.* a (se) aproviziona.
approximatif, -ive *adj.* aproximativ.
approximation *sf.* aproximație.
approximativement *adv.* cu aproximație.
appui *sm.* sprijin, support, reazem.
appuyer 1. *vt.* a sprijini, a rezema; **2.** *vr.* a se sprijini; a se baza pe.
âpre *adj.* aspru; aprig.
après 1. *prep.* după, la sfârșitul; în urmă; **2.** *loc. prep.* *d'~* după.
après-demain *adv.* poimâine.
après-midi *sm.* după-amiază.
âpreté *sf.* asprime, gust înțepător; severitate.
à-propos *loc. adv.* apropos.
apte *adj.* apt, potrivit.
aptitude *sf.* aptitudine.
aquarelle *sf.* acuarelă.
aquarium *sm.* acvariu.
aquatique *adj.* acvatic.
aqueux, -euse *adj.* apos.
aquiline, -e *adj.* acvilin.
Arabe *smf.* arab, locuitor din Arabia; limba arabă.
arabe *adj.* arab, din Arabia.
arabesque 1. *adj.* maur; **2.** *sf.* arabesc.
arabique *adj.* arabic; *gomme ~* gumă arabică.
arable *adj.* arabil.
arachide *sf.* arahidă, alună-de-pământ.
arachnides *sm. pl.* (*zool.*) arahnide.

araignée *sf.* păianjen; *toile d'~* pânză de păianjen.
arbitrage *sm.* arbitraj, arbitrare.
arbitraire *adj.* arbitrar, abuziv, excesiv, ilegal.
arbitre *sm.* arbitru.
arbitrer *vt.* a arbitra.
arborer *vt.* a arbora; (*fam.*) a afişa ostentativ.
arborescent, -e *adj.* arborescent.
arboriculture *sf.* arboricultură.
arbre *sm.* arbore, pom, copac; (*tehn.*) ax, arbore.
arbrisseau *sm.* copăcel, arbust, tufă.
arbuste *sm.* arbust.
arc *sm.* arc; *tirer à l'~* a trage cu arcul; *~ de cercle* arc de cerc; *avoir plusieurs cordes à son ~* a avea mai multe resurse.
arcade *sf.* arcadă.
arc-boutant *sm.* (*arh.*) arc butant.
arc-en-ciel *sm.* curcubeu.
archaïque *adj.* arhaic.
archaïsme *sm.* arhaism.
archange *sm.* arhanghel.
arche *sf.* arcadă; arcă; *l'~ de Noe* arca lui Noe.
archéologie *sf.* arheologie.
archéologique *adj.* arheologic.
archéologue *sm.* arheolog.
archer *sm.* arcaş.
archet *sm.* arcuş.
archevêque *sm.* arhiepiscop.
archiduc *sm.* arhiduce.
archipel *sm.* arhipelag.
architecte *sm.* arhitect.
architectural, -e *adj.* arhitectural.
architecture *sf.* arhitectură.
archives *sf. pl.* arhivă.
archiviste *sm.* arhivar.
arçon *sm.* oblânc.
arctique *adj.* arctic.
ardent, -e *adj.* aprins, arzător; (*fig.*) înflăcărat, înfocat.
ardeur *sf.* ardoare, râvnă, înflăcărare; arşiţă, căldură mare.
ardoise *sf.* ardezie.
ardu, -e *adj.* abrupt, prăpăstios.
are *sm.* ar.
arène *sf.* arenă.
arête *sf.* *sf.* os de peşte.
argent *sm.* argint; bani; *~ comptant* bani gheaţă.
argenté-e *adj.* argintiu; argintat.
argenter *vt.* a arginta.
argenterie *sf.* argintărie.
Argentin, -e *smf.* argentinian; locuitor din Argentina
argentin, -e *adj.* argentinian.
argile *sf.* argilă, lut.
argileux, -euse *adj.* argilos.
argot *sm.* argou.
argotique *adj.* argotic.
arguer *vi.* a conchide.
argument *sm.* argument; probă.
argumentation *sf.* argumentare.
argumenter *vi.* a argumenta.
argutie *sf.* subtilitate.
aride *adj.* arid, sterp.
aridité *sf.* ariditate, uscăciune.

A

aristocrate *smf.* aristocrat.
aristrocratique *adj.* aristocratic.
arithmétique *sf.* aritmetică.
armateur *sm.* armator.
armature *sf.* armătură.
arme *sf.* armă; ~ *nucléaire* armă nucleară; *passer par les armes* a executa prin împușcare.
armée *sf.* armată.
armement *sm.* armament.
armer *vt.* a (în)arma.
armistice *sm.* armistițiu.
armoire *sf.* dulap.
armure *sf.* armură.
armurier *sm.* armurier.
aromate *sm.* aromat, mirodenie.
aromatique *adj.* aromatic.
aromatiser *vt.* a aromatiza.
arôme *sm.* aromă.
arpège *sm.* arpegiu.
arquer 1. *vt.* a arcui; **2.** *vi.*, *vr.* a se încovoia, a se arcui.
arrachage *șm.* smulgere *(a ierburilor).*
arrachement *sm.* scoatere; smulgere; extracție.
arracher *vt.* a smulge, a scoate, a dezrădăcina.
arrangement *sm.* aranjament, acord, învoială.
arranger *vt.* a aranja, a orândui; a stabili, a organiza; a conveni.
arrestation *sf.* arestare.
arrêt *sm.* oprire; stație; hotărâre, sentință; sechestru; *sans ~* fără încetare; *maison d'~* închisoare; *mandat d'~* mandat de arestare.
arrêté *sm.* sentință, hotărâre.
arrêter *vt.* a opri; a întrerupe; a hotărî; a aresta.
arrière 1. *sm.* partea posterioară, spatele; (*sport*) fundaș; **2.** *interj.* înapoi; *en ~* înapoi.
arriéré 1. *sm.* restanță; **2.** *adj.* arierat, înapoiat mintal.
arrière-garde *sf.* ariergardă.
arrière-grand-mère *sf.* străbunică.
arrière-grand-père *sm.* străbunic.
arrivée *sf.* sosire.
arriver *vi.* a sosi, a veni; a se întâmpla, a se produce.
arrivisme *sm.* arivism.
arriviste *sm.* arivist.
arrogance *sf.* aroganță.
arrogant, -e *adj.* arogant.
arroger *vr.* a-și aroga, a-și însuși.
arrondir *vt.*, *vr.* a rotunji.
arrondissement *sm.* rotunjire; (*adm.*) sector, cartier.
arrosage *sm.* udare, stropire.
arroser *vt.* a uda, a stropi.
arrosseur, -euse *smf.* stropitor.
arrosoir *sm.* stropitoare.
arsenal *sm.* arsenal.
arsenic *sm.* arsenic.
art *sm.* artă, măiestrie; *beaux artes* belearte
artère *sf.* arteră.
artériel, -elle *adj.* arterial.
artésien, -enne *adj.* artezian.
arthrite *sf.* artrită.

A

artichaut *sm.* anghinare.
article *sm.* articol; marfă.
articulaire *adj.* articular.
articulation *sf.* articulație, încheietură; articulare.
articuler *vt.* a articula, a rosti; a afirma.
artifice *sm.* artificiu.
artificiel, -elle *adj.* artificial; (*fig.*) fals, prefăcut.
artillerie *sf.* artilerie.
artilleur *sm.* artilerist.
artisan, -e *smf.* artizan, meseriaș.
artisanal, -e *adj.* meșteșugăresc.
artiste *smf.* artist.
artistique *adj.* artistic.
as *sm.* as.
asbeste *sm.* azbest.
ascendence *sf.* ascendență.
ascendent, -e 1. *adj.* ascendent; **2.** *sm.* autoritate; *pl.* ascendenți.
ascenseur *sm.* ascensor.
ascension *sf.* ascensiune.
ascensioniste *sm.* alpinist.
ascète *sm.* ascent.
ascétique *adj.* ascetic.
ascétisme *sm.* ascetism.
aseptique *adj.* aseptic.
asexué, -e *adj.* asexuat.
asile *sm.* azil.
aspect *sm.* aspect, înfățișare.
asperge *sf.* sparanghel.
asperité *sf.* asperitate.
asphalte *sm.* asfalt.
asphalter *vt.* a asfalta.
asphyxiant, -e *adj.* asfixiant.
asphyxie *sf.* asfixie.
asphyxier *vt.* a asfixia.
aspic *sm.* piftie, aspic.
aspirant, -e *adj.* aspirant, care aspiră.
aspirateur *sm.* aspirator.
aspiration *sf.* aspirație; aspirare.
aspiré, -e *adj.*, *smf.* aspirat.
aspirer 1. *vt.* a aspira; **2.** *vi.* a aspira, a năzui, a tinde către ceva.
aspirine *sf.* aspirină.
assagir *vt.*, *vr.* a (se) cuminți.
assailant, -e *adj.*, *sm.* agresor, atacator.
assaillier *vt.* a ataca, a asalta; a hărțui.
assainir *vt.* a asana.
assainissement *sm.* asanare.
assaisonner *vt.* a asezona, a condimenta.
assassin, -e *sm.* asasin, criminal.
assassinat *sm.* asasinat, crimă.
assassiner *vt.* a asasina, a ucide.
assaut *sm.* asalt.
assèchement *sm.* uscare, secare.
assécher *vt.* a usca, a seca.
assemblage *sm.* asamblare; adunare, îmbinare.
assemblée *sf.* adunare, întrunire.
assembler *vt.*, *vr.* a (se) aduna, a strânge, a reuni, a grupa.
assentiment *sm.* asentiment, acord, încuviințare.

A

asseoir 1. *vt.* a așeza, apune; **2.** *vr.* a se așeza.
assertion *sf.* aserțiune.
asservir *vt.* a subjuga, a înrobi, a supune.
assez *adv.* destul, suficient; *en avoir ~* a fi sătul.
assidu, -e *adj.* asiduu, sârguincios.
assiduité *sf.* asiduitate, stăruință.
assidûment *adv.* cu insistență, cu stăruință.
assiéger *vt.* a asedia.
assiette *sf.* farfurie.
assignation *sf.* alocare; chemare în judecată.
assigner *vt.* a aloca, a chema în judecată; a atribui.
assimilation *sf.* asimilare.
assimilable *adj.* asimilabil.
assimiler *vt.* a asimila; a asemui.
assis, -e *adj.* așezat; *place assise* loc pe scaun.
assistance *sf.* asistență, public; ajutor.
assistant, -e *adj. smf.* asistent.
assister 1. *vt.* a asista, a sprijini; **2.** *vi.* a asista, a lua parte la, a fi de față la.
association *sf.* asociație; asociere.
associé, -e *smf., adj.* asociat, partener.
associer 1. *vt.* a asocia; **2.** a se asocia, a participa la.
assoiffé, -e *adj.* însetat.
assombrir *vt., vr.* a (se) întuneca; (*fig.*) a (se) posomorî.
assommer *vt.* a doborî, a ucide.
assommoir *sm.* bâtă.
Assomption *sf.* adormirea Maicii Domnului.
assonance *sf.* asonanță.
assortiment *sm.* asortare, sortiment.
assortir *vt., vr.* a (se) asorta, a (se) potrivi.
assoupir 1. *vt.* a face să adoarmă; **2.** *vr.* a ațipi.
assouplir *vt., vr.* a (se) mlădia.
assouplissement *sm.* mlădiere.
assourdir *vt.* a asurzi pe cineva.
assourdissant, -e *adj.* asurzitor.
assouvir *vt.* a potoli (foamea, setea); a sătura.
assouvissement *sm.* potolire, săturare.
assujetir *vt.* a supune, a subjuga; *~ à* a obliga la ceva, a constrânge; a lega, a fixa.
assumer *vt.* a-și asuma.
assurance *sf.* asigurare; siguranță, încredere.
assuré, -e 1. *adj.* îndrăzneț, sigur pe sine, asigurat; **2.** *smf.* asigurat.
assurément *adv.* desigur, cu siguranță.
assurer *vt., vr.* a (se) asigura.
astérisque *sm.* asterisc.
asthénie *sf.* astenie.

asthmatique *adj.*, *smf.* asmatic.
asthme *sm.* astm.
asticoter *vt.* a cicăli.
astiquage *sm.* lustruire.
astral, -e *adj.* astral.
astre *sm.* astru.
astreindre *vt.*, *vr.* a (se) constrânge.
astringent, -e *adj.*, *sm.* astringent.
astrologie *sf.* astrologie.
astronome *sm.* astronom.
astronomie *sf.* astronomie.
astronomique *adj.* astronomic.
astuce *sf.* ingeniozitate; spirit; (*fam.*) glumă, joc de cuvinte.
astucieux, -euse *adj.* ingenios; abil, fin, șiret, viclean.
asymétrie *sf.* asimetrie.
asymétrique *adj.* asimetric.
atelier *sm.* atelier.
atermoyer *vi.* a amâna o plată; a duce cu vorba.
athée *sm.* ateu.
athéisme *sm.* ateism.
athénée *sm.* ateneu.
athlète *sm.* atlet.
athlétique *adj.* atletic.
athlétisme *sm.* atletism.
atlantique *adj.* atlantic.
atlas *sm.* atlas.
atmosphère *sf.* atmosferă.
atmosphérique *adj.* atmosferic.
atome *sm.* atom.
atomique *adj.* atomic.
atomisme *sm.* atomism.
atone *adj.* aton.
atonie *sf.* atonie.
atour *sm.* găteală.
atout *sm.* atu.
atrabilaire *adj.*, *smf.* posomorât.
âtre *sm.* cămin, vatră.
atroce *adj.* crunt, atroce, cumplit, groaznic.
atrocité *sf.* atrocitate, cruzime.
atrophie *sf.* atrofiere.
atrophier *vt.*, *vr.* a (se) atrofia.
attabler *vr.* a se așeza la masă.
attachant, -e *adj.* atrăgător, interesant.
attache *sf.* legătură, curea; clamă pentru hârtie.
attaché *sm.* atașat.
attachement *sm.* atașament, afecțiune, dragoste.
attacher 1. *vt.* a lega, a fixa, a prinde; **2.** *vr.* a se lega, a se fixa; a se consacra; a se atașa.
attaquant *sm.* atacant.
attaque *sf.* atac.
attaquer *vt.* a ataca.
attarder 1. *vt.* a întârzia pe cineva; **2.** *vr.* a întârzia; a zăbovi.
atteindre *vt.* a atinge; a ajunge până la; a sosi.
atteint, -e *adj.* atins, lovit.
atteinte *sf.* prejudiciu, daună, pagubă; lovitură; *hors d'~* care nu mai poate fi prins.
attelage *sm.* atelaj; înhămare.
atteler 1. *vt.* a înhăma; **2.** *vr.* a se înhăma la.
attenant, -e *adj.* vecin, alăturat.
attendre *vt.*, *vi.* a (se) astepta.

A

attendrir **1.** *vt.* a frăgezi; **2.** *vr.* a se înduioșa; *se laisser ~* a se înmuia, a se îndupleca.
attendrissant, -e *adj.* înduioșător.
attendrissement *sm.* înduioșare; compasiune; tandrețe.
attendu **1.** *prep.* dat fiind; **2.** *loc. conj.* *~ que* dat fiind că.
attentat *sm.* atentat.
attente *sf.* așteptare; expectativă.
attenter *vi.* a atenta.
attentif, -ive *adj.* atent.
attention *sf.* atenție.
attentionné, -e *adj.* atent, grijuliu.
attentivement *adv.* cu atenție.
atténuant, -e *adj.* atenuant.
atténuation *sf.* atenuare.
atténuer *vt.* a atenua.
atterrir *vi.* a ateriza.
atterrissage *sm.* aterizare.
attestation *sf.* atestare, certificare.
attester *vt.* a atesta, a certifica.
attiédir **1.** *vt.* a încropi; (*fig.*) a domoli; **2.** *vr.* a se încropi; a se potoli.
attifer *vt.*, *vr.* a (se) împopoțona.
attirance *sf.* atracție.
attirant, -e *adj.* atrăgător.
attirer *vt.* a atrage; a încânta; (*fig.*) a cauza.
attiser *vt.* a ațâța.
attiseur, -euse *smf.* ațâțător.
attisoir *sm.* vătrai.
attitré, -e *adj.* titular, permanent.
attitude *sf.* atitudine.
attouchement *sm.* atingere, contact.
attractif, -ive *adj.* atrăgător.
attraction *sf.* atragere; (*fig.*) atracție, ceea ce distrează.
attrait *sm.* atracție; ceea ce atrage; *pl.* farmecele unei femei.
attrape *sf.* capcană, cursă.
attraper *vt.* a prinde, a pune mâna pe; a trage pe sfoară.
attrayant, -e *adj.* atrăgător, ispititor.
attribuer *vt.* a atribui, a conferi, a acorda.
attribut *sm.* atribut; însușire, caracteristică.
attributif, -ive *adj.* (*gram.*) atributiv.
attrister *vt.*, *vr.* a (se) întrista.
attroupement *sm.* îngrămădeală.
aubaine *sf.* noroc, pleașcă, chilipir.
aubes *sf.* zori; *dès l'~* în zori.
auberge *sf.* han.
aubergine *sf.* pătlăgică vânătă.
aubergiste *sm.* hangiu.
aucun, -e **1.** *adj. nehot.* niciun/o; vreun, vreo; **2.** *pron. nehot.* niciunul/una; veunul, vreuna.
aucunement *adv.* câtuși de puțin, nicidecum.
audace *sf.* îndrăzneală.
audacieux, -euse *adj.* îndrăzneț, curajos, cutezător.

au-dedans *adv.* înăuntru.
au-dehors *adv.* în afară.
au-delà *adv.* dincolo.
au-dessous *adv.* dedesubt.
au-dessus *adv.* deasupra.
au-devant *adv.* înaintea.
audience *sf.* audiență, auditoriu.
auditeur, -trice *smf.* ascultător, auditor.
auditif, -ive *adj.* auditiv.
audition *sf.* audiție.
auditoire *sm.* auditoriu.
auge *sf.* troacă; jgheab; copaie.
augmentation *sf.* mărire, creștere; *demander une* ~ a cere o mărire de salariu.
augmenter *vt.* a mări, a crește.
augure *sm.* augur, prevestire; *de bon/mauvais* ~ de bun/rău augur.
augurer *vt.* a prevesti, a prezice.
auguste *adj.* solemn, impunător.
aujourd'hui *adv.* azi, astăzi.
aumône *sf.* pomană, milostenie.
aune *sm.* arin.
auparavant *adv.* mai înainte, anterior.
auprès *adv.* aproape; ~ *de* lângă.
auquel *pron. rel.* căruia.
aureole *sf.* nimb, aureolă.
auriculaire 1. *adj.* auricular; **2.** *sm.* degetul mic de la mână.
aurifère *adj.* aurifer.
aurore *sf.* auroră.
auscultation *sf.* (*med.*) auscultație.
ausculter *vt.* (*med.*) a ausculta.
auspice *sm.* auspiciu.
aussi 1. *adv.* la fel de, tot atât de; și, deasemenea; în plus, mai; **2.** *conj.* de aceea; ~ *que* căci, pentru că.
aussitôt 1. *adv.* îndată; **2.** *loc. conj.* îndată ce.
austere *adj.* auster.
austérité *sf.* austeritate.
Australien, -enne *smf.* locuitor din Australia.
australien, -enne *adj.* australian.
autant *adv.* tot atâta; *d'~ mieux* cu atât mai bine; *d'~ plus* cu atât mai mult; *en faire* ~ a face la fel.
autel *sm.* altar.
auteur *sm.* autor.
authenticité *sf.* autentifitate.
authentifier *vt.* a autentifica.
authentique *adj.* autentic.
auto *sf.* automobil.
autobiographie *sf.* autobiografie.
autobus *sm.* autobuz.
autocar *sm.* autocar.
autochtone *adj., smf.* autohton.
autocrate *sm.* autocrat.
autocratie *sf.* autocrație.
autocritique *adj.* autocritic.
autodidacte *adj.* autodidact.
autogare *sf.* autogară.
autographe *adj., sm.* autograf.
automate *sm.* automat.
automatique *adj.* automat.
automation *sf.* automatizare.

A

automatisme *sm.* automatism.
automne *sm.* toamnă.
automobile *adj.*, *sf.* automobile.
automobilisme *sm.* automobilism.
automobiliste *sm.* automobilist.
autonome *adj.* autonom.
autonomie *sf.* autonomie.
autoportrait *sm.* autoportret.
autopsie *sf.* autopsie.
autorisation *sm.* autorizație; autorizare.
autoriser **1.** *vt.* a autoriza; **2.** *vr.* a se baza pe.
autoritaire *adj.* autoritar.
autorité *sf.* autoritate.
autoroute *sf.* autostradă.
autour **1.** *adv.* de jur împrejur; ~ *de* circa, aproximativ; **2.** *prep.* în jur, împrejur.
autre **1.** *adj. nehot.* alt, celălalt; **2.** *pron. nehot.* celălalt; *les autres* ceilalți; altul; *l'un et l'~* și unul și celălalt.
autrefois *adv.* altădată, odinioară.
autrement *adv.* altfel, altminteri.
autruche *sf.* struț.
autrui *pron.* altul, alții.
auvent *sm.* streașină.
auxiliaire *adj.* auxiliar.
avachir *vr.* a se lăbărța, a se scâlcia.
aval *sm.* aval.
avalanche *sf.* avalanșă.
avaler *vt.* a înghiți.
avance *sf.* avans; *d'~* dinainte.
avancement *sm.* înaintare, avansare.
advancer **1.** *vt.* a înainta, a avansa; a promova; **2.** *vi.* a avansa, a înainta; a merge înainte; *la montre avance* ceasul merge înainte.
avant **1.** *prep.* înainte de, mai devreme decât; **2.** *adv.* dinainte, anterior; **3.** *sm.* partea anterioara.
avantage *sm.* avantaj, folos, câștig.
avantager *vt.* a avantaja.
avantageux, -euse **1.** *adj.* avantajos; **2.** *smf.* îngâmfat.
avant-bras *sm.* antebraț.
avant-centre *sm.* centru înaintaș.
avant-garde *sf.* avantgardă.
avant-hier *adv.* alaltăieri.
avant-poste *sm.* avanpost.
avant-propos *sm.* cuvânt înainte, introducere.
avare *adj.*, *smf.* avar, zgârcit, meschin.
avarice *sf.* avariție, zgârcenie, meschinărie.
avarie *sf.* avarie.
avarier *vt.* a avaria.
avec *prep.* cu, împreună cu.
avenant, -e *adj.* amabil, binevoitor, cordial.
avènement *sm.* urcare (pe tron).
avenir *sm.* viitor.

aventure *sf.* aventură, întâmplare neobişnuită.
aventurer *vr.* a se aventura, a se hazarda.
aventureux, -euse *adj.* aventuros, cutezător, hazardat.
aventurier, -ère *smf.* aventurier.
avenue *sf.* bulevard.
avérer *vr.* a se dovedi, a se adeveri.
averse *sf.* aversă.
aversion *sf.* aversiune, antipatie; silă.
averti, -e *adj.* experimentat, priceput.
avertir *vt.* a avertiza, a înştiinţa.
avertissement *sm.* avertizare.
avertisseur *adj.*, *sm.* avertizor.
aveu *sm.* mărturisire; aprobare.
aveugle *adj.*, *smf.* orb; *à l'~* orbeşte.
aveuglément *adv.* orbeşte.
aveuglement *sm.* orbire.
aveugler *vt.* a orbi.
aveuglette *loc. adv.* *à l'~* orbeşte, orbecăind.
aviateur, -trice *smf.* aviator.
aviculteur *sm.* avicultor.
aviculture *sf.* avicultură.
avide *adj.* avid, lacom, însetat de.
avidement *adj.* cu lăcomie.
avidité *sf.* lăcomie.
avilir *vt.* a deprecia; (*fig.*) a înjosi, a umili.
aviné, -e *adj.* beat.
aviner 1. *vt.* a îmbiba cu vin; **2.** *vr.* a se îmbăta.
avion *sm.* avion.
aviron *sm.* vâslă.
avis *sm.* părere, apreciere, judecată; sfat.
aviser 1. *vt.* a avertiza, a informa; **2.** *vr.* a da atenţie.
aviver *vt.* a înviora.
avocat *sm.* avocat.
avoine *sf.* ovăz.
avoir 1. *vt.* a avea; a dobândi, a procura; **2.** *vi. impers. il y a* se află, există.
avoisinant, -e *adv.* învecinat, alăturat.
avoisiner *vt.*, *vr.* a se învecina cu.
avorter *vi.* a avorta.
avoué *sm.* mărturisit, admis.
avouer *vt.* a mărturisi, a recunoaşte; a admite, a aproba.
avril *sm.* aprilie; *poisson d' ~* păcăleală de 1 aprilie.
axe *sm.* ax; osie; axă.
axiome *sm.* axiomă.
azalée *sf.* azalea.
azimut *sm.* azimut.
azote *sm.* azot.
azur *sm.* azur; albastru-deschis.
azuré, -e *adj.* azuriu.

B

babeurre *sm.* zer.
babil *sm.* vorbărie, flecăreală; gângurit; ciripit.
babiller *vi.* a flecări.
babiole *sf.* jucărie.
bâbord *sm.* babord.
babouche *sf.* papuc.
babouin *sm.* babuin.
bac *sm.* bac.
baccalauréat *sm.* bacalaureat.
bâche *sf.* prelată, coviltir.
bachelier, -ère *smf.* persoană care a promovat bacalaureatul.
bachot *sm.* (*fam.*) bacalaureat.
bacille *sm.* bacil.
bâcler *vt.* a zăvorî.
bactérie *sf.* bacterie.
bactériologie *sf.* bacteriologie.
badaud *smf.* gură-cască.
badigeonnage *sm.* zugrăveală; badijonare.
badigeonner *vt.* a zugrăvi; a badijona.
badin, -e *adj.*, *smf.* glumeț.
badinage *sm.* glumă.
badiner *vi.* a glumi.
bafouer *vt.* a batjocori.
bafouillage *sm.* (*fam.*) bâlbâială.
bagage *sm.* bagaj.
bagarre *sf.* ceartă, scandal, tărăboi.
bagatelle *sf.* fleac, bagatelă.
bagnard *sm.* ocnaș.
bagne *sm.* ocnă.
bagnole *sf.* rablă; (*fam.*) automobil.
bague *sf.* inel.
baguette *sf.* baghetă; bețișor; pâine lungă și subțire.
bah! *interj.* aș!
bahut *sm.* ladă, scrin.
bai, -e *adj.* murg.
baie *sf.* golf mic; bacă (fruct).
baignade *sf.* scăldat.
baigner **1.** *vt.* a scălda; a uda; **2.** *vr.* a se scălda, a se îmbăia.
baigneur, -euse *smf.* persoană care se scaldă.
baignoire *sf.* cadă, baie.
bail *sm.* contract de închiriere.
bâillement *sm.* căscat.
bâiller *vi.* a căsca.
bailler *vt.* a da în arendă.
bâillon *sm.* calus.
bâilloner *vt.* a pune căluș; (*fig.*) a închide gura cuiva.
bain *sm.* baie; *prendre un ~* a face baie; baie publică; *salle de ~* baie.
baïonnette *sf.* baionetă.
baiser **1.** *vt.* a săruta; **2.** *sm.* sărut.
baisse *sf.* *sf.* coborâre, scădere.

baisser *vt.* a coborî, a lăsa în jos; a scădea.
bal *sm.* bal.
balade *sf.* plimbare, hoinăreală.
balader *vr.* a se plimba.
baladin, -e *smf.* saltimbanc.
balai *sm.* mătură.
balance *sf.* balanță.
balancement *sm.* balans, balansare, legănare; (*fig.*) nehotărâre.
balacer 1. *vt.* a legăna, a balansa; a cumpăni; **2.** *vi.* a oscila, a șovăi; **3.** *vr.* a se balansa, a se legăna.
balançoire *sf.* leagăn.
balayage *sm.* măturat.
balayer *vt.* a mătura; a izgoni.
balayeur-euse 1. *smf.* măturător.
balbutiement *sm.* bâlbâire.
balbutier *vt. vr.* a (se) bâlbâi.
balcon *sm.* balcon.
baldaquin *sm.* baldachin.
baleine *sf.* balenă.
balenier *sm.* balenieră.
balisage *sm.* balizaj.
balise *sf.* baliză.
baliser *sf.* a baliza.
balistique 1. *adj.* balistic; **2.** *sf.* balistică.
baliverne *sf.* balivernă, palavră.
ballade *sf.* baladă.
ballast *sm.* balast.
balle *sf.* minge; glonț; (*fig.*) mutră; bani.
ballerine *sf.* balerină.
ballet *sm.* balet.
ballon *sm.* balon, minge.
ballonnement *sm.* balonare.
balloner *vt.*, *vr.* a (se) umfla.
ballot *sm.* balot.
ballottage *sm.* balotaj.
ballotter *vt.* a clătina, a legăna, a hâțâna.
balluchon *sm.* boccea.
balnéaire *adj.* balnear.
balourd, -e *adj.*, *smf.* greoi, necioplit, prostovan.
balsamique *adj.* balsamic.
balustrade *sf.* balustradă.
bambin, -e *smf.* puști, copilaș.
bambou *sm.* bambus.
ban *sm.* notificare; anunț de căsătorie; interzicere, surghiun.
banal, -e *adj.* banal, comun, obișnuit.
banaliser *vt.* a face să devină banal.
banalité *sf.* banalitate.
banane *sf.* banană.
bananier *sm.* banan.
banc *sm.* bancă; banc *(de pești)*; banc *(de lucru)*.
bancaire *adj.* bancar.
bandage *sm.* bandaj.
bande *sf.* bandă; fâșie; ceată, grup; ~ *magnétique* bandă magnetică.
bander *vt.* a lega, a bandaja.
banderole *sf.* banderolă.
bandit *sm.* bandit, tâlhar, răufăcător.
banditisme *sm.* banditism.
bank-note *sf.* bancnotă.

B

B

banlieue *sf.* periferie a unui oraş.
banni, -e *adj.*, *smf.* exilat, surghiunit, proscris, eliminat.
bannière *sf.* stindard, steag, flamură.
bannir *vt.* a exila, a sughiuni; a elimina.
bannissement *sm.* surghiun.
banque *sf.* bancă; *billet de ~* bancnotă; *~ de données* bancă de date.
banqueroute *sf.* faliment, bancrută.
banquet *sm.* banchet.
banquette *sf.* banchetă.
banquier *sm.* bancher.
banquise *sf.* banchiză.
baobab *sm.* baobab.
baptême *sm.* botez.
baptiser *vt.* a boteza.
baptiste *smf.* baptist.
baquet *sm.* hârdău.
bar *sm.* bar.
baraque *sf.* baracă.
baratte *sf.* putinei.
barbare *adj.*, *smf.* barbar.
barbarie *sf.* barbarie.
barbarisme *sm.* barbarism.
barbe *sf.* barbă; *une vieille ~* un om cu idei învechite.
barbelé, -e 1. *adj.* cu dinţi, dinţat; **2.** *sm. pl.* sârmă ghimpată.
barbier *sm.* bărbier.
barboter *vi.* a bolborosi.
barbouiller 1. *vt.* a mâzgăli; **2.** *vi.* a bolborosi.
barbu, -e *adj.* bărbos.
barde *sm.* bard, poet.
bardeau *sm.* şindrilă.
barème *sm.* barem.
barge *sf.* barjă, şlep.
baril *sm.* butoiaş; baril.
bariolage *sm.* împestriţare.
barioler *vt.* a împestriţa.
baromètre *sm.* barometru.
baron *sm.* baron.
baroque *adj. sm.* baroc.
barque *sf.* barcă.
baragge *sm.* baraj.
barre *sf.* bară; (în instanţă) bară; *être à la ~* a cârmui.
barreau *sm.* vergea; (*jur.*) barou.
barrer *vt.* a bara.
barricade *sf.* baricadă.
barricader *vt.*, *vr.* a (se) baricada.
barrière *sf.* barieră; obstacol.
barrique *sf.* butoi cam de 300 litri.
baryum *sm.* bariu.
bas *sm.* ciorap; *~ de laine* economii; *mi-~* ciorap trei sferturi.
bas, -sse 1. *adj.* jos, scund; inferior; scăzut, redus; **2.** *sm.* josul, partea de jos; **3.** *adv.* jos; *à bas!* jos!.
basalte *sm.* bazalt.
basané, -e *adj.* oacheş, bronzat.
basaner *vt.* a bronza, a pârli.
bascule *sf.* basculă; *fauteuil à ~* balansoar.
basculer *vi.* a bascula, a se balansa; a cădea.

B

base *sf.* bază.
baser *vt.*, *vr.* a (se) baza, a (se) sprijini.
basilic *sm.* busuioc; şarpe mitologic.
basilique *sf.* bazilică.
basket-ball *sm.* baschet.
basque *adj.* basc
Basque *smf.* locuitor din Ţara Bascilor; limba bască.
bas-relief *sm.* basorelief.
basse *sf.* bas.
basse-cour *sf.* curte de păsări.
bassesse *sf.* josnicie.
bassin *sm.* lighean; bazin.
bastion *sm.* bastion.
bastonnade *sf.* ciomăgeală.
bataclan *sm.* calabalâc.
bataille *sf.* bătălie, luptă.
batailler *vi.* a se bate, a lupta; a polemiza.
batailleur, -euse *smf.*, *adj.* bătăios, certăreţ.
bataillon *sm.* batalion.
bâtard, -e *adj.*, *smf.* bastrad.
bateau *sm.* vapor, navă, vas.
batelier, -ère *smf.* barcagiu, luntraş.
batifoler *vi.* a zburda.
batifoleur, -euse *smf.* zburdalnic.
bâtiment *sm.* clădire, construcţie; *travailler dans le ~* a lucra în construcţii.
bâtir *vt.* a clădi, a construi.
bâtisse *sf.* zidărie.
bâtisseur *sm.* constructor; (*fig.*) făuritor.
bâton *sm.* băţ, baston; baghetă; baton.
batracien *sm.* batracian.
battant *sm.* canat, batant; limbă *(a clopotului).*
batte *sf.* bătător; mai, pisălog.
battement *sm.* bătaie; lovitură repetată.
batterie *sf.* baterie.
batteur, -euse **1.** *sm.* treierător; **2.** *sf.* batoză.
battre **1.** *vt.* a bate; a izbi; a lovi; a parcurge, a străbate; **2.** *vr.* a se bate, a se lupta; a se zbate.
baudet *sm.* măgar; dobitoc.
baume *sm.* balsam.
bavard, -e *adj.*, *smf.* vorbăreţ, guraliv, limbut.
bavardage *sm.* vorbărie, flecăreală.
bavarder *vi.* a flecări, a sta de vorbă.
bave *sf.* bale.
baver *vi.* a-i curge balele.
bavette *sf.* bavetă.
bayer *vi.* a căsca gura.
bazar *sm.* bazar; *de ~* ieftin, de proastă calitate.
béant, -e *adj.* larg, căscat, deschis.
béatitude *sf.* beatitudine.
beau (bel, belle) **1.** *adj.* frumos, arătos, chipeş; plăcut; senin, însorit; *il fait ~* este timp frumos; **2.** *sm.* *le ~* frumosul; **3.** *sf.* *en faire des belles* a face boroboaţe.
beaucoup *adv.* mult.

B

beau-fils *sm.* ginere; fiu vitreg.
beau-frère *sm.* cumnat.
beau-père *sm.* socru; tată vitreg.
beauté *sf.* frumusețe.
beaux-arts *sm. pl.* arte frumoase.
beaux-parents *sm. pl.* socri; părinți vitregi.
bec *sm.* cioc; (*fam.*) gură; *fermer son ~* a tăcea.
bécane *sf.* (*fam.*) bicicletă.
bécasse *sf.* sitar, becață.
bêchage *sm.* săpat, săpătură.
bêche *sf.* sapă.
bêcher *vt.* a săpa; (*fig.*) a vorbi de rău pe cineva.
bêcheur, -euse *smf.* săpător.
bêchoir *sm.* sapă.
becqueter *vt.* a ciuguli.
bedonnant, -e *adj.* pântecos.
bedonner *vi.* a face burtă.
bée *adj. rester bouche ~* a rămâne cu gura căscată.
bégaiement *sm.* bâlbâire.
bégayer *vi.* a se bâlbâi.
bègue *adj., smf.* bâlbâit.
bégueule *sf.* mironosiță.
béguin *sm.* scufiță.
beige *adj.* bej.
béjaune *sm.* naiv, cu caș la gură; pui de pasăre.
bêlement *sm.* behăit.
bêler *vt.* a behăi.
Belge *smf.* belgian, locuitor din Belgia.
belge *adj.* belgian.
bélier *sm.* berbec.
bélître *sm.* pungaș.
belladone *sf.* mătrăgună.
belle-fille *sf.* noră; fiică vitregă.
belle-mère *sf.* soacră; mamă vitregă.
belles-lettres *sf.* literatură.
belle-soeur *sf.* cumnată; soră vitregă.
belligérant, -e *adj., smf.* beligerant.
belliqueux, -euse *adj.* belicos, războinic.
bémol *sm.* bemol.
bénédiction *sf.* binecuvântare.
bénéfice *sm.* beneficiu, avantaj, profit.
bénéficiaire *adj., sm.* beneficiar.
bénéficier *vi.* a beneficia, a profita.
bénévole *adj.* benevol.
bénin, -igne *adj.* blând, binevoitor; (*med.*) benign.
bénir *vt.* a binecuvânta.
benoît, -e *adj.* indulgent, bun; binecuvântat.
benzine *sf.* benzen.
béquille *sf.* cârjă.
bercail *sm.* stână; familie; casă părintească.
berceau *sm.* leagăn.
bercement *sm.* legănare.
bercer *vt. vr.* a (se) legăna.
berceuse *sf.* cântec de leagăn.
béret *sm.* bască, beretă.
berge *sf.* mal *(al unei ape curgătoare).*
berger, -ére *smf.* cioban, păstor.

bergerie *sf.* stână.
berner *vt.* a lua în râs.
besace *sf.* desagă.
besogne *sf.* treabă, muncă, lucru.
besogner *vi.* a roboti.
besogneux, -euse *adj., smf.* nevoiaş, sărac.
besoin *sm.* nevoie, sărăcie.
bestial, -e *adj.* bestial; animalic.
bestialement *adv.* cu bestialitate.
bestialité *sf.* bestialitate.
bestiaux *sm. pl.* vite.
bestiole *sf.* gânganie.
bétail *sm.* vite.
bête 1. *sm.* animal, vită; **2.** *adj.* prost, stupid.
bêtise *sf.* prostie; lucru fără importanţă.
béton *sm.* beton.
bétonnage *sm.* betonaj.
bétonner *vr.* a betona.
bétonnière *sf.* betonieră.
betterave *sf.* sfeclă.
beuglement *sm.* muget, răget.
beugler *vi.* a mugi, a rage.
beurre *sm.* unt.
beurrer *vt.* a unge cu unt.
beuverie *sf.* beţie, chef.
bévue *sf.* gafă; greşeală.
biais *sm.* linie oblică; *en ~* piezîş, oblic.
biaiser *vi.* a merge piezîş.
bibelot *sm.* bibelou.
biberon *sm.* biberon.
bible *sf.* biblie.
biblique *adj.* biblic.
bibliographie *sm.* bibliografie.
bibliophile *sm.* bibliofil.
bibliothécaire *sm.* bibliotecar.
bibliothèque *sf.* bibliotecă.
bicarbonate *sm.* bicarbonat.
biceps *sm.* biceps.
biche *sf.* căprioară.
bichonner *vt.* a bucla.
bicoque *sf.* cocioabă.
bicyclette *sf.* bicicletă.
bidet *sm.* bideu.
bidon *sm.* bidon.
bielle *sf.* bielă.
bien 1. *adv.* bine; foarte; mult; **2.** *loc. conj.* *~ que* deşi, cu toate că; **3.** *sm.* binele; *faire du ~* a face bine cuiva.
bien-aimé, -e *adj., smf.* iubit.
bien-être *sm.* bunăstare.
bienfaisance *sf.* binefacere.
bienfaisant, -e *adj.* binefăcător.
bienfait *sm.* binefacere.
bienfaiteur, -trice *smf.* binefăcător.
biennal, -e *adj.* bienal.
bienséance *sf.* bună-cuviinţă.
bienséant, -e *adj.* care se cuvine.
bientôt *adv.* îndată.
bienveillance *sf.* bună-cuviinţă.
bienveillant, -e *adj.* binevoitor.
bienvenu, -e *adj.* binevenit; *soyez le ~* fiţi binevenit!
bière *sf.* bere.
biffer *vt.* a bifa.
bifurcation *sf.* bifurcare.
bigame *adj., smf.* bigam.

B

bigamie *sf.* bigamie.
bigarré, -e *adj.* împestrițat.
B
bigarrer *vt.* a împestrița.
bigarrure *sf.* împestrițare.
bigot, -e *adj.* bigot, habotnic.
bigoudi *sm.* bigudiu.
bijou *sm.* bijuterie.
bijoutier *sm.* bijutier.
bilan *sm.* bilanț.
bilatéral, -e *adj.* bilateral.
bile *sf.* fiere, bilă.
bilingue *adj.* bilingv.
billiard *sm.* biliard.
bille *sf.* bilă.
billet *sm.* bilet.
billot *sm.* butuc.
bimbelot *sm.* jucărie.
bimensuel, -elle *adj.* bilunar.
binage *sm.* prășit.
biner *vt.* a prăși.
binette *sf.* săpăligă.
binocle *sm.* lornion.
binôme *sm.* binom.
biochimie *sf.* biochimie.
biographe *sf.* biograf.
biographie *sf.* biografie.
biographique *adj.* biografic.
biologie *sf.* biologie.
biologiste *sm.* biolog.
bipède *adj.*, *smf.* biped.
biquet *sm.* ied.
bisaïeul, -e *smf.* străbunic.
biscornu, -e *adj.* cu două coarne.
biscotte *sf.* pesmet.
biscuit *sm.* biscuit.
bissac *sm.* desagă.
bisser *vt.* a bisa.
bissextile *adj.* bisect.
bistouri *sm.* bisturiu.
bitume *sm.* bitum.
bitumineux, -euse *adj.* bituminos.
bivouac *sm.* bivuac, tabără.
bizarre *adj.* bizar, ciudat.
bizarrement *adv.* în mod ciudat.
bizarrerie *sf.* ciudățenie.
blafard, -e *adj.* palid.
blague *sf.* glumă; chisea.
blaguer 1. *vi.* a glumi; **2.** *vt.* a lua în glumă.
blaguer, -euse *adj. smf.* glumeț.
blaireau *sm.* bursuc; pămătuf pentru ras.
blâmable *adj.* condamnabil.
blâme *sm.* blam, condamnare publică.
blâmer *vt.* a blama; a condamna.
blanc, -che 1. *adj.* alb; **2.** *sm.* culoarea albă; blanc, *en* ~ în alb; ~ *d'oeuf* albuș.
blanc-bec *sm.* boboc, puști.
blanchâtre *adj.* albicios.
blancheur *sf.* albeață.
blanchir *vt.* a înălbi, a albi.
blanchissage *sm.* spălatul rufelor.
blanchisserie *sf.* spălătorie.
blanchisseur, -euse *smf.* spălător.
blaser 1. *vt.* a blaza; a toci, a slăbi; **2.** *vr.* a se blaza.
blasphème *sm.* blasfemie.

blasphémer *vt.*, *vi.* a huli, a defăima.
blé *sm.* grâu.
blême *adj.* palid, alb la față, livid.
blêmir *vi.* a se albi la față, a păli.
blessant, -e *adj.* jignitor.
blessé, -e *adj.*, *smf.* rănit.
blesser *vt.* a răni; a jigni.
blessure *sf.* rană; jignire.
bleu, -e 1. *adj.* albastru; **2.** *sm.* vânătaie; salopetă.
bleuâtre *adj.* albăstrui.
bleuir *vt.*, *vi.* a (se) albăstri.
blindage *sm.* blindare.
blinder *vt.* a blinda.
bloc *sm.* bloc, bucata mare; întreg, tot; bloc, alianță.
blocage *sm.* blocare; blocaj.
blocus *sm.* blocadă.
blond, -e *adj.*, *smf.* blond.
bloquer *vt.* a bloca.
blottir *vr.* a se ghemui.
blouse *sf.* bluză.
blouson *sm.* bluzon.
blutage *sm.* cernere.
bluter *vt.* a cerne făina.
blutoir *sm.* sită.
boa *sm.* boa.
bobinage *sm.* bobinare.
bobine *sf.* bobină, mosor.
bobiner *vt.* a bobina.
bobo *sm.* bubă.
bocage *sm.* crâng.
bocal *sm.* borcan.
bœuf *sm.* bou, vită; carne de vită.
bohème *sm.* boem.
bohémien, -enne *adj.*, *smf.* țigan.
boire *vt.* a bea; ~ *à petits coups* a bea cu înghițituri mici; a suge, a absorbi.
bois *sm.* lemn; pădure.
boisement *sm.* împădurire.
boisé, -e *adj.* păduros.
boiser *vt.* a împăduri; a lambrisa.
boisson *sf.* băutură.
boîte *sf.* cutie; ~ *aux lettres* cutie de scrisori.
boîter *vi.* a șchiopăta.
boiteux, -euse *adj.*, *smf.* schiop.
bol *sm.* bol; castron.
bolide *sm.* bolid.
bombance *sf.* ospăț, chef.
bombardement *sm.* bombardament.
bombarder *vt.* a bombarda.
bombe *sf.* bombă; chef, petrecere.
bomber *vt.*, *vi.* a (se) umfla, a (se) bomba.
bon, -onne 1. *adj.* bun; plăcut; favorabil, folositor; amabil; corect, just; *de bonne heure* dis de dimineață; ~ *voyage!* drum bun!; ~ *appétit!* poftă bună!; **2.** *adv.* bine; *sentir* ~ a mirosi frumos; **3.** *sm.* bon; ~ *de caisse* bon de casă.
bonasse *adj.* blajin, blând.
bonbon *sm.* bomboană.
bonbonnière *sf.* bombonieră.
bond *sm.* săritură, salt.
bonder *vt.* a ticsi, a înțesa.

B

bondir *vi.* a sări.
bonheur *sm.* fericire.
bonhomie *sf.* bunătąte.
bonhomme *sm.* om cumsecade, blajin.
boni *sm.* beneficiu.
bonification *sf.* bonificare, bonificație.
bonifier *vt.* a ameliora, a îmbunătăți; a bonifica.
bonjour *sm.* bună ziua.
bonne *sf.* menajeră.
bonnement *adv.* simplu; *tout ~* pur și simplu; direct; cu bună credință.
bonnet *sm.* bonetă, căciuliță; *gros ~* ștab.
bonsoir *sm.* bună seara.
bonté *sf.* bunătate.
bord *sm.* margine; mal, țărm; bord; bor *(al pălăriei).*
bordeaux 1. *adj.* bordo; **2.** *sm.* vin de bordeaux.
borne *vt.* bornă.
bosquet *sm.* boschet.
bosse *sf.* cocoașă.
bosser *vi.* a munci din greu.
bossu, -e *adj. smf.* cocoșat.
botanique *sf.* botanică.
botte *sf.* cizmă.
bottine *sf.* cizmuliță.
bouche *sf.* gură.
boucher *sm.* măcelar.
boucherie *sf.* măcelărie.
bouchon *sm.* dop.
boucle *sf.* buclă; *~ d'oreille* cercel.
bouclier *sm.* scut.
bouder *vi.* a sta bosumflat.
boue *sf.* noroi
bouée *sf.* geamandură.
bouffon *sm.* bufon, măscărici.
bouger *vi.* a se mișca.
bougie *sf.* lumânare; bujie.
bouillir *vi.* a fierbe, a clocoti.
bouilloire *sf.* ceainic.
boulanger, -ère *smf.* brutar.
boulangerie *sf.* brutărie.
boule *sf.* bulă, sferă.
bouleau *sm.* mesteacăn.
boulevard *sm.* bulevard.
boulverser *vt.* a bulversa, a impresiona; a răvăși.
boulot *sm.* muncă, serviciu.
bouquet *sm.* buchet.
bouquiniste *sm.* anticar.
bourdon *sm.* bondar.
bourdonner *vi.* a bâzâi, a zumzăi.
bourg *sm.* târg.
bourgeois, -e *adj., smf.* burghez.
bourgeoisie *sf.* burghezie.
bourgeon *sm.* mugur.
bourreau *sm.* călău.
bourse *sf.* pungă; bursă.
bousculer *vt.* a răsturna.
bouse *sf.* balegă.
boussole *sf.* busolă.
bout *sm.* cap, capăt; vârf; bucățică; *à ~ des forces* a fi la capătul puterilor.
bouteille *sf.* sticlă.
boutique *sf.* magazin; prăvălie.
bouton *sm.* nasture; coș *(pe față);* mugur.

boutonner *vt.* a încheia nasturii.
boutonnière *sf.* butonieră.
bouture *sf.* butaș.
bovin, -e *adj.* bovin.
boxe *sf.* box.
boxer *vi.* a boxa.
boxeur, -euse *smf.* boxer.
boyard *sm.* boier.
boycottage *sm.* boicot, boicotare.
boycotter *vt.* a boicota.
bracelet *sm.* brățară.
braconnage *sm.* braconaj.
braconner *vi.* a bracona.
braconnier *sm.* braconier.
braguette *sf.* șliț.
braillard, -e *adj.*, *smf.* scandalagiu, gălăgios.
brailler *vi.* a zbiera, a țipa.
braire *vi.* a rage *(despre măgar).*
braise *sf.* jar.
braiser *vt.* a frige.
brancard *sm.* targă, brancardă.
brancardier *sm.* brancardier.
branchage *sm.* ramurile unui copac.
branche *sf.* cracă, creangă, ramură; braț *(a râului).*
branchement *sm.* branșament.
brancher *vt.* a branșa.
branchies *sf. pl.* branhii.
brandir *vt.* a flutura în aer.
branlant, -e *adj.* care se clatină.
branle *sm.* oscilație.
branlement *sm.* clătinare.
branler *vt.* a clătina.
braquer *vt.* a îndrepta (*spre*); a ochi *(cu o armă); ~ les roues d'une auto* a schimba direcția.
bras *sm.* braț; *~ dessus, ~ dessous* braț la braț.
brasier *sm.* jeratic.
brasiller **1.** *vt.* a frige pe jeratic; **2.** *vi.* *(despre o apă)* a sclipi.
brassage *sm.* fabricare de bere.
brasser *vt.* a prepara bere; a amesteca; *~ des affaires* a se ocupa de mai multe afaceri.
brasserie *sf.* braserie, berărie.
brasseur, -euse *smf.* berar.
brassière *sf.* sutien; (*pl.*) bretele *(la rucsac).*
bravache *adj.*, *smf.* lăudăros.
bravade *sf.* bravadă; sfidare.
brave *adj.* viteaz, brav, curajos; *homme ~* om curajos.
bravement *adv.* cu vitejie.
braver *vt.* a înfrunta, a brava, a sfida.
bravo *interj.* bravo!
bravoure *sf.* bravură, vitejie, îndrăzneală.
brebis *sf.* oaie.
brèche *sf.* breșă; gaură; *être sur la ~* a fi pe baricade.
bredouiller *vi.* a se bâlbâi.
bref, brève *adj.* scurt, concis; *en ~* pe scurt, în rezumat, în fine.
breloque *sf.* breloc.
bretelle *sf.* bretea.
bretteur *sm.* spadasin.

B

breuvage *sm.* băutură.
brevet *sm.* brevet.
breveter *vt.* a breveta.
bréviaire *sm.* breviar.
bribe *sf.* bucățică, fragment; resturi.
bricoler 1. *vi.* a face mici amenajări acasă; **2.** *vt.* a face, a repara ceva sumar.
bride *sf.* frâu; bridă.
brider *vt.* a pune frâu, a înfrâna.
brièvement *adv.* pe scurt.
brièveté *sf.* scurtime.
brigade *sf.* brigadă.
brigadier *sm.* brigadier.
brigand *sm.* tâlhar, hoț.
brigue *sf.* intrigă, conspirație.
brillant, -e *adj.* strălucitor, scânteietor, sclipitor.
brillamment *adv.* strălucit.
brillantine *sf.* brilantină.
briller *vi.* a străluci.
brin *sm.* fir; *un ~ de* puțin.
brindille *sf.* crenguță, rămurică.
brioche *sf.* brioșă, cozonac; *prendre de ~* a face burtă.
brique *sf.* cărămidă.
briquet *sm.* brichetă.
briqueterie *sf.* fabrică de cărămidă.
bris *sm.* spargere *(a unui obiect din sticlă).*
brisant, -e 1. *adj.* care se sparge, casabil; **2.** *sm.* stâncă la suprafața mării.
brise *sf.* briză.
briser *vt.* a sparge; a rupe, a frânge; a distruge; a întrerupe brusc.
briseur *sm.* spărgător.
brisure *sf.* spărtură.
britannique *adj.* britanic.
broc *sm.* ulcior, cană.
brocart *sm.* brocart; *(fam.)* jignire.
broche *sf.* frigare; broșă.
brochet *sm.* știucă.
brochette *sf.* frigăruie.
brochure *sf.* broșură.
broder *vt.* a broda.
broderie *sf.* broderie.
brodequin *sm.* bocanc.
broiement *sm.* fărâmițare, zdrobire.
brome *sm.* brom.
bromure *sm.* bromură.
bronche *sf.* bronhie.
broncher *vi.* a se poticni.
bronchite *sf.* bronșită.
bronze *sm.* bronz; *âge du ~* epoca bronzului.
bronzer *vt.* a bronza.
brossage *sm.* periere.
brosse *sf.* perie; *~ à dents* periuță de dinți; *~ à cheveux* perie de păr.
brosser *vt.* a peria; a schița.
brouette *sf.* roabă.
brouhaha *sm.* zgomot mare, larmă.
brouillage *sm.* bruiaj.
brouillard *sm.* ceață.
brouiller 1. *vt.* a amesteca; a încurca; a bruia; *œufs brouillés*

ouă jumări; **2.** *vr.* a se certa; *(despre vreme)* a se strica.
brouillon *sm.* ciornă, concept.
broussaille *sf.* mărăciniș.
brouter *vt.* a paște.
broyer *vt.* a strivi, a zdrobi; a măcina.
bru *sf.* noră.
bruine *sf.* burniță.
bruiner *vi.* a bura, a burnița.
bruire *vi.* a fâșâi, a foșni.
bruissement *sm.* freamăt, foșnet.
bruit *sm.* zgomot, gălăgie; zvon; *le ~ court* se zvonește.
brûler *vt.* a arde.
brûlure *sf.* arsură.
brume *sf.* pâclă, ceață, negură.
brun, -e *adj.*, *smf.* brun.
brunir *vt.*, *vi.* a se face brun.
brusque *adj.* brusc, neprevăzut.
brusquement *adv.* brusc, subit, neașteptat.
brusquer *vt.* a brusca.
brusquerie *sf.* asprime, mojicie.
brut, -e *adj.* brut.
brutalement *adv.* în mod brutal.
brutaliser *vt.* a brutaliza.
brutalité *sf.* brutalitate.
brute *sf.* brută.
bruyant, -e *adj.* zgomotos.
bruyamment *adv.* zgomotos.
bruyère *sf.* iarbă-neagră.
buanderie *sf.* spălătorie.
bûche *sf.* buturugă.
bûcher *sm.* rug.
bûcheron, -onne *smf.* tăietor de lemne.
budget *sm.* buget.
budgétaire *adj.* bugetar.
buée *sf.* abur.
buffet *sm.* bufet.
buffle *sm.* bivol.
buis *sm.* merișor.
buisson *sm.* tufiș.
bulbe *sm.* bulb.
bulldozer *sm.* buldozer.
bulle *sf.* bulă, bășică; pecete.
bulletin *sm.* bulletin.
bureau *sm.* birou.
bureaucrate *sm.* birocrat.
bureaucratie *sf.* birocrație.
burin *sm.* daltă.
burlesque *adj.* burlesc, grotesc.
bus *sm.* autobuz.
busqué *adj.* încovoiat; *nez ~* nas coroiat.
buste *sm.* bust.
but *sm.* țel, scop, obiectiv.
buté, -e *adj.* încăpățânat.
buter **1.** *vi.* *(contre)* a se împiedica; **2.** *vt.* a sprijini; **3.** *vr.* a se încăpățâna.
butin *sm.* pradă; *~ de guerre* pradă de război.
butte *sf.* colină; movilă.
butter *vt.* a face mușuroi.
buvard *sm.* sugativă.
buverie *sf.* chef.
buvette *sf.* local mic, cârciumă.
buveur, -euse *adj.*, *smf.* băutor, bețiv.

C

ça 1. *pron. dem.* ăsta, asta; ~ *va bien?* eşti bine?; ~ *alors!* asta-i bună!; 2. *adv.* aici; ~ *et* ~ ici şi colo.
cabane *sf.* cabană; colibă; coteţ.
cabine *sf.* cabină.
cabinet *sm.* cabinet; guvern; (*pl.*) closet.
câble *sm.* cablu; telegramă.
cabot *sm.* (*fam.*) jigodie, javră.
cabosser *vt.* a turti, a deforma.
cabri *sm.* ied.
cabrioler *vi.* a zburda.
cabriolet *sm.* cabrioletă.
cacahouète *sf.* arahidă.
cacao *sm.* cacao.
cache *sf.* ascunzătoare.
cache-cache *sm.* de-a v-aţi ascunselea *(jocul).*
cache-nez *sm. invar.* fular, şal de lână.
cacher *vt., vr.* a (se) ascunde.
cachet *sm.* sigiliu, pecete; pastilă.
cacheter *vt.* a sigila.
cachette *sf.* ascunzătoare; *en* ~ pe furiş.
cachot *sm.* temniţă, carceră.
cadavre *sm.* cadavru.
cadeau *sm.* cadou, dar.
cadenas *sm.* lacăt.
cadet, -tte 1. *smf.* mezin; 2. *sm.* cadet; 3. *adj.* mezin.
cadre *sm.* cadru; ramă; bordură; limită; (*pl.*) personal, cadre; ambianţă.
cafard, -e 1. *sm.* gâdac; 2. *adj., smf.* ipocrit; denunţător.
café *sm.* cafea; cafenea; *une tasse de* ~ o ceaşcă de cafea.
cafetière *sf.* cafetieră; ibric de cafea.
cage *sf.* colivie; cuşcă; *la* ~ *de l'escalier* casa scării; ~ *thoracique* cutie toracică.
cahier *sm.* caiet; ~ *brouillon* caiet maculator.
cahoter *vt.* a zdruncina, a zgâlţâi.
caille *sf.* prepeliţă.
cailler *vt., vr.* a (se) închega; a (se) prinde.
cailleter *vi.* a flecări.
caillou *sm.* pietricică.
caisse *sf.* casă de bani; cufăr, ladă; casierie; ~ *d'épargne* casă de economii.
cassier, -ère *smf.* casier.
cal *sm.* bătătură.
calamité *sf.* calamitate, năpastă.
calcaire 1. *adj.* calcaros; 2. *sm.* calcar, var nestins.
calcul *sm.* calcul; plan, proiect.

calculateur, -trice 1. *smf.* calculator; 2. *sm.* mașină de calculat.
calculer *vt.* a calcula; a socoti; a evalua, a aprecia.
calé, -e *adj.* foarte bun la; tobă de carte.
calèche *sf.* caleașcă.
caleçon *sm.* chiloți, izmene.
calembour *sm.* calambur, joc de cuvinte.
calendrier *sm.* calendar.
calepin *sm.* carnețel.
caler *vt.* a fixa; a bloca; a opri.
calice *sm.* caliciu.
câlin, -e *adj.* alintat; mângâietor.
calleux, -euse *adj.* aspru; cu bătături.
calligraphie *sf.* caligrafie.
calmant, -e *adj.* calmant, liniștitor.
calme 1. *adj.* calm, liniștit; 2. *sm.* calm, liniște.
calmement *adv.* în mod liniștit.
calmer *vt.*, *vr.* a (se) calma, a (se) liniști; a (se) potoli.
calomniateur, -trice *smf.* calomniator.
calomnie *sf.* calomnie.
calomnier *vt.* a calomnia.
calotte *sf.* calotă; tichie.
calquer *vt.* a imita; a copia un desen.
calvaire *sm.* calvar, suferință, chin.
calvitie *sf.* chelie.
camarade *smf.* coleg; tovarăș.
cambré, -e *adj.* cambrat, arcuit.
cambrer *vt.*, *vr.* a (se) cambra, a (se) arcui.
cambriolage *sm.* spargere, furt.
cambrioleur, -euse *smf.* spărgător, hoț.
camélia *sm.* camelie.
caméra *sf.* aparat de luat vederi.
camion *sm.* camion.
camionneur *sm.* șofer de camion.
camomille *sf.* mușețel.
camoufler *vt.* a camufla; a ascunde.
camp *sm.* tabără; lagăr; ~ *de concentration* lagăr de concentrare; camping.
campagnard, -e 1. *smf.* țăran; 2. *adj.* rustic, țăranesc.
campagne *sf.* câmpie, șes; expediție militară; campanie; *battre la* ~ a bate câmpii; *à la* ~ la țară.
camper 1. *vt.* a așeza; a posta; 2. *vi.* a campa; 3. *vr.* a se instala, a se stabili.
camus, -e *smf.* cârn, turtit.
canadien, -ienne *adj.* canadian.
Canadien, -ienne *smf.* locuitor al Canadei.
canaille *sf.* canalie, ticălos.
canal *sm.* canal, conductă.
canalisation *sf.* canalizare.

C

canaliser *vt.* a canaliza.
canard *sm.* rață; ~ *sauvage* rață sălbatică.
canari *sm.* canar.
cancéreux, -euse *adj., smf.* canceros.
cancre *sm.* elev leneș.
candeur *sf.* candoare, inocență; nevinovăție.
candidat, -e *sf.* candidat.
candide *adj.* nevinovat, pur, inocent, candid.
candidement *adv.* cu candoare.
cane *sf.* rață.
caniche *sm.* pudel.
caniculaire *adj.* canicular.
canicule *sf.* caniculă.
canif *sm.* briceag.
canin, -e 1. *adj.* canin; **2.** *sf.* dinte canin.
canne *sf.* trestie; ~ *à sucre* trestie de zahăr; ~ *blanche* baston pentru orbi; ~ - *de – jonc* papură.
cannelle *sf.* scorțișoară.
canon *sm.* tun; canon.
canonner *vt.* a bombarda.
canot *sm.* șalupă; barcă.
canotage *sm.* canotaj.
cantatrice *sf.* cântareață de operă.
cantine *sf.* cantină.
cantonnement *sm.* cantonament.
caoutchouc *sm.* cauciuc.
caoutchouter *vt.* a cauciuca.
cap *sm.* cap, promontoriu.
capable *adj.* capabil, destoinic, priceput; *homme* ~ om priceput.
capacité *sf.* capacitate.
cape *sf.* capă, pelerină.
capitaine *sm.* căpitan.
capital, -e 1. *adj.* capital, esențial; *question* ~ problemă capitală; **2.** *sm.* capital.
capitale *sf.* capitală.
capitonner 1. *vt.* a capitona, a tapița; **2.** *vr.* a se înveli.
capituler *vt.* a capitula; a ceda.
capitulation *sf.* capitulare.
câpre *sf.* caperă.
caprice *sm.* capriciu.
capricieux, -euse *adj.* capricios.
capter *vt.* a capta.
captieux, -euse *adj.* insidios, perfid.
captif, -ive *adj., smf.* captiv, prizoner.
captivant, -e *adj.* captivant.
captiver *vt.* a captiva; a atrage; ~ *l'attention* a atrage atenția.
captivité *sf.* captivitate.
capture *sf.* pradă, captură.
capturer *vt.* a captura, a prinde.
capuchon *sm.* glugă.
caquetage trăncăneală, flecăreală.
caqueter *vi.* a pălăvrăgi; a cotcodăci.
car 1. *conj.* căci, deoarece, pentru că; **2.** *sm.* autocar.

caractère *sm.* caracter, fire; literă; caracteristică; ~ *violent* fire violentă.
caractérisation *sf.* caracterizare.
caractériser *vt.*, *vr.* a (se) caracteriza, a (se) distinge.
caractéristique *adj.* caracteristic.
carafe *sf.* carafă.
carambolage *sm.* ciocnire între vehicule.
caramboler *vi.* a ciocni, a lovi.
caramel *sm.* caramel.
carapace *sf.* carapace.
caravane *sf.* caravană.
carder *vt.* a dărăci.
cardeuse *sf.* darac.
cardinal, -e **1.** *adj.* cardinal; *les points cardinaux* punctele cardinale; **2.** *sm.* cardinal.
carême *sm.* postul Paştelui *(catolic).*
carence *sf.* carenţă, lipsă.
caresse *sf.* mângâiere, dezmierdare.
caresser *vt.* a dezmierda, a mângâia, a alinta; ~ *du regard* a sorbi din ochi.
cargaison *sf.* încărcătură.
cargo *sm.* cargou.
caricature *sf.* caricatură.
carlingue *sf.* carlingă.
carnage *sm.* măcel, carnagiu.
carotte *sf.* morcov; *poil de ~* om cu părul roscat.
caroube *sf.* roşcovă.
carpe *sf.* crap.
carpette *sf.* carpetă, covoraş.
carré, -e **1.** *sm.* pătrat; careu; **2.** *adj.* pătrat; cinstit; *tête ~* încăpăţânat.
carreau *sm.* carou; ochi de geam; gresie.
carrefour *sm.* intersecţie; răscruce.
carrément *adv.* direct, cinstit, sincer.
carrière *sf.* carieră, profesie; carieră de piatră etc.
carrosserie *sf.* caroserie.
cartable *sm.* ghiozdan.
carte *sf.* document de identitate; carte; ~ *postale* carte poştală; carte de joc; *tirer les cartes* a da în cărţi; *donner ~ blanche* a da mână liberă; hartă.
carton *sm.* carton; cutie.
cartouche *sf.* cartuş.
cas *sm.* caz; *en tout ~* în orice caz; *en aucun ~* în nici un caz; *le ~ échéant* dacă este cazul.
cascade *sf.* cascadă.
case *sf.* cabană; colibă; pătrăţel.
caser **1.** *vt.* a plasa; a găsi cuiva o locuinţă; **2.** *vr.* a-şi găsi un loc.
caserne *sf.* cazarmă.
casier *sm.* cazier.
casque *sm.* cască.
casquette *sf.* caschetă, şapcă.
cassable *adj.* casabil, fragil.
cassation *sf.* casare; casaţie.

C

casser 1. *vt.* a sparge, a sfărâma; a rupe; a casa, a anula; ~ *une sentence* a anula o sentință; a destitui; ~ *la tête à quelqu'un* a bate pe cineva la cap; **2.** *vi. vr.* a se sparge, a se sfărâma, a se rupe.
casserole *sf.* cratiță.
catalogue *sm.* catalog.
catastrophe *sf.* catastrofă.
catégorie *sf.* categorie.
catégorique *adj.* categoric.
catégoriquement *adv.* categoric.
cathédrale *sf.* catedrală.
catholicisme *sm.* catolicism.
catholique *adj., smf.* catolic.
cauchemar *sm.* coșmar.
cause *sf.* cauză, motiv; *sans* ~ fără cauză; *mettre en* ~ a incrimina.
causer 1. *vt.* a cauza; **2.** *vi.* a sta de vorbă.
causerie *sf.* taifas, conversație.
causette *sf.* taclale; *faire la* ~ a sta la taclale.
causeur, -euse *smf.* persoană vorbăreață.
caustique *adj.* caustic.
cavalerie *sf.* cavalerie.
cavalier *sm.* călăreț.
cave *sf.* pivniță, beci.
caverne *sf.* cavernă, grotă, peșteră.
caviar *sm.* icre negre.
cavité *sf.* cavitate, scobitură.
ce 1. *adj. dem.* acest, acesta; ăsta, asta; acel, accea; **2.** *pron. dem. c'est vrai?* este adevărat?; ~ *que* ceca ce; *pour* ~ *qui est de moi* în ceea ce mă privește; *par* ~ *que* ca să; *c'est que* fiindcă.
ceci *pron. dem.* aceasta, asta, acest lucru.
cécité *sf.* orbire.
céder 1. *vt.* a ceda; a renunța; ~ *le pas* a lăsa să treacă înainte; **2.** *vi.* a ceda, a se supune.
ceindre *vt.* a înconjura; a împrejmui; a lega.
ceinture *sf.* curea; cordon; centură; talie, mijloc; ~ *de sécurité* centură de siguranță.
cela *pron. dem.* aceasta, asta, acest lucru.
célébration *sf.* celebrare, sărbătorire.
célèbre *adj.* faimos, celebru, vestit.
célébrer *vt.* a celebra, a sărbători.
célébrité *sf.* celebritate.
céleri *sm.* țelină.
céleste *adj.* celest, ceresc.
célibataire *sm., adj.* celibatar, burlac.
celle *pron. dem. f.* accea, acelea; cea, cele; ~ - *ci* aceasta; ~ *-là* aceea.
cellule *sf.* celulă; chilie; alveolă.
celte, celtique *adj.* celt, celtic.
celui *pron. dem. m.* acela, acesta; cel, cei; ~ - *ci* acesta; ~ - *là* acela.
cendre *sf.* cenușă.

cendrier *sm.* scrumieră.
censure *sf.* cenzură.
censurer *vt.* a cenzura; a interzice.
cent *num. card.* sută *pour* ~ la sută.
centaine *sf.* vreo sută; *par centaines* cu sutele.
centenaire *adj.*, *sm.* centenar.
centième *num. ord.* al (o) sutălea.
centime *sm.* centimă.
central, -e 1. *adj.* central; **2.** *sm.* centrală telefonică.
centralisation *sf.* centralizare
centraliser *vt.* a centraliza.
centre *sm.* centru.
centuple *adj.*, *sm.* însutit.
centupler *vt.* a însuti.
cependant 1. *adv.* între timp; ~ *que* în timp ce; **2.** *conj.* cu toate acestea; totuși.
céramique *sf.* ceramică.
cerceau *sm.* cerc.
cercle *sm.* cerc; ~ *de tonneau* cerc de butoi.
cercueil *sm.* sicriu.
céréale *sf.* cereală.
cérémonie *sf.* ceremonie.
cérémonieux, -euse *adj.* ceremonios.
cerf *sm.* cerb.
cerf-volant *sm.* zmeu.
cerise *sf.* cireașă.
cerisier *sm.* cireș.
cerne *sm.* cearcan, contur.
cerné, -e *adj.* încercănat; *des yeux* ~ ochi încercănați.
cerner *vt.* a înconjura; a bolca.
certain, -e 1. *pron. nehot.* oarecare; anumit; **2.** *adj.* cert, sigur; **3.** *sm.* lucru, fapt cert.
certainement *adv.* bineînțeles.
certes *adv.* cu siguranță, desigur.
certificat *sm.* certificat; diplomă.
certifier *vt.* a certifica, a atesta, a garanta.
certitude *sf.* siguranță, certitudine.
cerveau *sm.* creier.
cervelle *sf.* creier; *se faire sauter la* ~ a-și zbura creierii.
cesse *sf.* încetare; *sans* ~ fără încetare.
cesser 1. *vt.* a înceta; **2.** *vi.* a se opri.
chacun, -e *pron. nehot.* fiecare.
chagrin, -e 1. *adj.* întristat, supărat; **2.** *sm.* tristețe, supărare.
chagriner *vt.* a întrista, a supăra.
chaîne *sf.* lanț; ~ *de montagnes* lanț de munți; ~ *de télévision* canal de televiziune.
chaînette *sf.* lănțișor.
chair *sf.* carne; trup; pulpă de fruct.
chaire *sf.* catedră.
chaise *sf.* scaun; ~ *longue* șezlong.
chalet *sm.* cabană.
chaleur *sf.* căldură.
chaleureusement *adv.* cu căldură, afectuos.
chauleureux, -euse *adj.* afectuos, călduros.

C

C

chaloupe *sf.* șalupă.
chamailler *vr.* a se ciondăni.
chambre *sf.* cameră; casă; *femme de ~* fată-n casă.
chameau *sm.* camilă.
champ *sm.* câmp, câmpie, pășune; *à travers champs* peste câmp; holdă; *vivre aux champs* a trăi la țară.
champagne *sm.* șampanie.
champêtre *adj.* rustic, câmpenesc.
champignon *sm.* ciupercă.
champion, -onne *smf.* campion.
championnat *sm.* campionat.
chance *sf.* noroc, șansă.
chancelant, -e *adj.* șovăitor; care se clatină.
chanceler *vi.* a se clătina.
chancellerie *sf.* cancelarie.
chandail *sm.* pulover, tricou.
chandelier *sm.* sfeșnic.
chandelle *sf.* lumânare.
change *sm.* schimb monetar.
changeant, -e *adj.* schimbător.
changement *sm.* schimbare.
changer 1. *vt.* a schimba; a transforma; **2.** *vi.* a schimba; *~ d'avis* a se răzgândi; **3.** *vr.* a se schimba *(de haine)*; a se transforma în.
chanson *sf.* cântec.
chant *sm.* cânt.
chanter *vi.*, *vt.* a cânta.
chanteur, -euse *smf.*, *adj.* cântăreț.
chantier *sm.* șantier.
chanvre *sm.* cânepă.
chaos *sm.* haos.
chapeau *sm.* pălărie.
chapelier *sm.* pălărier.
chapitre *sm.* capitol.
chaque *adj. nehot.* fiecare, oricare.
char *sm.* car; car alegoric; tanc de luptă.
charbon *sm.* cărbune.
charbonnier *sm.* cărbunar.
charge *sf.* încărcătură; povară; greutate; taxă, impozit; sarcină, rol, misiune; *prendre en ~* a avea grijă de.
charger 1. *vt.* a încărca; a încredința o misiune; **2.** *vr.* a-și asuma.
chariot *sm.* cărucior.
charitable *adj.* caritabil.
charité *sf.* milă; pomană; *faire la ~* a da de pomană.
charmant, -e *adj.* fermecător, plăcut.
charme *sm.* farmec, vrajă; șarm; *les charmes d'une femme* frumusețea unei femei.
charmer *vt.* a vrăji, a fermeca, a fascina.
chargogne *sf.* hoit, stârv.
charpente *sf.* șarpantă, schelet.
charpenterie *sf.* dulgherie.
charpentier *sm.* dulgher.
charretier *sm.* căruțaș.
charrette *sf.* șaretă.
charrue *sf.* plug.
chartreuse *sf.* mănăstire.

chasse *sf.* vânătoare; *aller à la ~* a merge la vânătoare.
chasser *vt.* a vâna; a izgoni, a alunga; a mâna.
chasseur, -euse *smf.* vânător.
chassis *sm.* cadru, ramă; șasiu.
chaste *adj.*, *smf.* cast, pur.
chasteté *sf.* castitate, puritate.
chat, chatte *smf.* pisică.
châtaigne *sf.* castană.
châtaignier *sm.* castan.
châtain, -ne 1. *adj.* castaniu, șaten; 2. *sm.* castaniu.
château *sm.* castel; cetate.
chatelaine, -e *smf.* castelan.
châtelet *sm.* cetățuie.
chattier *vt.* a pedepsi.
châtiment *sm.* pedeapsă.
chatouiller *vt.*, *vr.* a (se) gâdila.
chaud, -e *adj.* cald; călduros; *il fait ~* este cald; prietenos.
chaudière *sf.* cazan.
chauffage *sm.* încălzire.
chauffer *vt.*, *vr.* a (se) încălzi.
chauffeur *sm.* fochist; șofer.
chaume *sm.* miriște.
chaumière *sf.* colibă.
chaussée *sf.* șosea.
chausse-pied *sm.* încălțător.
chausser *vt.*, *vr.* a (se) încălța.
chaussette *sf.* șosetă.
chaussure *sf.* încălțăminte.
chauve *adj.* chel.
chauve-souris *sf.* liliac.
chaux *sf.* var; *~ d'arsenic* șoricioaică.
chef *sm.* șef; *~ d'orchestre* dirijor; *~ d'accusation* cap de acuzare; *~ de gare* șef de gară.
chef-d'œuvre *sm.* capodoperă.
chef-lieu *sm.* reședință.
chemin *sm.* drum, cale; *se mettre en ~* a porni la drum; *~ de fer* cale ferată.
cheminée *sf.* șemineu, vatră; coș de fum, horn.
cheminer *vi.* a merge.
chemise *sf.* cămașă; *~ de mailles* zale.
chêne *sm.* stejar.
chenil *sm.* coteț.
chenille *sf.* omidă.
chèque *sm.* cec.
cher, -ère 1. *adj.* drag, scump, iubit; prețios; 2. *adv.* scump; *coûter ~* a costa scump.
chercher *vt.* a căuta.
chercheur, -euse *smf.* cercetător.
chéri, -e *adj.*, *smf.* drag, scump, iubit.
chérir *vt.*, *vr.* a (se) iubi.
chétif, -ive *adj.* plăpând, slab; mediocre.
cheval *sm.* cal; *à ~* călare.
chevaleresque *adj.* cavaleresc.
chevalet *sm.* șevalet.
chevalier *sm.* cavaler.
chevaucher *vi.*, *vt.* a călări.
chevelu, -e *adj.* pletos, păros.
chevelure *sf.* păr.
chevet *sm.* căpătâi; *livre de ~* carte de căpătâi.

C

cheveu *sm.* fir de păr; *couper les cheveux en quatre* a despica firul în patru.
cheville *sf.* gleznă.
chèvre *sf.* capră.
chevreau *sm.* ied.
chevreuil *sm.* căprioară.
chez *prep.* la; ~ *moi* la mine acasă.
chic 1. *adj.* șic, elegant; **2.** *interj.* grozav!
chicane *sf.* șicană.
chien, -enne *smf.* câine.
chiffon *sm.* cârpă, zdreanță.
chiffonné, -e *adj.* șifonat, mototolit.
chiffonner *vt.* a șifona, a mototoli.
chiffre *sm.* cifră; cifru.
chignon *sm.* coc.
chimère *sf.* iluzie, himeră.
chimie *sf.* chimie.
chimiste *smf.* chimist.
chinois, -e *adj.* chinez, chinezesc.
Chinois, -e *smf.* locuitor din China.
chirurgie *sf.* chirurgie.
chirurgien *sm.* chirurg.
choc *sm.* șoc, lovitură.
chocolat *sm.* ciocolată.
chœur *sm.* cor.
choisir *vt.* a alege.
choix *sm.* alegere; *au* ~ la alegere; *faire* ~ a alege.
choléra *sm.* holeră.
chômeur, -euse *smf.* șomer.
choquer *vt.* a lovi, a ciocni, a izbi; a jigni pe cineva.
chose *sf.* lucru; *quelque* ~ ceva.
chou *sm.* varză.
chouette *sf.* cucuvea.
chrétien, -enne *smf. adj.* creștin.
christianisme *sm.* creștinism.
chronique 1. *sf.* cronică; **2.** *adj.* cronic; *une maladie* ~ o boala cronică.
chroniqueur *sm.* cronicar.
chronologie *sf.* cronologie.
chrysanthème *sm.* crizantemă.
chuchotement *sm.* șușoteală.
chuchoter *vt., vi.* a șușoti; a șopti.
chute *sf.* cădere; ~ *d'eau* cascadă; insucces; deșeu, rest.
cible *sf.* țintă.
cicatrice *sf.* cicatrice.
cicatrizer *vt., vr.* a (se) cicatriza.
ciel 1. *sm.* cer; *grace au ~!* slavă domnului!; **2.** *interj.* cerule! doamne!
cigale *sf.* greier.
cigarette *sf.* țigară.
cigogne *sf.* barză.
cil *sm.* geană.
cime *sf.* pisc, vărf.
ciment *sm.* ciment.
cimenter *vt.* a cimenta.
cimetière *sm.* cimitir.
cinéma *sm.* cinema, cinematograf.
cinglé, -e *adj.* țicnit.
cingler *vt.* a biciui.

cinq *num. card.* cinci.
cinquantaine *sf.* vreo cinzeci.
cinquante *num. card.* cincizeci.
cinquième **1.** *num. ord.* al cincilea; **2.** *sm.* cincime.
cirage *sm.* cremă de ghete.
circonférence *sf.* circumferință.
circonflexe *adj.* circumflex.
circonscrire *vt.* a circumscrie.
circonstance *sf.* circumstanță, ocazie.
circonstanciel, -elle *adj.* circumstanțial.
circuit *sm.* traseu, circuit, itinerar.
circulation *sf.* circulație.
circuler *vi.* a circula.
cire *sf.* ceară.
cirer *vt.* a cerui, a lustrui.
cireur *sm.* lustrangiu.
cirque *sm.* circ.
ciseau *sm.* daltă; *pl.* foarfece.
ciseler *vt.* a cizela.
citadelle *sf.* citadelă.
citadin, -ine **1.** *smf.* orășan; **2.** *adj.* orășenesc, citadin.
citation *sf.* citat; citație.
cite *sf.* oraș.
citer *vt.* a cita; ~ *des témoins* a cita martori.
citerne *sf.* cisternă; rezervor.
citoyen, -enne *smf.* cetățean.
citron *sm.* lămâie.
citronnade *sf.* limonadă.
citronnier *sm.* lămâi *(arbore).*
citrouille *sf.* dovleac.
civil, -e *adj. smf.* civil; urban; politicos.
civilisation *sf.* civilizaţie
civilisé, -e *adj.* civilizat; politicos.
civiliser *vt.*, *vr.* a (se) civiliza.
civilité *sf.* politețe.
civique *adj.* cetățenesc, civic.
clair, -e **1.** *adj.* luminos, strălucitor; clar, limpede; curat; *eau claire* apă limpede; deschis *(despre culori)*; **2.** *sm.* lumină.
clarière *sf.* luminiș, poiană.
claironner *vi.*, *vt.* a trâmbița.
clairvoyant, -e *smf.* clarvăzător.
clamer *vt.* a striga în gura mare.
clandestine, -e *adj.* clandestine.
clapoter *vt.* a clipoci, a susura.
claque *sf.* palmă; *donner une ~* a trage o palmă.
claquement *sm.* plesnitură.
claquer **1.** *vi.* a pocni, a plesni; a clănțăni; a claca, a eșua; **2.** *vt.* a trânti.
clarifier **1.** *vt.* a limpezi; a purifica; **2.** *vr.* a se limpezi, a se clarifica.
clarté *sf.* lumină; claritate, limpezime.
classe *sf.* clasă; categorie; sală de curs; lecție; *avoir de la ~* a avea distincție.
classement *sm.* clasare, clasament.

C

classer 1. *vt.* a clasa, a ordona; a încheia, a clasa; **2.** *vr.* a se clasa.
classification *sf.* clasificare.
classifier *vt.* a clasa, a clsifica.
classique *adj.* clasic.
clause *sf.* clauză.
clauster *vt.*, *vr.* a (se) claustra, a se izola.
clef *sf.* cheie.
clémence *sf.* indulgență, clemență.
clément, -e *adj.* indulgent.
clerc *sm.* cleric.
clergé *sm.* cler.
cliché *sm.* clișeu.
client, -e *smf.* client.
clientèle *sf.* clientelă.
clignement *sm.* clipire, clipit.
cligner *vi.* a clipi; ~ *de l'œil* a face cu ochiul.
climat *sm.* climă, climat.
climatique *adj.* climateric; *station* ~ stațiune climaterică.
clin *sm.* ~ *d'œil* clipire.
clinique 1. *sf.* clinică; **2.** *adj.* clinic.
clochard, -e *smf.* vagabond.
cloche *sf.* clopot.
clocher *sm.* clopotniță.
clochette *sf.* clopoțel.
cloître *sm.* mănăstire.
cloîtrer 1. *vt.* a claustra; a izola; **2.** *vr.* a se călugări.
clopin-clopant *adv.* șchipătând.
clore *vt.* a închide; a împrejmui.
clos, -e *adj.* închis; împrejmuit.
clôture *sf.* împrejmuire, gard.
clôturer *vt.* a îngrădi, a împrejmui; a termina, a încheia.
clou *sm.* cui; *un ~ chasse l'autre* cui pe cui sa scoate; *maigre comme un* ~ slab ca o scândură.
clouer *vt.* a bate în cuie; a țintui.
clouté *adj.* *passage* ~ trecere de pietoni.
clown *sm.* clovn.
club *sm.* club.
coaliser *vt.*, *vr.* a (se) coaliza.
coalition *sf.* coaliție.
coasser *vi.* a orăcăi.
cocarde *sf.* insignă.
coche *sm.* diligență, poștalion.
cocher *sm.* vizitiu.
cochon *sm.* porc; *tête de* ~ încăpățânat.
cochonnerie *sf.* porcărie, mârșăvie.
coco *sm.* cocos; *noix de* ~ nucă de cocos.
code *sm.* cod; *le ~ de la route* codul rutier; *le ~ civil* codul civil; *le ~ de la politesse* codul de politețe.
cœfficient *sm.* coeficient.
cœur *sm.* inimă; *de tout son* ~ din tot sufletul; *prendre à* ~ a pune la inimă; *par* ~ pe de rost; *le valet de* ~ valetul de cupă.
cœxistence *sf.* coexistență.
coffer *sm.* cufăr; casă de bani; portbagaj.
coffre-fort *sm.* casă de bani.
cognac *sm.* coniac.

cognassier *sm.* gutui.
cognée *sf.* secure, topor.
cogner **1.** *vt.* a lovi, a bate; **2.** *vi. (cu prep. sur)* a bate în; **3.** *vr.* a se izbi, a se lovi de.
cohabiter *vi.* a coabita, a locui împreună.
cohérence *sf.* coerență.
cohérent, -e *adj.* coerent.
cohésion *sf.* coeziune.
cohue *sf.* mulțime, îmubulzeală.
coiffe *sf.* scufie, bonetă.
coiffer **1.** *vt.* a acoperi pe cineva pe cap; **2.** *vr.* a se coafa.
coiffeur, -euse *smf.* coafor, frizer.
coiffure *sf.* coafură, pieptănătură.
coin *sm.* colț.
coincer **1.** *vt.* a bloca, a înțepeni; a strivi; **2.** *vr.* a se înțepeni, a se bloca.
coïncidence *sf.* coincidență.
coïncider *vi.* a coincide.
coing *sm.* gutuie.
col *sm.* guler; pas, trecătoare; curmătură, șa.
colère *sf.* furie, mânie.
coléreux, -euse *adj.* coleric, irascibil.
colifichet *sm.* fleac; bibelou.
colimaçon *sm.* melc; *en ~* în spirală.
colin-maillard *sm.* de-a baba oarba.
colique *sf.* colică.
colis *sm.* pachet, colet.
collaborateur, -trice *smf.* colaborator.
collaborer *vi.* a colabora.
collant, -e *adj.* lipicios.
colle *sf.* lipici, clei; o problemă greu de rezolvat.
collecter *vt.* a colecta.
collectiv, -ive *adj.* colectiv.
collection *sf.* colecție.
collectionner *vt.* a colecționa.
collectionneur, -euse *smf.* colecționar.
collectivement *adv.* colectiv.
collectivisation *sf.* colectivizare.
collectiviser *vt.* a colectiviza.
collectivité *sf.* colectivitate.
collège *sm.* liceu, colegiu.
collégien, -enne *smf.* licean.
collègue *smf.* coleg.
coller *vt.*, *vi.* a (se) lipi.
collier *sm.* colier, salbă; zgardă.
colline *sf.* colină.
collision *sf.* ciocnire, coliziune.
colloque *sm.* colocviu, conferință.
colombe *sf.* porumbel.
colonial, -e *adj.* colonial.
colonie *sf.* colonie.
colonisateur, -trice *smf.* colonizator.
colonisation *sf.* colonizare.
coloniser *vt.* a coloniza.
colonnade *sf.* colonadă.
colonne *sf.* coloană, columnă; *la ~ vertébrale* coloana vertebrală.

C

colorer 1. *vt.* a colora; a vopsi; **2.** *vr.* a se colora.
coloris *sm.* colorit.
colosse *sm.* colos, uriaş.
colporter *vt.* a răspândi, a propaga; a face comerţ ambulant.
coltiner *vt.* a căra în spate.
colza *sm.* rapiţă.
combat *sm.* lupta; bătălie.
combatant, -e 1. *adj.* luptător; **2.** *sm.* ostaş.
combattre *vt.*, *vi.* a (se) lupta, a (se) bate.
combien 1. *adv.* cât, câtă, câţi, câte; cât de; **2.** *sm.* *le ~ sommes-nous aujourd'hui* în cât suntem astăzi.
combinaison *sf.* combinaţie; aranjament; calcul; combinezon, furou.
combinat *sm.* combinat.
combine *sm.* receptor la telefon.
combiner *vt.*, *vr.* a (se) combina; a (se) potrivi.
comble 1. *adj.* arhiplin, ticsit; **2.** *sm.* culme; acoperiş; *être au ~ de la joie* a fi în culmea fericirii.
combler *vt.* a umple; a acoperi, a astupa.
combustible *sm.* combustibil.
comédie *sf.* comedie.
comédien, -enne *smf.* actor.
comestible adl. comestibil.
comique *adj. sm.* comic.
comité *sm.* comitet.
commandant *sm.* comandant.
commande *sf.* comandă.
commandement *sm.* comandă; ordin; comandament.
commander *vt.* a comanda, a ordona.
comme 1. *conj.* ca; *~ si* ca şi când; pentru că; **2.** *adv.* ce, cât; cum; ca şi; *~ toi* ca şi tine; *~ ci ~ ça* aşa şi aşa.
commémoration *sf.* comemorare.
commémorer *vt.* a comemora.
commençant, -ante *adj. smf.* începător.
commencement *sm.* început.
comment *adv.* cum; *~ donc!* cum să nu!; în ce mod; de ce?
commentaire *sm.* comentariu.
commentateur, -trice *smf.* comentator.
commenter *vt.* a comenta.
commerçant, -e *smf.* vânzător, negustor, comerciant.
commerce *sm.* comerţ.
commercial, -e *adj.* comercial.
commercialiser *vt.* a comercializa.
commettre 1. *vt.* a comite, a săvârşi; **2.** *vr.* a se compromite.
commis *sm.* comis; *~ voyageur* comis-voiajor.
commisaire *sm.* comisar.
commission *sf.* comision; comisie; însărcinare; procentaj; *faire les commissions* a face aprovizionarea.
commissionnaire *sm.* comisionar; intermediar.

commode 1. *sf.* comodă, scrin; 2. *adj.* comod, confortabil; ușor.
commodément *adv.* lesne, comod.
commodité *sf.* confort, comoditate.
commun, -e 1. *adj.* comun; normal, obișnuit; vulgar; 2. *sm.* *en ~* împreună.
communard, -e *smf.* comunard.
communauté *sf.* comunitate.
commune *sf.* comună.
communément *adv.* de obicei, în general.
communicatif, -ive *sf.* comunicativ, sociabil.
communication *sf.* comunicare; veste; comunicație.
communier *vi.* a se împărtăși.
communion *sf.* împărtășanie; comunitate.
communiquer 1. *vt.* a transmite, a comunica; 2. *vi.* a comunica, a fi în legătură cu; 3. *vr.* a se propaga.
communisme *sm.* comunism.
communiste *smf.*, *adj.* comunist.
compact, -e *adj.* compact, dens.
compagne *sf.* însoțitoare.
compagnie *sf.* companie, însoțire; societate, companie.
compagnon *sm.* însoțitor, companion.
comparable *adj.* comparabil.
comparaison *sf.* comparație.
comparaître *vi.* a se înfățișa, a se prezenta.
comparatif, -ive 1. *adj.* comparativ; 2. *sm.* gradul comparativ.
comparer *vt.* a compara.
compartiment *sm.* compartiment.
compassé, -e *adj.* tacticos.
compassion *sf.* milă, compasiune.
compatibilité *sf.* compatibilitate.
compatible *adj.* compatibil.
compenser *vt.* a compensa.
compétence *sf.* competență.
competent, -e *adj.* competent.
competition *sf.* competiție.
complainte *sf.* plângere.
complaisance *sf.* amabilitate, complezență.
complaisant, -e *adj.* complezent, amabil.
complément *sm.* complement.
complémentaire *adj.* complementar.
complet, -ète 1. *adj.* complet, întreg; 2. *sm.* costum bărbătesc.
completer *vt.*, *vr.* a (se) completa.
complication *sf.* complicație.
complice *adj.*, *smf.* complice.
compliment *sm.* compliment.
compliquer *vt.* a complica.
comploter *vt.*, *vi.* a complota.
comportement *sm.* comportament, purtare.

C

comporter 1. *vt.* a conține, a avea; 2. *vr.* a se comporta, a se purta.
composant, -e 1. *adj.* component; 2. *sm.* component chimic; 3. *sf.* componentă.
composer *vt.*, *vr.* a (se) compune.
compositeur, -trice *smf.* compozitor.
composition *sf.* compoziție; compunere; alcătuire.
compote *sf.* compot.
compréhensible *adj.* inteligibil.
compréhensif, -ive *adj.* înțelegător.
compréhension *sf.* pricepere; înțelegere.
comprendre *vt.* a cuprinde; a înțelege.
compromettre *vt.*, *vr.* a (se) compromite.
comptabilité *sf.* contabilitate.
comptable *adj. smf.* contabil.
comptant 1. *adj. argent* ~ bani gheață; 2. *adv. payer* ~ a plăti cu bani gheață.
compte *sm.* calcul, socoteală; cont; profit; *se rendre* ~ a-și da seama; ~ *rendu* referat; *tenir* ~ de a ține seama de.
compter 1. *vt.* a număra, a calcula, a socoti; 2. *vi.* a conta; 3. *vr.* a se număra, a se considera.
compteur *sm.* contor.
comptoir *sm.* tejghea.
comte *sm.* conte.
comté *sm.* comitat.
comtesse *sf.* contesă.
concéder *vt.* a acorda; a admite, a recunoaște; a permite.
concentration *sf.* concentrare; concentrație.
concentrer 1. *vt.* a concentra; a acumula; 2. *vr.* a se concentra.
concentrique *adj.* concentric.
conception *sf.* concepere, procreare, zămislire; concepție, idee.
concerner *vt.* a privi pe, a se referi la; *en ce qui me* ~ în ceea ce mă privește.
concert *sm.* concert; *de* ~ de comun acord.
concerter 1. *vt.* a pregăti; 2. *vr.* a se sfătui.
concessif, -ive *adj.* concesiv.
concession *sf.* concesie; concesiune.
concevoir *vt.* a concepe, a zămisli.
concierge *smf.* portar.
conciliation *sf.* conciliere; acord.
concilier 1. *vt.* a pune de acord, a împăca; 2. *vr.* a se împăca; a-și atrage, a dobândi.
concis, -ise *adj.* concis, succint.
concision *sf.* concizie.
concitoyen, -enne *smf.* concetățean.
concluant, -ante *adj.* concludent.

conclure 1. *vt.* a încheia, a termina; **2.** *vi.* a se pronunța pentru.
conclusion *sf.* concluzie.
concombre *sm.* castravete.
concordance *sf.* concordanță.
concorder *vi.* a concorda, a corespunde.
concourir *vi.* a se întâlni; a concura, a participa la; a contribui la.
concours *sm.* concurs; examen; colaborare, contribuție.
concret, -ète *adj.* concret.
concrétiser *vt.*, *vr.* a (se) concretiza.
concurrence *sf.* concurență; întrecere.
concurrent, -e 1. *smf.* concurent, candidat; **2.** *adj.* concurent.
condamnation *sf.* condamnare.
condamner *vt.* a condamna; a dezaproba; a bloca.
condensateur *sm.* condensator.
condenser 1. *vt.* a condensa, a acumula; **2.** *vr.* a se acumula.
condescendance *sf.* sfidare.
condescendre *vi.* a binevoi să.
condition *sf.* condiție; *à ~ que* cu condiția să.
conditionnel, -elle 1. *adj.* condițional; **2.** *sm.* modul condițional.
conditionner *vt.* a condiționa.
condoléances *sf. pl.* condoleanțe.
conducteur, -trice 1. *sm.* supraveghetor; **2.** *smf.* conducător, șofer; călăuză; **3.** *adj.* conductor.
conduire 1. *vt.* a conduce; (*fig.*) *~ à l'autel* a lua în căsătorie; a șofa; a dirija; a împinge la; **2.** *vi.* a manevra; **3.** *vr.* a se comporta.
conduite *sf.* conducere; comportament; călăuzire; *bonne ~* purtare bună; conductă.
cône *sm.* con.
confection *sf.* confecționare; confecție.
confectionner *vt.* a confecționa; a executa, a fabrica.
conférence *sf.* conferință.
conférencier, -ère *smf.* conferențiar.
conférer 1. *vt.* a conferi, a acorda; **2.** *vi.* a discuta cu.
confesser 1. *vt.* a mărturisi, a recunoaște; a spovedi; **2.** *vr.* a se spovedi.
confession *sf.* mărturisire.
confiance *sf.* încredere.
confiant, -e *adj.* încrezător.
confidence *sf.* confidență.
confident, -e *smf.* confident.
confidentiel, -elle *adj.* confidențial.
confier 1. *vt.* a încredința; **2.** *vr.* a se destănui.
confirmation *sf.* confirmare.
confirmer *vt.*, *vr.* a (se) confirma.
confiserie *sf.* bombonerie.

C

confiseur, -euse *smf.* cofetar.
confisquer *vt.* a confisca.
confit, -e *adj.* zaharisit, murat.
confiture *sf.* dulceaţă.
conflit *sm.* conflict, ciocnire; ceartă.
confluence *sf.* confluenţă.
confondre 1. *vt.* a confunda; a ului; a amesteca; **2.** *vr.* a se confunda; a se amesteca; a se încurca.
conformation *sf.* conformaţie.
conforme *adj.* conform, potrivit cu.
conformément *adv.* conform cu.
conformer *vt.*, *vr.* a (se) conforma.
confort *sm.* confort.
confortable *adj.* confortabil.
confortablement *adv.* confortabil.
confrère *sm.* confrate.
confrontation *sf.* confruntare.
confronter *vt.* a confrunta; a compara.
confus, -e *adj.* confuz, neclar; tulburat.
confusément *adv.* neclar, confuz.
congé *sm.* concediu; *prendre ~* a-şi lua rămas bun.
congédier *vt.* a concedia.
congestion *sf.* congestie.
congestionner *vt.*, *vr.* a (se) congestiona.
congrès *sm.* congres.
congruence *sf.* coincidenţă; acord; congruenţă.
conjoindre *vt.* a uni, a îmbina.
conjonction *sf.* îmbinare; conjuncţie.
conjoncture *sf.* conjunctură.
conjugaison *sf.* conjugare.
conjuguer 1. *vt.* a conjuga; a îmbina; **2.** *vr.* a se conjuga.
conjuration *sf.* conjuraţie, conspiraţie.
conjurer 1. *vt.* a decide; a conjura, a ruga; **2.** *vr.* a se uni.
connaissance *sf.* cunoaştere; cunoştinţă; *perdre ~* a pierde cunoştinţa.
connaître 1. *vt.* a cunoaşte; **2.** *vr.* a se cunoaşte; *se faire ~* a se remarca; *s'en ~* a se pricepe la.
connexion *sf.* conexiune; raport, relaţie.
connivence *sf.* complicitate.
conquérant, -e *adj.*, *smf.* cuceritor.
conquérir *vt.* a cuceri.
conquête *sf.* cucerire; *faire la ~ de* a cuceri pe.
conquis, -e *adj.* cucerit.
consacrer *vt.*, *vr.* a (se) consacra.
consciemment *adv.* conştient.
conscience *sf.* conştiinţă.
consciencieux, -euse *adj.* conştiincios.
conscient, -e *adj.* conştient.
consécutif, -ive *adj.* consecutiv.

conseil *sm.* sfat; consiliu; *demander ~* a cere un sfat; *le ~ d'administration* consiliul de administrație.
conseiller *vt.* a sfătui, a îndruma.
conseiller, -ère *smf.* consilier.
consentement *sm.* consimțământ.
consentir 1. *vt.* a accepta, a permite; **2.** *vi.* a aproba, a consimți.
conséquence *sf.* consecință; *en ~* în consecință.
conséquent, -e *adj.* consecvent.
conservateur, -trice 1. *adj.* conservator; **2.** *sm.* conservator; custode.
conservation *sf.* conservare, păstrare.
conservatorie *sm.* conservator.
conserve *sf.* conservă.
conserver *vt.*, *vr.* a (se) conserva.
considérable *adj.* considerabil.
considération *sf.* considerație.
considérer 1. *vt.* a analiza, a examina; a aprecia; **2.** *vr.* a se considera.
consigne *sf.* consemn, dispoziție.
consigner *vt.* a consemna; a înregistra.
consister *vi.* a consta, a consista.
consolation *sf.* consolare, satisfacție.
consoler *vt.*, *vr.* a (se) consola.
consolider *vt.* a consolida, a întări.
consommateur, -trice *smf.* consumator.
consommation *sf.* consumație.
consommer *vt.* a consuma.
consonne *sf.* consoană.
conspirateur, -trice *smf.* conspirator.
conspiration *sf.* conspirație.
conspirer *vi.* a conspira.
constamment *adv.* constant, continuu.
constant, -e *adj.* constant, statornic.
constater *vt.* a constata.
consternation *sf.* consternare.
consterné, -e *adj.* consternat.
constituer *vt.*, *vr.* a (se) constitui.
constitution *sf.* constituție; constituire.
constructeur, -trice *adj.* constructor.
construction *sf.* construcție; construire; edificiu.
constructiv, -e *adj.* constructiv.
construire *vt.*, *vr.* a (se) construi.
consultation *sf.* consultație; consultare.
consulter *vt.*, *vr.* a (se) consulta.

C

C

consumer 1. *vt.* a consuma, a distruge; a epuiza; **2.** *vr.* a se consuma, a se sfârşi.
contact *sm.* contact.
contagieux, -euse *adj.* contagios.
contagion *sf.* molipsire, contaminare.
contaminer *vt.* a contamina, a infecta.
conte *sm.* basm, poveste; ~ *de fée* basm.
contemplation *sf.* contemplare, contemplaţie.
contempler *vt.* a contempla.
contemporain, -e *adj. smf.* contemporan.
contenir 1. *vt.* a conţine; a cuprinde; **2.** *vr.* a se stăpâni, a se reţine.
content, -e *adj.* mulţumit; bucuros.
contentement *sm.* mulţumire, satisfacţie.
contenter 1. *vt.* a mulţumi; a satisface; **2.** *vr.* a se mulţumi cu; a se mărgini la.
contenu *sm.* conţinut.
conter *vt.* a povesti, a spune.
contestation *sf.* contestaţie, contestare; *entre en ~ avec* a intra în conflict cu.
conteste *sf. sans ~* fără îndoială.
contester *vt.* a contesta.
conteur, -euse *smf.* povestitor.
contigu, -ë *adj.* alăturat.
continence *sf.* cumpătare, abstinenţă.
continent *sm.* continent.
continu, -e *adj.* continuu.
continuateur, -trice *smf.* continuator.
continuation *sf.* continuare.
continuel, -elle *adj.* fără întrerupere; frecvent.
continuellement *adv.* mereu, neîncetat.
continuer *vt.* a continua, a urma; a duce mai departe.
contour *sm.* contur.
contourner *vt.* a ocoli.
contracter *vt., vr.* a (se) contracta.
contraction *sf.* contracţie.
contradiction *sf.* contradicţie.
contradictoire *adj.* contradictoriu.
contraindre *vt., vr.* a (se) constrânge.
contrainte *sf.* constrângere.
contraire 1. *adj.* opus, contrar; **2.** *sm.* contrariul.
contrairement *adv.* contrar.
contrarié, -e *adj.* contrariat.
contrarier *vt.* a contraria; a supăra; a împiedica.
contrariété *sf.* nemulţumire, supărare.
contraste *sm.* contrast.
contraster *vi.* a contrasta.
contrat *sm.* contract.
contravention *sf.* contravenţie.
contre 1. *prep.* contra; în ciuda; ~ *heurter contre un mur* a se

lovi de un zid; lângă; **2.** *adv.* contra; *par* ~ în schimb; **3.** *sm.* contrariul; *le pour et le* ~ pentru şi contra.
contre-attaque *sf.* contraatac.
contrebande *sf.* contrabandă.
contrebandier *sm.* contrabandist.
contrebasse *sf.* contrabas.
contredire *vt.*, *vr.* a (se) contrazice.
contrée *sf.* regiune, ţinut.
contrefort *sm.* contrafort.
contremaître *sm.* maistru.
contremander *vt.* a contramanda.
contrepoids *sm.* contragreutate.
contresens *sm.* contrasens.
contretemps *sm.* contratimp.
contrevenant, -e *smf.* contravenient.
contrevent *sm.* oblon.
contribuer *vi.* a contribui.
contribution *sf.* contribuţie; *pl.* impozite.
contrôle *sm.* control.
contrôler *vt.*, *vr.* a (se) controla.
controverse *sf.* controversă.
contusion *sf.* contuzie.
convaincant, -e *adj.* convingător.
convaincre *vt.*, *vr.* a (se) convinge.
convaincu, -e *adj.* convins.
convalescence *sf.* convalescenţă.
convalescent, -e *smf.* convalescent.
convenable *adj.* convenabil, acceptabil; potrivit; decent.
convenablement *adv.* decent, cuviincios.
convenir **1.** *vi.* a conveni, a cădea de accord; **2.** *v. impers.* a trebui (să); **3.** *vr.* a se potrivi.
convention *sf.* convenţie.
conventionnel, -elle *adj.* convenţional.
conversation *sf.* conversaţie.
converser *vi.* a conversa.
conversion *sf.* conversiune.
convertir *vt.*, *vr.* a (se) converti; a (se) transforma
conviction *sf.* convingere.
convive *smf.* conviv, comesean.
convocation *sf.* convocare.
convoi *sm.* convoi.
convoquer *vt.* a convoca.
convulsion *sf.* convulsie, spasm.
coopérateur, -trice *smf.* cooperator.
coopératif, -ive **1.** *adj.* cooperatist; **2.** *sf.* cooperativă.
coopérer *vi.* a coopera, a colabora.
coordination *sf.* coordonare.
coordonner *vt.* a coordona.
copain, copine *smf.* coleg, prieten.
copie *sf.* copie, imitaţie.
copier *vt.* a copia.
copieusement *adv.* din belşug, copios, din abundenţă.

C

C

copieux, -euse *adj.* copios.
coq *sm.* cocoș; *au chant du ~* când se crapă de ziuă.
coque *sf.* coajă; carcasă.
coquelicot *sm.* mac de câmp.
coquet, -ette **1.** *adj.* cochet; **2.** *sf.* femeie cochetă.
coqueter *vi.* a cocheta, a flirta.
coquille *sf.* cochilie, scoică.
coquin, -e *smf.* ștrengar; ticălos.
cor *sm.* *(muz.)* corn; bătătură.
corail *sm.* coral.
corbeau *sm.* corb.
corbeille *sf.* coș împletit.
corde *sf.* funie, frânghie; cablu; ștreang.
cordeau *sm.* sfoară.
cordialement *adv.* cu cordialitate.
cordon *sm.* șiret; șnur.
cordonnerie *sf.* cizmărie.
cordonnier, -ère *smf.* cizmar.
coréen, -enne *adj.* coreean.
Coréen, -enne *smf.* locuitor din Corea.
corne *sf.* corn; *coup de ~* împunsătură de corn.
corneille *sf.* cioară.
cornemuse *sf.* cimpoi.
cornet *sm.* cornet; trompetă.
cornichon *sm.* castravecior.
cornu, -e *adj.* cornut.
corolle *sf.* corolă.
corporation *sf.* corporație.
corporel, -elle *adj.* corporal.
corps *sm.* corp, trup; trunchi; colectiv; *donner ~ à* a realiza.
corpulent, -e *adj.* corpolent, gras.
correct, -e *adj.* corect.
correctement *adv.* corect, cinstit, drept.
correction *sf.* corectare, rectificare; corecție, pedeapsă.
corrélation *sf.* corelație.
correspondence *sf.* corespondență; legătură.
correspondant, -e **1.** *adj.* corespondent, corespunzător; **2.** *smf.* corespondent.
correspondre *vi.* a corespunde; a fi în legătură; a coincide.
corridor *sm.* coridor, culoar.
corriger **1.** *vt.* a corecta, a îndrepta; a verifica, a controla; **2.** *vr.* a se corecta.
corrompre *vt.* a altera, a strica; a denatura.
corrompu, -e *adj.* stricat, alterat; *viande corrompue* carne stricată; denaturat, corupt.
corruption *sf.* alterare; corupție; denaturare.
corsaire *sm.* pirat, corsar.
corsage *sm.* bluză.
cortège *sm.* cortegiu, alai.
corvée *sf.* corvoadă.
cosmique *adj.* cosmic.
cosmos *sm.* cosmos.
cosse *sf.* păstaie.
cossu, -e *adj.* înstărit, bogat.
costume *sm.* costum.
costumer *vt.*, *vr.* a (se) costuma.
cote *sf.* cotă.

côte *sf.* coastă; mal, țărm, coastă; *~ à ~* unul lângă altul.
côté *sm.* parte, loc; *de ~* dintr-o parte; *laisser de ~* a lăsa deoparte; *de tous côtés* din toate părțile.
coteau *sm.* colină.
coter *vt.* a cota.
cotisation *sf.* cotizație.
cotiser *vi.* a cotiza.
coton *sm.* bumbac.
côtoyer *vt.* a merge pe lângă.
cou *sm.* gât.
couchant, -e **1.** *adj. soleil ~* soare-apune; **2.** *sm.* apus, asfințit.
couche *sf.* strat; pat culcuș.
coucher **1.** *vt.* a culca; **2.** *vi.* a dormi; **3.** *vr.* a se culca; **4.** *sm.* culcare; asfințit, apus.
couchette *sf.* cușetă.
coucou *sm.* cuc.
coude *sm.* cot; *jouer des coudes* a da din coate; *pousser quelqu'un du ~* a da cuiva cu cotul.
couder *vt.* a plia, a îndoi.
coudre *vt.* a coase; *machine à ~* mașină de cusut.
couenne *sf.* șorici de porc.
coulant, -e *adj.* curgător; (*fig.*) darnic, indulgent.
coulement *sm.* scurgere, curgere.
couler **1.** *vt.* a turna; a vărsa; **2.** *vi.* a curge; a se scufunda; **3.** *vr.* a se strecura.
couleur *sf.* culoare; vopsea; *changer de ~* a se schimba la față.
coulisse *sf.* glisieră; *pl.* culise la teatru.
couloir *sm.* culoar, coridor.
couloire *sf.* strecurătoare.
coup *sm.* lovitură, izbitură; *~ de foudre* dragoste la prima vedere; *donner un ~ de main* a da o mână de ajutor; *jeter un ~ d'œil* a arunca o privire; foc, detunătură *un ~ de feu* un foc de armă; *un ~ de canon* o salvă de tun; *~ de téléphone* chemare la telefon; *~ de tonnerre* tunet; *tout d'un ~* dintr-o dată; *tenir le ~* a rezista; *à ~ sûr* cu siguranță.
coupable *adj.*, *smf.* vinovat; *s'avouer ~* a se recunoaște vinovat.
coupe *sf.* cupă; competiție; croială; tăiere; *~ de pierres* tăiere a pietrelor prețioase.
couper **1.** *vt.* a tăia; a croi; **2.** *vi.* a scurta, a tăia; **3.** *vr.* a se tăia; a crăpa; a se intersecta.
couple *sm.* pereche, cuplu.
coupler *vt.* a cupla.
couplet *sm.* cuplet.
coupole *sf.* cupolă, boltă.
coupure *sf.* tăietură; suprimare; întrerupere.
cour *sf.* curte; *faire ~* a curta.
courage *sm.* curaj; *prendre le ~ à deux mains* a lua inima în dinți.

C

C

courageusement *adv.* cu curaj, vitejește.
courageux, -euse *adj.* curajos.
couramment *adv.* in mod obișnuit, de obicei.
courant, -e 1. *adj.* curent; 2. *sm.* curent; *être au ~* a fi la curent.
courbe 1. *sf.* çurbă; cotitură; 2. *adj.* curb, arcuit, îndoit.
courber 1. *vt.* a îndoi, a curba; 2. *vr.* a se apleca, a se încovoia.
courbette *sf.* plecăciune.
coureur, -euse *smf.* alergător; concurent; ciclist.
corge *sf.* dovleac.
courgette *sf.* dovlecel.
courir 1. *vt.* a goni, a urmări; a cutreiera; 2. *vi.* a fugi, a alerga; a circula, a se propaga; *le bruit court* se zvonește că; *~ les roues* a bate drumurile.
couronne *sf.* coroană.
couronnement *sm.* încoronare.
couronner *vt.* a încorona; a premia.
courrier *sm.* curier; cronică; corespondență, scrisori; *le ~ des lecteurs* poșta cititorilor.
courroie *sf.* curea.
courroux *sm.* furie, mânie.
cours *sm.* curs *(de apă)*; curs, lecție; parcurs, lungime; preț; *au ~ de* la prețul de; *donner libre ~* a da frâu liber.
course *sf.* cursă, drum; fugă; întrecere; *faire des courses* a face cumpărături.
court, -e 1. *adj.* scurt; puțin; *(despre persoane)* scund; *(despre inteligență)* limitat; 2. *adv.* pe scurt; *prendre de ~* a lua din scurt; 3. *sm.* teren de tenis.
court-circuit *sm.* scurtcircuit.
courtisan *sm.* curtean; curtezan.
courtisane *sf.* curtezană.
courtois, -e *adj.* curtenitor, amabil.
coutoisie *sf.* curtoazie, politețe.
cousin, -e *smf.* văr; *~ germain* văr primar.
coussin *sm.* pernă.
coût *sm.* cost, preț.
couteau *sm.* cuțit.
coûter 1. *vt.* a costa; 2. *vi.* a costa; *~ cher* a costa scump; *~ que ~* cu orice preț.
coûteux, -euse *adj.* costisitor, scump.
coutume *sf.* obicei, tradiție; *de ~* de obicei; *vieille ~* datină.
coutumier, ère *adj.* obișnuit.
couture *sf.* cusătură; cusut; croitorie; *haute ~* croitorie de lux.
couturier *sm.* croitor.
couvent *sm.* mănăstire.
couver 1. *vt.* a cloci; a pune la cale; 2. *vi.* a mocni.
couvercle *sm.* capac.
couvert *sm.* tacâm; adăpost.

couverte *sf.* smalț.
couverture *sf.* pătură, cuvertură; copertă; acoperiș; garanție.
couveuse *sf.* clocitoare; cloșcă.
couvrir *vt.*, *vr.* a (se) acoperi.
crabe *sm.* crab.
crachat *sm.* scuipat.
craché, -e *adj.* leit, aidoma.
cracher *vt.* a scuipa; a vărsa, a vomita.
crachoir *sm.* scuipătoare.
craie *sf.* cretă.
craindre *vt.* a se teme de; a-i fi frică de; a ezita; a fi sensibil la; ~ *le froid* a fi sensibil la frig.
crainte *sf.* teamă, frică; *de ~ de* de teamă să nu.
craintif, -ive *adj.* fricos.
craintivement *adv.* cu teamă.
crampe *sf.* crampă.
cramponner 1. *vt.* a fixa; **2.** *vr.* a se fixa, a se prinde; a se crampona.
crâne *sm.* craniu.
crapaud *sm.* broască râioasă.
crapule *sf.* pușlama, secătură.
craque *sf.* minciună.
craquement *sm.* pârâit, trosnitură.
craquer 1. *vr.* a trosni; a plesni, a pocni; **2.** *vt.* a rupe; a plesni; a sfâșia.
crasse 1. *adj.* cras, grosolan; **2.** *sf.* jeg, murdărie.
crasseux, -euse *adj.* jegos, murdar.
cratère *sm.* crater.
cravache *sf.* cravașă.
cravate *sf.* cravată.
crayon *sm.* creion.
crayonner *vt.* a creiona.
créance *sf.* creanță.
créancier, -ère *smf.* creditor.
créateur, -trice *adj.*, *smf.* creator; fondator.
création *sf.* creare, înființare; creație.
créature *sf.* creatură; ființă.
crèche *sf.* iesle; creșă.
crédit *sm.* credit; *à ~* pe credit.
créditer *vt.* a credita.
crédule *adj.* credul, naiv.
crédo *sm.* crez, credință.
créer 1. *vt.* a crea; a înființa; **2.** *vr.* a-și crea, a-și provoca.
crématoire *sm.* crematoriu.
crème 1. *sf.* cremă; smântână; elită; *la ~ de la société* crema societății; **2.** *adj.* culoarea crem.
crémerie *sf.* lăptărie.
crénau *sm.* crenel.
crêpe 1. *sf.* clătită; **2.** *sm.* crep.
crépine *sf.* franjuri.
crépuscule *sm.* crepuscul, amurg.
cresson *sm.* creson.
crête *sf.* creastă; coamă a muntelui.
crétin, -e *smf.* cretin, imbecil, idiot.
creuser 1. *vt.* a săpa; a găuri; a scobi; **2.** *vr.* a se scofâlci; a se adânci.

C

creux, -euse 1. *sm.* scobitură, gaură; gol; 2. *adv. sonner ~* a suna a gol; 3. *adj.* săpat, scobit; scorburos; *(despre obraji)* supt; *assiette creuse* farfurie adâncă.
crevasse *sf.* crăpătură, crevasă.
crevasser *vt.* a face să crape.
crever 1. *vt.* a crăpa, a sparge; *~ de rire* a muri de râs; 2. *vr.* a se speti.
cri *sm.* țipăt, strigăt; *dernier ~* ultimul răcnet al modei.
criard, -e *adj.* strident; țipător.
crible *sm.* sită, ciur.
cribler *vt.* a da prin sită; a ciurui; *être criblé de balles* a fi ciuruit de gloanțe; coleșit.
crier *vt.* a striga, a anunța, a țipa, a stiga.
crime *sm.* crimă, nelegiuire.
criminel, -elle *adj. smf.* criminal.
crinière *sf.* coamă de leu.
crise *sf.* criză; lipsă.
crisper *vt., vr.* a (se) crispa.
crisser *vi.* a scâțțâi; a fâșâi.
cristal *sm.* cristal.
cristallin, -e *adj.* cristalin.
cristalliser *vt., vr.* a (se) cristaliza.
critère *sm.* criteriu.
critique 1. *sm.* critică; 2. *smf.* critic *(de artă etc.)*; 3. *adj.* critic.
critiquer *vt.* a critica.
croassement *sm.* croncănit.
croasser *vt.* a concăni.
croc-en-jambe *sm.* piedică.
crochet *sm.* croșetă; cârlig; ocol.
crocheter *vt.* a croșeta.
crochu, -e *adj.* coroiat; îndoit, încovoiat.
crocodile *sm.* crocodil.
crocus *sm.* brândușă.
croire 1. *vt.* a crede; a gândi, a presupune că; a considera; 2. *vi.* a crede; a se încrede în; 3. *vr.* a se crede, a se considera.
croisade *sf.* cruciadă.
croisé, -e 1. *sm.* cruciat; 2. *adj.* încrucișat; *mots croisés* cuvinte încrucișate.
croisée *sf.* răscruce, intersecție.
croisement *sm.* încrucișare; intersecție.
croiser 1. *vt.* a încrucișa; a amesteca; 2. *vr.* a se întalni, a se încrucișa; a se împerechea.
croisette *sf.* cruciuliță.
croiseur *sm.* crucișător.
croisière *sf.* croazieră.
croissance *sf.* creștere, dezvoltare.
croissant *sm.* lună nouă; corn.
croître *vi.* a crește, a se dezvolta.
croix *sf.* cruce; *en ~* în cruce.
croquer *vt., vi.* a (se) sfărâma între dinți, a ronțăi; a schița, a face un crochiu.
croquis *sm.* schiță, crochiu.

crouler *vi.* a se dărâma, a se prăbuși.
croupe *sf.* culme; crupă.
croupi, -e *adj.* colcit, stătut.
croûte *sf.* crustă, coajă.
croyance *sf.* credință.
croyant, -e *smf.*, *adj.* credincios.
cru, -e *adj.* crud; verde.
cruauté *sf.* cruzime; asprime; barbarie.
cruche *sf.* urcior.
crucifix *sm.* crucifix.
crue *sf.* creștere, mărire.
cruel, -elle *adj.* crud, crâncen, sângeros.
cruellement *adv.* cu cruzime, cumplit.
cubain, -e *adj.* cubanez.
Cubain, -e *smf.* locuitor din Cuba.
cube *sm.*, *adj.* cub.
cueillette *sf.* cules.
cueilleur, -euse *smf.* culegător.
cueillir *vt.* a culege; a dobândi.
cuiller, -ère *sf.* lingură; ~ *à café* linguriță de cafea.
cuir *sm.* piele.
cuirasse *sf.* platoșă, cuirasă.
cuire 1. *vt.* a fierbe; a coace; **2.** *vi.* a fierbe, a se coace; *faire* ~ a găti.
cuisine *sf.* bucătărie.
cuisiner *vi.* a găti.
cuisinier, -ière *smf.* bucătar.
cuisse *sf.* coapsă.
cuivre *sm.* cupru; ~ *jaune* alamă.
culbute *sf.* tumbă; *faire des culbutes* a face tumbe.
culbuter *vt.*, *vi.* a (se) răsturna, a (se) da peste cap.
culinaire *adj.* culinar.
culminant, -e *adj.* culminant.
culotte *sf.* pantaloni scurți; chiloți.
culpabilité *sf.* vinovăție, culpabilitate.
culte *sm.* cult, religie.
cultivateur, -trice *smf.* cultivator, agricultor.
cultivé, -e *adj.* cultivat, lucrat; cult, instruit.
cultiver *vt.* a cultiva.
culture *sf.* cultură, cultivare; dezvoltare intelectuală.
cumin *sm.* chimion.
cumuler *vt.*, *vi.* a cumula.
cupide *adj.* lacom.
cupidité *sf.* lăcomie.
cure *sf.* cură, tratament.
curé *sm.* preot.
cure-dent *sm.* scobitoare.
curer *vt.* a curăța.
curieusement *adv.* curios, ciudat.
curieux, -euse *adj.*, *smf.* curios, ciudat.
curiosité *sf.* curiozitate.
cuve *sf.* cuvă, putină.
cuvette *sf.* chiuvetă; lighean.
cybernétique *sf.* cibernetică.
cycle *sm.* ciclu, perioadă.
cyclique *adj.* ciclic, periodic.

C

cygne *sm.* lebădă.
cylindre *sm.* cilindru.
cylindrique *adj.* cilindric.
cymbalum *sm.* țambal.
cynique *adj.* cinic.
cyniquement *adv.* cu cinism.
cynisme *sm.* cinism.
cyprès *sm.* chiparos.

D

dace *adj.* dac, dacic.
Dace *smf.* locuitor din Dacia.
dactylo *smf.* dactilograf.
dactylographie *sf.* dactilografie.
dactylographier *vt.* a dactilografia.
dahlia *sm.* dalie.
daigner *vt.* a binevoi, a gasi de cuviință, a catadicsi.
daim *sm.* cerb-lopătar; piele velurată.
dallage *sm.* dalaj, paviment.
dalle *sf.* dală; planșeu.
daller *vt.* a pava cu dale, a pardosi.
dalmate *adj.* dalmat.
Dalmate *smf.* locuitor din Dalmatia.
daltonisme *sm.* daltonism.
damas *sm.* damasc.
dame *sf.* doamnă; *(la șah)* regină; *(la cărți)* damă.
dame-jeanne *sf.* damigeană.
damner *vt.* a condamna; *faire ~* a scoate pe cineva din sărite.
damnation *sf.* damnație; afurisenie.
dandiner *vr.* a se legăna.
danger *sm.* pericol, primejdie.
dangereusement *adv.* primejdios, periculos.
dangereux, -euse *adj.* primejdios, periculos.
danois, -e *adj.* danez.
Danois, -e *smf.* locuitor din Danemarca.
dans *prep.* în, într-un; *~ la foule* în mulțime; peste; *~ trois jours* peste trei zile; în cursul; *~ les* circa, aproximativ.
danse *sf.* dans, joc.
danser *vt., vi.* a dansa.
danseur, -euse *smf.* dansator.
dard *sm.* ac *(la insecte)*.
darder *vt.* a săgeta cu, a străpunge; *~ le regard sur quelqu'un* a străpunge cu privirea pe cineva.
datation *sf.* datare.
date *sf.* dată; *faire ~* a marca un moment important.
dater 1. *vt.* a data, a pune data pe ceva; **2.** *vi. ~ de* a data din; *à ~ de* începând cu.
datif *sm.* cazul dativ.
datte *sf.* curmală.
dattier *sm.* curmal.
dauphin *sm.* delfin; prinț moștenitor.
daurade *sf.* doradă.
davantage *adv.* mai mult; *~ que* mai mult ca.

de *prep.* *(se contractă cu articolele le, les rezultând du, des); (indică locul) venir ~ l'école* a veni de la școală; *(exprimă timpul)* de, din; *~ cinq à sept* de la cinci la șase; *(exprimă materia) sac ~ papier* pungă de hârtie; *(exprimă cauza, modul)* de; cu; *pleurer ~ joie* a plânge de bucurie; *(exprimă o cantitate nedeterminată) je ne bois pas ~ café* eu nu beau cafea.

dé *sm.* degetar; zar; *les dés sont jetés* zarurile sunt aruncate.

débâcle *sf.* debandadă; dezgheț; dezastru.

déballer *vt.* a despacheta.

débandade *sf.* debandadă.

débander *vt.* *~ un resort* a destinde un resort.

débarbouiller *vr.* a se spăla pe față.

débarquement *sm.* debarcare.

débarquer *vt.*, *vi.* a debarca.

débarras *sm.* debara.

débarrasser *vt.*, *vr.* a (se) debarasa.

débat *sm.* discuție, dezbatere.

débattre 1. *vt.* a dezbate; **2.** *vr.* a se zbate.

débauche *sf.* desfrâu; exces, abundență.

débile *adj.* debil, plăpând, firav.

débilité *sf.* debilitate.

débit *sm.* debit; prăvălie; *~ de tabac* tutungerie.

débiter *vt.* a debita; a vinde cu amănuntul.

débiteur, -trice *smf.*, *adj.* debitor.

déblayer *vt.* a degaja, a curăța, a elibera *(un spațiu).*

déblocage *sm.* deblocare.

débloquer *vt.* a debloca.

déboisement *sm.* despădurire.

déboiser *vt.*, *vr.* a (se) despăduri.

déboîter *vt.* a luxa.

débonnaire *adj.* blând, blajin.

débordant, -e *adj.* debordant; expansiv.

débordement *sm.* revărsare.

déborder 1. *vi.* a deborda, a se revărsa; **2.** *vt.* a depăși.

débouché *sm.* ieșire; debușeu.

déboucher 1. *vt.* a destupa; a desfunda; **2.** *vi.* a ajunge într-un loc; a duce la.

déboucler *vt.* a descătărăma.

débourser *vt.* a debursa; a cheltui.

déboussoler *vt.* a debusola.

debout *adv.* în picioare; *rester ~* a sta în picioare.

déboutonner *vt.*, *vr.* a (-și) descheia nasturii.

débraillé *sm.* ținută neglijentă.

débrancher *vt.* a debranșa.

débrayage *sm.* debraiere.

débrayer 1. *vt.* a debreia; **2.** *vi.* a înceta lucrul pentru scurt timp.

débris *sm.* bucată; ciob; sfărâmătură.

débrouillard, -e *adj.* descurcăreț.
débrouiller *vt.*, *vr.* a (se) descurca.
début *sm.* debut, început.
débutant, -e *smf.* începător, debutant.
débuter *vi.* a debuta, a începe.
deça *adv.* *en ~ de* dincolo de, în partea asta.
décade *sf.* decadă.
décadence *sf.* decadență.
décadent, -e *adj.*, *smf.* decadent.
décamper *vi.* (*fam.*) a spăla putina; a o șterge.
décan *sm.* decan.
décanter *vt.*, *vr.* a (se) decanta.
décapage *sm.* decapare.
décapiter *vt.* a decapita.
décaver *vt.* a decava, a ruina.
décapotable *adj.* decapotabil.
décapoter *vt.* a decapota.
décapsuler *vt.* a decapsula.
décéder *vi.* a deceda, a muri.
décembre *sm.* decembrie.
décemment *adv.* decent, cuviincios.
décense *sf.* decență.
décennie *sf.* deceniu.
décent, -e *adj.* decent.
décentralisation *sf.* descentralizare.
déception *sf.* decepție.
décerner *vt.* a decerna, a conferi.
décès *sm.* deces, moarte.
décevant, -e *adj.* decepționant.
décevoir *vt.* a decepționa, a deziluziona.
déchaîner *vt.*, *vr.* a (se) dezlănțui.
décharger *vt.*, *vr.* a (se) descărca.
décharné, -e *adj.* descărnat, numai piele și os.
déchaussé, -e *adj.* descălțat.
déchausser *vt.*, *vr.* a(se) descălța.
déchéance *sf.* decădere, degradare.
déchet *sm.* deșeu.
déchiffrer *vt.* a descifra.
déchiqueter *vt.* a sfâșia, a rupe bucăți.
déchirant, -e *adj.* sfâșietor.
déchirer *vt.*, *vr.* a (se) rupe, a (se) sfâșia.
déchirure *sf.* ruptură, sfâșiere.
déchoir *vi.* a decădea.
déchu, -e *adj.* decăzut.
décidément *adv.* hotărât.
décider *vt.*, *vr.* a (se) hotărî.
décimer *vt.* a decima.
décisif, -ive *adj.* hotărâtor, decisiv.
décision *sf.* hotărâre, decizie.
déclamation *sf.* declamare.
déclamer *vt.* a declama.
déclaration *sf.* declarație; *~ de guerre* declarație de război; notificare.
déclarer *vt.*, *vr.* a (se) declara.
déclasseé, -e *adj.* *smf.* declasat.
déclencher *vt.*, *vr.* a (se) declanșa.

D

déclin *sm.* declin.
décliner 1. *vt.* a refuza; a declina; **2.** *vi.* a scădea; a slăbi.
déclouer *vt.* a scoate cuiele.
décocher *vt.* a arunca; ~ *des injures* a arunca injurii.
décoction *sf.* decoct.
décodage *sm.* decodare.
décoder *vt.* a decoda.
décodeur *sm.* decodor.
décoiffer *vt.* a ciufuli, a-şi strica pieptănătura; a-şi scoate pălăria.
décollage *sm.* decolare; dezlipire.
décoller 1. *vt.*, *vr.* a (se) dezlipi; **2.** *vi.* a decola.
décolleté, -e 1. *adj.* decoltat; **2.** *sm.* decolteu.
décolorer *vt.*, *vr.* a (se) decolora.
décombres *sm. pl.* ruine, dărâmături.
décommander *vt.* a contramanda.
décomposer *vt.*, *vr.* a (se) descompune.
décomposition *sf.* descompunere.
décompter *vt.* a deconta.
déconcertant, -e *adj.* surprinzător, tulburător.
déconcerter *vt.* a surprinde, a tulbura.
décor *sm.* decor.
décorateur, -trice *smf.* decorator.
décoratif, -ive *adj.* decorativ.
décoration *sf.* decorare, împodobire; decoraţie.
décorer *vt.* a decora, a împodobi; a decora (pe cineva).
décortiquer *vt.* a decortica.
découdre *vt.*, *vr.* a (se) descoase.
découler *vi.* a decurge, a rezulta.
découpage *sm.* decupare; decupaj.
découper 1. *vt.* a decupa; **2.** *vr.* a se detaşa.
découpler *vt.* a decupla.
décourageant, -e *adj.* descurajator, descurajant.
décourager *vt.*, *vr.* a (se) descuraja.
décousu, -e *adj.* descusut; incoerent.
découverte *sf.* descoperire.
découvrir 1. *vt.* a descoperi; a dezvălui; **2.** *vr.* a-şi scoate pălăria, a se descoperi.
décréter *vt.* a decreta.
décrire *vt.* a descrie.
décrocher *vt.* a ridica receptorul telefonului; a desprinde.
décroiser *vt.* a descrucişa.
décroître *vi.* a descreşte, a se micşora.
déçu, -e *adj.* decepţionat.
décupler *vt.*, *vr.* a (se) înzeci.
dédaignable *adj.* neglijabil.
dédaigneusement *adv.* cu dispreţ.
dédaigneux, -euse *adj.* dispreţuitor.

dédain *sm.* dispreț.
dedans *adv.* în interior, înăuntru.
dédicace *sf.* dedicație.
dédicacer *vt.* a da o dedicație.
dédier *vt.* a dedica; a oferi, a destina.
dédire *vt.* a se dezice, a retracta.
dédommagement *sm.* despăgubire.
dédommager *vt.*, *vr.* a (se) despăgubi.
déduction *sf.* deducție, concluzie; scădere.
déduire *vt.* a deduce; a scădea din.
déesse *sf.* zeiță.
défaillance *sf.* leșin, slăbiciune.
défaillir *vi.* a leșina; a slăbi, a micșora.
défaire 1. *vt.* a desface; a demonta; a despacheta; **2.** *vr.* a se descotorosi; a se desface; a se debarasa de.
défaite *sf.* înfrângere.
défaut *sm.* lipsă; *faire ~* a lipsi cuiva; *être en ~* se înșela; defect, cusur.
défaveur *sf.* defavoare.
défavorable *adj.* defavorabil, nefavorabil.
défavorablement *adv.* defavorabil.
défavoriser *vt.* a defavoriza, a dezavantaja.
défection *sf.* defecțiune; lipsă, absență.
défectueusement *adv.* defectuos.
défectueux, -euse *adj.* defectuos, cu defecte.
défectuosité *sf.* defectuozitate.
défendable *adj.* care poate fi apărat.
défendeur, -eresse *smf.* pârât.
défendre 1. *vt.* a apăra; a proteja; a interzice ceva; **2.** *vr.* a se apăra; *se ~ de* a se abține.
défense *sf.* apărare; *prendre la ~ de* a lua apărarea.
défenseur *sm.* apărător.
défensif, -ive 1. *adj.* defensiv; **2.** *sf.* defensivă.
déférence *sf.* respect, deferență, stimă.
déférer *vt.* a deferi justiției.
défeuiller *vt.*, *vr.* a (se) desfrunzi.
défi *sm.* sfidare; provocare.
défiance *sf.* suspiciune, neîncredere.
déficience *sf.* deficiență, lipsă.
défilé *sm.* defileu; defilare.
défiler 1. *vt.* a deșira; **2.** *vi.* a defila.
défini, -e *adj.* definit, hotărât.
définir *vt.* a defini.
définitif, -ive *adj.* definitiv.
définitivement *adv.* definitiv.
déformer *vt.*, *vr.* a (se) deforma.
défricher *vt.* a defrișa.

D

D

défunt, -e *adj.*, *smf.* defunct, decedat.
dégager *vt.*, *vr.* a (se) degaja, a (se) libera.
dégât *sm.* stricăciune, degradare.
dégel *sm.* dezgheţ.
dégeler *vt.*, *vi.* a (se) dezgheţa.
dégivrer *vt.* a degivra.
dégivreur *sm.* degivror.
déglacer *vt.* a face să se topească gheaţa pe.
déglutir *vt.*, *vi.* a înghiţi.
dégonfler *vt.*, *vr.* a (se) dezumfla.
dégourdi, -e *adj.* isteţ, dezgheţat.
dégourdir *vt.*, *vr.* a (se) dezmorţi.
dégoût *sm.* dezgust.
dégoûtant, -e *adj.* dezgustător.
dégradant, -e *adj.* degradant, înjositor.
dégradation *sf.* degradare, stricăciune.
dégrader 1. *vt.* a degrada, a înjosi; **2.** *vr.* a se deteriora; a se înjosi.
degré *sm.* grad, treaptă; grad *(de rudenie).*
dégringoler 1. *vi.* a se rostogoli; **2.** *vr.* a coborî val-vârtej.
déguerpir *vi.* a o şterge, a se cărăbăni.
déguisement *sm.* deghizare.
déguiser *vt.*, *vr.* a (se) deghiza, a (se) travesti.
dehors 1. *adv.* afară; *par ~* în exterior; **2.** *loc. prep. en ~* de în afara; **3.** *sm.* partea exterioară.
déjà *adv.* deja.
déjeuner 1. *vi.* a lua masa de prânz; **2.** *sm.* dejun, prânz.
déjouer *vt.* a dejuca, a zădărnici.
déjuger *vr.* a se răzgândi.
delà *adv. au ~* de după, peste, mai departe; *par ~* dincolo de.
délabrer *vt.*, *vr.* a (se) şubrezi.
délai *sm.* termen, răstimp; amânare.
délassement *sm.* destindere; repaus.
délasser *vt.*, *vr.* a (se) destinde; a (se) odihni.
délateur, -trice *smf.* denunţător.
délation *sf.* denunţ.
délaver *vt.*, *vr.* a (se) decolora.
délayer *vt.* a dilua.
délecter *vt.*, *vr.* a (se) delecta.
délégation *sf.* delegaţie, împuternicire.
délégué, -e *smf.* delegat.
déléguer *vt.* a delega.
délétère *adj.* dăunător.
déliberant, -e *adj.* deliberant.
délibératif, -ive *adj.* deliberativ.
délibération *sf.* deliberare; decizie; chibzuinţă.
délibéré, -e *adj.* decis; hotărât.
délibérément *adv.* hotărât, deliberat, sigur.

délibérer *vi.* a delibera.
délicat, -e *adj.* delicat.
délicatesse *sf.* delicatețe, debilitate.
délice *sm.* plăcere.
délicieux, -euse *adj.* delicios.
délier *vt.* a dezlega.
délimiter *vt.* a delimita.
déliquant, -e *smf.* delicvent.
délirer *vi.* a delira.
délit *sm.* delict.
délivrance *sf.* eliberare.
délivrer *vt.* a elibera, a livra.
déloger 1. *vi.* a părăsi o locuință; **2.** *vt.* a izgoni.
delta *sm.* deltă.
deluge *sm.* potop.
démailler *vt.* a deșira.
demain *adv.* mâine.
demande *sf.* cerere.
demander *vt.* a cere, a întreba; a chema.
démangeaison *sf.* mâncărime.
démaquiller *vt.* a demachia.
démarcation *sf.* demarcare.
démarche *sf.* demers, intervenție; mers, umblet.
démarrer *vt., vi.* a demara; a se urni.
démêler *vt.* a descurca, a dicerne.
déménagement *sm.* mutare.
déménager 1. *vt.* a muta (ceva); **2.** *vr.* a se muta.
démener *vr.* a se zbate; a-și da osteneala.
démenti *sm.* dezmințire.
démentir *vt., vr.* a (se) dezminți.
demeure *sf.* locuință, casă.
demeurer *vi.* a locui, a rămâne; *être en demeure envers qqn.* a fi dator cuiva.
demi, -e 1. *adj.* jumătate; **2.** *sm.* jumătate; halbă; *(sport)* mijlocaș; **3.** *adv.* pe jumătate.
demi-cercle *sm.* semicerc.
demi-finale *sf.* semifinală.
demi-frère *sm.* frate vitreg.
démilitariser *vt.* a demilitariza.
démission *sf.* demisie.
démissionner *vi.* a demisiona.
démocratie *sf.* democrație.
démocratiser *vt.* a democratiza.
démodé, -e *adj.* demodat.
demoiselle *sf.* domnișoară.
démolir *vt.* a dărâma.
démolition *sf.* demolare.
démonstration *sf.* demonstrație; demonstrare.
démonter *vt., vr.* a (se) demonta.
démontrer *vt., vr.* a (se) demonstra.
démoraliser *vt., vr.* a (se) demoraliza.
dénaturer *vt.* a denatura; a altera.
dénicher *vt.* a lua; a dibui.
dénier *vt.* a tăgădui.
dénigrement *sm.* ponegrire.
dénigrer *vt.* a ponegri, a denigra.

déniveler *vt.* a denivela.
dénombrer *vt.* a face o numărătoare.
dénominateur *sm.* numitor.
dénomination *sf.* denumire.
dénommer *vt.* a denumi.
dénoncer *vt.* a denunța, a anula.
dénonciation *sf.* denunțare, anulare.
dénoter *vt.* a denota, a vădi.
dénouement *sm.* deznodământ.
dénouer *vt.* adeznoda, a dezlega.
denrée *sf.* marfă.
dense *adj.* compact, dens.
densité *sf.* densitate.
dent *sf.* dinte; *avoir un ~ contre quelqu'un* a avea pică pe cineva.
dentelé, -e *adj.* dantelat.
dentelle *sf.* dantelă.
dentier *sm.* proteză dentară.
dentifrice *adj.*, *sm.* pastă de dinți.
dentiste *smf.* dentist.
dentition *sf.* dentiție.
denuder *vt.* a dezgoli, a descoji.
dénué, -e *adj.* lipsit de, fără.
dénuement *sm.* lipsă, sărăcie.
dépanner *vt.* a depana.
dépaqueter *vt.* a despacheta.
dépareiller *vt.* a descompleta.
déparer *vt.* a urâți.
déparier *vt.* a desperechea.
départ *sm.* plecare; separare; început.
department *sm.* județ, departament.
départir 1. *vt.* a separa, a împărți; **2.** *vr.* a renunța.
dépassement *sm.* depășire.
dépasser *vt.* a depăși.
dépaysé, -e *adj.* dezrădăcinat; dezorientat.
dépêche *sf.* telegramă.
dépêcher *vt.*, *vr.* a (se) grăbi.
dépeindre *vt.* a descrie, a zugrăvi.
dépendance *sf.* dependență; *pl.* dependințe.
dépendre *vi.* a depinde.
dépens *sm. pl.* cheltuieli de judecată; *aux ~ de* pe cheltuiala.
dépense *sf.* cheltuială.
dépenser 1. *vt.* a cheltui; **2.** *vr.* a nu-și cruța eforturile.
dépensier, -ère *smf.* cheltuitor.
dépister *vt.* a depista.
dépit *sm.* ciudă, resentiment; *en ~ de* în ciuda.
déplacement *sm.* deplasare; deplasament.
déplacer *vt.*, *vr.* a (se) deplasa.
déplaire 1. *vi.* a displăcea; **2.** *vr.* a nu se complăcea într-un loc.
déplaisant, -e *adj.* neplăcut.
déplorer *vt.* a deplânge.
déployer *vt.* a desfășura, a etala.
déplumer *vt.* a jumuli.
dépopulation *sf.* depopulare.
déportation *sf.* deportare.

déporter *vt.* a deporta.
déposer 1. *vt.* a depune, a pune jos; a destitui; 2. *vi.* a depune mărturie.
déposition *sf.* depoziție.
depôt *sm.* depunere; deposit; depou; închisoare.
dépouille *sf.* piele năpârlită; rămășițe pământești; *pl.* pradă de război.
dépouillement *sm.* jupuire; despuiere; prădare.
dépouiller 1. *vt.* a jupui; a despuia; a prăda; 2. *vr.* *(despre vin)* a-și pierde din tărie.
dépourvu, -e *adj.* lipsit; *au ~* pe neașteptate.
dépraver *vt.*, *vr.* a (se) deprava.
dépréciation *sf.* depreciere, devalorizare.
déprécier *vt.*, *vr.* a (se) deprecia.
depuis 1. *vt.* începând din; 2. *adv.* de atunci.
député *sm.* deputat.
déraciner *vt.* a dezrădăcina.
déraissoner *vi.* a divaga, a bate câmpii.
dérangement *sm.* deranj, dezordine.
déranger *vt.*, *vr.* a (se) deranja.
déraper *vi.* a derapa.
dérèglement *sm.* dereglare.
dérégler *vt.*, *vr.* a (se) deregla.
dérision *sf.* zeflemea, bătaie de joc.
dérisoire *adj.* derizoriu.
dérive *sf.* derivă.
dériver 1. *vr.* a devia; 2. *vt.* a deriva.
dernier, -ère *adj.*, *smf.* ultimul, cel din urmă; josnic; *en ~ lieu* în sfârșit.
dernièrement *adv.* recent, de curând.
dérober *vt.* a șterpeli; a ascunde; a sustrage.
déroulement *sm.* desfășurare.
dérouler *vt.*, *vr.* a (se) desfășura.
déroger *vi.* a deroga.
déroute *sf.* derută, dezordine.
dérouter *vt.* a deruta, a abate din drum.
derrière 1. *vt.* înapoi, după; 2. *adv.* în urmă; 3. *sm.* partea posterioară.
dès *vt.* chiar de la; *~ lors* din acel moment.
désabuser *vt.*, *vr.* a (se) trezi la realitate.
désaccord *sm.* neînțelegere.
désaccorder *vt.*, *vr.* a (se) dezacorda.
désagréable *adj.* neplăcut, dezagreabil.
désaltérer *vt.*, *vr.* a(-și) potoli setea.
désarmement *sm.* dezarmare.
désarmer *vt.*, *vi.* a dezarma.
désarroi *sm.* dezorientare; confuzie.
désastre *sm.* dezastru.
désastreux, -euse *adj.* dezastruos.

désavantager *vt.* a dezavantaja.
désavantageux, -euse *adj.* dezavatajos.
descendence *sf.* decendență; posteritate.
descendent, -e **1.** *adj.* descendent, conorâtor; **2.** *smf.* urmaș, descendent.
descendre **1.** *vi.* a coborî, a trage *(la un hotel)*; (*fig.*) a descinde; a muri; **2.** *vt.* a ucide, a doborî.
descente *sf.* coborâre; descindere.
descriptif, -ive *adv.* descriptiv.
description *sf.* descriere.
désemparé, -e *adj.* dezorientat, descumpănit.
déséquilibre *sm.* dezechilibru.
déséquilibrer *vt.*, *vr.* a (se) dezechilibra.
désert **1.** *adj.* pustiu, gol, nelocuit; **2.** *sm.* deșert.
déserter **1.** *vt.* a părăsi *(un loc)*; **2.** *vi.* a dezerta.
déserteur *sm.* dezertor.
désespérément *adv.* cu disperare.
désespérer **1.** *vt.*, *vi.* a dispera; **2.** *vt.* a cădea pradă deznădejdii.
désespoir *sm.* disperare, deznădejde.
déshabiller *vt.*, *vr.* a (se) dezbrăca.
déshériter *vt.* a dezmoșteni.
déshonneur *sm.* dezonoare.
déshonorer *vt.*, *vr.* a (se) dezonora.
déshumaniser *vt.*, *vr.* a (se) dezumaniza.
désigner *vt.* a desemna, a indica; a însemna; a numi.
désinfecter *vt.*, *vr.* a (se) dezinfecta.
désintégrer *vt.*, *vr.* a (se) dezintegra.
désir *sm.* dorință.
désirer *vt.* a dori.
désireux, -euse *adj.* dornic.
désister *vr.* a renunța (la un drept).
désobéir *vi.* a nu asculta.
désobéissance *sf.* neascultare, nesupunere.
désobéissant, -e *adj.* neascultător.
désolation *sf.* dezolare.
désoler *vt.*, *vr.* a (se) mâhni.
désordre *sm.* dezordine.
désorganiser *vt.*, *vr.* a (se) dezorganiza.
désorienter *vt.* a dezorienta.
désormais *adv.* de acum înainte.
dessaisir **1.** *vt.* a deposeda; **2.** *vr.* a renunța.
dessaler *vt.*, *vr.* a (se) desăra.
dessèchement *sm.* uscare, secare.
dessécher *vt.*, *vr.* a (se) usca; a (se) ofili.
dessein *sm.* scop, intenție; *à ~* într-adins; *sans ~* fără intenție.

dessert *sm.* desert.
desservir *vt.* a deservi; a strânge masa.
dessin *sm.* desen.
dessinateur, -trice *smf.* desenator.
dessiner **1.** *vt.* a desena; **2.** *vr.* a se contura.
dessous **1.** *adv.* dedesubt; **2.** *prep.* sub; **3.** *sm.* dedesubt; *là* ~ dedesubt; *en* ~ pe dedesubt, pe furiș; *sens dessus* ~ alandala; *ci* - ~ mai jos; *avoir le* ~ a fi în dezavantaj.
dessus **1.** *adv.* deasupra; **2.** *prep.* deasupra, peste; **3.** *sm.* partea superioară; *là* - ~ deasupra; *en* ~ pe deasupra; *bras* ~ *bras dessous* braț la braț; *avoir le* ~ a fi în avantaj.
destin *sm.* destin.
destinataire *smf.* destinatar, adresant.
destination *sf.* destinație.
destinée *sf.* soartă, destin.
destiner *vt.* a destina.
destituer *vt.* a destitui, a demite.
destitution *sf.* destituire.
destruction *sf.* distrugere.
désuet, -ète *adj.* desuet, demodat.
désunir *vt.* a dezbina.
détachement *sm.* detașare, desprindere; detașament.
détacher **1.** *vt.* a îndepărta, a dezlega, a reliefa; a detașa; **2.** *vr.* a se detașa; a (se) despărți.
détail *sm.* detaliu, amănunt.
détailler *vt.* a vinde la bucată; a povesti amănunțit.
détective *sm.* detectiv.
déteindre *vt.*, *vi.* a (se) decolora.
dételer *vt.* a deshăma.
détendre *vt.*, *vr.* a (se) destinde.
détenir *vt.* a deține; a ține închis *(un condamnat).*
détenu, -e *smf.*, *adj.* deținut.
détériorer *vt.* a deteriora, a degrada, a strica.
déterminer **1.** *vt.* a determina; **2.** *vr.* a de hotărî.
détestable *adj.* detestabil, dezgustător.
détester *vt.* a detesta, a urî.
détonation *sf.* detunătură, explozie.
détour *sm.* ocol.
détournement *sm.* abatere, deviere; deturnare *(de fonduri).*
détourner **1.** *vt.* a abate, a devia; **2.** *vr.* a se abate; a se întoarce.
détraquer *vt.*, *vr.* a (se) deregla, a (se) deranja.
détresse *sf.* deznădejde.
détriment *sm.* pagubă, detriment.
détrôner *vt.* a detrona.
détruire *vt.* a distruge.
dette *sf.* datorie.

deuil *sm.* doliu.
deux *card. num.* doi.
deuxième *num. ord.* al doilea, a doua.
dévaler *vt.*, *vi.* a coborî.
dévaliser *vt.* a devaliza, a prăda.
devancer *vt.* a o lua înainte, a întrece.
devancier, -ère *smf.* precursor, înaintaş.
devant 1. *adv.* în faţă; **2.** *prep.* înaintea; **3.** *sm.* partea din faţă; *aller ~ soi* a merge drept înainte; *par ~* dinainte; *gagner le ~* a întrece.
devanture *sf.* vitrină, faţadă.
dévaster *vt.* a devasta, a pustii.
développement *sm.* desfăşurare; dezvoltare; *(foto)* developare.
développer *vt.*, *vr.* a (se) desfăşura; a (se) dezvolta; a (se) developa.
devenir 1. *vi.* a deveni; **2.** *sm.* devenire.
dévergondage *sm.* dezmăţ.
dévergondé, -e *adj.*, *smf.* desfrânat, dezmăţat.
déviation *sf.* deviere, deviaţie, abatere.
dévier *vt.*, *vr.* a devia, a abate.
devin, devineresse *smf.* ghicitor.
deviner *vt.*, *vr.* a (se) ghici.
devinette *sf.* ghicitoare.
dévisager *vt.* a privi insistent.
devise *sf.* deviză, lozincă.
dévisser *vt.*, *vr.* a deşuruba.
dévoiler *vt.*, *vr.* a (se) dezvălui.
devoir 1. *sm.* datorie, temă; **2.** *vt.* a datora; a trebui; **3.** *vr.* a fi obligat, a fi îndatorat.
dévorer *vt.* a sfâşia; a devora, a mistui.
dévotion *sf.* evlavie, cucernicie.
dévouement *sm.* devotament.
dévouer *vt.* a se devota, a se dedica, a se consacra.
diable 1. *sm.* drac; **2.** *interj.* drace!
dialecte *sm.* dialect.
dialogue *sm.* dialog.
diamètre *sm.* diametru.
diaphane *adj.* diafan, transparent.
diapositive *sf.* diapozitiv.
diathèse *sf.* diateză.
dictateur *sm.* dictator.
dictature *sf.* dictatură.
dictée *sf.* dictare.
dicter *vt.* a dicta.
dictionnaire *sm.* dicţionar.
didactique *adj.* didactic.
diète *sf.* dietă.
dieu 1. *sm.* zeu, idol, dumnezeu; **2.** *interj. mon ~!* doamne sfinte!; *comme un ~* dumnezeieşte; *au nom de ~* pentru numele lui Dumnezeu.
diffamation *sf.* defăimare.
diffamer *vt.* a defăima, a calomnia.
différemment *adv.* diferit.
différence *sf.* diferenţă; deosebire.

différenciation *sf.* diferențiere.
différencier *vt.*, *vr.* a (se) diferenția.
différend *sm.* diferend, dezacord, neînțelegere.
différent, -e *adj.* deosebit; diferit.
différer **1.** *vt.* a amâna; **2.** *vi.* a se deosebi.
difficile *adj.* greu, anevoios; exigent, pretențios.
difficilement *adv.* cu greu, anevoios.
difficulté *sf.* dificultate.
diffus, -e *adj.* difuz.
diffuser *vt.*, *vr.* a (se) difuza, a (se) împrăștia.
diffuseur *sm.* difuzor.
diffusion *sf.* difuziune; difuzare.
digérer *vt.* a digera; a înghiți.
digestif, -ive *adj.* digestiv.
digne *adj.* demn, grav.
dignitaire *sm.* deminitar.
dignité *sf.* deminitate, gravitate.
diression *sf.* digresiune.
digue *sf.* dig.
diktat *sm.* dictat.
dilacérer *vt.* a sfâșia în bucăți.
dilapider *vt.* a delapida.
dilatation *sf.* dilatare, dilatație.
dilater *vt.*, *vr.* a (se) dilata.
dilemme *sm.* dilemă.
dilettante *sm.* diletant.
diligemment *adv.* cu sârguință.
diligence *sf.* sârguință, grijă.
diligent, -e *adj.* grijuliu, sârguincios.
diluer *vt.* a dilua.
dimanche *sm.* duminică.
dîme *sf.* dijmă.
dimension *sf.* dimensiune.
diminuer **1.** *vt.* a micșora, a scădea, a reduce; **2.** *vi.* a se micșora.
diminution *sf.* micșorare, scădere.
dinde *sf.* curcă.
dindon *sm.* curcan.
dindonneau *sm.* pui de curcă.
dindonner *vt.* a duce de nas.
dîner **1.** *vi.* a cina; **2.** *sm.* cină, dineu.
diorama *sm.* dioramă.
diphtérie *sf.* difterie.
diphtongue *sf.* diftong.
diplomate *sm.* diplomat.
dimplomatique *adj.* diplomatic.
diplôme *sm.* diplomă.
dire **1.** *vt.*, *vr.* a(-și) spune; **2.** *sm.* spusă; *on dirat que* s-ar spune că; *c'est-à-dire* adică, cu alte cuvinte; *au ~ de* după spusa, după afirmația.
direct, -e *adj.* direct.
directement *adv.* de-a dreptul.
directeur, -trice *smf.* director.
direction *sf.* direcție, conducere.
directive *sf.* directivă, indicație.
dirigeable *sm.* dirijabil.
dirigeant, -e *smf.*, *adj.* conducător.

diriger *vt.* a conduce, a îndrepta.
discernement *sm.* discernământ.
D
dicerner *vt.* a discerne; a deosebi.
disciple *sm.* discipol.
disciplinaire *adj.* disciplinar.
discipline *sf.* disciplină.
discipliner *vt.*, *vr.* a (se) disciplina.
discorde *sf.* discordie, vrajbă.
dicours *sm.* vorbire, discurs; *c'est un autre* ~ asta-i altă mâncare de pește.
discret, -ète *adj.* discret.
discrètement *adv.* cu discreție.
discrétion *sf.* discreție.
disculper *vt.*, *vr.* a (se) disculpa, a (se) dezvinovăți.
discussion *sf.* discuție.
dicuter *vt.* a discuta, a dezbate.
disette *sf.* lipsă, foamete.
disgrâce *sf.* dizgrație, nenorocire.
disgracier *vt.* a dizgrația.
disgracieux, -euse *adj.* dizgrațios.
disjoindre *vt.*, *vr.* a (se) separa.
dislocation *sf.* dislocare, luxație.
disloquer *vt.*, *vr.* a (se) disloca.
disparaître *vi.* a dispărea.
disparate *adj.* disparat, răzleț.
dispendieux, -euse *adj.* costisitor.
dispensaire *sm.* dispensar.
dispense *sf.* dispensă.
dispenser **1.** *vt.* a scuti; a distribui; **2.** *vr.* a se sustrage.
disperser *vt.*, *vr.* a (se) răspândi, a (se) dispersa.
dispersion *sf.* răspândire, dispersie.
disponible *adj.* disponibil.
dispos, -e *adj.* dispus, vioi.
disposer **1.** *vt.* a dispune; a pregăti; **2.** *vi.* a dispune de; **3.** *vr.* a se pregăti de.
disposition *sf.* dispoziție, aranjament.
disproportion *sf.* disproporție.
dispute *sf.* ceartă, dispută.
disputer **1.** *vt.* a disputa; **2.** *vr.* a se certa.
disqualifier *vt.*, *vr.* a (se) descalifica.
dissension *sf.* neînțelegere, disensiune.
dissimuler *vt.*, *vr.* a (se) ascunde, a (se) disimula.
dissiper **1.** *vt.* a risipi; a împrăștia; **2.** *vr.* a se împrăștia, a se risipi.
dissolution *sf.* dizolvare; desființare.
dissoudre **1.** *vt.*, *vr.* a (se) dizolva; **2.** *vt.* a desființa, a suprima.
distance *sf.* distanță.
distillation *sf.* distilare.
distiller *vt.* a distila.
distinct, -e *adj.* distinct, deosebit.
distinguée, -e *adj.* distins.

distinguer *vt.*, *vr.* a (se) distinge.
distraction *sf.* neatenție; distracție, amuzament.
distraire *vt.*, *vr.* a (se) distra; a (se) sustrage.
distrait, -e *adj.* distrat, neatent.
distraitement *adv.* neatent, distrat.
distribuer *vt.* a distribui.
distribution *sf.* distribuție, distribuire.
divaguer *vi.* a bate câmpii, a divaga.
divergence *sf.* divergență, deosebire.
divers, -e *adj.* diferit, divers.
diversion *sf.* diversiune.
diversité *sf.* varietate, diversitate.
diveritir *vt.*, *vr.* a (se) amuza.
divertissant, -e *adj.* amuzant, distractiv.
divertissement *sm.* distracție, divertisment.
divin, -e *adj.* divin.
diviniser *vt.* a diviniza.
divinité *sf.* divinitate, zeitate.
diviser *vt.* a împărți; a dezbina.
diviseur *sm.* divizor, împărțitor.
division *sf.* împărțire, dezbinare; diviziune; divizie.
divorce *sm.* divorț.
divorcer *vi.* a divorța.
divulguer *vt.* a divulga.
dix *num. card.* zece.
dixième **1.** *num. ord.* al zecelea, a zecea; **2.** *sm.* zecime.
dizaine *sf.* vreo zece.
docile *adj.* docil, supus.
docilement *adv.* ascultător.
docilité *sf.* docilitate.
docker *sm.* docher.
docteur *sm.* doctor, medic.
doctoresse *sf.* doctoriță.
doctrine *sf.* doctrină.
document *sm.* document.
documentaire **1.** *adj.* documentar; **2.** *sm.* film documentar.
documentaliste *smf.* documentarist.
documentation *sf.* documentare, documentație.
documenter *vt.*, *vr.* a (se) documenta.
dodo *sm.* somn *(în limbajul copiilor); faire ~* a dormi.
dodu, -e *adj.* grăsun, rotofei.
doge *sm.* doge.
dogmatique *adj.* dogmatic.
dogme *sm.* dogmă.
doigt *sm.* deget; *à deux doigts de* în apropiere de, *un ~ de* un pic; *connaître sur le bout du ~* a ști ceva foarte bine.
doléances *sf. pl.* doleanțe, plângeri.
domaine *sm.* domeniu.
dôme *sm.* dom, cupolă.
domestique **1.** *smf.* servitor; **2.** *adj.* casnic, gospodăresc.
domicile *sm.* domiciliu.
dominant, -e **1.** *adj.* dominant, principal; **2.** *sf.* trăsătură principală.

domination *sf.* dominație, dominare.
dommage *sm.* pagubă, daună; *c'est ~!* păcat!
D
dompter *vt.* a subjuga, a îmblânzi.
dompteur, -euse *smf.* îmblânzitor.
don *sm.* dar, aptitudine.
donateur, -trice *smf.* donator.
donation *sf.* donație.
donc *conj.* deci, oare; *allons ~* nu-i posibil!; *pourquoi ~?* de ce oare?
donnée *sf.* dată.
donner 1. *vt., vr.* a (se) da; a (se) dărui; **2.** *vi.* a produce, a se deda la; *~ lecture* a citi; *~ raison* a da dreptate; *se ~ de la peine* a-și da osteneala; *~ un coup de fil* a da un telefon; *~ un coup de main* a da o mână de ajutor.
dont *pron. rel.* al cărui, despre care, din care, de la care.
dorénavant *adv.* de acum înainte.
dorer *vt.* a auri.
dorloter *vt.* a alinta.
dormant, -e 1. *adj. (despre ape)* stătător; **2.** *sm.* toc *(la ușă etc.)*
dormeur, -euse 1. *adj.* care doarme; *smf.* somnoros; **2.** *sf.* dormeză.
dormir *vi., vt.* a dormi; *ne ~ que d'un œil* a dormi iepurește.
dortoir *sm.* dormitor *(la cămin).*
dorure *sf.* aurire.
dos *sm.* spate, dos; cotor *(la cărți).*
dosage *sm.* dozare, dozaj.
dose *sf.* doză.
doser *vt.* a doza.
dossier *sm.* spătar; dosar.
dot *sf.* dotă, zestre.
dotation *sf.* dotare, utilare, înzestrare.
doter *vt.* a dota, a da dotă; a utila.
douane *sf.* vamă.
douanier, -ère 1. *adj.* vamal; **2.** *smf.* vameș.
double 1. *adj., adv.* dublu; **2.** *sm.* duplicat; dublet; *au ~* îndoit; *en ~* în dublu exemplar.
doublé *sm.* duble *(metal aurit).*
doublement 1. *sm.* dublare; îndoire; **2.** *adv.* dublu.
doubler 1. *vt.* a dubla, a căptuși; a depăși; **2.** *vi.* a se dubla, a întrece.
doublure *sf.* căptușeală, dublură.
doucement 1. *adv.* încet, ușurel; **2.** *interj.* domol.
doucereux, -euse *adj.* dulceag, mieros.
douceur *sf.* dulceață, brândețe.
douche *sf.* duș.
doucher *vt., vr.* a face duș.
douer *vt.* a înzestra.
douillet, -ette 1. *adj.* gingaș; **2.** *sf.* pufoaică.

douleur *sf.* durere.
douleureux, -euse *adj.* dureros.
doute *sm.* îndoială, bănuială.
douter *vi.* a se îndoi; *ne ~ rien* a nu se teme de nimic.
douteux, -euse *adj.* îndoielnic.
douve *sf.* doagă.
doux, douce **1.** *adj.* dulce, blând, lin; **2.** *sm.* partea plăcută; *se la couler douce* a-și face viața plăcută.
douzaine *sf.* duzină.
douze *num. card.* doisprezece.
douzième *num. ord.* al doisprezecelea.
doyen *sm.* decan.
dragée *sf.* drajeu.
dragon *sm.* dragon, balaur.
drague *sf.* dragă, plasă conică.
draguer *vt.* a draga.
drainer *vt.* a drena.
dramatique *adj.* dramatic; emoționant.
dramaturge *sm.* dramaturg.
drame *sm.* dramă.
drap *sm.* postav; cerșaf.
drapeau *sm.* steag.
draper **1.** *vt.* a drapa; **2.** vr a se fuduli.
draperie *sf.* draperie; postăvărie.
drapier *sm.* postăvar.
drastique *adj.*, *sm.* drastic.
drêche *sf.* borhot.
dressage *sm.* ridicare; dresaj.
dresser **1.** *vt.* a ridica; a dresa; a întinde; **2.** *vr.* a se ridica; *~ le couvert* a pune masa.
dresseur, -euse *smf.* dresor.
drogue *sf.* drog; medicament.
droguer **1.** *vt.* a droga; **2.** *vi.* (*fig.*) a aștepta mult și bine.
droguerie *sf.* drogherie.
droguiste *smf.* droghist.
droit, -e **1.** *adj.* drept; direct; vertical; **2.** *adv.* drept; **3.** *sm.* dreptate; taxă; **4.** *sf.* partea dreaptă; *esprit ~* fire sinceră.
droiture *sf.* dreptate, echitate.
drôle *adj.* caraghios, ciudat.
drôlerie *sf.* poznă.
dromadaire *sm.* dromader.
dru, -e **1.** *adj.* stufos, des; **2.** *adv.* des.
dû *sm.* drept, ceea ce se cuvine.
dualité *sf.* dualitate.
dubitatif, -ive *adj.* dubitativ.
duc *sm.* duce.
duché *sm.* ducat.
duchesse *sf.* ducesă.
duègne *sf.* însoțitoare.
duel *sm.* duel.
dûment *adv.* cum se cuvine.
dune *sf.* dună.
duo *sm.* duo, duet.
duodénum *sm.* duoden.
dupe *adj.* păcălit, înșelat.
duper *vt.* a păcăli, a înșela.
duperie *sf.* păcăleală, înșelătorie.
duplicata *sm.* duplicat.
duplicité *sf.* duplicitate.

D

duquel *pron. rel. m. sg.* despre care.
dur, -e 1. *adj.* tare, aspru; greu; **2.** *adv.* din greu; **3.** *sm.* dur; **4.** *sf.* tare; *coucher sur la dure* a dormi pe pământul gol.
durabilité *sf.* trăinicie.
durable *adj.* trainic.
durant *vt.* în timpul.
durcir *vt.*, *vi.*, *vr.* a (se) întări.
durée *sf.* durată.
durer *vi.* a dura, a rezista.
dureté *sf.* duritate, tărie.
durillon *sm.* bătătură.
duvet *sm.* tulei, puf.
dynamique *adj.*, *sf.* dinamic.
dynamite *sf.* dinamită.
dynamiter *vt.* a dinamita.
dynamo *sf.* dinam.
dynastie *sf.* dinastie.
dysenterie *sf.* dizenterie.
dyspepsie *sf.* dispepsie.
dystrophie *sf.* distrofie.
dystrophique *sm.* distrofic.

E

eau *sf.* apă; ~ *dormante* apă stătătoare; ~ *courante* apă curgătoare; ~ *bénite* agheasmă.
eau-de-vie *sf.* rachiu, țuică.
eau-forte *sf.* apă – tare.
ébahir *vt.* a ului, a uimi.
ébahissement *sm.* uimire.
ébats *sm. pl.* zbenguieli.
ébattre *vr.* a se zbengui.
ébauche *sf.* schiță.
ébaucher *vt.* a schița.
ébène *sm.* abanos.
ébéniste *sm.* ebenist.
éberluer *vt.* a uimi, a ului.
éblouir *vt.* a lua ochii, a orbi.
éblouissant, -e *adj.* sclipitor, orbitor.
éblouissement *sm.* orbire; (*fig.*) admirație.
éborgner *vt.* a chiorî.
éboulement *sm.* surpare, prăvălire, năruire.
ébouler *vt.*, *vr.* a (se) surpa.
ébouriffer *vt.* , *vr.* a ciufuli.
ébranlement *sm.* clătinare, zguduire.
ébranler *vt.*, *vr.* a (se) zdruncina, a (se) clătina; a (se) pune în mișcare.
ébrécher *vt.* a știrbi.
ébriété *sf.* ebrietate.
ébruiter *vt.*, *vr.* a divulga, a răspândi o știre.
ébullition *sf.* fierbere, clocot.
écaille *sf.* solz, carapace.
écale *sf.* coajă tare *(de alună, de nucă).*
écarlate *adj.* stacojiu.
écarquiller *vt.* a depărta mult, a deschide larg; ~ *les yeux* a holba ochii.
écart *sm.* depărtare; abatere.
écarteler *vt.* a sfâșia, a rupe *(în bucăți).*
écarter *vt.*, *vr.* a (se) îndepărta.
ecclésiastique *adj.* ecleziastic.
écervelé, -e *adj.* descreierat.
échafaud *sm.* eșafod.
échafaudage *sm.* eșafodaj.
échafauder **1.** *vi.* a ridica o schelă; **2.** *vt.* a îngrămădi; (*fig.*) a urzi *(o intrigă).*
échalas *sm.* arac; (*fam.*) lungan.
échancrer *vt.* a răscroi.
échancrure *sf.* răscroială.
échange *sm.* schimb, troc; *en* ~ în schimb.
échanger *vt.* a schimba.
échantillon *sm.* mostră, eșantion.
échappement *sm.* scăpare; eșapament.

échappaer **1.** *vi.* a scăpa; **2.** *vr.* a evada; *l'~ belle* a scăpa ieftin.
écharde *sf.* așchie.
écharpe *sf.* eșarfă.
écharper *vt.* a scărmăna; a tăia în bucăți.
échauder *vt.* a opări.
échauffement *sm.* aprindere.
échauffer *vt.*, *vr.* a (se) încălzi, a (se) înfierbânta.
échauffourée *sf.* încăierare.
échéance *sf.* scadență, termen.
échec *sm.* eșec, nereușită.
échecs *sm.pl.* șah *(jocul).*
échelle *sf.* scară.
échelon *sm.* treaptă; eșalon.
échelonnement *sm.* eșalonare.
échelonner *vt.* a eșalona.
écheveau *sm.* scul.
échevelé, -e *adj.* despletit.
écheveler *vt.* a despleti, a zbârli.
échine *sf.* șira spinării.
échiner **1.** *vt.* a rupe șira spinării, a bate măr; **2.** *vr.* a se speti muncind.
échiquier *sm.* tablă de șah.
écho *sm.* ecou.
échoir *vi.* a ajunge la scadență; a se întâmpla.
échoppe *sf.* dugheană.
échouer *vi.*, *vt.* a eșua.
éclaboussement *sm.* stropire cu noroi.
éclabousser *vt.* a stropi cu noroi.
éclaboussure *sf.* strop de noroi.
éclair *sm.* fulger; ecler.
éclairage *sm.* luminat, luminare.
éclaircie *sf.* luminiș; înseninare.
éclaircir *vt.*, *vr.* a (se) lumina, a (se) clarifica.
éclaircissement *sm.* clarificare.
éclairé, -e *adj.* luminat.
éclairement *sm.* luminare.
éclairer *vt.*, *vi.* a lumina.
éclaireur *sm.* cercetaș.
éclanche *sf.* ciozvârtă.
éclat *sm.* ciob; zgomot infernal; *rire aux éclats* a râde în hohote.
éclatant, -e *adj.* strălucitor; răsunător.
éclater *vi.* a se sparge; a izbucni; a străluci.
éclipse *sm.* eclipsă.
eclipser *vt.* a eclipsa.
éclopé, -e *adj.* schilod, beteag.
éclore *vi.* a ieși din ou; a se deschide *(un mugure).*
écluse *sf.* ecluză.
écœurant, -e *adj.* scârbos, dezgustător.
écœurer *vt.* a scârbi.
école *sf.* școală.
écolier, -ère *smf.* școlar.
éconduire *vt.* a respinge, a concedia.
économe *adj.*, *smf.* econom.
économie *sf.* economie.

économique *adj.* economic.
économiquement *adv.* cu economie.
économiser *vt.* a economisi.
écorce *sf.* scoarță, coajă.
écorcher *vt.* a jupui; a zgâria.
écorchure *sf.* zgârietură, jupuitură.
écorner *vt.* a rupe coarnele, a rupe colțurile; a știrbi.
écot *sm.* buturugă; cotă-parte.
écoulement *sm.* scurgere; desfacere a unei mărfi.
écouler 1. *vt.* a desface o marfă; **2.** *vr.* a se scurge.
écourter *vt.* a scurta, a reteza.
écoute *sf.* ascultare.
écouter *vt.*, *vr.* a (se) asculta; a pleca urechea la.
écrasement *sm.* zdrobire.
écraser *vt.*, *vr.* a (se) zdrobi; a (se) strivi.
écrémage *sm.* smântânire.
écrémer *vt.* a smântâni.
écrevisse *sf.* rac.
écrier *vr.* a țipa, a striga.
écrin *sm.* sipet.
écrire *vt.* a scrie.
écrit *sm.* act, înscris; *par* ~ în scris.
écriture *sf.* scriere.
écrivain *sm.* scriitor.
écrou *sm.* piuliță.
écroulement *sm.* prăvălire.
écrouler *vr.* a se prăbuși, a se prăvăli.
écru, -e neînălbit, neprelucrat.
écu *sm.* scut.
écueil *sm.* obstacol, piedică; stâncă *(în apă).*
écuelle *sf.* strachină.
éculer *vt.* a scâlcia.
écume *sf.* spumă.
écumer 1. *vt.* a lua spuma; **2.** *vi.* a spumega.
écureuil *sm.* veveriță.
écurie *sm.* grajd.
édenté, -e *adj.* stirb.
édification *sf.* construire.
édifice *sm.* edificiu.
édifier *vt.* a clădi, a construi, a edifica; a lămuri; a stabili.
édilité *sf.* edilitate.
edit *sm.* edict.
éditer *vt.* a edita.
éditeur, -trice *adj.*, *sm.* editor.
édition *sf.* ediție, editare.
editorial, -e 1. *adj.* editorial; **2.** *sm.* articol de fond.
éducable *adj.* educabil.
éducateur, -trice *smf.* educator.
éducatif, -ive *adj.* educativ.
éducation *sf.* educație.
édulcorer *vt.* a îndulci.
éduquer *vt.* a educa.
effacer 1. *vt.* a șterge; **2.** *vr.* a se da la o parte.
effarer *vt.* a înspăimânta.
effaroucher *vt.* a pune pe fugă, a speria.
effertif, -ive *adj.*, *sm.* efectiv.
effectivement *adv.* într-adevăr.
effectuer *vt.*, *vr.* a efectua, a îndeplini, a executa.
effervescence *sf.* efervescență.

E

effervescent, -e *adj.* efervescent.
effet *sm.* efect; *en ~* într-adevăr; *à cet ~* în acest scop.
effeuillement *sm.* desfrunzire.
efficace *adj.* eficace, cu efect.
efficacement *adv.* cu eficacitate.
efficacité *sf.* eficacitate.
efficient, -e *adj.* eficient.
effigie *sf.* efigie.
effilé, -e *adj.* lung și subțire.
effiler *vt.* a deșira, a destrăma.
effilocher *vt.* a destrăma.
efflanqué, -e *adj.* slăbănog.
effleurer *vt.* a atinge ușor.
effluve *sm.* efluviu, emanație.
effondrement *sm.* prăbușire, prăvălire.
effondrer *vt.*, *vr.* a (se) prăbuși.
effort *sm.* efort; silință.
effraction *sf.* spargere, efracție.
effrayant, -e *adj.* înspăimântător.
effrayer *vt.*, *vr.* a (se) înspăimânta.
effréné, -e *adj.* neînfrânat, nestăpânit.
effriter *vt.*, *vr.* a (se) sfărâma, a (se) măcina.
effroi *sm.* groază.
effronté, -e *adj.*, *smf.* nerușinat.
effrontément *adv.* cu nerușinare.
effronterie *sf.* nerușinare, neobrăzare.
effroyable *adj.* înspăimântător.
effroyablement *adv.* grozav, teribil de.
effusion *sf.* efuziune; vărsare, revărasre.
égal, -e 1. *adj.* egal, constant; **2.** *sm.* egal; *cela m'est ~* mi-e totuna.
égalemement 1. *sm.* egalare; **2.** *adv.* în mod egal.
égaler *vt.* a egala, a fie gal cu.
égalisation *sf.* egalizare.
égaliser *vt.* a egaliza, a nivela.
égalité *sf.* egalitate; nivelare.
égard *sm.* atenție, considerație; *à l'~ de* în privința.
égarement *sm.* rătăcire.
égarer *vt.*, *vr.* a (se) rătăci.
égayer *vt.* a înveseli.
égide *sf.* scut; protecție.
églantier *sm.* măceș.
églantine *sf.* trandafir sălbatic.
église *sf.* biserică.
égoïsme *sm.* egoism.
égoïste *adj.*, *smf.* egoist.
égorger *vt.* a omorî, a tăia beregata.
égosiller *vr.* a țipa cât îl ține gura.
égout *sm.* canal de scurgere.
égratiner *vt.* a zgâria.
égratinure *sf.* zgârietură.
égrener *vt.* a dezghioca boabele de pe cocean.
égrillard, -e *adj.* hazos; deocheat.
éhonté, -e *adj.* nerușinat.
elaboration *sf.* elaborare.
élaborer *vt.* a elabora.

élaguer *vt.* a curăța de crengi uscate.
élan *sm.* elan, avânt.
élancer 1. *vr.* a se arunca, a se avânta; **2.** *vi.* a înjunghia, a da junghiuri.
élargir *vt.* a lărgi.
élargissement *sm.* lărgire.
élasticité *sf.* elasticitate.
élastique *adj.*, *sm.* elastic.
électeur, -trice *smf.* alegător.
électif, -ive *adj.* electiv.
élection *sf.* alegere.
électoral, -e *adj.* electoral.
électricien *adj.*, *sm.* electrician.
électricité *sf.* electricitate.
électrification *sf.* electrificare.
électrique *adj.* electric.
électriser *vt.* a electriza.
électro-aimant *sm.* electromagnet.
électrocuté, -e *adj.*, *smf.* electrocutat.
électrocution *sf.* electrocutare.
électrolyse *sf.* electroliză.
électromagnetisme *sm.* electromagnetism.
électomoteur, -trice *adj.*, *sm.* electromotor.
électron *sm.* electron.
élégamment *adv.* cu eleganță.
élégance *sf.* eleganță.
élégant, -e *adj.*, *smf.* elegant.
élégiaque *adj.* elegiac.
élégie *sf.* elegie.
élément *sm.* element.
élémentaire *adj.* elementar.
éléphant *sm.* elefant.
élevage *sm.* creștere *(a animalelor).*
élévateur *sm.* elevator.
elevation *sf.* ridicare, înălțare.
élève *smf.* elev.
élever *vt.*, *vr.* a ridica; a înălța.
éleveur *sm.* crescător de animale.
élider *vt.* a elida.
élimer *vt.* a uza, a toci.
élimination *sf.* eliminare.
éliminatoire *adj.* eliminatoriu.
éliminer *vt.* a elimina.
élire *vt.* a alege.
élision *sf.* eliziune.
élite *sf.* elită.
elixir *sm.* elixir.
elle *pron.* ea.
ellipse *sf.* elipsă.
elliptique *adj.* eliptic.
élocution *sf.* elocuțiune.
éloge *sm.* elogiu, laudă.
élogieux, -euse *adj.* elogios.
éloigné, -e *adj.* îndepărtat.
éloignement *sm.* îndepărtare; antipatie.
éloigner *vt.* a îndepărta.
éloquemment *adv.* cu elocvență.
éloquence *sf.* elocință.
éloquent, -e *adj.* elocvent.
élu, -e *adj.*, *smf.* ales.
élucider *vt.* a lămuri, a elucida.
éluder *vt.* a ocoli, a eluda.
émail *sm.* email, smalț.

émailler *vt.* a emaila, a smălțui.
emanation *sf.* emanare, emanație.
emancipation *sf.* emancipare.
émanciper *vt.* a emancipa.
émaner *vt.* a emena.
emballage *sm.* ambalaj, ambalare.
emballement *sm.* entuziasm.
emballer 1. *vt.* a ambala, a împacheta; **2.** *vr.* a se ambala.
embarcation *sf.* ambarcațiune.
embarcadère *sm.* ambarcader.
embarquement *sm.* îmbarcare.
embarquer *vt.*, *vr.* a (se) îmbarca.
embarras *sm.* încurcătură; îngrămădeală; *avoir des ~ d'argent* a avea dificultăți financiare; necaz, neplăcere.
embarrassant, -e *adj.* stânjenitor.
embarrasser *vt.* a jena; a pune în încurcătură.
embauchage *sm.* angajare.
embaucher *vt.* a angaja.
embauchoir *sm.* calapod.
embaumer 1. *vt.* a îmbălsăma; a înmiresma; **2.** *vi.* a răspândi parfum.
embellir 1. *vt.* a înfrumuseța; **2.** *vi.* a deveni mai frumos.
embêtant, -e *adj.* plicticos.
embêtement *sm.* plictiseală.
embêter *vt.*, *vr.* a (se) plictisi.
emblème *sm.* emblemă.
emboîter *vt.* a îmbuca.
embouchure *sf.* vărsare a unei ape.
embourber *vt.*, *vr.* a (se) împotmoli.
embouteillage *sm.* îmbuteliere; ambuteiaj.
embouteiller *vt.* a îmbutelia; a bloca circualția.
embranchement *sm.* ramificație.
embrasement *sm.* incendiu, vâlvătaie.
embraser *vt.*, *vr.* a (se) aprinde.
embrassement *sm.* îmbrățișare.
embrasser *vt.* a îmbrățișa; a săruta.
embrasure *sf.* pervaz.
embrayage *sm.* ambreiaj.
embrayer *vt.* a ambreia.
embrouiller *vt.*, *vr.* a (se) zăpăci.
embryon *sm.* embrion.
embûche *sf.* capcană.
embuer *vt.* a aburi.
embuscade *sf.* ambuscadă.
embusqé *sm.*, *adj.* mobilizat pe loc.
émeraude *sf.* smarald.
émerger *vi.* a se ivi.
émeri *sm.* șmirghel.
émérite *adj.* emerit.
émerveillement *sm.* uimire.
émerveiller *vt.*, *vr.* a (se) minuna.
émetteur *adj.*, *sm.* emițător.
émettre *vt.* a emite; a exprima.
émeute *sf.* răscoală.

émiettement *sm.* fărâmițare.
émietter *vt.* a fărâmița.
émigrant, -e *smf.* emigrant.
émigration *sf.* emigrare, emigrație.
émigrer *vi.* a emigra.
émincer *vt.* a tăia bucățele.
eminence *sf.* ridicătură; eminență.
eminent, -e *adj.* ridicat; eminent.
émissaire *sm.* emisar.
émission *sf.* emitere, emisiune.
emmagasiner *vt.* a înmagazina.
emmaillotement *sm.* înfășare a unui bebeluș.
emmailloter *vt.* a înfășa, a lega fedelș.
emmancher *vt.* a pune mâner.
emmanchure *sf.* răscroială (la mâneci).
emmêler *vt.* a amesteca.
emménager *vi.* a se muta.
emmener *vt.* a lua, a duce cu sine.
emmitoufler *vt.*, *vr.* a (se) înfofoli.
émoi *sm.* emoție, neliniște.
émonder *vt.* a curăța de crengi.
émotif, -ive *adj.* emotiv.
émotion *sf.* emoție.
émotionner *vt.* a emoționa.
émoudre *vt.* a ascuți.
émoulu, -e *adj.* ascuțit; *frais ~* de curând ieșit din.
émousser *vt.* a toci.
émouvant, -e *adj.* mișcator, emoționant.
émouvior *vt.* a tulbura, a emoționa; a instiga.
empailler *vt.* a împăia.
empaler *vt.* a trage în țeapă.
empaqueter *vt.* a împacheta.
emparer *vt.* a cuprinde, a pune stăpânire pe.
empâter *vt.* a umple de aluat; a îndopa o pasăre.
empêchement *sm.* piedică, obstacol.
empêcher **1.** *vt.* a împiedica; **2.** *vr.* a se abține.
empereur *sm.* împărat.
empeser *vt.* a scrobi.
empêtrer **1.** *vt.* a împiedica; **2.** *vr.* a se încurca, a se împotmoli.
emphase *sf.* emfază.
emphatique *adj.* emphatic.
empierrer *vt.* a pietrui.
empiétement *sm.* încălcare.
empiéter *vi.*, *vt.* a încălca, a uzurpa.
empiler *vt.* a face teanc, a îngrămădi.
empire *sm.* imperiu, împărăție.
empirer *vt.*, *vi.*, *vr.* a (se) înrăutăți.
empirique *adj.* empiric.
empirisme *sm.* empirism.
emplacement *sm.* loc, poziție; amplasament.
emplâtre *sm.* plasture.
emplette *sf.* cumpărătură.

E

emplir *vt.* a umple.
emploi *sm.* post, slujbă, serviciu; întrebuințare.
employé, -e *smf.* funcționar, impiegat.
employer *vt., vr.* a întrebuința, a folosi.
employeur, -euse *smf.* angajator, patron.
empocher *vt.* a băga în buzunar.
empoigner 1. *vt.* a pune mâna pe, a înhăța; **2.** *vr.* a se încăiera.
empois *sm.* scrobeală.
empoisonnement *sm.* otrăvire.
empoisonner *vt., vr.* a otrăvi.
empoisonneur, -euse *smf.* otrăvitor.
emporté, -e *adj.* iute la mânie.
emporter 1. *vt.* a lua, a duce; a cuceri; **2.** *vr.* a se mânia.
empourprer *vt.* a înroși.
empreindre *vt.* a întipări.
empreinte *sf.* întipăritură, amprentă, urmă.
empressement *sm.* atenție, zel.
empresser *vr.* a se grăbi, a fi zelos.
emprisonnement *sm.* întemnițare.
emprisonner *vt.* a întemnița.
emprunt *sm.* luare cu împrumut.
emprunté, -e *adj.* împrumutat.
emprunter *vt.* a lua cu împrumut.
émulation *sf.* emulație, întrecere.
émulsion *sf.* emulsie.
en 1. *prep.* în, în calitate de, ca, din, de; **2.** *adv.* dintr-acolo; **3.** *pron. pers. invar.* de la el, cu el; *c'~ est trop!* e prea de tot!
enamourer *vr.* a se îndrăgosti.
encadrement *sm.* încadrare, chenar.
encadrer *vt.* a încadra.
encager *vt.* a băga în colivie.
encaissement *sm.* încasare.
encaisser *vt.* a încasa.
encan *sm.* licitație, mezat.
encanailler *vr.* a se înhăita.
encastrer *vt.* a încastra.
encaustique *sf.* ceară.
encaustiquer *vt.* a da cu ceară.
enceindre *vt.* a înconjura cu un zid.
enceinte 1. *sf.* incintă; **2.** *adj.* însărcinată.
encens *sm.* tămâie.
encenser *vt.* a tămâia.
encensoir *sm.* cădelniță.
encéphale *sm.* encefal.
encercler *vt.* a încercui.
enchaînement *sm.* înlănțuire.
enchaîner *vt.* a înlănțui.
enchentement *sm.* farmec, încântare.
enchanter *vt.* a fermeca, a încânta.

enchanteur, -eresse 1. *adj.* fermecător; **2.** *smf.* vrăjitor.
enchâsser *vt.* a încrusta.
enchère *sf.* licitație.
enchérir 1. *vi.* a se scumpi; **2.** *vt.* a licita.
enchérissement *sm.* scumpire.
enchevêtrement *sm.* încurcătură.
enclaver *vt.* a închide, a cuprinde *(un teritoriu în altul).*
enclin, -e *adj.* predispus la.
enclore *vt.* a împrejmui.
enclos *sm.* loc împrejmuit.
enclume *sf.* nicovală.
encoche *sf.* crestătură.
encoignure *sf.* ungher.
encoller *vt.* a încleia.
encollure *sf.* răscroială.
encombrer *vt.* a împiedica *(trecerea)*; a încărca *(memoria).*
encore *adv.* mai, din nou, încă.
encouragement *sm.* încurajare.
encourager *vt.* a încuraja.
encourir *vt.* a risca, a se expune.
encrasser *vt.*, *vr.* a (se) murdări.
encre *sf.* cerneală.
encrier *sm.* călimară.
encroûter 1. *vt.*, *vr.* a (se) acoperi cu o coajă; **2.** *vr.* a zăcea în ignoranță.
encyclopédie *sf.* enciclopedie.
endettement *sm.* îndatorare.
endetter *vt.*, *vr.* a (se) îndatora.
endeuiller *vt.* a îndolia, a întrista.
endiablé, -e *adj.* îndrăcit.
endiguement *sm.* îndiguire.
endiguer *vt.* a zăgăzui.
endive *sf.* andivă.
endoctriner *vt.* a îndoctrina.
endolorir *vt.* a face dureros.
endommager *vt.* a strica; a păgubi.
endormir *vt.*, *vr.* a adormi.
endosser *vt.* a purta o haină; a andosa.
endroit *sm.* loc; *à l'~ de* în ceea ce privește.
enduire *vt.* a unge.
enduit *sm.* unsoare, spoială.
endurance *sf.* putere de a îndura.
endurcir *vt.*, *vr.* a (se) întări; a (se) oțeli.
endurer *vt.* a îndura.
énergique *adj.* energic.
énervement *sm.* enervare.
énerver *vt.* a enerva.
enfance *sf.* copilărie.
enfant *smf.* copil.
enfanter *vt.* a naște; a crea.
enfantin, -e *adj.* copilăros.
enfariner *vt.* a presăra cu făină.
enfer *sm.* iad.
enfermer *vt.* a încuia, a închide; a conține.
enferrer *vt.* a străpunge.
enfieller *vt.* a învenina.
enfilade *sf.* șir.

E

enfiler *vt.* a înșira.
enfin *adv.* în sfârșir, pe scurt.
enflammer *vt.* a da foc.
enfler *vt.*, *vi.* a (se) umfla; a exagera.
enflure *sf.* umflătură.
enfoncement *sm.* înfundare, înfigere.
enfoncer **1.** *vt.* a înfunda, a înfige; **2.** *vr.* a se scufunda.
enfourcher *vt.* a încăleca.
enfourchure *sf.* bifurcare.
enfourner *vt.* a pune la cuptor.
enfeindre *vt.* încălca *(o dispoziție).*
enfuir *vr.* a fugi, a se scurge.
enfumer *vt.* a afuma.
engagement *sm.* angajare, angajament; amanetare.
engager *vt.*, *vr.* a (se) angaja; a pune amanet.
engelure *sf.* degerătură.
engendrer *vt.* a genera, a naște.
englober *vt.* a îngloba.
engloutir *vt.* a înghiți.
engloutissement *sm.* înghițire.
engluer *vt.* a încleia.
engorger *vt.* a gâtui; a înfunda.
engouffrer **1.** *vt.* a înghiți; **2.** *vr.* a năvăli.
engoulevent *sm.* pițigoi.
engourdir *vt.* a amorți, a înțepeni.
engrais *sm.* îngrășământ.
engraisser *vt.*, *vi.* a (se) îngrășa.
engrenage *sm.* angrenaj.
engrener *vt.*, *vr.* a (se) angrena.
énigmatique *adj.* enigmatic.
enivrement *sm.* îmbătare.
enivrer *vt.*, *vr.* a (se) îmbăta.
enjambée *sf.* pas mare peste ceva.
enjeu *sm.* miză.
enjoindre *vt.* a ordona, a prescrie.
enjoliver *vt.* a înfrumuseța.
enjoué, -e *adj.* vesel.
enjouement *sm.* drăgălășenie.
enjuguer *vt.* a înjuga.
enlacer *vt.* a lega.
enlaidir *vt.*, *vi.* a (se) urâți.
enlaidissement *sm.* urâțire.
enlèvement *sm.* luare, răpire; ridicare.
enlever *vt.* a lua, a ridica, a scoate; a răpi.
enliser *vt.*, *vr.* a (se) împotmoli.
ennemi, -e *smf.*, *adj.* dușman.
ennoblir *vt.* a înnobila.
ennoblissement *sm.* înnobilare.
ennuager *vr.* a se înnora.
ennui *sm.* plictiseală, necaz.
ennuyer *vt.*, *vr.* a (se) plictisi.
ennuyeux, -euse *adj.* plictisitor; supărător.
énoncé *sm.* enunțare.
énoncer *vt.* a enunța.
énormité *sf.* enormitate.
enquérir *vr.* a se informa.
enquête *sf.* anchetă; cercetare.
enquêter *vi.* a ancheta, a cerceta.

enquêteur, -euse *smf.* anchetator.
enraciner *vt.*, *vr.* a (se) înrădăcina.
enrager *vi.* a deveni furios.
enraiement *sm.* frânare.
enrayer 1. *vt.* a frâna; 2. *vr.* a se opri.
enregistrement *sm.* înregistrare; registratură.
enregistrer *vt.* a înregistra.
enrhumer *vt.* a se îmbolnăvi de guturai.
enrichir *vt.* a îmbogăți.
enrichissement *sm.* îmbogățire.
enrober *vt.* a înveli.
enrôlement *sm.* înrolare.
enrôler *vt.*, *vr.* a (se) înrola.
enrouement *sm.* răgușeală.
enrouer *vt.* a răguși.
enrouiller *vt.*, *vr.* a rugini.
enroulement *sm.* înfășurare.
enrouler *vt.* a înfășura.
ensanglanter *vt.* a însângera.
enseignant, -e 1. *smf.* învățător; 2. *adj.* care predă; *le corps* ~ corpul didactic.
enseigne *sf.* steag; firmă; pecete.
enseignement *sm.* învățământ.
enseigner *vt.* a învăța pe cineva.
ensemble 1. *adv.* împreună; 2. *sm.* ansamblu.
ensemencement *sm.* însămânțare.
ensemencer *vt.* a însămânța.
enserrer *vt.* a strânge; a cuprinde.
ensevelir 1. *vt.* a înmormânta; 2. *vr.* a se retrage.
ensevelissement *sm.* înmormântare.
ensoleillé, -e *adj.* însorit.
ensorceler *vt.* a vrăji.
ensorcellement *sm.* vrajă.
ensuite *adv.* apoi.
entaille *sf.* tăietură; crestătură.
entamer *vt.* a începe; a înfiripa.
entassement *sm.* îngrămădire; grămadă.
entasser *vt.* a îngrămădi.
entendement *sm.* înțelegere; inteligență.
entendre 1. *vt.* a auzi; a asculta; a avea intenția; 2. *vr.* a se înțelege; a se pricepe.
entendu, -e *adj.* stabilit; *bien* ~ bineînțeles.
entente *sf.* înțelegere; acord; pricepere.
enterrement *sm.* înmormântare.
enterrer *vt.*, *vr.* a (se) înmormânta.
entêté, -e *adj.*, *smf.* încăpățânat.
entêtement *sm.* încăpățânare.
enthousiasme *sm.* entuziasm.
enthousiasmer *vt.*, *vr.* a (se) entuziasma.
enthousiaste *adj.*, *smf.* entuziast.

entier, -ère *adj.* întreg, pe deplin.
entité *sf.* entitate.
entonnoir *sm.* pâlnie.
entorse *sf.* entorsă; scrântitură.
entortiller *vt.* a răsuci; a suci.
entourage *sm.* anturaj.
entourer *vt.*, *vr.* a (se) înconjura.
entracte *sm.* antract.
entreaide *sf.* întrajutorare.
entreaider *vr.* a se întrajutora.
entrailles *sf. pl.* măruntaie.
entrain *sm.* antren.
entraînement *sm.* antrenament.
entraîner *vt.*, *vr.* a (se) antrena.
entraîneur *sm.* antrenor.
entrave *sf.* piedică.
entraver *vt.* a împiedica.
entre *prep.* între, în.
entrecôte *sf.* antricot.
entrecouper *vt.* a întretăia.
entrecroiser *vt.*, *vr.* a (se) încrucișa.
entrée *sf.* intrare; început; antreu.
entrelacement *sm.* împletire.
entrelacer *vt.* a împleti.
entremêler *vt.* a amesteca.
entremetteur, -euse *smf.* mijlocitor.
entremettre *vt.* a mijloci.
entremise *sf.* mijlocire.
entrepôt *sm.* antrepozit.
entreprenant, -e *adj.* întreprinzător.
entreprendre *vt.* a întreprinde.
entrepreneur, -euse *smf.* antreprenor.
entreprise *sf.* întreprindere.
entrer **1.** *vi.* a intra; **2.** *vt.* a băga, a introduce.
entresol *sm.* mezanin.
entretenir **1.** *vt.* a întreține; **2.** *vr.* a sta de vorbă.
entretien *sm.* conversație.
entrevoir *vt.* a întrevedea.
entrevue *sf.* întrevedere.
entreouvrir *vt.*, *vr.* a (se) întredeschide.
énumération *sf.* enumerare.
énumérer *vt.* a enumera.
envahir *vt.* a cotropi.
envahissement *sm.* cotropire.
envahisseur *sm.* cotropitor.
envaser *vt.*, *vr.* a (se) înnămoli.
enveloppe *sf.* plic; anvelopă; înveliș.
enveloppement *sm.* acoperire; înfășurare.
envelopper *vt.* a înfășura.
envenimer *vt.*, *vr.* a (se) învenina.
envergure *sf.* anvergură.
envers **1.** *prep.* față de; **2.** *sm.* contrariu; dos.
envie *sf.* invidie.
envier *vt.* a invidia; a dori foarte tare.
envieux, -euse *adj.*, *smf.* invidios.
environ **1.** *adv.* aproximativ; **2.** *sm. pl.* împrejurimi.
environnement *sm.* mediu înconjurător.

environner *vt.* a înconjura.
envisager *vt.* a avea în vedere; a privi în față.
envoi *sm.* trimitere.
envol *sm.* elan; zbor.
envoler *vr.* a-și lua zborul.
envoyé *sm.* trimis; sol.
envoyer *vt.* a trimite.
envoyeur, -euse *smf.* expeditor.
enzyme *sm.* enzimă.
épais, -aisse 1. *adj.* gros; dens; **2.** *sm.* grosime; **3.** *adv.* des.
épaisseur *sf.* grosime, desime.
épaissir *vt., vi. vr.* a (se) îngroșa.
épanchement *sm.* îngroșare, îndesire.
épanoiuir 1. *vt.* a face să înflorească; **2.** *vr.* a se deschide; a se lumina.
épanouissement *sm.* înflorire.
épargne *sf.* economie; *caisse d'~* casă de economii.
épargner *vt.* a economisi; a scuti.
éparpillement *sm.* risipire; împrăștiere.
éparpiller *vt.* a împrăștia; a risipi.
épatant, -e *adj.* epatant, grozav.
épater *vt.* a epata, a da gata, a ului.
épaule *sf.* umăr, spată; *donner un coup d'~* a pune umărul.
épaulette *sf.* epolet.
épave *sf.* epavă.
épée *sf.* sabie, spadă.
épeler *vt.* a silabisi.
épellation *sf.* silabisire.
éperdument *adv.* nebunește.
éperon *sm.* pinten.
épervier *sm.* uliu.
épeuré, -e *adj.* înfricoșat.
éphémère *adj.* trecător.
épi *sm.* spic.
épice *sf.* mirodenie; *pain d'~* turtă dulce.
épicerie *sf.* băcănie.
epidémie *sf.* epidemie.
épiderme *sm.* epidermă.
épier *vt.* a iscodi.
épigramme *sf.* epigramă.
épigraphe *sf.* epigraf.
épilation *sf.* epilare.
epilepsie *sf.* epilepsie.
épileptique *adj., smf.* epileptic.
épiler *vt.* a epila.
épilogue *sm.* epilog.
épinard *sm.* spanac.
épine *sf.* spin; *~ dorsale* coloană vertebrală.
épineux, -euse *adj.* spinos.
épingle *sf.* ac cu gămălie; *être tiré à quatre épingles* a fi pus la patru ace, a fi spilcuit.
épique *adj.* epic.
épisode *sm.* episod.
épisodique *adj.* episodic.
épistolaire *adj.* epistolar.
épitaphe *sf.* epitaf.
épithète *sf.* epitet.
épître *sf.* epistolă.
éponge *sf.* burete.

éponger *vt.*, *vr.* a (se) șterge cu buretele.
époque *sf.* epocă.
épouiller *vt.* a despăduchea.
épouser *vt.* a lua în căsătorie.
épousseter *vt.* a șterge praful.
épovantable *adj.* înspăimântător.
épouvantail *sm.* sperietoare *(de ciori).*
épouvante *sf.* spaimă, groază.
épouvanter *vt.* a înspăimânta, a speria.
époux, épouse *smf.* soț.
éprendre *vr.* a se îndrăgosti.
épreuve *sf.* încercare; probă; teză.
épris, -e *adj.* îndrăgostit.
éprouver *vt.* a încerca, a suferi.
éprouvette *sf.* ebrubetă.
épucer *vt.* a purica.
épuisement *sm.* epuizare, istovire.
épuiser *vt.*, *vr.* a (se) epuiza, a seca.
épuration *sf.* epurare, purificare.
épurer *vt.* a epura, a purifica.
équarrissage *sm.* ecarisaj; împărțire în pătrate.
équateur *sm.* ecuator.
équation *sf.* ecuație.
équerre *sf.* echer.
équestre *adj.* ecvestru.
équilibrage *sm.* echilibrare.
équilibre *sm.* echilibru.
équilibrer *vt.* a echilibra.
équinoxe *sm.* echinocțiu.
équipage *sm.* echipaj.
équipement *sm.* echipament, echipare, dotare.
équiper *vt.*, *vr.* a (se) echipa.
équitable *adj.* echitabil.
équitation *sf.* echitație.
équité *sf.* echitate.
équivalence *sf.* echivalență.
équivaloir *vi.* a echivala.
équivoque *adj.* echivoc.
érable *sm.* arțar.
éradication *sf.* eradicare.
ére *sf.* eră.
érection *sf.* ridicare, erecție.
éreintant, -e *adj.* istovitor.
éreinter *vt.* a slei de puteri.
ergoteur, -euse *adj.*, *smf.* cârcotaș.
ériger 1. *vt.* a ridica, a înălța; **2.** *vr.* a se erija.
ermitage *sm.* schit.
ermite *sm.* schimnic.
éroder *vt.* a eroda.
érosion *sf.* eroziune.
érotique *adj.* erotic.
errant, -e *adj.* rătăcitor.
errata *sm.* erată.
errer *vi.* a rătăci.
erreur *sf.* eroare.
erroné, -e *adj.* greșit.
éructation *sf.* râgâială.
éructer *vi.* a râgâi.
érudit, -e *adj.*, *smf.* erudit.
érudition *sf.* erudiție.
éruption *sf.* erupție.
escabeau *sm.* scăunel de lemn.
escadre *sf.* escadră.

escadrille *sf.* escadrilă.
escadron *sm.* escadron.
escalader *vt.* a se cățăra, a escalada.
escale *sf.* escală.
escalier *sm.* scară.
escalope *sf.* escalop.
escamonter *vt.* a escamonta.
escapade *sf.* escapadă.
escargot *sm.* melc.
escarmouche *sf.* încăierare.
escarpé, -e *adj.* abrupt, râpos.
escarpement *sm.* râpă, coastă abruptă.
escarpolette *sf.* scrânciob.
esclaffer *vr.* a pufni în râs.
esclandre *sm.* scandal.
esclavage *sm.* sclavie.
esclavagiste *adj.*, *sm.* sclavagist.
esclave *smf.* sclav.
escogriffe *sm.* lungan, deşirat.
escompte *sm.* scont.
escompter *vt.* a sconta.
escorte *sf.* escortă.
escorter *vt.* a escorta.
escrime *sf.* ceată.
escrimer 1. *vi.* a face scrimă; **2.** *vr.* a se strădui.
escroc *sm.* escroc.
escroquer *vt.* a escroca.
escroquerie *sf.* escrocherie, înșelătorie.
espacer *vt.*, *vr.* a (se) rări.
espagnol, -e *adj.* spaniol.
Espagnol, -e *smf.* locuitor din Spania.
espalier *sm.* spalier.
espèce *sf.* specie; bani gheață, numerar.
espérance *sf.* speranță.
espérer 1. *vt.* a spera; **2.** *vi.* a avea speranță în.
espiègle *adj.* zglobiu, poznaş.
espièglerie *sf.* zburdălnicie.
espion, -enne *smf.* spion.
espionnage *sm.* spionaj.
espionner *vt.* a spiona.
espoir *sm.* speranță.
esprit *sm.* duh, spirit; sens; concepție.
esquinter *vt.*, *vr.* a (se) istovi.
esquisse *sf.* schiță.
esquisser *vt.* a schița.
esquiver 1. *vt.* a ocoli; **2.** *vr.* a se eschiva.
essai *sm.* încercare; eseu.
essaim *sm.* roi; grămadă.
essayer 1. *vt.* a încerca; a proba; **2.** *vi.* a încerca.
essence *sf.* esență; benzină.
essential, -elle *adj.*, *sm.* esențial.
essentiellement *adv.* prin esență.
essieu *sm.* osie.
essor *sm.* avânt.
essoufflé, -e *adj.* cu sufletul la gură.
essoufler *vt.* a face să gâfâie.
essuie-mains *sm.* prosop.
essuyer *vt.* a șterge.
estafette *sf.* ștafetă, curier.
estampe *sf.* stampă.
estampille *sf.* ștampilă.
estampiller *vt.* a ștampila.

esthete *sm.* estet.
esthéticien, -enne *smf.* estetician.
esthétique 1. *adj.* estetic; **2.** *sf.* estetică.
esthétiquement *adv.* estetic.
estimable *adj.* stimabil.
estimation *sf.* prețuire, evaluare, estimare.
estime *sf.* stimă.
estimer *vt.* a prețui; a stima; a evalua.
estival, -e *adj.* văratic.
estomac *sm.* stomac.
estompe *sf.* estompă.
estomper *vt.*, *vr.* a (se) estompa.
estrade *sf.* estradă.
estragon *sm.* tarhon.
estropié, -e *adj.*, *smf.* schilod.
estropier *vt.* a schilodi.
estuaire *sm.* estuar.
esturgeon *sm.* nisetru.
étable *sf.* grajd, staul.
établi *sm.* banc de lucru.
établir *vt.*, *vr.* a (se) stabili, a (se) așeza.
établissement *sm.* stabilire; instituție, stabiliment.
étage *sm.* etaj.
étagère *sf.* etajeră.
étain *sm.* staniu, cositor.
étalage *sm.* galantar.
étaler 1. *vt.* a expune; a desface; **2.** *vr.* a cădea, a se întinde.
étalon *sm.* etalon.
étamer *vt.* a spoi, a cositori.
étameur *sm.* spoitor.
étamine *sf.* etamină; stamină.
étanche *adj.* etanș.
étancher *vt.* a etanșieiza.
étang *sm.* eleșteu.
étape *sf.* etapă.
état *sm.* stat; stare; profesie.
étau *sm.* menghină.
étayer *vt.* a propti.
été *sm.* vară.
éteindre *vt.* a stinge.
étendard *sm.* stindard.
étendre *vt.* a întinde.
étendue *sf.* întindere.
éternel, -elle *adj.* veșnic, etern.
éternellement *adv.* veșnic.
éterniser 1. *vt.* a eterniza; **2.** *vr.* a se perpetua, a se eterniza.
éternité *sf.* veșnicie, eternitate.
éternuement *sm.* strănutat.
éternuer *vi.* a strănuta.
éteule *sf.* miriște.
éther *sm.* eter.
éthique 1. *adj.* etic; **2.** *sf.* etică.
ethnique *adj.* etnic.
ethnographie *sf.* etnografie.
ethnographe *sm.* etnograf.
étincelant, -e *adj.* strălucitor, scânteietor.
étinceler *vi.* a scânteia, a sclipi.
étincelle *sf.* scânteie.
étincellement *sm.* scânteiere.
étiolement *sm.* ofilire, lâncezire.
étioler *vt.*, *vr.* a (se) ofili.
étique *adj.* slab, prăpădit, pirpiriu.
étiquette *sf.* etichetă.
étirer *vt.*, *vr.* a (se) întinde.
étoffe *sf.* stofă.

étoile *sf.* stea.
étoiler *vt.* a înstela.
étonnamment *adv.* uluitor, uimitor.
étonnant, -e *adj.* uimitor, uluitor.
étonnement *sm.* mirare, uimire.
étonner *vt.*, *vr.* a se mira.
étouffant, -e *adj.* înăbușitor.
étouffement *sm.* înăbușeală.
étouffer **1.** *vt.* a asfixia, a înăbuși; **2.** *vi.* a se asfixia.
étoupe *sf.* câlți.
étourderie *sf.* nesocotință.
étourdi, -e *adj.*, *smf.* distrat, zăpăcit.
étourdir **1.** *vt.* a zăpăci; **2.** *vr.* a se distra pentru a uita.
étourdissement *sm.* uluire; amețeală.
étrange *adj.* straniu, ciudat.
étrangement *adv.* ciudat.
étranger, -ère **1.** *adj.*, *smf.* străin; **2.** *sm.* străinătate.
étrangeté *sf.* ciudățenie.
étranglement *sm.* strangulare.
étrangler **1.** *vt.* a strangula, a sugruma; **2.** *vi.* a-și pierde respirația.
être **1.** *vi.* a fi; *il est* există; **2.** verb auxiliar la modurile și timpurile compuse a verbelor intranzitive; *il est venu*; auxiliar al verbelor reflexive; **3.** *sm.* ființă.
étreindre *vt.* a strange; a îmbrățișa.
étreinte *sf.* strângere; îmbrățișare.
étrenne *sf.* dar de Anul Nou.
étrille *sf.* țesală.
étriller *vt.* a țesăla.
étriqué, -e *adj.* strâmt.
étriquer *vt.* a strâmta.
étroit, -e *adj.* îngust, strâmt.
étroitement *adv.* strâmt.
étude *sf.* studio, învățătură; studiere; birou; clasă.
étudiant, -e *smf.* student.
étudier *vt.* a studia, a învăța.
étui *sm.* toc, cutie, etui.
étuve *sf.* etuvă.
étymologie *sf.* etimologie.
étymologique *adj.* etimologic.
euphémisme *sm.* eufemism.
européen, -enne *adj.*, *smf.* european.
eux *pron. m. pl.* ei.
évacuation *sf.* evacuare.
évacuer *vt.* a evacua.
évadé, -e *adj.*, *smf.* evadat.
évader *vr.* a evada.
évaluation *sf.* evaluare, prețuire.
évaluer *vt.* a evalua, a prețui.
évangile *sm.* evanghelie.
évanouir *vr.* a leșina; a dispărea.
évanouissement *sm.* leșin; dispariție.
évaporation *sf.* evaporare.
évaporer **1.** *vt.* a evapora; **2.** *vr.* a se evapora; a dispărea.
évasser *vt.* a lărgi.
évasif, -ive *adj.* evaziv.

évasion *sf.* evadare.
évasivement *adv.* vag, evaziv.
évêché *sm.* episcopie, episcopat.
éveil *sm.* trezire; alarmă.
éveillé, -e *adj.* treaz.
éveiller *vt., vr.* a (se) trezi.
événement *sm.* eveniment.
évantail *sm.* evantai.
éventer *vt.* a face vânt; a vântura; *(despre băuturi)* a se răsufla.
éventualité *sf.* eventualitate.
éventuel, -elle *adj.* eventual.
éventuellement *adv.* eventual.
évêque *sm.* episcop.
éverturer *vr.* a se sili, a se strădui.
évidence *sf.* evidență.
évident, -e *adj.* evident.
évidemment *adv.* evident.
évincer *vt.* a înlătura.
éviter *vt.* a evita, a se feri de.
évocateur, -trice *adj.* evocator.
évocation *sf.* evocare.
évoluer *vi.* a evolua.
évoluation *sf.* evoluție.
évolutionnisme *sm.* evoluționism.
évoquer *vt.* a evoca.
exacerbation *sf.* paroxism, exacerbare.
exacerbé, -e *adj.* exacerbat.
exact, -e *adj.* exact, precis.
exactement *adv.* exact, întocmai.
exactitude *sf.* exactitate, precizie.
exagération *sf.* exagerare.
exagérer *vt.* a exagera.
exaltation *sf.* exaltare.
exalté, -e *adj., smf.* exaltat.
exalter *vt., vr.* a (se) exalta.
examen *sm.* examen, examinare; *passer un* ~ a da un examen.
examinateur, -trice *adj., smf.* examinator.
examiner *vt.* a examina, a cerceta.
exaspération *sf.* exasperare.
exaspérer *vt.* a exaspera.
exaucement *sm.* împlinire.
exaucer *vt.* a împlini.
excavateur *sm.* excavator.
excavation *sf.* excavare.
excaver *vt.* a excava, a săpa.
excédant, -e *adj.* excedent; obositor.
excédent *sm.* excedent, prisos.
excéder *vt.* a prisosi; a întrece, a depăși.
excellement *adv.* perfect.
excellence *sf.* excelență; perfecțiune, superioritate.
excellent, -e *adj.* excelent.
exceller *vi.* a excela.
excentrique *adj., smf.* excentric.
excentriquement *adv.* excentric.
excepté *adj. prep.* în afară de.
excepter *vt.* a excepta.

exception *sf.* excepție; *à l'~ de* în afară de.
exceptionnel, -elle *adj.* excepțional.
exceptionnellement *adv.* în mod excepțional.
excès *sm.* exces.
excessif, -ive *adj.* excesiv.
excessivement *adv.* excesiv.
excitant, -e *adj.* excitant.
excitation *sf.* excitare, excitație.
exciter *vt.* a excita; a stârni.
exclamatif, -ive *adj.* exclamativ.
exclamation *sf.* exclamație; *point d'~* semnul exclamării.
exclamer *vt.* a exclama.
exclure *vt.* a exclude, a îndepărta.
exclusive, -ive *adj.* exclusif.
exclusion *sf.* excludere.
exclusivement *adv.* exclusiv.
excommunication *sf.* excomunicare.
excommuniquer *vt.* a excomunica.
excrétion *sf.* excreție.
excursion *sf.* excursie.
excursioniste *smf.* excursionist.
excusable *adj.* scuzabil.
excuse *sf.* scuză, iertare.
excuser 1. *vt.* a scuza, a ierta; **2.** *vr.* a se scuza.
exécrable *adj.* respingător, execrabil.
exécrablement *adv.* execrabil, oribil.
exécutant, -e *smf.* executant, interpret.
exécuter *vt.* a executa; a îndeplini; a interpreta.
exécuteur, -trice *smf.* executor.
exécutif, -ive *adj.* executiv.
execution *sf.* executare, îndeplinire; execuție.
exemplaire *sm.* exemplar.
exemple *sm.* exemplu; *par ~* de exemplu.
exempté, -e *adj.* scutit.
exempter *vt.* a scuti.
exemption *sf.* scutire.
excercer 1. *vt.* a îndeplini; a practica, a exercita *(o profesie)*; **2.** *vr.* a se exersa.
exércice *sm.* exercițiu, exercitare.
exhaler *vt.* a exhala; a emite.
exhibition *sf.* etalare, exhibiție.
exhorter *vt.* a îndemna.
exhumer *vt.* a deshuma.
exigeant, -e *adj.* exigent, pretențios.
exigence *sf.* exigență.
exiger *vt.* a cere.
exigu, -ë *adj.* neîncăpător.
exil *sm.* surghiun.
exilé, -e *adj.*, *smf.* exilat.
exiler *vt.*, *vr.* a exila, a surghiuni.
existence *sf.* existență.
exister *vi.* a exista.
exonérer *vt.* a scuti de o sarcină; a exonera.

E

exorbitant, -e *adj.* exorbitant, excesiv.
exotique *adj.* exotic.
exotisme *sm.* exotism.
expansible *adj.* expansibil.
expansif, -ive *adj.* expansiv.
expansion *sf.* expansiune.
expatrier *vt., vr.* a (se) expatria.
expectative *sf.* expectativă.
expedient *sm.* expedient, tertip.
expédier *vt.* a expedia; a face ceva în grabă.
expéditeur, -trice *smf.* expeditor.
expéditif, -ive *adj.* expeditiv, rapid.
expédition *sf.* expediție; expediere.
expéditivement *adv.* în mod expeditiv.
expérience *sf.* experiență.
expérimental, -e *adj.* experimental.
expert, -e *adj.* cunoscător, expert.
expertise *sf.* expertiză.
expiation *sf.* expiere, ispășire.
expier *vt.* a ispăși.
expirant, -e *adj.* muribund.
expiration *sf.* expirare.
expirer 1. *vt.* a expira; **2.** *vi.* a-și da duhul; a expira *(un termen).*
explétif, -ive *adj.* expletiv.
explicable *adj.* explicabil.
explication *sf.* explicație.
explicite *adj.* explicit.
explicitement *adv.* explicit.
expliquer *vt.* a explica.
exploit *sm.* faptă de vitejie, ispravă; somație.
exploitation *sf.* exploatare.
exploiter *vt.* a exploata.
exploiteur, -euse *adj., smf.* explotator.
explorateur, -trice *adj., smf.* explorator.
exploration *sf.* explorare.
explorer *vt.* a explora.
exploser *vt.* a exploda.
explosible *adj.* explozibil.
explosif, -ive *adj., smf.* exploziv.
explosion *sf.* explozie.
exportation *sf.* exportare, export.
exporter *vt.* a exporta.
exposé *sm.* expunere, dare de seamă.
exposer *vt.* a expune.
exposition *sf.* expunere; expoziție.
exprès, -esse 1. *adj.* limpede, clar, lămurit; **2.** *adv.* dinadins.
express *sm.* tren expres, rapid.
expressément *adv.* în mod expres.
expressif, -ive *adj.* expresiv.
expression *sf.* expresie.
exprimer *vt.* a exprima.
expropriation *sf.* expropriere.
exproprier *vt.* a expropria.
expulser *vt.* a expulza.
expulsion *sf.* expulzare.
exquis, -e *adj.* delicios; distins.

extase *sf.* extaz.
extasier *vr.* a se extazia.
extensible *adj.* extensibil.
extensif, -ive *adj.* extensiv.
extension *sf.* extindere.
exténuation *sf.* extenuare, istovire.
exténuer *vt.*, *vr.* a (se) extenua; a (se) istovi.
extérieur, -e *adj.*, *sm.* exterior, extern.
extérieurement *adv.* la exterior.
extermination *sf.* exterminare.
exterminer *vt.* a extermina.
externat *sm.* externat.
externe *adj.*, *sm.* extern.
extincteur, -trice *sm.* stingător.
extinction *sf.* stingere; pierdere; dispariție.
extirpation *sf.* extirpare.
extirper *vt.* a extirpa.
extorquer *vt.* a extorca.
extraction *sf.* extragere; extracție.
extrader *vt.* a extrăda.
extradition *sf.* extrădare.
extraire *vt.* a extrage.
extrait *sm.* extras.
extraordinaire *adj.* extraordinar.
extravagance *sf.* extravaganță.
extravagant, -e *adj.* extravagant.
extrême **1.** *adj.* extrem, excesiv; **2.** *sm.* extremă.
extrêmement *adv.* extrem de.
extrémiste *smf.*, *adj.* extremist.
extrémité *sf.* extremitate.
extrinsèque *adj.* extrinsec.
exubérance *sf.* exuberanță, bucurie; belșug.
exubérant, -e *adj.* exuberant.
exultation *sf.* tresărire de bucurie.
exulter *vi.* a exulta.

F

fable *sf.* fabulă.
fabricant *sm.* fabricant.
fabrication *sf.* fabricare.
fabrique *sf.* fabrică.
fabriquer *vt.* a fabrica; a face.
fabuleusement *adv.* fabulos, extraordinar de.
fabuleux, -euse *adj.* fabulos, fantastic, minunat.
fabuliste *sm.* fabulist.
façade *sf.* fațadă.
face *sf.* față, chip; suprafață, parte; *en* ~ de vizavi de.
facétie *sf.* glumă, farsă.
facétieux, -euse *adj.* glumeț, mucalit, poznaș.
facette *sf.* fațetă.
fâché, -e *adj.* supărat.
fâcher 1. *vț.* a supăra, a irita; **2.** *vr.* a se supăra, a se enerva, a se înfuria.
fâcherie *sf.* ceartă, necaz, dezacord.
fâcheux, -euse *adj.* supărător.
facial, -e *adj.* facial.
facile *adj.* ușor, lesne.
facillement *adv.* lesne, cu ușurință.
facilité *sf.* ușurință.
faciliter *vt.* a ușura, a facilita.
façon *sf.* fel, manieră; *de cette* ~ în acest mod; *de toute* ~ în orice caz.
façonner *vt.* a fasona, a modela, a da formă.
façonnier, -ère *adj.*, *smf.* mofturos, năzuros.
facsimile *sm.* facsimil.
facteur *sm.* factor, poștaș.
factice *adj.* artificial, prefăcut.
factieux, -euse *adj.*, *smf.* răzvrătit, răsculat.
faction *sf.* facțiune, pardită, gașcă.
factionnaire *sm.* santinelă.
facture *sf.* factură; structură.
facturer *vt.* a factura.
facultatif, -ive *adj.* facultative.
facultativement *adv.* facultative.
faculté *sf.* facultate; capacitate.
fadaise *sf.* prostie, glumă, fleac.
fade *adj.* fad, fără gust.
fadeur *sf.* faptul de a fi fad.
fagot *sm.* legătură de vreascuri.
faible 1. *adj.* slab, plăpând; **2.** *sm.* lipsă, parte slabă.
faiblement *adv.* slab, puțin.
faiblesse *sf.* slăbiciune; leșin.

faiblir *vi.* a slăbi; a scădea, a se muia.
faïence *sf.* faianță.
faille, -e *smf.*, *adj.* falit.
faillir *vi.* a fi gata să, a fi cât pe-aci să; ~ *à* a nu se conforma, a încălca.
faillite *sf.* faliment; *faire* ~ a da faliment.
faim *sf.* foame; *avoir* ~ a-i fi foame.
fainéant, -e *adj.* leneș, puturos.
faire 1. *vt.* a face; a realiza, a îndeplini; a studia; a pregăti; *faire* ~ a pune pe cineva să faca ceva; ~ *voir* a arăta; ~ *mal à* a avea dureri; **2.** *v. impers. il fait chaud* este cald; **3.** *vi.* a proceda, a face; a spune; **4.** *vr.* a deveni; *se* ~ *ingénieur* a se face inginer; a se obișnui.
faire part *sm.* înștiințare, ferpar.
faisable *adj.* realizabil.
faisan *sm.* fazan.
faisceau *sm.* mănunchi, fascicul.
fait *sm.* faptă, fapt; *tout à* ~ absolut în întregime; *au* ~ de fapt; *si* ~ ba da.
faîte *sm.* culme, vârf.
faix *sm.* încărcătură, sarcină.
falaise *sf.* faleză.
fallacieux, -euse *adj.* înșelător; specios.
falloir *v. impers.* a trebui, a fi necesar; *comme il faut* cum trebuie.
falot 1. *sm.* lanternă mare; **2.** *adj.* caraghios.
falsificateur, -trice *adj.*, *smf.* falsificator.
falsification *sf.* falsificare.
falsifier *vt.* a falsifica.
famé, -e *adj.* cunoscut ca, cu reputație.
famélique *adj.* înfometat, flămând.
fameux, -euse *adj.* faimos, renumit.
familial, -e *adj.* de familie, familial.
familiariser *vt.*, *vr.* a (se) familiariza, a (se) deprinde.
familiarité *sf.* familiaritate.
familier, -ère 1. *adj.* familiar, obișnuit; **2.** *sm.* apropiat, intim.
famille *sf.* familie.
famine *sf.* foamete.
fanatique *adj.*, *smf.* fanatic.
fanatiquement *adv.* cu fanatism.
fanatisme *sm.* fanatism.
faner *vt.*, *vr.* a (se) ofili.
fanfare *sf.* fanfară.
fanfaron, -onne *adj.* fanfaron, lăudăros.
fange *sf.* noroi, mocirlă.
fangeux, -euse *adj.* noroios.
fantaisie *sf.* fantezie; capriciu.

F

fantasque *adj.* capricios; bizar, straniu.
fantassin *sm.* infanterist.
fantastique 1. *adj.* fantastic; 2. *sm.* genul fantastic.
fantôme *sm.* fantomă.
faon *sm.* pui de cerb.
farce *sf.* farsă; umplutură.
farceur, -euse *smf.* farsor, glumeț.
farcir *vt.* *(cul.)* a umple; a burduși.
fard *sm.* fard.
fardeau *sm.* povară, greutate.
farder 1. *vt.*, *vr.* a (se) farda; 2. *vt.* a înfrumuseța, a deghiza.
farfelu, -e *adj.* ciudat.
farine *sf.* făină.
farouche *adj.* sălbatic, neîncrezător, puțin sociabil.
fascicule *sm.* *sm.* fascicul.
fascinant, -e *adj.* fascinant.
fascination *sf.* fascinație.
fasciner *vt.* a fascina.
fascisme *sm.* fascism.
fasciste *smf.* fascist.
faste *sm.* fast, pompă.
fastidieusement *adv.* plictisitor.
fastidieux, -euse *adj.* anost, plictisitor.
fastueusement *adv.* cu fast.
fastueux, -euse *adj.* pompos, fastuos.
fat *adj.*, *smf.* înfumurat, nerod.
fatal, -e *adj.* fatal.
fatalement *adv.* inevitabil.
fatalité *sf.* fatalitate.
fatidique *adj.* fatidic, profetic.
fatigant, -e *adj.* obositor.
fatigue *sf.* oboseală, obosire.
fatiguer *vt.* a obosi; a plictisi.
faubourg *sm.* suburbie; cartier mărginaș.
fauchage *sm.* cosit.
faucher *vt.* a cosi; a secera.
faucheur, -euse *smf.* cosaș.
faucille *sf.* seceră.
faucon *sm.* șoim.
faufiler 1. *vt.* a însăila; 2. *vr.* a se fofila, a se strecura.
faune 1. *sm.* faun; 2. *sf.* faună.
faussaire *sm.* falsificator.
fausser *vt.* a falsifica, a denatura; a deforma.
fausset *sm.* *(muz.)* falset.
fausseté *sf.* falsitate; ipocrizie.
faute *sf.* eroare, greșeală; *~ de* din lipsă de.
fauteuil *sm.* fotoliu.
fauteur, -trice *smf.* instigator, provocator.
fautif, -ive *adj.* vinovat.
fauve 1. *sm.* animal sălbatic; 2. *adj.* arămiu; sălbatic.
fauvette *sf.* pitulice.
faux *sf.* coasă.
faux, fausse *adj.* fals, greșit, incorrect; prefăcut; contrafăcut.
faveur *sf.* favoare; *en ~ de* în favoarea.

favorable *adj.* favorabil, avantajos, prielnic.
favorablement *adv.* favorabil.
favori, -ite *smf.* favorit.
favoriser *vt.* a favoriza.
favoritisme *sm.* favoritism.
fax *sm.* fax.
faxer *vt.* a trimite un fax.
fayot *sm.* fasole uscată.
féal *adj.* loial, credincios.
febrile *adj.* febril; înfrigurat; încordat.
fébrilement *adv.* cu înfrigurare.
fécal, -e *adj.* fecal.
fécond, -e *adj.* fecund, rodnic.
féconder *vt.* a fecunda.
fécondité *sf.* fecunditate, rodnicie.
fédéral, -e *adj.* federal.
fédératif, -ive *adj.* federativ.
fédération *sf.* federație.
fée *sf.* zână.
féerie *sf.* feerie.
férique *adj.* feeric.
feindre *vt.* a se preface, a simula.
feinte *sf.* prefăcătorie, simulare.
fêler *vt.* a crăpa, a ciocni.
felicitation *sf.* felicitare.
félicité *sf.* mare fericire; mulțumire sufletescă.
féliciter *vt.* a felicita.
félin, -e *adj.* felin.
félon, -onne *adj.* trădător.
félonie *sf.* trădare.
félure *sf.* fisură, crăpătură.
femelle *sf.* femelă.
féminin, -e *adj.*, *smf.* feminin.
femme *sf.* femeie; soție; ~ *de chambre* cameristă.
fémur *sm.* femur.
fendiller *vt.* a crăpa, a fisura.
fender *vt.* a tăia, a despica, a crăpa.
fenêtre *sf.* fereastră.
fenouil *sm.* mărar.
fente *sf.* crăpătură; fandare.
feudal, -e *adj.*, *smf.* feudal.
féodalité *sf.* feudalitate.
fer *sm.* fier; *chemin de* ~ cale fierată; sabie, pumnal.
fer-blanc *sm.* tinichea.
ferblanterie *sf.* tinichigerie.
ferblantier *sm.* tinichigiu.
férié, -e *adj.* de sărbătoare.
ferme 1. *sf.* fermă; **2.** *adj.* ferm, rezistent, solid.
fermement *adv.* cu fermitate.
ferment *sm.* ferment.
fermentation *sf.* fermentare; fierbere.
fermenter *vi.* a fermenta; a fierbe.
fermer 1. *vt.* a închide; ~ *à clef* a închide cu cheie; a opri; a stinge; **2.** *vi.* a închide.
fermeté *sf.* fermitate, hotărâre.
fermeture *sf.* închidere; închizătoare.
fermier, -ère *smf.* fermier.
féroce *adj.* feroce.
férocement *adv.* cu ferocitate.

F

férocité *sf.* ferocitate, sălbăticie.
ferraille *sf.* fiare vechi.
ferré, -e *adj.* ferecat; potcovit.
ferronnerie *sf.* feronerie; fierărie.
ferroviaire *adj.* feroviar.
fertile *adj.* fertil.
fertiliser *vt.* a fertiliza.
fertilité *sf.* fertilitate, rodnicie.
féru, -e *adj.* rănit, lovit; pasionat de.
férule *sf.* nuia, vargă.
fervent, -e *adj.* fervent, pasionat.
ferveur *sf.* fervoare, ardoare.
fesse *sf.* fesă, bucă.
fesser *vt.* a bate la spate.
festin *sm.* festin, ospăț.
festival *sm.* festival.
feston *sm.* ghirlandă; feston.
fête *sf.* sărbătoare; petrecere, sărbătorire; *bonne ~!* la mulți ani!.
fétiche *sm.* fetiș.
fétichisme *sm.* fetișism.
fétide *adj.* fetid, puturos.
fétu *sm.* pai; fleac.
feu *sm.* foc; incendiu; strălucire; *être tout ~ tout flame* a fi plin de entuziasm; vatră; *~ rouge* semafor; *coup de ~* împușcătură; *prendre ~* a se entuziasma.
feu, -e *adj.* răposat.
feuillage *sm.* frunziș.
feuille *sf.* frunză; foaie, pagină; ziar.
feuilleter *vt.* a răsfoi.
feuilleton *sm.* foileton.
feutre *sm.* pâslă, fetru.
fève *sf.* bob.
février *sm.* februarie.
fez *sm.* fes.
fi *interj.* ptiu; *faire ~* de a disprețui ceva.
fiable *adj.* fiabil.
fiacre *sm.* trăsură.
fiançailles *sf. pl.* logodnă.
fiancé, -e *smf.* logodnic.
fiancer *vt., vr.* a (se) logodi.
fibre *sf.* fibră.
fibreux, -euse *adj.* fibros.
ficeler *vt.* a lega cu sfoară.
ficelle *sf.* sfoară.
fiche *sf.* fișă.
ficher 1. *vt.* a înfige; a trânti; *~ le camp* a o șterge; **2.** *vr.* a nu se sinchisi, a-și bate joc; *je m'en ~* puțin îmi pasă.
fichier *sm.* fișier.
fichu, -e *adj.* rău, neplăcut; *être ~* a fi într-o situație disperată.
fictif, -ive *adj.* fictiv, imaginar.
fiction *sf.* ficțiune, închipuire.
fidèle *adj.* fidel, credincios.
fidèlement *adv.* cu fidelitate.
fidélité *sf.* fidelitate; exactitate.
fiduciaire *adj.* fiduciar.
fief *sm.* fief, feudă.
fiel *sm.* fiere; amărăciune.
fielleux, -euse *adj.* de fiere, biliar; amar.

fier[1] *vr.* a se încrede.
fier[2], **-ère** *adj.* mândru; îndrăzneț.
fièrement *adv.* cu mândrie.
fierté *sf.* mândrie.
fièvre *sf.* febră.
fiévreusement *adv.* febril, agitate.
fiévreux, -euse *adj.* înfrigurat, agitate.
figer *vt., vr.* a (se) slei; a împietri.
figue *sf.* smochină.
figuier *sm.* smochin.
figurant, -e *smf.* figurant.
figuration *sf.* figurație.
figure *sf.* față; figură; atitudine.
figurer 1. *vt.* a reprezenta, a înfățișa; **2.** *vi.* a figura, a se afla *(pe o listă)*; **3.** *vr.* a-și închipui.
figurine *sf.* figurină.
fil *sm.* fir, ață; ~ *de fer barbelé* sârmă ghimpată.
filament *sm.* filament.
filasse *sf.* fuior.
filature *sf.* filatură.
file *sf.* șir, rand.
filer 1. *vt.* a toarce; a răsuci; a fila; **2.** *vi.* a alerga; a fila; a fumega.
filet *sm.* fileu, plasă.
filiation *sf.* filiație.
filière *sf.* filieră.
fille *sf.* fiică, fată.
fillette *sf.* fetiță.
filleul, -e *smf.* fin, fină.
film *sm.* film.
filmer *vt.* a filma.
filon *sm.* filon.
filou *sm.* escroc, pungaș.
fils *sm.* fiu.
filtrage *sm.* filtrare.
filtre *sm.* filtru.
filtrer *vt.* a filtra.
fin[1] *sf.* sfârșit, final; scop, țel.
fin[2], **-e** *adj.* fin, gingaș; mărunt; *sable* ~ nisip fin; rafinat.
final, -e *adj.* final.
finaliste *smf.* finalist.
finalité *sf.* finalitate.
finance *sf.* finanțe.
financer *vt.* a finanța.
financier *sm.* financiar, finanțist.
financier, -ère *adj.* financiar.
finesse *sf.* finețe, delicatețe.
finir *vt.* a sfârși, a isprăvi, a termina.
finissage *sm.* finisaj.
finnois, -e *adj.* finlandez.
Finnois, -e *smf.* locuitor din Finlanda.
fiole *sf.* fiolă.
firmament *sm.* firmament.
firme *sf.* firmă.
fisc *sm.* fisc.
fiscal, -e *adj.* fiscal.
fiscalité *sf.* fiscalitate.
fissure *sf.* fisură, crăpătură.
fixation *adj.* fixare.
fixe *adj.* fix, nemișcat.
fixement *adv.* fix, ațintit.
fixer *vt.* a fixa; a stabili; a ațintí.

fixité *sf.* fixitate.
flacon *sm.* flacon, sticlă.
flagellation *sf.* flagelare.
flageller *vt.* a flagela.
flagorner *vt.* a linguşi.
flagornerie *sf.* linguşeală.
flagorneur, -euse *smf.* linguşitor.
flagrant, -e *adj.* flagrant.
flair *sm.* fler; perspicacitate; adulmecare.
flairer *vt.* a adulmeca; a presimţi.
flambeau *sm.* făclie, torţă.
flamber 1. *vt.* a flamba; **2.** *vi.* a arde cu flacără.
flamboiement *sm.* strălucire, scânteiere.
flamboyant, -e *adj.* strălucitor.
flamboyer *vi.* a sclipi, a străluci.
flame *sf.* flacără; pasiune, dragoste.
flanc *sm.* latură a corpului; *se coucher sur le ~* a se culca pe o parte.
flancher *vi.* a renunţa.
flanelle *sf.* flanelă.
flâner *vi.* a hoinări.
flânerie *sf.* hoinăreală.
flâneur, -euse *smf.* hoinar.
flanquer *vt.* a flanca; a trânti, a azvârli; *~ un soufflet* a cârpi o palmă.
flaque *sf.* băltoacă.
flasque *adj.* fleşcăit, moale.
flatter *vt.* a flata, a măguli; a mângâia.
flatterie *sf.* măgulire, flatare.
flatteur, -euse *adj.*, *smf.* linguşitor, măgulitor.
flatteusement *adv.* linguşitor.
fléau *sm.* flagel, calamitate.
fleche *sf.* săgeată.
fléchir *vt.* a îndoi, a încovoia; a convinge, a îndupleca.
flegmatique *adj.* flegmatic.
flegme *sm.* flegmă.
flegmon *sm.* flegmon.
flétrir *vt.* a ofili; a slăbi; a dezonora, a stigmatize.
fleur *sf.* floare.
fleurer *vi.* a răspândi un miros.
fleurette *sf.* floricică.
fleurir 1. *vi.* a înflori; a se dezvolta; **2.** *vt.* a împodobi.
fleuve *sm.* fluviu.
flexibilité *sf.* flexibilitate.
flexible *adj.* flexibil.
flexion *sf.* flexiune.
flibustier *sm.* pirat.
flirter *vi.* a flirta, a cocheta.
flocon *sm.* fulg de zăpadă; smoc.
floraison *sf.* înflorire.
flore *sf.* floră.
florissant, -e *adj.* înfloritor.
flot *sm.* val; flux.
flottage *sm.* plutărit.
flottant, -e *adj.* plutitor.
flotte *sf.* flotă.
flotter *vi.* a pluti; a şovăi.
flotteur *sm.* plutaş; flotor.

flottille *sf.* flotă.
flou, -e *adj.*, *sm.* vaporos.
fluctuation *sf.* fluctuație.
fluet, -ette *adj.* plăpând, subțirel.
fluide *adj.*, *sm.* fluid.
flute *sf.* flaut, fluier; franzelă; *~ de Pan* nai.
fluvial, -e *adj.* fluvial.
flux *sm.* flux.
foi *sf.* credință; încredere; *avoir ~ en qqn.* a avea încredere în cineva; *par ma ~!* pe legea mea!.
foie *sm.* ficat.
foin *sm.* fân.
fois *sf.* dată, oară; *cette ~* de această dată.
foison *sf.* belșug; *à ~* din belșug.
foisonner *vi.* a abunda; a forfoti.
folâtre *adj.* nebunatic, vessel, zvăpăiat.
folâtrer *vi.* a zburda, a se zbengui.
folie *sf.* nebunie; pasiune, manie; *à la ~* la nebunie.
folklore *sm.* folclor.
foncé, -e *adj.* *(despre culori)* închis.
foncer 1. *vt.* a pune fund; a săpa vertical; a închide la culoare; **2.** *vi.* a se năpusti.
foncier, -ère 1. *adj.* funciar; fundamental; **2.** *sm.* impozit funciar.
foncièrement *adv.* fundamental.
fonction *sf.* funcție, slujbă, post.
fonctionnaire *sm.* funcționar.
fonctionnement *sm.* funcționare.
fonctionner *vi.* a funcționa.
fond *sm.* fund; temelie, temei; fond.
fondamental, -e *adj.* fundamental.
fondateur, -trice *smf.* fondator, întemeietor.
fondation *sf.* temelie, fundație.
fondé, -e 1. *adj.* fundat, întemeiat; **2.** *sm.* *~ de pouvoir* împuternicit.
fonder *vt.* a înființa, a crea, a întemeia.
fonderie *sf.* topitorie, turnătorie.
fondeur, -euse *adj.*, *smf.* topitor, turnător.
fondre 1. *vt.* a topi; a amesteca; **2.** *vi.* a dizolva; a se înduioșa; *~ en larmes* a izbucni în plâns.
fondrière *sf.* șanț, groapă.
fonds *sm.* capital, fond; teren.
fontaine *sf.* fântână.
fonte *sf.* topire, turnare; fontă.
for *sm.* for, autoritate.
forage *sm.* forjă.
forain, -e 1. *adj.* străin; de bâlci; **2.** *sm.* comediant.
forban *sm.* pirat.

forçat *sm.* ocnaş.
force *sf.* forţă; energie; capacitate; tărie, putere.
forcément *adv.* în chip necesar.
forceps *sm.* forceps.
forcer *vt.* a forţa; a sili, a constrînge.
forer *vt.* a fora, a găuri.
forestier, -ère *adj.* forestier; *chemin* ~ drum forestier.
foret *sm.* burghiu.
forêt *sf.* pădure.
foreuse *sf.* foreză.
forfait *sm.* nelegiuire; *vendre à* ~ a vinde cu preţ fix; înţelegere.
forge *sf.* forjă.
forger *vt.* a forja; a făuri; a născoci.
forgeron *sm.* fierar.
formalizer *vr.* a se formaliza; a se supăra.
formalisme *sm.* formalism.
formaliste *adj.*, *smf.* formalist.
formalité *sf.* formalitate.
format *sm.* format.
formation *sf.* formaţie; formare.
forme *sf.* formă; aparenţă, aspect.
formel, -elle *adj.* formal, categoric; de formă.
formellement *adv.* hotărât, categoric.
former *vt.* a forma, a da formă; a întocmi; a constitui.
formidable *adj.* formidabil.
formidablement *adv.* formidabil.
formulaire *sm.* formular.
formule *sf.* formulă.
formuler *vt.* a formula.
fort, -e 1. *adj.* puternic, solid; tare; *une somme forte* o sumă mare; **2.** *adv.* cu putere, foarte mult.
forteresse *sf.* fortăreaţă.
fortification *sf.* fortificaţie.
fortifier *vt.*, *vr.* a (se) fortifica, a (se) întări.
fortuit, -e *adj.* fortuit, întâmplător.
fortuitement *adv.* din întâmplare.
fortune *sf.* noroc; soartă, fatalitate; avere.
fortuné, -e *adj.* norocos.
fosse *sf.* groapă, fosă, cavitate; mormânt, carieră.
fossé *sm.* şanţ.
fossile 1. *sm.* fosilă; **2.** *adj.* fosil.
fossoyeur *sm.* gropar.
fou, fol, folle *adj.*, *smf.* nebun.
foudre *sf.* trăsnet.
foudroyant, -e *adj.* fulgerător.
foudroyer *vt.* a trăsni.
fouet *sm.* bici; tel.
fouetter *vt.* a biciui; a bate cu telul.
fougère *sf.* ferigă.
fougue *sf.* avânt, élan, înfocare.

fougueux, -euse *adj.* aprig, înfocat.
fouille *sf.* săpătură arheologică.
fouillis *sm.* dezordine, vraişte.
fouine *sf.* dihor.
foulard *sm.* fular.
foule *sf.* mulţime; adunătură.
fouler *vt.* a călca, a strivi; a luxa.
four *sm.* cuptor.
fourbe *adj.*, *sm.* înşelător, perfid.
fourberle *sf.* şiretlic.
fourbir *vt.* a curăţa.
fourbu, -e *adj.* spetit, istovit.
fourche *sf.* furcă.
fourcher *vt.* a se bifurca.
fourchette *sf.* furculiţă.
fourgon *sm.* furgon; vătrai.
fourmi *sf.* furnică.
fourmilière *sm.* furnicar.
fourmillement *sm.* furnicătură.
fourmiller *vi.* a mişuna.
fourneau *sm.* sobă; *haut* ~ furnal.
fournir 1. *vt.* a furniza, a procura, a livra; **2.** *vi.* a avea grijă de, a contribui la.
fournisseur *sm.* furnizor.
fourniture *sf.* furnitură.
fourrage *sm.* nutreţ, furaj.
fourrager 1. *vt.* a strica, a răvăşi; **2.** *vi.* a scormoni; a strange nutreţ.
fouragère *adj.* furajeră.
fourré, -e 1. *adj.* stufos, gros; **2.** *sm.* desiş.
fourreau *sm.* teacă.
fourrer *vt.* a băga; a căptuşi cu blană.
fourrier *sm.* furrier.
fourrure *sf.* blană.
foyer *sm.* cămin; foier.
frac *sm.* frac.
fracas *sm.* huruit; zarvă.
fracasser *vt.* a rupe, a face ţăndări.
fraction *sf.* fracţiune; fracţie; rupere.
fractionnaire *adj.* fracţionar.
fractionnement *sm.* fracţionare.
fractionner *vt.* a fracţiona.
fracture *sf.* fractură.
fracturer *vt.* a fractura; a sparge.
fragile *adj.* fragil.
fragilité *sf.* fragilitate.
fragment *sm.* fragment.
fragmentaire *adj.* fragmentar.
fragmentation *sf.* fragmentare.
fragmenter *vt.* a fragmenta.
fraîchement *adv.* proaspăt, recent; la răcoare.
fraîcheur *sf.* răcoare; frăgezime.
frais *sm.pl.* cheltuieli.
frais, fraîche 1. *adj.* răcoros; fraged; **2.** *adv.* răcoros; de curând; **3.** *smf.* răcoare.
fraise *sf.* căpşună.
fraiseur, -euse *smf.* frezor.

F

F

framboise *sf.* zmeură.
franc, -franche *adj.* sincer; liber.
français, -e *adj.* francez.
Français, -e *smf.* locuitor din Franța.
franchir *vt.* a trece peste; a învinge greutăți.
franchise *sf.* francheţe, sinceritate; scutire de taxe.
frange *sf.* franj, ciucure.
frappant, -e *adj.* frapant, izbitor.
frappe *sf.* batere.
frapper 1. *vt.* a lovi; a bate; a răci o băutură; **2.** *vr.* a se emoționa.
frasque *sf.* trăsnaie, boroboață.
fraternel, -elle *adj.* frățesc.
fraternellement *adv.* frățește.
fraternisation *sf.* fraternizare.
fraterniser *vi.* a fraterniza.
fraternité *sf.* frăție, fraternitate.
fratricide *adj.* fratricid.
fraude *sf.* fraudă.
frauder *vt., vi.* a frauda.
frauduleusement *adv.* fraudułos.
frauduleux, -euse *adj.* fraudulos.
frayer 1. *vt.* a deschide, a croi drum; **2.** *vi.* a frecventa.
frayeur *sf.* spaimă, teamă.
fredaine *sf.* ştrengărie.
fredonner *vt., vi.* a fredona.
frégate *sf.* fregată.
frein *sm.* frâu; frână.
freiner *vt.* a frâna.
frelater *vt.* a falsifica.
frêle *vt.* gingaş, fragil.
frelon *sm.* bondar.
frémir *vi.* a fremăta; a se îngrozi.
frémissement *sm.* freamăt, fior.
frêne *sm.* frasin.
frénésie *sf.* frenezie.
frénétique *adj.* frenetic.
frénétiquement *adv.* frenetic.
fréquemment *adv.* deseori, frecvent.
fréquence *sf.* frecvență.
fréquent, -e *adj.* des, frecvent.
fréquentation *sf.* frecventare.
fréquenter *vt.* a frecventa.
frère *sm.* frate.
frérot *sm.* frățior.
fresque *sf.* frescă.
frétiller *vi.* a se zbate, a nu avea astâmpăr.
friabilité *sf.* friabilitate.
friable *adj.* friabil.
friand, -e *adj.* apetisant; pofticios.
friction *sf.* fricțiune, frecare.
frictionner *vt.* a fricționa.
frigidaire *sm.* frigider.
frigorifère *sm.* frigorifer.
frimas *sm.* chiciură.
friper *vt.* a mototoli.
fripon, -e 1. *adj.* vioi, dezghețat; **2.** *smf.* ştrengar.
fripouille *sf.* canalie, puşlama.

frire *vt.*, *vi.* a (se) prăji.
frise *sf.* friză.
friser 1. *vt.* a ondula părul; a atinge ușor; **2.** *vi.* a fi creț.
frisson *sm.* frison; fior.
frissonner *vi.* a avea frisoane.
frites *sf. pl.* cartofi prăjiți.
frivole *adj.* frivol.
frivolement *adv.* cu frivolitate.
frivolité *sf.* frivolitate.
froid, -e 1. *adj.* rece; **2.** *sm.* frig, răceală; **3.** *adv.* rece, frig; *il fait* ~ este frig.
froideur *sf.* răceală.
froissement *sm.* mototolire.
froisser *vt.*, *vr.* a (se) mototoli.
frôlement *sm.* atingere ușoară.
frôler *vt.* a atinge ușor.
fromage *sm.* brânză.
fromagerie *sf.* brânzărie.
froment *sm.* grâu.
froncement *sm.* încrețire, încruntare.
froncer *vt.* a încrunta; a încreți; ~ *les sourcils* a încrunta sprâncenele.
fronde *sf.* praștie.
front *sm.* frunte; față; front.
frontal, -e 1. *adj.* frontal; **2.** *sm.* osul frontal.
frontière *sf.* frontieră, graniță.
frontispice *sm.* frontispiciu.
fronton *sm.* fronton.
frottement *sm.* frecare.
frotter 1. *vt.* a freca; **2.** *vr.* a se freca, a veni în contact.
fructifère *adj.* fructifer.
fructification *sf.* fructificare.
fructifier *vi.* a fructifica, a spori.
fructueusement *adv.* fructuos, cu folos.
fructueux, -euse *adj.* fructuos.
frugal, -e *adj.* frugal; cumpătat.
frugalement *adv.* frugal.
frugalité *sf.* frugalitate.
fruit *sm.* fruct; rezultat.
frustration *sf.* frustrare.
frustrer *vt.* a frustra.
fugitif, -ive *adj.*, *smf.* fugar, fugitiv.
fugitivement *adv.* fugitiv.
fuir 1. *vi.* a fugi; a scăpa; a curge; **2.** *vt.* a evita, a fugi de.
fuite *sf.* fugă; sustragere, eschivare; scurgere.
fulminer *vi.* a exploda.
fume *sf.* fum.
fumer 1. *vt.* a fuma, a afuma; **2.** *vi.* a scoate fum.
fumeur, -euse *smf.* fumător.
fumeux, -euse *adj.* fumegător.
fumier *sm.* bălegar.
fumiste *sm.* sobar, coșar.
fumoir *sm.* fumoar; afumătorie.
funèbre *adj.* funebru.
funérailles *sf. pl.* funeralii.
funeste *adj.* funest.
funiculaire *adj.*, *sm.* funicular.
fureter *vi.* a scotoci.
fureur *sf.* furie; patimă.
furibond, -e *adj.* furibund.
furieusement *adv.* cu furie.
furieux, -euse *adj.* furios.
furoncle *sm.* furuncul.

furunculose *sf.* furunculoză.
furtif, -ive *adj.* furiş.
futivement *adv.* pe furiş.
fuseau *sm.* fus.
fusée *sf.* rachetă; fus orar.
fuselage *sm.* fuzelaj.
fusible *adj.* fuzibil.
fusil *sm.* puşcă; cremene.
fusilier *sm.* puşcaş.
fusiler *vt.* a împuşca.
fusion *sf.* fuziune; topire.
fusionner *vi.* a fuziona.
fustiger *vt.* a biciui.
fût *sm.* trunchi; butoi.
futaie *sf.* codru.
futile *adj.* neînsemnat; uşuratic; frivol.
futur *sm.* viitor.
futurologie *sf.* futurologie.
fuyant, -e *adj.* care fuge.
fuyard, -e *adj.*, *smf.* fugar.

G

gaber 1. *vt.*, *vr.* a-și bate joc de cineva; **2.** *vi.* a glumi.

gabeur *adj.* ironic.

gâcher *vt.* a irosi; a strica, a deteriora; ~ *la vie* a irosi viața.

gâchette *sf.* trăgaci.

gaffe *sf.* gafă.

gaffeur, -euse *smf.* persoană care face gafe.

gage *sm.* gaj, amanet; *mettre en* ~ a amaneta; garanție.

gager *vt.* a paria.

gagnant, -e *adj.*, *smf.* câștigător.

gagner 1. *vt.* a câștiga; a căpăta, a contracta; ~ *un rhume* a căpăta guturai; a ajunge; a merita; a cuprinde; a progresa; ~ *du terrain* a progresa; **2.** *vi.* a se răspândi; **3.** *vr.* a se dobândi.

gagneur, -euse *smf.* câștigător.

gai, -e *adj.* vesel; agreabil, plăcut.

gaiement *adv.* cu veselie.

gaieté *sf.* veselie.

gaillard, -e 1. *adj.* voinic; **2.** *smf.* persoană vioaie.

gaillardement *adv.* cu veselie.

gain *sm.* câștig.

gaine *sf.* teacă, toc.

gala *sm.* gală.

galamment *adv.* galant, curtenitor.

galant, -e 1. *adj.* curtenitor, galant; **2.** *sm.* iubit, amant.

galanterie *sf.* galanterie, curtoazie.

gale *sf.* râie.

galerie *sf.* galerie; coridor, culoar.

galérien *sm.* ocnaș.

galetas *sm.* cocioabă.

galeux, -euse *adj.*, *smf.* râios.

galoche *sf.* galoș; sabot.

galon *sm.* galon, șiret.

galop *sm.* galop.

galoper *vi.* a galopa.

galvaniser *vt.* a galvaniza.

gambade *sf.* zbenguială.

gamelle *sf.* gamelă.

gamin, -e *smf.* copil.

gamme *sf.* gamă.

ganglion *sm.* ganglion.

gangrène *sf.* cangrenă.

ganse *sf.* șnur, șiret.

gant *sm.* mănușă.

ganté, -e *adj.* cu mănuși.

garage *sm.* garaj; atelier reparații pentru mașini.

garagiste *sm.* mecanic automobile.

garant, -e *smf.*, *adj.* garant.
garantie *sf.* garanţie.
garantir *vt.* a garanta, a asigura; a proteja.
garçon *sm.* băiat; burlac; *rester ~* a rămâne burlac; ospătar.
garçonnier, -ère 1. *sf.* garsonieră; 2. *adj.* băieţesc.
G
garde 1. *sf.* pază; gardă; *prendre ~* a lua seamă; 2. *sm.* paznic, gardian; *~ forestier* pădurar.
garde-barrière *sm.* cantonier.
garde-malade *smf.* infirmier.
garder 1. *vt.* a păzi, a apăra; a opri; a supraveghea; 2. *vt.* a evita a se feri de.
garderie *sf.* cămin de zi pentru copii.
garde-robe *sf.* dulap, garderob.
gardien, -enne *smf.* paznic, gardian.
gare 1. *sf.* gară; 2. *interj.* păzea!.
garer 1. *vt.* a gara; 2. *vr.* a se pune la adăpost.
gargantua *sm.* mâncău.
gargarisme *sm.* gargară.
garnir 1. *vt.* a garnisi, a împodobi; a înzestra; a umple; 2. *vr.* a se umple.
garnison *sf.* garnizoană.
garniture *sf.* garnitură.
gars *sm.* flăcău, băiat.
gaspillage *sm.* risipă.
gaspiller *vt.* a risipi, a irosi, a cheltui fără măsură.
gaspilleur, -euse *adj.* risipitor, cheltuitor.
gâté, -e *adj.* răsfăţat.
gâteau *sm.* prăjitură.
gâter 1. *vt.* a altera; a deteriora, a strica; a corupe; a murdări; a răsfăţa; 2. *vr.* a se strica; a se altera.
gâteux, -euse *smf.*, *adj.* ramolit.
gauche 1. *adj.* stânga; strâmb; 2. *sf.* mâna stângă; 3. *sm.* stângăcie; deviaţie.
gauchement *adv.* cu stângăcie.
gaucher, -ère *adj.*, *smf.* stângaci.
gaucherie *sf.* stângăcie, neîndemânare.
gaulois, -e *adj.* galic.
Gaulois, -e *smf.* locuitor din Galia.
gaver 1. *vt.* a îndopa; 2. *vr.* a se îmbuiba, a se îndopa.
gaz *sm.* gaz.
gaze *sf.* ţesătură subţire.
gazer *vt.* a gaza.
gazette *sf.* gazetă.
gazon *sm.* gazon.
gazouillement *sm.* ciripit; gângurit; susur.
gazouiller *vi.* a ciripi; a gânguri; a susura.
geai *sm.* gaiţă.
geant, -e 1. *smf.* uriaş, gigant; 2. *adj.* uriaş, gigantic.
geindre *vi.* a geme.
gel *sm.* ger, îngheţ.
gelée *sf.* îngheţ; piftie.
geler 1. *vt.* a îngheţa; 2. *vi.* a degera, a îngheţa; 3. *v. impers.*

a gerui; *il gèle à pierre fendre* e ger de crapă pietrele.
gelure *sf.* degerătură.
gémir *vi.* a geme.
gémissement *sm.* geamăt.
gênant, -e *adj.* jenant, stânjenitor.
gencive *sf.* gingie.
gendarme *sm.* jandarm.
gendarmerie *sf.* jandarmerie.
gendre *sm.* ginere.
gêne *sf.* jenă, greutate; sfială; *sans* ~ fără rușine.
gêner 1. *vt.* a jena; a deranja; a stingheri; 2. *vr.* a se sfii, a se jena.
général, -e *adj.* general; *en* ~ în general; vag.
généralement *adv.* în general.
géneralisation *sf.* generalizare.
généraliser *vt.*, *vr.* a (se) generaliza.
généralité *sf.* generalitate; majoritate.
générateur, -trice 1. *adj.* generator; 2. *smf.* generator *(aparat)*.
génération *sf.* generație; generare.
généreusement *adv.* generos, cu generozitate.
généreux, -euse *adj.*, *smf.* generos.
générosité *sf.* generozitate, mărinimie.
genèse *sf.* geneză.
génial, -e *adj.* genial.
génie *sm.* geniu.
génitif *sm.* genitiv.
genou *sm.* genunchi.
genre *sm.* gen, neam; mod, fel; specie, tip; *avoir du* ~ a avea stil.
gens *smf.* lume, oameni; *des bonnes* ~ oameni buni.
gentil, -e *adj.* gentil, drăguț.
gentilhomme *sm.* gentilom, nobil.
gentillesse *sf.* gentilețe.
gentiment *adv.* cu amabilitate, cu gentilețe.
génuflexion *sf.* genuflexiune.
géographie *sf.* geografie.
geôle *sf.* pușcărie, temniță.
geôlier, -ère *smf.* temnicier.
géologie *sf.* geologie.
géométrie *sf.* geometrie.
géranium *sm.* mușcată.
gerbe *sf.* snop; jerbă.
gercer *vt.*, *vr.*, *vi.* a (se) crăpa.
germain, -e *adj.* *cousin germains* veri primari.
germe *sm.* germen, sămânță.
germer *vi.* a germina, a încolți.
germination *sf.* germinare, încolțire.
gérondif *sm.* gerundiv.
gésir *vi.* a zăcea; a sta ascuns; *ci-gît* aici se odihnește.
gestation *sf.* gestație.
geste *sm.* gest, mișcare; faptă, gest.
gesticuler *vi.* a gesticula.
gestion *sf.* gestiune.
gestionnaire *adj.*, *sm.* gestionar.

G

G

gibecière *sf.* tolbă; ghiozdan.
giberne *sf.* cartușieră.
gibet *sm.* spânzurătoare.
gibier *sm.* vânat.
gicler *vi.* a stropi, a împroșca.
gifle *sf.* palmă.
gifler *vt.* a pălmui.
gigantesque *adj.* uriaș, gigantic.
gilet *sm.* vestă.
girafe *sf.* girafă.
giratoire *adj.* giratoriu.
girouette *sf.* giruetă.
gisement *sm.* zăcământ.
gîte *sm.* adăpost, culcuș; vizuină a iepurelui.
givre *sf.* chiciură.
givré, -e *adj.* acoperit cu chiciură.
glace *sf.* gheață; înghețată; oglindă; geam.
glacé, -e *adj.* înghețat; glasat; foarte rece; *un accueil ~* o primire rece.
glacer *vt.*, *vr.* a îngheța, a (se) congela.
glacial, -e *adj.* glacial.
glacier *sm.* ghețar.
glaçon *sm.* sloi de gheață.
glaïeul *sm.* gladiolă.
glaise *sf.* lut, argilă.
gland *sm.* ghindă.
glande *sf.* glandă.
glaner *vt.* a culege, a spicui.
glèbe *sf.* glie.
glissade *sf.* alunecare; derdeluș; *de ~ en ~* din greșeală în greșeală.
glissant, -e *adj.* alunecos.
glissement *sm.* glisare; alunecare.
glisser 1. *vi.* a aluneca; a se da pe gheță; a glisa; **2.** *vt.* a strecura; **3.** *vr.* a se strecura.
glissoire *sf.* derdeluș.
global, -e *adj.* global.
globalement *adv.* global, în ansamblu.
globe *sm.* glob, sferă.
globule *sm.* globulă.
gloire *sf.* glorie, faimă.
glorieux, -euse *adj.* glorios; faimos.
glorifier 1. *vt.* a slăvi, a preamări; **2.** *vr.* a se mândri.
glose *sf.* glosă.
gloser *vt.* comenta, a adnota.
glossaire *sm.* glosar.
gloussement *sm.* cotcodăcit.
glousser *vi.* a cotcodăci.
glouton, -onne *adj.* lacom, mâncăcios.
gloutonnement *adv.* cu lăcomie.
gluant, -e *adj.* lipicios; cleios.
glycérine *sf.* glicerină.
gober *vt.* a înfuleca; a crede orice.
goinfre *adj.*, *sm.* mâncăcios.
goitre *sm.* gușă.
gointreux, -euse *adj.*, *smf.* gușat.
golfe *sm.* golf.
gomme *sf.* gumă *(de șters).*
gommé, -e *adj.* gumat.

gond *sm.* țâțână, balama; *mettre hors de ses gonds* a scoate din sărite.
gondole *sf.* gondolă.
gondolier *sm.* gondolier.
gonflement *sm.* umflare.
gonfler 1. *vt.* a umfla; **2.** *vr.* a se umfla; a se umfla în pene, a se mîndri.
gorge *sf.* gât, grumaz, gâtlej; trecătoare, chei; *rendre ~* a vomita; *couper la ~* a sugruma; *tendre la ~* a pleca capul.
gorgée *sf.* dușcă, înghițitură.
gorger *vr.* a se îmbuiba, a se ghiftui.
gorille *sm.* gorilă.
gosier *sm.* gâtlej.
gosse *sm.* puști, țânc.
gothique *adj.* gotic.
gouailler *vt.* a-și bate joc, a zeflemisi.
gouailleur, -euse *adj.* batjocoritor.
goudron *sm.* gudron, catran.
gouffre *sm.* abis, prăpastie.
goujat *sm.* bădăran.
goujaterie *sf.* bădărănie.
gourde *sf.* ploscă.
gourdin *sm.* ciomag.
gourmand, -e *adj.*, *smf.* gurmand, lacom, mâncăcios.
gourmandise *sf.* lăcomie.
gousse *sf.* cățel de usturoi; păstaie.
goût *sm.* gust, savoare; plăcere, poftă; *manquer de ~* a nu avea gust.
goûter 1. *sm.* gustare; **2.** *vt.* a savura, a gusta; **3.** *vi.* a încerca, a gusta puțin; **4.** a se aprecia.
goutte *sf.* strop, picătură; *~ à ~* picătură cu picătură; *il ne voit ~* nu vede nimic.
gouttelette *sf.* pic.
goutter *vi.* a picura.
gouvernail *sm.* cârmă; guvernare.
gouvernant, -e 1. *adj.* conducător; **2.** *sm. pl.* guvernanți; **3.** *sf.* guvernantă *(la copii).*
gouvernement *sm.* guvern; guvernare.
gouvernemental, -e *adj.* guvernamental.
gouverner 1. *vt.* a conduce, a guverna; **2.** *vi.* a conduce; **3.** *vr.* a se administra.
grâce *sf.* grație, gingășie; iertare; *faire ~* a ierta; *coup de ~* lovitură de grație; mulțumire; *faire la ~* de a binevoi să; *de bonne ~* cu plăcere; *rendre ~* a mulțumi.
gracier *vt.* a ierta, a grația.
gracieusement *adv.* cu grație; cu amabilitate.
gracieux, -euse *adj.* amabil; grațios; gratuit.
gradation *sf.* gradație, progresie.
grade *sm.* grad, titlu; nivel.
graduation *sf.* gradare.
graduel, -e *adj.* progresiv, treptat.

G

graduellement *adv.* gradat, progresiv.
graduer *vt.* a grada; a mări treptat.
grain *sm.* grăunte, bob, sământă; dram, pic; ~ *de beauté* aluniță.
graine *sf.* sământă; *mauvaise* ~ soi rău.
G
graissage *sm.* ungere.
graisse *sf.* grăsime, unsoare.
graisser *vt.* a unge; a gresa.
grammaire *sf.* gramatică.
grammairien, -enne *smf.* gramatician.
grammatical, -e *adj.* gramatical.
grammaticalement *adv.* gramatical.
gramme *sm.* gram.
grand, -e 1. *adj.* mare; vast; celebru; voinic; *au ~ jour* în plină zi; *au ~ air* în aer liber; *de ~ coeur* din toată inima; **2.** *sm.* adult; persoană importantă; **3.** *adv.* mare; *en ~* în mare; ~ *ouvert* larg deschis.
grandement *adv.* din belșug, din plin; foarte mult.
grandeur *sf.* măreție; mărime; ~ *nature* mărime naturală.
grandiose *adj.* grandios, măreț.
grandir 1. *vi.* a crește, a se mări; **2.** *vt.* a mări; **3.** *vr.* a se înălța.
grandissant, -e *adj.* care crește.
grandissement *sm.* creștere, mărire.
grand-maman *sf.* bunică.
grand-mère *sf.* bunică.
grand-papa *sm.* bunic.
grand-père *sm.* bunic.
grands-parents *sm. pl.* bunici.
grange *sf.* hambar.
granit *sm.* granit.
graphie *sf.* scriere, grafie.
grappe *sf.* ciorchine; legătură.
gras, -sse 1. *adj.* gras; roditor, fertil; gros; unsuros; **2.** *adv.* gras.
grassouillet, -ette *adj.* grăsuț.
gratification *sf.* gratificație.
gratifier *vt.* a gratifica, a recompensa.
gratis *adv.* gratis, gratuit.
gratitude *sf.* recunoștință.
gratte-ciel *sm.* zgârie-nori.
gratter 1. *vt.* a răzui; a șterge; a zgâria; a scărpina; ~ *du papier* a scrie mult; **2.** *vr.* a se scărpina; **3.** *vi.* ~ *à la porte* a bate ușor la ușă; ~ *de la guitarre* a zdrăngăni la chitară.
gratuit, -e *adj.* gratuit.
gratuité *sf.* gratuitate.
gratuitement *adv.* gratuit, pe gratis.
grave *adj.* grav.
gravement *adv.* cu gravitate, cu seriozitate.

graver 1. *vt.* a grava; **2.** *vt.*, *vr.* a (se) întipări.
graveur *sm.* gravor.
gravier *sm.* pietriș.
gravir *vt.* a sui, a urca.
gravitation *sf.* gravitație.
gravité *sf.* gravitație; gravitate, importanță; severitate.
graviter *vi.* a gravita.
gravure *sf.* gravură.
gré *sm.* voie, voință; *de bon ~* de bună voie; *à mon ~* după voia mea.
grec, -que *adj.* grec.
Grec, -que *smf.* locuitor din Grecia.
greffe *sf.* altoi; grefă.
greffer *vt.* a altoi; a grefa.
greffier *sm.* grefier.
grège *adj.* gri-bej.
grêle 1. *sf.* grindină; **2.** *adj.* plăpând.
grêler *v. impers.* a cădea grindină.
grelot *sm.* zurgălău.
grelotter *vi.* a dârdâi.
grenade *sf.* grenadă; rodie.
grenadier *sm.* grenadier; rodier.
grenier *sm.* hambar.
grenouille *sf.* broască.
grésil *sm.* grindină maruntă.
grève *sf.* grevă; plajă.
grever *vt.* a greva, a încărca.
gréviste *smf.* grevist.
grief *sm.* plângere; reproș.
grièvement *adv.* grav.
griffe *sf.* gheară.
griffer *vt.* a zgâria.
griffonner *vt.*, *vi.* a mâzgâli; a scrie neciteț.
gril *sm.* grătar.
grillade *sf.* friptură la grătar.
grillage *sm.* grilaj.
grille *sf.* gratii; grilaj.
griller 1. *vt.* a frige pe grătar; a dogorî; **2.** *vi.* a pune la fript pe grătar.
grillon *sm.* greier.
grimace *sf.* grimasă; *pl.* nazuri; prefăcătorie.
grimer *vt.*, *vr.* a (se) grima, a (se) machia.
grimpant, -e *adj.* agățător, cățărător.
grimper *vi.* a se cățăra, a se sui.
grimpeur, -euse *adj.*, *smf.* alpinist; cățărător.
grincement *sm.* scrâșnire; scârțâit.
grincer *vi.* a scârțâi; *~ des dents* a scârțâi din dinți.
griotte *sf.* vișină.
griottier *sm.* vișin.
grippe *sf.* gripă.
grippé, -e *adj.*, *smf.* gripat.
gripper *vi.* a se gripa, a se înțepeni.
gris, -e 1. *adj.* gri, cenușiu; amețit, cherchelit; **2.** *sm.* gri, cenușiu *(culoare)*.
grisâtre *adj.* care bate în gri; trist.
griser *vt.*, *vr.* a (se) chercheli.
grisonnant, -e *adj.* încărunțit.
grisonner *vi.* a încărunți.

G

grive *sf.* sturz.
grognement *sm.* mormăit; grohăit.
grogner *vi.* a mormăi; a grohăi.
groin *sm.* rât.
grommeler *vt. vi.* a bombăni.
grondement *sm.* mormăit; vuiet, bubuit.
gronder 1. *vi.* a bombăni; a mârâi; **2.** *vt., vr.* a (se) mustra.
gros, -sse 1. *adj.* gros; mare; grosolan; **2.** *sm.* gras; **3.** *adv.* mult; *coûter ~* a costa mult.
groseille *sf.* coacăză.
groseillier *sm.* coacăz.
grossesse *sf.* sarcină, graviditate.
grosseur *sf.* grosime, volum.
grossier, -ère *adj.* grosolan; de proastă calitate.
grossièrement *adv.* cu grosolănie.
grossièreté *sf.* grosolănie.
grossir 1. *vt.* a îngroșa, a crește, a spori; **2.** *vi.* a spori; a se umfla *(despre ape).*
grossissant, -e *adj.* care crește, care sporește.
grossissement *sm.* îngroșare, mărire.
grotesque *adj., sm.* grotesc, caraghios, ridicol.
grotte *sf.* grotă, peșteră.
grouiller *vi.* a colcăi, a mișuna.
groupage *sm.* grupare, grupaj.
groupe *sm.* grupă, ceată.
groupement *sm.* grupare.
grouper *vt., vr.* a se(grupa).
gruau *sm.* arpacaș.
grue *sf.* macara; cocor.
gruyère *sm.* șvaițer.
gué *sm.* vad.
guenille *sf.* zdreanță.
guenon *sf.* maimuță.
guêpe *sf.* viespe.
guêpier *sm.* vispar.
guère *adv.* deloc, câtuși de puțin; *ne...~ que* doar, numai.
guéridon *sm.* măsuță, gheridon.
guérir *vt., vi., vr.* a (se) vindeca; a (se) tămădui.
guérite *sf.* gheretă.
guérison *sf.* tămăduire, vindecare.
guerre *sf.* război; *faire la ~* a declara război.
guerrier, -ère *sm., adj.* războinic.
guet *sm.* pândă; *faire le ~* a sta la pândă.
guet-apens *sm.* capcană, cursă.
guêtre *sf.* jambieră.
guetter *vt.* a pândi.
gueule *sf.* bot; mutră; *faire la ~* a face pe indiferentul; *ferme ta ~!* tacă-ți gura!.
gueux, -euse *smf.* calic, sărman.
gui *sm.* vâsc.
guichet *sm.* ghișeu.
guide *sm.* ghid; călăuză,

guider 1. *vt.* a ghida, a călăuzi; a conduce un vehicul; **2.** *vr.* a se conduce.
guigne *sf.* ghinion.
guigner *vi.* a trage cu coada ochiului.
guignon *sm.* ghinion.
guillemet *sm.* ghilimele.
guillotine *sf.* ghilotină.
guillotiner *vt.* a ghilotina.
guimbarde *sf.* rablă.
guinder *vr.* a-şi da ifose.
guirlande *sf.* ghirlandă.
guise *sf.* fel, chip, manieră; *en ~ de* în loc de; *vivre à sa ~* a trăi după placul său.
guitare *sf.* chitară.
guttural, -e *adj.* gutural.
gymnase *sm.* gimnaziu; sală de sport.
gymnastique *sf.* gimnastică.
gypse *sm.* ghips.

H

habile *adj.* abil, îndemânatic, șiret.
habileté *sf.* abilitate, îndemânare, șiretenie.
habiliter *vi.* a abilita.
habillement *sm.* îmbrăcăminte, îmbrăcare.
habiller 1. *vt.* a îmbrăca; a bârfi; **2.** *vr.* a se îmbrăca.
habit *sm.* costum; la *pl.* haine; *prendre l'~* a se călugări.
habitant, -e *smf.* locuitor.
habitat *sm.* habitat, așezare.
habitation *sf.* locuință.
habiter *vt., vi.* a locui, a sta.
habitude *sf.* obișnuință; *d'~* de obicei.
habitué, -e 1. *smf.* obișnuit; **2.** *adj.* deprins cu.
habituel, -elle *adj.* obișnuit.
habituer *vt., vr.* a (se) obișnui, a (se) deprinde.
hâblerie *sf.* vorbărie, pălăvrăgeală.
hâbleur, -euse *adj., smf.* palavragiu.
hache *sf.* topor, bardă.
hachement *sm.* tocare.
hacher *vt.* a toca, a ciopârți.
hachis *sm.* tocătură.
hachoir *sm.* butuc *(pentru tocat);* satâr.
hachurer *vt.* a hașura.
hagard, -e *adj.* buimac; rătăcit.
haie *sf.* gard *(de mărăcini).*
haillon *sm.* zdreanță.
haine *sf.* ură.
haineux, -euse *adj.* dușmănos.
haïr *vt., vr.* a (se) urî.
hâle *sm.* arșiță.
hâlé, -e *adj.* ars de soare.
haleine *sf.* răsuflare; *tout d'une ~* dintr-o dată.
hâler *vt.* a bronza.
halètement *sm.* gâfâială, gâfâit.
haleter *vi.* a gâfâi.
hall *sm.* hol.
halle *sf.* hală.
hallucination *sf.* halucinație.
halte *sf.* haltă, oprire.
haltère *sm.* halteră.
haltérophile *sm.* halterofil.
hameau *sm.* cătun.
hameçon *sm.* cârlig *(la undiță).*
hamster *sm.* hârciog.
hanche *sf.* șold.
handicaper *vt.* a handicapa; (*fig.*) a dezavantaja.
hanneton *sm.* cărăbuș.
hanter *vt.* a obseda, a bântui.

hantise *sf.* frecventare; obsesie.
happer 1. *vt.* a înghiți lacom; a înhăța; **2.** *vi.* a se lipi de.
haquet *sm.* teleagă.
harangue *sf.* predică; cuvântare.
haranguer *vt.* a ține o cuvântare.
haras *sm.* herghelie.
harasser *vt.* a extenua.
harcèlement *sm.* hărțuire; sâcâială.
harceler *vt.* a hărțui; a sâcâi.
harde *sf.* haită, turmă.
hardes *sf. pl.* boarfe.
hardi, -e *adj.* obraznic, îndrăzneț.
hardiesse *sf.* îndrăzneală.
hardiment *adv.* cu îndrăzneală.
hareng *sm.* scrumbie, hering.
hargne *sf.* arțag.
hargneux, -euse *adj.* arțăgos.
haricot *sm.* fasole.
haridelle *sf.* gloabă.
harmonica *sm.* armonică; ~ *à bouche* muzicuță.
harmonie *sf.* armonie.
harmonieux, -euse *adj.* armonios.
harmoniser *vt., vr.* a (se) armoniza.
harnachement *sm.* harnașament.
harnacher *vt.* a înhăma.
harnais *sm.* ham.
harpagon *sm.* zgârcit.
harpe *sf.* harpă.
harper *vt.* a înhăța.
harpie *sf.* harpie; zgripțuroaică.
harpon *sm.* harpon.
harponner *vt.* a prinde cu harponul; a aresta.
hart *sf.* ștreang, spânzurătoare.
hasard *sm.* noroc, întâmplare; *au* ~ la întâmplare.
hasarder 1. *vt.* a risca; **2.** *vr.* a se expune la.
hasardeux, -euse *adj.* riscant, care riscă.
hase *sf.* iepuroaică.
hâte *sf.* grabă; *à la* ~ în grabă.
hâtelle *sf.* frigăruie.
hâter *vt., vr.* a (se) grăbi.
hâtif, -ive *adj.* pripit, timpuriu.
haussement *sm.* urcare; ~ *d'épaules* ridicare din umeri.
hausser 1. *vt., vi.* a (se) ridica; **2.** *vt.* a înălța; **3.** *vi.* a crește.
haut, -e 1. *adj.* ridicat, înalt, superior; *(despre glas)* tare; **2.** *sm.* vârf; **3.** *adv.* sus, tare; *en ~ lieu* suspus; *~ la main* fără osteneală; *là* ~ acolo sus.
hautain, -e *adj.* arogant.
hautbois *sm.* oboi.
haut-de-forme *sm.* joben.
hautement *adv.* deschis, pe față.
hautesse *sf.* înălțime, altețā.
haute tension *sf.* înaltă tensiune.
hauteur *sf.* înălțime; (*fig.*) aroganță.
haut-fait *sm.* faptă eroică.
haut-parleur *sm.* difuzor.

H

havane *sm.* ţigară de foi.
hâve *adj.* palid, jigărit.
havir *vt.* a pârpăli.
havre *sm.* port (natural).
havresac *sm.* traistă.
heaume *sm.* coif.
hebdomadaire *adj.* săptămânal.
hébergement *sm.* găzduire.
héberger *vt.* a găzdui, a adăposti.
hébéter *vt.* a năuci.
hébétude *sf.* năucire.
hébraïque *adj.* ebraic.
hébreu *adj.* evreiesc.
hébreu *sm.* evreu.
hectare *sm.* hectar.
hein *interj.* ai?
hélas *interj.* vai!
héler *vt.* a striga de departe.
hélice *sf.* elice.
hélicoptère *sm.* elicopter.
hélium *sm.* heliu.
hellène *smf.* elen, grec.
helvétique *adj.* elvetic.
hématologie *sf.* hematologie.
hémicycle *sm.* hemiciclu.
hémisphère *sm.* emisferă.
hémorragie *sf.* hemoragie.
hémorroïdes *sf. pl.* hemoroizi.
hennir *vi.* a necheza.
hennissement *sm.* nechezat.
hépatique *adj.*, *smf.* hepatic.
héraldique *adj.*, *sf.* heraldică.
héraut *sm.* crainic.
herbacé, **-e** *adj.* ierbos.
herbage *sm.* ierburi, păşune.
herbe *sf.* iarbă; *mauvaise ~* buruiană.
herbeux, **-euse** *adj.* ierbos.
herbier *sm.* ierbar.
herboriste *sm.* vânzător de plante medicinale.
herbu, **-e** *adj.* acoperit cu iarbă.
hère *sm.* om prăpădit.
héréditaire *adj.* ereditar.
hérédité *sf.* ereditate.
hérésie *sf.* erezie, eroare.
hérétique *adj.*, *smf.* eretic.
hérisser **1.** *vt.* a zbârli; **2.** *vr.* a se zbârli.
hérisson *sm.* arici.
hétirage *sm.* moştenire.
hériter *vi.*, *vt.* a moşteni.
héritier, **-ère** *smf.* moştenitor.
hermaphrodite *adj.*, *smf.* hermafrodit.
hermétique *adj.* ermetic.
heroïne *sf.* eroină.
héroïque *adj.* eroic.
heroïsme *sm.* eroism.
héron *sm.* bâtlan.
héros *sm.* erou.
herse *sf.* grapă.
herser *vt.* a grăpa.
hésitation *sf.* şovăire, ezitare.
hésiter *vi.* a şovăi, a ezita.
hêtraie *sf.* făget.
hêtre *sm.* fag.
heur *sm.* noroc, şansă.
heure *sf.* oră, ceas; *pour l'~* pentru moment; *de bonne ~* devreme; *tout à l'~* imediat.
heureusement *adv.* din fericire.

heureux, -euse *adj.*, *smf.* fericit.
heurter 1. *vt.* a ciocni, a răni; **2.** *vi.* a ciocăni; **3.** *vr.* a se ciocni, a se lovi de.
hexagone *sm.* hexagon.
hiatus *sm.* hiat.
hibernation *sf.* hibernare.
hiberner *vi.* a hiberna.
hibou *sm.* bufniță.
hic *sm.* chichiță.
hideur *sf.* hidoșenie.
hideux, -euse *adj.* hidos.
hier *adv.* ieri, recent.
hiérachie *sf.* ierarhie.
hiérarchique *adj.* ierarhic.
hiéroglyphe *sm.* hieroglifă.
hilare *adj.* hilar.
hilarité *sf.* hilaritate, veselie.
hindou, -e *smf.* hindus, indian.
hippique *adj.* hipic.
hippisme *sm.* hipism.
hippodrome *sm.* hipodrom.
hippopotame *sm.* hipopotam.
hirondelle *sf.* rândunică.
hirsute *adj.* zbârlit.
hispanique *adj.* spaniol, hispanic.
hisser *vt.*, *vr.* a (se) ridica, a (se) cocoța.
histoire *sf.* istorie; povestire.
historien, -enne *smf.* istoric.
historier *vt.* a istorisi.
historiette *sf.* istorioară.
historiographe *sm.* istoriograf.
historique 1. *adj.* istoric; **2.** *sm.* istoric *(al unui eveniment)*.
histrion *sm.* comediant.
hiver *sm.* iarnă.
hiverner *vi.* a ierna.
hobby *sm.* pasiune, ocupație în timpul liber.
hochement *sm.* clătinare; ~ *de tête* clătinare din cap.
hocher *vt.* a clătina, a scutura.
hollandais, -e *adj.* olandez.
Hollandais, -e *smf.* locuitor din Olanda.
holocauste *sm.* jertfă.
homard *sm.* homar.
homélie *sf.* piedică.
homéopathie *sf.* homeopatie.
homérique *adj.* homeric.
homicide 1. *sm.* omucidere, criminal; **2.** *adj.* ucigător.
hommage *sm.* omagiu.
homme *sm.* om; bărbat; soț.
homogène *adj.* omogen.
homogénéité *sf.* omogenitate.
homographe *adj.* omograf.
homologue *adj.* omolog.
homologuer *vt.* a omologa.
homonyme *adj.* omonim.
hongrois, -e *adj.* unguresc.
Hongrois, -e *smf.* locuitor din Ungaria.
honnête *adj.* onest, cinstit.
honnêteté *sf.* cinste, onestitate.
honneur *sm.* onoare, faimă.
honorabilité *sf.* cinste, onorabilitate.
honorable *adj.* onorabil, stimabil.
honoraire *adj.* onorific; onorar; la *pl.* onorariu.
honorer *vt.* a onora, a cinsti.

H

honorifique *adj.* onorific.
honte *sf.* rușine; *avoir ~* a-i fi rușine.
honteux, **-euse** *adj.* rușinos.
hôpital *sm.* spital.
hoquet *sm.* sughiț.
hoqueter *vi.* a sughița.
horaire *adj.*, *sm.* orar.
horde *sf.* hoardă.
horion *sm.* ghiont.
horizon *sm.* orizont.
horizontal, **-e** *adj.* orizontal.
horloge *sf.* orologiu.
horloger *sm.* ceasornicar.
horlogerie *sf.* ceasornicărie.
hormis *prep.* cu excepția.
horreur *sf.* oroare, grozăvie.
horrible *adj.* oribil, îngrozitor.
horrifier *vt.* a îngrozi, a scârbi.
horripiler *vt.* a înfiora, a oripila.
hors *prep.* în afară de; *être ~ de soi* a-și ieși din fire.
hors-d'oeuvre *sm.* aperitiv.
hors-la-loi *sm.* tâlhar.
horticulteur *sm.* horticultor.
hospice *sm.* ospiciu.
hospitalier, **-ère** *adj.* ospitalier, primitor.
hospitaliser *vt.* a spitaliza.
hospitalité *sf.* ospitalitate.
hostile *adj.* ostil, dușmănos.
hostilité *sf.* dușmănie.
hôte, **-esse** *smf.* gazdă; oaspete.
hôtel *sm.* hotel; *~ de ville* primărie.
hôtelier, **-ère** *adj.*, *smf.* hotelier.
hôtellerie *sf.* pensiune.
houblon *sm.* hamei.
houe *sf.* săpăligă.
houille *sf.* huilă.
houle *sf.* hulă.
houleux, **-euse** *adj.* furtunos.
houppe *sf.* smoc, ciucure, pămătuf.
houpper *vt.* a face ciucuri.
houspiller *vt.* a chinui.
housse *sf.* husă.
houssine *sf.* nuia, joardă.
hoyaux *sm.* târnăcop.
hublot *sm.* hublou.
huée *sf.* huiduială.
huer *vt.* a huidui.
huile *sf.* ulei, untdelemn.
huiler *vt.* a unge cu ulei.
huileux, **-euse** *adj.* uleios.
huissier *sm.* portărel, aprod.
huit *num. card.* opt.
huitaine *sf.* vreo opt.
huitième *num. ord.* al optulea.
huître *sf.* stridie.
humain, **-e** *adj.* omenesc; milos.
humaniser *vt.*, *vr.* a (se) umaniza.
humanisme *sm.* umanism.
humanitaire *adj.* umanitar.
humanité *adj.* umanitate; omenie.
humble *adj.* umil, modest.
humecter *vt.*, *vr.* a (se) umezi.
humer *vt.* a sorbi.
humeur *sf.* umoare; dispoziție.
humide *adj.* umed.

humidité *sf.* umezeală.
humiliant, -e *adj.* umilitor.
humiliation *sf.* umilire.
humilier *vt., vr.* a (se) umili.
humilité *sf.* umilință.
humoriste *sm.* umorist.
humoristique *adj.* umoristic.
humour *sm.* umor.
huppe *sf.* pupăză; moț.
huppé, -e *adj.* moțat.
hurlement *sm.* urlat, urlet.
hurler *vi.* a urla.
hurluberlu *sm.* descreierat.
hussard *sm.* husar.
hutte *sf.* colibă.
hybride *adj.* hibrid, corcit.
hydrante *sm.* hidrant.
hydrate *sm.* hidrat.
hydraulique *adj., sf.* hidraulic.
hydroavion *sm.* hidroavion.
hydre *sf.* hidră.
hydrique *adj.* hidric.
hydrocarbure *sm.* hidrocarbură.
hydrogène *sm.* hidrogen.
hydrographie *sf.* hidrografie.
hydrolyse *sf.* hidroliză.
hydrosphère *sf.* hidrosferă.
hyène *sf.* hienă.
hygiène *sf.* igienă.
hygiénique *adj.* igienic.
hymen *sm.* himen.
hymne *sm.* imn.
hyperbole *sf.* hiperbolă.
hypnose *sf.* hipnoză.
hypnotoser *vt.* a hipontiza.
hypnotiseur *sm.* hipnotizator.
hypocrisie *sf.* ipocrizie.
hypocrite *adj., smf.* ipocrit.
hypoténuse *sf.* ipotenuză.
hypothécaire *adj.* ipotecar.
hypothèque *sf.* ipotecă.
hypothéquer *vt.* a ipoteca.
hypothèse *sf.* ipoteză.
hypothétique *adj.* ipotetic.
hystérie *sf.* isterie.
hystérique *adj., smf.* isteric.

H

I

iceberg *sm.* aisberg, gheţar, sloi.
ici *adv.* aici, ici; *par ~* pe aici; *jusqu' ~* până acum; *~ et là* ici şi colo; *d'~ peu* în curând.
icône *sf.* icoană.
ictère *sm.* icter.
idéal, -e 1. *adj.* ideal, perfect; **2.** *sm.* ideal.
idéalisation *sf.* idealizare.
idéaliser *vt.* a idealiza.
idéalisme *sm.* idealism.
idéaliste *smf.* idealist.
idéalité *sf.* idealism.
idée *sf.* idee, noţiune; părere, opinie; *à son ~* după părerea sa; *se faire des idées* a-şi face visuri.
identification *sf.* identificare.
identifier *vt.*, *vr.* a (se) identifica.
identique *adj.* identic.
identité *sf.* identitate; *pièces d'~* acte de identitate.
idéologie *sf.* ideologie.
idéologique *adj.* ideologic.
idéologue *sm.* ideolog.
idiome *sm.* limbă.
idiot, -e *adj.*, *smf.* idiot, tâmpit.
idoine *adj.* apt, capabil; potrivit.
idolâtrer *vt.* a idolatriza.
idolâtrie *sf.* idolatrie, adoraţie.
idole *sf.* idol.
idylle *sf.* idilă.
idyllique *adj.* idilic.
igné, -e *adj.* ars.
ignoble *adj.* josnic, infam.
ignoblement *adv.* cu josnicie.
ignorance *sf.* ignoranţă, neştiinţă; *par ~* fără să ştie.
ignorant, -e *smf.*, *adj.* incult, ignorant.
ignorer *vt.* a nu şti, a ignora.
il *pron. pers.* el.
île *sf.* insulă.
illégal, -e *adj.* ilegal.
illégalement *adv.* ilegal.
illégalité *sf.* ilegalitate.
illégitime *adj.* nelegitim.
illettré, -e *adj.*, *smf.* analfabet.
illicite *adj.* ilicit, oprit, nepermis.
illimité, -e *adj.* nelimitat, nemăsurat.
illisible *adj.* neciteţ.
illisiblement *adv.* de necitit, neciteţ.
illogique *adj.* ilogic.
illogiquement *adv.* ilogic.
illumination *sf.* iluminaţie.
illuminé, -e 1. *adj.* luminat, iluminat; **2.** *smf.* vizionar.

illuminer 1. *vt.* a ilumina; **2.** *vr.* a se lumina, a se însenina, a străluci.
illuminisme *sm.* iluminism.
illusion *sf.* iluzie.
illusionner *vr.* a-şi face iluzii.
illusoire *adj.* iluzoriu, amăgitor.
illustration *sf.* ilustraţie.
illustre *adj.* ilustru, celebru, faimos, vestit.
illustrer 1. *vt.* a ilustra; **2.** *vr.* a se remarca.
îlot *sm.* insuliţă.
image *sf.* imagine.
imagé, -e *adj.* colorat, cu metafore.
imaginable *adj.* imaginabil.
imaginaire *adj.* imaginar, fictiv.
imaginatif, -ive *adj.* imaginativ.
imagination *sf.* imaginaţie.
imaginer 1. *vt.* a imagina, a închipui; **2.** *vr.* a-şi imagina, a gândi.
imbattable *adj.* imbatabil.
imbécile *adj.*, *smf.* imbecil, nătărău, idiot.
imbécillité *sf.* imbecilitate.
imberbe *adj.* spân.
imbiber *vt.*, *vr.* a (se) îmbiba.
imitable *adj.* imitabil.
imitateur, -trice *smf.* imitator.
imitation *sf.* imitare, imitaţie.
imiter *vt.* a imita, a copia; a falsifica.
immaculé, -e *adj.* imaculat, curat; pur.
immanquable *adj.* inevitabil.
immatriculation *sf.* înmatriculare.
immatriculer *vt.* a înmatricula, a înregistra.
immédiat, -e *adj.* imediat, pe loc; instantaneu, prompt.
immédiatement *adv.* imediat, îndată.
immémorial, -e *adj.* străvechi.
imménse *adj.* imens.
immensément *adv.* extren de, imens de.
immensité *sf.* imensitate.
immerger *vt.* a scufunda, a afunda.
immersion *sf.* scufundare, afundare.
immeuble 1. *adj.* imobiliar; **2.** *sm.* imobil, casă, bloc, clădire; *des biens immeubles* bunuri imobile.
immigrant, -e *smf.* imigrant.
immigrer *vi.* a imigra.
imminence *sf.* iminenţă.
imminent, -e *adj.* iminent.
immixtion *sf.* imixtiune, intervenţie.
immobile *adj.* imobil, nemişcat, fix.
immobiliser *vt.*, *vr.* a (se) imobiliza.
immobilité *sf.* imobilitate.
immoler *vt.* a sacrifica.
immonde *adj.* murdar, dezgustător; josnic, ticălos.

immondices *sf. pl.* gunoaie.
immoral, -e *adj.* imoral; corupt.
immortaliser *vt.*, *vr.* a (se) imortaliza.
immortalité *sf.* imortalitate, nemurire.
immortel, -elle *adj.*, *sm.* nemuritor.
immuable *adj.* imuabil, permanent.
immunisation *sf.* imunizare.
immuniser *vt.* a imuniza.
immunité *sf.* imunitate.
impact *sm.* cliziune, impact, ciocnire.
impair, -e *adj.* impar.
impalpable *adj.* impalpabil.
impardonnable *adj.* de neiertat.
imparfait, -e 1. *adj.* incomplet; **2.** *sm.* timpul imperfect.
imparfaitement *adv.* imperfect.
impartial, -e *adj.* imparțial.
impartialité *sf.* imparțialitate.
impasse *sf.* impas, încurcătură; intrare, fundătură.
impassibilité *sf.* impasibilitate, nepăsare.
impassible *adj.* impasibil.
impassiblement *adv.* impasibil, nepăsător.
impatiemment *adv.* cu nerăbdare.
impatience *sf.* nerăbdare, neliniște; *avoir des impatiences* a fi bolnav de nervi.
impatient, -e *adj.* nerăbdător, impacient, îngrijorat.
impatienter 1. *vt.* a agasa, a enerva; **2.** *vr.* a se impacienta, a se nelinişti.
impeccable *adj.* impecabil, fără cusur, ireproşabil.
impeccablement *adv.* impecabil.
impénétrable *adj.* de nepătruns; inexplicabil.
impénitent, -e *adj.* incorigibil.
impératif, -ive 1. *adj.* imperativ; **2.** *sm.* modul imperativ.
impératrice *sf.* împărăteasă.
imperceptible *adj.* imperceptibil.
imperceptiblement *adv.* imperceptibil.
imperfection *sf.* imperfecțiune, defect.
impérial, -e *adj.* imperial, împărătesc.
impérialisme *sm.* imperialism.
impérialiste *sm.*, *adj.* imperialist.
impérieusement *adv.* imperios.
impérieux, -euse *adj.* autoritar, imperios; trufaș; urgent.
impérissable *adj.* nepieritor, veșnic.
imperméable *sm.*, *adj.* impermeabil.
impersonnel, -elle *adj.* impersonal.
impertinence *sf.* impertinență, obrăznicie.

impertinent, -e *adj.*, *smf.* impertinent, obraznic, neobrăzat.
imperturbable *adj.* imperturbabil, calm.
impétueusement *adv.* năvalnic, impetuos.
impétueux, -euse *adj.* impetuos, violent, tumultos.
impétuosité *sf.* impetuozitate.
impiété *sf.* nelegiuire, sacrilegiu, impietate.
impitoyable *adj.* neîndurător, nemilos.
impitoyablement *adv.* fără îndurare.
implacable *adj.* neînduplecat, neîndurător.
implantation *sf.* instalare; stabilire.
implanter 1. *vt.* a înfige; a instala; **2.** *vr.* a se stabili, a se fixa, a se introduce.
implication *sf.* implicație; implicare.
implicite *adj.* implicit; subînțeles.
impliquer *vt.* a implica.
implorer *vt.* a ruga, a implora.
impoli, -e *adj.* nepoliticos.
impolitesse *sf.* impolitețe.
importance *sf*, importanță.
important, -e *adj.*, *sm.* important.
importateur, -trice *adj.*, *smf.* importator.
importation *sf.* import.
importer 1. *vt.* a importa, a interesa; a introduce; **2.** *v. impers.* e necesar; *il importe que* este necesar ca să; *n'importe!* nu e nimic!; *n'importe qui* oricine.
importun, -e *adj.*, *smf.* inoportun.
importuner *vt.* a deranja.
imposant, -e *adj.* impozant, impunător.
imposer 1. *vt.* a impune; a insufla; **2.** *vr.*, *vi.* a se impune.
impossibilité *sf.* imposibilitate.
impossible *adj.*, *sm.* imposibil.
impôt *sm.* impozit.
impraticable *adj.* impracticabil; stricat.
imprécis, -e *adj.* imprecis, vag.
imprécision *sf.* lipsă de precizie.
imprégnation *sf.* impregnare, îmbibare.
imprégner *vt.*, *vr.* a (se) impregna.
impression *sf.* imprimare, urmă, amprentă; tipărire, tipar; părere.
impressionnable *adj.* impresionabil, emotiv.
impressionnant, -e *adj.* impresionant.
impressionner *vt.* a impresiona.
imprévu, -e *adj.*, *sm.* neprevăzut.
imprimer 1. *vt.* a imprima, a lăsa urme; a tipări; a inspira; **2.** *vr.* a se imprima.

imprimerie *sf.* imprimerie, tipografie.
imprimeur *sm.* tipograf.
improbable *adj.* improbabil.
impromptu, -e **1.** *adj.* improvizat; **2.** *adv.* pe nepregătite.
impropre *adj.* impropriu, greșit.
improvisation *sf.* improvizație.
improviser *vt.*, *vi.* a improviza.
improviste *adv.* *à l'~* pe neașteptate, deodată.
imprudence *sf.* imprudență.
imprudent, -e *adj.* imprudent.
impudence *sf.* nerușinare.
impuissance *sf.* neputință; slăbiciune.
impuissant, -e *adj.* neputincios.
impulsif, -ive *adj.* impulsiv.
impulsion *sf.* impuls, stimulent.
impur, -e *adj.* impur.
impureté *sf.* impuritate.
imputation *sf.* imputare; acuzare.
imputer *vt.* a imputa, a învinui.
inabordable *adj.* inabordabil; inaccesibil; exagerat.
inacceptable *adj.* inaceptabil.
inaccessible *adj.* inaccesibil.
inachevé, -e *adj.* neterminat.
inactif, -ive *adj.* inactiv, pasiv; leneș.
inadmissible *adj.* inadmisibil.
inadvertance *sf.* inadvertență.
inaltérable *adj.* inalterabil.
inanimé, -e *adj.* neînsuflețit.
inaperçu, -e *adj.* neobservat.
inapplicable *adj.* inaplicabil.
inapte *adj.* inapt, nepriceput, incapabil.
inassouvi, -e *adj.* nepotolit.
inattendu, -e *adj.* neprevăzut, neașteptat.
inattentif, -ive *adj.* neatent.
inattention *sf.* neatenție.
inauguration *sf.* inaugurare.
inaugurer *vt.* a inaugura.
inavouable *adj.* de nemărturisit.
incalculable *adj.* incalculabil.
incandescence *sf.* incandescență.
incandescent, -e *adj.* incandescent.
incantation *sf.* incantație.
incapable **1.** *sm.* incapabil; **2.** *adj.* neputincios, incapabil.
incapacité *sf.* incapacitate.
incarcérer *vt.* a încarcera.
incarcer *vt.* a întruchipa.
incassable *adj.* incasabil.
incendiaire **1.** *sm.* incendiator; **2.** *adj.* incendiar.
incendie *sm.* incendiu.
incendier *vt.* a incendia.
incertain, -e *adj.* nesigur, neprecizat, nedeterminat.
incertitude *sf.* incertitudine, îndoială.
incessamment *adv.* fără întrerupere; continuu.
incidence *sf.* incidență.
incident *sm.* incident.

incinération *sf.* incinerare.
incinérer *vt.* a incinera.
inciser *vt.* a face o incizie.
incisif, -ive *adj.* tăios, incisiv.
incision *sf.* incizie.
incitation *sf.* incitare, instigare.
inciter *vt.* a incita, a instiga.
inclinaison *sf.* înclinare, aplecare.
inclination *sf.* înclinare, aplecare; vocație.
incliner **1.** *vt.* a apleca, a înclina; **2.** *vi.* a se apleca, a se înclina; **3.** *vr.* a se încovoia; a se supune.
inclure *vt.* a include.
inclus, -e *adj.* inclus, cuprins, înglobat.
inclusivenet *adv.* inclusiv.
incohérence *sf.* incoerență.
incohérent, -e *adj.* incoerent.
incomber *vi.* a incumba, a reveni.
incommensurable *adj.* incomensurabil, nelimitat.
incommodant, -e *adj.* supărător.
incommode *adj.* incomod; plictisitor.
incommoder *vt.* a incomoda.
incomparable *adj.* incomparabil.
incompatibilité *sf.* incompatibilitate, nepotrivire.
incompatible *adj.* incompatibil.
incompétence *sf.* incompetență.
incompétent, -e *adj.* incompetent.
incomplet, -ète *adj.* incomplet.
incomplètement *adv.* incomplet.
incompréhensible *adj.* incomprehensibil.
incompris, -e *adj.* neînțeles.
inconcevable *adj.* de neînțeles.
inconciliable *adj.* inconciliabil.
inconfortable *adj.* neconfortabil.
inconnu, -e *adj.*, *smf.* necunoscut.
inconsciemment *adv.* inconștient.
inconscience *sf.* inconștiență.
inconscient, -e *adj.*, *smf.* inconștient.
inconséquence *sf.* inconsecvență.
inconséquent, -e *adj.* inconsecvent.
inconsolable *adj.* inconsolabil.
inconstant, -e *adj.* nestatornic.
incontestable *adj.* incontestabil.
inconvénient *sm.* inconvenient; dificultate
incorporation *sf.* încorporare, înglobare; anexare.
incorporer *vt.* a încorpora, a îngloba; a alipi.
incorrect, -e *adj.* incorect, greșit; necinstit.
incorrection *sf.* incorectitudine.
incorrigible *adj.* incorigibil.

I

incorruptible *adj.* incoruptibil.
incrédule *adj.*, *smf.* neîncrezător.
incriminer *vt.* a incrimina; a acuza.
incroyable *adj.* de necrezut.
incruster *vt.* a incrusta.
inculpé, -e *adj.*, *smf.* inculpat.
inculper *vt.* a inculpa.
inculte *adj.* incult; nelucrat; *terrain* ~ teren necultivat.
incurable *adj.* incurabil, nevindecabil.
incursion *sf.* incursiune.
indécence *sf.* indecență.
indécent, -e *adj.* indecent.
indéchiffrable *adj.* indescifrabil.
indéchirable *adj.* care nu se rupe.
indécis, -e *adj.* nehotărât; neclar; confuz.
indécision *sf.* ezitare, nehotărâre.
indéfini, -e *adj.* nedefinit; imprecis, vag; nelimitat; *article* ~ articol nehotărât.
indéfinement *adv.* la nesfârșit.
indélébile *adj.* de neșters; *souvenir* ~ amintire de neuitat.
indemne *adj.* teafăr.
indemniser *vt.* a indemniza; a despăgubi.
indemnité *sf.* indemnizație.
indéniable *adj.* incontestabil.
indépendamment *adv.* independent; ~ *de* independent de, în afară de.
indépendence *sf.* independență; libertate.
indépendant, -e *adj.* independent; liber.
indésirable *adj.* nedorit, indezirabil.
indétermination *sf.* nedeterminare; ezitare, îndoială.
index *sm.* indicator; deget arătător; index.
indicateur, -trice 1. *adj.* indicator; 2. *sm.* indicator; ~ *de vitesse* vitezometru.
indicatif, -ive 1. *adj.* indicator, indicativ; 2. *sm.* cod; 3. *adj.*, *sm.* modul indicativ.
indication *sf.* indicație, indiciu, informație; precripție.
indice *sm.* indiciu, semn.
indicible *adj.* inexprimabil.
indiciblement *adv.* nespus de.
indifférence *sf.* indiferență, nepăsare.
indifférent, -e *adj.* indiferent; fără importanță.
indigence *sf.* sărăcie, mizerie.
indigène *adj.*, *smf.* indigen, autohton.
indigent, -e *adj.*, *smf.* nevoiaș.
indigestion *sf.* indigestie.
indignation *sf.* indignare.
indigne *adj.* nedemn; josnic.
indigner *vt.*, *vr.* a (se) indigna, a (se) revolta.
indignité *sf.* lașitate, josnicie.
indiquer *vt.* a indica, a arăta.
indirect, -e *adj.* indirect.
indirectement *adv.* indirect.

indiscipline *sf.* indisciplină.
indiscipliné, -e *adj.* nedisciplinat.
indiscret, -ète *adj.* indiscret.
indiscrètement *adv.* cu indiscreție.
indiscrétion *sf.* indiscreție.
indiscutable *adj.* indiscutabil; sigur.
indispensable *adj.* indispensabil, esențial.
indisposer *vt.* a da o stare de indispoziție; a indispune, a supăra.
indisposition *sf.* indispoziție.
indistinct, -e *adj.* neclar, vag, confuz.
individu *sm.* individ; persoană, ins.
individuel, -elle *adj.* individual.
indocile *adj.* neascultător.
indolence *sf.* nepăsare, indolență.
indolent, -e *adj.* indolent, leneș.
indubitable *adj.* sigur, cert, indubitabil.
induire *vt.* a induce, a determina; ~ *en erreur* a induce în eroare; a trage concluzie.
indulgence *sf.* indulgență.
indulgent, -e *adj.* indulgent.
industrialisation *sf.* industrializare.
industrialiser *vt., vr.* a (se) industrializa.
industrie *sf.* industrie; meserie; dibăcie.
industriel, -elle 1. *adj.* industrial; **2.** *sm.* industriaș.
inébranlable *adj.* neclintit; ferm.
inédit, -e *adj.* inedit.
ineffable *adj.* inexprimabil, inefabil.
ineffaçable *adj.* de neșters, de neuitat.
inefficace *adj.* ineficace, ineficient.
inefficacité *sf.* ineficacitate.
inégal, -e *adj.* inegal.
inégalable *adj.* inegalabil.
inégalité *sf.* inegalitate.
inepte *adj.* absurd, stupid.
ineptie *sf.* absurditate, inepție, stupiditate.
inépuisable *adj.* inepuizabil.
inéquitable *adj.* inechitabil, injust.
inerte *adj.* inert, neînsuflețit; apatic.
inertie *sf.* inerție; apatie, nepăsare.
inestimable *adj.* inestimabil, de neprețuit.
inévitable *adj.* inevitabil.
inexact, -e *adj.* inexact.
inexactement *adv.* inexact, greșit.
inexactitude *sf.* inexactitudine.
inexaucé, -e *adj.* nerealizat.
inexcusable *adj.* de neiertat.
inexistant, -e *adj.* inexistent.
inexistence *sf.* inexsistență.
inexorable *adj.* inexorabil; crud, nemilor.

inexplicable *adj.* inexplicabil.
infaillible *adj.* infailibil, sigur; perfect.
infailiblement *adv.* negreşit, cu siguranţă.
infamant, -e *adj.* josnic, degradant.
infâme *adj.* infam, mişel; murdar.
infamie *sf.* infamie; josnicie.
infanterie *sf.* infanterie.
infantile *adj.* infantil; copilăros.
infatigable *adj.* neobosit.
infatuation *sf.* înfumurare.
infatué, -e *adj.* infatuat, înfumurat.
infect, -e *adj.* infect, stricat; murdar; josnic.
infecter *vt.*, *vr.* a (se) infecta; a (se) molipsi.
infectieux, -euse *adj.* infecţios.
infection *sf.* infecţie.
inférieur, -eure **1.** *sm.* subaltern; **2.** *adj.* inferior; de proastă calitate.
infériorité *sf.* inferioritate.
infernal, -e *adj.* infernal.
infester *vt.* a infesta; a pustii, a devasta.
infidèle *adj.*, *sm.* infidel, necredincios.
infidélité *sf.* infidelitate.
infiltration *sf.* infiltrare, infiltraţie.
infiltrer *vt.*, *vr.* a (se) infiltra.
infime *adj.* infim, minuscul.
infini, -e *adj.*, *sm.* infinit, nemărginit.
infiniment *adj.* nesfârşit de.
infinité *sf.* infinitate.
infinitif, -ive *adj.* infivitival.
infirmation *sf.* respingere.
infirme *adj.* *smf.* infirm, schilod.
infirmer *vt.* a infirma.
infirmerie *sf.* infirmerie.
infirmier, -ère *smf.* infirmier.
infirmité *sf.* infirmitate.
inflammable *adj.* inflamabil.
inflammation *sf.* inflamare, inflamaţie.
inflexible *adj.* inflexibil.
inflexion *sf.* flexiune, încovoiere; inflexiune.
infliger *vt.* a da, a aplica *(o amendă, o pedeapsă).*
influençable *adj.* influenţabil.
influence *sf.* influenţă.
influencer *vt.* a influenţa.
influent, -e *adj.* influent.
information *sf.* informaţie, informare.
informe *adj.* inform.
informer **1.** *vt.* a informa, a avertiza; **2.** *vi.* a cerceta; **3.** *vr.* a se informa.
infortune *sf.* nenoroc; ghinion.
infortuné, -e *adj.* nefericit.
infracteur, -trice *smf.*, *adj.* infractor.
infraction *sf.* infracţiune.
infranchissable *adj.* de netrecut.
infuser *vt.* a face o transfuzie.

infusion *sf.* infuzie.
ingénier *vr.* a se strădui.
ingénieur *sm.* inginer.
ingénieusement *adv.* ingenios.
ingénieux, -euse *adj.* ingenios, isteț.
ingéniosité *sf.* ingeniozitate, iscusință.
ingénu, -e *adj.*, *smf.* ingenuu, naiv.
ingénuité *sf.* ingenuitate, naivitate, candoare.
ingérance *sf.* ingerință.
ingrat, -e *adj.*, *smf.* ingrat, nerecunoscător; dezagreabil.
ingratitude *sf.* ingratitudine, nerecunoștință.
inguérissable *adj.* incurabil, nevindecabil.
ingurgiter *vt.* a înghiți; a înfuleca.
inhabitable *adj.* de nelocuit.
inhabité, -e *adj.* nelocuit.
inhalation *sf.* inhalare, inhalație.
inhaler *vt.* a inhala.
inhérent, -e *adj.* inerent.
inhospitalier, -ère *adj.* inospitalier, neprimitor.
inhumain, -e *adj.* inuman.
inhumation *sf.* înhumare, înmormântare.
inhumer *vt.* a înhuma, a înmormânta.
inimaginable *adj.* inimaginabil.
inimitable *adj.* inimitabil.
inimité *sf.* dușmănie.
inintelligible *adj.* neinteligibil.
ininterrompu, -e *adj.* neîntrerupt.
inique *adj.* nedrept.
initial, -e *adj.* inițial.
initiateur, -trice *smf.* inițiator.
initiative *sf.* inițiativă.
initier *vt.*, *vr.* a (se) iniția.
injecter *vt.* a injecta.
injection *sf.* injecție; injectare.
injure *sf.* injurie, insultă.
injurier *vt.* a insulta.
injurieux, -euse *adj.* injurios, jignitor.
injuste *adj.* injust, nedrept.
injustement *adv.* injust, nedrept.
injustice *sf.* nedreptate.
inné, -e *adj.* înnăscut.
innervation *sf.* enervare.
innocence *sf.* inocență, nevinovăție.
innocent, -e *adj.*, *smf.* inocent, nevinovat.
innoccupé, -e *adj.* neocupat.
innombrable *adj.* nenumărat, în număr mare.
innommable *adj.* josnic, infam.
innovateur, -trice *smf.* inovator.
innovation *sf.* inovație.
inoculation *sf.* inoculare.
inoculer *vt.* a inocula.
inoffensif, -ive *adj.* inofensiv.
inondation *sf.* inundație.
inonder *vt.* a inunda.
inopérant, -e *adj.* ineficace, inoperant.

inopiné, -e *adj.* inopinat, neprevăzut.
inopportun, -e *adj.* inoportun, nepotrivit; plictisitor, neplăcut.
inoubliable *adj.* de neuitat.
inouï, -e *adj.* inedit, extraordinar, ciudat.
inquiet, -ète *adj.* neliniştit; tulburat, agitat.
inquiétant, -e *adj.* neliniştitor, alarmant.
inquiéter 1. *vt.* a îngrijora, a nelinişti; **2.** *vr.* a se îngrijora; a se preocupa de.
inquiétude *sf.* nelinişte, îngrijorare.
inquisition *sf.* inchiziţie.
insaisissable *adj.* insesizabil.
insalubre *adj.* insalubru, neigienic.
insatiable *adj.* nesăţios.
inscription *sf.* inscripţie; înscriere.
inscrire 1. *vt.* a înscrie; a înregistra; **2.** *vr.* a se înscrie; a se situa.
insecte *sm.* insectă, gâză.
insensé, -e *adj., smf.* nebun, dement, smintit.
insensible *adj.* insensibil, indiferent.
insensiblement *adv.* pe nesimţite.
inséparable *adj.* inseparabil.
insérer *vt.* a insera, a introduce.
insidieux, -euse *adj.* perfid, insidios, viclean.
insigne 1. *sm.* insignă; **2.** *adj.* important, remarcabil.
insignifiant, -e *adj.* neînsemnat.
insinuant, -e *adj.* insinuant, subtil.
insinuation *sf.* insinuare.
insinuer 1. *vt.* a insinua; **2.** *vr.* a se strecura, a se insinua.
insipide *adj.* insipid, fără gust.
insistance *sf.* insistenţă.
insister *vi.* a insista, a persevera.
insolation *sf.* insolaţie.
insolemment *adv.* cu neruşinare.
insolence *sf.* obrăznicie.
insolent, -e *adj., smf.* insolent, impertinent, obraznic.
insolite *adj.* insolit, rar, neobişnuit.
insoluble *adj.* insolubil.
insomnie *sf.* insomnie.
insouciance *sf.* indiferenţă, nepăsare.
insouciant, -e *adj.* indiferent, nepăsător.
inspecter *vt.* a inspecta.
inspecteur, -trice *smf.* inspector.
inspection *sf.* inspecţie.
inspiration *sf.* inspiraţie.
inspiratrice *sf.* inspiratoare.
inspirer 1. *vt.* a inspira; a insufla; **2.** *vr.* a se inspira; a se lua după.
instabilité *sf.* instabilitate.
instable *adj.* instabil.

installateur *sm.* instalator.
installer 1. *vt.* a instala; a monta; **2.** *vr.* a se instala, a se stabili.
instamment *adv.* insistent, stăruitor.
instance *sf.* stăruință, insistență.
instant *sm.* clipă, moment; *à ~* imediat; *dès l'~* din clipa; *dans un ~* peste câteva clipe.
instantané, -e 1. *adj.* instantaneu, brusc; **2.** *sm.* instantaneu.
instantément *adv.* deodată, instantaneu.
instar *à l'~ de* după exemplul.
instauration *sf.* instaurare.
instaurer *vt.* a instaura, a institui.
instigateur, -trice *smf.* instigator.
instigation *sf.* instigare.
instinct *sm.* instinct.
instinctif, -ive *adj.* instinctiv.
instinctivement *adv.* instinctiv.
instituer *vt.* a institui.
institut *sm.* institut.
instituteur, -trice *smf.* institutor, învățător.
institution *sf.* instituție.
instructif, -ive *adj.* instructiv.
instruction *sf.* instrucție, instruire; învățământ; indicație; anchetă; *donner des ~* a da ordine.
instruire 1. *vt.* a instrui, a învăța; **2.** *vr.* a se instrui.
instrument *sm.* instrument.
insu *sm. à l'~ de qqn.* fără știrea cuiva.
insuffisamment *adv.* nesatisfăcător.
insuffisance *sf.* insuficiență.
insuffisant, -e *adj.* insuficient.
insuffler *vt.* a insufla.
insulte *sf.* insultă, jignire.
insulter *vt.* a insulta.
insupportable *adj.* insuportabil.
insurgé, -e *adj., smf.* răzvrătit, răsculat.
insurger *vr.* a se răscula, a se răzvrăti.
insurmontable *adj.* de netrecut, de neînvins.
insurrection *sf.* insurecție, revoltă.
intact, -e *adj.* întreg, intact; curat.
intangible *adj.* intangibil.
intarissable *adj.* nesecat, inepuizabil.
intarissablement *adv.* întruna, mereu.
intégral, -e *adj.* integral, complet.
intégralement *adv.* în întregime, integral.
intégration *sf.* integrare, înglobare.
intégre *adj.* integru, cinstit.
intégrer 1. *vt.* a integra, a include; **2.** *vr.* a se integra, a se asimila cu.

intégrité *sf.* integritate, totalitate; cinste.
intellectuel, -elle *adj.*, *smf.* intelectual.
intelligemment *adv.* cu inteligență.
intelligence *sf.* inteligență; abilitate, îndemânare; aptitudine; *avoir l'~ de* a se pricepe la.
intelligent, -e *adj.* inteligent.
intelligible *adj.* inteligibil.
intempérant, -e *adj.* necumpătat.
intempérie *sf.* intemperie.
indendance *sf.* intendență.
intendant, -e *smf.* intendent.
intense *adj.* intens, puternic.
intensément *adv.* cu intensitate.
intensive, -e *adj.* intensiv, intens.
intensification *sf.* intensificare.
intensifier *vt.*, *vr.* a (se) intensifica, a (se) mări.
intensité *sf.* intensitate.
intensivement *adv.* intens.
intenter *vt.* a intenta.
intention *sf.* intenție, dorință; *sans ~* neintenționat.
intentionné, -e *adj.* intenționat.
intercaler *vt.* a intercala.
intercepter *vt.* a intercepta; a împiedica.
interdiction *sf.* interdicție.
interdire *vt.* a interzice, a opri.
interdit, -e 1. *adj.* oprit, interzis; uimit; **2.** *sm.* interdicție.
intéressant, -e *adj.* interesant.
intéressé, -e *adj.*, *smf.* interesat.
intéresser *vt.*, *vr.* a (se) interesa.
intérêt *sm.* interes; dobândă.
interférence *sf.* interferență.
interférer *vi.* a interfera.
intérieur, -e *adj.*, *sm.* interior; *à l'~* înăuntru.
intérieurement *adv.* înăuntru, în interior.
interjection *sf.* interjecție.
interlocuteur, -trice *smf.* interlocutor.
interloquer *vt.* a surprinde, a uimi.
intermède *sm.* intermediu; episod.
intermédiaire 1. *sm.* intermediar, mijlocitor; **2.** *adj.* intermediar.
interminable *adj.* interminabil.
intermittence *sf.* intermitență; *sans ~* fără întrerupere.
intermittent *adj.* intermittent.
internat *sm.* internat.
international, -e *adj.* internațional.
interne 1. *adj.* interior, intern; **2.** *smf.* intern.
interner *vt.* a interna; a închide.
interpeller *vt.* a interpela.

interposer 1. *vt.* a interpune; 2. *vr.* a se interpune; a mijloci.
interprétation *sf.* interpretare.
interprète *smf.* interpret; traducător; mijlocitor; purtător de cuvânt.
interpréter *vt.* a interpreta; a comenta; a traduce; a explica.
interrogatif, -ive *adj.* interogativ.
interrogation *sf.* interogare, interogație.
interrogatoire *m.* interogatoriu.
interroger 1. *vt.* a întreba, a examina; a interoga; 2. *vr.* a se întreba.
interrompre *vt.*, *vr.* a (se) întrerupe.
interrupteur *sm.* întrerupător.
interruption *sf.* oprire, întrerupere.
intersection *sf.* intersecție.
interurbain, -e *adj.* interurban.
intervalle *sm.* interval, răstimp.
intervenir *vi.* a interveni; a surveni, a se produce, a se întâmpla.
intervention *sf.* intervenție.
interview *sf.* interviu.
intestin *sm.* intestine.
intime 1. *smf.* prieten; 2. *adj.* intim; familiar.
intimement *adv.* intim, profound.
intimidation *sf.* intimidare.
intimider *vt.* a intimida.
intimité *sf.* intimidate, familiaritate; profunzime.
intituler *vt.*, *vr.* a (se) intitula.
intolérable *adj.* intolerabil.
intolérance *sf.* intoleranță.
intolerant, -e *adj.* intolerant, sever.
intonation *sf.* intonație, intonare.
intoxication *sf.* intoxicare, intoxicație.
intoxiquer *vt.*, *vr.* a (se) intoxica.
intraduisible *adj.* intraductibil.
intransigeant, -e *adj.*, *smf.* intransigent.
intransitif, -ive *adj.* intranzitiv.
intraveineux, -euse *adj.* intravenos.
intrépide *adj.* viteaz, cutezător.
intrigant, -e *adj.*, *smf.* intrigant.
intrigue *sf.* intrigă.
intriguer. 1. *vt.* a intriga; 2. *vi.* a unelti a complota.
introductif, -ive *adj.* introductive.
introduction *sf.* introducere.
introduire 1. *vt.* a introduce, a vârî; 2. *vr.* a se introduce.
introuvable *adj.* de negăsit.
intrus, -e *adj.*, *smf.* intrus.
intuitif, -ive *adj.* intuitiv.
intuition *sf.* intuiție.
intuitivement *adv.* intuitiv.

inusité, -e *adj.* nefolosit, neobişnuit, neuzitat.
inutile *adj.* inutil, nefolositor.
inutilement *adv.* inutil.
inutilisable *adj.* de nefolosit.
inutilité *sf.* inutilitate.
invaincu, -e *adj.* neînvins.
invalide *adj.*, *smf.* invalid.
invalider *vt.* a invalida.
invalidité *sf.* invaliditate.
invariable *adj.* invariabil.
invasion *sf.* invazie, năvălire.
invective *sf.* invectivă, injurie, jignire.
invendable *adj.* nevandabil.
inventaire *sm.* inventar.
inventer *vt.* a inventa; a născoci.
inventeur, -trice *smf.* inventator.
inventif, -ive *adj.* inventive.
invention *sf.* invenție.
inventorier *vt.* a inventaria.
inverse 1. *sm.* contrariu, invers; **2.** *adj.* opus, invers.
inversement *adv.* invers.
inverser *vt.* a inversa.
inversion *sf.* inversare, inversiune.
investigation *sf.* investigație, cercetare; *poursuivre des investigations* a face cercetări.
investir *vt.* a investi; a împuternici; a asedia.
investissement *sm.* încercuire; investiții.
invétéré, -e *adj.* inveterat.
invincible *adj.* de neînvins.
invisible *adj.* invizibil.
invitation *sf.* invitație.
invite, -e *smf.* invitat.
inviter *vt.*, *vr.* a (se) invita.
invocation *sf.* invocație, invocare.
involontaire *adj.* neintenționat.
invoquer *vt.* a invoca.
invraisemblable *adj.* de necrezut, extraordinar.
invraisemblance *sf.* neverosimilitate.
invulnérable *adj.* invulnerabil.
irascible *adj.* irascibil, iritabil.
iris *sm.* iris, pupilă; stânjenel.
ironies *f.* ironie.
ironique *adj.* ironic.
ironiser *vt.* a ironiza.
irradiation *sf.* iradiere.
irradier *vt.*, *vr.* a iradia, a (se) propaga.
irrationnel, -elle *adj.* irațional.
irréalisable *adj.* nerealizabil.
irrécupérable *adj.* nerecuperabil.
irréel, -elle *adj.* ireal.
irrégularité *sf.* neregularitate.
irrégulier, -ère *adj.* neregulat.
irrémédiable *adj.* iremediabil.
irremplaçable *adj.* de neînlocuit.
irréparable *adj.* ireparabil.
irréprochable *adj.* ireproșabil.
irrésistible *adj.* irezistibil.
irrésolu, -e *adj.* nehotărât.
irrespirable *adj.* irespirabil.

irresponsable *adj.* iresponsabil.
irréversible *adj.* ireversibil.
irrévocable *adj.* irevocabil.
irrigation *sf.* irigare, irigație.
irriguer *vt.* a iriga.
irritable *adj.* iritabil.
irritant, -e *adj.* iritant, enervant.
irritation *sf.* iritare, enervare; iritație.
irriter *vt.*, *vr.* a (se) irita.
irruption *sf.* invazie; *faire ~* a intra pe neașteptate, a da buzna.
isolement *sm.* izolare.
isolément *adv.* izolat, individual.
isoler **1.** *vt.* a izola, a despărți; **2.** *vr.* a se izola, a se retrage.
issu, -e *adj.* născut, provenit din.
issue *sf.* ieșire; scăpare; salvare; *sans ~* fără scăpare.
isthme *sm.* istm.
italien, -enne *adj.* italian.
Italian, -enne *smf.* locuitor din Italia.
italique *adj.* italic, cursiv.
itinéraire *sm.* itinerar.
ivoire *sm.* fildeș.
ivre *adj.* beat.
ivresse *sf.* beție; entuziasm, tulburare.
ivrogne *sm.* bețiv.
ivrognerie *sf.* alcoolism.

J

jabot *sm.* jabou; gușă *(de pasăre); faire ~ a* se fuduli.
jaboter *vi., vt.* a trăncăni.
jacasser *vi.* a flecări; a ciripi.
jachère *sf.* pârloagă.
jacinthe *sf.* zambilă.
jacquerie *sf.* răzmeriță, răscoală țărănescă.
jactance *sf.* îngâmfare, fanfaronadă.
jade *sm.* jad.
jadis *adv.* altădată, odinioară, demult.
jaillir *vi.* a țâșni, a izvorî.
jaillissement *sm.* țâșnire.
jalonner *vt.* a jalona.
jalouser *vt.* a fi gelos pe, a invidia.
jalousie *sf.* gelozie, invidie; jaluzea.
jaloux, -ouse 1. *adj.* invidios, gelos; **2.** *smf.* gelos.
jamais *adv.* niciodata; *à ~* pentru totdeauna.
jambe *sf.* picior, gambă; *courir à toutes jambes* a fugi cât țin picioarele.
jambon *sm.* șuncă.
janissaire *sm.* ienicer.
janvier *sm.* ianuarie.
japonais, -e *adj.* japonez.
Japonais, -e *smf.* locuitor din Japonia.
jappement *sm.* chelălăială, chelălăit.
japer *vi.* a chelălăi.
jaquette *sf.* jachetă.
jard *sm.* grohotiș.
jardin *sm.* grădină.
jardinage *sm.* grădinărit.
jardiner *vi.* a grădinări.
jardinière, -ère 1. *sf.* jardinieră, lădiță pentru flori; **2.** *smf.* grădinar; **3.** *adj.* de grădină.
jargon *sm.* jargon.
jarre *sf.* urcior.
jarretelle *sf.* jartieră.
jars *sm.* gâscan.
jaser *vi.* a bârfi; a ciripi.
jasmin *sm.* iasomie.
jasper *vt.* a împestița.
jatte sf. strachină.
jaunâtre *adj.* gălbui.
jaune *adj., sm., adv.* galben; *rire ~* a râde silit.
jaunir *vt.* a îngălbeni.
jaunisse *sf.* gălbinare, icter.
jaunissement *sm.* îngălbenire.
javeau *sm.* ostrov.
javelot *sm.* suliță.
je *pron. pers.* eu.
jersey *sm.* jerseu.

jet *sm.* aruncare, jet, țâșnitură; *du premier ~* de prima dată.
jetée *sf.* dig.
jeter 1. *vt.* a arunca; a azvârli; *~ un coup d'œil* a arunca o privire; a pune, a așeza; *~ les bases* a pune bazele; **2.** *vr.* a se arunca; *se ~ dans* a se vărsa în.
jeton *sm.* jeton, fisă.
jeu *sm.* joc; *~ de mots* joc de cuvinte; *mettre en ~* a pune în joc; *être en ~* a fi în cauză; *vieux ~* demodat.
jeudi *sm.* joi.
jeune *adj.*, *smf.* tânăr.
jeûne *sm.* post.
jeûner *vi.* a posti.
jeunesse *sf.* tinerețe, tineret.
joaillerie *sf.* magazin de bijuterii, bijuterie.
joaillier, -ère *smf.* bijutier.
jobard, -e *adj.*, *smf.* credul, naiv, nerod.
jocasse *sf.* sturz.
jockey *sm.* jocheu.
joie *sf.* bucurie; veselie, bună dispoziție.
joindre 1. *vt.* a uni, a îmbina; a lega; a intra în legătură cu; **2.** *vr.* a se uni, a se alătura.
joint, -e 1. *sm.* articulație; garnitură; **2.** *adj.* unit, împreună.
jointure *sf.* articulație, încheietură, îmbinare.
joli, -e *adj.* drăguț, frumos; agreabil, plăcut.
joliment *adv.* foarte, mult; drăguț, amiabil.
jonc *sm.* stuf.
jonchaie *sf.* stufăriș.
jonchée *sf.* morman.
joncher *vt.* a presăra, a așterne.
jonction *sf.* joncțiune.
jongler *vi.* a jongla.
jongleur, -euse *smf.* jongler.
jonquille *sf.* narcisă galbenă.
joue *sf.* obraz, falcă.
jouer 1. *vi.* a juca; *~ à* a practica un sport; *~ de* a cânta la un instrument; **2.** *vt.* a juca, a se preface; a rula *(despre un film)*; **3.** *vr.* a-și bate joc.
jouet *sm.* jucărie.
joueur, -euse *smf.* jucător.
joufflu, -e *adj.* bucălat.
joug *sm.* jug.
jouir *vi.* a se bucura de; a beneficia de, a avea.
jouissance *sf.* plăcere; folosință.
joujou *sm.* jucărie.
jour *sm.* zi; *à ~* la zi; *point du ~* zori; *~ de travail* zi lucrătoare; *~ de fête* zi nelucrătoare; *au ~ le ~* de pe o zi pe alta; *faux ~* lumină înșelătoare.
journal *sm.* ziar; jurnal, registru.
journalier, -ère 1. *adj.* zilnic; **2.** *sm.* zilier.
journaliste *smf.* ziarist.
journée *sf.* zi; *bonne ~!* o zi bună!.
journellement *adv.* zilnic.
joute *sf.* luptă.

J

jouter *vi.* a se lupta.
jouvence *sf.* juneţe.
jovialité *sf.* jovialitate.
joyau *sm.* bijuterie.
joyeux, -euse *adj.* vesel, voios.
jubilé *sm.* jubileu.
jubiler *vi.* a jubila.
jucher *vt., vr., vi.* a (se) cocoţa.
judaïsme *sm.* iudaism.
judas *sm.* trădător.
judiciaire *adj.* judiciar.
judicieux, -euse *adj.* judicios.
juge *sm.* judecător.
jugement *sm.* judecată, raţionament, părere.
juger *vt.* a judeca, a crede, a socoti.
jugulaire *adj.* jugular.
juguler *vt.* a sugruma.
juif, -ive 1. *smf.* evreu; **2.** *adj.* evreiesc.
juillet *sm.* iulie.
juin *sm.* iunie.
juke-box *sm.* tonomat.
jumeau, -elle 1. *adj.* geamăn; **2.** *sf. pl.* binoclu.
jumelage *sm.* îngemănare; înfrăţire între două oraşe.
jumeler *vt.* a îngemăna.
jument *sf.* iapă.
jungle *sf.* junglă.
jupe *sf.* fustă.
jupon *sm.* jupon.
juré, -e 1. *adj.* jurat, declarat; **2.** *sm.* jurat.
jurement *sm.* jurământ.
jurer 1. *vt.* a jura; a afirma cu tărie; **2.** *vi.* a înjura.
jurisdiction *sf.* jurisdicţie.
juridique *adj.* juridic.
juriste *sm.* jurist.
juron *sm.* înjurătură.
jury *sm.* juriu.
jus *sm.* zeamă, suc.
jusque *prep.* până (la); *jusqu'ici* până aici; *jusqu'à ce que* până când.
juste 1. *adj.* just, drept; exact, precis; **2.** *adv.* correct; abia; *comme de ~* evident.
justement *adv.* tocmai; pe drept.
juste-milieu *sm.* calea de mijloc.
justesse *sf.* justeţe; exactitate; *de ~* abia.
justice *sf.* justiţie; *la cour de ~* curtea de justiţie; *se faire ~* a-şi face dreptate.
justification *sf.* justificare.
justifier *vt.* a justifica.
jute *sm.* iută.
juter *vi.* a lăsa zeamă.
juteux, -euse *adj.* zemos; fructuos; *une affaire ~* o afacere bănoasă.
juvénile *adj.* juvenil.
juvénilité *sf.* juvenilitate, caracter juvenil.
juxtaposer *vt., vr.* a (se) juxtapune.

K

kacha *sf.* cașă, fiertură de hrișcă.
kaiser *sm.* kaiser, împărat.
kaki *adj., sm.* culoarea kaki.
kaléidoscope *sm.* caleidoscop.
kamikaze *sm.* pilot japonez sinucigaș; persoană curajoasă.
kan *sm.* loc de popas pentru caravane.
kangourou *sm.* cangur.
kantisme *sm.* kantianism.
kaolin *sm.* caolin.
karaté *sm.* karate.
karateka *smf.* persoană care practică karate.
karma *sm.* karma.
karpatique *adj.* carpatic.
karstique *adj.* carstic.
kart *sm.* kart.
karting *sm.* sport practicat cu kartul.
kascher *adj.* cușer.
kayak *sm.* caiac.
kazakh, -e *adj.* kazah.
Kazakh, -e *smf.* locuitor din Kazahstan.
kéfir *sm.* chefir.
kenyan, -e *adj.* kenian.
Kenyan, -e *smf.* locuitor din Kenya.
képi *sm.* chipiu.
kératine *sf.* cheratină.
kératinisation *sf.* cheratinizare.
kératite *sf.* cheratită.
kératose *sf.* cheratoză.
kermesse *sf.* chermeză.
kérosène *sm.* kerosen.
khan *sm.* han tătar.
khanat *sm.* hanat.
khôl *sm.* fard negru folosit de orientali.
kidnappage *sm.* răpire.
kidnapper *vt.* a răpi.
kidnappeur, -euse *smf.* răpitor.
kidnapping *sm.* răpire.
kilo *sm.* kilogram, chil.
kilocalorie *sf.* kilocalorie.
kilogramme *sm.* kilogram.
kilogramme-force *sm.* kilogramforță.
kilohertz *sm.* kilohertz.
kilométrage *sm.* kilometraj.
kilomètre *sm.* kilometru.
kilométrer *vt.* a kilometra.
kilométrique *adj.* kilometric.
kilotonne *sf.* kilotonă.
kilovolt *sm.* kilovolt.
kilowatt *sm.* kilowatt.
kilt *sm.* fustă purtată de scoțieni.
kimono *sm.* chimono.
kinescope *sm.* kinescop.
kinésithérapeute *smf.* masor, kinesiterapeut.

kinésithérapie *sf.* chineziterapie.
kinesthésie *sf.* chinestezie.
kiosque *sm.* chioșc.
kirsch *sm.* vișinată.
klaxon *sm.* claxon.
klaxonner *vi.* a claxona.
knout *sm.* cnut.
koala *sm.* koala.
kolkhoz *sm.* colhoz.
koulak *sm.* culac, chiabur.
krach *sm.* crah.
kraft *sm.* hârtie de ambalaj.
kreutzer *sm.* creițar.
krypton *sm.* kripton.
kyste *sm.* chist.
kystique *adj.* chistic.

L

la 1. *art. hot. f.* ~ *fille* fata; 2. *pron. pers.* (pe) ea, o.
là *adv.* acolo; *de* ~ de acolo.
labeur *sm.* trudă.
laboratoire *sm.* laborator.
laboriuesement *adv.* laborios.
laborieux, -euse *adj.* harnic, muncitor; laborios, greu, anevoios.
labour *sm.* arat.
labourage *sm.* arat.
labourer *vt.* a ara.
laboureur *sm.* plugar.
labyrinthe *sm.* labirint.
lac *sm.* lac.
lacer *vt.* a lega cu un şiret.
lacération *sf.* rupere.
lacérer *vt.* a rupe, a sfâşia.
lacet *sm.* şiret; serpentină; *route en* ~ drum în serpentină.
lâchage *sm.* părăsire, abandonare.
lâche 1. *adj.* neîncordat; leneş; 2. *smf.* laş.
lâchement *adv.* în mod laş, josnic.
lâcher *vt.* a desface; a scăpa; a părăsi.
lâcheté *sf.* laşitate.
lacis *sm.* reţea.
laconique *adj.* laconic, scurt, succint.
laconiquement *adv.* laconic.
lacrymogène *adj.* lacrimogen; *gaz* ~ gaz lacrimogen.
lacté, -e *adj.* ca laptele; *voie* ~ Calea Lactee.
lactique *adj.* lactic.
lacune *sf.* lacună, lipsă.
lacustre *adj.* lacustru.
ladre, -esse *adj.*, *smf.* avar; lepros; nesimţit.
ladrerie *sf.* zgîrcenie.
laïc *sm.*, *adj.* laic.
laicïsation *sf.* laicizare.
laïcisation *vt.* a laiciza.
laid, -e *adj.* urât.
laidement *adv.* urât.
laideron *smf.* femeie tânără urâtă.
laideur *sf.* urâţenie.
laie *sf.* femelă mistreţ.
laine *sf.* lână.
laineux, -euse *adj.* lânos.
laisse *sf.* zgardă.
laisser *vt.* a lăsa; a părăsi.
laisser-aller *sm.* nepăsare, neglijenţă.
laissez-passer *sm.* permis de trecere; autorizaţie.
lait *sm.* lapte.
laiterie *sf.* lăptărie.
laiteux, -euse *adj.* lăptos.

laitier, -ère 1. *adj.* cu lapte, de lapte; **2.** *smf.* lăptar.
laiton *sm.* alamă.
laitue *sf.* lăptucă.
lambeau *sm.* fâșie; fragment, resturi.
lambiner *vi.* a lucra încet.
lambris *sm.* lambriu.
lame *sf.* lamă.
lamé *sm.* lamé.
lamelle *sf.* lamelă.
lamentable *adj.* lamentabil, rău.
lamentation *sf.* lamentare, tânguire, văicăreală.
L
lamenter *vr.* a se lamenta, a se văicări.
laminage *sm.* laminare.
laminer *vt.* a lamina.
lamineur 1. *adj.* laminor; **2.** *sm.* laminator.
lampadaire *sm.* lampadar.
lampant, -e *adj.* lampant.
lampe *sf.* lampă.
lampée *sf.* dușcă.
lamper *vt.* a bea, a da de dușcă.
lampion *sm.* lampion.
lançage *sm.* lansare.
lance *sf.* lance.
lancement *sm.* lansare, aruncare.
lancer 1. *vt.* a lansa; a face cunoscut; **2.** *vr.* a se lansa.
lancier *sm.* lăncier.
lancinant, -e *adj.* zvâcnitor; obsedant.
landau *sm.* landou.
langage *sm.* limbă, vorbire.
lange *sm.* scutec, fașă.
langoureusement *adv.* galeș.
langoureux, -euse *adj.* languros, galeș, sentimental.
langouste *sf.* langustă.
langue *sf.* limbă; limbaj.
langueur *sf.* melancolie, visare.
languir *vi.* a lâncezi.
languissant, -e *adj.* apatic, letargic; laguros.
lanière *sf.* curea.
lanterne *sf.* lanternă, felinar.
lapidaire *adj.* lapidar, concis.
lapidation *sf.* lapidare, ucidere cu pietre.
lapider *vt.* a lapida.
lapin *sm.* iepure.
laps *sm.* ~ *de temps* interval de timp.
lapsus *sm.* eroare.
laquais *sm.* lacheu.
laque *sf.* lac.
laquer *vt.* a lăcui.
larcin *sm.* furt, șterpeleală; plagiat.
lard *sm.* slănină.
larder *vt.* a împăna.
large *adj.* larg, întins; generos; *voir* ~ a vedea lucrurile în mare.
largement *adv.* din plin.
largesse *sf.* larghețe, generozitate.
largeur *sf.* lățime, lărgime.
larme *sf.* lacrimă.
larmoyant, -e *adj.* smiorcăit, plângăreț.
larmoyer *vi.* a se smiorcăi.

larron, -onnesse *smf.* hoț.
larve *sf.* larvă.
laryngite *sf.* laringită.
larynx *sm.* laringe.
las, -sse *adj.* obosit, trudit; plictisit.
lascif, -ive *adj.* lasciv.
lascivité *sf.* lascivitate.
lasser *vt.* a (se) obosi, a (se) plictisi.
lassitude *sf.* oboseală; lehamite.
latent, -e *adj.* latent.
latéral, -e *adj.* lateral.
latin *adj., smf.* latin.
latiniste *sm.* latinist.
latitude *sf.* latitudine.
latte *sf.* scândurică, șipcă.
lauréat, -e *adj., smf.* laureat.
laurier *sm.* dafin, laur.
lavable *adj.* lavabil.
lavabo *sm.* lavabou.
lavage *sm.* spălat, spălare.
lavallière *sf.* lavalieră.
lavande *sf.* levănțică.
lavandière *sf.* spălătoreasă.
lave *sf.* lavă.
lave-lange *sm.* mașină de spălat.
lavement *sm.* spălare, spălat.
laver *vt., vr.* a (se) spăla.
lavette *sf.* spălător, cârpă de șters vasele.
laveur, -euse *smf.* spălătoreasă.
lavoir *sm.* spălătorie publică.
laxatif, -ive *adj., sm.* laxativ.
lazaret *sm.* spital, lazaret.
le 1. *art. hot. m.* ~ *livre* cartea; **2.** *pron. pers.* pe el, îl.
léché, -e *adj.* lins.
lécher *vt.* a linge.
lèche-vitrines *sm. faire du* ~ a hoinări privind vitrinele magazinelor.
leçon *sf.* lecție; învățătură.
lecteur, -trice *smf.* cititor; lector.
lecture *sf.* lectură.
légal, -e *adj.* legal.
légalement *adv.* în mod legal.
légalisation *sf.* legalizare.
légaliser *vt.* a legaliza.
légalité *sf.* legalitate.
légataire *smf.* moștenitor, legatar.
légation *sf.* legație.
légendaire *adj.* legendar.
légende *sf.* legendă.
léger, -ère 1. *adj.* ușor; mic; slab; **2.** *adv.* ușor; *manger* ~ a mânca alimente ușoare; *à la légère* în mod necugetat.
légèrement *adv.* ușor; nesocotit.
légèreté *sf.* ușurință; lejeritate; neseriozitate.
légiférer *vi.* a legifera.
légion *sf.* legiune.
législateur, -trice *smf, adj.* legislator.
législatif, -ive *adj.* legislativ.
législation *sf.* legislație.
législature *sf.* legislatură.
légitimation *sf.* legitimare.
légitime *adj.* legitim, legal.

L

légitimer *vt.* a legitima; a recunoaşte; a justifica.
legs *sm.* legat, dispoziţie testamentară.
léguer *vt.* a lăsa moştenire.
légume 1. *sm.* legumă; **2.** *sf. grosse ~* personaj important, ştab.
légumineux, -euse *adj., sf.* leguminos.
letmotiv *sm.* laitmotiv.
lendemain *sm.* ziua următoare; *le ~* viitorul; *du jour au ~* de pe o zi pe alta.
lénifier *vt.* a alina, a uşura.
L
léninisme *sm.* leninism.
léniniste *adj., smf.* leninist.
lénitif, -ive *adj., sm.* om blând.
lent, -e *adj.* lent, domol, încet.
lentement *adv.* încet.
lenteur *sf.* încetineală.
lentille *sf.* lentilă; linte.
léopard *sm.* leopard.
lèpre *sf.* lepră.
lépreux, -euse *adj., smf.* lepros.
léproserie *sf.* leprozerie.
lequel, laquelle *pron. rel.* care.
les 1. *art. hot. ~ garçons* băieţii; **2.** *pron.* pe ei, pe ele, îi, le.
léser *vt.* a leza, a vătăma, a prejudicia.
lésine *sf.* avariţie, calicie, zgârcenie.
lésiner *vi.* a se zgârci.
lésion *sf.* leziune.
lessivage *sm.* spălare cu leşie.
lessive *sf.* leşie; *étendre la ~* a întinde rufele.
lessiver *vt.* a spăla cu leşie.
lest *sm.* lest, balast.
leste *adj.* vioi, sprinten, uşor.
lestement *adv.* sprinten, cu uşurinţă.
léthargie *sf.* letargie, amorţeală.
létargique *adj.* letragic.
lettre *sf.* scrisoare; literă.
lettré, -e *adj., smf.* cultivat, literat, instruit.
leucémie *sf.* leucemie.
leucocyte *sm.* leucocită.
leur 1. *adj. pron. pos.* (al) lor; **2.** *pron. pers.* le.
leurre *sm.* amăgire; momeală.
leurrer *vt.* a amăgi, a ademeni, a momi, a înşela.
levain *sm.* dospeală, plămădeală.
levant 1. *sm.* răsărit; **2.** *adj.* care răsare.
levée *sf.* ridicare; strângere; dig.
lever 1. *vt.* a ridica; a înălţa; a strânge (impozite); a scoate; **2.** *vi.* a creşte, a dospi; **3.** *vr.* a se ridica; a se scula din pat.
levier *sm.* pârghie.
lèvre *sf.* buză.
lévrier *sm.* ogar.
levure *sm.* drojdie de bere.
lexique *sm.* lexic.
lézard *sm.* şopârlă.
lézarde *sf.* fisură, crăpătură în zid.
lézarder 1. *vt.* a face crăpături; **2.** *vi.* a lenevi; **3.** *vr.* a se crăpa.
liage *sm.* legat.

liaison *sf.* îmbinare, legătură; relație.
liane *sf.* liană.
liant, -e 1. *adj.* sociabil, flexibil; **2.** *sm.* liant; elasticitate, suplețe.
liard *sm.* para; *n'avoir pas un rouge* ~ a nu avea un ban/o para chioară.
liasse *sf.* teanc.
libelle *sm.* pamflet.
libeller *vt.* a redacta un act judiciar.
libellule *sf.* libelulă.
libéral, -e 1. *adj.* generos; tolerant, deschis; **2.** *smf.* liberal.
libéralement *adv.* cu generozitate.
libéralisme *sm.* liberalism.
libéralité *sf.* liberalitate; dărnicie.
libérateur, -trice *adj., smf.* eliberator.
libération *sf.* eliberare.
libérer *vt., vr.* a (se) elibera.
liberté *sf.* libertate.
libertin, -e *adj., smf.* libertin.
libertinage *sm.* libertinaj, destrăbălare.
libidineux, -euse *adj.* libidinos.
libraire *sm.* librar.
librairie *sf.* librărie.
libre *adj.* liber; independent; deocheat.
libre-échange *sm.* schimb liber.
libre-service *sm.* autoservire.
librement *adv.* liber.
licence *sf.* licență; autorizație; necuviință.
licencié, -e *smf.* licențiat; concediat.
licencier *vt.* a concedia.
licencieusement *adv.* indecent, în mod destrăbălat.
licencieux, -euse *adj.* licențios, indecent, immoral.
lichen *sm.* licheni.
licitation *sf.* licitație.
licite *adj.* licit, legal.
liciter *vt.* a licita.
licou *sm.* căpăstru.
lie *sf.* drojdie; scursură a societății.
liège *sm.* plută.
lien *sm.* legătură; relație.
lier *vt., vr.* a (se) lega; ~ *amitié* a deveni prieteni; a îngroșa (un sos).
lierre *sm.* iederă.
lieu *sm.* loc; ținut, localitate; ereditate; ~ *de travail* loc de muncă; *tenir* ~ *de* a ține loc de; *au* ~ *de* în loc să; *donner* ~ a da prilej; *en premier* ~ în primul rând.
lieu *sf.* leghe.
lieutenance *sf.* locotenență.
lieutenant *sm.* locotenent.
lièvre *sm.* iepure.
ligament *sm.* ligament.
ligature *sf.* ligatură.
lige *adj.* fidel, devotat.
lignage *sm.* rasă, neam.

ligne *sf.* linie; şir; undiţă; rand; *hors ~* excepţional.
lignée *sf.* neam, familie, descendenţă; filiaţie.
ligner *vt.* a linia.
ligneux, -euse *adj.* lemnos.
lignite *sm.* lignit.
ligoter *vt.* a lega fedeleş.
ligue *sf.* ligă.
liguer *vt.*, *vr.* a (se) uni într-o ligă.
lilas 1. *sm.* liliac; **2.** *adj.* liliachiu.
limace *sm.* melc.
limaçon *sm.* melc; *en ~* în spirală.
limaille *sf.* pilitură.
lime *sf.* pilă.
limer *vt.* a pili; a toci, a uza.
limier *sm.* copoi.
limitatif, -ive *adj.* limitativ.
limitation *sf.* limitare.
limite *sf.* limită, hotar; capăt.
limité, -e *adj.* limitat.
limiter *vt.* a limita.
limitrophe *adj.* limitrof, mărginaş.
limoger *vt.* a demite.
limon *sm.* noroi, mâl.
limonade *sf.* limonadă.
limoneux, -euse *adj.* plin de nămol, noroios.
limonier *sm.* lămâi.
limousine *sf.* limuzină.
limpide *adj.* clar, limpede, transparent.
limpidité *sf.* limpezime, claritate.
lin *sm.* in.
linceul *sm.* giulgiu.
linéaire *adj.* liniar.
linge *sm.* rufă, rufărie, albitură.
lingère *smf.* lenjereasă.
lingerie *sf.* lenjerie.
lingot *sm.* lingou.
linguiste *sm.* lingvist.
linguistique *adj.* lingvistic.
linoléum *sm.* linoleum.
lion, -onne *smf.* leu.
linonceau *sm.* pui de leu.
lippu, -e *adj.* buzat.
liquéfié, -e *adj.* lichefiat.
liquéfier *vt.*, *vr.* a (se) lichefia.
liqueur *sf.* lichior.
liquidateur *adj.*, *sm.* lichidator.
liquidation *sf.* lichidare.
liquide *adj.*, *sm.* lichid.
liquider *vt.* a lichida.
lire *vt.* a citi.
lis *sm.* crin.
lisible *adj.* citeţ, lizibil.
lisière *sf.* lizieră, margine.
lisse *adj.* neted.
lisser *vt.* a netezi.
liste *sf.* listă.
lit *sm.* pat; *faire le ~* a face patul; albie, fund; *~ de la mer* fund de mare; strat.
literie *sf.* aşternut de pat.
lithographie *sf.* litografie.
litographier *vt.* a litografia.
litière *sf.* paie, aşternut de paie; lectică.
litige *sm.* litigiu, neînţelegere.
litigeux, -euse *adj.* litigios.

litre *sm.* litru.
littéraire *adj.* literar.
littéral, -e *adj.* literal.
littéralement *adv.* literalmente.
littérature *sf.* literatură.
littoral *sm.* litoral, țărm.
liturgies *sf.* liturghie.
liturgique *adj.* liturgic.
livide *adj.* livid, foarte palid.
lividité *sf.* paloare, lividitate.
livrable *adj.* livrabil.
livraison *sf.* livrare.
livre *sm.* carte.
livrée *sf.* livrea.
livrer *vt.* a livra, a furniza, a preda mărfuri.
livresque *adj.* livresc.
livret *sm.* livret; libret.
livreur, -euse *smf.* persoana care livrează.
lobe *sm.* lob.
lobe, -e *adj.* lobat.
local, -e *adj.* local.
localement *adv.* local.
localization *sf.* localizare.
localizer *vt.* a localiza.
localité *sf.* localitate.
locataire *smf.* locatar, chiriaș.
locatif, -ive *adj.* locative.
location *sf.* închiriere, locație.
locomotion *sf.* locomoție.
locomotive *sf.* locomotivă.
locution *sf.* expresie, locuțiune.
logarithme *sm.* logaritm.
loge *sf.* lojă; colibă, cabană.
logement *sm.* locuință, casă, apartament.
loger **1.** *vt.* a găzdui, a adăposti; a așeza; **2.** *vi.* a locui; a da cu chirie.
logeur, -euse *smf.* persoană care dă în chirie.
locicien, -enne *smf.* logician.
logique **1.** *adj.* logic; **2.** *sf.* logică.
logis *sm.* locuință.
loi *sf.* lege, regulă; *faire la ~* a face legea; *homme de ~* jurist.
loin *adv.* departe; *au ~* în depărtare.
lointain, -e *adj.* îndepărtat.
loir *sm.* hârciog.
loisible *adj.* permis, îngăduit.
loisir *sm.* timp liber; *à ~* în tihnă.
lombago *sm.* lumbago.
lombaire *adj.* lombar.
long, longue *adj.* lung, de lungă durată; *~ de* cu lungimea de; *en savoir ~* a ști multe; *de ~ en large* în lung și în lat.
longanimité *sf.* răbdare mare.
longe *sf.* pripon.
longer *vt.* a merge de-a lungul.
longeron *sm.* lonjeron.
longévité *sf.* longevitate.
longitude *sf.* longitudine.
longitudinal, -e *adj.* longitudinal.
longtemps *adv.* multă vreme, timp îndelungat.
longuement *adv.* mult timp; în amănunt.
longuet, -ette *adj.* lunguieț.

L

longueur *sf.* lungime.
lopin *sm.* bucată.
loquace *adj.* vorbăreț, guraliv, limbut.
loquacité *sf.* limbuție.
loque *sf.* zdreanță.
loquat *sm.* clanță.
loqueteux, -euse *adj.* zdrențăros.
lorgner *vt.* a privi cu coada ochiului; a râvni în taină.
lorgnette *sf.* lornietă.
lorgnon *sm.* monoclu, lornion.
lors *adv.* atunci; *dès* ~ de atunci; ~ *de* cu ocazia.
lorsque *conj.* când.
losange *sm.* romb.
lot *sm.* lot, parcelă; loz; *le gros* ~ lozul cel mare.
loterie *sf.* loterie.
loti, -e *adj.* favorizat; *mal* ~ persecutat.
lotion *sf.* loțiune.
lotir *vt.* a lotiza, a parcela.
lotissement *sm.* împărțire în loturi.
loto *sm.* loto.
lotus *sm.* lotus, nufăr.
louable *adj.* lăudabil.
louage *sm.* închiriere.
louange *sf.* laudă, elogiu.
louageur, -euse *adj.*, *smf.* lăudător.
louche 1. *adj.* dubios, suspect; **2.** *sf.* polonic.
loucher *vi.* a privi sașiu.
loucheur, -euse *smf.* *(persoană)* sașie.
louer *vt.* a lăuda; a închiria.
loueur, -euse *smf.* persoană care dă cu chirie; lingușitor.
loup *sm.* lup.
loupe *sf.* lupă.
louper *vt.* a rata, a pierde.
loup-garou *sm.* vârcolac.
lourd, -e *adj.* greoi; greu; *poids* ~ categorie grea.
lourdaud, -e *smf.* persoană înceată.
lourdement *adv.* greu, greoi; grosolan.
lourderie *sf.* grosolănie.
lourdeur *sf.* greutate.
loustic *sm.* mucalit.
loutre *sf.* vidră.
louve *sf.* lupoaică.
louveteau *sm.* pui de lup.
loyal, -e *adj.* loial, cinstit, corect, fidel.
loyalement *adv.* cu loialitate.
loyauté *sf.* loialitate, cinste, fidelitate.
loyer *sm.* chirie.
lubie *sf.* capriciu, toană.
lubricité *sf.* lubricitate, desfrâu.
lubrifiant *adj.* lubrifiant.
lubrification *sf.* lubrifiere.
lubrifier *vt.* a lubrifia.
lubrique *adj.* venal.
lucarne *sf.* lucarnă.
lucide *adj.* lucid; conștient.
lucidement *adv.* cu luciditate.
lucidité *sf.* luciditate.
luciole *sf.* licurici.
lucratif, -ive *adj.* lucrativ; profitabil.

lueur *sf.* licărire.
luge *sf.* săniuță.
lugubre *adj.* lugubru, sinistru, de jale.
lugubrement *adv.* în mod lugubru.
lui *pron.* lui; ~ *même* el însuși.
luire *vi.* a luci; a licări.
luisant, -e 1. *adj.* lucitor, lucios; 2. *sm.* luciu.
lumière *sf.* lumină.
lumineux, -euse *adj.* luminos.
lunaire *adj.* referitor la lună; *sol* ~ sol lunar.
lunatique *adj.* capricios, ciudat, bizar, lunatic.
lundi *sm.* luni.
lune *sf.* lună; *claire de* ~ clar de lună; ~ *de miel* lună de miere; *pleine* ~ lună plină; *avoir des lunes* a avea toane.
lunetier, -ère *smf.* optician.
lunette *sf.* lunetă; *pl.* ochelari.
lustre *sm.* lustră; luciu.
lustrer *vt.* a lustrui.
luth *sm.* lăută.
luthier *sm.* lutier.
lutin, -e *adj.* vioi, zburdalnic.
lutiner *vt.* a tachina.
lutte *sf.* luptă; ~ *au couteau* luptă cu cuțitul; *de haute* ~ prin luptă grea.
lutter *vi.* a lupta, a combate; a rivaliza.
lutteur *sm.* luptător.
luxation *sf.* luxație.
luxe *sm.* lux, fast; abundență.
luxer *vt.* a luxa.
luxeusement *adv.* luxos.
luxeux, -euse *adj.* luxos, fastuos, bogat.
luxure *sf.* luxură, desfrânare.
luxuriant, -e *adj.* luxuriant, abundent.
luzerne *sf.* lucernă.
lycée *sm.* liceu.
lycéen, -enne *smf.* licean.
lymphatique *adj.* limfatic.
lynchage *sm.* linșaj.
lyncher *vt.* a linșa.
lynx *sm.* râs.
lyre *sf.* liră.
lyrique *adj.* liric.
lyrisme *sm.* lirism.
lys *sm.* crin.

M

maboul, -e *adj., smf. (pop.)* nebun, smintit.
macabre *adj.* macabru, lugubru.
macadam *sm.* macadam.
macaroni *sm.* macaroană.
macédoine *sf.* ghiveci de legume; salată de fructe.
macération *sf.* macerare.
macérer *vt.* a macera.
mâchefer *sm.* zgură.
mâcher *vt.* a mesteca.
machinal, -e *adj.* automat, mașinal.
machinalement *adv.* mașinal.
machination *sf.* mașinație.
machine *sf.* mașină; ~ *à écrire* mașină de scris; ~ *à laver* mașină de spălat.
machiner *vt.* a urzi, a unelti, a mașina.
machierie *sf.* mașinărie.
machiniste *sm.* mașinist.
mâchoire *sf.* falcă.
mâchonner *vt.* a mesteca încet, a molfăi.
mâchurrer *vt.* a mâzgâli.
maçon *sm.* zidar.
maçonner *vt.* a zidi.
maçonnerie *sf.* zidărie.
maculer *vt.* a păta, a murdări.
madame *sf.* doamnă.
mademoiselle *sf.* domnișoară.
madré, -e *adj.* șiret, viclean.
madrier *sm.* scândură groasă.
madrigal *sm.* madrigal.
mafflu, -e *adj.* bucălat.
magasin *sm.* magazin; depozit, magazie; *courir les magasins* a face cumpărături.
magasinage *sm.* magazinaj.
magasinier *sm.* magaziner.
magazine *sm.* revistă ilustrată.
mage *sm.* mag, astrolog, ghicitor.
magicien, -enne *smf.* magician, vrăjitor.
magie *sf.* magie, vrăjitorie; vrajă.
magique *adj.* magic.
magistral, -e *adj.* magistral, desăvârșit.
magistrat *sm.* magistrat; judecător.
magistrature *sf.* magistratură.
magnanime *adj.* mărinimos.
magnanimement *adv.* cu mărinimie.
magnanimité *sf.* mărinimie.
magnésie *sf.* magneziu.
magnétique *adj.* magnetic.
magnétisation *sf.* magnetizare.
magnétiser *vt.* a magnetiza.
magnétisme *sm.* magnetism.

magnétophone *sm.* magnetofon.
magnificence *sf.* măreție; fast; generozitate.
magnifier *vt.* a glorifica.
magnifique *adj.* magnific, măreț.
magnifiquement *adv.* cu măreție.
magot *sm.* (*fig.*) pocitanie; (*fam.*) bani la ciorap.
magnolia *sm.* magnolie.
mai *sm.* luna mai.
maigre 1. *adj.* slab; sărac; de post; *jours maigres* zile de post; **2.** *sm.* slab; *faire ~* a mânca de post.
maigrelet, -ette *adj.* slăbuț, plăpând.
maigrement *adv.* slab, puțin.
maigreur *sf.* slăbiciune.
maigrir *vi.*, *vt.* a slăbi.
maille *sf.* ochi *(la o plasă)*; za; *n'avoir ni sou ni ~* a nu avea o para chioară.
maillon *sm.* verigă.
maillot *sm.* scutec; tricou; costum de baie *(pentru femei)*; pruncie.
main *sf.* mână; *les cinq doigts de la ~* cele cinci degete de la mână; *avoir une belle ~* a fi în mână; *prêter la ~ à qqn.* a da o mână de ajutor cuiva; *en venir aux mains* a se încăiera; *en ~ propre* personal; *en un tour de ~* foarte repede; *faire la ~ basse* a șterpeli; *à pleines mains* cu generozitate.
main-d'œuvre *sf.* mână de lucru; manoperă.
maint, -e *adj.* mai mulți; *maintes fois* de multe ori.
maintenant *adv.* acum, în prezent.
maintenir 1. *vt.* a menține; a păstra; **2.** *vr.* a se menține.
maintien *sm.* ținută, atitudine; menținere.
maire *sm.* primar.
mairie *sf.* primărie.
mais *conj.* dar, însă; *~ si* ba da; *~ non* în nici un caz.
maïs *sm.* porumb.
maison *sf.* casă; familie; întreprindere; *~ de fous* ospiciu; *~ de retraite* azil de bătrâni.
maisonnette *sf.* căsuță.
maître, maîtresse 1. *sm.* stăpân; proprietar; maistru; avocat; profesor; **2.** *adj.* iscusit; principal; **3.** *sf.* iubită; *maître d'hôtel* ospătar șef.
maîtrise *sf.* stăpânire, autoritate; măiestrie.
maîtriser *vt.*, *vr.* a (se) stăpâni.
majesté *sf.* maiestate, măreție.
majestueusement *adv.* maiestuos, măreț.
majestueux, -euse *adj.* maiestuos, măreț.
majeur, -e 1. *adj.* major; mai mare; *en ~ partie* în cea mai mare parte; însemnat; **2.** *sm.* degetul cel mare.

major 1. *adj. invar.* major; *sergent ~* sergent major; **2.** *sm.* şef de promoţie.
majoration *sf.* majorare, mărire, sporire.
majorer *vt.* a majora, a spori, a mări.
majoritaire *adj.* majoritar.
majorité *sf.* majoritate.
majuscule *adj., sf.* majusculă.
mal 1. *sm.* rău; durere; boală; necaz; *faire du ~ à qqn* a face rău cuiva; *~ de mer* rău de mare; *avoir ~ au coeur* a avea greaţă; **2.** *adv.* rău; *se sentir ~* a se simţi rău; *de ~ en pis* din rău în rău; *être ~ à l'aise* a fi indispus.
malade *adj., smf.* bolnav.
maladie *sf.* boală.
maladif, -ive *adj.* bolnăvicios, maladiv.
maladresse *sf.* stângăcie; neîndemânare; gafă.
maladroit, -e *adj., smf.* stângaci, neîndemânatic.
maladroitement *adv.* cu stângăcie.
malaise *sm.* indispoziţie.
malaisé, -e *adj.* greu, dificil, anevoios; strâmtorat.
malaisément *adv.* cu greu, anevoie.
malandrin *sm.* bandit, pungaş.
malaria *sf.* malarie.
malavisé, -e *adj., smf.* nesocotit.
malaxer *vt.* a frământa, a malaxa.
malaxeur *sm.* malaxor.
malchanche *sf.* nenoroc, ghinion.
malchanceux, -euse *adj.* ghinionist.
mâle 1. *adj.* bărbătesc; **2.** *sm.* mascul.
malédiction *sf.* blestem; nenorocire, fatalitate.
maléfice *sm.* vrajă, farmec.
maléfique *adj.* malefic.
malencontreusement *adv.* printr-o întâmplare neplacută.
malencontreux, -euse *adj.* neplăcut.
malentendu *sm.* neînţelegere; dezacord.
malfaisant, -e *adj.* dăunător, vătămător.
malfaiteur, -trice *sm.* răufăcător, hoţ.
malfamé, -e *adj.* rău famat.
malgré *prep.* în ciuda, cu toate acestea; *~ que* deşi.
malhabile *adj.* neîndemânatic.
malheur *sm.* nenorocire, necaz; *par ~* din nenorocire.
malheureusement *adv.* din nefericire.
malheureux, -euse *smf., adj.* nenorocit, nefericit.
malhonnête *adj., smf.* necinstit.
malhonnêtement *adv.* necinstit.
malhonnêteté *sf.* necinste.

malice *sf.* malițiozitate, ironie; glumă răutăcioasă.
malicieuzement *adv.* cu răutate.
malicieux, -euse *adj.* malițios, ironic.
malignité *sf.* răutate.
malin, -igne 1. *adj.* răutăcios; malign; greu; 2. *sm.* viclean; diavol.
malingre *adj.* plăpând.
malle *sf.* valiză; cufăr, ladă.
malléabilité *sf.* maleabilitate.
malléable *adj.* maleabil.
mallette *sf.* cufăraș, valiză.
malmener *vt.* a brutaliza; a brusca; a critica.
malotru, -e *smf.* bădăran, grosolan.
malpropre *adj.* murdar; (*fig.*) imoral.
malsain, -e *adj.* nesănătos; periculos.
malséance *sf.* necuviință.
malséant, -e *adj.* neciviincios.
malt *sm.* malț.
maltraiter *vt.* a maltrata.
malveillance *sf.* rea-voință.
malveillant, -e *adj.*, *smf.* răuvoitor.
malversation *sf.* deturnare; delapidare.
maman *sf.* mamă.
mammelle *sf.* mamelă.
mamelon *sm.* sfârc.
mammaire *adj.* mamar.
mammifère *adj.*, *sm.* mamifer.
mammouth *sm.* mamut.
manant *sm.* mitocan.
manche 1. *sf.* mânecă; manșă; 2. *sm.* coadă, mâner.
manchette *sf.* manchetă.
manchon *sm.* manșon.
manchot, -e *adj.*, *smf.* ciung.
mandarine *sf.* mandarină.
mandarinier *sm.* mandarin.
mandat *sm.* mandat; ~ *d'arrêt* mandat de arestare; funcție.
mandataire *sm.* mandatar.
mander *vt.* a porunci; a comunica prin scrisoare.
mandibule *sf.* mandibulă, falcă.
mandoline *sf.* mandolină.
mandragore *sf.* mătrăgună.
manège *sm.* manej.
manette *sf.* manetă, pârghie.
manganèse *sm.* mangan.
mangeable *adj.* comestibil.
mangeoire *sf.* iesle.
manger 1. *vt.* a mânca; ~ *des yeux* a sorbi din ochi; *salle à ~* sufragerie; 2. *sm.* mâncare.
mangeur *smf.* mâncăcios; mâncător.
maniable *adj.* ușor de mânuit.
maniaque *adj.*, *smf.* maniac.
manicure *smf.* manichiurist.
manie *sf.* manie.
maniement *sm.* mânuire, manipulare.
manier *vt.* a mânui, a manipula.
manière *sf.* manieră, chip, fel; (*la pl.*) comportament, maniere; *de toute ~* oricum; *de ~ que* astfel încât.
maniéré, -e *adj.* manierat.

M

maniérisme *sm.* manierism.
manieur *sm.* mânuitor.
manifestant, -e *smf.* manifestant.
manifestation *sf.* manifestare.
manifeste 1. *sm.* manifest; **2.** *adj.* evident.
manifestement *adv.* evident, vădit.
manifester *vt.*, *vt.* a (se) manifesta.
manigace *sf.* vicleşug.
manigacer *vt.* a unelti, a urzi.
manipulateur *sm.* manipulator.
manipulation *sf.* manipulare.
manipuler *vt.* a manipula.
manivelle *sf.* manivelă.
manne *sf.* mană cerească.
mannequin *sm.* manechin.
manœuvre 1. *sf.* manevră; intrigă; **2.** *sm.* muncitor necalificat.
manœuvrer *vt.*, *vr.* a manevra.
manoir *sm.* conac; castel mic.
manomètre *sm.* manometru.
manouvrier, -ère *smf.* zilier.
manque *sm.* lipsă; *par ~ de* din lipsă de.
manqué, -e *adj.* ratat; nereuşit; pierdut.
manquer 1. *vi.* a greşi; a rata; a uita; a fi cât pe aci să; a nu avea; a lipsi; **2.** *vt.* a scăpa, a pierde; *~ le train* a pierde trenul.
mansarde *sf.* mansardă.
mansardé *adj.* mansardat.
manteau *sm.* palton, matou; manta.
manuel, -elle 1. *adj.* manual; *travail ~* lucru manual; **2.** *sm.* manual (şcolar).
manuellement *adv.* manual, de mână.
manufacture *sf.* manufactură.
manufacturer *vt.* a manufactura.
manufacturier, -ère 1. *adj.* manufacturier; **2.** *smf.* fabricant.
manuscrit, -e *adj.*, *sm.* manuscris.
manutention *sf.* administrare.
mappemonde *sf.* mapamond.
maquereu *sm.* scurmbie.
maquette *sf.* machetă.
maquignon *sm.* geambaş.
maquillage *sm.* machiaj.
maquiller *vt.*, *vr.* a (se) machia.
maquilleur, -euse *smf.* machior.
maquis *sm.* mărăciniş.
maraîcher, -ère *smf.* zarzavagiu.
marais *sm.* mlaştină.
marasme *sm.* istovire, slăbiciune.
marâtre *sf.* mamă vitregă.
marbre *sm.* marmură.
marbrer *vt.* a marmora.
marbrière *sf.* carieră de marmură.
marc *sm.* drojdie; zaţ.
marchand, -e 1. *smf.* comerciant, negistor; **2.** *adj.* comercial.
marchandage *sm.* tocmeală.

marchander *vt.*, *vr.* a (se) tocmi.
marche *sf.* mers; marş; treaptă; drum; *se mettre en ~* a se porni la drum.
marché *sm.* piaţă, târg; afacere, cumpărătură; *bon ~* ieftin.
marchepied *sm.* scară dublă; treaptă.
marcher *vi.* a merge, a umbla, a înainta.
marcotte *sf.* butaş.
marcotter *vt.* a butăşi.
mardi *sm.* marţi.
mare *sf.* baltă, băltoacă.
marécage *sm.* mlaştină.
marécageux, -euse *adj.* mlăştinos.
maréchal *sm.* mareşal; *~ ferrant* potcovar.
marée *sf.* maree.
marelle *sf.* şotron; ţintar.
mareyeur, -euse *sm.* comerciant de peşte de mare.
margarine *sf.* margarină.
marge *sf.* margine.
marginal, -e *adj.* marginal.
marguerite *sf.* margaretă.
mari *sm.* soţ, bărbat.
mariage *sm.* căsătorie.
marié, -e *adj.*, *smf.* căsătorit.
marier 1. *vt.* a căsători; a uni; a potrivi; **2.** a se căsători.
marieur, -euse *adj.*, *smf.* peţitor.
marin, -e 1. *adj.* marin; **2.** *sm.* marinar.
marinade *sf.* marinată.
marinage *sm.* marinare.
marine *sf.* marină; peisaj marin.
mariner *vt.*, *vi.* a marina.
marionnette *sf.* marionetă.
marital, -e *adj.* marital.
maritime *adj.* maritim.
marjolaine *sf.* măghiran.
marmelade *sf.* marmeladă.
marmite *sf.* oală; *faire bouillir la ~* a aduce bani în casă.
marmonner *vt.*, *vi.* a bombăni.
marmot *sm.* puşti.
marmotter *vt.* a mormăi.
marne *sf.* marnă.
maroquin *sm.* marochin.
maroquinerie *sf.* marochinărie.
marotte *sf.* maine, idee fixă.
marquage *sm.* marcaj.
marquant, -e *adj.* marcant, de vază, important.
marque *sf.* marcă; semn, urmă; distincţie.
marqué, -e *adj.* marcat, pronunţat, accentuat; ciupit.
marquer 1. *vt.* a marca, a însemna; a arăta; a înfiera; **2.** a se distinge.
marqueter *vt.* a împestriţa.
marqueterie *sf.* marchetărie.
marquis, -e *smf.* marchiz.
marquise *sf.* *(constr.)* marchiză.
marraine *sf.* naşă.
marri, -e *adj.* supărat.
marron 1. *sm.* castană; **2.** *adj.* *invar.* cafeniu, maro.
marronnier *sm.* castan.
mars *sm.* martie.

marsupial, -e *adj.*, *smf.* marsupial.
marteau *sm.* ciocan.
marteler *vt.* a ciocăni; a accentua un sunet.
martial, -e *adj.* marțial.
martre *sf.* jder.
martyr, -e *smf.* martir.
martyriser *vt.* a martiriza.
marxisme *sm.* marxism.
marxiste *adj.*, *smf.* marxist.
mascarade *sf.* mascaradă.
mascotte *sf.* mascotă.
masculin, -e *adj.* masculin.
masculinité *sf.* masculinitate.
masque *sm.* mască.
masquer *vt.* a masca, a ascunde.
massacrant, -e *adj.* posac, prost dispus.
massacre *sm.* masacru.
massacrer *vt.* a masacra, a măcelări.
massacreur *sm.* ucigaș.
massage *sm.* masaj.
masse *sf.* masă; *en* ~ în masă.
massepain *sm.* marțipan.
masser *vt.*, *vr.* a (se) îngrămădi, a (se) masa.
masseur, -euse *smf.* masor.
massif, -ive 1. *adj.* masiv, greu; *or* ~ aur masiv; **2.** *sm.* masiv muntos.
massivement *adv.* masiv, în cantitate mare.
massiveté *sf.* masivitate.
massue *sf.* maciucă, ghioagă; *coup de* ~ lovitură de măciucă.
mastication *sf.* mestecare.
mastic *sm.* mastic, chit.
mastiquer *vt.* a mesteca.
mastoc *adj.* greoi.
mastodonte *sm.* mastodont.
masure *sf.* colibă, cocioabă.
mat, -e *adj.* mat, fără luciu; *faire qqn. échec et* ~ a face șah-mat pe cineva.
mât *sm.* catarg.
matamore *sm.* fanfaron, lăudăros.
match *sm.* meci.
matelas *sm.* saltea.
matelasser *vt.* a matlasa; a capitona.
matelot *sm.* marinar, matelot.
mater *vt.* a face șah-mat.
materialization *sf.* materializare.
matérialiser *vt.* a materializa.
matérialisme *sm.* materialism.
matérialiste *smf.*, *adj.* materialist.
matérialité *sf.* materialitate.
matériaux *sm. pl.* materiale *(de construcție)*.
matériel, -elle *adj.*, *sm.* material; *preuves matérielles* probe materiale.
matériellement *adv.* efectiv, din punct de vedere material, concret.
maternel, -elle *adj.* matern; dinspre mamă; *langue* ~ limbă maternă; *école* ~ grădiniță.
maternellement *adv.* matern, ca o mamă.

maternité *sf.* maternitate.
mathématicien, -enne *smf.* matematician.
mathématique 1. *adj.* matematic; **2.** *sf.* matematică.
mathématiquement *adv.* matematic, exact.
matière *sf.* materie, substanță; disciplină de studio, materie; *~ première* materie primă.
matin *sm.* dimineață; *une beau ~* într-o bună dimineață.
mâtin *sm.* dulău.
matinal, -e *adj.* matinal.
mâtiné, -e *adj.* corcit.
matinée *sf.* dimineață; *faire la grasse ~* a dormi până târziu.
matois, -e *adj.*, *smf.* șiret.
matou *sm.* motan.
matraque *sf.* măciucă, bâtă.
matriarcat *sm.* matriarhat.
matrice *sf.* matriță.
matricule 1. *sf.* matricolă, registru; **2.** *adj.* matricol; **3.** *sm.* număr matricol.
matriculer *vt.* a în matricula.
matrimonial, -e *adj.* matrimonial.
matrone *sf.* matroană.
maturation *sf.* coacere.
maturité *sf.* maturitate, coacere.
maudire *vt.* a blestema.
maudissable *adj.* condamnabil.
maudit, -e *adj.* blestemat, rău.
mauresque *adj.* maur, arăbesc.
mausolée *sm.* mausoleu.
maussade *adj.* morocănos; plictisitor.
maussaderie *sf.* proastă dispoziție.
mauvais, -e 1. *adj.* prost; nepriceput; **2.** *adv.* *il fait mauvais* este vreme urâtă.
mauve *adj.* mov, liliachiu.
maxillaire *adj. sm.* maxilar.
maxime *sf.* maximă, precept.
maximum 1. *sm.* maximum, *au ~* la maximum; **2.** *adj.* maxim.
mayonnaise *sf.* maioneză.
mazahran *sm.* mazagran.
mazette *sf.* gloabă.
mazout *sf.* motorină; țiței; păcură.
me *pron. pers.* pe mine, mă, mie, îmi.
méandre *sm.* meandru.
mécanicien, -enne *smf.* mecanic.
mécanique 1. *adj.* mecanic; **2.** *sf.* mecanică.
mécaniquement *adv.* mecanic, automat.
mécanisation *sf.* mecanizare.
mécaniser *vt.* a mecaniza.
mécanisme *sm.* mecanism.
mécaniste *adj.* mecanicist.
méchamment *adv.* cu răutate.
méchanceté *sf.* răutate.
méchant, -e 1. *adj.* rău, răutăcios; mediocru; neplăcut; **2.** *smf.* persoană rea; *faire le ~* a se înfuria.

mèche *sf.* fitil, feştilă; meşă; şuviţă de păr.
mécompte *sm.* eroare, greşeală; decepţie.
méconnaissable *adj.* de nerecunoscut.
méconnaissance *sf.* necunoaştere, ignorare.
méconnaître *vt.* a nu cunoaşte; a nu recunoaşte.
méconnu, -e *adj.* nerecunoscut, neapreciat.
mécontent, -e *adj.* nemulţumit.
mécontentement *sm.* nemulţumire.

M

mécontenter *vt.* a nemulţumi.
mécréant, -e *adj., smf.* necredincios.
médaille *sf.* medalie.
médaillé, -e *adj., smf.* medaliat.
médailler *vt.* a medalia, a decora.
médallion *sm.* medalion.
médecin *sm.* medic, doctor.
médicine *sf.* medicină; remediu.
médial, -e *adj.* medial.
médian, -e *adj.* de mijloc.
médiat, -e *adj.* mediat, mijlocit.
médiateur, -trice *smf.* mediator, mijlocitor.
médiation *sf.* mediere, mijlocire.
médical, -e *adj.* medical.
médicament *sm.* medicament.
médicamenter 1. *vi.* a da medicamente; **2.** *vr.* a lua medicamente.
médicamenteux, -euse *adj.* medicamentos.
médicinal, -e *adj.* medicinal.
médiéval, -e *adj.* medieval.
médiocre *adj., smf.* mediocru.
médiocrement *adv.* mediocru, destul de puţin, slab.
médiocrité *sf.* mediocritate.
médire *vi.* a bârfi, a vorbi de rău.
médisance *sf.* bâfeală, clevetire; denigrare.
médisant, -e *adj.* bârfitor, detractor, clevetitor.
méditatif, -ive *adj.* meditativ, visător.
méditation *sf.* meditare; meditaţie.
méditer *vt., vi.* a gândi, a medita, a reflecta.
méditerranéen, -enne *adj.* mediteranean.
médius *sm.* degetul mijlociu.
méduse *sf.* meduză.
méduser *vt.* a stupefia, a ului.
méfait *sf.* faptă rea, prejudiciu.
méfiance *sf.* neîncredere, bănuială.
méfiant, -e *adj.* bănuitor, suspicios.
méfier *vr.* a nu avea încredere.
mégalomane *adj., smf.* megaloman.
mégalomanie *sf.* megalomanie.

mégarde *sf.* neatenție; *par ~* din neatenție.
mégir *vt.* a argăsi.
mégisser *sm.* argăsitor.
mégot *sm.* chiștoc.
meilleur, -e *adj.* mai bun; *le ~* cel mai bun.
méjuger *vt.* a judeca greșit.
mélancolie *sf.* melancolie, tristețe.
mélancolique *adj.* melancolic.
mélancoliquement *adv.* cu melancolie.
mélange *sm.* amestec, amestecare.
mélanger *vt.* a amesteca.
mélasse *sf.* melasă.
mêlée *sf.* încăierare, învălmășeală.
mêler *vt.*, *vr.* a (se) amesteca.
mélodie *sf.* melodie.
mélodieusement *adv.* melodios.
mélodieux, -euse *adj.* melodios.
mélodique *adj.* melodic, armonios.
mélodramatique *adj.* melodramatic.
mélodrame *sm.* melodramă.
mélomane *adj. smf.* meloman.
melon *sm.* pepene galben.
membrane *sf.* membrană.
membraneux, -euse *adj.* membranos.
membre *sm.* membru.
même 1. *adj.* același; însuși; **2.** *adv.* chiar; chiar și; tot așa; *à ~* direct din; *de ~ que* ca și; *de ~* la fel; *à ~* de în situația.
mémento *sm.* memento.
mémoire 1. *sf.* memorie; **2.** *sm.* memoriu.
mémorable *adj.* memorabil.
mémorablement *adv.* memorabil.
mémorandum *sm.* memorandum.
mémorial *sm.* memorial.
mémorialiste *sm.* memorialist.
mémorisation *sf.* memorizare.
mémoriser *vt.* a memoriza.
menaçant, -e *adj.* amenințător.
menace *sf.* amenințare.
menacer *vt.* a amenința.
ménage *sm.* gospodărie, menaj; familie.
management *sm.* menajament.
ménager 1. *vt.* a menaja, a cruța; a procura; a pregăti, a înlesni; **2.** *vr.* a se menaja, a se cruța.
ménager, -ère 1. *adj.* casnic, menajer; **2.** *sf.* menajeră.
ménagerie *sf.* menajerie.
mendiant, -e *smf.* cerșetor.
mendicité *sf.* cerșetorie.
mendier *vi.*, *vt.* a cerși.
menée *sf.* uneltire.
mener *vt.* a conduce; a duce; a mâna.
meneur, -euse *smf.* conducător, căpetenie, șef.
méninge *sf.* meninge.
méningite *sf.* meningită.
menotte *sf.* mânuță; *pl.* cătușe.

M

menotter *vt.* a pune cătuşe.
mensonge *sm.* minciună.
mensonger, -ère *adj.* mincions.
menstruation *sf.* menstruaţie.
mensualité *sf.* rată lunară.
mensuel, -elle *adj.* lunar.
mensuellement *adv.* lunar.
mensurable *adj.* măsurabil.
mental, -e *adj.* mintal.
mentalement *adv.* în minte.
mentalité *sf.* mentalitate.
menteur, -euse *adj., smf.* mincinos.
menthe *sf.* mentă.
menthol *sm.* mentol.
mentholé, -e *adj.* mentolat.
mention *sf.* menţiune; menţionare.
mentionner *vt.* a menţiona.
mentir *vi.* a minţi.
menton *sm.* bărbie.
mentor *sm.* mentor.
menu, -e 1. *adj.* mic; mărunt; subţire; **2.** *adv.* mărunt; **3.** *sm.* meniu, listă de bucate.
menuet *sm.* menuet.
menuiserie *sf.* tâmplărie.
menuisier *sm.* tâmplar.
méphitique *adj.* împuţit.
méplat, -e *adj.* inegal ca grosime.
méprendre *vr.* a se înşela.
mépris *sm.* dispreţ.
méprisable *adj.* de dispreţuit.
méprisant, -e *adj.* dispreţuitor.
méprise *sf.* eroare, greşeală.
mériser *vt.* a dispreţui.
mer *sf.* mare; *la pleine ~* în largul mării.
mercenaire *adj., smf.* mercenar.
mercerie *sf.* mercerie.
merci 1. *interj.* mulţumesc; **2.** *sm.* mulţumire; **3.** *sf.* milă, graţie; *être à la ~ de qqn.* a fi la mila cuiva.
mercier, -ère *smf.* negustor de mercerie.
mercredi *sm.* miercuri.
mercure *sm.* mercur.
merde *sf.* excrement.
mère *sf.* mamă.
méridien *sm.* meridian.
méridional, -e *adj., smf.* meridional, sudic.
mérinos *smf.* merinos.
mérite *sm.* merit.
mériter *vt.* a merita.
méritoire *adj.* meritoriu.
merle *sm.* merlă.
merveille *sf.* minune; *à ~* de minune.
merveilleusement *adv.* minunat.
merveilleux, -euse 1. *adj.* minunat, admirabil; **2.** *sm.* miraculosul.
mésalliance *sf.* mezalianţă.
mésange *sf.* piţigoi.
mésaventure *sf.* accident, întâmplare neplăcută.
mésestimer *vt.* a subaprecia.
mesquin, -e *adj.* meschin, zgârcit; mic, neînsemnat.
mesquinerie *sf.* meschinărie.

message *sm.* mesaj, comunicare.
messager, -ère *smf.* mesager.
messagerie *sf.* mesagerie.
messe *sf.* slujbă religioasă.
mesurable *adj.* care se poate măsura.
mesure *sf.* măsurare; măsură; *outre* ~ peste măsură; *en ~ que* pe măsură ce; *dans la ~ où* în măsura în care.
mesuré, -e *adj.* măsurat; cumpătat.
mesurer *vt.*, *vr.* a (se) măsura.
métal *sm.* metal.
métallique *adj.* metalic.
métalliser *vt.* a metaliza.
métallurgie *sf.* metalurgie.
métallurgiste *adj.*, *sm.* metalurgist.
métamorphose *sf.* metamorfoză.
métamorphoser *vt.*, *vr.* a (se) transforma, a (se) metamorfoza.
métaphore *sf.* metaforă.
métaphorique *adj.* metaforic.
métaphysique *sf.* metafizică.
métatarse *sm.* metatars.
métayage *sm.* arendare.
métayer, -ère *smf.* arendaș.
météore *sm.* meteor.
météorique *adj.* meteoric.
météorologie *sf.* meteorologie.
météorologique *adj.* meteorologic.
météorologue *sm.* meteorolog.
méthane *sm.* metan.
méthode *sf.* metodă.
méthodique *adj.* metodic.
méthodiquement *adv.* metodic.
méticuleusement *adv.* cu meticulozitate.
méticuleux, -euse *adj.* meticulos.
méticulosité *sf.* meticulozitate.
métier *sm.* meserie, profesie; meșteșug.
métis, -sse *adj.*, *smf.* metis.
métisser *vt.* a corci.
métrage *sm.* metraj.
mètre *sm.* metru.
métrique *adj.* metric.
métro *sm.* metrou.
métrologie *sf.* metrologie.
metronome *sm.* metronome.
métropole *sf.* metropolă.
métropolitain, -e 1. *adj.* metropolitan; arhiepiscopal; **2.** *sm.* arhiepiscop; metrou.
métropolite *sm.* mitropolit.
mets *sm.* fel se mâncare.
metteur, -euse *sm.* ~ en scène regizor.
mettre 1. *vt.* a pune, a așeza; a introduce; ~ *au monde* a naște; ~ *le feu* a da foc; **2.** *vr.* a se așeza; a se pune; *se ~ à table* a se așeza la masă; *se ~ à l'abri* a se pune la adăpost.
meuble *sm.* mobilă.
meublé *adj.* mobilat.
meubler *vt.* a mobile.
meugler *vi.* a mugi.

M

meuglement *sm.* muget.
meule *sf.* piatră de moară; căpiță de fân.
meulerie *sf.* tocilărie.
meunerie *sf.* morărit.
meunier, -ère *smf.* morar.
meurtre *sm.* crimă, asasinat, omor.
meurtrier, -ère 1. *smf.* ucigaș, criminal; 2. *adj.* ucigător, distructiv.
meurtrir *vt.* a provoca vânătăi.
meurtrissure *sf.* vânătaie.
meute *sf.* haită, ceată.
mezzanine *sf.* mezanin.
mi *adv.* jumătate.
M
miasme *sm.* miasmă, duhoare.
miaulement *sm.* mieunat.
miauler *vi.* a mieuna.
miche *sf.* pâine rotundă.
microbe *sm.* microb.
microbien, -enne *adj.* microbian.
microbiologie *sf.* microbiologie.
microbiologiste *smf.* microbiolog.
microcosme *sm.* microcosmos.
micron *sm.* micron.
microphone *sm.* microfon.
microscope *sm.* microscop.
microscopique *adj.* microscopic.
midi *sm.* amiază, ora prânzului; sud; țările din sud.
mie *sf.* miez *(de pâine).*
miel *sm.* miere.
mielleux, -euse *adj.* ca mierea; mieros, ipocrit.
mien, -enne 1. *pron. pos.* al meu; 2. *sm. pl.* ai mei, rudele, familia mea.
miette *sf.* firimitură; rest.
mieux 1. *adv.* mai bine; 2. *sm.* mai binele; cel mai bun; *faute de* ~ în lipsă de altceva mai bun; *tant* ~ cu atât mai bine; *pour le* ~ cât mai bine.
mignard, -e 1. *adj.* drăgălaș; 2. *sm.* drăgălășenie.
mignarder *vt.* a răsfăța, a alinta.
mignon, -onne *adj., smf.* drăguț, frumos.
mignoter *vt.* a alinta, a cocoloși.
migraine *sf.* migrenă.
migrateur, -trice *adj.* migrator.
migration *sf.* migrație.
migratoire *adj.* migrator.
mil *adj.* o mie *(pentru date).*
milan *sm.* uliu.
milieu *sm.* mijloc; mediu; *au* ~ *de* în mijlocul.
militaire *adj, sm.* militar.
militairement *adj.* militărește.
militant, -e *adj., smf.* militant; activist.
militarisation *sf.* militarizare.
militariser *vt.* a militariza.
militarisme *sm.* militarism.
militer *vi.* a milita, a lupta.
mille 1. *num. card.* mie; 2. *sm.* milă.
millénaire *adj.* milenar.
mille-pattes *sm.* miriapod.

millet *sm.* mei.
milliard *sm.* miliard.
milliardaire *sm.* miliardar.
millième 1. *num. ord.* al miilea; **2.** *sm.* miime.
millier *sm.* vreo mie.
milligramme *sm.* milligram.
millilitre *sm.* mililitru.
millimeter *sm.* milimetru.
million *sm.* million.
millionaire *sm.* milionar.
mime *sm.* mim.
mimer *vt., vi.* a mima.
mimétisme *sm.* mimetism.
mimique *sf.* mimică.
mimosa *sm.* mimoză.
minauder *vi.* a se fandosi.
minauderie *sf.* fandoseală.
mince *adj.* subțire; svelt.
minceur *sf.* subțirime.
mine *sf.* mină, fizionomie; zăcământ; mină *(de creion)*; mină *(explozivă)*; *avoir bonne ~* a arăta bine.
miner *vt.* a mina; a distruge progresiv; a ruina.
minerai *sm.* minereu.
minéral, -e *adj.* mineral.
minéalogie *sf.* mineralogie.
minet, -te *smf.* pisoi.
mineur, -euse 1. *adj.* minor; de mică importanță; **2.** *sm.* miner; minor.
miniature *sf.* miniatură.
miniaturiste *sm.* miniaturist.
minier, -ère *adj.* minier.
minimal, -e *adj.* minimal, minim.
minime *adj.* neînsemnat.
minimiser *vt.* a minimaliza.
minimum 1. *sm.* minimum; *au ~* cel puțin; **2.** *adj.* minim.
ministère *sm.* minister.
ministerial, -elle *adj.* ministerial.
minister *sm.* ministru.
minorité *sf.* minoritate.
minuit *sm.* miezul nopții.
minuscule 1. *adj.* minuscul; **2.** *sf.* literă mică.
minute *sf.* minut; minută.
minuter *vt.* a cronometra; a întocmi o minută.
minutie *sf.* migală, minuțiozitate.
minutieusement *adv.* cu minuțiozitate, migălos.
minutieux, -euse *adj.* minuțios, meticulos.
mirabelle *sf.* corcoduşă.
miracle *sm.* miracol, minune; *par ~* ca prin minune.
miraculeusement *adv.* miraculous.
miraculeux, -euse *adj.* miraculous.
mirage *sm.* iluzie, himeră, miraj.
mire *sf.* mină; cătare.
mirer 1. *vt.* a ochi, a ținti; **2.** a se privi; a se admira.
mirifiqe *adj.* uimitor.
miroir *sm.* oglindă.
miroitant, -e *adj.* lucios, scânteietor.

miroitement *sm.* sclipire, scânteiere.
miroiter *vt.* a scânteia.
misanthrope *adj.*, *smf.* mizantrop.
misanthropie *sf.* mizantropie.
mise *sf.* miză; punere; îmbrăcăminte; ~ *en* bouteille îmbuteliere; ~ *à la retraite* pensionare.
miser *vt.* a miza; a sconta.
miséable 1. *adj.* jalnic, lamentabil; fără valoare; **2.** *smf.* ticălos, mizerabil.
misérablement *adv.* jalnic, mizerabil.
misère *sf.* sărăcie, mizerie; nenorocire.
misérieux, -euse *adj.*, *smf.* sărman, nenorocit.
miséricorde *sf.* iertare, clemență.
miséricordieux, -euse *adj.* îndurător, iertător.
mission *sf.* misiune.
missionaire *sm.* misionar.
missive *sf.* misivă, scrisoare.
mistral *sm.* mistral.
mitaine *sf.* mănușă fără degete.
mite *sf.* molie.
mi-temps *sf.* repriză.
mitigé, -e *adj.* ușurat, slăbit.
mitiger *vt.* a îndulci, a ușura.
mitoyen, -enne *adj.* mijlociu; *mur* ~ zid despărțitor.
mitrailler *vt.* a mitralia.
mitrailleur *sm.* mitralior.
mitrailleuse *sf.* mitralieră.
mitre *sf.* mitră.
mi-voix *loc. adv. à* ~ cu glas scăzut.
mixte *adj.* mixt.
mixtion *sf.* amestec, mixtură.
mixture *sf.* mixtură, amestec.
mobile 1. *adj.* mobil; vioi; **2.** *sm.* mobil, motiv, cauză.
mobilier, -ère 1. *adj.* mobiliar; **2.** *sm.* mobilier.
mobilisable *adj.* mobilizabil.
mobilisation *sf.* mobilizare.
mobiliser *vt.* a mobiliza.
mobilité *sf.* mobilitate.
moche *adj.* urât.
modalité *sf.* modalitate, posibilitate.
mode 1. *sf.* modă; fel, manieră; **2.** *sm.* mod verbal.
modelage *sm.* modelare.
modèle *sm.*, *adj.* model.
modeler *vt.*, *vr.* a (se) modela.
modérateur, -trice *smf.*, *adj.* moderator.
modération *sf.* moderație, cumpătare; reducere.
modéré, -e *adj.* moderat, cumpătat.
modérément *adv.* cu moderație.
modérer *vt.*, *vr.* a (se) modera.
moderne *adj.* modern.
modernisation *sf.* modernizare.
moderniser *vt.*, *vr.* a (se) moderniza.
modernisme *sm.* modernism.
moderniste *sm.* modernist.

modeste *adj.* modest; simplu.
modestement *adv.* cu modestie.
modicité *sf.* lipsă de valoare.
modifiable *adj.* modificabil.
modificateur, -trice *adj.* modificator.
modification *sf.* modificare.
modifier *vt.*, *vr.* a (se) modifica.
modique *adj.* modic.
modiste *sf.* modistă.
modulation *sf.* modulație.
module *sm.* modul.
moduler *vt.* a modula.
mœlle *sf.* măduvă.
mœlleux, -euse *adj.* moale.
mœurs *sf. pl.* moravuri, obiceiuri.
moi **1.** *pron. pers.* eu, mie, pe mine, mă; *chez ~* la mine; *à ~!* ajutor!; **2.** *sm.* eu.
moignon *sm.* ciot.
moindre *adj.* mai mic; *le ~* cel mai mic.
moine *sm.* călugăr.
moineau *sm.* vrabie.
moins **1.** *adv.* mai puțin; *le ~* cel mai puțin; *au ~* cel puțin; *pour le ~* cel puțin; *à ~ de* doar dacă nu; **2.** *sm.* cel mai mic; minus; **3.** *prep.* fără.
mois *sm.* lună, salariu pe o lună.
moisi, -e **1.** *adj.* mucegăit; **2.** *sm.* mucegai.
moisir *vt.*, *vi.* a (se) mucegăi; a (se) acoperi de mucegai.
moissisure *sf.* mucegăire; mucegai.
moisson *sf.* seceriș; recoltă.
moissoner *vt.* a secera; a recolta.
moissoneur, -euse **1.** *smf.* secerătoare; **2.** *sf.* secerătoare *(mașina).*
moissonneuse-batteuse *sf.* combină.
moite *adj.* jilav.
moitié *sf.* jumătate; *à ~* pe jumătate.
molaire *sf.* măsea.
mole *sm.* dig.
moléculaire *adj.* molecular.
molecule *sf.* moleculă.
molestation *sf.* molestare.
molester *vt.* a molesta.
mollement *adv.* domol, lent.
molletière *sf.* moletieră.
molleton *sm.* molton.
mollir *vi.* a se muia; a se liniști.
mollusque *sm.* moluscă.
molosse *sm.* dulău.
moment *sm.* moment, clipă; *au ~ de* în clipa când; *par moments* din când în când; *dans un ~* imediat.
momentané, -e *adj.* momentan.
momentanément *adv.* momentan.
momie *sf.* mumie.
momification *sf.* mumificare.
momifier **1.** *vt.* a mumifica; **2.** *vr.* a se mumifica.
mon, ma *adj. pos.* al meu.

M

monacal, -e *adj.* monahal, călugăresc.
monarchie *sf.* monarhie.
monarque *sm.* monarh.
monastère *sm.* mănăstire.
monastique *adj.* monastic, călugăresc.
monceau *sm.* morman, maldăr.
mondain, -e *adj.*, *smf.* monden.
mondanité *sf.* mondanitate.
monde *sm.* lume; *mettre au ~* a da naștere; *venir au ~* a se naște; univers; glob, pământ.
monder *vt.* a curăța.
mondial, -e *adj.* mondial.
monétaire *adj.* monetar.
M
moniteur, -trice *smf.* monitor; instructor.
monnaie *sf.* monedă.
monnayer *vt.* a comercializa; a ștanța monezi.
monnayeur *adj.*, *sm.* lucrător la monetărie; *faux ~* falsificator de bani.
monocle *sm.* monocle.
monogamie *sf.* monoganie.
monogramme *sm.* monogramă.
monographie *sf.* monografie.
monographique *adj.* monographic.
monolithe *sm.* monolit.
monologue *sm.* monolog.
monologuer *vi.* a monologa.
monomer *sm.* monom.
monopole *sm.* monopol.
monopoleur *sm.* monopolist.
monopoliser *vt.* a monopoliza.
monosyllabique *adj.* monosilabic.
monothéisme *sm.* monotheism.
monothéiste *adj.*, *smf.* monoteist.
monotone *adj.* monoton, plictisitor.
monotonie *sf.* monotonie, plictiseală.
monseigneur *sm.* monsenior.
monsieur *sm.* domn.
monster *sm.* monstru.
monstrueusement *adv.* monstrous.
monstrueux, -euse *adj.* monstrous, groaznic.
monstruosité *sf.* monstruozitate.
mont *sm.* munte; *par monts et par vaux* peste tot.
montage *sm.* montare, montaj; ridicare, urcare.
montagnard, -e *adj.*, *smf.* muntean.
montagne *sf.* munte.
montagneux, -euse *adj.* muntos.
montant, -e *adj.* care urcă, urcător.
montant *sm.* sumă, total.
monte *sf.* încălecare; montă.
monté, -e *adj.* călare; montat; aprovizionat.
montée *sf.* urcuș; urcare; creștere.
monter 1. *vi.* a se urca; a crește; a se scumpi; **2.** *vt.* a urca, a sui;

a monta; a pregăti; ~ *la garde* a păzi; **3.** *vr.* a se urca; *se ~ la tête* a se înfuria.
monteur, -euse *smf.* montor, montator.
monticule *sf.* măgură, munte mic; grămadă.
montre *sf.* ceas; *faire ~ de* a da dovadă de.
montrer 1. *vt.* a arăta; a indica; a da dovadă; **2.** *vr.* a se arăta, a apărea.
monture *sf.* montură.
monument *sm.* monument.
monumental, -e *adj.* monumental.
moquer *vr.* a râde de, a lua în râs; *se ~ de qqn* a râde de cineva; a nu se sinchisi de.
moquerie *sf.* batjocură, zeflemea.
moquette *sf.* mochetă.
moqueur, -euse *adj., smf.* batjocoritor, ironic.
moqueusement *adv.* batjocoritor.
moral, -e 1. *adj., sm.* moral; **2.** *sf.* morală, dojană; etică.
moralement *adv.* din punct de vedere moral.
moralisateur, -trice *adj.* moralizator.
moralizer *vt.* a face morală.
moraliste *sm.* moralist.
moralité *sf.* moralitate.
moratoire *sm.* moratoriu.
morbide *adj.* morbid, nesănătos.
morbidité *sf.* morbiditate.
morbleu *interj.* la naiba!
morceau *sm.* bucată, parte; *un ~ de pain* o bucată de pâine; fragment dintr-o operă; partitură.
morceler *vt.* a porționa, a face bucăți, a diviza.
morcellement *sm.* divizare, fragmentare, îmbucătățire.
mordant, -e 1. *adj.* mușcător, caustic; **2.** *sm.* tăiș; energie, vivacitate.
mordiller *vt.* a mușca ușor.
mordre 1. *vt.* a mușca; a înțepa; **2.** *vi.* a mușca, a se prinde; **3.** *vr.* a-și mușca; *se ~ les doigts* a-și mușca degetele.
morgue *sf.* morgă, trufie, aroganță; morgă.
moribund, -onde *adj., smf.* muribund.
moricaud, -e *adj., smf.* mulatru, negru; oacheș.
morigéner *vt.* a mustra, a dojeni.
morne *adj.* trist, abătut, mohorât.
morose *adj.* morocănos.
morphine *sf.* morfină.
morphinomane *adj., smf.* morfinoman.
morphologie *sf.* morfologie.
morphologique *adj.* morphologic.
mors *sm.* zăbală.
morse *sm.* morsă; alfabetul morse.
morsure *sf.* mușcătură.

mort *sf.* moarte; *se donner la ~* a se sinucide.
mort, -e *adj., smf.* mort.
mortadelle *sf.* mortadelă.
mortaise *sf.* gaura zăvorului.
mortalité *sf.* mortalitate.
mortel, -elle 1. *smf.* muritor; **2.** *adj.* mortal.
mortellement *adv.* mortal.
mortier *sm.* mortar; mortier; piuliță.
mortifiant, -e *adj.* umilitor, jignitor.
mortifier *vt.* a umili, a jigni.
mortuaire *adj.* mortuar, funebru.
morue *sf.* morun.
morve *sf.* răpciugă; muci.
morveux, euse mucos.
mosaïque 1. *sf.* mozaic; **2.** *adj.* de rit mozaic.
mosquée *sf.* moschee.
mot *sm.* cuvânt, vorbă; scrisoare; *sans ~ dire* fără a scoate un cuvânt; *~ d'ordre* lozincă; *~ à ~* cuvânt cu cuvânt.
moteur, -trice 1. *adj.* motrice; **2.** *sm.* motor.
motif *sm.* motiv, cauză; temă, motiv.
motion *sf.* moțiune.
motilité *sf.* motilitate.
motiver *vt.* a motiva, a explica.
motocyclette *sf.* motocicletă.
motorisation *sf.* motorizare.
motoriser *vt.* a motoriza.
motte *sf.* bulgăre.
motus *interj.* sst!
mou, mol, molle *adj.* moale; lent, apatic; bland.
mouchard *sm.* turnător, spion.
mouchardage *sm.* spionaj.
moucharder *vt.* a spiona.
mouche *sf.* muscă; *prendre la ~* a se înfuria; *fine ~* om șiret; *faire ~* a lovi la țintă.
moucher *vt., vr.* a (se) șterge la nas.
moucheron *sm.* musculiță; muc de fitil.
mouchoir *sm.* batistă; batic; fular.
moudre *vt.* a măcina, a râșni.
moue *sf.* mutră; strâmbătură; *faire la ~* a face mutre.
mouette *sf.* pescăruș.
moufle *sf.* mănușă groasă fără degete; scripete.
mouillage *sm.* udat; ancorare; îndoirea vinului cu apă.
mouiller 1. *vt.* a uda, a muia; a boteza vinul; *~ l'ancre* a ancora; **2.** *vr.* a se muia.
mouillure *sf.* umezire, muiere.
moulage *sm.* mulaj.
moule 1. *sm.* tipar, formă; **2.** *sf.* scoică.
moulé, -e *adj.* turnat, tipărit.
mouler 1. *vt.* a mula; a turna; a modela; **2.** *vr.* a se mula, a se potrivi pe corp.
mouleur *adj., sm.* turnător.
moulin *sm.* moară; *~ à parile* moară stricată.
moulou, -e *adj.* măcinat; frânt de oboseală.

mourant, -e 1. *adj.* muribund; care dispare; 2. *smf.* muribund.
mourir 1. *vi.* a muri; a se stinge; a dispărea; *faire ~* a omorî; 2. *vr.* a se stinge din viață.
mousquet *sm.* muschetă; pușcă.
mousquetaire *sm.* mușchetar.
mousse 1. *sf.* mușchi; spumă; 2. *sm.* mus, elev marinar.
mousser *vi.* a face spumă.
mousseux, -euse *adj.*, *sm.* spumos.
moustache *sf.* mustață.
moustachu, -e *adj.* mustăcios.
moustique *sm.* țânțar.
moût *sm.* must.
moutarde *sf.* muștar.
mouton *sm.* oaie; carne de oaie.
moutonné, -e *adj.* lânos.
moutonner 1. *vt.* a ondula părul; 2. *vi.* a spumega.
moutonneux, -euse *adj.* agitat, spumegând.
mouvant, -e *adj.* mișcător.
movement *sm.* mișcare; sentiment.
mouvementé, -e *adj.* agitate, animat.
mouvoir *vt.*, *vr.*, *vi.* a (se) mișca.
moyen, -enne 1. *adj.* mijlociu, mediu, de mijloc; de rând; 2. *sf.* medie; 3. *sm.* mijloc; *par tous les moyens* prin toate mijloacele; 4. *sm. pl.* posibilități; mijloace.
moyen âge *sm.* ev mediu.
moyenâgeux, -euse *adj.* din evul mediu.
moyennant *prep.* în schimbul; prin intermediul.
mucilage *sm.* mucilagiu; vâscozitate.
mucilagineux, -euse *adj.* mucilaginos, vâscos.
mucosité *sf.* mucozitate.
mucus *sm.* mucus.
mue *sf.* năpârlire.
muer 1. *vi.* a năpârli; a-și schimba vocea; 2. *vr.* a se transforma.
muet, -ette *adj.*, *smf.* mut.
muffle *sm.* bot.
muflerie *sf.* mitocănie, grosolănie.
mugir *vi.* a mugi.
mugissant, -e *adj.* mugitor.
mugissement *sm.* muget, vuiet.
muguet *sm.* lăcrămioară.
mulâtre, -esse *adj.*, *smf.* mulatru.
mule *sf.* papuc de casă pentru femei; catârcă.
multicolore *adj.* multicolor.
multiforme *adj.* multiform.
multiple *adj.* multiplu, numeros.
multipliable *adj.* multiplicabil.
multiplicande *sm.* deînmulțit.

M

multiplicateur 1. *sm.* înmulțitor; **2.** *adj.* multiplicator.
multiplication *sf.* înmulțire, multiplicare.
multiplier *vt.* a înmulți.
multitude *sf.* mulțime.
municipal, -e *adj.* municipal.
municipalité *sf.* municipalitate.
municipe *sm.* municipiu.
munificence *sf.* măriminie.
munir 1. *vt.* a înzestra, a echipa; a da; **2.** *vr.* a-și lua; a se înarma cu.
munition *sf.* muniție.
munitionner *vt.* a aproviziona cu muniție.
M
muqueuse *sf.* mucoasă; ~ *nasale* mucoasa nazală.
muqueux, -e *adj.* mucos.
mur *sm.* zid, perete; *mettre qqn. au pied du* ~ a strânge pe cineva cu ușa.
mûr, -e *adj.* copt, matur.
muraille *sf.* zid gros.
mural, -e *adj.* mural.
mûre *sf.* dudă.
murer *vt.* a înconjura cu ziduri.
mûrier *sm.* dud.
mûrir 1. *vt.* a coace, a maturiza; **2.** *vi.* a se coace.
murmurant, -e *adj.* foșnitor.
murmure *sm.* murmur, susur, șoaptă, foșnet.
murmurer 1. *vi.* a murmura; a protesta; **2.** *vt.* a șopti.
musc *sm.* mosc.
muscat *adj.*, *sm.* tămâios.
muscle *sm.* mușchi.
muscle, -e *adj.* musculos.
musculaire *adj.* muscular.
musculature *sf.* musculatură.
musculeux, -euse *adj.* musculos.
muse *sf.* muză.
museau *sm.* bot, mutră.
muse *sm.* muzeu.
museler *vt.* a pune botniță.
muselière *sf.* botniță.
musette *sf.* cimpoi.
musical, -e *adj.* musical.
musician, -enne *smf.* muzician, muzicant.
musique *sf.* muzică.
musulman, -e *adj.*, *smf.* musulman.
mutation *sf.* mutație, schimbare; transferare.
muter *vt.* a schimba, a transfera, a înlocui.
mutilation *sf.* mutilare.
mutiler *vt.* a mutila.
mutin, -e *adj.* vioi, vessel; rebel.
mutineer *vt.*, *vr.* a (se) răzvrăti.
mutinerie *sf.* răzvrătire, răscoală.
mutisme *sm.* mutism, muțenie.
mutualité *sf.* reciprocitate.
mutual, -elle *adj.* reciproc, mutual.
mutuellement *adv.* mutual, reciproc.
myope *adj.*, *smf.* miop.
myopie *sf.* miopie.
myosotis *sm.* floare de nu-mă-uita.

myriade *sf.* miriadă.
myriapodes *sm. pl.* miriapod.
myrrhe *sf.* smirnă.
myrte *sm.* mirt.
myrtille *sf.* afină.
mystère *sm.* mister, taină.
mystériuesement *adv.* misterios.
mystériuex, -euse *adj.* misterios, tainic.
mysticisme *sm.* mysticism.
mystificateur, -trice *adj.*, *smf.* mistificator.
mystification *sf.* mistificare.
mystifier *vt.* a mistifica.
mystique *adj.*, *smf.* mistic.
mythe *sm.* mit.
mythique *adj.* mitic.
mythologie *sf.* mitologie.
mythologique *adj.* mitologic.

M

N

nabab *sm.* nabab; bogătaş.
nabot, -e *smf.* prichindel, nă-pârstoc; pitic.
nacelle *sf.* nacelă; ambarcaţiune mica fără pânze.
nacre *sf.* sidef.
nacre, -e *adj.* sidefiu.
nage *sf.* înot, nataţie; *être tout en* ~ a fi lac de sudoare.
nageoire *sf.* înotătoare (la peşti).
nager *vi.* a înota; a pluti; a vâsli.
nageur, -euse *smf.* înotător; vâslaş.
naguère *adv.* de curând; odinioară; nu de mult.
naïade *sf.* naiadă.
naïf, -ive *adj.* naiv.
nain, -e *smf., adj.* pitic.
naissance *sf.* naştere; neam, origine.
naissant, -e *adj.* care se naşte.
naître *vi.* a se naşte; a începe, a izvorî.
naïvement *adv.* cu naivitate.
naïveté *sf.* naivitate.
nantir *vt.* a amaneta; a prevedea cu.
nantissement *sm.* amanetare; amanet.
naphtaline *sf.* naftalină.
naphte *sm.* ţiţei, petrol.
nappe *sf.* faţă de masă; ~ *d'eau* pânză de apă; *servir la ~ à* a pregăti succesul cuiva.
napperon *sm.* şerveţel.
narcisse *sm.* narcisă.
narcotique *adj., sm.* natcotic.
narcotiser *vt.* a narcotiza.
narguer *vt.* a sfida.
narine *sf.* nară.
narquois, -e *adj.* răutăcios, şiret.
narquoisement *adv.* cu răutate.
narrateur, -trice *smf.* povestitor.
narratif, -ive *adj.* narativ.
narration *sf.* povestire, naraţiune.
narrer *vt.* a povesti.
nasal, -e 1. *adj.* nasal; **2.** *sf.* *(vocală, consoană)* nazală.
nasarde *sf.* bobârnac.
nasillard, -e *adj.* fonfăit.
nasillement *sm.* fornăit.
nasiller *vi.* a fornăi, a fonfăi.
natal, -e *adj.* natal.
natation *sf.* înot.
natalité *sf.* natalitate.
natif, -ive *adj.* nativ, originar din, natural.
nation *sf.* naţiune.

national, -e *adj.* național.
nationalisation *sf.* naționalizare.
nationaliser *vt.* a naționaliza.
nationalisme *sm.* naționalism.
nationaliste *adj.*, *smf.* naționalist.
nationalité *sf.* naționalitate.
natte *sf.* coadă de păr; rogojină; împletitură.
natter *vt.* a împleti.
naturalisation *sf.* naturalizare.
naturaliser *vt.* a naturalize, a încetățeni; a aclimatiza; a împăia.
naturaliste *sm.*, *adj.* naturalist.
nature *sf.* natură; temperament.
naturel, -elle 1. *adj.* natural, firesc; **2.** *sm.* naturalețe.
naturellement *adv.* natural; ușor; sincer; evident.
naufrage *sm.* naufragiu; *faire ~ au port* a se îneca precum țiganul la mal.
naufragé, -e *smf.*, *adj.* naufragiat.
naufrager *vi.* a naufragia.
nauséabond, -e *adj.* grețos, dezgustător.
nausée *sf.* greață.
nautique *adj.* nautic.
naval, -e *adj.* naval.
navet *sm.* nap.
navette *sf.* suveică.
navigable *adj.* navigabil.
navigateur *sm.*, *adj.* navigator.
navigation *sf.* navigare, navigație.
navire *sm.* vas, corabie, navă.
navrant, -e *adj.* trist; sfâșietor.
navrer *vt.* a mâhni, a întrista, a consterna.
nazi, -e *adj.*, *smf.* nazist.
nazisme *sm.* nazism.
ne *adv.* nu.
né, -e *adj.* născut.
néanmoins *adv.* totuși.
néant *sm.* neant.
nébuleuse *sf.* nebuloasă.
nébuleux, -euse *adj.* nebulos.
nécessaire 1. *adj.* necesar, indispensabil, trebuincios; **2.** *sm.* strictul necesar; trusă de obiecte indispensabile.
nécessairement *adv.* în mod necesar.
nécessité *sf.* necesitate, nevoie, trebuință.
nécessiteux, -euse 1. *adj.* nevoiaș; sărac; **2.** *sm. pl.* sărăcime.
nécrologe *sm.* necrolog.
nécrologie *sf.* necrologie.
nécrologique *adj.* necrologic.
nécropole *sf.* necropolă.
nectar *sm.* nectar.
nef *sf.* navă, corabie; naos.
néfaste *adj.* nefast.
négatif, -ive 1. *adj.* negativ; **2.** *sm.* negativ *(la filme)*; **3.** *sf.* negativă.
négation *sf.* negație, negare.
négativement *adv.* negativ.

négligé 1. *adj.* neglijat; **2.** *sm.* neglijeu, haină de casă.
négligence *sf.* neglijență.
négligent, -e *adj.* neglijent; neîngrijit.
négliger 1. *vt.* a neglija; **2.** *vr.* a nu se îngriji.
négoce *sm.* negoț, comerț.
négociable *adj.* negociabil.
négociant *sm.* negustor, comerciant.
négiciateur, -trice *smf.* negociator.
négociation *sf.* negociere.
négocier *vi.*, *vt.* a negocia.
nègre, négresse *smf.* negru; *petit* ~ franceză incorectă.
négrillon, -onne *smf.* copil negru.
neige *sf.* zăpadă.
neigeux, -euse *adj.* acoperit cu zăpadă.
neiger *vi.* a ninge.
nenni *adv.* *(fam.)* aș!
nénuphar *sm.* nufăr.
néolithique *adj.* neolitic; *l'âge* ~ epoca neolitică.
néologisme *sm.* neologism.
néon *sm.* neon.
néphrite *sf.* nefrită.
népotisme *sm.* nepotism.
nerf *sm.* nerv; vigoare.
nerveusement *adv.* cu nervozitate.
nerveux, -euse *adj.* nervos; viguros.
nervosité *sf.* nervozitate.
nervure *sf.* nervură.
net, -tte 1. *adj.* curat, cinstit, deslușit; limpede; **2.** *adv.* deodată; pe șleau; *en avoir le cœur* ~ a fi cu conștiința împăcată; *parler tout* ~ a vorbi direct; **3.** *sm.* versiune curată.
nettement *adv.* clar, lămurit.
netteté *sf.* curățenie; limpezime.
nettoiement, nettoyage *sm.* curățenie.
nettoyer *vt.* a curăța.
neuf *num. card.* nouă.
neuf, -euve 1. *adj.* nou; începător; **2.** *sm.* noul; *à* ~ ca nou; *quoi de* ~*?* ce mai e nou?
neurasthénie *sf.* neurastenic.
neurasthénique *adj.* neurastenie.
neurologie *sf.* neurologie.
neurologue *sm.* neurolog.
neurone *sm.* neuron.
neutralisation *sf.* neutralizare.
neutraliser *vt.* a neutraliza.
neutralité *sf.* neutralitate.
neutre *smf.*, *adj.* neutru.
neuvième 1. *num. ord.* al nouălea; **2.** *sm.* a noua parte.
neveu *sm.* nepot (de frate).
névralgie *sf.* nevralgie.
névralgique *adj.* nevralgic.
névropathe *adj.*, *smf.* nevropat.
névropathie *sf.* nevropatie.
névrose *sf.* nevroză.
nez *sm.* nas, miros; chip; fler; *pied de* ~ tiflă; *tirer les vers*

N

du ~ de qqn. a trage de limbă pe cineva.
ni *conj.* nici.
niable *adj.* care poate fi negat.
niais, -e *adj.*, *smf.* nătărău, nerod.
niaisement *adv.* prostește.
niaiserie *sf.* nerozie.
niche *sf.* firidă, nișă; *(fam.)* șotie.
niche *sf.* toate pasările dintr-un cuib; droaie.
nicher 1. *vi.* a-și face cuibul; **2.** *vt.* a pune; a plasa; **3.** *vr.* a-și face cuibui; a se aciua.
nickel *sm.* nichel.
nickelage *sm.* nichelaj.
nickeler *vt.* a nichela.
nicotine *sf.* nicotină.
nid *sm.* cuib; vizuină.
niece *sf.* nepoată *(de frate).*
nielle *sf.* neghină.
nier *vt.* a nega.
nigaud, -e *adj.*, *smf.* neghiob.
nigauderie *sf.* neghiobie.
nihilisme *sm.* nihilism.
nihiliste *adj.*, *smf.* nihilist.
nimbe *sm.* nimb.
nippe *sf.* zdrențe.
nitre *sm.* salpetru.
nitroglycérine *sf.* nitroglicerină.
niveau *sm.* nivel, treaptă; grad; *mettre au ~* a potrivi.
niveler *vt.* a nivela.
nivellement *sm.* nivelare.
nobiliaire *adj.* nobiliar.
noble 1. *adj.*, *smf.* nobil; distins; **2.** *sm.* caracter nobil.
noblement *adj.* cu noblețe.
noblesse *sf.* nobilime, noblețe.
noce *sf.* nuntă, nuntași; *se marier en secondes noces* a se căsători a doua oară.
noceur, -euse *adj.*, *smf.* chefliu.
nocif, -ive *adj.* nociv.
nocivité *sf.* nocivitate.
noctambule *adj.*, *smf.* noctambul.
noctambulisme *sm.* noctambulism.
nocturne 1. *adj.* nocturn; **2.** *sm.* *(muz.)* nocturnă.
Noël *sm.* Crăciun; *Papa ~* Moș Crăciun.
nœud *sm.* nod; ciot; articulație.
noir, -e 1. *adj.* negru, obscur, întunecat; **2.** *sm.* *(om)* negru; *(culoarea)* negru; *broyer du ~* a fi măcinat de gânduri negre.
noirâtre *adj.* negricios.
noiraud, -e *adj.*, *smf.* oacheș.
noirceur *sf.* negreală; melancolie; mârșăvie.
noircir *vt.*, *vi.*, *vr.* a (se) înnegri.
noircissement *sm.* înnegrire.
noise *sf.* ceartă; *chercher ~* a căuta ceartă.
noisetier *sm.* alun.
noisette *sf.* alună.
noix *sf.* nucă.
nom *sm.* nume; substantiv.
nomade *adj.*, *smf.* nomad.
nombre *sm.* număr.

N

nombrer *vt.* a număra, a socoti.
nombreux, -euse *adj.* numeros.
nombril *sm.* buric.
nomenclateur *sm.* nomenclator.
nomenclature *sf.* nomenclatură.
nominal, -e *adj.* nominal.
nominalement *adv.* nominal.
nomination *sf.* numire.
nommé, -e *adj.*, *smf.* numit.
nommément *adv.* anume.
nommer *vt.*, *vr.* a (se) numi.
non *adv.*, *sm.* nu.
nonagénaire *smf.*, *adj.* nonagenar.
non-agression *sm.* neagresiune.
non-beligerant, -e *adj.*, *smf.* nebeligerant.
nonce *sm.* nunțiu.
nonchalance *sf.* indolență; nepăsare.
nonchalant, -e *adj.*, *smf.* indolent, nepăsător.
non-intervention *sf.* neamestec, neintervenție.
non-lieu *sm.* neurmărire.
none *sf.* călugăriță.
nonobstant **1.** *prep.* în ciuda, cu toate acestea; **2.** *adv.* totuși.
non-sens *sm.* nonsens, absurditate.
nord *sm.* nord.
nordique *adj.* nordic.
normal, -e *adj.* normal.
normalement *adv.* normal.
norme *sf.* normă, regulă; principiu.
norvégien, -enne *adj.* norvegian.
Norvégien, -enne *smf.* locuitor al Norvegiei.
nostalgie *sf.* nostalgie.
nostalgique *adj.* nostalgic.
nota *sm.* notă, observație.
notabilité *sf.* notabilitate, persoană de vază.
notable **1.** *adj.* însemnat, notabil; **2.** *sm.* persoană de vază.
notaire *sm.* notar.
notamment *adv.* mai ales, în special.
notariat *sm.* notariat.
notarié, -e *adj.* înregistrat la notar.
notation *sf.* notație, notare.
note *sf.* notă, însemnare.
noter *vt.* a nota, a remarca.
notice *sf.* notiță.
notification *sf.* notificare, comunicare.
notifier *vt.* a notifica.
notion *sf.* noțiune.
notoire *adj.* notoriu.
notoriement *adv.* notoriu.
notoriété *sf.* notorietate.
notre *adj. pos.* nostru.
nôtre **1.** *pron. pos.* al nostru; **2.** *sm. pl.* ai noștri.
nouer **1.** *vt.* a înnoda, a lega; **2.** *vi.* a încolți; **3.** *vr.* a se lega.
noueux, -euse *adj.* noduros.

N

nougat *sm.* nuga.
nouilles *sf. pl.* tăiței.
nourri, -e *adj.* hrănit.
nourrice *sf.* doică.
nourricier, -ère *adv.* hrănitor.
nourrir *vt.* a hrăni, a alăpta; a întreține.
nourrissant, -e *adj.* hrănitor.
nourrisseur *sm.* crescător de vite.
nourrisson *sm.* sugar.
nourriture *sf.* mâncare, hrană.
nous *pron. pers. pl.* noi; *chez ~* la noi acasă.
nouveau, nouvel, -elle 1. *adj.* nou; novice; **2.** *sm.* noul; **3.** *adv.* *à ~* încă o dată.
nouveauté *sf.* noutate.
nouveau-né *adj., smf.* nou-născut.
nouvelle *sf.* noutate, știre; nuvelă.
nouvellement *adv.* recent, de curând.
novateur, -trice *adj., smf.* inovator.
novembre *sm.* noiembrie.
novice 1. *adj.* novice, începător; **2.** *sm.* călugăr novice; ucenic.
noviciat *sm.* noviciat; ucenicie.
noyade *sf.* înec.
noyau *sm.* sâmbure; nucleu, centru.
noyer *vt., vr.* a se îneca.
noyer *sm.* nuc.
nu, -e *adj.* nud, gol; *tout ~* gol pușcă; *à ~* pe față; *à l'oœil ~* cu ochiul liber.
nuage *sm.* nor.
nuageux, -euse *adj.* înnorat; nelămurit, neclar.
nuance *sf.* nuanță.
nuancer *vt.* a nuanța.
nubile *adj.* nubil.
nucléaire *adj.* nuclear.
nudité *sf.* goliciune, nuditate.
nue *sf.* nor; *porter aux nues* a ridica în slăvi; *tomber des nues* a fi căzut din nori.
nuée *sf.* nor gros; sumedenie, mulțime, droaie.
nuire 1. *vt.* a dăuna, a vătăma, a discredita; a jena; **2.** *vr.* a-i dăuna.
nuisible *adj.* vătămător.
nuisiblement *adj.* dăunător, vătămător.
nuit *sf.* noapte; întuneric; *~ et jour* zi și noapte, continuu; *la ~ des temps* în negura vremurilor.
nuitamment *adv.* în timpul nopții.
nul, nulle 1. *adj. nehot.* nici unul, nul; **2.** *pron. nehot.* nimeni; *nulle part* nicăieri; **3.** *sf.* zero.
nullement *adv.* nicidecum, deloc.
nullité *sf.* nulitate.
nûment *adv.* pe șleau.
numéraire *sm.* numerar.

N

numéral, -e *adj.* numeral.
numérateur *sm.* numărător *(la matematică).*
numération *sf.* numărătoare.
numérique *adj.* numeric.
numéro *sm.* număr, cifră; loz; *c'est un ~!* e o figură!
numérotage *sm.* numerotare.
numéroter *vt.* a numerota.
numismatique **1.** *adj.* numismatic; **2.** numismatică.
nuptial, -e *adj.* nupțial.
nuque *sf.* ceafă, grumaz.
nurse *sf.* dădacă.
nutritif, -ive *adj.* nutritive, hrănitor.
nutrition *sf.* nutriție, hrănire.
nyctalope *smf.*, *adj.* nictalop.
nymphe *sf.* nimfă.

O

ô *interj.* o!.
oasis *sf.* oază.
obedience *sf.* ascultare, obediență.
obéir *vi.* a asculta; ~ *à* a se supune.
obéissance *sf.* ascultare, supunere.
obéissant, -e *adj.* ascultător, supus, docil.
obélisque *sm.* obelisc.
obérer *vt.* a fi împovărat de datorii.
obèse *adj.* obez.
obésité *sf.* obezitate.
objecter *vt.* a obiecta.
objecteur *sm.* persoană care obiectează; contestatar.
objectif, -ive **1.** *adj.* obiectiv, imparțial; **2.** *sm.* obiectiv.
objection *sf.* obiecție.
objectivement *adv.* obiectiv.
objectivité *sf.* obiectivitate.
objet *sm.* obiect, lucru; scop; *sans* ~ fără temei.
objurgation *sf.* mustrare, dojană.
obligation *sf.* obligație, îndatorire; obligațiune, titlu.
obligatoire *adj.* obligatoriu.
obligé, -e **1.** *adj.* obligat; îndatorat; recunoscător; **2.** *smf.* obligat.
obligeamment *adv.* cu amabilitate.
obligeance *sf.* amabilitate, serviabilitate.
obligeant, -e *adj.* îndatoritor, serviabil.
obliger **1.** *vt.* a obliga, a sili; **2.** *vr.* a se obliga.
oblique *adj.* oblic; prefăcut.
obliquement *adv.* oblic, pieziș.
obliquer *vi.* a schimba direcția.
oblitération *sf.* obliterare, dispariție.
oblitérer *vt.* a oblitera, a șterge.
oblong, -ongue *adj.* lunguieț.
obole *sf.* obol, contribuție.
obscène *adj.* obscen.
obscénité *sf.* obscenitate, necuviință.
obscure, -e **1.** *adj.* obscur, întunecat; neclar; ascuns; **2.** *adv.* *faire* ~ a se întuneca.
obscurantisme *sm.* obscurantism.
obscurantiste *adj.*, *smf.* obscurantist.

obscurcir 1. *vt.* a întuneca; (*fig.*) a face confuz; **2.** *vr.* a se întuneca.
obscurcissement *sm.* întunecare.
obscurément *adj.* confuz, neclar.
obscurité *sf.* obscuritate, întuneric; neclaritate.
obséder *vt.* a obseda; a plictisi.
obsèques *sf. pl.* funeralii.
obséquieusement *adv.* cu slugărnicie.
obséquieux, -euse *adj.* slugarnic.
obséquiosité *sf.* slugărnicie, servilism.
observable *adj.* observabil.
observateur, -trice *adj.*, *smf.* observator.
observation *sf.* observație; respectare a unei reguli; mustrare.
observatoire *sm.* observator; observator *(astronomic)*.
observer 1. *vt.* a observa, a respecta; a spiona; **2.** *vr.* a se observa; a se controla.
obsession *sf.* obsesie.
obstacle *sm.* obstacol.
obstétrique *sf.* obstetrică.
obstination *sf.* încăpățânare.
obstiné, -e *adj.*, *smf.* încăpățânat; îndârjit.
obstinément *adv.* cu îndârjire.
obstiner *vr.* a se încăpățâna.
obstruction *sf.* obstrucție.
obstruer *vt.* a astupa.
obtenir *vt.* a obține, a dobândi.
obtus, -e *adj.* obtuz; tocit; încuiat *(despre o persoană)*.
obus *sm.* obuz.
obusier *sm.* obuzier.
obvier *vi.* a preîntâmpina.
occasion *sf.* ocazie, prilej.
occasionnel, -elle *adj.* ocazional, întâmplător.
occasionnellement *adj.* ocazional, întâmplător.
occasionner *vt.* a ocaziona, a prilejui.
occident *sm.* occident, apus.
occidental, -e 1. *adj.*, *smf.* occidental, apusean.
occlusion *sf.* ocluzie.
occulte *adj.* ocult, ascuns.
occultisme *sm.* ocultism.
occupant, -e *adj.*, *smf.* ocupant.
occupation *sf.* ocupați, activitate; profesie.
occuper 1. *vt.* a ocupa; a locui; **2.** *vr.* a se ocupa de.
occurrence *sf.* împrejurare, caz.
océan *sm.* ocean.
océanique *adj.* oceanic.
ocre *sf.* ocru.
octave *sf.* octavă.
octobre *sf.* octombrie.
octogénaire *adj.*, *smf.* octogenar.
octogone *sm.* octagon.
octroi *sm.* acordare, atribuire.
octroyer *vt.* a acorda.

oculaire *adj.* ocular.
oculiste *sm.* oculist.
odalisque *sf.* odaliscă.
ode *sf.* odă.
odeur *sf.* miros.
odieusement *adv.* odios.
odieux, -euse **1.** *adj.* odios, mișelesc; **2.** *sm.* mârșăvie.
odorant, -e *adj.* mirositor.
odorat *sm.* *(simțul)* miros.
œil *sm.* ochi; *à l'~ nu* cu ochiul liber; *du coin de l'~* cu colțul ochiului.
œillade *sf.* ocheadă.
œillère *sf.* ochelari de cal.
œillet *sm.* garoafă.
œilette *sf.* mac.
œsophage *sm.* esofag.
œuf *sm.* ou; germen; *blanc d'~* albuș; *jaune d'~* gălbenuș; *des œufs sur le plat* ouă ochiuri; *œufs de poisson* icre.
œuvre **1.** *sf.* muncă; operă, lucrare; faptă; **2.** *sm.* *pl.* totalitatea operei unui scriitor sau artist.
offense *sf.* ofensă, jignire.
offenser *vt.* a ofensa, a jigni; a supăra.
offenseur *sm.* ofensator.
offensif, -ive **1.** *adj.* ofensiv; **2.** *sf.* ofensivă.
offert, -e *adj.* oferit.
office **1.** *sm.* funcție; birou; slujbă la biserică; **2.** *sf.* oficiu, cămară; *d'~* din oficiu.
officiel, -elle *adj.* oficial.
officiellement *adj.* oficial.
officier **1.** *vt.* a oficia, a celebra o slujbă; **2.** *sm.* ofițer; funcționar.
officieusement *adj.* oficios.
officieux, -euse *adj.* oficios; săritor.
offrande *sf.* dar, ofrandă.
offre *sf.* ofertă.
offrir *vt.*, *vr.* a (se) oferi.
offusquer *vt.* a întuneca; a orbi; (*fig.*) a ofusca.
ogival, -e *adj.* ogival.
ogive *sf.* ogivă.
oie *sf.* gâscă.
oignon *sm.* ceapă.
oindre *vt.* a unge; a mirui.
oiseau *sm.* pasăre.
oiseux, -euse *adj.* leneș; inutil.
oisif, -ive *adj.* leneș.
oisivité *sf.* lene, trândăvie.
oison *sm.* boboc de gâscă.
oléagineux, -euse *adj.* oleaginos.
oléandre *sf.* leandru.
olfactif, -ive *adj.* olfactiv.
oligarchie *sf.* oligarhie.
oligarchique *adj.* oligarhic.
oligophrène *adj.*, *sm.* oligofren.
oligophrènie *sf.* oligofrenie.
olivâtre *adj.* măsliniu.
olive **1.** *sf.* măslină; **2.** *adj.* *invar.* culoarea măslinei.
olivette *sf.* livadă de măslini.
olivier *sm.* măslin.
olographe *adj.* olograf.
olympiade *sf.* olimpiadă.
olympien, -enne *adj.* olimpian.

olympique *adj.* olimpic; *les jeux olympiques* jocurile olimpice.
ombrage *sm.* umbrar.
ombragé, -e *adj.* umbrit.
ombrager *vt.* a umbri.
ombrageux, -euse *adj.* fricos.
ombre *sf.* umbră; spirit; aparență; *à l'~* de la adăpostul.
ombrelle *sf.* umbrelă de soare.
ombrer *vt.* a umbri.
omelette *sf.* omletă.
omettre *vt.* a omite.
omission *sf.* omitere; omisiune.
omnibus *adj.*, *sm.* omnibus.
omnipotence *sf.* omnipotență.
omnipotent, -e *adj.* omnipotent, atotputernic.
O
omniscient, -e *adj.* atotștiutor.
omnivore *adj.* omnivor.
omoplate *sf.* omoplat.
on *pron. nehot.* se; *~ dit que* se spune că.
once *sf.* uncie; puțin.
oncle *sm.* unchi.
onction *sf.* ungere; miruire.
onctueux, -euse *adj.* unsuros; onctuos.
onde *sf.* val; undă.
ondée *sf.* ploaie rapidă; răpăială.
ondoiement *sm.* unduire.
ondoyant, -e *adj.* unduitor, schimbător.
ondoyer *vi.* a undui.
ondulation *sf.* ondulație, ondulare.
onduleux, -euse *adj.* unduios.
onéreusement *adv.* oneros.
onéreaux, -euse *adj.* oneros.
ongle *sm.* unghie; *vernis à ~* lac de unghii; *payer rubis sur l'~* a plăti tot.
onguent *sm.* alifie.
onomastique 1. *adj.* onomastic; **2.** *sf.* onomastică.
onomatopée *sf.* onomatopee.
ontologie *sf.* ontologie.
onyx *sm.* onix.
onze *num. card.* unsprezece.
onzième 1. *num. ord.* al unsprezecelea; **2.** *sm.* a unsprezecea parte.
opacifier *vt.*, *vr.* a (se) opacifica.
opacité *sf.* opacitate.
opale 1. *sf.* opal; **2.** *adj.* de culoarea opalului.
opaque *adj.* opac.
opéra *sm.* operă *(muzicală).*
operable *adj.* operabil.
opérateur, -trice *smf.* operator.
operation *sf.* operație; acțiune.
opératoire *adj.* operatoriu.
opérer 1. *vt.* a face, a opera; **2.** *vi.* a lucra.
opérette *sf.* operetă.
ophtalmie *sf.* oftalmie.
ophtalmologie *sf.* oftalmologie.
opiner *vi.* a opina.
opiniâtre *adj.* încăpățânat, perseverent.
opiniâtrement *adv.* cu încăpățânare.

opinion *sf.* opinie, părere.
opiomane *adj.*, *smf.* opioman.
opium *sm.* opium.
opportune, -e *adj.* oportun, favorabil.
opportunément *adv.* oportun.
opportunisme *sm.* oportunism.
opportuniste *adj.*, *smf.* oportunist.
opportunité *sf.* ocazie, oportunitate, prilej.
opposable *adj.* opozabil.
opposant, -e *adj.*, *smf.* opozant.
opposé, -e *adj.*, *sm.* opus.
opposer *vt.*, *vr.* a (se) opune.
opposition *sf.* opunere, opoziție.
oppresser *vt.* a apăsa puternic; a asupri, a oprima.
oppresuer *adj.*, *sm.* opresor.
oppressif, -ive *adj.* opresiv.
oppression *sf.* opresiune, apăsare.
opprimant, -e *adj.* asupritor.
opprimé, -e *adj.* oprimat, asuprit.
opprimer *vt.* a oprima.
opprobre *vt.* oprobriu.
optatif, -ive 1. *adj.* care exprimă o dorință; **2.** optativ.
opter *vi.* a opta.
opticián *sm.* optician.
optime *adv.* optim.
optimisme *sm.* optimism.
optimiste *smf.*, *adj.* optimist.
option *sf.* opțiune, alegere.
optique 1. *adj.* optic; **2.** *sf.* optică.
opulence *sf.* opulență, abundență.
opulent, -e *adj.* opulent, abundent.
opuscule *sm.* opuscul.
or 1. *sm.* aur; *être cousu d'~* a fi putred de bogat; **2.** *conj.* or, însă.
oracle *sm.* oracol.
orage *sm.* furtună; zbucium; calamitate.
orageusement *adv.* vijelios.
orageux, -euse *adj.* vijelios, furtunos.
oraison *sf.* discurs; *~ funèbre* discurs funebru.
oral, -e *adj.* oral.
oralement *adv.* prin viu grai.
orange 1. *sf.* portocală; **2.** *adj.*, *sm.* portocaliu.
orangeade *sf.* oranjadă.
oranger *sm.* portocal.
orangerie *sf.* livadă de portocali.
orang-outang *sm.* urangutan.
orateur *sm.* orator.
oratoire *adj.* oratoric, retoric.
orbite *sf.* orbită.
orchestration *sf.* orchestrare.
orchestre *sm.* orchestră; *chef d'~* dirijor.
orchestrer *vt.* a orchestra.
orchidée *sf.* orhidee.
ordinaire 1. *adj.* ordinar; mediocru, vulgar; **2.** *sm.* obicei.
ordinairement *adv.* de obicei.

O

ordinal, -e *adj.* ordinal.
ordonnance *sf.* aranjare; regulament, ordonanță; rețetă medicală.
ordonnancement *sm.* ordonanțe.
ordonné, -e *adj.* ordonat; prescris de un medic.
ordonner *vt.* a orândui; a ordona; a hirotonisi.
ordre *sm.* ordine; ordin, categorie; ~ *du jour* ordine de zi.
ordure *sf.* gunoi, murdărie.
ordurier, -ère *adj.* murdar, obscen.
ore *sf.* margine, lizieră.
oreiller *sf.* ureche; auz; *dresser l'~* a fi atent; *faire la sourde ~* a face pe surdul.
oreiller *sm.* pernă.
oreillette *sf. (anat.)* auricul.
oreillons *sm. pl.* oreion.
orfèvre *sm.* aurar, argintar.
orfèvrerie *sf.* argintărie, aurărie.
organe *sm.* organ.
organique *adj.* organic.
organiquement *adv.* organic.
organisateur, -trice *smf., adj.* organizator.
organisation *sf.* organizare; organizație.
organizer *vt., vr.* a (se) organiza.
organisme *sm.* organism; organ.
organiste *smf.* organist.
orge **1.** *sf.* orz; **2.** *sm.* ~ *perlé* arpacaș.
orgies *sf.* orgie, desfrânare.
orgue *sm.* orgă.
orgueil *sm.* orgoliu, trufie.
orgueilleusement *adv.* cu trufie.
orgueilleux, -euse *adj.* orgolios.
orient *sm.* orient, răsărit.
oriental, -e *adj., smf.* oriental.
orientaliste *sm.* orientalist.
orientation *sf.* orientare; direcție.
orienter **1.** *vt.* a orienta; a ghida; **2.** *vr.* a se orienta; a se descurca.
orifice *sm.* orificiu.
oriflamme *sf.* stindard, flamură.
originaire *adj.* originar.
originairement *adv.* la început.
original, -e **1.** *adj.* original; ciudat; inedit; **2.** *sm.* original, excentric.
originalement *adv.* original.
originalité *sf.* originalitate.
origine *sf.* origine, obârșie, izvor.
originel, -elle *adj.* originar.
orme *sm.* ulm.
ornement *sm.* ornament.
ornamental, -e *adj.* ornamental.
ornamentation *sf.* ornamentare, decorare, împodobire.

ornementer *vi.* a ornamenta, a decora, a împodobi.
orner *vt.* a orna, a decora, a împodobi.
ornière *sf.* făgaş; obişnuinţă.
ornithologie *sf.* ornitologie.
ornithologue *sm.* ornitolog.
orphelin, -e *adj.*, *smf.* orfan.
orphelinat *sm.* orfelinat.
orteil *sm.* deget de la picior.
orthodoxe *adj.*, *smf.* ortodox.
orthodoxie *sf.* ortodoxie.
orthographie *sf.* ortografie.
orthographier *vt.* a ortografia, a scrie corect.
orthographique *adj.* ortografic.
orthopédie *sf.* ortopedie.
orthopédique *adj.* ortopedic.
orthopédiste *adj.*, *sm.* ortopedic.
ortie *sf.* urzică.
os *sm.* os; *en chair et en ~* în carne şi oase.
oscillation *sf.* oscilaţie, oscilare.
oscillatoire *adj.* oscilatoriu.
osciller *vi.* a oscila; a ezita.
osé, -e *adj.* viteaz, îndrăzneţ.
oseille *sf.* măcriş.
oser *vi.*, *vt.* a cuteza.
osier *sm.* răchită.
osmose *sf.* osmoză.
ossature *sf.* osatură, schelet.
osselet *sm.* oscior; arşic.
ossements *sm. pl.* oseminte.
osseux, -euse *adj.* osos.
ossification *sf.* osificare.
ossifier *vt.* a osifica.
ossuaire *sm.* osuar.
ostentation *sf.* ostentaţie, lăudăroşenie.
ostraciser *vt.* a ostraciza.
otage *sm.* ostatic.
ôter 1. *vt.* a scoate; a goni; a scădea; **2.** *vr.* a se retrage.
otite *sf.* otită.
ottomane *sf.* divan, canapea cu colţ rotund.
ou *conj.* ori, sau.
où 1. *adv.* unde; **2.** *pron. rel.* la care.
ouailles *sf. pl.* enoriaşi.
ouate *sf.* vată.
ouater *vt.* a vătui.
oubli *sm.* uitare.
oubliable *adj.* care poate fi uitat.
oublier 1. *vt.* a uita; **2.** *vr.* a-şi uita datoria.
oubliette *sf.* carceră.
oublieux, -euse *adj.* uituc.
ouest *sm.* vest.
oui *adj.* da.
ouï-dire *sm.* lucru din auzite.
ouïe *sf.* auz.
ouïr *vt.* a auzi, a asculta.
ouragan *sm.* uragan.
ourdir *vt.* a urzi; a unelti.
ourler *vt.* a tivi.
ourlet *sm.* tiv.
ours *sm.* urs.
ourse *sf.* ursoaică; *la grande ~* Ursa mare; *la petite ~* Ursa mică.
oursin *sm.* blană de urs.

ourson *sm.* ursuleț.
outarde *sf.* dropie.
outil *sm.* unealtă.
outillage *sm.* utilaj.
outillé, -e *adj.* utilat.
outiller *vt.* a utila.
outrage *sm.* jignire, insultă.
outrageant, -e *adj.* jignitor.
outrager *vt.* a jigni, a insulta.
outrageusement *adv.* insultător, jignitor.
outrageux, -euse *adj.* insultător, jignitor.
outrance *sf.* exagerat.
outré **1.** *prep.* dincolo; în afară de; **2.** *adv.* mai departe; ~ *que* nu numai că, dar.
outre-mer *adv.* peste mări.
outre passer *vt.* a depăși.
putrer *vt.* a exagera.
ouvert, -e *adj.* deschis; sincer.
ouvertement *adv.* deschis, pe față.
ouverture *sf.* deschidere; deschizătură; uvertură *(la operă).*
ouvrable *adj.* care poate fi lucrat; de lucru; *jour* ~ zi lucrătoare.
ouvrage *sm.* lucru; lucrare; operă.
ouvrager *vt.* a lucra cu migală.
ouvrer *vi.*, *vt.* a lucra.
ouvreur, -euse *sf.* plasatoare la teatru.
ouvrier, -ère *smf.* muncitor.
ouvrir **1.** *vi.* a fi deschis; **2.** *vr.* a se deschide; **3.** *vt.* a deschide.
ovaire *sm.* ovar.
ovale *adj.*, *sm.* oval.
ovation *sf.* ovație.
ovarien, -enne *adj.* ovarian.
ovin, -e *adj.* ovin.
ovipare *adj.*, *smf.* ovipar.
ovoïde *adj.* ovoid, în formă de ou.
ovule *sm.* ovul.
ovulation *sf.* ovulație.
oxydable *adj.* oxidabil.
oxidant, -e *adj.* oxidant.
oxidation *sf.* oxidare.
oxide *sm.* oxid.
oxyder *vt.*, *vr.* a (se) oxida.
oxygéné, -e *adj.* oxigenat.
oxygéner *vt.* a oxigena.
oxyure *sf.* oxiur.
ozone *sm.* ozon.
ozone, -e *adj.* ozonat.
ozoner *vt.* a ozona.
ozonisation *sf.* ozonare.
ozoniser *vt.* a ozoniza.

P

pacage *sm.* pășune.
pacager *vi.* a duce la pășune.
pacha *sm.* pașă.
pachyderme *sm.* pachiderm.
pacificateur, -trice *smf.* pacificator.
pacification *sf.* pacificare.
pacifier *vt.* a pacifica.
pacifique *adj.* pacific, pașnic.
pacifiquement *adv.* panic.
pacifisme *sm.* pacifism.
pacifiste *adj.*, *smf.* pacifist.
pacotille *sf.* marfă de calitate proastă.
pacte *sm.* pact.
pactiser *vi.* a pactiza; ~ *avec l'ennemi* a pactiza cu dușmanul.
pactole *sm.* sursă de bogăție.
paddock *sm.* padoc.
paf *interj.* paf!
pagaie *sf.* pagaie, vâslă scurtă.
pagaille *sf.* învălmășeală, dezordine, harababură.
paganisme *sm.* păgânism.
page *sf.* pagină; *être à la* ~ a fi în pas cu moda; paj.
pagination *sf.* paginație.
paginer *vt.* a pagina.
pagode *sf.* pagodă.
paie, paye *sf.* plată; *bulletin de* ~ stat de plată.
paiement, payement *sm.* plată; sumă plătită.
païen, -enne *smf.* păgân; nelegiuit.
paillard, -e **1.** *smf.* libertin; **2.** *adj.* licențios, deocheat, desfrânat.
paillardise *sf.* stricăciune, desfrâu.
paillasse *sf.* saltea de paie.
paillasson *sm.* rogojină; preș, ștergător de picioare.
paille **1.** *sf.* pai; *chapeau de* ~ pălărie de paie; *tirer à la courte* ~ a trage la sorți; *rompre la* ~ a se certa; **2.** *adj.* galben pal.
pailler *sm.* pătul, claie de paie.
pailleter *vt.* a presăra cu paiete.
paillette *sf.* fulg; paietă.
pain *sm.* pâine; hrană; ~ *d'épice* turtă dulce; ~ *de sucre* căpățână de zahăr; ~ *bis* pâine neagră; *ôter à qqn. le* ~ *de la bouche* a lua pâinea cuiva de la gură.
pair, -e **1.** *adj.* par, cu soț; *nombre* ~ număr par; **2.** *sm.* pair, titlu nobiliar in Marea Britanie; *hors* ~ fără pereche.
paire *sf.* pereche; *une* ~ *de claques* o pereche de palme.

paisible *adj.* paşnic, blajin.
paisiblement *adv.* în linişte, paşnic.
pâtre *vt.* a paşte; a duce la păscut.
paix *sf.* pace; *faire la ~* a face pace, a se împăca cu cineva; calm, linişte.
pal *sm.* ţeapă.
palabre *sf.* trăncăneală.
palace *sm.* hotel luxos.
palais *sm.* palat; cerul gurii.
palan *sm.* palan, macara.
pale *sf.* pală *(la elice).*
pâle *adj.* pal, palid; slab, stins.
palefrenier *sm.* rândaş la cai.
paléographie *sf.* paleografie.
paléontologie *sf.* paleontologie.
paléontologiste *smf.* paleontologist.
palestinien, -enne *adj.* palestinian.
Palestinien, -enne *smf.* locuitor din Palestina.
palet *sm.* puc.
paletot *sm.* palton.
palette *sf.* paletă; gamă; rachetă.
pâleur *sf.* paloare, paliditate.
palier *sm.* palier; *par paliers* pe etape; *(tehn.)* lagăr.
pâlir *vi.* a păli, a deveni palid.
palisade *sf.* palisadă, gard de pari.
palissandre *sm.* palisandru.
palliatif, -ive *adj., sm.* paliativ.
pallier *vt.* a rezolva incomplet şi provizoriu.
palmarès *sm.* palmares.
palme *sm.* ramură de palmier.
palmé, -e *adj.* palmat.
palmier *sm.* palmier.
palmipède *adj., sm.* palmiped.
palombe *sf.* porumbel călător.
pâlot, -otte *adj.* palid.
palpable *adj.* palpabil; concret; clar, evident.
palper *vt.* a palpa; (*fam.*) a primi bani.
palpitant, -e *adj.* palpitant, emoţionant, pasionant.
palpitation *sf.* palpitaţie.
palpiter *vt.* a palpita, a zvcâni; a fremăta.
paltoquet *sm.* bădăran.
paluche *sf.* mână.
paludéen, -enne *adj.* de baltă, de mlaştină.
paludisme *sm.* paludism.
pâmer *vi., vr.* a leşina; *se ~ de rire* a leşina de râs.
pâmoison *sf.* leşin.
pampa *sf.* pampas.
pamphlet *sm.* pamflet.
pamphlétaire *sm.* pamfletar.
pamplemousse *sm.* grepfrut.
pan *sm.* poală; bucată de zid.
panacée *sf.* panacea.
panachage *sm.* combinare; împestriţare.
panaché *sm.* panaş; strălucire.
panaché, -e *adj.* asortat; *glace ~* îngheţată asortată.
panacher *vt.* a împestriţa, a împodobi cu pene.
panade *sf.* supă falsă.

panais *sm.* păstârnac.
panama *sm.* panama; pălărie de panama.
panaris *sm.* panarițiu.
pancarte *sm.* pancartă, afiș.
pancréas *sm.* pancreas.
pancréatique *adj.* pancreatic.
panda *sm.* panda.
pané, -e *adj.* pané.
panégyrique *sm.* panegiric.
panerée *sf.* coș plin.
panetière *sf.* desagă cu mâncare.
panie *sm.* mohor.
panier *sm.* coș; *mettre au ~* a arunca la coș; *~ percé* risipitor.
panification *sf.* panificație.
panifier *vt.* a fabrica pâine.
panique *sf.* panică; *attaque de ~* atac de panică.
paniquer *vr., vi.* a se panica.
panne *sf.* pană; *~ de moteur* pană de motor; *tomber en ~* a fi în pană; slănină.
panneau *sm.* panou; tablou.
panoplie *sf.* panoplie.
panorama *sm.* panoramă.
panoramique *adj.* panoramic.
pansage *sm.* țesălare.
panse *sf.* rumen, primul stomac la rumegătoare; burtă.
pansement *sm.* pansare, pansament.
panser *vt.* a pansa; a țesăla.
pansu, -e *adj.* burtos.
pantalon *sm.* pantalon.
panelant, -e *adj.* gâfâind.
panteler *vi.* a gâfâi.
panthéisme *sm.* panteism.
pantheon *sm.* panteon.
panthère *sf.* panteră.
pantin *sm.* marionetă.
pantois, -e *adj.* uluit, surprins.
pantomime *sf.* pantomimă.
pantoufle *sf.* papuc.
panure *sf.* pesment.
paon, -onne *smf.* păun.
papa *sm.* tătic; tată; *de ~* demodat.
papauté *sf.* papalitate.
papaye *sf.* papaya.
pape *sm.* papă.
papelard, -e *adj.* ipocrit.
papelardise *sf.* ipocrizie.
paperasse *sf.* hârțoagă.
paperasserie *sf.* hârțogărie.
paperassier, -ère *adj., smf.* birocrat.
papeterie *sf.* papetărie.
papetier, -ère *adj., smf.* comerciant, fabricant de hârtie.
papier *sm.* hârtie; documente; *~ buvard* sugativă; *~ monnaie* bani de hârtie; *~ peint* tapet; *~ de verre* glaspapir.
papillaire *adj.* papilar.
papille *sf.* papilă.
papillon *sm.* fluture; papion.
papilloner *vi.* a fi nestatornic.
papillote *sf.* papiotă.
papilloter *vt.* a pune părul pe moațe.
papotage *sm.* trăncăneală.
papoter *vi.* a trancăni.
paprika *sm.* paprika.

P

papyrus *sm.* papirus.
pâque *sf.* paştele evreiesc.
paquebot *sm.* pachebot.
Pâques *sm. pl.* Paşti.
paquet *sm.* pachet; *faire son ~* a-şi face bagajul; *~ de mesures* pachet de măsuri.
paquetage *sm.* împachetare.
paqueter *vt.* a împacheta.
par *prep.* de; prin; în; cu; *~ hasard* din întâmplare; *~ consequent* prin urmare; *~ jour* pe zi; *~ ci, ~ là* pe ici, pe colo; *~ ailleurs* pe de altă parte.
parabole *sf.* parabolă.
parabolique *adj.* parabolic.
parachever *vt.* a desăvârşi.
parachute *sm.* paraşută.
parachuter *vt.* a paraşuta.
P
parachutisme *sm.* paraşutism.
parachtiste *smf.* paraşutist.
parade *sf.* paradă; pompă; *de ~* de formă.
parader *vi.* a defila; a face paradă de; a se mândri.
paradis *sm.* rai, paradis.
paradisiaque *adj.* paradisiac.
paradoxal, -e *adj.* paradoxal.
paradoxe *sm.* paradox.
parafe *sf.* parafă.
paraffine *sf.* parafină.
parafoudre *sm.* paratrăsnet.
parages *sm. pl. dans les ~* prin împrejurimi.
paragraphe *sm.* paragraf.
paraître **1.** *vi.* a apărea; a părea; a exista; **2.** *v. impers.* a se părea; *il paraît que* se pare că.
parallèle **1.** *adj.* paralel; asemănător; **2.** *sm.* paralelă; comparare.
parallèlement *adv.* paralel.
parallélépipède *sm.* paralelipiped.
parallélisme *sm.* paralelism.
parallélogramme *sm.* paralelogram.
paralyser *vt.* a paraliza.
paralysie *sf.* paralizie.
paralytique *adj.*, *smf.* paralitic.
paramètre *sm.* parametru.
paramilitaire *adj.* paramilitar.
paranoïa *sf.* paranoia.
parapet *sm.* parapet.
paraphe *sm.* parafă.
parapher *vt.* a parafa.
paraphrase *sf.* parafrază.
paraphraser *vt.* a parafraza.
paraplégique *smf.* paraplegic.
parapluie *sm.* umbrelă de ploaie.
parasitaire *adj.* parazitar.
parasite **1.** *sm.* parazit; **2.** *adj.* parazit, inutil.
parasitisme *sm.* parazitism.
parasol *sm.* umbrelă de soare.
paratonnerre *sm.* paratrăznet.
paravent *sm.* paravan.
parbleu *interj.* zău!.
parc *sm.* parc; *~ national* parc naţional; grădină.
parcage *sm.* parcare.
parcellaire *adj.* parcelat.
parcelle *sf.* parcelă, lot.

parcellement *sm.* parcelare.
parceller *vt.* a parcela.
parce que *loc. conj.* fiindcă, pentru că.
parchemin *sm.* pergament.
parcheminé, -e *adj.* pergamentos.
parcimonie *sf.* zgârcenie.
parcimonieux, -euse *adj.* zgârcit.
parcourir *vt.* a parcurge, a străbate.
parcours *sm.* parcurs, traseu.
pardessus *sm.* pardesiu.
pardon *sm.* scuze, iertare.
pardonable *adj.* scuzabil, de iertat.
pardoner 1. *vt.* a ierta, a scuza; **2.** *vi.* a cruța; **3.** *vr.* a se ierta.
pare, -e *adj.* împodobit.
pare-brise *sm. invar.* parbriz.
pare-choc *sm. invar.* bară de protecție.
pare-feu *sm. invar.* stingător de incendiu.
pareil, -eille 1. *adj.* asemănător, identic; *en ~ cas* în asemenea caz; **2.** *adv.* la fel; **3.** *smf.* egal; seamăn; *sans ~* fără seamăn; *rendre la pareille* a răspunde cu aceeași monedă.
pareillement *adv.* de asemenea.
parement *sm.* podoabă, ornament.
parent *sm.* rudă; *pl.* părinți.
parentage *sm.* înrudire; rude.
parental, -e *adj.* parental.
parenté *sf.* rudenie, înrudire; rude.
parenthèse *sf.* paranteză.
parer 1. *vt.* a împodobi; a orna; a para; **2.** *vi.* a remedia; **3.** *vr.* a se împodobi.
pare-soleil *sm. invar.* parasolar.
paresse *sf.* lene.
paresseusement *adv.* alene.
paresseux, -euse *adj.*, *smf.* leneș.
parfaire *vt.* a termina; a perfecționa; a finisa.
parfait, -e 1. *adj.* perfect; complet; **2.** *sm.* perfecțiune; parfeu.
parfaitement *adv.* perfect.
parfiler *vt.* a destrăma.
parfois *adv.* uneori, câteodată.
parfum *sm.* parfum.
parfumer *vt.*, *vr.* a (se) parfuma.
parfumerie *sf.* parfumerie.
pari *sm.* pariu, rămășag.
parier *vt.* a paria, a face pariu.
parité *sf.* paritate, egalitate.
perjure 1. *sm.* sperjur; **2.** *adj.*, *smf.* sperjur, persoana care comite un sperjur.
perjurer *vr.* a-și călca jurământul.
parlant, -e *adj.* vorbitor; sonor; convingător.
parlement *sm.* parlament.
parlementaire *adj.*, *sm.* parlamentar.

P

parlementer *vt.* a parlamenta, a negocia, a trata.
parler 1. *vi.* a vorbi; a se exprima; ~ *en l'air* a vorbi cu ușurătate; **2.** *vr.* a-și vorbi; **3.** *sm.* vorbire, limbă, limbaj.
parloir *sm.* vorbitor.
parmi *prep.* printre.
parodie *sf.* parodie.
parodier *vt.* a parodia.
paroi *sf.* zid, perete.
paroisse *sf.* parohie.
parole *sf.* cuvânt, vorbă; *prendre la ~* a lua cuvântul; *sur ~* pe cuvânt.
paroxysme *sm.* paroxism.
parquer *vt.* a parca; a închide.
parquet *sm.* parchet, pardoseală.
parquetage *sm.* parchetare.
parqueter *vt.* a parcheta.
parqueteur *adj.*, *sm.* parchetar
parrain *sm.* naș la botez.
parricide *sm.* paricid.
parsemer *vt.* a presăra.
part *sf.* parte; *diviser en parts* a împărți; *nulle ~* nicăieri; *de toutes parts* din toate părțile; *payer sa ~* a-și plăti partea; *~ sociale* parte socială, acțiune; *d'autre ~* pe deasupra, în plus.
partage *sm.* partaj, împărțeală.
partager 1. *vt.* a împărți; a împărtăși; a diviza; **2.** *vi.* a împărți; **3.** *vr.* a se împărți.
partenaire *smf.* partener, asociat.
parterre *sm.* parter *(la teatru)*; strat de flori.
parti *sm.* partid; parte; hotărâre; *prendre un ~* a lua o hotărâre; *tirer ~* atrage folos.
partial, -e *adj.* părtinitor.
partialement *adv.* cu părtinire.
partialité *sf.* parțialitate.
participant, -e *adj.*, *smf.* participant.
participation *sf.* participare.
participle *sm.* participiu.
participer *vi.* a participa.
particulariser 1. *vt.* a specifica în amănunt; **2.** *vr.* a se singulariza.
particularité *sf.* particularitate.
particule *sf.* particulă, părticică.
particulier, -ère 1. *adj.* personal, specific; particular; ciudat; **2.** *sm.* particular.
particulièrement *adv.* în special.
partie *sf.* parte; partidă; *prendre qqn à ~* a certa.
partir *vi.* a pleca, a porni; *à ~* cu începere.
partisan, -e *smf.*, *adj.* partizan, adept.
partitif, -ive *adj.*, *sm.* partitiv.
partition *sf.* partitură.
partout *adv.* pretutindeni.
parure *sf.* podoabă.
parution *sf.* apariție.
parvenir *vi.* a ajunge, a parveni.
parvenu, -e *smf.* parvenit.

pas 1. *sm.* pas; ~ *à* ~ pas cu pas; prag; progres; trecătoare; 2. *adv.* nu; ~ *vrai?* nu-i așa?.
passable *adj.* acceptabil.
passade *sf.* capriciu, toană.
passage *sm.* trecere; traversare; pasaj.
passager, -ère 1. *adj.* trecător; 2. *smf.* pasager.
passant, -e *smf.* trecător.
passe *sf.* trecere; pasă; *mot de* ~ parolă; *être en* ~ a fi pe cale de a.
passé, -e 1. *adj.* trecut; *l'an* ~ anul trecut; 2. *sm.* trecut; *par le* ~ odinioară; 3. *prep.* după.
passeport *sm.* pașaport.
passereau *sm.* păsărică.
passerelle *sf.* pasarelă.
passe-temps *sm. invar.* distracție.
passeur, -euse *smf.* luntraș.
passible *adj.* pasibil.
passif, -ive *adj., sm.* pasiv.
passion *sf.* pasiune, patimă; suferință.
passionnant, -e *adj.* pasionant.
passionné, -e *adj., smf.* pasionat.
passionnel, -elle *adj.* pasional.
passionnément *adv.* cu pasiune.
passionner 1. *vt.* a pasiona, a înflăcăra, a entuziasma; 2. *vr.* a se pasiona pentru.
passivement *adv.* pasiv.
passivité *sf.* pasivitate.
passoire *sf.* strecurătoare.
pastel *sm.* pastel.
pastèque *sf.* pepene.
pasteur *sm.* păstor, cioban, pastor.
pasteurisation *sf.* pasteurizare.
pasteuriser *vt.* pasteuriza.
pastiche *sm.* pastișă.
pasticher *vt.* a pastișa.
pastille *sf.* pastilă.
pastoral, -e 1. *adj.* pastoral; ciobănesc; 2. *sf.* pastorală.
patache *sf.* rablă.
patatras *interj.* buf!
pataud, -e 1. *adj.* greoi, neîndemânatic; 2. *sm.* cățel cu labele grose.
patauger *vi.* a se bălăci; a se împotmoli.
patchouli *sm.* paciuli.
pâte *sf.* aluat, cocă; pastă; ~ *dentifrice* pastă de dinți; paste făinoase; caracter; *une bonne* ~ persoană cu care te înțelegi ușor.
pâté *sm.* pateu.
patelin, -e *adj., smf.* pehlivan.
patent, -e *adj.* evident, patent.
patente *sf.* invenție.
patenté *adj., smf.* patentat, autorizat.
patenter *vt.* a patenta, a autoriza.
patère *sf.* cuier de perete.
paterne *adj.* patern, blând.

P

paternel, -elle *adj.* părintesc; patern; din partea tatălui.
paternellement *adv.* părintește.
paternité *sf.* paternitate.
pâteux, -euse *adj.* păstos, cleios; *avoir la bouche pâteuse* a i se împletici limba.
pathétique *adj.* patetic.
pathétisme *sm.* patetism.
pathologie *sf.* patologie.
pathologique *adj.* patologic.
pathos *sm.* patos, emfază.
patiemment *adv.* cu răbdare.
patience *sf.* răbdare; *perdre ~* a pierde răbdarea; perseverență.
patient, -e **1.** *adj.* răbdător; perseverent; **2.** *smf.* pacient.
patienter *vi.* a avea răbdare.
patin *sm.* patină; *~ à glace* patină de gheață.
patinage *sm.* patinaj.
patine *sf.* patină, oxidare.
patiner *vi.* a patina.
patineur, -euse *smf.* patinator.
patinoire *sf.* patinoar.
pâtir *vi.* a suferi.
pâtis *sm.* islaz, pășune.
pâtisserie *sf.* patiserie.
pâtissier, -ère *adj.*, *smf.* patiser.
patois *sm.* dialect.
pâtre *sm.* păstor.
patriarcal, -e *adj.* patriarhal.
patriarche *sm.* patriarh.
patrie *sf.* patrie.
patrimoine *sm.* patrimoniu.
patrimonial, -e *adj.* patrimonial.
patriote *adj.*, *smf.* patriot.
patriotique *adj.* patriotic.
patriotisme *sm.* patriotism.
patron, -onne *smf.* patron, stăpân; model, șablon.
patronage *sm.* patronaj, ocrotire.
patronal, -e *adj.* patronal.
patronat *sm.* patronat.
patronner *vt.* a patrona; a ocroti; a croi după tipar.
patronyme *sm.* patronim, nume de familie.
patronimyque **1.** *adj.* patronimic; **2.** *sm.* nume de familie.
patrouille *sf.* patrulă.
patrouiller *vi.* a patrula.
patte *sf.* labă; *marcher à quatre pattes* a merge în patru labe; *coup de ~* zgârietură; *se casser une ~* a-și rupe un picior.
pâturage *sm.* pășune.
pâture *sf.* nutreț; hrană.
paume *sf.* palmă a mâinii.
paupérisation *sf.* pauperizare.
paupérisme *sm.* pauperism.
paupière *sf.* pleoapă.
pause *sf.* pauză.
pauvre **1.** *adj.* sărac, sărman; lipsit de; biet; **2.** *smf.* sărac.
pauvrement *adv.* sărăcăcios; mediocru.
pauvreté *sf.* sărăcie; ariditate; mediocritate.
pavage *sm.* pavaj, pavare.

pavaner *vr.* a se împăuna, a-şi da aere.
pavé 1. *adj.* pavat; **2.** *sm.* pavaj; stradă; *être sur le* ~ a fi pe drumuri.
pavement *sm.* pavare; pavaj.
paver *vt.* a pava.
paveur *sm.* pavator.
pavilion *sm.* pavilion; drapel; *baisser* ~ a ceda, a renunţa.
pavoisement *sm.* împodobire.
pavoiser *vt.* a împodobi, a pavoaza.
payable *adj.* plătibil.
payant, -e *adj.* care plăteşte; cu plată.
payer 1. *vt.* a plăti; a recompensa; ~ *de retour* a plăti cu aceeaşi monedă; **2.** *vi.* a fi profitabil; **3.** *vr.* a-şi plăti.
payeur, -euse *smf.* platonic; *mauvais* ~ rău platnic.
pays *sm.* ţară; regiune, ţinut; *mal du* ~ dor de ţară.
paysage *sm.* peisaj.
paysagiste *adj.*, *sm.* peisagist.
paysan, -ne *smf.* ţăran.
paysannerie *sf.* ţărănime.
peau *sf.* piele; coajă de fructe.
peau-rouge *adj.*, *smf.* piele-roşie.
peccadille *sf.* mică greşeală.
pêche *sf.* piersică, pescuit.
péché *sm.* păcat; ~ *mignon* flebeţe, slăbiciune.
pécher *vi.* a păcătui, a geşi.
pêcher 1. *sm.* piersic; **2.** *vt.* a pescui; **3.** *vr.* a fi pescuit.
pêcherie *sf.* pescărie.
pécheur, -eresse *adj.*, *smf.* păcătos.
pêcheur, -euse *smf.* pescar.
pectine *sf.* pectină.
pectoral *adj.* pectoral.
pécule *sm.* mici economii.
pécuniaire *adj.* pecuniar.
pédagogie *sf.* pedagogie.
pédagogique *adj.* pedagogic.
pédagogue *smf.* pedagog.
pédale *sf.* pedală.
pédaler *vi.* a pedala.
pédant, -e *adj.*, *smf.* pedant.
pédanterie *sf.* pedanterie.
pédéraste *sm.* homosexual, pederast.
pédestre *adj.* pedestru; pe jos.
pédiatre *smf.* pediatru.
pédiatrie *sf.* pediatrie.
pédicule *sm.* codiţă.
pédicure *smf.* pedichiurist.
pédoncule *sm.* peduncul.
peignage *sm.* dărăcit.
peigne *sm.* pieptene.
peigner 1. *vt.* a pieptăna; a dărăci; **2.** *vr.* a se pieptăna.
peignoir *sm.* halat de baie; capot.
peindre *vt.* a picta, a zugrăvi; a descrie.
peine *sf.* durere, suferinţă; tristeţe; *faire de la* ~ *à qqn.* a întrista pe cineva.; efort, osteneală; *ça vaut la* ~ merită osteneala; *se donner de la peine* a-şi da osteneala.
peiné, -e *adj.* supărat, trist.

P

peiner 1. *vt.* a întrista, a mâhni; **2.** *vi.* a se trudi, a se strădui.
peintre *sm.* pictor; ~ *en bâtiment* zugrav.
peinture *sf.* vopsea; vopsit; pictură; descriere.
péjoratif, -ive *adj.* peiorativ.
palage *sm.* pelaj; păr de animale.
pelé, -e 1. *adj.* pleşuv, fără păr, chel; fără coajă; **2.** *sm.* chel.
pêle-mêle *adv.* în dezordine.
peler 1. *vt.* a curăţa, a coji; **2.** *vi.* a se coji, a se descuama, a năpârli; **3.** *vr.* a se coji, a cheli.
pèlerin, -e *smf.* pelerin.
pèlerinage *sm.* pelerinaj.
pèlerine *sf.* pelerină.
pelican *sm.* pelican.
pelisse *sf.* blană, şubă.
pellagre *sf.* pelagră.
pellagreux, -euse *adj.* pelagros.
pelle *sf.* lopată; *à la* ~ cu lopata, din belşug.
pelleter *vt.* a întoarce cu lopata.
pelleterie *sf.* pielărie; blănărie.
pelletier, -ère *adj.*, *smf.* blănar.
pellicule *sf.* peliculă; mătreaţă.
pelote *sf.* ghem; pelotă; bulgăre, cocoloş.
peloter *vt.* a mângâia; a linguşi.
peloton *sm.* pluton; ghem.
pelotonnement *sm.* ghemuire.
pelotonner 1. *vt.* a face ghem; **2.** *vr.* a se ghemui.
pelouse *sf.* peluză, pajişte
pelu, -e *adj.* păros.
peluche *sf.* pluş.
peluché, -e *adj.* păros; pluşat.
pelure *sf.* coajă.
pénal, -e *adj.* penal.
pénalisation *sf.* penalizare.
pénalité *sf.* penalitate, pedeapsă.
penaud, -e *adj.* ruşinat, stânjenit, jenat.
penchant, -e *sm.* înclinaţie; atracţie pentru cineva; vocaţie.
pencher 1. *vt.* a înclina, a apleca, a pleca; **2.** *vi.* a se înclina, a se apleca; **3.** *vr.* a se înclina, a se apleca; *se ~ sur qqch.* a se ocupa de.
pendaison *sf.* spânzurare.
pendant, -e 1. *adj.* care atârnă; **2.** *sm.* pandant; **3.** *prep.* în timpul.
pendeloque *sf.* ornament agăţat de cercei.
pendentif *sm.* pandantiv.
pendre 1. *vt.* a spânzura; **2.** *vr.* a se spânzura; **3.** *vi.* a atârna.
pendu, -e *smf.* spânzurat.
pendule 1. *sf.* ceas, pendulă; **2.** *sm.* pendul.
pêne *sm.* zăvor.
pénétrable *adj.* penetrabil.
pénétrant, -e *adj.* pătrunzător.
pénétration *sf.* penetrare, pătrundere.

P

pénétré, -e *adj.* pătruns, convins.
pénétrer 1. *vt.* a pătrunde, a trece prin; **2.** *vi.* a se introduce; **3.** *vr.* a se combina, a se amesteca; a se pătrunde.
pénible *adj.* penibil; dureros; anevoios.
péniblement *adv.* cu greu, penibil.
péniche *sf.* şlep.
pénicilline *sf.* penicilină.
péninsulaire *adj.* peninsular.
péninsule *sf.* peninsulă.
pénitence *sf.* căinţă, penitenţă.
pénitencier *sm.* penitenciar, închisoare.
pénitent, -e *adj.*, *smf.* pocăit, penitent.
pénombre *sf.* penumbră.
pensant, -e *adj.* gânditor.
pensée *sf.* gândire; gând; intenţie; părere; pansea.
penser *vi.* a se gândi, a avea o părere; a reflecta; a concepe; *donner à* ~ a da de gândit.
penseur, -euse *adj.* gânditor, filosof.
pensif, -ive *adj.* gânditor, pe gânduri, meditativ.
pension *sf.* pensiune; pensie.
pensionnaire *smf.* pensionar; intern *(la liceu).*
pensioner *vt.* a da pensie, a pensiona.
pentagone *sm.* pentagon.
pentathlon *sm.* pentatlon.
pente *sf.* pantă; înclinare.
Pentecôte *sf.* Rusalii.
pénultième *adj.* penultim.
pénurie *sf.* penurie, lipsă.
pépiement *sm.* piuit.
pépier *vi.* a piui.
pépin *sm.* sâmbure mic.
pépinière *sf.* pepinieră.
pépite *sf.* pepită.
perçage *sm.* străpungere, găurire.
perçant, -e *adj.* pătrunzător; ţipător; *voix* ~ voce ascuţită.
perce *sf.* burghiu, sfredel.
percé *sf.* deschizătură; deschidere.
percement *sm.* străpungere, găurire.
perce-neige *sf. invar.* ghiocel.
percepteur *sm.* preceptor.
perceptible *adj.* perceptibil.
perception *sf.* perecpţie, înţelegere.
percer *vt.* a găuri, a perfora; a pătrunde; a înţelege.
percevoir *vt.* a percepe; a înţelege.
perche *sf.* biban; prăjină; *saut à la* ~ săritură cu prăjina.
percher *vi.*, *vr.* a se căţăra.
perclus, -e *adj.* înţepenit.
perçoir *sm.* burghiu.
percussion *sf.* percutare; percuţie.
percussionniste *smf.* percuţionist.
percuter *vt.* a lovi; a percuta.
perdition *sf.* perdiţie, pierzanie.

P

perdre 1. *vt.* a pierde; a rătăci; a fi învins; **2.** *vi.* a pierde; **3.** *vr.* a se pierde, a dispărea, a se rătăci.
perdrix *sf.* potârniche.
perdu, -e 1. *adj.* pierdut; rătăcit; irosit; *temps* ~ timp pierdut; **2.** *smf.* disperat, nebun.
père *sm.* tată; părinte; preot.
pérégrination *sf.* peregrinare, pribegie.
pérégriner *vi.* a peregrina, a pribegi.
péremptoire *adj.* peremptoriu.
pérennité *sf.* perenitate.
perfectible *adj.* perfectibil.
perfection *sf.* perfecțiune; terminare; *à la* ~ la perfecție.
perfectionnement *sm.* perfecționare.
P
perfectionner *vt.*, *vr.* a (se) perfecționa.
perfectionniste *smf.* perfecționist.
perfide *adj.* perfid, viclean.
perfidie *sf.* perfidie, trădare.
perforateur, -trice 1. *adj.* perforant; **2.** *sm.* perforator.
perforation *sf.* perforare, găurire.
performer *vt.* a perfora, a găuri.
performance *sf.* performanță.
péricliter *vt.* a periclita.
péril *sm.* pericol, primejdie.
périlleux, -euse *adj.* periculos, primejdios.
périmer *vi.* a se perima.
périmètre *sm.* perimetru.
périnée *sm.* perineu.
période *sf.* perioadă.
périodicité *sf.* periodicitate.
périodique 1. *adj.* periodic; **2.** *sm.* ziar, periodic.
périodiquement *adv.* periodic.
péripetie *sf.* peripeție.
périphérie *sf.* periferie.
périphérique *adj.* periferic.
périphrase *sf.* perifrază.
périphrastique *adj.* perifrastic.
périple *sm.* periplu, călătorie.
périr *vi.* a pieri, a muri.
périscope *sm.* periscop.
périssable *adj.* perisabil.
péritoine *sm.* peritoneu.
péritonite *sf.* peritonită.
perle *sf.* perlă.
perlé, -e *adj.* perlat.
perler *vi.* a se brobona, a picura.
permanence *sf.* permanență.
permanent, -e 1. *adj.* permanent, continuu; **2.** *sf.* ondulație permanentă.
perméabilité *sf.* permeabilitate.
perméable *adj.* permeabil.
permettre 1. *vt.* a permite; **2.** *vr.* a-și permite.
permis *sm.* permis.
permission *sf.* autorizație, permisie, încuviințare, voie.
pernicieux, -euse *adj.* pernicios, vătămător.
péroraison *sf.* perorare,
pérorer *vi.* a perora.
perpendiculaire 1. *adj.* perpendicular; **2.** *sf.* linie perpendiculară.

perpendicularité *sf.* perpendicularitate.
perpétration *sf.* comitere, săvârșire.
perpétrer *vt.* a săvârși, a comite.
perpétuation *sf.* perpetuare.
perpétuel, -elle *adj.* perpetuu, veșnic.
perpétuellement *adv.* veșnic, mereu, perpetuu.
perpétuer *vt.*, *vr.* a (se) perpetua.
perpétuité *sf.* perpetuitate; *à ~* pentru totdeauna.
perplexe *adj.* perplex.
perplexité *sf.* perplexitate, uimire.
perquisition *sf.* percheziție.
perquisitionner *vi.* a percheziționa.
perroquet *sm.* papagal.
perruche *sf.* peruș.
perruque *sf.* perucă.
perruquier, -ère *smf.* peruchier.
persécuter *vt.* a persecuta, a chinui.
persécuteur, -trice *adj.*, *smf.* persecutor.
persécution *sf.* persecuție, persecutare.
persévérance *sf.* perseverență.
perseverant, -e *adj.* perseverant.
persévérer *vi.* a persevera.
persienne *sf.* oblon, jaluzea.
persiflage *sm.* persiflare, zeflemisire.
persifler *vt.* a persifla, a zeflemisi.
persil *sm.* pătrunjel.
persistence *sf.* insistență, persistență.
persistant, -e *adj.* persistent; durabil.
persister *vt.* a persista, a se încăpățâna.
personnage *sm.* personaj.
personnaliser *vt.* a personaliza.
personnalité *sf.* personalitate.
personne 1. *pron. nehot.* nimeni; **2.** *sf.* persoană.
personnellement *adv.* personal.
personnification *sf.* personificare.
personnifier *vt.* a personifica.
perspective *sf.* perspectivă.
perspicace *adj.* perspicace, ager.
perspicacité *sf.* perspicacitate, agerime, pătrundere.
persuader 1. *vt.* a convinge; **2.** *vr.* a se convinge, a crede.
persuasif, -ive *adj.* convingător, persuasiv.
persuasion *sf.* convingere.
perte *sf.* pierdere; irosire; *à ~ de vue* cât vezi cu ochii.
pertinent, -e *adj.* pertinent, nimerit, potrivit.
perturbateur, -trice *smf.* perturbator, agitator.

P

perturbation *sf.* perturbare, perturbație
pervers, -e *adj.*, *smf.* pervers.
perversion *sf.* perversiune; depravare.
perversité *sf.* perversitate.
perverti, -e *adj.*, *smf.* pervertit, stricat.
pervertir *vt.*, *vr.* a (se) perverti.
pervertissement *sm.* pervertire.
pesage *sm.* cântărire, cântărit.
pesamment *adv.* greoi, *marcher ~* a călca apăsat.
pesant, -e **1.** *adj.* greu; lent; **2.** *sm.* greutate; *valoir son ~ d'or* a fi foarte valoros.
pesanteur *sf.* greutate; încetineală.
pesée *sf.* cântărire; apăsare.
P
peser **1.** *vt.* a cântări; **2.** *vi.* a trage greu la cântar.
pessimisme *sm.* pesimism.
pessimiste *adj.*, *smf.* pesimist.
peste *sf.* ciumă.
pester *vi.* a drăcui.
pestiféré, -e *adj.*, *smf.* ciumat.
pestilence *sf.* molimă.
pestilentiel, -elle *adj.* pestilențial.
pétale *sm.* petală.
pétard *sm.* petardă, pocnitoare.
pétillant, -e *adj.* care pocnește; strălucitor.
pétillement *sm.* pârâit; sclipire.
pétiller *vi.* a pârâi; a sclipi; a țâșni.
petiot, -e *adj.* mititel.
petit, -e **1.** *adj.* mic; meschin; *~ à ~* încetul cu încetul; **2.** *sm.* micuț.
petite-fille *sf.* nepoată.
petitement *adv.* puțin; josnic.
petisse *sf.* micime; josnicie.
petit-fils *sm.* nepot.
petit-four *sm.* fursec.
pétition *sf.* petiție.
pétitionnaire *smf.* petiționa.
pétitionnaire *vi.* a face o petiție.
petit-lait *sm.* zer.
pétrifier *vt.* a împietri, a pietrifica; a înlemni.
pétrin *sm.* copaie, covată, albie.
pétrir *vt.* a frământa; a educa, a forma.
pétrissage *sm.* plămădit, frământat.
pétrole *sm.* petrol; gaz.
pétrolier, -ère **1.** *adj.* petrolier; *industrie ~* industrie petroliferă; **2.** *sm.* petrolier; tanc petrolier.
pétrolifère *adj.* petrolifer; *gisement ~* zăcământ petrolifer.
pétulance *sf.* vioiciune.
pétulant, -e *adj.* vioi, impetuos, năvalnic.
pétunia *sm.* petunie.
peu **1.** *adv.* puțin; **2.** *sm.* puținul; *à ~ près* circa; *quelque ~* puțin.

peuple *sm.* popor.
peuplé, -e *adj.* populat, plin.
peuplement *sm.* populare.
peupler *vt.* a popula.
peuplier *sm.* plop.
peur *sf.* frică, groază; *de ~ que* de frică să; *avoir ~* a-i fi frică; *de ~ de* de teamă să.
peureux, -euse *adj.*, *smf.* fricos, sperios.
peut-être 1. *adv.* poate; **2.** *sm.* posibilitate.
phalange *sf.* falangă.
phalanstère *sm.* falanster.
phalène *sf.* fluture de noapte.
phantasme *sm.* fantasmă, nălucire.
pharaon *sm.* faraon.
phare *sm.* far.
pharisien, -enne *smf.* fariseu.
pharmaceutique *adj.* farmaceutic.
pharmacie *sf.* farmacie.
pharmacien, -enne *smf.* farmacist.
pharyngite *sf.* faringită.
pharynx *sm.* faringe.
phase *sf.* fază; perioadă.
phénix *sm.* pasărea phoenix.
phénol *sm.* fenol.
phénoménal, -e *adj.* fenomenal.
phénomène *sm.* fenomen.
philantrope *sm.* filantrop.
philantropie *sf.* filantropie.
philantropique *adj.* filantropic.
philatélie *sf.* filatelie.
philatéliste *sm.* filatelist.
philologie *sf.* filologie.
philologique *adj.* filologic.
philologue *sm.* filolog.
philosophe *sm.*, *adj.* filosof.
philosopher *vi.* a filozofa.
philosophie *sf.* filozofie.
philosophique *adj.* filozofic.
philtre *sm.* filtru.
phlébite *sf.* flebită.
phlegmon *sm.* flegmon.
phobie *sf.* fobie.
phonétique 1. *adj.* fonetic; **2.** *sf.* fonetică.
phonétiquement *adv.* din punct de vedere fonetic.
phonique *adj.* fonic.
phonographe *sm.* fonograf.
phoque *sf.* focă.
phosphate *sm.* fosfat.
phosphore *sm.* fosfor.
phosphoré, -e *adj.* fosforescent.
phosphorescence *sf.* fosforescență.
phosphorescent, -e *adj.* fosforescent.
photo *sf.* fotografie.
photochromie *sf.* fotocromie.
photocopie *sf.* fotocopie.
photo-électrique *adj.* fotoelectric.
photogénie *sf.* fotogenie.
photogénique *adj.* fotogenic.
photographe *sm.* fotograf.
photographie *sf.* fotografie.
photographier *vt.* a fotografia.
photographique *adj.* fotografic.

photométrie *sf.* fotometrie.
photosensible *adj.* forosensibil.
photosyntèse *sf.* fotosinteză.
phrase *sf.* frază; *sans phrases* fără comentarii.
phraséologie *sf.* frazeologie.
phtisie *sf.* ftizie, tuberculoză.
phtisique *adj.* ftizic, tuberculos.
physicien, -enne *smf.* fizician.
physico-chimie *sf.* fizicochimie.
physiologie *sf.* fiziologie.
physiologique *adj.* fiziologic.
physiologiste *sm.* fiziolog.
physionomie *sf.* fizionomie.
physiothérapie *sf.* fizioterapie.
physique **1.** *adj.*, *sm.* fizic; **2.** *sf.* fizică.
physiquement *adv.* fizicește.
phytothérapie *sf.* fitoterapie.
piailler *vi.* a piui.
piaillerie *sf.* piuit.
pianiste *sm.* pianist.
piano *sm.* pian.
piaulement *sm.* scânceală.
piauler *vi.* a scânci, a piui.
pic **1.** *sm.* târnăcop; culme; ciocănitoare; **2.** *loc. adv.* *à ~* vertical.
pichenette *sf.* bobârnac.
pichet *sm.* urcior.
picorer **1.** *vi.* a ciuguli, a piguli; **2.** *vt.* a ciupi.
picot *sm.* așchie de lemn; pană de lemn.
picotage *sm.* ciuguleală.
picotement *sm.* furnicătură.
picoter *vt.* a furnica, a pişca; a ciuguli.
pictural, -e *adj.* pictural.
pie **1.** *sm.* coțofană; **2.** *adj.* bălțat.
pièce *sf.* bucată; piesă; document, act; *~ d'identité* act de identitate; petic; monedă; *donner la ~* a da bacşiş.
pied *sm.* picior; *de ~ en cap* din cap până în picioare.
piédestal *sm.* piedestal.
piège *sm.* cursă, capcană.
pierraille *sf.* gramadă de pietriş.
pierre *sf.* piatră.
pierreries *sf. pl.* pietre prețioase.
pierreux, -euse *adj.* pietros.
piété *sf.* pietate, cucernicie.
piétinement *sm.* călcare în picioare.
piétiner **1.** *vt.* a călca în picioare; **2.** *vi.* a tropăi; *~ sur place* a bate pasul pe loc.
piéton *sm.* pieton.
piètre *adj.* foarte mediocru.
pieu *sm.* par, țăruș.
pieusement *adv.* cu pietate.
pieuvre *sf.* caracatiță.
pieux, -euse *adj.* pios, evlavios.
pigeon, -onne **1.** *smf.* porumbel; *~ voyageur* porumbel călător; **2.** *sm.* (*fig.*) nătărău.
pigeonnier *sm.* porumbar.
piger *vt.* a pricepe; a admira.
pigment *sm.* pigment.

pigmentation *sf.* pigmentare.
pignon *sm.* pinion.
pilastre *sm.* pilastru.
pile *sf.* grămadă; pilă.
piler *vt.* a pisa.
pilier *sm.* stâlp.
pillage *sm.* jaf, jefuire.
pillard, -e *adj.*, *smf.* jefuitor.
piller *vt.* a jefui, a prăda.
pilleur, -euse *adj.*, *smf.* jefuitor.
pilon *sm.* mai *(de bătut)*.
pilonner *vt.* a bate cu maiul.
pilori *sm.* stâlp *(al infamiei)*; *mettre qqn. au* ~ a pune pe cineva la stâlpul infamiei.
pilotage *sm.* pilotaj, pilotare.
pilote *sm.* pilot; ghid, călăuză; ~ *automatique* pilot automat.
piloter *vt.* a pilota; a îndruma.
pilule *sf.* pilulă.
piment *sm.* ardei; ~ *rouge* ardei roșu; ~ *doux* ardei gras.
pimenter *vt.* a condimenta; a da savoare.
pimpant, -e *adj.* dichisit, elegant.
pin *sm.* pin; *pomme de* ~ con de pin.
pinard *sm.* vin.
pince *sf.* cleşte; ~ *à linge* clete de rufe; ~ *universelle* cleşte patent.
pincé, -e 1. *adj.* înțepat; 2. *sf.* *une pincée de* un vârf de.
pinceau *sm.* pensulă.
pincement *sm.* ciupire.
pincer *vt.* a ciupi.
pincette *sf.* pensetă.
pinçon *sm.* urmă de ciupitură.
pingouin *sm.* pinguin.
pintade *sf.* bibilică.
pioche *sf.* cazma, hârleț.
piocher *vt.* a săpa.
piolet *sm.* piolet.
pion *sm.* pion.
pionnier, -ère *smf.* pionier.
pipe *sf.* pipă.
pipeau *sm.* fluier mic.
pipette *sf.* pipetă.
pipi *sm.* pipi; *faire* ~ a face pipi.
piquant, -e 1. *adj.* care înțeapă; mușcător; 2. *sm.* spin, ghimpe.
pique 1. *sf.* răutate; 2. *sm.* pică.
pique-nique *sm.* picnic.
piquer 1. *vt.* a înțepa; a injecta; a ustura; 2. *vi.* a cădea; a coborî în picaj; a se mândri cu.
piquet *sm.* par, țăruș; pichet.
piqueter *vt.* a îmestrița.
piqûre *sf.* injecție; înțepătură.
pirate *sm.* pirat.
pirater *vt.* a pirata.
pire *adj.* mai rău; cel mai rău.
pirouette *sf.* piruetă.
pis *adv. adj. de mal en* ~ din ce în ce mai rău; *tant* ~ cu atât mai rău.
pisciculture *sf.* piscicultură.
piscine *sf.* piscină.
pissenslit *sm.* păpădie.
pisser *vt.*, *vi.* a urina, a face pipi.
pissoir *sm.* pișoar.
pistache *sf.* fistic.

piste *sf.* pistă; urmă.
pistil *sm.* pistil.
pistolet *sm.* pistol.
piston *sm.* piston; pilă; *arriver par ~* a reuși datorită unei pile.
pistonner *vt.* a apistona, a insista.
piteusement *adv.* jalnic.
piteux, -euse *adj.* jalnic, demn de milă.
pitié *sm.* milă; compasiune; *avoir ~* a-i fi milă.
piton *sm.* piton.
pitoyable *adj.* vrednic de milă; lamentabil.
pitre *sm.* bufon.
pittoresque *adj.* pitoresc.
pivert *sm.* ciocănitoare.
pivoine *sf.* bujor.
pivot *sm.* pivot.
pivoter *vi.* a pivota.
pixel *sm.* pixel.
pizza *sf.* pizza.
placage *sm.* placaj; placare.
placard *sm.* dulap.
place *sf.* loc; *sur ~* pe loc; *ne pas tenir ~* a nu sta locului; post, slujbă; loc la teatru; piață.
placebo *sm.* placebo.
placement *sm.* plasare; *bureau de ~* birou de plasare; plasament.
placer 1. *vt.* a așeza, a pune; a plasa; a vinde; a investi; **2.** *vr.* a se așeza; a se clasa.
placide *adj.* placid, senin, calm.
placidement *adv.* placid.
placidité *sf.* placiditate, calm, liniște.
plafond *sm.* plafon, tavan.
plafonner *vt.* a plafona; a face tavanul.
plafonnier *sm.* plafonieră.
plage *sf.* plajă.
plagiaire *adj.*, *sm.* plagiator.
plagiat *sm.* plagiat.
plagier *vt.* a plagia.
plaid *sm.* pled, pătură.
plaidant, -e *adj.* pledant.
plaider *vt.*, *vi.* a pleda.
plaideur, -euse *smf.* cel care pledază.
plaidoirie *sf.* **(plaidoyer)** *sm.* pledoarie.
plaie *sf.* plagă, rană; flagel.
plaignant, -e *smf.* reclamant.
plain, -e *adj.* plat, neted; plan.
plaindre 1. *vt.* a plânge; a regreta; **2.** *vr.* a se plânge, a se văita.
plaine *sf.* câmpie, șes.
plainte *sf.* plânset, geamăt.
plaitif, -ive *adj.* plângăreț.
plaire 1. *vi.* a plăcea; **2.** *vr.* a se plăcea; a se simți bine.
plaisamment *adv.* plăcut.
plaisance *sf.* plăcere; petrecere.
plaisant, -e 1. *adj.* plăcut; amuzant; ridicol; **2.** *sm.* glumeț.
plaisanter 1. *vi.* a glumi; **2.** *vt.* a râde de cineva.
plaisanterie *sf.* glumă.
plaisantin *sm.* glumeț.

plaisir *sm.* plăcere; distracție; *bon ~* bun plac.
plan 1. *sm.* plan, proiect; **2.** *adj.* plan, neted.
planche *sf.* scândură; planșă.
plancher *sm.* planșeu; podea, dușumea.
planchette *sf.* scândurică.
planer *vi.* a plana, a pluti.
planétaire *adj.* planetar.
planète *sf.* planetă.
plant *sm.* răsad; butaș.
plantage *sm.* plantare, sădire.
platation *sf.* plantare, sădire; plantație.
plante *sf.* plantă; talpa piciorului.
planté, -e *adj.* plantat, sădit.
planter *vt.* a planta, a sădi; a arbora.
planteur *sm.* plantator.
planton *sm.* planton.
plantureux, -euse *adj.* abundent; fertil.
plaque *sf.* placă, tăbliță.
plaqué *sm.* placat, suflat cu un metal.
plaquer *vt.* a placa; (*fam.*) a părăsi.
plasma *sm.* plasmă.
plasticité *sf.* plasticitate.
plastique 1. *adj.* plastic; **2.** *sf.* plastic; **3.** *sm.* material plastic.
plastron *sm.* plastron.
plastronner *vt.* a pune plastron.
plat¹ *sm.* farfurie; fel de mâncare.
plat², -e *adj.* plat, neted; *calme ~* calm desăvârșit.
plateau *sm.* platou; tavă; podiș.
plate-bande *sf.* platbandă.
plate-forme *sf.* platformă.
platement *adv.* cu platitudine.
platine *sm.* platină.
platiner *vt.* a platina.
platitude *sf.* platitudine; josnicie.
platonique *adj.* platonic.
plâtras *sm.* moloz.
plâtre *sm.* ghips, ipsos.
plâtré, -e *adj.* tencuit.
plâtrer *vt.* a tencui.
plausible *adj.* plauzibil.
plèbe *sf.* plebe, popor.
plébéien, -enne *smf.*, *adj.* plebeu, plebeian.
plébiscite *sm.* plebiscit.
pléiade *sf.* pleiadă.
plein, -e 1. *adj.* plin; complet; **2.** *sm.* plinul; flux; **3.** *prep.* plin.
pleinement *adv.* pe deplin.
plénier, -ère *adj.* plenar.
plénipotentiaire *adj.*, *sm.* plenipoteniar.
plénitude *sf.* plenitudine; abundență.
pléonasme *sm.* pleonasm.
pleur *sm.* lacrimi, plânset.
pleurard, -e *adj.*, *smf.* plângăreț.
pleurer 1. *vt.* a plânge *(pe cineva);* a se căi; **2.** *vi.* a plânge.
pleurésie *sf.* pleurezie.

P

pleureur, -euse *adj. smf.* plângător; plângăreț.
pleurite *sf.* pleurită.
pleurnicher *vi.* a scânci.
pleutre *adj., sm.* ticălos.
pleuvoir **1.** *v. impers.* a ploua; **2.** *vi.* a curge, a ploua cu.
plèvre *sf.* pleură.
pli *sm.* pliu, cută; rid.
pliable *adj.* pliabil; docil.
pliant, -e **1.** *adj.* pliant; **2.** *sm.* scaun pliant.
plier **1.** *vt.* a plia, a îndoi; **2.** *vi.* a se îndoi; a se înclina.
plissé, -e **1.** *adj.* plisat, cutat, încrețit; **2.** *sm.* pliseu, cută, încrețitură.
plissement *sm.* plisare.
pliser *vt.* a plisa.
plomb *sm.* plumb, glonț.
plombé, -e *adj.* a plumbui; plumburiu.
plomber **1.** *vi.* a plumbui; a plomba; **2.** *vr.* a se întuneca.
plombier *sm.* instalator.
plongée *sf.* scufundare.
plongeon *sm.* plonjon, scufundare.
plonger **1.** *vt.* a scufunda; a arunca; **2.** *vi.* a se arunca în apă; **3.** *vr.* a se scufunda.
plongeur, -euse **1.** *adj., smf.* scufundător; **2.** *smf.* scafandru.
ployer **1.** *vt.* a îndoi, a încovoia; **2.** *vi.* a se încovoia; a se pleca.
pluie *sf.* ploaie.
plumage *sm.* penele unei păsări.
plume *sf.* pană; peniță.
plumeau *sm.* mătură din pene.
plumée *sf.* jumulire.
plumer *vt.* a jumuli.
plumet *sm.* pană la pălărie.
plumier *sm.* penar.
plupart *sf.* majoritate.
pluralité *sf.* pluraritate.
pluriel, -elle *adj., sm.* plural.
plus **1.** *adv.* mai mult; **2.** *sm.* maximum; *d'autant* ~ cu atât mai mult; *de* ~ *en* ~ din ce în ce mai mult.
plusieurs **1.** *adj.* mai mulți; **2.** *pron.* unii.
plus-que-parfait *sm.* mai-mult-ca-perfect.
plutôt *adv.* mai degrabă.
pluvial, -e *adj.* pluvial.
pluvieux, -euse *adj.* ploios.
pneu *sm.* pneu, cauciuc.
pneumatique **1.** *adj.* pneumatic; **2.** *sf.* pneumatică.
pneumonie *sf.* pneumonie.
pneumothorax *sm.* pneumotorax.
poche **1.** *sf.* buzunar; *de* ~ de buzunar; *argent de* ~ bani de buzunar; gușă; pungă; polonic; **2.** *sm.* carte de buzunar.
poché, -e *adj.* învinețit; *oeuf* ~ ou ochi.
pocher *vt.* a învineți; ~ *l'œil à qqn.* a învineți ochiul cuiva.
pochette *sf.* poșetă; buzunăraș; săculeț.

podagre *sf.* podagră, gută.
poêle 1. *sm.* sobă; **2.** *sf.* tigaie.
poêlier *sm.* sobar.
poêlon *sm.* tigăiță.
poème *sm.* poem.
poésie *sf.* poezie.
poète *sm.* poet.
poétesse *sf.* poetă.
poétique 1. *adj.* poetic; **2.** *sf.* poetică.
poétiquement *adv.* poetic.
poétiser *vt.* a poetiza.
poids *sm.* greutate; povară; importanță.
poignant, -e *adj.* cumplit, sfâșietor.
poignard *sm.* pumnal.
poignarder *vt.* a înjunghia.
poigne *sf.* energie, fermitate; *avoir de la ~* a fi mână de fier.
poignée *sf.* pumn, o mână de; *~ de main* strângere de mână; mâner; clanță; câțiva.
poignet *sm.* încheietura mâinii.
poil *sm.* păr, peri.
poilu, -e 1. *adj.* păros; **2.** *sm.* persoană energică.
poinçon *sm.* poanson.
poinçonnage *sm.* poansonare.
poinçonner *vt.* a poansona.
poindre *vi.* a apărea, a răsări, a ivi.
poing *sm.* pumn.
point 1. *sm.* loc, punct; notă; *le ~ du jour* zorii zilei; *à ~* la țanc; potrivit; **2.** *adv.* nu, de loc.
pointage *sm.* perforare, marcare; îndreptare spre o țintă.
pointe *sf.* vârf; cui, țintă; poantă; un pic de.
pointer 1. *vt.* a puncta; a ținti; a însemna; **2.** *vi.* a se ridica, a se înălța.
pointillage *sm.* punctare.
pointiller 1. *vt.* a puncta; a înțepa; **2.** *vi.* a face puncte.
pointilleux, -euse *adj.* exigent; irascibil.
pointu, -e *adj.* ascuțit; pretențios.
pointure *sf.* măsură, număr *(la pantofi etc.)*
poire *sf.* pară.
poireau *sm.* praz.
poirier *sm.* păr (pom).
pois *sm.* mazăre.
poison *sm.* otravă.
poissard, -e 1. *adj.* grosolan, mitocănesc; **2.** *sf.* precupeață; mahalagioaică.
poisson *sm.* pește.
poissonneux, -euse *adj.* plin de pește.
poissonnier, -ère *smf.* pescar.
poitrinaire *adj., smf.* tuberculos.
poitrine *sf.* piept; plămâni.
poivre *sm.* piper.
poivré, -e *adj.* piperat; (*fig.*) sarcastic; deocheat.
poivrer *vt.* a pipera.
poivrier *sm.* arbust de piper.
poix *sf.* smoală.
polaire *adj.* polar.

P

polarisateur, -trice *adj.* polarizateur.
polarisation *sf.* polarizare.
polariser *vt.* a polariza.
pôle *sm.* pol.
polémique 1. *sf.* polemică, ceartă; 2. *adj.* polemic.
polémiquer *vi.* a polemiza.
ploémiste *sm.* polemist.
polenta *sf.* mămăligă.
poli, -e *adj.* politicos; lustruit, șlefuit.
police *sf.* poliție; poliță.
policer *vt.* a civiliza, șlefui pe cineva.
polichinelle *sm.* măscărici; *secret de ~* lucru știut de toată lumea.
policier, -ère *adj., smf.* polițist, de poliție.
policlinique *sf.* policlinică.
poliment *adv.* politicos.
poliomyélite *sf.* poliomielită.
polir *vt.* a lustrui, a șlefui.
pôlissage *sm.* lustruire, șlefuire.
polisson, -onne 1. *smf.* vagabond; ștrengar; 2. *adj.* liber, fără rușine.
polissonnerie *sf.* ștrengărie.
polissure *sf.* poleire, lustru.
politesse *sf.* politețe.
politicien, -enne *smf.* politician.
politique 1. *sf.* politică; 2. *adj.* politic.
pollen *sm.* polen.
pollinisation *sf.* polenizare.
polluer *vt.* a murdări, a polua.
pollution *sf.* profanare; *(med.)* poluție.
polonais, -e *adj.* polonez.
Polonais, -e *smf.* locuitor din Polonia.
poltron, -onne *adj., smf.* laș, fricos.
poltronnerie *sf.* lașitate.
polygame *sm.* poligam.
polygamie *sf.* poligamie.
polyglotte *adj., smf.* poliglot.
polygonnal, -e *adj.* poligonal.
polygone *sm.* poligon.
polygraphe *sm.* poligraf.
polynôme *sm.* polinom.
polype *sm.* polip.
polyphonie *sf.* polifonie.
polytechnicien *sm.* politehnician.
polytechnique *adj.* politehnic.
polyvalent, -e *sm.* polivalent.
pomiculteur *sm.* pomicultor.
pommade *sf.* pomadă, alifie.
pomme *sf.* măr; *~ de terre* cartof.
pommeau *sm.* măciulie; mâner.
pommelé, -e *adj.* alb-cenușiu.
pommette *sf.* pometul obrazului.
pommier *sm.* măr.
pompe *sf.* pompă.
pomper *vt.* a pompa; a atrage; a bea mult alcool.
pompeusement *adv.* cu pompă.
pompeux, -euse *adj.* pompos, fastuos, plin de emfază.

pompier *sm.* pompier.
pompon *sm.* pompon.
pomponner *vt.*, *vr.* a (se) împodobi.
ponce *sf.* *pierre* ~ piatră ponce.
ponceau *sm.* podeț.
poncer *vt.* a șlefui cu piatra ponce.
poncif, -ive 1. *adj.* banal; 2. *sm.* banalitate.
ponction *sf.* puncție.
ponctualité *sf.* punctualitate.
ponctuation *sf.* punctuație.
ponctuel, -elle *adj.* punctual, exact.
ponctuellement *adv.* punctual.
ponctuer *vt.* a puncta; a accentua; a pune semnele de punctuație.
pondaison *sf.* ouat.
pondérateur, -trice *adj.* moderator.
pondération *sf.* echilibru; ponderație.
pondeur, -euse *adj.*, *smf.* ouătoare.
pondre *vt.* a oua.
pont *sm.* pod, punte.
pontage *sm.* pontaj.
ponte *sf.* ouare.
ponter 1. *vi.* a ponta, a miza; 2. *vt.* a face o punte.
pontife *sm.* pontif.
pontifical, -e *adj.* pontifical.
ponton *sm.* ponton.
pontonnier *sm.* pontonier.
pope *sm.* popă.
popeline *sf.* poplin.
popote *sf.* popotă.
populace *sf.* *(peior.)* sărăcime, norod.
populaire 1. *adj.* popular; 2. *sm.* *(peior.)* popor, norod.
population *sf.* populație.
populisme *sm.* populism, narodnicism.
populiste *smf.* populist.
populeux, -euse *adj.* populat.
porc *sm.* porc; carne de porc.
porcelaine *sf.* porțelan.
porche *sm.* portic, tindă.
porcher, ère *smf.* porcar.
porcin, -e *adj.* porcin.
pore *sm.* por.
poreux, -euse *adj.* poros.
pornographie *sf.* pornografie.
pornographique *adj.* pornografic.
porosité *sf.* porozitate.
porphyre *sm.* porfir.
port *sm.* port; purtare; ~ *d'armes* port de arme; *arriver à bon* ~ a ajunge cu bine; *faire naufrage au* ~ a se îneca la mal.
portable *adj.* portabil.
portail *sm.* portal.
portant, -e *adj.* purtător; *bien/mal* ~ sănătos/bolnav.
portatif, -ive *adj.* portativ; transportabil.
porte *sf.* poartă; ușă; *mettre qqn. à la* ~ a da pe cineva afară.
porte-avions *sm.* portavion.
porte-bagages *sm.* portbagaj.

P

porte-bonheur *sm.* talisman, amuletă.
porte-cartes *sm.* portvizit.
porte-cigarette *sm.* portțigaret.
porte-clefs *sm.* portchei.
porte-drapeau *sm.* portdrapel.
portée *sf.* distanță; eficacitate; importanță; *être à la ~ de qqn.* a fi la îndemâna cuiva.
portefaix *sm.* salahor, hamal.
portefeuille *sm.* portofel; portofoliu.
portemanteau *sm.* cuier.
porte-monnaie *sm.* portmoneu.
porte-parole *sm.* purtător de cuvânt.
porte-plume *sm.* toc de scris.
porter 1. *vt.* a purta, a duce; a aduce; a îndemna; a da rezultate bune; *~ amitié à qqn.* a avea sentimente de prietenie pentru cineva; *~ plainte* a face o reclamație; **2.** *vi.* a se sprijini; *~ sur* a se sprijini pe; a ținti; a se lovi; **3.** *vr.* a se îndrepta; a se prezenta ca.
porteur, -euse 1. *smf.* purtător; **2.** *sm.* hamal.
portier, -ère *smf.* portar.
portière *sf.* portieră.
portion *sf.* porție, tain.
portique *sm.* portic.
portrait *sm.* portret.
portraitiste *sm.* portretist.
pose *sf.* punere, așezare; poză.
posé, -e *adj.* serios, grav.
posément *adv.* fără grabă.
poser 1. *vt.* a așeza, a pune; a instala; **2.** *vi.* a poza; **3.** *vr.* a ateriza.
positif, -ive 1. *adj.* pozitiv; cert; **2.** *sm.* pozitiv.
position *sf.* poziție, atitudine; slujbă.
positivement *adv.* pozitiv, sigur.
possédé, -e 1. *adj.* posedat; dominat; **2.** *smf.* posedat, smintit.
posséder 1. *vt.* a poseda; **2.** *vr.* a se stăpâni.
possesseur *sm.* posesor.
possessif *adj.*, *sm.* posesiv.
possession *sf.* posesiune.
possibilité *sf.* posibilitate.
possible 1. *adj.* posibil; **2.** *sm.* posibilul.
postal, -e *adj.* poștal.
postdater *vt.* a postdata.
poste 1. *sf.* poștă; **2.** *sm.* post, serviciu; santinelă.
poster 1. *vt.* a pune la poștă; a posta; **2.** *vr.* a se posta.
postérieur, -e 1. *adj.* ulterior, posterior; **2.** *sm.* (*fam.*) fese, șezut.
postérieurement *adv.* posterior, ulterior.
postérité *sf.* posteritate.
postface *sf.* postfață.
posthume *adj.* postum.
postier, -ère *smf.* funcționar poștal.
postillon *sm.* surugiu.
postnatal *adj.* postnatal.

P

postopératoire *adj.* postoperatoriu.
postulant, -e *smf.* postulant, solicitant.
postulat *sm.* postulat.
postuler *vt.* acere, a solicita.
posture *sf.* postură, situație; ținută.
pot *sm.* vas, oală; ghiveci; ~ *de chambre* oală de noapte.
potable *adj.* potabil.
potage *sm.* ciorbă.
potager *sm.* grădină de zarzavaturi.
pot-au-feu *sm.* rasol.
pot-de-vin *sm.* mită.
poteau *sm.* stâlp.
potelé, -e *adj.* durduliu, rotunjor.
potence *sf.* spânzurătoare, stâlp.
potentat *sm.* potentat.
potentiel, -elle *adj.*, *sm.* potențial.
poterie *sf.* olărie.
potier *sm.* olar.
potiner *vi.* a bârfi.
potinier, -ère *adj.*, *smf.* bârfitor, clevetitor.
potion *sf.* poțiune.
pou *sm.* păduche.
poubelle *sf.* ladă de gunoi.
pouce *sm.* degetul gros.
poudre *sf.* pudră; praf, pulbere.
poudrer *vt.* a pudra.
poudrerie *sf.* pulberărie.
poudreux, -euse *adj.* prăfuit.
poudrier *sm.* pudrieră.
pouffer *vi.* a pufni, a izbucni.
pouilleux, -euse *adj.*, *smf.* păduchios.
poulailler *sm.* coteț de găini.
poulain *sm.* mânz.
poule *sf.* găină; *avoir la chair de* ~ a avea piele de găină.
poulet *sm.* pui de găină.
poulette *sf.* găinușă.
poulpe *sm.* caracatiță.
pouls *sm.* puls.
poumon *sm.* plămân.
poupe *sf.* pupă.
poupée *sf.* păpușă.
poupon, -onne *smf.* prunc.
pouponnière *sf.* creșă.
pour *prep.* pentru; la, spre; ca, ca și; ~ *lors* atunci; ~ *rire* în glumă.
pourboire *sm.* bacșiș.
pourceau *sm.* porc.
pourcentage *sm.* procentaj.
pourchasser *vt.* a urmări îndeaproape.
pourfendre *vt.* a spinteca.
pourlécher *vr.* a se linge pe buze.
pourparlers *sm. pl.* tratative.
pourpre 1. *sf.* purpură; **2.** *sm.* purpuriu.
pourquoi 1. *conj.*, *adv.* pentru ce, de ce; **2.** *sm.* cauză, motiv.
pourri, -e 1. *adj.* putred, putrezit; **2.** *sm.* putregai.
pourrir 1. *vi.* a putrezi; **2.** *vt.* a strica.
pourriture *sf.* putrezire, putreziciune.
poursuite *sf.* urmărire.

poursuivre *vt.* a urmări; a ținti; a continua.
pourtant *conj.* totuși.
pourvoi *sm.* *(jur.)* recurs.
pourvoir 1. *vi.* a prevedea, a procura; 2. *vt.* a căpătui, a înzestra; 3. *vr.* a se îngriji; a face recurs.
pourvu que *loc. conj.* numai să.
pousse *sf.* creștere; mlădiță.
poussée *sf.* puseu; împingere.
pousser 1. *vi.* a crește; 2. *vt.* a împinge; a scoate țipete; 3. *vr.* a-și face loc.
poussière *sf.* praf, pulbere.
poussin *sm.* puișor de găină.
poutre *sf.* grindă.
pouvoir 1. *vt.* a a putea; 2. *v. impers.* a se putea, a fi posibil; 3. *vr.* a se putea; 4. *sm.* putere; trecere, vază; *parvenir au* ~ a ajunge la putere; mandat; *pl.* împuterniciți.
prairie *sf.* prerie, pășune.
praline *sf.* pralină.
practicable *adj.* practicabil.
practicien, -enne *smf.* practician.
pratique 1. *adj.* practic; 2. *sf.* practică; pricepere; obicei.
pratiquement *adj.* practic.
pratiquer *vt.* a practica, a profesa; a frecventa.
pré *sm.* pajiște.
préalable *adj.* prealabil.
préalablement *adj.* în prealabil.
préambule *sm.* preambul.
préavis *sm.* preaviz.
précaire *adj.* precar.
précarité *sf.* precaritate, nesiguranță.
précaution *sf.* precauție, prevedere.
précédemment *adj.* mai înainte.
précédent, -e *adj.*, *sm.* precedent.
précéder *vt.* a preceda.
précepte *sm.* precept, învățătură.
précepteur, -trice *smf.* perceptor, dascăl, învățător.
préchauffer *vt.* a preîncălzi.
préche *sm.* predică.
prêcher 1. *vt.* a predica; a recomanda; 2. *vi.* ~ *d'example* a da exemplu.
précieusement *adj.* afectat, cu mare grijă.
précieux, -euse *adj.* prețios, valoros.
préciosité *sf.* prețiozitate, afectare.
précipice *sm.* prăpastie.
précipitamment *adj.* precipitat.
précipitation *sf.* precipitare.
précipiter 1. *vt.* a precipita, a grăbi; 2. *vr.* a se arunca; a se precipita.
précis, -e 1. *adj.* precis, fixat, exact; 2. *sm.* manual.
précisément *adv.* singur, tocmai.
préciser *vt.* a preciza.

P

précision *sf.* precizie.
précoce *adj.* precoce.
précocité *sf.* precocitate.
préconçu, -e *adj.* preconceput.
préconiser *vt.* a propune; a preconiza.
précurseur *adj., sm.* precursor, înaintaş.
prédateur, -trice *adj.* de pradă, animal de pradă.
prédécesseur *sm.* predecesor.
prédestination *sf.* predestinare.
prédestiner *vt.* a predestina.
prédicateur, -trice *smf.* predicator.
prédication *sf.* predică, predicare.
prédiction *sf.* predicţie, prevestire, prezicere.
prédilection *sf.* predilecţie, preferinţă.
prédire *vt.* a prezice, a prevesti.
prédisposer *vt.* a predispune.
prédisposition *sf.* predispoziţie.
prédominance *sf.* predominanţă.
prédominant, -e *adj.* predominant.
prédominer *vi.* a predomina.
préemballé, -e *adj.* preambalat.
prééminence *sf.* preeminenţă, întâietate.
prééminent, -e *adj.* preeminent, superior.
préétabli, -e *adj.* prestabilit.
préétablir *vt.* a prestabili.
préexistent, -e *adj.* preexistent.
préexistance *sf.* preexistenţă.
préexister *vi.* a preexista.
préfabrication *sf.* prefabricare.
préfabriquer *vt.* a prefabrica.
préface *sf.* prefaţă.
préfacer *vt.* a prefaţa.
préfecture *sf.* prefectură.
préférable *adj.* preferabil.
préférablement *adj.* de preferinţă.
préféré, -e *adj., smf.* preferat.
préférence *sf.* preferinţă; *de ~* de preferinţă.
préférentiel, -elle *adj.* preferenţial.
préférer *vt.* a prefera.
préfet *sm.* prefect.
préfigurer *vt.* a prefigura.
préfixe *sm.* prefix.
prégnant, -e *adj.* evident, pregnant.
préhistoire *sf.* preistorie.
préhistorique *adj.* preistoric.
préjudice *sm.* prejudiciu.
préjudiciable *adj.* prejudiciabil.
préjudice *sm.* prejudiciu; *porter ~ à qqn.* a prejudicia pe cineva.
préjudicier *vi.* a prejudicia.
préjugé *sm.* prejudecată.
prélasser *vr.* a se tolăni.
prélat *sm.* prelat.
prélavage *sf.* prespălare.
prélèvement *sm.* prelevare.
prélever *vt.* a preleva, a lua.

préliminaire **1.** *adj.* preliminar; **2.** *sm.* introducere; *pl.* preparative, preliminarii.
prélude *sm.* preludiu.
prématuré, -e *adj.* prematur.
prématurément *adv.* prematur.
préméditation *sf.* premeditare.
préméditer *vt.* a premedita.
prémices *sf. pl.* început.
prémier, -ère **1.** *adj.* primul; dintâi; **2.** *smf.* prim, prim-ministru; **3.** *sf.* premieră.
premièrement *adv.* mai întâi.
prémisse *sf.* premisă.
prémolaire *sf.* premolar.
prémonition *sf.* premoniție, presimțire.
prémonitoire *adj.* premonitoriu.
prémunir **1.** *vt.* a preveni, a feri; **2.** *vr.* a se apăra.
prendre **1.** a lua, a apuca; a îmbrăca; ~ *une jupe* a îmbrăca o fustă; a mânca; ~ *un repas* a mânca o masă; a utiliza; a se angaja, a o lua pe; ~ *une route* a o lua pe un frum; a prinde; a face; ~ *un bain* a face o baie; **2.** *vr.* a se prinde, a se agăța; *se ~ pour* a se considera drept; *se ~ à rire* a se pune pe râs; ~ *une grippe* a se molipsi de gripă.
preneur, -euse *smf.* consumator.
prénom *sm.* prenume.
préoccupation *sf.* preocupare.
préparateur, -trice *smf.* preparator.
préparatifs *sm.pl.* preparative.
préparation *sf.* preparare, pregătire.
préparer *vt.*, *vr.* a (se) pregăti, a (se) prepara.
prépayer *vt.* a plăti anticipat.
prépondérance *sf.* preponderență; predominare.
prépondérant, -e *adj.* preponderent.
préposé, -e *smf.* factor; slujbaș; persoană însărcinată cu.
préposer *vt.* a da o sarcină cuiva.
prépositif, -ive *adj.* prepozițional.
préposition *sf.* prepoziție.
prérogative *sf.* prerogativă.
près **1.** *adj.* aproape, îndeaproape; **2.** *prep.* pe lângă; lângă.
présage *sm.* prevestire.
présager *vt.* a prevesti.
presbyte *smf.*, *adj.* presbit.
presbytère *sm.* presbiteriu, casă parohială.
prescient, -e *adj.* ghicitor.
prescriptible *adj.* prescriptibil.
prescription *sf.* prescriere, prescripție; rețetă medicală.
prescrire **1.** *vt.* a prescrie, a ordona; **2.** *vr.* a se prescrie.
présénce *sf.* prezență.
présent **1.** *sm.* cadou, dar; **2.** *adj.* prezent.
présentable *adj.* prezentabil.

présentation *sf.* prezentare.
présenter **1.** *vt.* a prezenta, a arăta; **2.** *vr.* a se prezenta, a se ivi.
préservation *sf.* prezervare, apărare.
préserver *vt.* a prezerva, a apăra,
présidence *sf.* preşidenţie.
président, -e *smf.* preşedinte.
présidentiel, -elle *adj.* prezidenţial.
présider **1.** *vt.* a prezida; **2.** *vi.* a conduce.
présomptif, -ive *adj.* prezumtiv.
présomption *sf.* prezumţie, presupunere.
présomptueux, -euse *smf., adj.* prezumţios; încrezut.
presque *adv.* aproape.
presqu'île *sf.* peninsulă.
pressant, -e *adj.* presant, urgent.
presse *sf.* presă, ziare; tipar; *sous* ~ sub tipar; *avoir bonne/ mauvaise* ~ a avea reputaţie bună/proastă; grabă, urgenţă.
pressé, -e *adj.* grăbit; presat.
pressemntiment *sm.* presimţire.
pressentir *vt.* a presimţi.
presser **1.** *vt.* a presa; a grăbi; **2.** *vi.* a fi urgent; **3.** *vr.* a se grăbi; a se înghesui.
pression *sf.* presiune; constrângere.
pressoir *sm.* teasc.
pressurer *vt.* a stoarce; a sustrage.
prestance *sf.* prestanţă.
prestation *sf.* prestaţie.
preste *adj.* sprinten, iute.
prestement *adv.* repede, cu spinteneală.
prestesse *sf.* iuţeală, agilitate.
prestidigitateur, -trice *smf.* prestidigitator.
prestidigitation *sf.* prestidigitaţie.
prestige *sm.* prestigiu.
prestigieux, -euse *adj.* cu prestigiu.
présumable *adj.* de presupus.
présumé, -e *adj.* presupus.
présumer *vt.* a presupune.
présupposer *vt.* a presupune.
présure *sf.* cheag.
prêt **1.** *sm.* împrumut; **2.** *adj.* gata.
prêtable *adj.* pretabil, de împrumut.
prêté, -e *adj.* împrumutat.
prétendant, -e *adj.* pretendent.
prétendre **1.** *vt.* a pretinde, a reclama; **2.** *vi.* a aspira, a pretinde la.
prétendu, -e **1.** *adj.* pretins; **2.** *smf.* mire, mireasă.
prétentiuesement *adj.* pretenţios.
prétentieux, -euse *adj.* pretenţios, cu pretenţii.
prétention *sf.* pretenţie.

P

prêter 1. *vt.* a împrumuta, a da cu împrumut; a atribui; 2. *vr.* a se preta, a se învoi.
prêteur, -euse *adj.*, *smf.* care dă cu împrumut.
prétexte *sm.* pretext.
prétexter *vt.* a pretexta.
prêtre *sm.* preot.
prêtrise *sf.* preoție.
preuve *sf.* probă; dovadă; mărturie.
preux *adj.*, *sm.* viteaz, voinic.
prévaloir 1. *vi.* a prevala, a învinge; 2. *vr.* a se prevala, a se folosi de.
prévenance *sm.* sociabilitate, amabilitate.
prévenant, -e *adj.* amabil, îndatoritor, serviabil.
prévenir *vt.* a preveni, a preîntâmpina, a înștiința.
préventif, -ive *adj.* preventiv.
prévention *sf.* prevenție.
préventivement *adv.* în mod preventiv.
prévenu, -e 1. *adj.* prevenit, informat; 2. *smf.* prevenit, deținut.
prévision *sf.* previziune, prevedere.
prévoir *vt.* a prevedea.
prévôt *sm.* staroste.
prévoyance *sf.* prevedere.
prévoyant, -e *adj.* prevăzător.
prévu, -e *adj.* prevăzut.
prier *vt.* a ruga; *se faire* ~ a se lăsa rugat; *je vous en prie!* vă rog!
prière *sf.* rugăciune, rugă; rugăminte; ~ *de* vă rog să.
prieur, -e *smf.* stareț.
primaire *adj.* primar, inițial, elementar.
primauté *sf.* întâietate, prioritate.
prime 1. *sf.* primă; 2. *adj.* prim; *de ~ abord* la prima vedere.
primer *vt.* a prima; a da o primă, a premia.
primesautier, -ère *adj.* spontan.
primeur *sf.* trufanda.
primitif, -ive *adj.* primitiv.
primitivement *adv.* la început.
primo *adv.* mai întâi.
primordial, -e *adj.* primordial.
prince *sm.* prinț.
princesse *sf.* prințesă.
princier, -ère *adj.* princiar.
principal, -e 1. *adj.* principal; 2. *sm.* principalul.
principalement *adv.* mai ales, în primul rând.
principauté *sf.* principat.
principe *sm.* principiu, concepție; început.
printanier, -ère *adj.* primăvăratic.
printemps *sm.* primăvară.
priorité *sf.* prioritate, întâietate.
prise *sf.* prindere; pradă; priză; solidificare; *lâcher* ~ a da drumul.
priser *vt.* a aprecia, a prețui; a priza tutun.

prismatique *adj.* prismatic.
prisme *sm.* prismă.
prison *sf.* închisoare.
prisonnier, -ère *smf.* prizonier.
privation *sf.* privațiune, lipsă.
privauté *sf.* intimitate.
privé, -e 1. *adj.* privat, particular; **2.** *sm.* intimitate.
priver *vt.*, *vr.* a (se) lipsi, a (se) priva.
priviliège *sm.* privilegiu.
privilégié, -e *adj.*, *smf.* privilegiat.
privilégier *vt.* a privilegia.
prix *sm.* preț; premiu; valoare; *à tout* ~ cu orice preț.
probabilité *sf.* probabilitate.
probable *adj.* probabil.
probablement *adv.* probabil.
probe *adj.* cinstit.
probité *sf.* cinste.
problématique *adj.* problematic.
problème *sm.* problemă; chestiune.
procédé *sm.* procedeu.
procédé *vi.* a proceda; a proveni.
procédure *sf.* procedură.
procès *sm.* proces.
procession *sf.* procesiune.
processus *sm.* proces; ~ *de fabrication* proces de fabricație.
procès-verbal *sm.* procesverbal.
prochain, -e 1. *adj.* viitor, următor, apropiat; *prochaine fois* data viitoare; **2.** *sm.* aproapele, semenul.
prochainement *adv.* în curând.
proche 1. *adj.* apropiat; **2.** *sm. pl.* rude.
proclamation *sf.* proclamație.
proclamer *vt.*, *vr.* a (se) proclama.
procréation *sf.* procreare, zămislire.
procréer *vt.* a procrea, a zămisli.
procuration *sf.* procură.
procuratrice *sf.* procuroare.
procurer 1. *vt.* a procura, a obține; **2.** *vr.* a-și procura.
procureur *sm.* procuror.
prodigalement *adv.* cu risipă.
prodigalité *sf.* cheltuială excesivă, prodigalitate.
prodige *sm.*, *adj.* miracol, minune; *enfant* ~ copil minune.
prodigieux, -euse *adj.* prodigios, uimitor, extraordinar.
prodigue *adj.* cheltuitor, risipitor.
prodiguer *vt.* a cheltui; a risipi; a da cu generozitate.
producteur, -trice *smf.* producător.
productif, -ive *adj.* productiv.
production *sf.* producție; producere.
productivité *sf.* productivitate.
produire *vt.*, *vr.* a (se) produce.

produit *sm.* produs.
proéminence *sf.* proeminență.
profanation *sf.* profanare.
profane *adj.*, *smf.* profan.
profaner *vt.* a profana, a necinsti; a batjocori.
proférer *vt.* a profera, a rosti.
professer *vt.* a profesa; a declara; a preda.
professeur *sm.* profesor.
profession *sf.* profesie, ocupație; *faire ~ de* a declara; *~ de foi* profesiune de credință.
professionnel, -elle 1. *adj.* profesional; **2.** *sm.* profesionist.
profil *sm.* profil.
profiler *vt.*, *vr.* a (se) profila, a (se) contura.
profit *sm.* profit, beneficiu.
profitable *adj.* profitabil.
profiter *vi.* a profita.
profiteur, -euse *adj.*, *smf.* profitor.
profond, -e *adj.* adânc, profund.
profondément *adv.* adânc.
profondeur *sf.* profunzime, adâncime.
profusion *sf.* belșug, risipă.
progéniture *sf.* progenitură.
programmable *adj.* programabil.
programmateur, -trice *smf.* programator.
programmation *sf.* programare.
programme *sm.* program.
progrès *sm.* progres.
progresser *vi.* a progresa.
progressif, -ive *adj.* progresiv.
progression *sf.* progresie.
progressiste *adj.*, *smf.* progresist.
prohiber *vt.* a interzice, a opri.
prohibitif, -ive *adj.* prohibitiv.
prohibition *sf.* prohibiție, interzicere.
proie *sf.* pradă.
projecteur *sm.* proiector.
projectile *sm.* proiectil.
projection *sf.* proiectare; proiecție.
projet *sm.* proiect, plan.
projeter *vt.* a proiecta, a lansa.
prolétaire *sm.* proletar.
prolétariat *sm.* proletariat.
prolétarien, -enne *adj.* proletar.
prolifique *adj.* prolific.
prolixe *adj.* prolix, lung.
prolixtité *sf.* prolixititate.
prologue *sm.* prolog.
prolongation *sf.* prelungire.
prolongement *sm.* prelungire.
prolonger *vt.*, *vr.* a (se) prelungi.
promenade *sf.* plimbare.
promener *vt.*, *vr.* a (se) plimba.
promeneur, -euse *smf.* plimbăreț, persoană care se plimbă.
promesse *sf.* promisiune.
prometteur, -euse *adj.* promițător.

P

promettre 1. *vt.* a promite; 2. *vi.* a da speranțe; 3. *vr.* a se decide, a plănui.
promis, -e 1. *adj.* făgăduit, promis; 2. *smf.* logodnică.
promiscuité *sf.* promiscuitate.
promontoire *sm.* promontoriu.
promoteur, -trice *smf.* promotor, inițiator.
promuvoir *vt.* a promova.
prompt, -e *adj.* prompt, imediat, iute.
promptement *adv.* cu promptitudine.
promptitude *sf.* promptitudine.
promu, -e *adj.* promovat.
promulgation *sf.* promulgare.
promulger *vt.* a promulga.
proner 1. *vt.* a predica; 2. *vi.* a cicăli.
pronom *sm.* pronume.
pronominal, -e *adj.* pronominal.
prononcer *vt.*, *vr.* a (se) pronunța.
prononciation *sf.* pronunție.
pronostic *sm.* pronostic.
pronostiquer *vt.* a pronostica.
propagande *sf.* propagandă.
propagandiste *smf.* propagandist.
propagateur, -trice *adj.*, *smf.* propagator.
propagation *sf.* propagare, răspândire.
propager *vt.*, *vr.* a (se) propaga, a (se) răspândi.
prophète *sm.* profet, prorooc.
prophétie *sf.* profeție, prevestire.
prophétique *adj.* profetic.
prophétiser *vt.* a profetiza, a proroci.
prophylactique *adj.* profilactic.
prophylaxie *sf.* profilaxie.
propice *adj.* propice, favorabil.
proportion *sf.* proporție.
proportionné, -e *adj.* proporționat.
proportionnel, -elle *adj.* proporțional.
proportionnellement *adj.* proporțional.
propos *sm.* cuvânt; *à* ~ la țanc.
proposer 1. *vt.* a propune, a oferi; 2. *vr.* a a-și propune; a se oferi.
proposition *sf.* propunere; propoziție.
propre 1. *adj.* propriu, specific; capabil; 2. *sm.* specific.
proprement *adv.* convenabil, curat; corect.
propreté *sf.* curățenie.
propriétaire *smf.* proprietar.
propriété *sf.* proprietate.
propulser *vt.* a propulsa.
propulseur *sm.*, *adj.* propulsor.
propulsion *sf.* propulsie.
proroger *vt.* a proroga.
prosaïque *adj.* prozaic.
prosateur *sm.* prozator.
proscription *sf.* prohibiție, interdicție, proscriere.
proscrire *vt.* a proscrie, a exila.

proscrit, -e *adj.*, *smf.* proscris, exilat.
prose *sf.* proză.
prosélyte *sm.* prozelit.
prosodie *sf.* prozodie.
prospecteur *vt.* a prospecta.
prospection *sf.* prospecțiune.
prospectus *sm.* prospect.
prospère *adj.* prosper, înfloritor.
prospérer *vi.*a prospera.
prospérité *sf.* prosperitate, belșug.
prostate *sf.* prostată.
prosternation *sf.* prosteranare.
prosterner *vt.*, *vr.* a (se) prosterna, a (se) ploconi.
prostituée *sf.* prostituată.
prostituer *vt.*, *vr.* a (se) prostitua.
prosțitution *sf.* prostituție.
prostration *sf.* prostrație.
protagoniste *sm.* protagonist.
protecteur, -trice *adj.*, *smf.* protector.
protection *sf.* protecție.
proctetionnisme *sm.* protecționism.
protectionniste *sm.* protecționist.
protectorat *sm.* protectorat.
protéger *vt.* a protega, a ocoli.
protestant, -e *adj.*, *smf.* protestant.
protestantisme *sm.* protestantism.
protestaire *adj.*, *smf.* protestatar.
protestation *sf.* protestare.
protester 1. *vi.* a protesta, a dezaproba; **2.** *vt.* a asigura.
protocolaire *adj.* protocolar.
protocole *sm.* protocol, ceremonial.
protoplasma *sm.* protoplasmă.
prototype *sm.* prototip.
protubérance *sf.* protuberanță.
proue *sf.* proră.
prouesse *sf.* vitejie, ispravă.
prouver *vt.* a proba, a dovedi.
provenance *sf.* proveniență.
provenir *vi.* a proveni, a rezulta din.
proverbe *sm.* proverb.
proverbial *adj.* proverbial.
providence *sf.* providență.
providentiel, -elle *adj.* providențial.
providentiellement *adv.* providențial.
province *sf.* provincie.
provincial, -e *adj.* provincial.
proviseur *sm.* director de liceu.
provision *sf.* provizie.
provisoire 1. *adj.* provizioriu; **2.** *sm.* provizorat.
provisoirement *adv.* provizoriu.
provocateur, -trice *adj.*, *smf.* provocator.
provocation *sf.* provocare.
provoquer *vt.* a provoca.
proxénète *smf.* proxenet.
proximité *sf.* apropiere.

P

prude 1. *sf.* mironosiță; 2. *adj.* ipocrit.
prudemment *adv.* cu prudență.
prudence *sf.* prudență.
prudent, -e *adj.* prudent.
prune *sf.* prună.
pruneau *sm.* prună uscată.
prunelle *sf.* pupilă a ochiului.
prunier *sm.* prun.
psalmodie *sf.* psalmodie.
psaume *sm.* psalm.
pseudonyme *sm.* pseudonim.
psychiatre *sm.* psihiatru.
psychiatrie *sf.* psihiatrie.
psychique *adj.* psihic.
psychologie *sf.* psihologie.
psychologique *adj.* psihologic.
psychologiquement *adv.* din punct de vedere psihologic.
psychologue *sm.* psiholog.
psychose *sf.* psihoză.
puant, -e *adj.* puturos, împuțit.
puanteur *sf.* duhoare, putoare, împuțiciune.
pubère adj, *smf.* puber.
puberté *sf.* pubertate.
public, -que *adj.*, *sm.* public.
publication *sf.* publicație; publicare.
publiciste *sm.* publicist.
publicitaire *adj.* publicitar.
publicité *sf.* publicitate.
publier *vt.* a publica; a face public.
publiquement *adv.* public.
puce *sf.* purice; *marché aux puces* talcioc.
pucelle *sf.* fecioară.
pudeur *sf.* pudoare.
pudibond, -e *adj.* rușinos.
pudibonderie *sf.* pudoare.
pudicité *sf.* pudicitate.
pudique *adj.* pudic.
pudiquement *adv.* cu pudoare.
puer *vi.* a puți, a mirosi urât.
puériculture *sf.* puericultură.
puéril, -e *adj.* copilăros.
puérilement *adj.* copilărește.
puérilité *sf.* copilărie, puerilitate.
pugilat *sm.* box.
pugiliste *sm.* pugilist, boxer.
puis *adv.* apoi, după aceea; *et* ~ de altfel.
puisatier *sm.* fântânar.
puiser *vt.* a scoate, a lua a extrage un lichid din.
puisque *conj.* deoarece, întrucât.
puissament *adv.* puternic.
puissance *sf.* putere, autoritate; stat; *en* ~ virtual.
puissant, -e *adj.* puternic, influent; vânjos.
puits *sm.* puț.
pull-over *sm.* pulover.
pullulation *sf.* înmulțire; viermuială, mișunare.
pulluler *vi.* a se înmulți; a mișuna; a prolifera.
pulmonaire *adj.* pulmonar.
pulpe *sf.* pulpă a fructelor.
pulpeux, -euse *adj.* cu forme pline.
pulsation *sf.* pulsație.
pulser *vt.* a pulsa.

pulvérisateur *sm.* pulverizator.
pulvérisation *sf.* pulverizare.
pulvériser *vt.* a pulveriza; a distruge, a nimici.
punaise *sf.* ploșniță; piuneză.
punir *vt.* a pedepsi.
punition *sf.* pedeapsă.
pupille *sf.* pupilă; minor sub tutela cuiva.
pupitre *sm.* pupitru.
pur, -e *adj.* pur, curat; inocent.
puré *sf.* piure.
purement *adv.* curat, pur; doar, numai.
pureté *sf.* puritate.
purgatif, -ive *adj.*, *sm.* purgativ.
purgation *sf.* purgare; curățenie.
purgatoire *sm.* purgatoriu.
purge *sf.* purgativ.
purger *vt.* a goli, a curăța; a da un purgativ.
purification *sf.* purificare.
purifier *vt.*, *vr.* a (se) purifica.
puritain, -e *adj.*, *smf.* puritan.
purulence *sf.* purulență.
purulent *adj.* purulent.
pus *sm.* puroi.
pusillanime *adj.* fricos, timid.
pusillanimité *sf.* frică, timiditate.
pustule *sf.* pustulă.
putain *sf.* curvă; ~ *de* al dracului de; blestemat, păcătos.
putois *sm.* dihor.
putréfaction *sf.* putrefacție, putrezire.
putréfier *vt.* a putrezi, a putrefia.
putride *adj.* putred.
putsch *sm.* puci.
puzzle *sm.* puzzle.
pygmée *sm.* pigment.
pyjama *sm.* pijama.
pylône *sm.* pilon.
pylore *sm.* pilor.
pyramidal, -e *adj.* piramidal.
pyramide *sf.* piramidă.
pyrex *sm.* pirex, sticlă rezistentă la căldură.
pyrite *sf.* pirită.
pyrogravure *sf.* pirogravură.
pyromane *smf.* piroman.
pyrotechnie *sf.* pirotehnie.
python *sm.* piton.

P

Q

quadrature *sf.* cvadratură.
quadriennal, -e *adj.* din patru în patru ani, care durează patru ani.
quadrilateral, -e *adj.* cu patru laturi.
quadrilatère *sm.* patrulater.
quadrillage *sm.* cadrilaj, împărţire în pătrăţele.
quadrille *sm.* cadril.
quadrillé, -e *adj.*, *sm.* cu pătrăţele, cadrilat.
quadrupède *adj.*, *sm.* patruped.
quadruple *adj.* împătrit.
quai *sm.* peron, chei.
qualificatif, -ive *adj.*, *sm.* calificativ.
qualification *sf.* calificare.
qualifier *vt.*, *vr.* a (se) califica; a (se) trata drept.
qualité *sf.* calitate, proprietate.
quand *adv.* când; ~ *même* oricum, totuşi, chiar dacă.
quant à *loc. prep.* cât despre.
quantième *sf.* data, zi din lună.
quantitatif, -ive *adj.* cantitativ.
quantité *sf.* cantitate; *en* ~ în număr mare.
quantum *sm.* cuantum.
quarantaine *sf.* *(vreo)* patruzeci; carantină.
quarante *num. card.* patruzeci.
quarantième *num. ord.* al patruzecilea.
quart *sm.* sfert, pătrime; *faire le* ~ a fi cu ochii în patru.
quartette *sm.* cvartet.
quartier *sm.* cartier; sfert, pătrar; *faire* ~ a ierta; *à* ~ de o parte.
quartz *sm.* cuarţ.
quasi *adv.* aproape.
quaternaire *adj.* cuaternar.
quatorze *num. card.* patrusprezece.
quatorzième *num. ord.* al patrusprezecelea.
quatrain *sm.* catren.
quatre *num. card.* patru; *couper les cheveux en* ~ a despica firul în patru; *être tiré à* ~ *épingles* a fi îmbrăcat elegant.
quatre-vingt *num. card.* optzeci.
quatrième *num. ord.* al patrulea.
quatour *sm.* cvartet.
que **1.** *pron. rel.* pe care, în care; **2.** *pron. interog.* de ce, pentru ce; **3.** *conj.* că, de, să, decât;

Q

4. *adv.* ce, cât, doar; *parce ~* pentru că; *où ~* oriunde.
quel, -elle *adj. interog.* cine, cât, care.
quelconque *adj. nehot.* oricare; mediocru.
quelque 1. *adj. nehot.* orice, vreun; nişte; 2. *adv.* aproximativ.
quelquefois *adv.* câteodată.
quémander *vt., vi.* a cerşi, a solicita, a cere.
quémandeur, -euse *smf., adj.* cerşetor; solicitant.
quenouille *sf.* furcă de tors.
querelle *sf.* ceartă, discuţie.
quereller *vt., vr.* a (se) certa.
querelleur, -euse *smf., adj.* certăreţ.
quérir *vt.* a căuta.
questeur *sm.* chestor.
quastion *sf.* întrebare, chestiune, problemă.
quationnaire *sm.* chestionar.
questionner *vt.* a întreba.
questure *sf.* chestură.
quête *sf.* cercetare.
quêter *vt.* a căuta.
queue *sf.* coada *(a unui animal)*; tac; rând *(de oameni)*; *à la ~ leu leu* unul după altul.
qui 1. *pron. nehot.* cine, oricine; 2. *pron. rel.* care, pe cine; 3. *pron. interog.* cine.
quiconque *pron. nehot.* oricine, oricare.
quiet, -ète *adj.* calm.
quiétude *sf.* calmitate, linişte.
quille *sf.* popic.
quinaud, -e *adj.* ruşinat.
quincaillerie *sf.* magazin de fierărie.
quinine *sf.* chinină.
quinquennal, -e *adj.* cinci ani, cincinal.
quint 1. *num. ord.* al cincilea; 2. *sm.* cincime.
quintal *sm.* chintal.
quinte *sf.* cvintă.
quintessence *sf.* chintesenţă; extras.
quintette *sm.* cvintet.
quintuple *adj.* încincit.
quinzaine *sf. (vreo)* cincisprezece; chenzină.
quinze *num. card.* cincisprezece.
quinzième *num. ord.* al cincisprezecelea.
quiproquo *sm.* confuzie.
quittance *sf.* chitanţă.
quittancer *vt.* a da chitanţă; a adeveri.
quitte *adj.* chit; *~ à* chit că.
quitter 1. *vt.* a părăsi; 2. *vr.* a se despărţi; *ne pas ~ des yeux* a nu scăpa din ochi; a renunţa.
quoi 1. *pron. rel.* care, ce; 2. *pron. interog.* ce; 3. *interj.* cum, ce; *~ que ce soit* orice ar fi.
quoique *conj.* cu toate că, deşi.

quorum *sm.* cvorum.
quota *sm.* cotă, parte, procentaj.
quote-part *sf.* cotă-parte.
quotidien, -enne *adj.*, *sm.* cotidian.
quotient *sm.* *(matematic)* cât.
quotité *sf.* cotă-parte.

R

rabâcher *vt.*, *vi.* a trăncăni; a pisălogi
rabais *sm.* rabat, reducere de preț.
rabaisser 1. *vt.* a diminua, a reduce, a scădea; **2.** *vr.* a se umili, a se înjosi.
rabattable *adj.* rabatabil.
rabattre 1. *vt.* a răsfrânge; a lăsa în jos; a rabata; a face o reducere; a netezi; **2.** *vi.* a scădea din, a se abate brusc din drum; a o lăsa mai moale; **3.** *vr.* a se abate din drum; a schimba discuția.
rabattu, -e *adj.* lăsat în jos; *col* ~ guler răsfrânt.
rabbin *sm.* rabin.
râblé, -e *adj.* spătos.
râble *sm.* spinare de iepure.
rabot *sm.* rindea.
rabotage *sm.* rabotare, rabotaj.
raboter *vt.* a rindelui.
raboteuse *sf.* raboteză.
raboteux, -euse *adj.* noduros; aspru, necioplit; *(drum)* accidentat.
rabougri, -e *adj.* pipernicit.
rabrouer *vt.* a bruftului.
racaille *sf.* plebe, vulg, drojdia societății.
raccommodage *sm.* reparare.
raccommoder 1. *vt.* a drege, a repara, a cârpi; **2.** *vr.* a se împăca.
raccommodeur, -euse *smf.* persoană care repară ceva.
raccord *sm.* record.
raccordement *sm.* racordare.
raccorder *vt.* a racorda.
raccourci, -e 1. *adj.* scurtat; **2.** *sm.* scurtătură, prescurtare.
raccourcir *vt.*, *vi.* a (se) scurta; a (se) micșora.
raccourcissement *sm.* scurtare.
raccrocher 1. *vt.* a atârna; a relua; a agăța din nou, a recupera; a pune receptorul în furcă; **2.** *vr.* a se agăța; a se crampona de.
race *sf.* rasă; *de* ~ de rasă.
rachat *sm.* răscumpărare.
racheter 1. *vt.* a răscumpăra; **2.** *vr.* a se răscupăra; a-și ispăși.
rachidien, -enne *adj.* rahidian.
rachitique *adj.* rahitic.
rachitisme *sm.* rahitism.
racial, -e *adj.* rasial.
racine *sf.* rădăcină.
racisme *sm.* rasism.
raclage *sm.* raclaj, chiuretaj.

raclée *sf.* ciomăgeală, chelfăneală.
racler *vt.* a racla, a răzui; ~ *du violon* a cânta prost la vioară, a scârțâi din vioară.
racloir *sm.* răzuitoare.
raclure *sf.* răzătură.
racolage *sm.* racolaj.
racoler *vt.* a recruta; a racola.
racontage *sm.* flecăreală.
racontar *sm.* bârfeală.
raconteur *vt.* a povesti; a istorisi; a îndruga verzi și uscate.
racornir **1.** *vt.* a învârtoșa; **2.** *vr.* a se aspri; a se învârtoșa; a se scoroji.
radar *sm.* radar.
rade *sf.* radă.
radeau *sm.* plută.
radiateur *sm.* radiator.
radiation *sf.* radiație; radiere.
radical, -e **1.** *adj.* radical; **2.** *sm.* *(mat.)* radical.
radicalement *adv.* radical.
radicaliser *vt.* a radicaliza.
radicalisme *sm.* radicalism.
radier **1.** *vi.* a radia, a străluci; **2.** *vt.* a radia, a șterge de pe o listă.
radieux, -euse *adj.* strălucitor; radios.
radio *sf.* radio.
radioactive, -ive *adj.* radioactiv.
radioactivité *sf.* radioactivitate.
radiographie *sf.* radiografie.
radiologie *sf.* radiologie.
radiologue *sm.* radiolog.
radiophonie *sf.* radiofonie.
radioscopie *sf.* radioscopie.
radiotélégraphie *sf.* radiotelegrafie.
radiothérapie *sf.* radioterapie.
radis *sm.* ridiche.
radium *sm.* radium.
radotage *sm.* trăncăneală, pălăvrăgeală.
radoter *vt., vi.* a pălăvrăgi, a bate câmpii.
radoteur, -euse *adj., smf.* palavragiu.
radouber *vt.* a face reparații unui vapor.
radoucir *vt., vr.* a (se) calma, a (se) liniști.
rafale *sf.* rafală.
raffermir *vt.* a întări; a consolida.
raffermissement *sm.* întărire.
raffinage *sm.* rafinare.
raffinement *sm.* rafinament.
raffiner *vt.* a rafina.
raffinerie *sf.* rafinărie.
raffoler *vi.* a se înnebuni după.
rafle *sf.* razie; jaf.
rafler *vt.* a lua, a umfla, a înhăța; a ștepeli.
rafraîchir **1.** *vt.* a răci, a răcori; a înviora; **2.** *vr.* a se răcori; a se răci; a se odihni.
rafraîchissant, -e *adj., sm.* răcoritor.
rafraîchissement *sm.* răcorire.
ragaillardir *vt.* a înviora.

R

rage *sf.* turbare; furie; ~ *de dents* durere mare de dinți; *fou de* ~ turbat de furie.
rager *vi.* a turba, a fi furios.
raglan *sm.* raglan.
ragot *sm.* bârfă, cleveteală.
ragoût *sm.* tocană cu sos.
ragoûtant, -e *adj.* apetisant, plăcut; atrăgător; gustos.
raid *sm.* raid.
raide 1. *adj.* țeapăn, rigid; drept; vertical, abrupt; **2.** *adv.* pe loc, brusc, subit, deodată.
raideur *sf.* înțepenire; rigiditate.
raider 1. *vt.* a întinde tare, a înțepeni; **2.** *vr.* a se înțepeni.
raidissement *sm.* încordare, înțepenire.
raie *sf.* calcan; dungă, linie.
raifort *sm.* hrean.
rail *sm.* șină.
raillerie 1. *vt.*, *vr.* a lua în râs; **2.** *vi.* a glumi, a nu vorbi serios.
railleire *sf.* zeflemea, bătaie de joc.
railleur, -euse *adj.* batjocoritor.
rainette *sf.* brotăcel.
raisin *sm.* strugure.
raison *sf.* rațiune, minte, judecată; *avoir* ~ a avea dreptate; *avec* ~ pe bună dreptate; cauză, motiv; *en* ~ *de* din cauza; *demander* ~ a cere socoteală; ~ *sociale* numele unei firme.
raisonnable *adj.* rezonabil; rațional.
raisonnement *sm.* raționament.
raisonner *vi.* a raționa.
rajeunir *vt.* a întineri.
rajeunissement *sm.* întinerire.
rajouter *vt.* a adăuga din nou.
rajustement *sm.* potrivire.
rajuster 1. *vt.* a potrivi; **2.** *vr.* a se aranja; a se împăca.
râle *sm.* horcăit.
ralenti *sm.* ralanti; *au* ~ cu încetinitorul.
ralentir *vt.*, *vi.* a încetini.
ralentissement *sm.* încetinire.
râler *vi.* a horcăi.
ralliement *sm.* raliere.
rallier *vt.*, *vr.* a (se) ralia, a (se) alătura.
rallonger *vt.* a lungi, a prelungi.
rallumer *vt.* a aprinde din nou.
ramasser 1. *vt.* a aduna, a strânge, a culege; **2.** *vr.* a se ghemui.
rambarde *sf.* balustradă.
rame *sf.* vâslă, ramă; garnitură de vagoan; arac; top de hârtie.
rameau *sm.* cracă.
ramener *vt.* a readuce.
ramer *vi.* a vâsli.
rameur, -euse *smf.* vâslaș.
ramification *sf.* ramificație.
ramifier *vt.*, *vr.* a (se) ramifica.
ramolli, -e *adj.* ramolit.

R

ramollir *vt.*, *vr.* a (se) muia, a (se) moleși.
ramollissement *sm.* ramolisment, senilitate; moleșire.
ramoner *vt.* a curăța coșul; *ramoneur sm.* coșar.
rampe *sf.* rampă, balustradă; *~ de lancement* rampă de lansare; *passer la ~* a capta publicul.
ramper *vi.* a se târî; a se agăța.
ramure *sf.* coarne de cerb; rămuriș.
rancart *sm.* rebut.
rance *adj.* rânced.
rancir *vi.* a râncezi.
rancœur *sf.* ură, pică.
rançon *sf.* răscumpărare; plată.
rançonner *vt.* a jefui.
rancune *sf.* pică, ranchiună.
rancunier, -ère *adj.* pizmaș.
randonnée *sf.* plimbare lungă.
rang *sm.* rang; rând; șir.
rangé, -e *adj.* aranjat; așezat.
rangée *sf.* șir, rând.
ranger **1.** *vt.* a așeza, a rândui; **2.** *vr.* a se rândui, a se ordona; a se da la o parte.
ranimer **1.** *vt.* a reînsufleți; **2.** *vr.* a-și veni în fire.
rapace *adj.* rapace, lacom.
rapacité *sf.* rapacitate, lăcomie.
rapatriement *sm.* repatriere.
rapatrier *vt.*, *vr.* a (se) repatria.
râpe *sf.* pilă, răzătoare.
râpé, -e *adj.* răzuit; jerpelit.
râper *vt.* a răzui; a uza.
rapetisser **1.** *vt.* a micșora; **2.** *vi.* a se micșora, a se scurta.
raphia *sm.* rafie.
rapide **1.** *adj.* rapid, iute, grabnic; abrupt; *pente ~* pantă foarte înclinată; **2.** *sm.* tren rapid.
rapidement *adv.* repede.
rapidité *sf.* rapiditate, repeziciune, iuțeală.
rapiécement *sm.* cârpeală, peticire.
rapiécer *vt.* a cârpi, a petici.
rapière *sf.* spadă.
rapine *sf.* răpire, pradă.
rappel *sm.* rechemare, chemare; rapel.
rappeler **1.** *vt.* a rechema, a readuce; a aminti; **2.** *vr.* a-și reaminti.
rapport *sm.* raport, comunicare; punct de vedere; *par ~* în legătură cu; venit.
rapporter **1.** *vt.* a aduce; a raporta; a pârî; **2.** *vr.* a se referi la.
rapporteur, -euse **1.** *adj.*, *smf.* raportor; **2.** *sm.* *(geom.)* raportor.
rapprochement *sm.* apropiere.
rapprocher **1.** *vt.* a apropia; a uni; **2.** *vr.* a se apropia, a se împăca.
rapt *sm.* răpire, rapt.
raquette *sf.* rachetă, paletă.
rare *adj.* rar.

R

raréfaction *sf.* rărire; rarefiere.
raréfier *vt.* a rări, a rarefia.
rarement *adv.* rar.
rareté *sf.* raritate.
ras, -e **1.** *adj.* ras, tuns scurt; plin; neted; **2.** *adv.* mărunt; *à ~* foarte scurt; **3.** *loc. prep. au ~ de* foarte apropiat de o suprafață.
rasade *sf.* un pahar plin ochi.
rasant, -e *adj.* razant.
raser *vt.* a rade, a bărbieri; a dărâma; a atinge ușor.
raseur, -euse *smf.* pisălog.
rasoir *sm.* brici.
rassaisiement *sm.* săturare.
rassasier *vt.*, *vr.* a (se) sătura.
rassemblement *sm.* adunare, mulțime.
rassembler *vt.*, *vr.* a (se) aduna.
rasseoir **1.** *vt.* a așeza din nou; **2.** *vr.* a se potoli; a se așeza din nou.
rasséréner *vt.*, *vr.* a (se) însenina.
rassis, -e *adj. pain ~* pâine veche.
rassurant, -e *adj.* liniștitor.
rassurer *vt.*, *vr.* a (se) liniști.
rat *sm.* șobolan, guzgan.
ratatiné, -e *adj.* sfrijit, zbârcit.
ratatiner *vt.*, *vr.* a (se) zbârci, a (se) chirci.
rate *sf.* splină.
raté *sm.* ratat.
râteau *sm.* greblă.
râteler *vt.* a grebla.
râtelier *sm.* iesle; proteză dentară; rastel.
rater **1.** *vt.* a rata, a eșua; a pierde; **2.** *vi.* a nu lua foc *(despre o armă)*; a nu izbuti.
ratière *sf.* cursă de șobolani.
ratification *sf.* ratificare.
ratifier *vt.* a ratifica.
ration *sf.* rație, porție.
rationalization *sf.* raționalizare.
rationaliser *vt.* a raționaliza.
rationnel, -elle *adj.* rațional.
rationnellement *adv.* rațional.
rationner *vt.* a împărți în rații.
ratisser *vt.* a grebla.
rattacher *vt.*, *vr.* a (se) atașa, a (se) lega.
rattraper **1.** *vt.* a prinde, a apuca din nou; a recâștiga; **2.** *vr.* a se prinde.
rapture *sf.* ștersătură, anulare.
raturer *vt.* a șterge, a rade, a anula.
rauque *adj.* răgușit, aspru.
ravage *sm.* ravagiu, pagubă, pustiire.
ravager *vt.* a pustii.
ravalement *sm.* răzuire; fățuire.
ravaler **1.** *vt.* a curăța; a fățui; a înghiți; a înjosi; **2.** *vr.* a se înjosi, a se umili.
ravaleur *sm.* tencuitor.
ravaudage *sm.* cârpit.

R

ravauder **1.** *vt.* a cârpi; **2.** *vi.* a flecări.
ravaudeur, -euse *smf.* cârpaci.
rave *sf.* nap.
ravi, -e *adj.* încântat.
ravigoter *vt.* a remonta, a înviora.
ravin *sm.* râpă.
ravine *sf.* torent, puhoi.
ravir *vt.* a răpi; a încânta.
raviser *vr.* a se răzgândi.
ravissant, -e *adj.* răpitor, fermecător.
ravissement *sm.* răpire; fermecare, încântare.
ravisseur, -euse *smf.*, *adj.* răpitor.
ravitaillement *sm.* aprovizionare cu alimente.
ravitailler *vt.*, *vr.* a (se) aproviziona cu alimente.
reviver *vt.* a ațâța, a reaprinde.
ravoir *vt.* a avea din nou, a recăpăta.
rayé, -e *adj.* vărgat, cu dungi.
rayer *vt.* a face dungi; a șterge.
rayon *sm.* rază; poliță; raft; raion; figure.
rayonnant, -e *adj.* radios; plin de strălucire.
rayonnement *sm.* strălucire; radiere; radiație; răspândire.
rayonner *vi.* a radia, a străluci; a se face cunoscut.
rayure *sf.* dungă; zgârietură.
ré *sm.* re.
réabonnement *sm.* reabonare.
réabonner *vt.*, *vr.* a (se) reabona.
réactif, -ive *adj.*, *sm.* reactiv.
reaction *sf.* reacție; reacțiune.
réactionnaire *sm.* reacționar.
réaffirmer *vt.* a reafirma.
réagir *vi.* a reacționa.
réalisable *adj.* realizabil.
réalisateur, -trice *smf.* realizator.
réalisation *sf.* realizare.
réaliser *vt.* a realiza, a înfăptui, a împlini; a-și da seama.
réalisme *sm.* realism.
réaliste *adj.*, *sm.* realist.
réalité *sf.* realitate.
réapparaître *vi.* a reapărea.
réapparition *sf.* reapariție.
réassortir *vt.* a reasorta, a aproviziona din nou cu marfă.
réarmement *sm.* reînarmare.
réarmer *vt.* a reînarma.
rébarbatif, -ive *adj.* respingător; plicticos, neatrăgător.
rebâtir *vt.* a reconstrui.
rebattre *vt.* a bate din nou; *~ les oreilles à qqn.* a-i împuia capul cuiva.
rebelle *adj.*, *smf.* rebel.
rébellion *sf.* rebeliune, răzvrătire.
rebiffer *vr.* a protesta, a se împotrivi.
reboisement *sm.* reîmpădurire.
reboiser *vt.* a reîmpăduri.

R

rebondi, -e *adj.* bucălat; plinuț.
rebondir *vi.* a sări din nou; a sări în sus.
rebord *sm.* margine; tiv.
rebours *sm.* contrar, opus; *à ~* pe dos; *compte à ~* numărătoare inversă.
rebrousse-poil *loc. adv. à ~* în răspăr.
rebrousser *vt.* a zbârli, *~ chemin* a se întoarce din drum; a da părul în sus.
rebuffade *sf.* primire rece; refuz categoric.
rébus *sm.* rebus.
rebut *sm.* rebut; *de ~* fără valoare.
rebutant, -e *adj.* respingător.
rebutter *vt.* a dezgusta; a descuraja; a displăcea.
récalcitrant, -e *adj.* recalcitrant.
R
récapitulatif, -ive *adj.* recapitulativ.
récapitulation *sf.* recapitulare.
récapituler *vt.* a recapitula.
recel *sm.* tăinuirea unor bunuri furate.
receler *vt.* a ascunde, a dosi, a tăinui.
receleur, -euse *smf.* tăinuitor.
récemment *adv.* recent, de curând.
recensement *sm.* recensământ.
recenser *vt.* a recenza.
recenseur *sm.* recenzor.
récent, -e *adj.* recent.
récépissé *sm.* recipisă.
réceptacle *sm.* receptacul.
récepteur *sm.* receptor.
réceptif, -ive *adj.* receptiv.
réception *sf.* recepție; recepționare.
réceptionnaire *sm.* recepționar.
réceptivité *sf.* receptivitate.
récessif, -ive *adj.* recesiv.
recession *sf.* recesiune.
recette *sf.* rețetă.
recevable *adj.* care poate fi primit.
receveur, -euse *smf.* perceptor; încasator, casier.
recevoir 1. *vt.* a primi; a încasa; a accepta; a admite la un examen; **2.** *vi.* a primi mesajul.
rechange *sm.* schimb.
réchapper *vi.* a scăpa cu bine.
recharger *vi.* a reîncărca.
réchaud *sm.* reșou.
réchauffage *sm.* reîncălzire.
réchauffement *sm.* reîncălzire.
réchauffer 1. *vt.* a încălzi; a înviora din nou; **2.** *vr.* a se încălzi.
rêche *adj.* aspru la pipăit.
recherche *sf.* cercetare; căutare.
recherché, -e *adj.* căutat, afectat.

rechercher *vt.* a căuta, a cerceta.
rechigner *vi.* a face mofturi.
rechute *sf.* recidivă, recădere.
récidive *sf.* recidivă.
récidiver. *vi.* a recidiva.
récidiviste *adj.*, *smf.* recidivist.
récif *sm.* recif.
récipient *sm.* recipient.
réciprocité *sf.* reciprocitate.
réciproque **1.** *adj.* reciproc; **2.** *sf.* reciprocă.
réciproquement *adv.* reciproc.
récit *sm.* poveste, povestire.
récital *sm.* recital.
récitateur, -trice *smf.* recitator.
récitatif *sm.* recitativ.
récitation *sf.* recitare.
réciter *vt.* a recita.
réclamation *sf.* reclamație.
réclame *sf.* reclamă.
réclamer **1.** *vt.* a cere stăruitor; a necesita; **2.** *vi.* a protesta, a face o reclamație.
reclassement *sm.* reclasare.
reclasser *vt.* a reîncadra, a clasa din nou.
recluse, -e *adj.*, *smf.* închis; singuratic.
reclusion *sf.* izolare; recluziune.
recoiffer *vt.* a-și aranja din nou părul.
recoin *sm.* colțișor ascuns.
récolte *sf.* recoltă.
récolter *vt.* a recolta, a culege.
recommandable *adj.* recomandabil.
recommandation *sf.* recomandare.
recommander **1.** *vt.* a recomanda; **2.** *vr.* a invoca; a se recomanda.
recommencer *vt.*, *vi.* a reîncepe; a relua; a repeta.
récompense *sf.* recompensă.
récompenser *vt.* a recompensa, a răsplăti.
réconciliation *sf.* reconciliere, împăcare.
réconcilier *vt.*, *vr.* a (se) reconcilia, a (se) împăca.
reconduire *vt.* a conduce, a petrece pe cineva; a prelungi; a expulza, a da afară.
réconfort *sm.* mângâiere, îmbărbătare.
réconfortant, -e *adj.* reconfortant.
réconforter *vt.* a reconforta.
reconnaissable *adj.* care poate fi recunoscut.
reconnaissance *sf.* recunoștință; recunoaștere.
reconnaissant, -e *adj.* recunoscător.
reconnaître **1.** *vt.* a recunoaște; **2.** *vr.* a se recunoaște, a se regăsi; a se dumiri, a se lămuri.
reconquérir *vt.* a recuceri, a recâștiga.
reconstituer *vt.* a reconstitui.

reconstitution *sf.* reconstituire.
reconstruction *sf.* reconstrucție.
reconstruire *vt.* a reconstrui.
record *sm.* record.
recordman *sm.* recordman.
recoudre *vt.* a coase din nou.
recourber *vt.* a curba, a încovoia.
recourir *vi.* a recurge la; a alerga din nou.
recours *sm.* recurs; ajutor, scăpare, refugiu.
recouvrable *adj.* recuperabil.
recouvrement *sm.* recuperare, recăpătare; încasarea de sume datorate.
recouvrer *vt.* a recupera, a recăpăta.
recouvrir *vt.* a acoperi, a înveli.
récréatif, -ive *adj.* recreativ, odihnitor.
récréation *sf.* recreație.
recréer *vt.* a crea din nou.
récréer *vt.*, *vr.* a (se) recrea.
récrier *vr.* a exclama, a protesta.
récrimination *sf.* recriminare.
recroquevillier *vr.* a se chirci, a se ghemui.
recrudescence *sf.* înrăutățire, recrudescență.
recrue *sf.* recrut.
recrutement *sm.* recrutare.
recruter *vt.*, *vr.* a (se) recruta.
recta *adv.* punctual.
rectangle *sm.* dreptunghi.
regtangulaire *adj.* dreptunghiular.
rectification *sf.* rectificare, corectare.
rectifier *vt.* a rectifica, a îndrepta.
rectiligne *adj.* rectiliniu, drept.
rectitude *sf.* corectitudine, dreptate.
rectorat *sm.* rectorat.
reçu, -e *adj.* primit.
recueil *sm.* culegere.
recueillement *sm.* reculegere.
recueillir **1.** *vt.* a culege, a strânge; a adăposti; **2.** *vr.* a se reculege.
recul *sm.* recul.
reculer *vt.*, *vi.* a da înapoi; a întârzia.
reculons *adv.* *à ~* de-andărătelea.
récupérable *adj.* recuperabil.
récupération *sf.* recuperare.
récupérer **1.** *vt.* a recupera; **2.** *vr.* a se despăgubi.
récusable *adj.* recuzabil.
récusation *sf.* recuzare.
récuser *vt.*, *vr.* a (se) recuza.
recyclage *sm.* reciclare.
recycler *vt.*, *vr.* a (se) recicla.
rédacteur *sm.* redactor.
redaction *sf.* redacție; redactare.
reddition *sf.* capitulare, predare.
rédempteur *sm.* mântuitor.
redemption *sf.* mântuire.

R

redescendre *vt.*, *vi.* a coborî din nou.
redevable *adj.* dator.
redevance *sf.* redevență.
rédiger *vt.* a redacta.
redingote *sf.* redingotă.
redire 1. *vt.* a spune din nou; **2.** *vi.* a critica.
redondance *sf.* redundanță, exces.
redonner 1. *vt.* a da din nou; **2.** *vi.* a reîncepe.
redoublement *sm.* întețire.
redoubler 1. *vt.* a intensifica; a înteți; a repeta clasa; **2.** *vi.* a se mări, a se intensifica.
redoutable *adj.* de temut, redutabil.
redoute *sf.* redută.
redouter *vt.* a se teme de.
redresement *sm.* redresare.
redreser *vt.*, *vr.* a (se) redresa.
réductible *adj.* reductibil.
réduction *sf.* reducere; subjugare.
réduire *vt.* a reduce, a micșora; a transforma; a supune; ~ *au silence* a reduce pe cineva la tăcere.
réduit *sm.* ungher, cotlon.
rééditer *vt.* a reedita.
rééducation *sf.* reeducare.
rééduquer *vt.* a reeduca.
réel, -elle 1. *adj.* real, adevărat; **2.** *sm.* realul.
réélection *sf.* realegere.
réélire *vt.* a realege.
réellement *adv.* într-adevăr, efectiv.
refaire 1. a reface; a repara; a drege; **2.** *vr.* a se restabili.
refait, -e *adj.* refăcut.
réfectoire *sm.* sală de mese.
référence *sf.* referință.
référendum *sm.* referendum.
référer *vt.*, *vr.* a (se) referi, a (se) raporta.
réfléchir 1. *vt.*, *vr.* a (se) reflecta, a (se) răsfrânge; **2.** *vi.* a se gândi.
réfléchissant, -e *adj.* care reflectă.
réflecteur *sm.* reflector.
reflet *sm.* reflectare.
refléter *vt.* a reflecta, a răsfrânge.
réflexe *adj.*, *sm.* reflex.
réflexion *sf.* reflectare; reflexiv.
reflux *sm.* reflux.
refondre *vt.* a retopi.
refonte *sf.* retopire.
réformateur, -trice *adj.*, *smf.* reformator.
réformation *sf.* reformare.
réforme *sf.* reformă.
réformé, -e *adj.*, *sm.* reformat.
réformer *vt.* a reforma.
refoulement *sm.* respingere, refulare.
refouler *vt.* a respinge a refula.
réfractaire *adj.* refractar.
réfraction *sf.* refracție.
refrain *sm.* refren.
refréner *vi.* a înfrâna.

R

réfrigérant, -e *adj.*, *sm.* refrigerant, răcoritor.
réfrigération *sf.* refrigerare.
réfrigérateur *sm.* frigider.
réfrigérer *vt.* a refrigera.
refroidir 1. *vt.* a răci; a descuraja; **2.** *vi.*, *vr.* a se răci.
refroidissement *sm.* răcire; guturai.
refuge *sm.* refugiu, adăpost.
réfugié, -e *adj.*, *smf.* refugiat.
réfugier *vr.* a se refugia.
refus *sm.* refuz.
refuser 1. *vt.* a refuza, a respinge; **2.** *vr.* a-și refuza, a se lipsi de.
réfutation *sf.* combatere, respingere.
réfuter *vt.* a combate, a respinge.
regagner *vt.* a recâștiga; a se reîntoarce la.
regain *sm.* otavă; creștere.
régal *sm.* regal, încântare.
régaler *vt.* a (se) ospăta, a (se) desfăta.
regard *sm.* privire.
regardant, -e *adj.* meticulous.
regarder 1. *vt.* a privi, a se uita; **2.** *vi.* a fi atent la.
régate *sf.* regată.
régence *sf.* regență.
régénérateur, -trice *adj.*, *smf.* regenerator.
régénération *sf.* regenerare.
régénérer *vt.* a regenera, a înnoi.
régent, -e *sm.* regent.
régie *sf.* regie.
régime *sm.* regim.
régiment *sm.* regiment.
région *sf.* regiune.
régional, -e *adj.* regional.
régir *vt.* a conduce, a cârmui, a comanda; a guverna.
régisseur *sm.* administrator; regizor.
registre *sm.* registru.
réglage *sm.* reglaj, reglare.
règle *sf.* regulă, normă; riglă.
réglé, -e *adj.* liniat; reglementat.
règlement *sm.* regulament.
réglementaire *adj.* regulamentar.
réglementation *sf.* reglementare.
réglementer *vt.* a reglementa.
régler 1. *vt.* a linia; a reglementa; a plăti, a achita; **2.** *vr.* a se conduce.
règne *sm.* domnie; regn.
régner *vi.* a domni, a cârmui.
regorger 1. a vomita; **2.** *vi.* a se revărsa; a avea din abundență.
régresser *vi.* a regresa.
regression *sf.* regres.
regret *sm.* regret.
regrettable *adj.* regretabil.
regretter *vt.* a regreta.
régularisation *sf.* regularizare.
régulariser *vt.* a regulariza.
régularité *sf.* regularizare.

régulateur, -trice *adj.*, *sm.* regulator.
régulier, -ère *adj.* regulat.
régulièrement *adv.* regulat.
régurgitation *sf.* regurgitație.
réhabilitation *sf.* reabilitare.
réhabiliter *vt.* a reabilita.
réhabituer *vt.*, *vr.* a (se) reobișnui.
rehausser *vt.* a înălța, a ridica.
réimpression *sf.* retipărire.
réimprimer *vt.* a retipări.
rein *sm.* rinichi.
reine *sf.* regină.
réincarnation *sf.* reîncarnare.
réintégration *sf.* reintegrare.
réintégrer *vt.* a reintegra.
réitération *sf.* repetare.
réitérer *vt.* a repeta.
rejaillir *vi.* a țîșni cu putere.
rejaillissement *sm.* țâșnire.
rejet *sm.* respingere, înlăturare.
rejecter *vt.* a arunca din nou; a respinge.
rejeton *sm.* mlădiță, lăstar; urmaș.
rejoinder *vt.* a împreuna, a uni.
réjoui, -e *adj.* voios.
réjouir 1. *vt.* a înveseli, a distra; **2.** *vr.* a se bucura.
réjouissance *sf.* veselie, bucurie.
réjouissant, -e *adj.* îmbucurător.
relâche *sm.* relaș, odihnă.
relâchement *sm.* relaxare, destindere.
relâcher 1. *vt.* a destined, a slăbi; a elibera; **2.** *vi.* a poposi; **3.** *vr.* a slăbi, a se destinde.
relais *sm.* ștafetă; releu.
relancer *vt.* a arunca din nou; a plictisi.
relater *vt.* a relata, a povesti.
relatif, -ive *adj.* relativ, referitor.
relation *sf.* relație, legătură.
relativement *adv.* relativ; ~ *à* cu privire la.
relayer *vt.* a schimba, a înlocui.
reléguer *vt.* a surghiuni, a expulza.
relent *sm.* duhoare.
relevé, -e 1. *adj.* nobil, generos; **2.** *sm.* extras; releveu.
relèvement *sm.* ridicare.
relever 1. *vt.* a ridica, a înălța; a încuraja; a reclădi; a da gust; **2.** *vi.* a-și reveni; **3.** *vr.* a se restabili.
relief *sm.* relief.
relier *vt.* a lega, a uni.
relieur, -euse *smf.* legător de cărți.
religieusement *adv.* cu evlavie, cu religiozitate.
religieux, -euse 1. *adj.* religios; **2.** *smf.* călugăr; călugăriță.
religion *sf.* religie.
religiosité *sf.* religiozitate.
reliquaire *sm.* relicvariu.
reliquat *sm.* relicvat.

relique *sm.* relicvă, moaşte.
relire *vt.* a reciti.
reliure *sf.* legătorie.
reluire *vi.* a străluci.
reluisant, -e *adj.* strălucitor.
reluquer *vt.* a se zgâi.
remaniement *sm.* remaniere.
remanier *vt.* a remania.
remarier *vt., vr.* a (se) recăsători.
remarquable *adj.* remarcabil.
remarquablement *adv.* remarcabil.
remarque *sf.* remarcă.
remarquer *vt.* a remarca, a observa.
rembarquer *vt., vr.* a (se) reîmbarca.
remblai *sm.* rambleu.
remboursement *sm.* rambursare, restituire.
rembourser *vt.* a rambursa, a restitui.
R
rembrunir 1. *vt.* a înnegri; a întuneca; **2.** *vr.* a se posomorî.
remède *sm.* remediu, leac.
remédiable *adj.* remediabil.
remédier *vi.* a lecui; a remedia.
remembrement *sm.* comasare.
remémorer *vt., vr.* a(-şi) rememora; a(-şi) aminti.
remerciement *sm.* mulţumire.
remercier *vt.* a mulţumi; a refuza politicos; a da afară, a concedia.
remettre 1. *vt.* a pune la loc; a repune; a remite, a înmâna; a amâna; **2.** *vr.* a se aşeza din nou; a se restabili; a se linişti.
reminiscence *sf.* reminiscenţă.
remise *sf.* punere la loc; remitere, înmânare; remiză; reducere; şopron.
rémiser 1. *vt.* a adăposti într-un şopron; **2.** a se refugia.
remission *sf.* iertare; *sans ~* fără indulgenţă.
remonter 1. *vi.* a se urca; a se ridica; a data din; **2.** *vt.* a urca din nou; a îmbărbăta; a întoarce ceasul; **3.** *vr.* a prinde noi puteri.
remontoir *sm.* remontoar.
remonstrance *sf.* mustrare, dojană.
remontrer *vt.* a arăta din nou; a dojeni; *en ~ à qqn.* a da cuiva o lecţie.
remordre *vt.* a muşca din nou.
remords *sm.* remuşcare.
remorquage *sm.* remorcare.
remorque *sf.* remorcă.
remorquer *vt.* a remorca.
remorqueur *sm.* remorcher.
remous *sm.* vâltoare.
rampart *sm.* zid de apărare, meterez.
remplaçant, -e *smf.* înlocuitor, locţiitor.
remplacement *sm.* înlocuire; *faire un ~* a suplini pe cineva.
remplacer *vt.* a înlocui.

remplir *vt.* a umple; a completa; a îndeplini; a duce la bun sfârşit.
remplissage *sm.* umplutură.
remplumer *vr.* a se rotunji, a-şi recăpăta puterile; a se acoperi cu pene.
remporter *vt.* a lua, a duce înapoi; a obţine, a repurta.
remue-ménage *sm.* deranj, harababură.
remuer 1. *vt.* a mişca; a schimba locul; a înduioşa, a emoţiona; **2.** *vi.* a se mişca, a nu sta locului, a se clătina; **3.** *vr.* a se mişca.
rémunérateur, -trice *adj.* avantajos, rentabil, remuneratoriu.
rémunération *sf.* remunerare; remuneraţie.
rémunérer *vt.* a remunera.
renâcler *vi.* a sforăi; a se codi.
renaissance *sf.* renaştere.
renaître *vi.* a renaşte; a reapărea; a recăpăta puteri.
rénal, -e *adj.* renal, cu privire la rinichi.
renard *sm.* vulpe; vulpoi.
renchérir *vi.* a se scumpi; a exagera; a supralicita.
renchérissement *sm.* scumpire.
rencontre *sf.* întâlnire.
rencontrer *vt.*, *vr.* a (se) întâlni.
rendement *sm.* randament.
rendez-vous *sm.* întîlnire.
rendormir *vt.*, *vr.* a adormi din nou.
rendre 1. *vt.* a restitui, a înapoia; a reda; ~ *la vie dure à qqn.* a face cuiva zile fripte; ~ *témoignage* a depune mărturie; ~ *les armes* a capitula; **2.** *vr.* a se duce; *se ~ à Bucarest* a se duce la Bucureşti; *se ~ utile* a se face util.
rêne *sf.* hăţ.
renégat, -e *smf.* renegat.
renfermer 1. *vt.* a închide; a conţine; a cuprinde; **2.** *vr.* a se închide în sine.
renfler *vt.* a bomba.
renflouer *vt.* a despotomoli; a pune în stare de plutire.
renfoncement *sm.* cotlon; intrând.
renforcement *sm.* întărire.
renforcer *vt.* a întări.
renfort *sm.* întărire.
renfrogner *vt.*, *vr.* a (se) încrunta.
rengager *vt.*, *vr.* a (se) reangaja.
rengaine *sf.* refren.
rengorger *vr.* a se îngamfa; a-şi umfla pieptul.
reniement *smf.* renegare.
renier *vt.* a renega, a tăgădui.
renifler *vt.*, *vi.* a trage pe nas.
renom *sm.* renume, faimă.
renoncement *sm.* renunţare.
renoncer *vi.* a renunţa.
renonciation *sf.* renunţare.

renouer 1. *vt.* a reînnoda; a relua; **2.** *vi.* a relua o legătură.
renouveau *sm.* reîntoarcerea primăverii.
renouveler *vt.* a reînnoi; a reîncepe.
renouvellement *sm.* reînnoire; reluare.
rénovation *sf.* renovare.
rénover *vt.* a renova.
renseignement *sm.* informație.
renseigner *vt.*, *vr.* a (se) informa.
rente *sf.* rentă.
rentier, -ère *smf.* rentier.
rentré *sf.* întoarcere; deschiderea școlii.
rentrer 1. *vi.* a reveni, a se întoarce acasă; a reintra; a recupera; **2.** *vt.* a pune la adăpost, a ascunde.

R

renversant, -e *adj.* uimitor, uluitor.
renverse *sf.* *tomber à la ~* a cădea pe spate.
renversement *sm.* răsturnare.
renverser *vt.* a răsturna; a inversa; a uimi.
renvoi *sm.* concediere; înapoiere.
renvoyer *vt.* a înapoia; a concedia; a amâna.
réorganisation *sf.* reorganizare.
réorganiser *vt.* a reorganiza.
repaire *sm.* bârlog, vizuină.
repaître 1. *vi.* a paște; **2.** *vt.* a hrăni animale.
répandre *vt.*, *vr.* a (se) răspândi, a (se) revărsa.
réparable *adj.* reparabil.
reparaître *vi.* a reapărea.
réparation *sf.* reparare, reparație.
réparer *vt.* a repara.
reparler *vi.* a vorbi din nou.
repartie *sf.* răspuns prompt.
repartir 1. *vi.* a pleca din nou; **2.** *vt.* a răspunde prompt.
répartir *vt.* a repartiza; a distribui.
répartition *sf.* repartiție, repartizare; distribuire.
repas *sm.* masă; mâncare.
repasser 1. *vt.* a călca; *fer à ~* fier de călcat; a repeta; a evoca; **2.** *vi.* a trece din nou.
repêchage *sm.* corigență; restanță.
repenser *vi.* a se mai gândi.
repentir 1. *vt.* a se căi; **2.** *sm.* căință.
répercuter *vt.* a repercuta, a răsfrânge.
repère *sm.* reper.
repérer *vt.* a repera, a descoperi.
répertoire *sm.* repertoriu.
répéter *vt.*, *vr.* a (se) repeta.
répétiteur, -trice *smf.* meditator.
répétition *sf.* repetiție; repetare.
repeupler *vt.* a repopula.

répit *sm.* răgaz.
replacer *vt.* a pune la loc.
replanter *vt.* a planta din nou.
replâtrage *sm.* reparație ușoară.
replâtrer *vt.* a tencui; a ascunde.
replet, -è *adj.* grasuț; rotofei.
repli *sm.* cută dublă; reliere.
repliement *sm.* retragere, repliere.
replier 1. *vt.* a îndoi; a strânge; **2.** *vr.* a se strânge, a se replia.
réplique *sf.* relplică, răspuns.
répliquer *vt.* a replica.
répandant, -e *smf.* chezaș; garant.
répondeur *sm.* ~ *téléphonique* robot telefonic.
répondre 1. *vt.* a răspunde; **2.** *vi.* a garanta, a răspunde; a obiecta, a replica.
réponse *sf.* răspuns; soluție; explicație.
report *sm.* report.
reportage *sm.* reportaj.
reporter 1. *vt.* a duce la loc; a amâna; **2.** *vr.* a se referi la; **3.** *sm.* reporter.
repos *sm.* odihnă; repaus.
reposant, -e *adj.* odihnitor.
reposer 1. *vt.* a pune din nou; a odihni; **2.** *vi.* a dormi; **3.** *vr.* a se odihni.
repoussant, -e *adj.* respingător.
repousser 1. *vt.* a respinge, a refuza, a nu admite; **2.** *vi.* a crește din nou.
répréhensible *adj.* reprehensibil, blamabil.
reprendre 1. *vt.* a relua; a redobândi; a drege; a cârpi; **2.** *vi.* a reveni, a reîncepe; a se restabili; **3.** *vr.* a-și reveni.
représaille *sf.* represalii.
représentant, -e *smf.* reprezentant.
représentatif, -ive *adj.* reprezentativ.
représentation *sf.* reprezentare; reprezentație.
représenter 1. *vt.* a reprezenta; a juca *(teatru)*; a prezenta; a înfățișa; **2.** *vr.* a-și închipui.
répressif, -ive *adj.* represiv.
réprimade *sf.* dojană, mustrare.
réprimader *vt.* a dojeni, a mustra.
réprimer *vt.* a reprima, a înăbuși; a străpâni.
repris de justice *sm.* recidivist.
reprise *sf.* reluare; redresare; continuare; repriză.
repriser *vt.* a cârpi, a țese.
réprobation *sf.* dezabrobare.
réprobateur, -trice *adj.* reprobator, mustrător.
reproche *sm.* reproș, mustrare.
reprocher 1. *vt.* a reproșa; a critica; **2.** *vr.* a-și reproșa.
reproducteur, -trice *adj.*, *sm.* reproducător.
reproductible *adj.* reproductibil.

reproduction *sf.* reproducere.
reproduire 1. *vt.* a reproduce; a imita; a reedita; **2.** *vr.* a se reproduce.
réprouvé, -e *adj.*, *smf.* condamnat; afurisit.
réprouver *vt.* a condamna, a blama.
reptation *sf.* târâre *(la animale).*
reps *sm.* rips.
reptile *sm.* reptilă.
repu, -e *adj.* ghiftuit, sătul.
républicain, -e *adj.*, *smf.* republican.
républier *vt.* a republica.
république *sf.* republică.
répudiation *sf.* repudiere; refuz.
répudier *vt.* a repudia; a respinge.
répugnance *sf.* dezgust, repulsie.
R
répugnant, -e *adj.* respingător.
répugner *vt.* a respinge; a provoca silă.
répulsiv, -ive *adj.* respingător, repulsiv.
répulsion *sf.* repulsie, dezgust.
réputation *sf.* reputație, renume, faimă.
réputé, -e *adj.* reputat, faimos.
réputer *vt.* a considera, a socoti drept.
requérir *vt.* a ruga, a cere, a necesita.
requête *sf.* cerere; *à la ~ de* la cererea.
requiem *sm.* recviem.
requin *sm.* rechin.
requinquer *vr.* a se reface după boală.
réquisition *sf.* rechiziție.
réquisitionner *vt.* a rechziționa.
réquisitoire *sm.* rechzitoriu.
rescapé, -e *adj.*, *smf.* scăpat cu bine dintr-o catastrofă.
rescousse *loc. adv.* în ajutor.
réseau *sm.* rețea.
réserve *sf.* rezervă.
réservé, -e *adj.* rezervat.
réserver 1. *vt.* a rezerva; a destina; **2.** *vr.* a-și rezerva.
réserviste *sm.* rezervist.
réservoir *sm.* rezervor.
résidence *sf.* rezidență, reședință.
résident, -e *smf.* rezident.
résidentiel, -elle *adj.* rezidențial.
résider *vi.* a-și avea locuința; a locui.
résidu *sm.* reziduu.
résignation *sf.* resemnare.
résigner 1. *vt.* a renunța; **2.** *vr.* a se resemna.
résiliation *sf.* reziliere.
résilier *vt.* a rezilia.
résine *sf.* rășină.
résineux, -euse *adj.* rășinos.
résistance *sf.* rezistență.
résistant, -e *adj.* rezistent.
résister *vi.* a rezista.

résolu, -e *adj.* hotărât, ferm, decis.
résolument *adv.* ferm, hotărât.
résolution *sf.* hotărâre, decizie.
résonance *sf.* rezonanță.
résonnement *sm.* răsunet.
résonner *vi.* a răsuna.
résorber *vt.*, *vr.* a (se) resorbi.
résorption *sf.* resorbție.
résoudre 1. *vt.* a descompune; a preface; a rezolva; **2.** *vr.* a se hotărî; a se reduce la.
respect *sm.* respect.
respectabilité *sf.* respectabilitate.
respectable *adj.* respectabil.
respecter *vt.* a respecta.
respectif, -ive *adj.* respectiv.
respectivement *adv.* respectiv.
respectueusement *adv.* cu respect.
respectueux, -euse *adj.* respectuos.
respirable *adj.* respirabil.
respiration *sf.* respirație.
respiratoire *adj.* respirator.
respirer *vt.*, *vi.* a respira; a avea o clipă de răgaz.
resplendir *vi.* a străluci.
resplendissant, -e *adj.* strălucitor; radios; luminos.
responsabilité *sf.* responsabilitate; răspundere.
responsible *adj.* responsabil; răspunzător.
resquiller *vi.* a intra pe blat.
resquilleur *smf.* blatist.
ressaisir *vr.* a-și veni în fire.
ressasser *vt.* a repeta mereu același lucru.
ressemblance *sf.* asemănare.
ressemblant, -e *adj.* asemănător.
ressembler *vi.*, *vr.* a semăna cu, a se asemăna.
ressemelage *sm.* pingelire.
ressemeler *vt.* a pingeli.
ressentiment *sm.* resentiment.
ressentir *vt.*, *vr.* a (se) resimți.
resserrer 1. *vt.* a strânge; a închide; a strâmta; **2.** *vr.* a se restrânge.
ressort *sm.* resort, arc; resort, domeniu de activitate, competență.
ressortir *vi.* a reieși, a rezulta; a decurge; a fi de competența.
ressource *sf.* resursă, posibilitate; ajutor; *resources humaines* resurse umane.
ressusciter *vt.*, *vi.* a învia; a renaște.
restant, -e 1. *adj.* restant; **2.** *sm.* rest, ceea ce rămâne.
restaurant *sm.* restaurant.
restaurateur, -trice *smf.* restaurator, reparator; persoană care ține un restaurant.
restauration *sf.* restaurare.
restaurer *vt.* a restaura.
reste *sm.* rest, rămășiță.

rester *vi.* a rămâne.
restituer *vt.* a restitui, a înapoia.
restitution *sf.* restituire.
restreindre *vt.* a restrânge, a micşora; a limita.
restreint, -e *adj.* restrâns, limitat.
restrictif, -ive *adj.* restrictiv.
restriction *sf.* restricţie.
résultat *sm.* rezultat.
résulter *vi.* a rezulta.
résumé *sm.* rezumat.
résumer *vt.*, *vr.* a (se) rezuma.
résurrection *sf.* înviere.
rétablir *vt.*, *vr.* a (se) stabili.
rétablissement *sm.* restabilire.
retard *sm.* întârziere.
retardataire *adj.*, *smf.* întârziat.
retardé, -e *adj.*, *smf.* retardat, arierat.
R
retardement *sm.* întârziere.
retarder **1.** *vt.* a întârzia; a amâna; **2.** *vi.* a rămâne în urmă.
retenir **1.** *vt.* a reţine, a opri; a păstra; **2.** *vr.* a se reţine.
retentir *vi.* a răsuna.
retentissant, -e *adj.* răsunător.
retentissement *sm.* răsunet.
retenu, -e *adj.* reţinut, rezervat.
retenue *sf.* reţinere, oprire; rezervă.
réticence *sf.* reticenţă.
rétif, -ive *adj.* îndărătnic, nărăvaş.
rétine *sf.* retină.
retirer **1.** *vt.* a retrage; a extrage; **2.** *vr.* a se retrage.
retomber *vi.* a recădea; a dispărea, a se stinge.
retordre *vt.* a răsuci; *donner du fil à ~ qqn.* a da de furcă cuiva.
rétorquer *vt.* a replica, a riposta.
retors, -e *adj.* şiret, viclean.
retouche *sf.* retuş.
retoucher *vt.* a retuşa, a îndrepta, a corecta.
retour *sm.* întoarcere; repetare; schimbare; *sans ~* pentru totdeauna; *en ~ de* în schimbul; *aller et ~* dus-întors; retur.
retourner **1.** *vt.* a întoarce pe dos; a cerceta; a înapoia; **2.** *vi.* a se înapoia; a relua; **3.** *vr.* a se întoarce; **4.** *v. impers.* a fi vorba despre.
retracer **1.** *vt.* a trasa din nou; **2.** *vr.* a-şi aminti.
rétractation *sf.* retractare.
rétracter **1.** *vt.* a retrage; a retracta; **2.** *vr.* a se dezice.
retrait *sm.* retragere.
retraite *sf.* pensionare; *prendre sa ~* a se pensiona.
retraié, -e *adj.*, *smf.* pensionar.
retraiter *vt.* a trata din nou; a scoate la pensie.
retranchement *sm.* tăiere; linie de apărare, meterz.

retrancher 1. *vt.* a tăia; a suprima; a fortifica; 2. *vr.* a se fortifica.
retranscrire *vt.* a retranscrie.
rétréci, -e *adj.* strâmt.
rétrécir *vt.*, *vr.* a (se) strâmta.
rétrécissement *sm.* strâmtare.
retremper 1. *vt.* a muia din nou; a căli din nou; 2. *vr.* a se căli.
rétribuer *vt.* a retribui.
rétribution *sf.* retribuție.
rétroactif, -ive *adj.* retroactiv.
rétroactivité *sf.* retroactivitate.
rétroceder *vt.* a retroceda, a înapoia.
rétrocession *sf.* retrocedare, înapoiere.
rétrograde *adj.* retrograd.
rétrograder 1. *vt.* a retrograda; 2. *vi.* a da înapoi.
rétrospectif, -ive *adj.* retrospectiv.
retroussé, -e *adj.* ridicat, suflecat.
retrousser *vt.* a sufleca.
retrouver *vt.* a regăsi; a recunoaște.
rétroviseur *sm.* retrovizor.
rets *sm.* plasă; cursă.
réunion *sf.* reuniune, reunire, adunare.
réunir *vt.*, *vr.* a (se) reuni, a (se) întruni; a aduna; ~ *des papiers* a strânge hârtii.
réussir *vt.*, *vi.* a reuși, a izbuti.
réussite *sf.* reușită.
revanche *sf.* revanșă.
revancher 1. *vt.* a răzbuna; 2. a se revanșa.
rêvasseur, -euse *smf.* visător.
rêve *sm.* vis.
revêche *adj.* acru.
réveil *sm.* trezire, deșteptare.
réveille-matin *sm.* ceas deșteptător.
réveiller *vt.*,*vr.* a (se) trezi.
réveillon *sm.* revelion.
révélation *sf.* revelație.
révéler *vt.* a revela.
revenant, -e *smf.* strigoi, stafie.
revendicatif, -ive *adj.* revendicativ.
revendication *sf.* revendicare.
revendiquer *vt.* a revendica.
revendre *vt.* a revinde.
revenir *vi.* a reveni; a-și aminti.
revenu *sm.* venit.
rêver *vt.*, *vi.* a visa.
réverbère *sm.* felinar.
réverbérer *vt.* a reflecta.
révérance *sf.* reverență.
révérencieusement *adv.* cu respect.
révérenciux, -euse *adj.* respectuos, reverențios.
révérend, -e *adj.*, *smf.* cuvios, cucernic.
rêverie *sf.* reverie, visare.
revers *sm.* rever; dos; nenorocire.
réversible *adj.* reversibil.
revêtir 1. *vt.* a reîmbrăca; a acoperi; 2. a se îmbrăca.

R

rêveur, -euse *adj., smf.* visător.
revient *sm. coût de ~* preț de cost.
revigorer *vt.* a înviora, a revigora.
revirement *sm.* reviriment.
reviser *vt.* a revizui.
revizion *sf.* revizie, revizuire.
révisionnisme *sm.* revizionism.
révisionniste *adj., smf.* revizionist.
revisser *vt.* a reînșuruba.
revitaliser *vt.* a revitaliza.
revivre *vt.* a retrăi.
révocable *adj.* revocabil.
révocation *sf.* revocare.
revoir 1. *vt.* a revedea; **2.** *sm.* revedere; *au ~* la revedere.
révoltant, -e *adj.* revoltător.
révolte *sf.* revoltă.
révolté, -e *adj., smf.* revoltat.
révolter *vt., vr.* a (se) revolta.
révolu, -e *adj.* împlinit.
révolution *sf.* revoluție.
révolutionnaire *adj., smf.* revoluționar.
revolver *sm.* revolver.
révoquer *vt.* a revoca, a anula.
revue *sf.* revistă.
rez-de-chaussée *sm.* parter.
rhabiller *vt., vr.* a (se) îmbrăca din nou.
rhapsodie *sf.* rapsodie.
rhétorique *sf.* retorică.
rhinocéros *sm.* rinocer.
rhombe *sm.* romb.
rhum *sm.* rom.
rhumatisme *sm.* reumatism.
rhumatologie *sf.* reumatologie
rhumatologue *smf.* medic reumatolog.
rhume *sm.* guturai, răceală.
riant, -e *adj.* vesel.
ribambelle *sf.* cârd, droaie.
ricanement *sm.* rânjet.
ricanner *vi.* a rânji.
riche *adj., smf.* bogat; fertil.
richement *adv.* bogat, luxos.
richesse *sf.* bogăție.
ricin *sm.* ricin.
ricocher *vi.* a ricoșa.
ricochet *sm.* ricoșeu.
rictus *sm.* rictus, rânjet.
ride *sf.* rid.
ridé, -e *adj.* ridat, zbârcit.
rideau *sm.* perdea, cortină.
ridicule *adj., sm.* ridicol.
ridiculement *adv.* ridicol.
ridiculiser *vt.* a ridiculiza.
rien 1. *pron.* nimic, ceva; **2.** *sm.* nimic, fleac.
rieur, -euse *adj., smf.* râzător.
rigide *adj.* rigid; țeapăn; neînduplecat, sever.
rigidité *sf.* rigiditate; severitate.
rigole *sf.* rigolă.
rigoler *vi.* a se distra, a glumi.
rigolo, -otte *adj.* hazliu, nostim.
rigoureusement *adv.* riguros, cu precizie.
rigoureux, -euse *adj.* riguros, strict.

rigueur *sf.* rigoare, strictețe; severitate; *à la ~* la rigoare.
rime *sf.* rimă.
rimer *vt.* a rima.
rincer *vt.* a clăti.
ripaille *sf.* chef, petrecere.
riposte *sf.* ripostă.
riposter *vi.* a riposta.
rire 1. *vt.* a râde; *pour ~* în glumă; *~ aux éclats* a râde cu hohote; **2.** *sm.* râs.
risée *sf.* batjocură; hohot de râs; *être la ~ du monde* a fi de râsul lumii.
risette *sf.* surâs, zâmbet.
risible *adj.* rizibil, de râs.
risque *sm.* risc.
risquer *vt.* a risca.
rituel, -elle *adj.* ritual.
rivage *sm.* mal, țărm.
rival, -e *adj.*, *smf.* rival.
rivaliser *vi.* a rivaliza.
rivalité *sf.* rivalitate.
rive *sf.* mal, țărm.
river *vt.* a țintui, a nitui.
riverain, -e *adj.*, *smf.* riveran.
rivière *sf.* râu.
rixe *sf.* încăierare.
riz *sf.* orez.
rizière *sf.* orezărie.
robe *sf.* rochie; robă.
robinet *sm.* robinet.
robot *sm.* robot.
robotique *sf.* robotică.
robotiser *vt.* a robotiza.
robuste *adj.* robust, voinic, viguros.
roc *sm.* stâncă.
rocailleux, -euse *adj.* pietros.
roche *sf.* stâncă.
rocher *sm.* stâncă ascuțită.
rocheux, -euse *adj.* stâncos.
rodage *sm.* rodaj.
roder *vt.* a roda.
rôder *vi.* a da târcoale.
rogner *vt.* a roade, a tăia.
rognon *sm.* rinichi *(de animal).*
rognure *sf.* deșeu, rest.
roi *sm.* rege.
rôle *sm.* rol; registru.
romain, -e *adj.* roman, romanic.
romain, -e *smf.* locuitor al Romei.
roman *sm.* roman.
romance *sf.* romanță.
romancier, -ère *smf.* romancier.
romanesque *adj.* romanțios.
romantique *adj.* romantic.
romantisme *sm.* romantism.
rompre 1. *vt.* a rupe, a sparge; **2.** *vi.* a se rupe, a ceda; **3.** *vr. a-și rupe*, a se rupe.
rompu, -e *adj.* rupt.
ronchonner *vi.* a mormăi, a bodogăni.
rond, -e 1. *adj.* rotund; grăsuț; **2.** *sm.* cerc.
ronde *sf.* rond, inspecție; rundă.
rondeur *sf.* rotunjime.
ronflement *sm.* sforăit.
ronfler *vi.*a sforăi.
ronger 1. *vt.* a roade; a măcina; **2.** *vr.* a se roade.
rongeur, -euse *adj.*, *sm.* rozător.

R

ronron *sm.* torsul pisicii.
ronronner *vi.* a toarce *(despre pisică).*
roquet *sm.* potaie.
rosaire *sm.* rozariu, mătănii.
rose 1. *sf.* trandafir; **2.** *sm.* roz, trandafiriu.
roseau *sm.* trestie.
rosée *sf.* rouă.
rosette *sf.* rozetă.
rosier *sm.* trandafir.
rosse 1. *sf.* mârțoagă; **2.** *adj.* ironic, nemilos.
rosser *vt.* a bate, a ciomăgi.
rossignol *sm.* privighetoare.
rotatif, -ive 1. *adj.* rotativ, circular; **2.** *sf.* rotativă.
rotation *sf.* rotație, învârtire
rôti *sm.* friptură.
rôtir *vt.* a frige.
rôtisserie *sf.* rotiserie, birt.
rotonde *sf.* rotondă.
rotule *sf.* rotulă.
roture *sf.* prostime, oameni de rând.
roturier, -ère *adj., smf.* om de rând.
rouage *sm.* rotițele unui mecanism.
roucouler *vi.* a gânguri.
roue *sf.* roată.
roué, -e 1. *adj.* tras pe roată; **2.** *smf.* desfrăbălat, șmecher.
rouer *vt.* a trage pe roată.
rouge 1. *adj.* roșu; **2.** *sm.* culoarea roșie.
rougeâtre *adj.* roșiatic.
rougeole *sf.* pojar, rujeolă.
rougir *vt., vi.* a roși.
rouille *sf.* rugină.
rouiller *vt., vi.* a (se) rugini.
roulade *sf.* rostogolire; ruladă.
roulage *sm.* mers; rulaj.
roulant, -e *adj.* rulant.
rouleau *sm.* rulou, sul.
roulement *sm.* rostogolire, rulare.
rouler 1. *vt.* a rostogoli; a rula; **2.** *vi.* a se rostogoli; a rula, a merge; **3.** *vr.* a se tăvăli; a se zvârcoli.
roulette *sf.* ruletă.
roulis *sm.* ruliu.
roumain, -e *adj.* român, românesc.
Roumain, -e *smf.* locuitor din România.
roupiller *vi.* a dormita.
rouquin, -e *adj.* roșcovan.
route *sf.* rută, drum.
routier, -ère 1. *adj.* rutier; **2.** *sm.* ciclist de fond.
routine *sf.* rutină.
routinier, -ère *adj.* rutinier.
royal, -e *adj.* regal.
royalement *adv.* regește.
royauté *sf.* regalitate.
ruban *sm.* panglică.
rubicond, -e *adj.* rumen, rubicond.
rubis *sm.* rubin.
rubrique *sf.* rubrică.
ruche *sf.* stup.
rude *adj.* aspru; greu; sever.
rudement *adv.* cu asprime.
rudesse *sf.* asprime.

rudiment *sm.* rudiment.
rudimentaire *adj.* rudimentar.
rudoyer *vt.* a bruftului.
rue *sf.* stradă.
ruée *sf.* iureş.
ruelle *sf.* uliţă.
ruer *vr.* a se repezi.
rugby *sm.* rugbi.
rugir *vi.* a răcni, a rage.
rugissement *sm.* răcnet.
ruine *sf.* ruină.
ruiner *vt.*, *vr.* a (se) ruina.
ruineux, -euse *adj.* ruinător.
ruisseau *sm.* pârâu.
ruisselant, -e *adj.* care curge.
ruisseler *vi.* a curge şiroaie.
rumeur *sf.* zvon, rumoare.
ruminant, -e *adj.* rumegător.
ruminer *vt.* a rumega.
rupture *sf.* ruptură; rupere.
rural, -e *adj.* rural.
ruse *sf.* şiretenie, viclenie.
rusé, -e *adj.*, *smf.* şiret, viclean.
ruser *vi.* a umbla cu şiretlicuri.
rusticité *sf.* rusticitate.
rustique *adj.* rustic.
rustre *sm.* mitocan.
rutilant, -e *adj.* strălucitor; de roşu aprins.
rythme *sm.* ritm.
rythmé, -e *adj.* ritmat.
rythmer *vt.* a ritma.
rythmique *adj.* ritmic.

S

sa *adj. pos. f.* sa, ei.
sable *sm.* nisip; *sables mouvants* nisipuri mișcătoare.
sableux, -euse *adj.* nisipos.
sablonneux, -euse *adj.* plin de nisip.
sabot *sm.* sabot; copită; frână; *dormir comme un ~* a dormi buștean.
sabotage *sm.* sabotaj.
saboteur *vi.* a sabota.
saboteur, -euse *smf.* sabotor.
saber *sm.* sabie.
sac *sm.* sac; raniță; *~ de voyage* geantă de voiaj; *mettre à ~* a jefui.
saccagement *sm.* jefuire.
saccager *vt.* a jefui, a pustii; a devasta.
saccharine *sf.* zaharină.
sachée *sf.* conținutul unui sac.
sachet *sm.* săculeț; pachețel.
sacoche *sf.* sacoșă; geantă.
sacre *sm.* hirotonisire; ungere; consacrare.
sacré, -e 1. *adj.* sfânt; sacru; odios; 2. *sm.* lucrurile sfinte.
sacrebleu *interj.* ei drăcie!
sacrament *sm.* taină, ritual.
sacrer *vt.* a unge; a hirotonisi, a consacra.
sacrifice *sm.* sacrificiu, jertfă; renunțare.
sacrifier *vt., vr.* a (se) sacrifice; a (se) jertfi.
sacrilege *sm.* profanare, sacrilegiu, necinstire.
sacristain *sm.* paracliser.
sadique *adj., smf.* sadic; feroce, sălbatic.
safran *sm.* șofran.
sagace *adj.* ager, isteț, perspicace.
sagacité *sf.* perspicacitate, istețime.
sage 1. *sm.* înțelept; 2. *adj.* cultivat, instruit; cuminte, ascultător; cumpătat.
sagement *adv.* cu înțelepciune.
sagesse *sf.* înțelepciune; supunere; cumpătare.
sagittaire *sm.* zodiac săgetătorului.
saignée *sf.* sângerare.
saignant, -e *adj.* care sângerează; în sânge.
saigner 1. *vi.* a sângera; 2. *vt.* a lua sânge; 3. a-și lua sânge.
saigneux, -euse *adj.* plin de sânge.
saillant, -e *adj.* proeminent; deosebit, izbitor.

saillie *sf.* ieşitură, proeminenţă; săritură.
saillier *vt.* a ţâşni; a goni.
sain, -e *adj.* sănătos; nevătămat.
saindoux *sm.* untură de porc.
saint, -e *adj.*, *smf.* sfânt; cucernic.
sainteté *sf.* sfinţenie.
saisi, -e 1. *adj.* sechestrat; **2.** *sf.* sechestru.
saisir 1. *vt.* a apuca; a prinde; a aresta; a înţelege, a pricepe; a sechestra; a sesiza; **2.** *vr.* a pune stăpânire.
saissisable *adj.* sesizabil.
saissisant, -e *adj.* pătrunzător; impresionant.
saison *sf.* anotimp, sezon; *être de ~* a fi potrivit, a fi de sezon.
saisonnier, -ère *adj.* sezonier.
salabre *sm.* mincinos.
salade *sf.* salată.
saladier *sm.* salatieră.
salaire *sm.* salariu, leafă; răsplată.
salami *sm.* salam.
salarié, -e *adj.*, *smf.* salariat.
salaud, -e *smf.* ticălos; murdar.
sale *adj.* murdar; josnic; *affaire ~* afacere necurată.
salé, -e *adj.* sărat.
saler *vt.* a săra.
saleté *sf.* murdărie; gunoi; ticăloşie.
salière *sf.* solniţă.
salin, -ine *adj.* salin.
salir *vt.* a murdări, a păta.
salive *sf.* salivă, scuipat.
salle *sf.* sală; odaie; *~ de classe* clasă; *~ à manger* sufragerie.
salopette *sf.* salopetă.
salpêtre *sm.* salpetru.
saltimbanque *sm.* acrobat, saltimbanc.
salubre *adj.* salubru, sănătos.
saluer *vt.*, *vr.* a (se) salute.
salut *sm.* salut; salvare.
salutaire *adj.* salutar, salvator.
salutations *sf. pl.* salutări.
salvateur, -trice *adj.*, *smf.* salvator.
salve *sf.* salvă.
samedi *sm.* sâmbătă.
sanatorium *sm.* sanatoriu.
sanctifier *vt.* a sanctifica, a sfinţi.
sanction *sf.* sancţiune, pedeapsă.
sanctionner *vt.* a pedepsi; a sublinia; a aproba.
sanctuaire *sm.* sanctuar.
sandale *sf.* sandală.
sander *sf.* şalău.
sang *sm.* sânge; origine; *coup de ~* congestie cerebrală; *~ froid* sânge rece.
sanglant, -e *adj.* sângeros; cumplit; însângerat.
sanglier *sm.* mistreţ.
sanglot *sm.* hohot de plans; oftat.
sangloter *vt.* a plânge în hohote.
sangsue *sf.* lipitoare.

S

sanguine, -e *adj.* sanguin.
sanguinaire *adj.* sângeros, feroce.
sanitaire *adj.* sanitar.
sans *prep.* fără; ~ *que fără* ca să; ~ *doute* fără îndoială.
sans-gêne *sm. invar.* fără politețe.
sans-soucis *adj. invar.* care nu se sinchisește.
santé *sf.* sănătate; *maison de ~* sanatoriu.
saphir *sm.* safir.
sapin *sm.* brad.
sapinière *sf.* brădet.
sarclage *sm.* plivire.
sarcler *vt.* plivi.
sarcophage *sm.* sarcofag.
sardine *sf.* sardea.
sas *sm.* ciur, sită.
satellite *sm.* satelit.
satiété *sf.* sațietate, săturare.
satin *sm.* satin.
satire *sf.* satiră.
satirique *adj.* satiric.
satiriser *vt.* a satiriza.
satisfaction *sf.* satisfacție.
satisfaire 1. *vt.* a satisface, a mulțumi; 2. *vi.* a îndepli; *~ à une promesse* a îndeplini o promisiune.
satisfaisant, -e *adj.* satisfăcător.
satisfait, -e *adj.* satisfăcut.
satrape *sm.* satrap.
saturé, -e *adj.* saturat; sătul.
saturer *vt.* a satura; a sătura.
satyre *sm.* satir.
satyrique *adj.* ironic, satiric.
sauce *sf.* sos.
saucisse *sf.* cârnat.
saucisson *sm.* salam.
sauf, sauve *adj.* teafăr; *sain et sauf* teafăr și nevătămat.
salue *sm.* salcie; *~ pleurer* salcie plângătoare.
saumon *sm.* somon.
saumure *sf.* saramură.
saumurer *vt.* a pune la saramură.
saupoudrer *vt.* a presăra.
saut *sm.* salt, săritură; *de plein ~* brusc; *faire le ~* a lua o hotărâre.
sautée *sf.* săritură.
sauteler *vi.* a țopăi.
sauter 1. *vi.* a sări; a exploda, a sări în aer; *faire ~* a arunca în aer; 2. *vr.* a sări peste.
sauterelle *sf.* lăcustă.
sauteur, -euse 1. *smf.*, *adj.* săritor; 2. *sf.* tigaie.
sautiller *vi.* a țopăi.
sauvage *adj.* sălbatic; primitive.
sauvagement *adv.* cu sălbăticie.
sauvagerie *sf.* sălbătici, barbarie.
sauvegarde *sf.* protecție, ocrotire.
sauvegarder *vt.* a proteja, a ocroti.
sauver 1. *vt.* a salva; 2. *vr.* a se salva.

S

sauvetage *sm.* salvare; *canot de ~* barcă de salvare.
sauvette *sf.* *à la ~* în mare grabă.
sauveur *sm.* salvator; eliberator; mântuitor.
savamment *adv.* savant.
savant, -e 1. *smf.* savant, erudit; **2.** *adj.* savant, învățat.
savarin *sm.* savarină.
saveur *sf.* savoare, aromă.
savoir 1. *vt.* a ști; *faire ~* a aduce la cunoșință; *à ~* și anume; **2.** *vr.* a se ști; **3.** *sm.* erudiție.
savoir-faire *sm.* *invar.* pricepere, îndemânare.
savon *sm.* săpun.
savonner *vt.*, *vr.* a (se) săpuni.
savourer *vt.* a savura.
savoureux, -euse *adj.* savuros.
saynète *sf.* scenetă.
scabreux, -euse *adj.* scabros, indecent.
scandale *sm.* scandal.
scandaleux, -euse *adj.* scandalos, revoltător.
scandaliser *vt.*, *vr.* a (se) scandaliza, a (se) revolta.
scander *vt.*, *vr.* a (se) scandal; a (se) accentua.
scaphandre *sm.* scafandru.
scaphandrier *sm.* scafandru.
sceau *sm.* pecete, sigiliu, ștampilă.
scélérat, -e *smf.*, *adj.* scelerat, nelegiuit.
sceller *vt.* a sigila, a ștampila; a închide ermetic.
scellés *sm.* *pl.* sigiliu aplicat pe ușă.
scenario *sm.* scenario.
scène *sf.* scenă, estradă; *mettre en ~* a pune în scenă.
scénographe *sm.* scenograf.
sceptique *adj.*, *sm.* neîncrezător, sceptic.
scéma *sm.* schemă, schiță.
scie *sf.* ferăstrău.
sciemment *adv.* cu bună știință.
science *sf.* știință; cunoaștere.
scientifique *adj.* științific.
scientifiquement *adv.* științific.
scier *vt.* a tăia cu fierăstrău.
scierie *sf.* joagăr.
scieuse *sf.* fierăstrău mecanic.
scinder *vt.*, *vr.* a (se) scinda; a (se) diviza.
scintillant, -e *adj.* scânteietor, strălucitor.
scintillation *sf.* scânteiere, licărire, strălucire.
scintiller *vi.* a scânteia, a licări.
scission *sf.* sciziune, divizare.
sciure *sf.* rumeguș.
scolaire *adj.* școlar; *année ~* an școlar; școlăresc.
scolariser *vt.* a școlariza.
scorbut *sm.* scorbut.
score *sm.* scor.
scout *sm.* cercetaș.
scrupule *sm.* scrupul.
scrupuleusement *adv.* scrupulos.

scrupuleux, -euse *adj.* scrupulos.
scrupulosité *sf.* scrupulozitate.
scruter *vt.* a cerceta atent, a scruta, a examina.
sculpter *vt.* a sculpta.
sculpteur *sm.* sculptor.
sculpture *sf.* sculptură.
séance *sf.* şedinţă, reuniune.
séant, -e *adj.* potrivit, decent.
seau *sm.* găleată, căldare; *il pleut à seux* plouă cu găleata.
sec, sèche 1. *adj.* uscat; arid, sterp; sec; *un vin* ~ un vin sec; **2.** *sm.* uscat, uscăciune; **3.** *adv.* cu asprime.
séchage *sm.* uscare.
séché, -e *adj.* secat; uscat.
sécher *vt.*, *vi.* a (se) usca.
sécheresse *sf.* secetă, uscăciune.
sécherie *sf.* uscătorie.
sèche-cheveux *sm. invar.* uscător de păr.
second, -e 1. *adj.* al doilea; secund; **2.** *smf.* al doilea; **3.** *num. ord.* al doilea; *en* ~ pe locul doi.
secondaire *adj.* secundar, mijlociu, mediu.
seconde *sf.* secundă; moment; *une* ~ o clipă.
secouer 1. *vt.* a scutura; a zgâlţâi; a zdruncina; **2.** *vr.* a se scutura.
secouement *sm.* clătinare.
secourir 1. *vt.* a sprijini, a ajuta; **2.** *vr.* a se întrajutora.
secours *sm.* sprijin, ajutor; *demander* ~ a cere ajutor.
secousse *sf.* zguduitură; *sans* ~ progresiv; *se donner une* ~ a face un efort.
secret, -ète *adj.*, *sm.* secret.
secrétaire *smf.* secretar.
secrétariat *sm.* secretariat.
secrètement *adv.* secret, pe ascuns.
sécrétion *sf.* secreţie.
secte *sf.* sectă.
secteur *sm.* sector; cartier; zonă.
section *sf.* secţiune; secţie; capitol.
sectionnement *sm.* secţionare.
sectionnaer *vt.* a împărţi; a tăia; a secţiona.
séculaire *adj.* secular.
sécurité *sf.* securitate, siguranţă.
sédentaire *adj.*, *sm.* sedentare.
sediment *sm.* depunere, sediment.
sedimentation *sf.* depunere, sedimentare.
séducteur, -trice *sm.*, *adj.* seducător.
seduction *sf.* seducţie; seducere; farmec.
séduire *vt.* a seduce, a fermeca; a înşela.
séduisant, -e *adj.* atrăgător, seducător.
segment *sm.* segment, porţiune.

segmentation *sf.* segmentare.
segmenter *vt.* a segmenta.
ségréger *vt.* a separa.
seiche *sf.* sepia.
seigle *sm.* secară.
seigneur *sm.* senior, nobil.
sein *sm.* sân, piept.
seing *sm.* semnătură.
seize *num. card.* șaisprezece.
seizième *num. ord.* al șaisprezecelea.
séjour *sm.* ședere.
séjourner *vi.* a locui câtva timp.
sel *sm.* sare.
sélection *sf.* selecție, selecționare.
sélectionner *vt.* a selecționa.
selle *sf.* șa.
seller *vt.* a înșeua.
selon *prep.* după; ~ *moi* după mine; ~ *que* după cum; ~ *les circonstances* după împrejurări.
samailles *sf. pl.* semănat, semănături.
semaine *sf.* săptămână; *la ~ des quatre jeudis* la paștele cailor.
semaphore *sm.* semafor.
semblable 1. *adj.* asemănător; **2.** *sm.* seamăn.
semblance *sf.* asemănare.
semblant *sm.* aparență; *faire ~ de* a simula.
sembler 1. *vi.* a părea; **2.** *v. impers.* a i se părea; *il me semble* mi se pare.
semelle *sf.* talpă; *battre la ~* a bate pasul pe loc.
semence *sf.* sămânță.
semer *vt.* a semăna; a propaga; a presăra.
semester *sm.* semestru.
semeur, -semeuse *smf.* semănător.
séminaire *sm.* seminar.
semoir *sf.* semănătoare mecanică.
semoule *sf.* griș.
sens *sm.* simț; direcție; *bon ~* bun simț; înțeles.
sensation *sf.* impresie, senzație; *faire ~* a face senzație.
sense, -e *adj.* rațional, cu bun simț.
sensément *adv.* cu bun-simț.
sensibilité *sf.* sensibilitate, simțire; emotivitate.
sensible *adj.* sensibil, emotive.
sensiblement *adv.* sensibil.
sensualité *sf.* senzualitate.
sensuel, -elle *smf., adj.* senzual.
sente *sf.* potecă.
sentence *sf.* sentință, decizie.
senteur *sf.* parfum, mireasmă, miros.
sentier *sm.* cărare, potecă.
sentiment *sm.* sentiment; tandrețe; părere.
sentinelle *sf.* santinelă.
sentir 1. *vt., vr.* a (se) simți; **2.** *vi.* a mirosi; ~ *bon* a mirosi frumos.

S

séparation *sf.* separare, despărțire.
séparer 1. *vt.* a separa, a despărți; a diviza; a clasa; **2.** *vr.* a se despărți; a divorța.
séparement *adv.* separat, aparte.
sept *num. card.* șapte.
septembre *sm.* septembrie.
septième *num. ord.* al șaptelea.
sépulcre *sm.* mormânt.
sépulture *sf.* înmormântare; mormânt.
séquence *sf.* suită; secvență.
séquestre *sm.* sechestru.
séquestrer *vt.* a sechestra.
sérail *sm.* serai, harem.
serein, -e *adj.* senin; calm, liniștit.
sérénade *sf.* serenadă.
sérénité *sf.* calm, liniște; seninătate.
serf, serve *smf.* iobag.
sergent *sm.* sergent.
série *sf.* serie.
sérieusement *adv.* serios, cu seriozitate.
sérieux, -euse *adj.* serios, sobru; *prendre au ~* a lua în serios.
serin *sm.* canar.
seringue *sf.* seringă.
serment *sm.* jurământ; *prêter ~* a depune jurământ.
sermon *sm.* predică.
serpent *sm.* șarpe; *~ à sonnettes* șarpe cu clopoței.
serpentant, -e *adj.* șerpuitor.
serpentement *sm.* șerpuire.
serpenter *vi.* a șerpui.
serpentin, -e 1. *sm.* serpentină; **2.** *adj.* șerpesc.
serre *sf.* seră.
serrement *sm.* strângere.
serrer 1. *vt.* a strânge, a aduna; *~ la main* a strânge mâna; a apropia; **2.** *vr.* a se strânge; a se înghesui.
serrure *sf.* broască, încuietoare.
serrurerie *sf.* lăcătușerie.
serrurier *sm.* lăcătuș.
sérum *sm.* ser.
servante *sf.* servantă, bufet; servitoare.
serveur, -euse *smf.* ospătar.
serviable *adj.* serviabil, îndatoritor.
service *sm.* serviciu; *rendre ~* a ajuta pe cineva.
serviette *sf.* șervet; prosop; servietă.
servilement *adv.* servil, orbește.
server *vt.*, *vr.* a (se) servi, a (se) folosi.
serviteur *sm.* servitor, slugă.
servitude *sf.* obligație; servitude.
sésame *sm.* susan.
set *sm.* set, repriză.
seuil *sm.* prag, (*fig.*) început.
seul, -e *adj.* singur, solitar; *tout seul* singur-singurel; unic; *pas un ~* nici unul.

seulement *adv.* numai; doar.
sève *sf.* sevă.
sévère *adj.* sobru; sever, aspru; riguros.
sévèrement *adj.* sever, cu severitate.
sévérité *sf.* severitate, asprime; sobrietate.
sévir *vi.* a face ravagii.
seyant, -e *adj.* potrivit.
si **1.** *conj.* dacă; **2.** *adv.* atât de; ~...*que* oricât de; *mais* ~ ba da; ~ *bien que* așa încât.
sibilant, -e *adj.* șuierător.
sidérer *vt.* a ului, a împietri.
sidérurgie *sf.* siderurgie.
siècle *sm.* secol, veac, epocă.
siege *sm.* scaun, jilț; sediu, reședință; asediu; centru.
sien, -enne **1.** *pron. pos.* al său, a sa; **2.** *adj. pos.* său, sa; **3.** *sm. pl.* ai săi, familia sa.
sieste *sf.* siestă.
sifflement *sm.* fluierat.
siffler *vt.*, *vi.* a fluiera, a șuiera.
sifflet *sm.* fluier; sirenă,
signal *sm.* semnal.
signalé, -e *adj.* semnalat.
signaler **1.** *vt.* a semnala; **2.** *vr.* a se distinge.
signalisation *sf.* semnalizare.
signataire *sm.* semnatar.
signature *sf.* semnătură.
signe *sm.* semn, indiciu; *faire* ~ a da semnalul.
signer **1.** *vt.* a semna; **2.** *vr.* a se cruci.
signifiance *sf.* semnificație, indiciu.
signification *sf.* semnificație, sens.
signifier *vt.* a însemna, a semnifica.
silence *sm.* tăcere; *passer sous* ~ a trece sub tăcere; *garder le* ~ a păstra tăcerea.
silenciuesement *adv.* în tăcere.
silencieux, -euse *adj.* tăcut, liniștit.
silhouette *sf.* siluetă.
sillage *sm.* dâră, urmă.
siller *vt.* a lăsa dâră.
sillon *sm.* brazdă.
silloner *vt.* a brăzda.
silo *sm.* siloz.
silure *sm.* somn.
similaire *adj.* similar, analog.
similitude *sf.* asemănare; potrivire.
simple *adj.* simplu; modest; ușor.
simplement *adv.* cu simplitate.
simplicité *sf.* simplitate.
simplification *sf.* simplificare.
simplifier *vt.*, *vr.* a (se) simplifica.
simulacre *sm.* aparență, simulacru; simulare.
simulation *sf.* simulare; prefăcătorie.
simuler *vt.* a simula; a se preface.

simultané, -e *adj.* concomitent, simultan.
simultaneité *sf.* sincronism, simultaneitate.
simultanément *adv.* concomitent, simultan.
sincère *adj.* sincer, cinstit, deschis.
sincèrement *adv.* cu sinceritate.
sincérité *sf.* sinceritate.
singe *sm.* maimuță.
singer *vt.* a maimuțări.
singerie *sf.* maimuțăreală.
singularité *sf.* singularitate, originalitate.
singulier, -ère *adj.* unic; bizar, neobișnuit; singular.
singulièrement *adv.* extern de, deosebit de.
sinistre 1. *adj.* sinistru; **2.** *sm.* dezastru, calamitate.
sinistré, -e *adj.*, *smf.* sinistrat.
sinon *conj.* dacă nu, în caz.
S
sinueux, -euse *adj.* sinuos.
sirop *sm.* sirop.
siroter *vt.*, *vi.* a sorbi, a degusta.
site *sm.* priveliște.
sitôt *adv.* îndată, imediat.
situation *sf.* poziție; atitudine; condiție; situație; situare; (*fig.*) slujbă.
situer 1. *vt.* a situa, a așeza; **2.** *vr.* a se situa.
six *num. card.* șase.
sixième *num. ord.* al șaselea.
ski *sm.* schi; *faire du ~* a practica schiul.
skier *vi.* a schia.
skieur, -euse *smf.* schior.
sobre *adj.* serios, sobru; cumpătat.
sobrement *adv.* cu măsură, sobru.
sobriété *sf.* sobrietate, cumpătare.
sobriquet *sm.* poreclă.
sociable *adj.* sociabil, comunicativ.
social, -e *adj.* social.
socialiser *vt.* a socializa.
socialisme *sm.* socialism.
socialiste *adj.*, *smf.* socialist.
société *sf.* societate.
socle *sm.* soclu, postament.
soda *sm.* sifon, apă gazoasă.
sœur *sf.* soră; *belle ~* cumnată; călugăriță.
sofa *sm.* canapea, sofa.
soi *pron. pers.* sine.
soi-disant *adj. invar.* pretins, așa-zis.
soie *sf.* mătase; *ver à ~* vierme de mătase.
soif *sf.* sete.
soigner *vt.*, *vr.* a (se) îngriji.
soigneusement *adv.* cu atenție.
soigneux, -euse *adj.* îngrijit; grijuliu.
soin *sm.* atenție, grijă; *avoir ~ de* a avea grijă de.
soir *sm.* seară.
soirée *sf.* seară; serată.
soit 1. *conj.* ~ … ~ fie… fie, sau… sau; **2.** *adv.* fie, da.
soixante *num. card.* șaizeci.

sol *sm.* pământ, sol, teren.
solaire *adj.* solar.
soldat *sm.* soldat, ostaş, militar.
solde *sf.* soldă, salariu; sold.
solder *vt.*, *vr.* a (se) solda.
soleil *sm.* soare; *au ~ couchant* la apusul soarelui; *coup de ~* insolaţie.
solennel, -elle *adj.* solemn.
solennellement *adv.* solemn.
solennité *sf.* solemnitate.
solfège *sm.* solfegiu.
solidaire *adj.* solidar, legat, unit.
solidariser *vt.*, *vr.* a (se) solidariza.
solidarité *sf.* solidaritate, unire.
solide 1. *adj.* solid, trainic; consistent; **2.** *sm.* solid.
solidement *adv.* cu tărie.
solidifier *vt.*, *vr.* a (se) solidifica.
solidité *sf.* soliditate, tărie; rezistenţă.
soliloque *sm.* monolog.
solitaire *adj.* solitar, singuratic.
solitude *sf.* singurătate.
solive *sf.* grindă.
solliciter *vt.* a cere, a solicita; a incita; a provoca.
sollicitude *sf.* grijă, atenţie.
soluble *adj.* solubil.
solution *sf.* soluţie; rezolvare.
solutionner *vt.* a rezolva, a soluţiona.
solvable *adj.* solvabil.
sombre *adj.* sumbru, întunecos.
sombrer *vi.* a se nărui; a se scufunda.
sommaire 1. *adj.* sumar, scurt; **2.** *sm.* cuprins, sumar.
sommairement *adv.* pe scurt.
summation *sf.* somaţie, avertisment.
somme *sf.* sumă; *bête de ~* vită de povară.
sommeil *sm.* somn.
sommeiller *vi.* a moţăi, a dormita.
sommelier *sm.* sommelier, ospătar care serveşte vinuri.
sommer *vt.* a soma.
sommet *sm.* pisc, vârf, culme; apogeu.
sommier *sm.* somieră.
sommité *sf.* somitate, persoană marcantă.
somnolent, -e *adj.* somnolent; toropit.
somnoler *vi.* a dormita, a moţăi.
somptueux, -euse *adj.* somptuos, fastuos.
somptuosité *sf.* somptuozitate.
son, sa *adj. pos.* său.
son *sm.* sunet; tărâţe.
sonate *sf.* sonată.
sondage *sm.* sondare; sondaj; cercetare.
sonde *sf.* sondă.
sonder *vt.* a explora, a sonda; a investiga.
songe *sm.* vis.
songer *vi.* a se gândi, a medita; a intenţiona să.
songerie *sf.* reverie, visare.

sonnaile *sf.* talangă.
sonnant, -e *adj.* précis, fix; *à l'heure sonnante* la oră fixă.
sonner *vt., vi.* a suna; a sosi.
sonnerie *sf.* sonerie.
sonnet *sm.* sonnet.
sonnette *sf.* clopoțel.
sonore *adj.* sonor, răsunător.
sonoriser *vt.* a sonoriza.
sonorité *sf.* sonoritate, rezonanță.
sorcellerie *sf.* vrăjitorie, magie.
sorcier, -ère *adj., smf.* vrăjitor.
sordide *adj.* sordid, murder; josnic.
sornette *sf.* balivernă, fleac.
sort *sm.* soartă, destin.
sorte *sf.* soi, gen, specie, fel; *faire en ~ que* a proceda în așa fel încât; *de ~ que* astfel încât.
sortie *sf.* ieșire.
sortilege *sm.* farmec, vrajă.
S
sortir 1. *vi.* a ieși; **2.** *vt.* a scoate.
sosie *sm.* sosie.
sot, -tte 1. *smf.* prost, neghiob; **2.** *adj.* prostesc, prost.
sottise *sf.* prostie, neghiobie.
sou *sm.* para, ban.
soubresaut *sm.* salt brusc.
souche *sf.* trunchi, buștean; origine; matcă; cotor la chitanțier.
souci *sm.* grijă, preocupare.
soucier *vt.* a se preocupa.
soucieux, -euse *adj.* preocupat, îngrijorat.
soucoupe *sf.* farfurioară.
soudain, -e 1. *adj., adv.* brusc, neașteptat; **2.** *adv.* deodată.
soudainement *adv.* deodată, pe neașteptate.
soude *sf.* sodă.
souder *vt., vr.* a (se) suda.
soudeur, -euse *sm.* sudor.
soudure *sf.* sudură, sudare.
soufflé *sm.* suflu, suflare, adiere.
souffler 1. *vi.* a sufla; a respira, a răsufla; **2.** *vt.* a sufla.
soufflet *sm.* foale; palmă; *donner un ~ à qqn.* a da o palmă cuiva.
souffleter *vt.* a pălmui.
souffleur, -euse *smf.* sufler.
souffrance *sf.* durere, suferință.
souffrant, -e *smf.* bolnav, suferind.
souffrir *vt., vi.* a suferi, a îndura.
soufre *sm.* sulf, pucioasă.
souhait *sm.* dorință; *à ~* după dorință; urare.
souhaitable *adj.* de dorit.
souhaiter 1. *vt.* a dori; a ura.
souille *sf.* mocirlă.
souiller *vt., vr.* a (se) murdări.
soûl, -e *adj.* beat.
soulagement *sm.* ușurare.
soulager *vt., vr.* a (se) ușura.
soûler *vt., vr.* a (se) îmbăta.
soulèvement *sm.* ridicare, înălțare; răscoală.
soulever *vt., vr.* a (se) ridica; a (se) răscula.

soulier *sm.* pantof.
soulignement *sm.* subliniere.
souligner *vt.* a sublinia, a evidenția.
soumettre 1. *vt.* a subjuga, a supune; **1.** *vr.* a accepta, a se supune.
soumis, -e *adj.* supus, docil.
soumission *sf.* supunere, docilitate; subordonare.
soupçon *sm.* bănuială, suspiciune; presupunere.
soupçonner *vt., vr.* a (se) suspecta, a (se) presupune.
soupçonneux, -euse *adj.* bănuitor.
soupe *sf.* supă.
souper *vi.* a lua cina.
soupière *sf.* supieră.
soupir *sm.* oftat, suspin; pauză.
soupirer *vt.* a suspina, a ofta.
souple *adj.* suplu, mlădios; docil.
source *sf.* izvor; sursă; *prendre sa ~* a izvorî.
sourcil *sm.* sprânceană; *froncer le ~* a încrunta sprâncenele.
sourciller *vi.* a țâșni; *sans ~* fără a clinti.
sourd, -e *adj.* surd; *faire la sourde oreille* a face pe surdul.
sourdine *sf.* surdină.
souriant, -e *adj.* surâzător.
sourire 1. *vi.* a surâde, a zâmbi; **2.** *sm.* zâmbet.
souris *sf.* șoarece.
sournois, -e *adj.* disimulat, ascuns; viclean.
sournoisement *adv.* cu perfidie.
sournoiserie *sf.* prefăcătorie, viclenie.
sous *prep.* sub.
souscription *sf.* subscripție.
souscrire *vi.* a subscrie.
sous-estimer *vt.* a subestima, a subevalua.
sous-entendu *sm.* subînțeles.
sous-marin, -e *sm., adj.* submarin.
sous-sol *sm.* subsol.
sous-titre *sm.* subtitlu.
soustraction *sf.* sustragere; scădere.
soutenance *sf.* susținere.
soutenir *vt., vr.* a (se) susține.
soutenu, -e *adj.* susținut, perseverent.
souterrain, -e *adj., sm.* subteran.
soutien *sm.* sprijin; susținător.
souvenir 1. *sm.* amintire; suvenir; **2.** *vr., v. impers.* a-și aminti.
souvent *adv.* adesea, deseori.
souverain, -aine 1. *adj.* suveran; foarte eficace; **2.** *sm.* suveran.
souveraineté *sf.* suveranitate.
soyeux, -euse *adj.* mătăsos.
spacieux, -euse *adj.* spațios.
spasme *sm.* spasm, convulsie.
spatial, -e *adj.* spațial.
spécial, -e *adj.* special.

spécialement *adv.* în special.
specialisation *sf.* specializare.
spécialiser 1. *vt.* a menționa; **2.** *vr.* a se specializa.
spécialiste *smf.*, *adj.* specialist.
spécialité *sf.* specialitate.
spécification *sf.* specificare.
spécificité *sf.* specific.
spécifier *vt.* a specifica.
spécifique 1. *sm.* specific; **2.** *adj.* propriu, particular.
spécifiquement *adv.* specific.
spécimen 1. *sm.* model, specimen; **2.** *adj.* model.
spectacle *sm.* spectacol.
spectaculaire *adj.* spectacular, spectaculos.
spectateur, -trice *smf.* spectator.
spectre *sm.* fantomă, arătare.
spéculation *sf.* specualție.
spéculer *vi.* a specula.
sphère *sf.* sferă.
S
sphinx *sm.* sfinx.
spinellé, -e *adj.* țepos, spinos.
spirale *sf.* spirală.
spire *sf.* spiră.
spiritualité *sf.* spiritualitate.
spiritual, -elle *adj.* spiritual; ager.
spirituellement *adv.* cu spirit.
splendeur *sf.* splendoare.
splendide *adj.* splendid; măreț, strălucitor.
splendidement *adv.* splendid.
spolier *vt.* a jefui, a prăda.
spongieux, -euse *adj.* spongios, poros.
spontané, -e *adj.* spontan, firesc.
spontanéité *sf.* spontaneitate, pomptitudine.
spontanément *adv.* cu vioiciune; spontan.
sporadique *adj.* sporadic, răzleț.
sport *sm.* sport.
sportif, -ive *smf.*, *adj.* sportive.
spumeux, -euse *adj.* spumos.
square *sm.* scuar, grădină publică.
squelette *sm.* schelet.
stabiliser *vt.* a stabiliza.
stabilité *sf.* stabilitate, echilibru.
stable *adj.* stabil, durabil; constant.
stade *sm.* stadion; stadium.
stage *sm.* stagiu; etapă.
stagnation *sf.* stagnare.
stagner *vi.* a stagna, a sta pe loc.
standard *sm.* standard, model.
station *sf.* stație; stațiune; popas, oprire.
stationnement *sm.* staționare.
stationner *vi.* a staționa.
statistique *sf.* statistică.
statue *sf.* statuie.
statuette *sf.* statuetă.
stature *sf.* talie, statură.
statut *sm.* statut.
stellaire *adj.* stelar.
steppe *sf.* stepă.

stérile *adj.* steril, sterp, neroditor.
stérilisation *sf.* sterilizare.
stériliser vt a steriliza.
stérilité *sf.* sterilitate.
stigmate *sm.* stigmat, semn.
stigmatiser *vt.* a stigmatiza.
stimulant, -e *adj.* stimulator, stimulant.
stimulation *sf.* stimulare.
stimuler *vt.* a stimula, a încuraja.
stipendier *vt.* a stipendia; a corupe.
stipulation *sf.* clauză; prevedere, condiție.
stipuler *vt.* a stipula, a stabili o clauză.
stoïcisme *sm.* stoicism.
stomatologie *sf.* stomatologie.
stop *sm.* stop, oprire.
stopper *vt.*, *vi.* a (se) opri.
store *sm.* jaluzea, stor.
stranguler *vt.* a strangula, a sugruma.
stratagème *sm.* stratagemă, vicleșug.
strate *sf.* strat.
stratège *sm.* strateg.
stratégie *sf.* strategie.
strict, -e *adj.* strict, exact.
strictement *adv.* strict.
strident, -e *adj.* țipător, strident.
strié, -e *adj.* striat, brăzdat.
strier *vt.* a brăzda.
strophe *sf.* strofă.
structure *sf.* structură.
structurer *vt.* a structura.
studieux, -euse *adj.* studios, silitor.
studio *sm.* garsonieră; studio.
stupéfaction *sf.* uimire, stupoare.
stupéfait, -e *adj.* uimit.
stupéfiant, -e *adj.*, *sm.* stupefiant, uimitor.
stupéfier *vt.* a ului, a stupefia, a uimi.
stupeur *sf.* stupoare, uimire.
stupide *adj.*, *smf.* stupid; prost, idiot.
stupidement *adv.* stupid, prostește.
stupidité *sf.* stupiditate; prostie.
style *sm.* stil.
stylo *sm.* stilou.
suaire *sm.* giulgiu.
suave *adj.* suav, delicat.
suavement *adv.* cu suavitate.
subconscience *sf.* subconștient.
subdiviser *vt.*, *vr.* a (se) subîmpărți.
subdivision *sf.* subîmpărțire.
subir *vt.* a suporta, a suferi; a susține *(un examen).*
subit, -e *adj.* brusc, subit.
subitement *adv.* brusc, deodată.
subjectif, -ive *adj.* subiectiv.
subjonctif *adj.*, *sm.* conjunctiv *(modul).*
subjuguer *vt.* a înrobi, a subjuga.
sublime *adj.* sublim, admirabil; perfect.

submergé, -e *adj.* inundat, înecat.
submerger *vt.* a inunda, a acoperi cu apă; a copleşi.
submersion *sf.* scufundare, înecare.
subordination *sf.* subordonare.
subordonner *vt.*, *vr.* a (se) subordona.
subroger *vt.* a înlocui, a substitui.
subside *sm.* ajutor, subvenţie.
subsistance *sf.* subzistenţă.
subsister *vi.* a subzista; a supravieţui.
substance *sf.* substanţă.
substantiel, -elle *adj.* substanţial, esenţial; consistent.
substantiellement *adv.* substanţial.
substantif *sm.* substantiv.
substituer *vt.*, *vr.* a (se) substitui.
substitution *sf.* substituire, substituţie.
subterfuge *sm.* subterfugiu, stratagemă.
subtil, -e *adj.* subtil, fin; perspicare; ingenios.
subtilité *sf.* subtilitate, fineţe.
suburbain, -e *adj.* suburban.
suc *sm.* sevă, suc, zeamă.
succéder *vi.*, *vr.* a (se) succeda.
succès *sm.* succes, reuşită.
successeur *sm.* succesor, urmaş.
successif, -ive *adj.* succesiv.
succession *sf.* succesiune, moştenire; şir.
successivement *adv.* succesiv, treptat.
succint, -e *adj.* succint, concis.
succomber *vi.* a muri, a pieri.
succulent, -e *adj.* suculent, gustos.
sucer *vt.* a suge; a sorbi.
sucre *sm.* zahăr.
sucré, -e *adj.* dulce, zaharos.
sucrer *vt.* a îndulci.
sucrerie *sf.* fabrică de zahăr.
sucrier *sm.* zaharniţă.
sud 1. *adj.* sudic; **2.** *sm.* sud.
suer *vi.* a asuda, a transpira.
sueur *sf.* transpiraţie, sudoare; *être en* ~ a fi transpirat.
suffire 1. *vi.* a ajunge, a fi suficient; *il suffit que...* este suficient ca...; **2.** *vr.* a-ţi ajunge.
suffisamment *adv.* suficient, de ajuns.
suffisance *sf.* suficienţă; *à* ~ destul.
suffisant, -e *adj.* suficient; arogant.
suffocant, -e *adj.* sufocant, înăbuşitor.
suffocation *sf.* sufocare.
suffoquer 1. *vt.* a sufoca, a asfixia; **2.** *vi.* a-şi pierde răsuflarea.
suggérer *vt.* a sugera.
suggestif, -ive *adj.* sugestiv, evocator.
suggestion *sf.* sugestie; insinuare, sfat.

S

suicide *sm.* sinucidere.
suicider *vt.* a se sinucide.
suie *sf.* funingine.
suif *sm.* seu.
suinter *vi.* a se prelinge, a picura.
suisse *adj.* elvețian.
Suisse *smf.* locuitor din Elveția.
suite *sf.* suită; urmare; *par ~* prin urmare; *tout de ~* imediat.
suivant, -e 1. *adj.* următor; **2.** *prep.* după; **3.** *sm. pl.* alai, cortegiu.
suivi, -e *adj.* urmat; frecventat.
suivre 1. *vt.* a urma; a urmări; a însoți; a merge de-a lungul; **2.** *vi.* a veni după; **3.** *vr.* a se succeda; **4.** *v. impers. il suit que* rezultă că.
sujet, -ette 1. *adj.* predispus; **2.** *sm.* temă, subiect; motiv; *au ~ de* cu privire la; supus.
superbe *adj.* superb; splendid.
superbement *adv.* cu măreți, minunat.
supercherie *sf.* înșelătorie, vicleșug.
superficie *sf.* suprafață.
superficiel, -elle *adj.* superficial.
superficiellement *adv.* superficial.
superflu, -e 1. *adj.* de prisos; **2.** *sm.* prisosință.
supérieur, -e *adj., sm.* superior.
supérieurement *adv.* superior.
supériorité *sf.* superioritate.
superlatif, -ive *adj., sm.* superlativ.
supermarché *sm.* supermagazin, magazin cu autoservire.
superposer *vt., vr.* a (se) suprapune.
superstitieux, -euse *adj., smf.* superstițios.
superstition *sf.* superstiție.
superstructure *sf.* suprastructură.
suppléance *sf.* suplinire, înlocuire.
suppléant, -e *adj., smf.* suplinitor.
suppléer 1. *vt.* a suplini, a înlocui; **2.** *vi.* a compensa.
supplément *sm.* supliment.
supplémentaire *adj.* suplimentar.
supplémentairement *adv.* suplimentar.
suppliant, -e 1. *smf.* persoană care roagă; **2.** *adj.* rugător.
supplice *sm.* supliciu, chin.
supplier *vt.* a implora, a ruga.
supplique *sf.* rugminte.
support *sm.* suport.
supportable *adj.* suportabil.
supporter *vt.* a suporta.
supposable *adj.* care poate fi presupus.
supposer *vt.* a presupune.
supposition *sf.* supoziție, presupunere.
suppression *sf.* suprimare.

supprimer *vt.* a suprima, a desființa.
suppuration *sf.* supurare, supurație.
suppurer *vi.* a supura.
suprématie *sf.* supremație, superioritate.
suprême *adj.* suprem; cel din urmă.
sur *prep.* pe, asupra; după; din; peste; ~ *l'heure* imediat.
sûr, -e *adj.* cert, sigur.
suralimenter *vt.* a supraalimenta.
surcharger *vt.* a supraîncărca.
surchauffer *vt.* a supraîncălzi.
surdité *sf.* surditate, surzenie.
sûrement *adv.* desigur, neapărat, cu siguranță.
surenchère *sf.* supralicitație.
surenchérir *vt.* a supralicita.
surestimer *vt.* a supraestima.
sûreté *sf.* siguranță, certitudine.
surface *sf.* suprafață.
surgeon *sm.* lăstar.
surgir *vi.* a se ivi, a apărea.
surgissement *sm.* ivire bruscă.
surhumain, -e *adj.* supraomenesc.
surlandemain *sm.* poimâine.
surmenage *sm.* surmenaj.
surmener *vt.*, *vr.* a (se) surmena, a (se) istovi.
surmontable *adj.* care poate fi depășit.
surmonter *vt.* a trece peste; a învinge.
surnaturel, -elle *adj.* supranatural.
surnom *sm.* poreclă.
surnommer *vt.* a porecli.
surpasser *vt.*, *vr.* a (se) depăși, a (se) întrece.
surpeuplé, -e *adj.* suprapopulat.
surplus *sm.* prisos, surplus.
surprenant, -e *adj.* surprinzător.
surprendre *vt.* a surprinde, a uimi.
surpris, -e *adj.* uluit, surprins.
surprise *sf.* surpriză.
surproduction *sf.* supraproducție.
surréalisme *sm.* suprarealism.
sursaut *sm.* tresărire.
sursauter *vi.* a tresări.
sursis *sm.* suspendare, amânare.
surtout *adv.* mai ales.
surveillance *sf.* supraveghere.
surveillant, -e *smf.* supraveghetor, gardian.
surveiller *vt.*, *vr.* a (se) supraveghea.
survenir *vi.* a surveni.
survivant, -e *adj.*, *smf.* supraviețuitor.
survivre *vi.* a supraviețui.
survoler *vt.* a survola, a zbura deasupra.
susceptible *adj.* susceptibil; apt.
susciter *vt.* a suscita, a stârni.
suscription *sf.* subscripție.

suspect, -e *smf.* suspect.
suspecter *vt.* a suspecta.
suspendre *vt.* a suspenda; a interzice; a întrerupe.
suspension *sf.* suspendare; agățare; suspensie.
suspicion *sf.* bănuială.
susurrer *vi.* a susura; a fremăta; a șopti.
suzerain, -e *smf.* suzeran.
svelte *adj.* suplu, zvelt.
syllabe *sf.* silabă.
syllabiser *vt.* a silabisi.
symbole *sm.* simbol.
sympathie *sf.* simpatie.
sympathique *adj.* simpatic.
sympatiser *vi.* a simpatiza.
symphonie *sf.* simfonie.
symptôme *sm.* simptom.
synchroniser *vt.* a sincroniza.
syndicat *sm.* sindicat.
syndiquer *vt.*, *vr.* a (se) sindicaliza.
synonyme *adj.*, *sm.* sinonim.
syntaxe *sf.* sintaxă.
synthèse *sf.* sinteză.
systématique *adj.* sistematic.
systématiquement *adv.* sistematic.
système *sm.* sistem.

T

tabac *sm.* tutun; tutungerie; *passer à ~* a tăbăci, a cotonogi.
tabatière *sf.* tabacheră.
tabernacie *sm.* tabernacol.
table *sm.* masă; table, listă; *~ ronde* masă rotundă; *dresser la ~* a pune masa.
tableau *sm.* tablou, pictură; listă; tablă la şcoală.
tablette *sf.* tabletă; poliţă.
tablier *sm.* şorţ.
tabou *adj.* tabu, sfânt.
tabouret *sm.* taburet.
tache *sf.* pată; *faire ~* a dezonora.
tâche *sf.* sarcină, obligaţie.
tacher *vt.* a păta.
tâcher *vt.*, *vi.* a încerca.
tâcheter *vt.* a împestriţa.
tachycardie *sf.* tahicardie.
tacite *adj.* tacit.
taciturne *adj.* taciturn.
tact *sm.* tact, simţul tactil.
tacticien *sm.* tactician.
tactique *adj.*, *sf.* tactic.
taffetas *sm.* tafta.
taie *sf.* faţă de pernă.
taillader *vt.* a cresta, a tăia fâşii.
taillant *sm.* tăiş.
taille *sm.* tăiş, tăiere; talie, statură.
taille-crayon *sm.* ascuţitoare.
taillé, -e *adj.* tăiat; croit.
tailleur *sm.* croitor, tăietor.
tailleuse *sf.* croitoreasă.
taillis *sm.* crâng.
taire 1. *vt.* a ascunde; **2.** *vr.* a tăcea, a ţine secret.
talentueux, -euse *adj.* talentat.
taloche *sf.* (*fam.*) scatoalcă.
talocher *vt.* a trage palme.
talon *sm.* toc; călcâi; talon.
talonner *vt.* a urmări îndeaproape; a da pinteni.
talonette *sf.* talonetă.
talus *sm.* taluz, pantă.
tambour *sm.* tobă, toboşar.
tambourin *sm.* tamburină.
tambouriner *vt.*, *vi.* a bate toba.
tambour-major *sm.* tamburmajor.
tamis *sm.* sită.
tamiser *vt.*, *vi.* a cerne.
tampon *sm.* tampon; dop.
tamponner *vi.* a tampona.
tan *sm.* argăseală.
tancer *vt.* a dojeni.
tandis que *loc. conj.* în timp ce.
tangage *sm.* tangaj.
tangent, -e *adj.*, *sf.* tangentă.
tangible *adj.* tangibil.
tanière *sf.* vizuină.

tank *sm.* tanc.
tannage *sm.* tăbăcire.
tanner *vt.* a tăbăci; (*fig.*) a plictisi.
tanneur *sm.*, *adj.* tăbăcar.
tant *adv.* atât; ~ *mieux* cu atât mai bine; *si* ~ *est que* dacă cumva.
tante *sf.* mătușă.
tantôt *adv.* adineauri; ~... ~ când... când.
taon *sm.* tăun.
tapage *sm.* gălăgie.
tapageur, -euse 1. *adj.* zgomotos; **2.** *smf.* gălăgios.
tape *sf.* palmă data cuiva.
taper 1. *vt.* a pălmui; a bate la mașină; **2.** *vi.* a lovi cu; ~ *sur les nerfs* a călca pe nervi.
tapinois *loc. adv. en* ~ pe ascuns.
tapir 1. *vr.* a se ascunde, a se tupila; **2.** *sm.* tapir.
tapis *sm.* covor; *être sur le* ~ a fi pe tapet.
tapisser *vt.* a tapisa.
tapisserie *sf.* tapiserie.
tapissier, -ère *smf.* tapițer.
tapon *sm.* șomoiog.
tapoter *vt.* a bate ușor.
taquet *sm.* țăruș.
taquin, -e *adj.* sâcâitor.
taquiner *vt.* a tachina.
taquinerie *sf.* tachierie.
tarabuster *vt.* (*fam.*) a dondăni.
tard *adv.* târziu; *tôt où* ~ mai devreme sau mai târziu.
tarder 1. *vi.* a întârzia; **2.** *v. impers.* a fi nerăbdător.
tardif, -ive *adv.* tardiv.
tare *sf.* tară, dara.
taré, -e *adj.* corupt.
tarentelle *sf.* tarantelă.
tarrer *vt.* a lua tara.
targette *sf.* zăvor.
targuer *vr.* a se fuduli.
tarifer *vt.* a tarifa.
tarir *vt.*, *vi.* a seca.
tarissement *sm.* secare.
tarse *sm.* tars.
tarte *sf.* tartă.
tartine *sf.* tartină.
tarter *sm.* tartru.
tartufe *sm.* prefăcut.
tas *sm.* grămadă; mulțime.
tasse *sf.* ceașcă.
tasseau *sm.* proptea.
tasser 1. *vt.* a îndesa; **2.** *vi.* a îndesi; **3.** *vr.* a se lăsa în jos.
tâter 1. *vt.* a pipăi; **2.** *vi.* a gusta din; **3.** *vr.* a-și examina sentimentele.
tatillon, -onne *adj.*, *smf.* persoană care se ocupă cu nimicuri.
tatilloner *vi.* a se ocupa cu nimicuri.
tâtonner *vi.* a tatona.
tâtons *loc. adv. à* ~ pe dibuite.
tatouage *sm.* tatuaj; tatuare.
tatouer *vt.* a tatua.
taudis *sm.* cocioabă.
taupe *sf.* cârtiță.
taupinière *sf.* maghernită.
taureau *sm.* taur.

taux *sm.* taxă; dobândă; rată; procent.
taxateur *sm.* taxator.
taxation *sf.* taxare.
taxes *sf.* taxă, impozit.
taxer *vt.* a taxa.
tchèque *adj.* ceh;
Tchèque *smf.* locuitor din Cehia.
te *pron. pers.* ție, ți, îți; (pe) tine, te.
té *sm.* teu.
technicien, -enne *smf.* tehnician.
technique *adj.* tehnic.
tectonique *sf.* tectonică.
teigne *sf.* molie.
teindre *vt.* a vopsi.
teint, -e **1.** *adj.* vopsit; **2.** *sm.* ten; **3.** *sf.* tentă.
teinter *vt.* a vopsi.
teinture *sf.* vopsea; tinctură.
teinturie, -ère *smf.* vopsitor; boiangiu.
tel, telle **1.** *adj.* astfel, atât de; **2.** *adj. nehot.* cutare; **3.** *pron. nehot.* unul, oarecare; **4.** *pron. dem.* acesta; ~ *que* precum; ~ *quel* la fel.
télécommande *sf.* telecomandă.
télégenique *adj.* telegenic.
télégramme *sm.* telegramă.
télégraphe *sm.* telegraf.
télégraphier *vt., vi.* a telegrafia.
téléguider *vt.* a teleghida.
téléobjectif *sm.* teleobiectiv.
télépathie *sf.* telepatie.
téléphérique *sm.* teleferic.
téléphone *sm.* telefon.
téléphoner *vi., vt.* a telefona.
téléscope *sm.* telescop.
téléviser *vt.* a televiza.
téléviseur *sm.* televizor.
tellement *adv.* atât de.
tellurique *adj.* teluric.
téméraire *adj., sm.* temerar.
témérité *sf.* temeritate.
témoignage *sm.* mărturie, dovadă.
témoigner **1.** *vi.* a depune mărturie; **2.** *vt.* a da dovadă de.
témoin *sm.* martor.
tempe *sf.* tâmplă.
tempérament *sm.* temperament.
tempérance *sf.* temperanță, cumpătare.
tempérer *vt.* a tempera.
tempête *sf.* furtună.
tempêter *vi.* a face tărăboi.
tempétueux, -euse *adj.* furtunos.
temple *sm.* templu.
temporaire *adj.* temporar.
temporal, -e *adj.* temporal, referitor la tâmplă.
temporel, -elle *adj.* lumesc, temporal.
temporisation *sf.* temporizare.
temporiser *vi.* a temporiza, a tărăgăna.
temps *sm.* timp; vreme, durată; *entre* ~ între timp; *de tout* ~

dintotdeauna; avoir *fait son ~* a-şi fi trăit traiul.
tenable *adj.* ca se poate ţine.
ténacité *sf.* tenacitate.
tenailler *vt.* a strânge cu cleştele.
tenailles *sf. pl.* cleşte
tenant, -e 1. *adj. séance tenante* pe loc; **2.** *sm.* adept; ce ţine de.
tendance *sf.* tendinţă.
tendacieux, -euse *adj.* tendenţios.
tendant, -e *adj.* care tinde.
tendoir *sm.* sfoară de rufe.
tendre 1. *adj.* fraged; moale; tânăr; **2.** *vi.* a tinde; **3.** *vt.* a întinde.
tendresse *sf.* tandreţe; *pl.* mângâiere.
ténèbres *sf. pl.* tenebre; întuneric; neştiinţă.
ténébreux, -euse *adj.* tenebros.
teneur, -euse *smf.* deţinător.
ténia *sm.* tenie.
tenir 1. *vt.* a ţine; a ocupa; *~ place* a ocupa loc; a considera; *~ tête* a ţine piept; **2.** *vi.* a ţine la; a încăpea; a avea loc; a ţine de; **3.** *vr.* a se ţine de; a sta; **4.** *interj. tiens*! ia te uită!.
tennis *sm.* tenis.
tenon *sm.* cep.
tension *sf.* tensiune.
tentacule *sm.* tentacul.
tentant, -e *adj.* tentant, ispititor.
tente *sf.* cort.
tenter 1. *vt.* a încerca; a întreprinde; **2.** *vi.* a căuta să.
tenture *sf.* tapet, tapiserie.
tenu, -e 1. *adj.* păstrat; ţinut; obligat; **2.** *sf.* comportament; ţinută; sesiune; *d'une seule ~* neîntrerupt.
ténu, -e *adj.* subţirel
térébenthine *sf.* terebentină.
tergiversation *sf.* tergiversare.
tergiverser *vi.* a tergiversa.
terme *sm.* termen; scadenţă; *pl.* relaţii.
terminaison *sf.* sfârşit, terminaţie; terminare.
ternimer *vt., vr.* a (se) termina.
terminus *sm.* terminus, capăt.
termite *sm.* termită.
terne *adj.* şters, palid, tern.
ternir *vt.* a întuneca.
terrain *sm.* teren.
terrasse *sf.* terasă.
terrassement *sm.* terasament.
terrasser *vt.* a doborî, a trânti la pământ; a da gata.
terre *sf.* pământ; moşie; *par ~* pe pământ; *remuer ciel et ~* a face pe dracu în patru; *~ cuite* teracotă; *prendre ~* a aborda.
terreur *sf.* teroare, groază.
terreux, -euse *adj.* pământiu; murdar de noroi.
terrible *adj.* teribil.
terrier *sm.* câine de vânătoare; vizuină.
terrifier *vt.* a îngrozi.
terrine *sf.* strachină.

T

territoire *sm.* teritoriu.
terroriser *vt.* a teroriza.
terrorisme *sm.* terorism.
tertiaire *adj.* terțiar.
tertre *sm.* movilă.
tes *adj. pos. pl.* tăi, tale.
tesson *sm.* ciob.
test *sm.* test, carapace.
tester **1.** *vt.* a testa; **2.** *vi.* a face testamentul.
têtrad *sm.* mormoloc.
tête *sf.* cap; minte, inteligență; fire, character; *coup de ~* faptă nesăbuită; *tenir ~* a ține piept; *en ~ à ~* între patru ochi.
téter *vt.* a suge.
tétin *sm.* sfârc.
tétine *sf.* uger, tetină.
téton *sm.* țâță.
têtu, -e *adj.* încăpățânat.
texte *sm.* text.
textile *adj.* textile.
textual, -elle *adj.* textual.
thé *sm.* ceai.
théâtral, -e *adj.* teatral.
théâtre *sm.* teatru.
théière *sf.* ceainic.
théme *sm.* temă.
théologie *sf.* teologie.
théologien *sm.* teolog.
théorème *sm.* teoremă.
théorétique *adj.* teoretic.
théoricien, -enne *smf.* teoretician.
théorie *sf.* teorie.
théorique *adj.* teoretic.
thérapeutique *adj.*, *sf.* terapeutic.
thermal, -e *adj.* termal.
thermique *adj.* termic.
thermodynamique *sf.* termodinamică.
thermomètre *sm.* termometru.
thermonucléaire *adj.* termonuclear.
thermos *sf.* termos.
thésaurisation *sf.* tezaurizare.
thésauriser *vi.* a tezauriza.
thèse *sf.* teză.
thon *sm.* ton.
thoracique *adj.* toracic.
thorax *sm.* torace.
thuya *sm.* tuia.
thym *sm.* cimbru.
thymus *sm.* timus.
thyroïde *adj.*, *sf.* tiroidă.
tiare *sf.* tiară.
tiède *adj.*, *adv.* călduț.
tiédeur *sf.* încălzire ușoară.
tiédir *vt.* a încălzi ușor.
tien, -enne **1.** *pron. pos.*, *adj. pos.* (al) tău, (a) ta; **2.** *sm. pl.* ai tăi *(rudele)*; *sf. pl.* năzdrăvanii.
tiers, tierce **1.** *adj.* al treilea; **2.** *sm.* treime, terț.
tige *sf.* tulpină.
tigre, -esse *smf.* tigru.
tigrer *vt.* a vărga.
tilde *sm.* tildă.
tilleul *sm.* floare de tei.
timbale *sf.* *(muz.)* timpan.
timbalier *sm.* timpanist.
timbrage *sm.* timbrare.

timbre *sm.* sunet, timbru *(al vocii); ~ poste* timbru poștal.
timbré, -e timbrat.
timbrer *vt.* a timbra.
timide *adj.* timid.
timidité *sf.* timiditate.
timon *sm.* cârmă; oiște.
timoré, -e *adj.* timorat, înfricoșat.
tintamarre *sm.* tărăboi.
tintement *sm.* dangăt.
tinter **1.** *vt.* a trage clopotul; **2.** *vi.* a suna, a țiui.
tique *sf.* căpușă.
tiquer *vi.* a avea un tic.
tiqueté, -e *adj.* împestrițat.
triage *sm.* tragere, tiraj.
tiraillement *sm.* smuceală.
tirailler *vt.* a smuci repetat; a hărțui.
tirailleur *sm.* tiralior.
tyrant *sm.* cordon, baieră, ureche.
tiré, -e *adj.* tras; *~ par les cheveux* tras de păr.
tire-bouchon *sm.* tirbușon.
tirelire *sf.* pușculiță.
tirer **1.** *vt.* a trage, a scoate; **2.** *vi.* a trage; **3.** *vr.* a se descurca; *~ les cartes* a da în cărți; *~ l'oreille* a se lăsa greu.
tiret *sm.* cratimă.
tireur, -euse *smf.* trăgător.
tiroir *sm.* sertar.
tisane *sf.* infuzie, tizană.
tison *sm.* tăciune.
tisonner *vt., vi.* a ațâța focul.
tisonnier *sm.* vătrai.
tissage *sm.* țesere, țesut, țesătorie.
tisser *vt.* a țese.
tisserand, tisseur *sm.* țesător.
tissu, -e **1.** *adj.* țesut; **2.** *sm.* țesătură.
titanesque, titanique *adj.* titanic.
titiller *vt.* a gâdila.
titre *sm.* titlu; *~ à* în calitate de.
titrer *vt.* a titra.
tituber *vi.* a se clătina.
titulaire *adj., smf.* titular.
titulariser *vt.* a numi ca titular.
toast *sm.* pâine prăjită; toast.
toaster *vi.* a toasta.
toboggan *sm.* tobogan.
tocsin *sm.* toacă.
toge *sf.* robă, togă.
tohu-bohu *sm.* talmeș-balmeș.
toi *pron. pers.* tu; ție, ți, îți; (pe) tine, te.
toile *sf.* pânză; tablou; cort, velă.
toilette *sf.* toaletă; îmbrăcăminte.
toiser *vt.* a măsura.
toit *sm.* acoperiș.
tôle *sf.* tablă.
tolérance *sf.* toleranță.
tolérer *vt.* a tolera.
tôlerie *sf.* tinichigerie.
toiler *sm., adj.* tinichigiu.
tomate *sf.* pătlăgea roșie.
tombant, -e *adj.* care cade; *à la nuit tombante* la căderea nopții.
tombe *sf.* mormânt.

tombeau *sm.* monument funerar.
tombée *sf.* cădere.
tomber 1. *vi.* a cădea; a scădea; a atârna; a sosi pe neaşteptate; a se năpusti; ~ *sur l'ennemi* a se năpusti asupra duşmanului; a se lăsa; *la nuit tombe* sa lasă noaptea; ~ *malade* a se îmbolnăvi; **2.** *v. impers.* ~ *bien* a nimeri bine.
tombereau *sm.*, tomberon.
tombola *sf.* tombolă.
tome *sm.* tom.
ton 1. *adj. pos. m.* tău; **2.** *sm.* vigoare; ton *(de culoare).*
tonalité *sf.* tonalitate.
tondaison *sf.* tundere.
tondeur, -euse *smf.* persoană care tunde *(animale).*
tondre *vt.* a tunde.
tonicité *sf.* tonicitate.
tonifier *vt.* a tonifica.
tonique *adj.* tonic.
tonnage *sm.* tonaj.
tonne *sf.* tonă.
T
tonneau *sm.* butoi.
tonnelier *sm.* dogar.
tonnelle *sf.* boltă.
tonner 1. *vi.* a bubui; **2.** *v. impers.* a tuna.
tonnerre *sm.* tunet; *coup de ~* lovitură de trăsnet.
tonsure *sf.* tunsură, tunsoare *(la călugări).*
tonton *sm.* unchi, nene.
topaze *sf.* topaz.
tope *interj.* bate palma!.
toper *vi.* a bate palma.
topographie *sf.* topografie.
toponymie *sf.* toponimie.
toquade *sf.* toană.
toque *sf.* tocă.
toquer *vr.* a se îndrăgosti.
torche *sf.* torţă.
torcher *vt.* a şterge cu cârpa.
torchis *sm.* chirpici.
torchon *sm.* cârpă de şters.
tordant, -e *adj.* amuzant.
tordre *vt.* răsuci; a stoarce; *rire à ~* a se tăvăli de râs.
torpeur *sf.* toropeală.
torpille *sf.* torpilă.
torpiller *vt.* a torpila.
torpilleur *sm.* torpilor.
torréfier *vt.* a prăji.
torrent *sm.* torent.
torrential, -elle *adj.* torenţial.
torride *adj.* torid.
tors, -e 1. *adj.* strâmb; **2.** *sm.* tors *(al lânii).*
torse *sm.* tors, trunchi.
torsion *sf.* răsucire.
tort *sm.* nedreptate; *à ~* pe nedrept; *avoir ~* a nu avea dreptate.
torticolis *sm.* torticolis.
tortiller 1. *vt.* a răsuci; **2.** *vr.* a se suci în loc.
tortionnaire 1. *sm.* călău; **2.** *adj.* de tortură.
tortu, -e 1. *adj.* răsucit, strâmb; **2.** *sf.* broască ţestoasă.
torturer *vt.* a tortura.
torve *adj.* chiorâş.

tôt *adv.* devreme; *au plus* ~ cel mai devreme.
total, -e *adj.*, *sm.* total.
totalisation *sf.* totalizare.
totaliser *vt.* a totaliza.
totalité *sf.* totalitate.
toton *sm.* titirez.
toubib *sm.* *(pop.)* doctor.
touchant, -e 1. *adj.* mişcător; 2. *prep.* cu privire la.
touche *sf.* tuşă, atingere; tastă.
toucher 1. *vt.* a atinge; a interesa; a înduioşa; 2. *vi.* a atinge; 3. *sm.* pipăitul.
touffe *sf.* tufă.
touffu, -e *adj.* stufos; des.
toujours *adv.* întotdeauna.
touloupe *sf.* cojoc.
toupet *sm.* smoc de păr; moţ.
toupie *sf.* sfârlează.
tour 1. *sf.* turna; 2. *sm.* ocol, înconjur; raită; ~ *à* ~ rând pe rând.
tourbe *sf.* turbă.
tourbillon *sm.* vârtej, vâltoare.
tourbilloner *vr.* a se învolbura.
tourelle *sf.* turnuleţ.
touriste *smf.* turist.
tourment *sm.* chin, suferinţă.
tourmente *sf.* vijelie.
tourmenter 1. *vt.* a chinui, a agita; 2. *vr.* a (se) chinui; a (se) frământa.
tournage *sm.* şlefuire, turnare *(a unui film).*
tournant, -e 1. *adj.* turnant; 2. *sm.* cotitură; turnantă.
tourné, -e 1. *adj.* fermentat; 2. *sf.* turneu; (*fig.*) cinste.
tournemain *loc. adv. en un* ~ într-o clipă.
tourner 1. *vt.* a întoarce; a ocoli; a turna *(un film)*; 2. *vi.* a se învârti; a se schimba brusc; 3. *vr.* a se întoarce, a se preface în; ~ *en ridicule* a ridiculiza; ~ *les talons* a o lua din loc.
tournerie *sf.* strungărie.
tournesol *sf.* turnesol; floarea-soarelui.
tourneur, -euse *smf.* strungar.
tournevis *sm.* şurubelniţă.
tournis *sm.* capie.
tournoiement *sm.* învârtire.
turnoyer *vi.* a se învârti.
tournure *sf.* întorsătură; turnură.
tourturelle *sf.* turturea.
tousser *vi.* a tuşi.
tout, -e 1. *adj.* orice, oricare, tot; 2. *adv.* cu totul, deşi; 3. *pron. nehot.* totul; *du* ~ de loc; ~ *à coup* deodată; ~ *de même* totuşi; *après* ~ la urma urmelor.
toutefois *adv.* totuşi.
toux *sf.* tuse.
toxique *adj.*, *sm.* toxic.
tracas *sm.* necaz.
tracasser *vt.* a necăji.
trace *sf.* urmă.
trace *sm.* traseu.
tracement *sm.* trasare.
tracer *vt.* a trasa.
trachée *sf.* trahee.

T

tract *sm.* manifest.
tractation *sf.* negociere; târguială.
tracteur *sm.* tractor.
traction *sf.* tragere, tracțiune.
tradition *sf.* tradiție.
traditionnel, -elle *adj.* tradițional.
traducteur, -trice *smf.* traducător.
traduction *sf.* traducere.
traduire *vt.*, *vr.* a traduce; a reda.
traduisible *adj.* traductibil.
trafiquant, -e *smf.* traficant.
trafiquer *vi.* a trafica.
tragédien, -enne *smf.* tragedian.
tragique 1. *adj.* tragic; 2. genul tragic în teatru.
trahir *vt.*, *vr.* a (se) trăda.
trahison *sf.* trădare.
train *sm.* tren; mers; ~ *de vie* mod de viață; *être en* ~ a fi bine dispus; *manquer le* ~ a pierde trenul.
traînage *sm.* târâre.
traînard *smf.* codaș.
traînasser *vt.* a tărăgăni.
traîne *sf.* trenă.
traîneau *sm.* sanie.
trainer 1. *vt.* a trage; a tărăgăna; 2. *vi.* a atârna; a lâncezi; a rămâne în urmă; 3. *vr.* a se târî.
traire *vt.* a mulge.
trait *sm.* șleau; săgeată; linie; *boire d'un* ~ a bea dintr-o înghițitură.
traitable *adj.* blând.
traite *sf.* mulgere, muls.
traité *sm.* tratat; lucrare științifică; convenție.
traitement *sm.* purtare, comportare; tratament; salariu.
traiter *vt.* a se purta, a trata; a negocia; a ospăta.
traître, -esse *smf.* trădător.
traîtrise *sf.* trădare.
trajectorie *sf.* traiectorie.
trajet *sm.* traiect; traseu, drum.
tram *sm.* tramvai.
trame *sf.* urzeală.
tramer *vt.* a urzi; a unelti.
tranchant, -e 1. *adj.* tăios; 2. *sm.* tăiș.
tranche *sf.* felie, tranșă.
tranché, -e 1. *sf.* felie; 2. *adj.* distinct.
trancher 1. *vt.* a tăia; a rezolva; 2. *vi.* a hotărî; a contrasta.
tranchoir *sm.* tocător *(din lemn).*
tranquille *adj.* liniștit.
tranquillement *adv.* liniștit.
tranquilliser *vt.*, *vr.* a (se) liniști.
tranquillité *sf.* liniște.
transaction *sf.* tranzacție; convenție.
transatlantique *sm.* transatlantic; șezlong.
transborder *vt.* a transborda.
transcription *sf.* transcriere.
transcrire *vt.* a transcrie.
transe *sf.* neliniște, transă.
transférer *vt.* a transfera.
transfert *sm.* transfer.

transfigurer *vt.*, *vr.* a (se) transfigura.
transformation *sf.* transformare.
transformer *vt.*, *vr.* a (se) transforma).
transfuge *sm.* transfug.
transfusion *sf.* transfuzie.
transgresser *vt.* a încălca.
transhumance *sf.* transhumanță.
transiger *vi.* a se învoi.
transit *sm.* tranzit.
transitif, -ive *adj.* tranzitiv.
transition *sf.* tranziție.
transitoire *adj.* trecător.
translation *sf.* translație, strămutare.
trasmettre *vt.* a transmite.
transmigrer *vi.* a transmigra.
transmission *sf.* transmisie, transmitere.
transparence *sf.* transparență.
transparent, -e *adj.* transparent.
transpercer *vt.* a străpunge.
transpiration *sf.* transpirație.
transpirer *vi.* a transpira.
transplanter *vt.* a transplanta.
transport *sm.* transport.
transporter 1. *vt.* a transporta; **2.** *vr.* a se deplasa.
transporteur *sm.* transportator; cărăuș.
transposer *vt.* a transpune.
transposition *sf.* transpunere.
transvaser *vt.* a vărsa dintr-un vas în altul.
trapèze *sm.* trapez.
trappe *sf.* chepeng, capcană.
trapu, -e *adj.* bondoc.
traquer *vt.* a hăitui.
traumatisme *sm.* traumatism.
travail *sm.* muncă, lucru; travaliu.
travailler *vi.* a munci, a lucra.
travailleur, -euse *adj.*, *smf.* muncitor.
travailliste *sm.* laburist.
travers *sm.* curmeziș, lat, cusur.
traverse *sf.* traversă, scurtătură.
traversée *sf.* traversare.
traverser *vt.* a travers, a trece prin.
travesti, -e 1. *adj.* deghizat; **2.** *sm.* deghizare.
travestir 1. *vt.*, *vr.* a (se) deghiza; **2.** *vt.* a parodia.
travestissement *sm.* deghizare.
trébucher *vi.* a se poticni.
trèfle *sm.* trifoi, treflă.
tréfonds *sm.* subsol; străfund.
treillage *sm.* zăbrele.
treillager *vt.* zăbreli.
treize *num. card.* treisprezece .
treizième *num. ord.* al treisprezecelea.
tréma *sm.* tremă.
tremblant, -e *adj.* tremurător.
tremblement *sm.* tremurătură; ~ *de terre* cutremur.
trembler *vi.* a tremura, a se cutremura.
trembleur, -euse *adj.* fricos, care tremură.

T

trémoussement *sm.* agitare.
trémousser *vr.* a se agita.
trempage *sm.* udare, muiere.
trempe *sf.* călire.
tremper *vt.* a uda, a stropi; a căli oțelul.
tremplin *sm.* trambulină.
trentaine *sf.* vreo treizeci.
trente *num. card.* treizeci.
trentième *num. ord.* al treizecilea.
trépaner *vt.* a trepana.
trépasser *vi.* a muri.
trépidation *sf.* trepidare, trepidație.
trépider *vi.* a trepida.
trépignement *sm.* tropăit.
trépigner *vi.* a tropăi.
très *adv.* foarte.
trésor *sm.* comoară; tezaur.
trésorerie *sf.* visterie; tezaur public; trezorerie.
trésorier, -ère *smf.* casier, vistiernic, trezorier.
tressage *sm.* împletire.
tressaillement *sm.* tresărire.
T
tressaillir *vi.* a tresălta.
tresse *sf.* cosiță *(de păr).*
tresser *vt.* a împleti.
triage *sm.* triere, triaj.
triangle *sm.* triunghi.
triangulaire *adj.* triunghiular.
tribu *sf.* trib.
tribulation *sf.* frământare, zbucium.
tribunal *sm.* tribunal.
tributaire *adj.* tributar.
tricher *vt.*, *vi.* trișa.
tricheur, -euse *smf.* trișor.
tricolore *adj.* tricolor.
tricot *sm.* tricou; tricotaj.
tricoter *vt.*, *vi.* a tricota.
tricoteur, -euse *sf.* mașină de tricotat.
tricycle *sm.* tricicletă.
triennial, -e *adj.* trienal.
trier *vt.* a tria.
trifouiller *vi.* a răscoli.
trille *sm.* tril.
trimestre *sm.* trimestru.
trimestriel, -elle *adj.* trimestrial.
trinquer *vi.* a ciocni *(paharele).*
triomphal, -e *adj.* triumfal.
triomphant, -e *adj.* triumfător.
triomphateur, -trice *adj.* învingător.
triomphe *sm.* triumf, success.
triompher *vi.* a învinge, a triumfa.
tripe *sf.* măruntaie *(la animal).*
triphtongue *sf.* triftong.
triple *adj. sm.* triplu.
triplement *sm.* triplare.
tripler *vt. vi.* a (se) tripla.
triptyque *sm.* triptic.
triste *adj.* trist, sumbru; *avoir ~ mine* a arăta rău.
tristesse *sf.* tristețe.
triturer *vt.* a fărâmița, a măcina.
triumvir *sm.* triumvir.
trivialité *sf.* trivialitate.
troglodyte *sm.* troglodit.
trognon *sm.* cotor de legumă sau fruct.
trios *num. card.* trei;

troisième *num. ord.* al treilea.
trolley *sm.* troleu.
trombe *sf.* trombă.
trombone *sm.* trombone.
trompe *sf.* trompă.
tromper *vt.*, *vr.* a (se) înşela.
tromperie *sf.* înşelătorie.
trompeter *vi.* a suna din trompetă.
trompette **1.** *sm.* trompetist; **2.** *sf.* trompetă.
trompeur, -euse *adj.*, *smf.* înşelător.
tronc *sm.* trunchi.
tronçon *sm.* tronson.
trône *sm.* tron.
trôner *vi.* trona.
tronquer *vt.* a trunchia.
trop **1.** *adv.* prea; **2.** *sm.* ceea ce e prea mult; *de ~* de prisos.
trophée *sm.* trofeu.
tropique *sm.* tropic.
trotter *vi.* a merge la trap.
trotteur, -euse *adj.* trăpaş.
trottinette *sf.* trotinetă.
trottoir *sm.* trotuar.
trou *sm.* gaură.
troublant *adj.* tulburător.
trouble **1.** *adj.* tulbure; **2.** *sm.* tulburare.
troubler *vt.*, *vr.* a (se) tulbura.
trouée *sf.* deschizătură; spărtură.
trouer *vt.* a găuri.
troupe *sf.* trupă.
troupeau *sm.* turmă.
trousse *sf.* trusă; *aux trousses de qqn.* pe urmele cuiva.
trousseau *sm.* trusou.
trousser *vt.*, *vr.* a(-şi) sufleca.
trouvaille *sf.* găselniţă.
trouver **1.** *vt.* a găsi; a descoperi; a socoti; **2.** *vr.* a se afla.
truc *sm.* truc.
trucage *sm.* trucaj.
truchement *sm.* intermediar.
truelle *sf.* mistrie.
truffe *sf.* trufă.
truie *sf.* scroafă.
truite *sf.* păstrăv.
truquer *vt.* a truca, a falsifica.
trust *sm.* trust.
tsar *sm.* ţar.
tsarine *sf.* ţarină.
tu *pron. pers.* tu.
tube *sm.* tub, ţeavă.
tubercule *sm.* tubercul.
tuberculeux, -euse *adj.*, *smf.* tuberculos.
tubéreuse *sf.* tuberoză.
tubulaire *adj.* tubular.
tuer *vt.*, *vr.* a (se) omorî.
tuerie *sf.* măcel.
tueur, -euse *smf.* ucigaş.
tuile *sf.* ţiglă.
tuillerie *sf.* ţiglărie.
tulipe *sf.* lalea.
tulle *sm.* tul.
tuméfier *vt.* a tumefia, a umfla.
tumeur *sf.* tumoare.
tumulte *sm.* tumult.
tumultueux, -euse *adj.* tumultuos.
tungstène *sm.* tungsten.
tunique *sf.* tunică.
tunisien, -enne *adj.* tunisian.

Tunisien, -enne *smf.* locuitor din Tunisia.
tunnel *sm.* tunel.
turbulence *sf.* turbulență.
turc, torque *adj.* turcesc.
Turc, -turque *smf.* locuitor din Turcia.
turquoise *sf.* peruzea; tucoaz.
tutélaire *adj.* tutelar.
tutelle *sf.* tutelă.
tuteur, -trice *smf.* tutore.
tutoiement *sm.* tutuire.
tutoyer *vt.* a se tutui.
tuyau *sm.* țeavă, canal; burlan.
tuyauterie *sf.* țevărie.
tympan *sm.* tympan.
tympanon *sm.* țambal.
type *sm.* tip, model; (*fam.*) individ.
typhoide *adj.* tifoidă; *fièvre ~* febră tifoidă.
typhoon *sm.* taifun.
typhus *sm.* tifos.
typique *adj.* tipic.
typographe *sm.*, *adj.* tipograf.
typographie *sf.* tipografie.
tyran *sm.* tiran.
tyrannie *sf.* tiranie.
tyrannique *adj.* tiranic.
tyranniser *vt.* a tiraniza.
tzigane *adj.* țigănesc.
tzigane *smf.* țigan.

T

U

ubiquité *sf.* ubicuitate.
ulcération *sf.* ulcerație.
ulcère *sm.* ulcer.
ulcéré, -e *adj.* ulcerat.
ulcérer *vt.* a ulcera.
ulcéreux, -euse *adj.* ulceros.
ultérieurement *adv.* ulterior.
ultimatum *sm.* ultimatum.
ultra-son *sm.* ultrasunet.
ultra-violet, -ette *adj.* ultraviolet.
ululer *vi.* a țipa *(despre păsări).*
un, une 1. *num.* unu, una; primul; **2.** *art. nehot.* un, o; **3.** *smf.* unul, una.
unanime *adj.* unanim.
unanimement *adv.* în unanimitate.
unanimisme *sm.* unanimism.
unanimité *sf.* unanimitate.
uni, -e *adj.* unit; neted; lin; simplu.
unicolore *adj.* unicolor.
unification *sf.* unificare.
unifier *vt.* a unifica.
uniforme 1. *adj.* uniform; **2.** *sf.* uniformă.
uniformément *adv.* uniform.
uniformiser *vt.* a uniformiza.
uniformité *sf.* uniformitate.
unilatéral, -e *adj.* unilateral.
union *sf.* uniune, unire, asociație.
unique *adj.* unic.
uniquement *adv.* numai.
unir *vt., vr.* a (se) uni.
unisson *sm.* unison.
unitaire *adj.* unitar.
unité *sf.* unitate.
univers *sm.* univers.
universalité *sf.* universalitate.
universel, -elle *adj.* universal.
universellement *adv.* universal.
universitaire 1. *adj.* universitar; **2.** *sm.* profesor universitar.
université *sf.* universitate.
uranium *sm.* uraniu.
urbain, -e *adj.* urban.
urbanisme *sm.* urbanism.
urbanité *sf.* politețe.
urée *sf.* uree.
uretère *sm.* ureter.
urètre *sm.* uretră.
urgence *sf.* urgență.
urgent, -e *adj.* urgent.
urinaire *adj.* urinar.
urine *sf.* urină.
uriner *vt.* a urina.
urne *sf.* urnă.
urticaire *sf.* urticarie.
urtication *sf.* urzicătură.
us *sm.* obicei, uzanță.

usage *sm.* uz, folosință; obicei.
usé, -e *adj.* uzat.
user 1. *vi.* a se folosi; **2.** *vt.* a folosi, a consuma; a strica; **3.** *vr.* a se strica, a se uza.
usine *sf.* uzină.
usiner *vt.* a prelucra.
usité, -e *adj.* uzitat.
ustensile *sm.* unealtă.
usual, -elle *adj.* uzual, obișnuit.
usufruit *sm.* usufruct.
usure *sf.* camătă; uzură.
usurier, -ère *smf.* cămătar.
usurpateur, -trice *smf.* uzurpator.
usurpation *sf.* uzurpare.
usurper *vt.* a uzurpa.
utérin, -e *adj.* uterin.
utérus *sm.* uter.
utile *adj.* util.
utilement *adv.* cu folos.
utilisable *adj.* utilizabil.
utilisation *sf.* folosire, utilizare.
utiliser *vt.* a utiliza, a folosi.
utilité *sf.* utilitate, folos.
utopie *sf.* utopie.
utopique *adj.* utopic.
utopiste *sm.* utopist.
uvule *sf.* (anatomie) omușor.

V

va *interj.* haide, fie.
vacance *sf.* vacanță, loc vacant; *pl.* vacanță; *en vacances* în vacanță.
vacancier, -ère *smf.* persoană care se află în vacanță.
vacant, -e *adj.* vacant.
vacarme *sm.* vacarm.
vaccin *sm.* vaccin.
vaccination *sf.* vaccinare.
vacciner *vt.* a vaccina; a imuniza.
vache *sf.* vacă; *lait de ~* lapte de vacă; *~ à lait* vacă de lapte; persoană rea.
vachement *adv.* foarte, al naibii de.
vacher, -ère *smf.* văcar.
vacherie *sf.* răutate; severitate.
vacillant, -e *adj.* tremurător; nesigur, precar.
vacillation *sf.* clătinătură, șovăială.
vaciller *vi.* a se clătina; *~ sur ses jambes* a se clătina pe picioare; a pâlpâi.
vacuum *sm.* vid.
vadrouille *sf.* *partir en ~* a bate drumurile.
vadrouiller *vi.* a hoinări.
va-et-vient *sm.* du-te vino.
vagabond *adj.*, *smf.* vagabond.
vagabondage *sm.* vagabondaj.
vagabonder *vi.* a vagabonda; a trece de la un lucru la altul, a rătăci.
vagin *sm.* vagin.
vaginal, -e *adj.* vaginal.
vagir *vi.* a scânci.
vagissement *sm.* scâncet de sugar.
vague 1. *sf.* val; *faire des vagues* a face valuri; **2.** *adj.* vag, neclar.
vaguement *adv.* în mod vag.
vaguer *vi.* a hoinări.
vaillamment *adv.* cu curaj, vitejește.
vaillance *sf.* vitejie.
vaillant, -e *adj.* viteaz, curajos; *n'avoir pas un sou ~* a nu avea nici o para chioară.
vain, -e *adj.* van, inutil; înfumurat; *en ~* zadarnic.
vaincre *vt.* a învinge, a birui; *~ sa peur* a-și învinge frica.
vaincu, -e *smf.* învins.
vainement *adv.* zadarnic, inutil.
vainqueur *adj.*, *sm.* învingător.
vaisseau *sm.* navă, vas.
vaisselle *sf.* veselă; *faire la ~* a spăla vesela.
val *sm.* vale largă.
valable *adj.* valabil.

valablement *adv.* valabil.
valet *sm.* valet.
valeur *sf.* valoare; preț; *objet de ~* obiect de preț; calitate; *mettre en ~* a valorifica.
valeureusement *adv.* cu curaj.
valeureux, -euse *adj.* curajos, brav.
validation *sf.* validare.
valide *adj.* sănătos; valid, valabil.
valider *vt.* a valida.
validité *sf.* validitate; valabilitate.
valise *sf.* valiză; *faire sa ~* a pleca.
vallée *sf.* vale.
vallon *sm.* vâlcea.
vallonné, -e *adj.* *(geogr.)* vălurat.
valoir 1. *vi.* a valora, a merita, a prețui; *il vaut mieux* e de preferat; *~ bien* a merita; *vaille que vaille* de bine de rău; **2.** *vt.* a fi echivalent; a justifica; **3.** *vr.* a avea aceeiași valoare.
valorisation *sf.* valorizare, valorificare.
valoriser *vt.* a valorifica; a evidenția.
valse *sf.* vals.
valser *vi.* a valsa.
valve *sf.* valvă.
vampire *sm.* vampir.
van *sm.* autocar mic.
vandale *smf.* vandal.
vandaliser *vt.* a vandaliza.
vanille *sf.* vanilie; *gousse de ~* baton de vanilie.
vanillé, -e *adj.* vanilat.
vanilline *sf.* vanilină.
vanité *sf.* vanitate, orgoliu, mândrie.
vaniteux, -euse *adj.*, *smf.* vanitos.
vannage *sm.* vânturare.
vanner *vt.* a vântura.
vantail *sm.* canat, batant.
vantard, -e *adj.* lăudăros.
vantardise *sf.* lăudăroșenie.
vanter *vt.*, *vr.* a (se) lăuda.
va-nu-pieds *smf.* coate-goale, golan.
vapeur *sf.* abur, vapori; *~ d'eau* vapori de apă; *cuit à la ~* fiert în abur.
vaporeux, -euse *adj.* vaporos, diafan, neclar.
vaporisateur *sm.* vaporizator.
vaporiser *vt.* a vaporiza.
vaquer *vi.* a fi în vacanță; a nu lucra.
variable 1. *adj.* variabil; **2.** *sf.* (*mat.*) variabilă.
variante *sf.* variantă.
variation *sf.* variație.
varice *sf.* varice.
varié, -e *adj.* variat, divers.
varier 1. *vt.* a varia; a diversifica; **2.** *vi.* a fi diferit; a varia; *ne pas ~* a nu-și schimba părerea.
variété *sf.* varietate, diversitate.
variole *sf.* variolă, vărsat.
vasculaire *adj.* vascular.

V

vase 1. *sf.* nămol; **2.** *sm.* vas; ~ *à fleurs* vază; ~ *de nuit* oală de noapte.
vaseline *sf.* vaselină.
vaseux, -euse *adj.* nămolos; obscur; jalnic.
vasoconstricteur, -trice *adj.* vasoconstrictor.
vasodilatation *sf.* vasodilatație.
vassal, -e *adj.* vasal.
vaste *adj.* vast; spațios.
vaudeville *sm.* vodevil.
vaurien, -enne *smf.* netrebnic, pușlama.
vautour *sm.* vultur.
vautrer *vr.* a se tăvăli prin noroi.
veau *sm.* vițel; piele de vițel tăbăcită.
vecteur, -trice *adj., sm.* vector.
vécu, -e *adj.* trăit, real.
vedette *sf.* vedetă; *mettre en ~* a pune în evidență.
végétal, -e *adj.* vegetal.
végétalisme *sm.* regim bazat pe vegetale.
végétarien, -enne *adj., smf.* vegetarian.
végétarisme *sm.* vegetarianism.
végétatif, -ive *adj.* vegetativ.
végétation *sf.* vegetație.
végéter *vi.* a vegeta, a lâncezi.
véhémence *sf.* vehemență.
véhicule *sm.* vehicul.
véhiculer *vt.* a vehicula, a difuza.
veille *sf.* veghe; ajun; *à la ~* în ajunul.
veiller *vi., vt.* a veghea.
veilleur, -euse *smf.* persoană care veghează; ~ *de nuit* paznic de noapte.
veinard, -e *smf.* norocos.
veine *sf.* venă; vână, filon.
veiné, -e *adj.* cu vine, cu nervuri.
veineux, -euse *adj.* vânos.
vêler *vi. (despre vaci)* a făta.
vélin *sm., adj.* velină.
velléité *sf.* veleitate.
vélo *sm.* bicicletă.
véloce *adj.* iute, rapid.
vélocité *sf.* viteză, rapiditate.
vélodrome *sm.* velodrom.
velours *sm.* catifea; ~ *côtelé* catifea reiata.
velouté, -e *adj.* catifelat.
velouter *vt.* a catifela.
velu, -e păros.
vénalité *sf.* venalitate.
venant, -e *adj.* care vine; *les allants et venants* persoanele care pleacă și vin.
vendable *adj.* vandabil.
vendange *sf.* culesul viilor.
vendanger *vi., vt.* a culege via.
vendangeur, -euse *smf.* culegător de struguri.
vendeur, -euse *smf.* vânzător.
vendre 1. *vt.* a vinde; ~ *à crédit* a vinde pe datorie; **2.** *vr.* a se vinde; a se pune în valoare.
vendredi *sm.* vineri; ~ *saint* vinerea mare.

vendu, -e *adj.*, *smf.* vâdut, corupt.
vénéneux, -euse *adj.* otrăvitor.
vénérable *adj.* venerabil.
vénération *sf.* venerație.
vénérer *vt.* a venera.
vengence *sf.* răzbunare.
venger *vt.* a răzbuna.
vengeur, -eresse *adj.*, *smf.* răzbunător.
venimeux, -euse *adj.* veninos; dușmănos.
venin *sm.* venin.
venir *vi.* a veni, a sosi; *faire ~ qqn.* a chema pe cineva; *faire ~ qqch.* a comanda ceva; a proveni; *~ de* tocmai a, abia a; a rezulta; *~ à bout* a veni de hac.
vent *sm.* vânt; *avoir ~* de a afla; *bon ~!* noroc!
vente *sf.* vânzare; *en ~* pus în vânzare.
venter *v. impers.* a bate vântul.
ventilateur *sm.* ventilator.
ventilation *sf.* ventilare, ventilație.
ventiler *vt.* a ventila.
ventouse *sf.* ventuză.
V
ventre *sm.* abdomen, pântece, burtă; avoir *mal au ~* a-i durea burta.
ventricule *sm.* ventricul.
ventriloque *sm.*, *adj.* ventriloc.
ventru, -e *adj.* pântecos.
venu, -e 1. *adj.* reușit, executat; *bien/mal ~* bine/prost dezvoltat; **2.** *smf. nouveau ~* nou sosit; **3.** *sf.* sosire, venire.
ver *sm.* vierme; *tirer les vers du nez à qqn.* a trage de limbă pe cineva.
véracité *sf.* veracitate.
véranda *sf.* verandă.
verbaliser *vi.* a încheia un proces-verbal.
verbe *sm.* verb.
verbeux, -euse *adj.* vorbăreț.
verdâtre *adj.* verzui.
verdet *sm.* piatră-acră.
verdeur *sf.* verzitură.
verdict *sm.* verdict.
verdir *vt.*, *vi.* a înverzi.
verdissement *sm.* înverzire.
verdoyant, -e *adj.* înverzit.
verdoyer *vi.* a înverzi.
verdure *sf.* verdeață, verdețuri.
véreux, -euse *adj.* viermănos.
verge *sf.* vargă.
vergé, -e *adj.* vărgat.
verger *sm.* livadă.
verglacé, -e *adj.* cu polei.
verglas *sm.* polei.
vergogne *sf.* rușine; *sans ~* fără rușine.
véridique *adj.* veridic.
vérification *sf.* verificare.
vérifier *vt.* a verifica.
vérin *sm.* cric.
véritable *adj.* veritabil.
vérité *sf.* adevăr, sinceritate; *à la ~* ce-i drept; *dire à qqn. ses quatres vérités* a-i spune cuiva verde în față.
vermeil, -eille *adj.* stacojiu.
vermicelle *sm.* fidea.
vermillon *sm.* rumeneală.

vermisseau *sm.* viermişor.
vermoulu, -e *adj.* viermănos.
vermouth *sm.* vermut.
vernir *vt.* a lăcui.
vernis *sm.* lac; spoială.
vernissage *sm.* lăcuire; vernisaj.
vérole *sf.* *petite ~* variolă, vărsat.
verrat *sm.* vier.
verre *sm.* sticlă.
verrerie *sf.* sticlărie.
verrier *sm.* sticlar.
verrou *sm.* zăvor.
verrouiller *vt.*, *vr.* a (se) zăvorî.
verrue *sf.* neg.
vers 1. *prep.* către, spre; **2.** *sm.* vers.
versatile *adj.* schimbător.
verse *sf.* vărsare, turnare; *à ~* ploaie cu găleata.
versé, -e *adj.* versat, exersat, experimentat.
versement *sm.* vărsământ; sumă plătită.
verser 1. *vt.* a vărsa, a turna, a plăti; **2.** *vi.* a se răsturna; *~ dans* a evolua spre.
verset *sm.* verset.
verseuse *sf.* ibric.
versification *sf.* versificare.
versifier 1. *vt.* a versifica; **2.** *vi.* a face versuri.
version *sf.* versiune; traducere în limba materna.
verso *sm.* verso, fața a doua a unei pagini.
vert, -e 1. *adj.* verde; crud, necopt; voinic, viguros; *produit ~* produs ecologic; **2.** *sm.* culoarea verde.
vert-de-gris *sm.* *inv.* cocleală.
vert-de-grisé *adj.* coclit.
vertébral, -e *adj.* vertebral.
vertèbre *sf.* vertebră.
vertébré *sm.* vertebrat.
vertical, -e 1. *adj.* vertical; **2.** *sf.* verticală.
verticalement *adv.* vertical.
verticalité *sf.* verticalitate.
vertige *sm.* vertij, amețeală; tulburare.
vertigineux, -euse *adj.* amețitor; vertiginos.
vertu *sf.* virtute, castitate; proprietate; *les vertus d'une plante* proprietățile unei plante; *en ~ de* în virtutea.
vertueux, -euse *adj.* virtuos.
verve *sf.* vervă.
verveine *sf.* verbină.
vésication *sf.* bășicare.
vésicule *sf.* veziculă.
vessie *sf.* vezică urinară.
vestale *sf.* vestală.
veste *sf.* vestă.
vestiaire *sm.* vestiar.
vestibule *sm.* vestibul.
vestige *sm.* vestigiu, rămășiță.
vestimentaire *adj.* vestimentar.
veston *sm.* haină, veston.
vêtement *sm.* haină, veșmânt.
vétéran *sm.* veteran.
vétérinaire *adj.*, *smf.* veterinar.
vétille *sf.* nimic, moft, bagatelă.

V

vêtir *vt.*, *vr.* a (se) îmbrăca.
veto *sm.* opoziție, *droit de ~* drept de veto.
vêtu, -e *adj.* îmbrăcat.
vétuste *adj.* uzat, învechit, vetust.
vétusté *sf.* caracter vetust.
veuf, veuve *adj.*, *smf.* văduv.
veule *adj.* fără vlagă.
veuvage *sm.* văduvie.
vexant, -e *adj.* jignitor.
vexation *sf.* jignire.
vexer *vt.* a jigni.
viabilité *sf.* viabilitate.
viable *adj.* viabil.
viaduc *sm.* viaduct.
viager, -ère *adj.* viager.
viande *sf.* carne.
vibrateur *sm.* vibrator.
vibration *sf.* vibrație.
vibrer *vi.* a vibra.
vicaire *sm.* vicar.
vice *sm.* viciu, defect; *~ caché* viciu ascuns.
vice-consul *sm.* viceconsul.
vice-roi *sm.* vicerege.
vice versa *loc. adv.* viceversa.
viciation *sf.* viciere.
vicié, -e *adj.* viciat; *air ~ aer* poluat.
vicier *vt.* a vicia; a strica.
vicieux, -euse *adj.* vicios.
vicissitude *sf.* vicisitudine.
vicomte, -esse *sm.* viconte.
victime *sf.* victimă.
victoire *sf.* victorie.
victorieux, -euse *adj.* victorios.
victuailles *sf. pl.* provizii, hrană, merinde.
vidange *sf.* vidanjare, golire.
vidanger *vt.* a vidanja.
vidangeur *sm.* vidanjor.
vide 1. *adj.* gol, sec, vid, pustiu; **2.** *sm.* vid, gol; *à ~* în gol.
vidéo *sf.* video.
vidéocassette *sf.* videocasetă.
vide-ordures *sm.* ghenă.
vider 1. *vt.* a goli, a deșerta, a termina, a pleca; **2.** *vr.* a se goli.
vie *sf.* viață, trai; *jamais de la ~* în ruptul capului; biografie.
vieillard *sm.* moșneag.
vieillerie *sf.* vechitură.
vieillesse *sf.* bătrânețe.
vieillir 1. *vi.* a îmbătrâni; a fi demodat; **2.** *vt.*, *vr.* a (se) îmbătrâni.
vieillissement *sm.* îmbătrânire.
vieillot, -otte *adj.* veștejit, trecut.
vierge 1. *sf.* fecioară; **2.** *adj.* neatins, nefolosit, virgin; *forêt ~* pădure virgină.
vietnamien, -enne *adj.* vietnamez.
Vietnamien, -enne *smf.* locuitor din Vietnam.
vieux, vieil, vieille *adj.* bătrân, vechi, trecut.
vif, vive 1. *adj.* vioi, viu; strălucitor; **2.** *sm.* carne vie; *trancher dans le ~* a lua măsuri dure; a tăia în carne vie.

vif-argent *sm.* argint-viu.
vigilance *sf.* viglienţă.
vigilant, -e *adj.* vigilent.
vigne *sf.* viţă, vie.
vigneron, -onne *smf.* podgorean.
vignoble *sm.* podgorie.
vigoureux, -euse *adj.* viguros.
vigueur *sf.* vigoare, tărie.
vil, -e *adj.* abject; scăzut ca valoare.
vilain, -e *adj.* rău, necinstit; urât.
vilenie *sf.* mârşăvie.
vilipender *vt.* a discredita, a dispreţui.
villa *sf.* vilă.
village *sm.* sat.
villageois, -e *smf.* sătean.
ville *sf.* oraş.
villégiateur *sm.* vilegiaturist.
villégiature *sf.* vilegiatură.
vin *sm.* vin.
vinaigre *sm.* oţet.
vinaigrer *vt.* a pune oţet.
vindicatif, -ive *adj.* răzbunător.
vindicte *sf.* răzbunare.
vingt *num. card.* douăzeci.
vingtaine *sf.* vreo douăzeci.
vingtième *num. ord.* al douăzecilea.
violacé, -e *adj.* violaceu, vineţiu.
violation *sf.* violare încălcare.
viole *sf.* violă.
violemment *adv.* violent, cu violenţă.
violence *sf.* violenţă.
violenter *vt.* a constrânge, a forţa.
violer *vt.* a viola; a încălca *(o lege, un drept).*
violet, -ette 1. *adj.* violet; **2.** *sf.* viorea.
violon *sm.* vioară.
violoncello *sm.* violoncel.
violoniste *smf.* violonist.
vipère *sf.* viperă.
virage *sm.* virare, viraj.
virement *sm.* virament.
virer 1. *vi.* a vira; a înclina spre; **2.** *vt.* a vira *(o sumă de bani).*
virginité *sf.* feciorie, puritate, virginitate.
virgule *sf.* virgulă.
virilité *sf.* virilitate, vigoare, bărbăţie.
virtuel, -elle *adj.* virtual.
virtuose *smf.* virtuos.
virulence *sf.* virulenţă.
virulent, -e *adj.* virulent, violent.
vis *sf.* şurub.
visa *sm.* viză.
visage *sm.* faţă, aspect.
vis-à-vis *loc. adv.* în faţă.
viscère *sm.* viscere.
visée *sf.* ochire, ţintire.
viser 1. *vt.* a pune o viză, a viza; a ţinti spre; ~ *au succès* a ţinti spre succes.
viseur *sm. sm.* vizor, ochitor.
visibilité *sf.* vizibilitate.
visible *adj.* vizibil, vădit, evident.
visière *sf.* cozoroc, vizieră.

V

vision *sf.* viziune.
visionnaire *adj.*, *smf.* visător, vizionar.
visite *sf.* vizită; verificare, inspecţie; *avoir de la ~* a avea musafiri.
visiter *vt.* a vizita; a examina; a inspecta; a explora.
visiteur, -euse *smf.* vizitator.
vison *sm.* vizon.
visqueux, -euse *adj.* vâscos, lipicios.
visser *vt.* a înşuruba.
visuel, -elle *adj.* vizual.
vitalité *sf.* vitalitate.
vitamine *sf.* vitamină.
vite *adj.*, *adv.* iute, repede.
vitesse *sf.* viteză; *changer de ~* a schimba viteza.
viticole *adj.* viticol.
viticulteur, -trice *smf.* viticultor.
vitrail *sm.* vitraliu.
vitre *sf.* geam.
vitrer *vt.* a pune geamuri.
vitrerie *sf.* comerţ cu geamuri.
vitreux, -euse *adj.* sticlos.
vitrier *sm.* geamgiu.
V
vitrine *sf.* vitrină.
vitrioler *vt.* a arunca cu acid sulfuric.
vitupérer *vt.* a blama, a condamna, a incrimina.
vivace *adj.* vivace; tenace; indestructibil.
vivacité *sf.* vioiciune, sprinteneală.
vivant, -e 1. *adj.* viu, în viaţă; **2.** *sm.* persoană în viaţă; *du ~ de qqn* în timpul vieţii cuiva; *bon ~* om vesel.
vivat *interj.* trăiască!.
vivement *adv.* repede, cu promptitudine, cu aplomb.
viveur *sm.* petrecăreţ.
vivifiant, -e *adj.* care înviorează.
vivifier *vt.* a însufleţi.
vivisection *sf.* vivisecţie.
vivoter *vi.* a-şi ţine zilele.
vivre 1. *vi.* a trăi, a locui; a se hrăni; a se purta; **2.** *vt.* a trăi; *~ sa vie* a se bucura de viaţă; a simţi cu intensitate ceva.
vocable *sm.* cuvânt.
vocabulaire *sm.* vocabular.
vocatif *sm.* vocativ.
vocation *sf.* vocaţie.
vociférer *vi.* a vocifera.
vœu *sm.* legământ; *faire ~* a face legământ; urare; dorinţă.
vogue *sf.* vogă, modă; *en ~* la modă; faimă.
voguer *vi.* a pluti.
voici *prep.* iată (aici).
voie *sf.* cale, drum; *~ ferrée* cale ferată; modalitate, procedeu; *être en ~ de* a fi pe punctul de.
voilà *prep.* iată *(acolo).*
voile 1. *sm.* văl, voal; **2.** pânză de corabie.
voiler 1. *vt.*, *vr.* a (se) voala; **2.** *vt.* a ascunde.
voilette *sf.* voaletă.

voilier *sm.* ambarcațiune cu pânze.
voir **1.** *vt.* a vedea; *faire* ~ a arăta; a asista la; a constata; a înțelege; **2.** *vi.* a veghea; **3.** *vr.* a se vedea, a se înâlni.
voire *adv.* ba chiar.
voisin, -e **1.** *smf.* vecin; **2.** *adj.* învecinat.
voisinage *sm.* vecinătate.
voiture *sf.* autmobil, trăsură; vagon de persoane.
voiturette *sf.* trăsurică.
voiturier *sm.* cărăuș.
voix *sf.* voce, sunet; *à haute* ~ cu voce tare; *à basse* ~ în șoaptă.
vol *sm.* zbor.
volage *adj.* schimbător.
volaille *sf.* pasăre de curte; carne de pasăre.
volant, -e **1.** *adj.* zburător; mobil; **2.** *sm.* volan.
volatil, -e *adj.* volatil.
volatilisation *sf.* volatilizar.
volatiliser *vt.*, *vr.* a (se) volatiliza.
volcan *sm.* vulcan.
volée *sf.* zbor, stol.
voler **1.** *vi.* a zbura; **2.** *vt.*, *vi.* a fura.
volet *sm.* oblon.
voleur, -euse *adj.*, *smf.* hoț.
volleyeur, -euse *smf.* voleibalist.
volontaire *adj.* voluntar.
volontariat *sm.* voluntariat.
volonté *sf.* voință; *bonne/mauvaise* ~ bunăvoință/reavoință.
volontiers *adv.* cu plăcere, bucuros.
voltage *sm.* voltaj.
volte *sf.* voltă.
voltiger *vi.* a zbura de colo-colo.
volubilité *sf.* volubilitate.
volume *sm.* volum.
volumineux, -euse *adj.* voluminos.
volupté *sf.* voluptate.
voluptueux, -euse *adj.* voluptos.
vomir *vt.*, *vi.* a voma, a vărsa.
vomissement *sm.* vărsătură.
voracité *sf.* voracitate.
votant, -e *smf.* alegător care a participat la vot.
votation *sf.* votare.
vote *sm.* vot.
voter *vi.*, *vt.* a vota.
votre *adj. pos.* vostru, voastră.
vôtre *pron. pos.* al vostru, a voastră, ai voștri, ale voastre.
vouer *vt.* a închina, a dedica, a consacra.
vouloir **1.** *vt.* a vrea, a voi, a cere; a pretinde; **2.** *vi.* a accepta; **3.** voință.
vous *pron. pers.* voi; dumneavoastră.
voûte *sf.* boltă.
voûté, -e *adj.* boltit.
voyage *sm.* călătorie, drum.
voyager *vi.* a călători.
voyageur, -euse *smf.* călător.

voyant, -e **1.** *adj.* țipător, care bate la ochi; **2.** *smf.* ghicitor, prezicător.
voyelle *sf.* vocală.
voyou *sm.* vagabond.
vrai, -e **1.** *adj.* adevărat; real; veritabil; **2.** *sm.* adevăr.
vraiment *adv.* întradevăr.
vraisemblable *adj.* verosimil, plauzibil.
vraisemblance *adj.* verosimilitate, plauzibilitate.
vrille *sf.* burghiu.
vriller *vt.* a sfredeli.
vrombie *vt.* a hurui *(despre un motor).*
vrombissement *sm.* huruit *(al unui motor).*
vu, -e **1.** *sf.* văz, vedere; orientare; privire; *à ~ d'œil* văzând cu ochii; *de ~* din vedere; *à perte de ~* cât vezi cu ochii; *en ~ de* în vederea; **2.** *prep.* dat fiind.
vulcaniser *vt.* a vulcaniza.
vulgaire *adj.* vulgar, grosolan.
vulgarisation *sf.* popularizare.
vulgariser *vt.* a populariza, a răspândi.
vulgarité *sf.* vulgaritate.
vulnérabilité *sf.* vulnerabilitate.
vulnérable *adj.* vulnerabil.

V

W

wagon *sm.* vagon de tren; ~ *de marchandises* vagon de marfă.
wagon-bar *sm.* vagon bar.
wagon-citerne *sm.* vagon-cisternă.
wagon-foudre *sm.* vagon pentru transportul băuturilor.
wagon-lit *sm.* vagon de dormit.
wagonée *sf.* conținutul unui vagon.
wagonnet *sm.* vagonet.
wagonnier *sm.* frânar.
wagon-poste *sm.* vagon poștal.
wagon-restaurant *sm.* vagon restaurant.
wagon-tombereau *sm.* vagon descoperit cu pereți înalți.
watt *sm.* watt.
wattheure *sm.* wattoră.
wattman *sm.* vatman, manipulant.
wattmètre *sm.* wattmetru.
wisigoth, -e *smf.* vizigot.
wisigothique *adj.* referitor la vizigoți, vizigotic.
wolfram *sm.* tungsten.

X

xénophobe *adj.* xenofob.
xenophobie *sf.* xenofobie.
xylophone *sm.* xilofon.

Y

yacht *sm.* yaht.
yachting *sm.* iahting.
yack *sm.* iac.
yankee *sm.* yancheu.
yaourt *sm.* iaurt.
yard *sm.* yard.
yatagan *sm.* iatagan.
yeux *sm. pl.* ochi.
Yiddish *sm.* idiş.
yole *sf.* iolă.
yougoslave *adj.* iugoslav.
Yougoslave *smf.* locuitor din Iugoslavia.
yourte *sf.* iurtă.

Z

zébra *sm.* zebră.
zèle *sm.* zel, râvnă.
zélé, -e *adj.* sârguincios.
zénith *sm.* zenith.
zéphyre *sm.* zefir, vânt uşor.
zéro *sm.* zero.
zeste *sm.* coajă de citrice; *(fig.)* fleac.
zézaiement *sm.* vorbire peltică.
zézayer *vi.* a vorbi peltic.
zibeline *sf.* zibelină.
zigzaguer *vi.* a merge în zigzag.
zinc *sm.* zinc.
zinguer *vt.* a zinca.
zizanie *sf.* zâzanie, vrajbă.
zodiacal, -e *adj.* zodiacal.
zodiaque *sm.* zodiac.
zone *sf.* zonă.
zoo *sm.* grădină zoologică.
zoologie *sf.* zoologie.
zoologique *adj.* zoologic.
zoologiste *sm.* zoolog.
zootechnicien, -enne *adj.*, *smf.* zootehnician.
zootechnie *sf.* zootehnie.
zut! *interj.* la naiba!, drace!

Dicționar
ROMÂN-FRANCEZ

A

a 1. *prep.* à *a semăna a...* rassembler...; de *doi saci ~ patru kilograme* deux sacsà (de) quatre kilos; 2. *interj.* ah!, Oh!: *~, ce zi frumoasă!* ah (oh) quel beau jour!; tiens! *A, uite-l!* tiens, le voilà!.

abandona 1. *vt.* abandoner, quitter (qqn.); rennoncer (à qqch); 2. *vi.* *(sport)* abandoner.

abanos *sm. (bot.)* ébénier *sm., (lemnul)* ébène *sm.*

abate 1. *sm.* abbé; 2. *vt.* détourner, dévier *a se ~ din drum* dévier de son chemin; amener *ce vânt te ~ pe la noi?* quel bon vent t'amène chez nous?; *(despre calamități, nenorociri)* frapper; *o nenorocire s-a abătut asupra lor* un malheur les a frappés.

abatere *sf.* déviation *sf.*, écart *sm.*; infraction *sf.*, délit *sm.*

abator *sn.* abattoire *sm.*

abătut, -ă *adj.* abattu, -e; découragé, -e, déprimé, -e; triste.

abdica *vi.* abdiquer.

abdicare *sf.* abdication *sf.*

abdomen *sn.* abdomen *sm.*, ventre *sm.*

abecedar *sn.* abécédaire *sm.*

abia *adv.* *(cu greu, anevoie)* peine, difficilement; *~ merge* il marche à grand-peine; il marche difficilement; *de-~* au moins...

abil, -ă 1. *adj.* adroit, -e, habile; 2. *adv.* adroitement, habilement

abilitate *sf.* adresse *sf.*, habileté *sf.*, dexterité *sf.*

abis *sn.* abîme *sm,* gouffre *sm.*

aboli *vt.* abolir.

abolire *sf.* abolition *sf.*

abona *vr., vt.* (s')abonner (à).

abonament *sn.* abonnement *sm.*

abonat, -ă *smf., adj.* abonné, -e.

aborda 1. *vt.* aborder; *(fig.)* commencer; 2. *vi. nav.* accoster, aboder; *a ~ o discuție* entamer une discussion.

abraziv, -ă *adj.* abrasif, -ive.

abrevia *vt.* abréger.

abreviere *sf.* abbreviation *sf.*

abroga *vt.* abroger, annuler, abolir.

abrogare *sf.* abrogation *sf.*, annulation *sf.*, abolition *sf.*

abrupt, -ă *adj.* abrupt, -e, escarpé, -e.

A

absent, -ă 1. *adj.* indifferent, -e; distrait, -e; *o privire ~* un regard indifferent, distrait; 2. *smf., adj.* absent, -e.

absenta *vi.* s'absenter *Ea absentează astăzi* Elle s'absente aujourd'hui; manquer; *a ~ de la oră* manquer la classe.

absenţă *sf.* absence, *(fig.)* indifférence, distraction.

absolut, -ă 1. *adj.* absolu, -e; parfait, -aite; 2. *adv.* absolument, totalement, tout à fait.

absolvent *smf.* personne qui a terminé un cycle d'études.

absolvi *vt.* 1. finir un cycle d'études; 2. *(un vinovat)* absoudre.

absolvire *sf.* fin d'études.

absorbi *vt., vr.* absorber, s'imbiber.

absorbit, -ă *adj.* absorbé, -e; *(fig.)* captivé, -e; préoccupé, -e; *a fi ~ de...* être captivé par...

absorbire *sf.* absorbtion *sf.*; *(fig.)* absorbement *sm.*

abstract, -ă 1. *adj.* abstrait, -e; 2. *sn.* abstrait *sm. în ~ dans l'abstrait*; 3. *adv.* abstraitement.

abstracţie *sf.* abstraction.

absurd, -ă *adj.* absurde.

absurditate *sf.* absurdité; *sf.* stupidité; *sf.* ineptie.

abţine *vr.* s'abstenir, se retenir.

abţinere *sf.* abstention *sf.*, retenue *sf.*

abunda *vi.* abonder, *a ~ în* abonder en.

abundent, -ă 1. *adj.* abondant, -e; *(fig.)* riche; 2. *adv.* abondamment.

abundenţă *sf.* abondance *sf.*

abur *sm.* vapeur *sf.*; *locomotivă cu ~* locomotive à vapeur; *(ceață)* brouillard *sm.*

aburi 1. *vt.* exposer à la vapeur; 2. *vr.* se couvrir de la buée; 3. *vi.* dégager de la vapeur.

abuz *sn.* excès *sm.*, abus *sm.*

abuza *vi.* abuser.

abuziv, -ă 1. *adj.* abusif, -ive; 2. *adv.* abusivement.

ac 1. *sn.* aguille *sf.*; *a pune ața în ~* enfiler une aguille; *(ac de albină)* dard *sm.* 2. épingle *sf. ~ de păr* épingle à cheveux; *~ de siguranță* épingle de nourrice; *a sta ca pe ace* êtra comme sur des épines.

acadea *sf.* berlingot *sm.*

academic, -ă 1. *adj.* académique; 2. *adv.* académiquement.

academician *sm.* académique *sm.*

academie *sf.* académie *sf.*

acapara *vt.* accaparer.

acaparare *sf.* accaparement *sf.*

acar *sm.* aguilluer *sm.*

acaret *sn.* dépendences *sf. pl.*

acasă *adv.* chez soi, à la maison; *a pleca de ~* partir, sortir; *a se întoarce ~* rentrer; *~ la mine* chez moi.

accelera *vt.* accélérer.
accelerare *sf.* accéleration *sf.*
accelerat, -ă *adj.* accélére, -e; *tren ~* train rapide.
acceleraţie *sf.* acceleration *sf.*
accent *sn.* accent *sm.*
accentua *vt.* accentuer.
accentuat, -ă *adj.* accentué, -e; *(fig.)* souligné, -e; mis, -e en evidence.
accepta *vt.* accepter, admettre, consentir à, être d'accord (avec).
acceptare *sf.* acceptation *sf.*
acceptabil, -ă *adj.* acceptable.
acces *sn.* accès *sm.; o cale de ~* une voie d'accès; *(med.) un ~ de febră* un accès de fièvre, crise *sf.*; attaque *sf.*
accesibil, -ă *adj.* accessible; abordable.
accesoriu, -ie **1.** *adj.* accessoire; **2.** *sn.* accessoire.
accident *sn.* accident *sm.*
accidental, -ă *adj.* accidentel, -elle.
acela, aceea, aceia, acelea *pron. dem.* celui-là *sm.*, cella-là *sf.*, ceux-là *sm. pl.*, celles-là *sf. pl.*; *de aceea* c'est pourquoi, voilà pourquoi; *pe lânga aceea* en outre; *băiatul acela* ce garçon-là.
acelaşi, aceeiaşi, aceiaşi, acelaşi *adj. dem.* le même *sm.*, la même *sf.*, les mêmes *smf. pl.*
acest, aceasta, aceşti, aceste *adj. dem.* ce *sm.*, cet *sm.*, cette *sf.*, ces *smf. pl.*
acesta, aceasta, aceştia, acestea *pron. dem.* celui-ci *sm.*, celles-ci *sf.*, ceci *sn.*, ceux-ci *sm. pl.* celles-ci *sf. pl.*; *oamenii ~* ces homes-ci; *cu toate acestea* malgré cela, pourtant; *ce înseamnă asta?* Qu'est-ce cela veut dire?
achita **1.** *vt.* acquitter; **2.** *vr.* s'acquitter de...
achitat, -ă *adj.* acquitté; absolute.
achiziţie *sf.* acquisition *sf.*
acid *sm.*, *adj.* acide.
aciditate *sf.* acidité *sf.*
aclama *vt.* acclamer.
aclamaţie *sf.* acclamation *sf.*; ovation *sf.*
acolada *sf.* accolade *sf.*
acolo *adv.* là, là-bas, y; *pe ~* par là; *mă duc ~* j'y vais; *vin de ~* je viens de là.
acomoda *vr.* s'accomoder, s'adapter.
acompania *vt.* accompagner; suivre, escorter.
acompaniament *sn.* accompagnement *sm.*
acont *sn.* acompte *sm.*; avances *sf. pl.*
acoperământ **1.** *sn.* toit *sm.*, toiture *sf.*; **2.** *fig.* abri.
acoperi **1.** *vt.* couvrir, recouvrir; envelopper; joncher; voiler; *fig.* dissimuler; *a ~ o greșeală*

dissimuler une faute; **2.** *vr.* se couvrir; *(despre cer)* s'obscurcir

acoperiş *sn.* toit *sm.*, toiture *sf.*

acord *sn.* accord *sm.*, entente *sf.*; *(muz., gram.)* accord *sm.*; *a fi de ~* être d'accord.

acorda 1. *vt.* accorder, octroyer; **2.** *vr.* s'accorder, se mettre d'accord.

acordeon *sn.* accordéon *sm.*

acosta *vt., vi.*, accoster, aborder.

acreala *sf.* aigreur *sf.*, acidité *sf.*; *(fig.)* animosité *sf.*

acredita *vt.* accreditér

acri *vt., vr.* (s')aigrir, (s')altérer; *a i se ~ cuiva de ceva* en avoir marre.

acrişor, -oară *adj.* aigrelet, -ette.

acrobat, -ă *smf.* acrobate *smf.*

acrobaţie *sf.* acrobatie *sf.*

acru, -ă *adj.* aigre, acide, âcre *vin ~* vin aigre; *lapte ~* lait caillé; *varza ~* choucroute; *strugure ~* raisin sur; *(fig.)* acariâtre, revêche; méchant, -e.

act *sn.* *(document)* acte *sm.*, document *sm.*; *(faptă)* action *sf.*; *(teatru)* acte *sm.*; *~ de identitate* papiers (d'identité).

activ *adj.* actif (-ive).

activa 1. *vi.* agir; **2.** *vt.* activer; **3.** *fig.* animer, deployer une activité.

activitate *sf.* activité *sf.*

actor *sm.* acteur *sm.*, comédien *sm.*

actriţă *sf.* actrice *sf.*, comedienne *sf.*

actual, -ă *adj.* actuel, -elle.

actualitate *sf.* actualité *sf.*

actualiza *vt.* actualiser.

acţiona *vi.* agir; *(în justiţie)* actionner en justice; *(mec.)* actionner.

acţionar *sm.* actionnaire.

acţiune *sf.* action; *a trece la ~* passer aux faits.

acuarelă *sf.* aquarelle *sf.*

acum *adv.* maintenant, actuellement, en ce moment, à présent; *de ~ înainte* désormais; ~ …~ tantôt…tantôt; *~ doi ani* il y a deux ans; *chiar ~* tout de suite.

acumula *vt.* accumuler.

acumulare *sf.* accumulation *sf.*

acut, -ă *adj.* aigu, -ë, violent, -e; strident, -e; *sunet ~* son strident.

acuza *vt.* accuser, inculper, incriminer.

acuzare *sf.* accusation *sf.*; inculpation *sf.*

acuzat, -ă *smf.* accusé, -e; inculpé, -e.

acuzativ *sn.* acusatif *sm.*

acvariu *sn.* aquarium *sm.*

acvatic, -ă *adj.* aquatique.

acvila *sf.* aigle *sm.*

acvilin *adj.* aquilin; *nas ~* nez aquilin; *privire ~* regard perçant.

adaos *sn.* supplément *sm.*, annexe *sf.*, *(pt. publicații)* addenda *sm. invar.*

adapta *vt., vr.,* (s')adapter, s'accomoder.

adaptare *sf.* adaptation *sf.*

adăpa *vt., vr.* (s')abreuver.

adăpat *sn.* abreuvement *sm.*

adapătoare *sf.* abreuvoir *sm.*

adăpost *sn.* refuge *sm.*, abri *sm.*, asile *sm.*; *a se pune la ~* mettre à l'abri; *a cere ~* demander asile; *un ~ în munți* un refuge dans la montagne.

adăposti 1. *vt.* abriter, héberger, donner asile; **2.** *vr.* s'abriter, se réfugier.

adăuga 1. *vt.* compléter; **2.** *vt., vr.* (s')ajouter.

adăugare *sf.* adjonction, augmentation.

adăugat, -ă *adj.* ajouté, -e; joint, -e.

adânc, -ă 1. *adj.* profond, -e; **2.** *adv.* profondément; **3.** *sn.* fond *sm.*; *adânci batrâneți* extreme vieillesse; *adâncul mării* la profondeur de la mer; *din adâncul inimii* du fond du coeur.

adecvat, -ă *adj.* adéquat, -e; propre à.

ademeni *vt.* tenter, attirer, séduire.

ademenire *sf.* leurre, allèchement, tentation *sf.*, attrait *sm.*, séduction *sf.*

ademenitor, -oare 1. *adj.* séduisant, -e; attrayant, -e; alléchant, -e; **2.** *adv.* d'une manière séduisante.

adept, -ă *smf.* adepte, partisan, -e; disciple.

adera *vi.* adhérer à.

aderent *adj., sf.* adhérent.

adesea *adv.* souvent, fréquemment, maintes fois.

adevăr *sn.* vérité; *într-~* vraiment, en effet.

adevărat, -ă 1. *adj.* vrai, véritable; réel; **2.** *adj.* vraiment, véritablement, réellement.

adeveri 1. *vt.* attester, certifier; **2.** *vt. vr.* (se) confirmer.

adeverință *sf.* certificat *sm.*

adeverire *sf.* attestation *sf.*, confirmation *sf.*

adia *vi.* souffler légèrement.

adică *adv.* c'est-à-dire.

adiere *sf.* brise.

adineauri *adv.* tout à l'heure.

adio *interj.* Adieu!; *a-și lua ~* faire ses adieux, prendre congé.

adjectiv *sn.* adjectif *sm.*

adjunct, -ă *adj.* adjointe, -e.

administra *vt.* administrer, gérer.

administrare *sf.* administration *sf.*

administrativ, -ă *adj.* administrative, -ive.

A

administrator, -oare *smf.* administrateur, -trice.
admira *vt.* admirer.
admirabil, -ă **1.** *adj.* admirable; **2.** *adv.* admirablement.
admirator, -oare *smf.* admirateur, -trice.
admite *vt.* admettre.
admitere *sf.* admission *sf.*; *examen de ~* concours d'admission.
adolescent, -ă *smf.* adolescent, -e.
adolescenţă *sf.* adolescence *sf.*
adopta *vt.* adopter; *a ~ o idee* accepter une idée.
adoptare *sf.* adoption *sf.*
adoptat, -ă *adj.* adopté.
adoptiv, -ă *adj.* adoptif.
adora *vt.* adorer.
adoraţie *sf.* adoration *sf.*, veneration *sf.*
adormi **1.** *vt.* endormir; **2.** *vi.* s'endormir.
adormit, -ă *adj.* endormi, -e.
adresa *vt., vr.* (s')adresser.
adresă *sf* adresse; *a greşi ~* se tromper d'adresse.
adresant *sm.* envoyeur, expéditeur *sm.*
aduce *vt.* *(complement nume de lucru)* apporter; *a ~ o veste* apporter une nouvelle; rapporter; *(complement nume de fiinţă)* amener, ramener, mener; *ce vânt te ~ la noi?* quel bon vent vous aména chez nous?.
adulmeca *vt.* flairer, renifler.
adult, -ă *smf., adj.* adult, -e.
aduna *vt.* accumuler, amasser; *a ~ bani* amasser de l'argent; *(mat.)* additioner; assembler, réunir, grouper; *(fructe)* cueillir.
adunare *sf.* addition *(mat)*; rassemblement *sm.*; assemblée *sf.*
adus, -ă *adj.* apporté, amené; *(despre persoane)* courbé.
adverb *sn.* adverbe.
adverbial, -ă **1.** *adj.* adverbial; **2.** *adv.* adverbialement.
advers, -ă *adj.* adverse, contraire, opposé, -e.
adversar, -ă *smf.* adversaire, ennemi, -e, concurrent, -e.
adversitate *sf.* adversité *sf.*
aer *sn.* air *sm.*; *în ~ liber* en plein air; *a lua ~* prendre l'air; air *sm.*, mine *sf.*, aspect *sm.*, allure; *are aerul unui profesor* il a l'air d'un professeur; *a-şi da aere* prendre des grands airs.
aerian, -ă *adj.* aérien, -ienne.
aerisi *vt.* aérer.
aerisire *sf.* aération *sf.*, aérage *sm.*
aerodrom *sn.* aérodrome.
aeronaut *sm.* aéronaute.
aeronautica *sm.* aéronaute *sm.*
aeroplan *sn.* aéroplane *sm.*
aeroport *sn.* aéroport *sm.*

A

afacere *sf.* affaire *sf.*; *om de afaceri* homme d'affaires.
afară **1.** *adj.* dehors; *a da ~* chaser, mettre à la porte; *~ de* sauf, outre, hormis; *~ numai dacă* à moins que; **2.** *interj.* dehors!, hors d'ici!
afecta *vt.* affecter.
afectare *sf.* affectation *sf.*
afectuos, -oasă *adj.* affectueux, -euse.
afecţiune *sf.* affection *sf.*
afilia *vr.* s'affilier.
afiliat, -ă *adj.* affilié, -e.
afină *sf.* myrtille *sf.*
afirma **1.** *vt.* affirmer; **2.** *vr.* se manifester, se distinguer.
afirmativ, -ă *adj.* affirmatif, -ive.
afirmaţie *sf.* affirmation *sf.*
afiş *sn.* affiche *sf.*
afişa **1.** *vt.* afficher; **2.** *vr.* s'afficher.
afla **1.** *vt.* apprendre; **2.** *vr.* se trouver; *a se ~ în treabă* faire la mouche du couche.
afluent *sm.* affluent *sm.*
afluenţă *sf.* affluence *sf.*
afon *adj.* aphone.
aforism *sn.* aphorisme *sm.*
african, -ă **1.** *adj.* africain, -e; **2.** *smf.* Africain, -e.
afuma **1.** *vt.* fumer, enfumer; **2.** *vr.* *(fig.)* se griser, s'enivrer; *vr.* se noircir
afumatură *sf.* viande fumé *sf.*
afunda *vt, vr.* (se) plonger.
afurisit, -ă *adj.* maudit, -e; méchant, -e.
agale *adv.* lentement, nonchalament.
agasa *vt.* agacer, irriter, énerver.
agasant, -ă *adj.* agaçant, -ant, énervant, -ante.
agăţa **1.** *vt.* accrocher, suspendre, pendre; *a ~ un tablou* accrocher un tableau; *(a rupe)* accrocher; *ea şi-a agaţat fusta* elle a accroché sa jupe; **2.** *vr.* s'accrocher, se cramponer.
agăţător, -oare **1.** *adj.* *(despre plante)* grimpant, -ante; **2.** *sf.* *(la haine)* attache *sf.*
agenda *sf.* agenda *sm.*
agent *sm.* agent *sm.*
agenţie *sf.* agence *sf.*
ager, -ă *adj.* *(sprinten)* agile, leste; *(perspicace)* intelligent, -ente, perspicace, sagace; *(despre ochi)* perçants; *(privire)* vif, -ive.
agerime *sf.* vivacité *sf.*; agilité *sf.*; habileté *sf.*
aghiotant *sm.* aide de camp *sm.*
aghiuţă *sm.* diable *sm.*
agil, -ă *adj.* agile, souple.
agilitate *sf.* agilité *sf.*, souplesse *sf.*
agita *vt., vr.* (s')agiter.
agitat, -ă *adj.* agité.
agitator, -oare *smf.* agitateur, -trice; propagandiste *smf.*
agitaţie *sf.* agitation *sf.*

A

aglomera 1. *vt.* agglomérer; 2. *vr.* s'entasser; s'accumuler.
aglomerat *sn.* aggloмérat.
aglomeraţie *sf.* agglomeration *sf.*
agonie *sf.* agonie *sf.*; *a fi în ~* être à l'agonie.
agoniseală *sf.* économies *sf. pl.*, pécule *sm.*, épargne *sf.*
agonisi *vt.* économiser, épargner.
agoniza *vi.* agoniser.
agrafă *sf.* agrafe *sf.*
agrar, -ă *adj.* agraire.
agrava *vt., vr.* (s')aggraver, empirer.
agravare *sf.* aggravation *sf.*
agravant, -ă *adj.* aggravant, -e.
agrea *vt.* agréer, accepter.
agreabil, -ă *adj.* agréeable.
agresiune *sf.* aggression *sf.*
agresiv, -ă *adj.* agressif, -ive.
agresivitate *sf.* aggresivité *sf.*
agresor *sm.* agresseur.
agricol, -ă *adj.* agricole.
agricultor, -oare *smf.* agriculteur *sm.*, cultivateur, -trice.
agricultură. *sf.* agriculture *sf.*
agronomie *sf.* agronomie *sf.*
agud *sm.* mûrier *sm.*
ah! *interj.* Ah!
aha! *interj.* ah! ah!
ahtiat, -ă *adj.* avide; *~ de bani* âpre au gain.
aici *adv.* ici, là; *pâna ~* jusqu'ici; *pe ~* par ici; *de ~ înainte* dorénavant, désormais; *~ e ~* c'est le moment ou jamais.
aidoma *adv.* exactement, identiquement, tout semblable, tel quel.
aievea *adv.* réellement.
aisberg *sn.* iceberg *sm.*
aiura *vi.* délirer; battre la campagne, divaguer.
aiurea *adv.* ailleurs; *a merge într-~* aller au hazard; *a fi cu gândul ~* être absent, *(fam.)* étourdi, -e.
aiureală *sf.* divagation *sf.*; aberration *sf.*, absurdité *sf.*
aiurit, -ă 1. *adj.* étourdi, -e; 2. *smf.* hurluberlu *sm.*
ajun *sn.* veille *sf.*; *în ~ul…* à la veille de…
ajuna *vi.* jeûner.
ajunge 1. *vi.* arriver, atteindre, parvenir; devenir *el a ajuns inginer* il est devenu ingénieur; 2. *vt.* atteindre; *a ~ din urmă* rattraper; *a ~ la liman* arriver à bon part; *a ~ rău* tourner mal; *a ~ bine* réussir.
ajusta *vt.* ajuster, adapter.
ajustaj *sn.* ajustage *sm.*
ajustare *sf.* ajustement *sm.*
ajuta 1. *vt.* aider, secourir; 2. *vr.* se servir (de), s'aider.
ajutător, -oare *adj.* auxiliaire.
ajutor *sn.* aide *sf.*; *am nevoie de ajutorul tău* j'ai besion de ton aide; appui, secours, soutien *sm.*; *a sări în ~* venir à la rescousse, *a veni în ~* secourir; *ajutor!* au secours!; *~ moral* appui moral; *~ medical*

A

assistance médicale; *prim ~* secourisme.

alai *sn.* cortège *sm.*; procession *sf.*; *cu ~* en grande pompe.

alaltăieri *adv.* avant-hier.

alaltăseara *adv.* avant-hier soir.

alamă *sf.* laiton *sm.*

alandala *adv.* en désordre, pêle-mêle; *a vorbi ~* parler à tort et à travers.

alarma 1. *vt.* alarmer; 2. *vr.* s'alarmer, s'inquiéter, s'alerter.

alarmă.*sf.* alarme *sf.*; alerte *sf.*

alăpta *vt.* allaiter.

alăptare *sf.* allaitement *sm.*

alătura *vt.*, *vr.* (se) joindre; (se) ralier.

alăturat, -ă *adj.* joint, -e à...; voisin, -e.

alături *adv.* à côté, près de, auprès; *a se așeza ~ de cineva* s'asseoir à côté de qqn.

alb, -ă *adj.* blanc (blanche); *a semna în ~* signer en blanc.

albanez, -ă 1. *adj.* albanais (-aise); 2. *smf.* Albanais (-aise).

albastru, -ă 1. *adj.* bleu, -e; 2. *sn.* bleu, azur; *(fig.)* mélancolique, triste.

albăstrea *sf.* bluet *sm.*

albăstri *vt.* bleuir, teindre en bleu.

albăstrui *adj.* bleuâtre.

albeaţă *sf.* blancheur; *(med.)* taie *sf.*

albi 1. *vt.* blanchir; 2. *vi.* blanchir, vieilllir.

albicios *adj.* blanchâtre.

albie *sf.* auge *sf.*, baquet *sm.* cuvier *sm.*; *(despre apă curgătoare)* lit *sm.*

albină *sf.* abeille *sf.*; *~ matcă* reine.

albinărit *sn.* apiculture *sf.*

albituri *sf. pl.* linge *sm.*, lingerie *sf.*

album *sn.* album *sm.*

albumina *sf.* albumine *sf.*

alburiu *adj.* blanchâtre.

albuş *sn.* blanc d'oeuf *sm.*

alcătui 1. *vt.* constituer, former, composer; *a ~ o compunere* composer une composition; *a ~ un plan* élaborer un plan; 2. *vr.* Se former, être formé (de).

alcătuire *sf.* formation *sf.*, création *sf.*; constitution *sf.*, combinaison *sf.*; arramgement *sm.*; structure *sf.*, composition *sf.*

alchimie *sf.* alchimie *sf.*

alcool *sm.* alcool *sm.*

alcoolic, -ă *adj.*, *smf.* alcoolique.

alcolism *sn.* alcoolisme.

alean *sn.* peine *sf.*; chagrin *sm.*; nostalgie *sf.*; mélancolie *sf.*

aleatoriu, -ie *adj.* aléatoire.

alee *sf.* alée *sf.*

alegător, -oare *smf.* électeur, -trice.

alege *vt.* choisir; élire; trier; *a ~ o fusta* choisir une jupe; *a ~ un preşdinte* élire un

A

président; *(în expr.) nu s-a ales cu nimic* il ne lui en est rien resté; *ce s-a ales de el?* qu'est-il devenu?.

alegere *sf.* chiox *sm.*; election *sf.*; *alegeri generale* elections générales; *la ~* au chiox.

alegoric, -ă **1.** *adj* allégorique; **2.** *adv.* allégoriquement.

alegorie *sf.* allégorie *sf.*

aleluia! *interj.* aliluia!.

alene *adv.* nonchalement.

alerga *vi.* courir; *a ~ într-un suflet* accourir, courir à toute vitesse.

alergare *sf.* course *sf.*

alertă *sf.* alerte *sf.*

ales, -easă **1.** *adj.* choisi, -e; élu, -e; **2.** *sn.* choix; *mai ~* surtout.

alfabet *sn.* alphabet *sm.*

alfabetic, -ă **1.** *adj.* alphabétique; **2.** *adv.* alphabétiquement.

alfabetiza *vt.* alphabétiser.

alfabetizare *sf.* alphabétisation *sf.*

algă *sf.* algue *sf.*

algebră *sf.* algebra *sf.*

algebric, -ă *adj.* algébrique.

algerian, -ă *smf.* algérien, -enne.

alia *vt., vr.* (s')allier.

aliaj *sn.* alliage *sm.*

alianţă *sf.* alliance *sf.*

aliat, -ă *adj., smf.* allié, -e.

alibi *sn.* alibi *sm.*, justification *sf.*

alice *sf. pl.* plomb *sm.*

alifie *sf.* onguent *sm.*, pommade *sf.*

aliment *sn.* aliment *sm.*, nourriture *sf.*

alimenta **1.** *vr.* se nourrir, s'allimenter; **2.** *vt.* *(a hrăni)* nourrir, alimenter; approvisionner.

alimentare *sf.* alimentation *sf.*, approvisionnement *sm.*

alina **1.** *vt.* apaiser, calmer alléger; **2.** *vr.* se calmer, s'apaiser, se tranquilliser.

alinare *sf.* apaisement *sm.*, allégement *sm.*, calme *sm.*

alineat *sn.* alinéa *sm.*

alinia *vt. vr.* (s')aligner.

aliniere *sf.* alignement *sm.*

alint *sn.* caresse *sf.*

alinta **1.** *vt.* caresser, dorloter, cajoler; *(a răsfaţa)* gâter; **2.** *vr.* minauder.

alintătură *sf.* caresse *sf.*, cajolerie *sf.*

alipi **1.** *vt., vr.* (se) joindre), (s')attacher; **2.** *vt.* annexer.

alipire *sf.* jonction *sf.*, attachement *sm.*; annexion *sf.*

almanah *sn.* almanach *sm.*

alo *interj.* allô!.

aloca *vt.* allouer, affecter, accorder.

alocare *sf.* allocation.

alocaţie *sf.* allocation *sf.*

alocuri *adv.* *pe ~* par-ci, par-là; par endroits, ailleurs.

alocuţiune *sf.* allocution *sf.*

alpin, -ă *adj.* alpin, -e.

alpinism *sn.* alpinisme *sm.*
alpinist, -ă *smf.* alpiniste *smf.*
alt (altă, alţi, alte) *adj. nehot.* autre *smf. sg.*, autres *smf. pl.*; *până una alta* en attendant.
altar *sn.* autel *sm.*
altadată *adv.* autrefois, naguère, jadis; *de ~* d'antan.
altceva *pron. nehot.* autre chose.
altcineva *pron. nehot.* un autre, quelque'un d'autre.
alteori *adv.* d'autres fois.
altera 1. *vt.* altérer; dénaturer; **2.** *vr.* s'altérer.
alterabil *sf.* altérable.
alterare *sf.* altération *sf.*
altercaţie *sf.* dispute *sf.*, querelle *sf.*, altercation *sf.*
alterna *vi.* alterner.
alternativ, -ă 1. *adj.* alternative, -ive; **2.** *adv.* alternativement.
alteţă *sf.* altesse *sf.*
altfel *adv.* autrement, sinon, différement; d'une autre manière; *de ~* d'ailleurs.
altitudine *sf.* altitude *sf.*
alminteri, alminterea *adv.* autrement, sinon.
altoi 1. *sn.* greffe *sf.*, ente *sf.*; **2.** *vt.* greffer.
altoire *sf.* greffage *sm.*
altul, alta, alţii, altele *pron. nehot.* un autre *sm. sg.*, une autre *sf. sg.*; d'autres *smf. pl.*; l'autre *smf. sg.*, les autres *mf. pl.*; *unul după ~* un après autre; *din una-n alta* de fil en aguille; *nici unul nici altul* ni l'un ni l'autre.
altundeva *adv.* ailleurs.
aluat *sn.* pâte *sf.*
aluminiu *sn.* aluminium *sm.*
alun *sm.* noisetier *sm.*
alună *sf.* noisette *sf.*
aluneca *vi.* glisser, tomber.
alunecare *sf.* glissade *sf.*, glissement *sm.*
alunga *vt.* expulser, chasser, repousser, éloigner; pourchasser.
alungit, -ă *adj.* allongé, -e.
aluniţă *sf.* grain de beauté.
aluviune *sf.* alluvion *sf.*
aluzie *sf.* allusion *sf.*
alveolă *sf.* alvéole *sm.*
alviţă *sf.* nougat *sm.*
amabil, -ă *adj.* aimable, gentil, -ille, affable, bienveillant, -e.
amabilitate *sf.* amabilité *sf.*, gentillesse *sf.*
amanet *sn.* gage *sm.*
amaneta *vt.* mettre en gage.
amant, -ă *smf.* bien-aimé, -e; amant, -e.
amar, -ă 1. *adj.* amer, -ère; triste; *a face viața ~* rendre la vie amère; **2.** *adv.* amèrement; **3.** *sn.* amertume *sf.*, peine *sf.*, souffrance *sf.*; **4.** *interj.* *vai și ~!* malheur!
amarnic, -ă 1. *adj.* impitoyable, terrible, dur, -e; **2.** *adv.* terriblement.
amator, -oare *smf.* amateur *sm.*

A

amazoană *sf.* amazone *sf.*
amăgi 1. *vt.* tromper, duper, leurrer, séduire; 2. *vr.* se leurer, se faire des illusions.
amăgire *sf.* illusion *sf.*, tromperie *sf.*, mensonge *sm.*
amăgit, -ă *adj.* dupé, -e.
amăgitor, -oare *adj.* illusoire, trompeur, -euse.
amănunt *sn.* détail; *vânzare cu amănuntul* vente au détail; *cu de-amănuntul* minutieusement, dans tous les détails.
amănunţit, -ă *adj.* détaillé (-eé).
amăraciune *sf.* amertume *sf.*, chagrin *sm.*; tristesse *sf.*
amărî 1. *vt.* rendre amer; chagriner, peiner, affliger; 2. *vr.* se tourmenter
amărât, -ă 1. *adj.* affligé, -e, chagriné, -e; 2. *smf.* malheureux, -euse.
amâna *vt.* ajourner, différer, remettre, renvoyer; *(a purta cu vorba)* atermoyer.
amânare *sf.* ajournement *sm.*, délai *sm.*; *fără ~* sans délai; *nu suferă ~* ne souffre aucun délai; *a obţine o ~ a unui proces* l'ajournement d'un procès.
amâdoi, -două *num.* les deux, tous les deux, toutes les deux.
ambala 1. *vt.* emballer; 2. *vr.* *(fig.)* s'emballer.
ambalaj *sn.* emballage *sm.*
ambarcaţie *sf.* embarcation *sf.*
ambasadă *sf.* ambassade *sf.*
ambasador, -oare *smf.* ambassadeur, -trice.
ambiant, -ă *adj.* ambient, -ante.
ambianţă *sf.* ambiance *sf.*
ambiguitate *sf.* ambiguité *sf.*
ambiguu, -ă *adj.* ambigu, -uë.
ambii, ambele *num., pron.* les deux, tous les deux, toutes les deux.
ambiţie *sf.* ambition *sf.*
ambiţiona 1. *vt.* stimuler; 2. *vr.* s'obstiner, s'ênteter *(fam.)* s'obstiner.
ambiţios, -oasă *adj.* ambitieux, -euse.
ambulant, -ă *adj.* ambulant, -ante.
ambulanţă *sf.* ambulance *sf.*
ambulatoriu 1. *adj.* *(med.)* ambulatoire; 2. *sn.* *(med.)* dispensaire *sm.*
ambuscada *sf.* embuscade *sf.*
ameliora 1. *vt.* améliorer; 2. *vr.* s'améliorer.
ameliorare *sf.* amélioration *sf.*
amenaja *vt.* aménajer, arranger.
amenajare *sf.* aménagement *sm.*
amenda *vt.* amender, appliquer une amende.
amendă *sf.* amende *sf.*
ameninţa *vt.* menacer.
ameninţare *sf.* menace *sf.*; peril *sm.*; danger *sm.*
ameninţător, -oare *adj.* menaçant, -e

american, -ă 1. *adj.* américain, -aine; 2. *smf.* Américain, -aine
ameriza *vi.* amerrir.
amerizare *sf.* amerrissage *sm.*
amestec *sn.* mélange *sm.*; mixture *sf.*; *(fig.)* ingérence *sf.*; intervention *sf.*
amesteca 1. *vt.* mélanger, mêler; *a ~ culori* mélanger des couleurs; *(a încurca)* embrouiller; 2. *vr.* se mêler; s'immiscer; *a se ~ în treburile altcuiva* s'immiscer dans les affaires d'autrui.
amestecătura *sf.* mélange *sm.*; mixture *sf.*; *(fig.)* macédoine.
ametist *sn.* améthyste *sf.*
ameţeală *sf.* vertige *sm.*; étourdissement *sm.*
ameţi 1. *vt.* étourdir, éblouir; 2. *vi.* avoir le vertige (des vertiges); 3. *vr.* se griser.
ameţit, -ă *adj.* ébloui, -e, étourdi, -e; gris, -e.
ameţitor, -oare *adj.* enivrant, -e; *(despre viteză)* vertigineux, -euse.
amfibiu, -ie *adj.* amphibie.
amfiteatru *sn.* amphithéâtre *sm.*
amfitrion, -oană *smf* amphitryon, -onne.
amforă *sf.* amphore *sf.*
amiază *sf.* midi; *după-~* après midi; *ziua în amiaza mare* en plein jour.
amic, -ă *smf.* ami, -e.
amical, -ă 1. *adj.* amical, -e; 2. *adv.* amicalement.
amiciţie *sf.* amitié *sf.*
amidon *sn.* amidon *sm.*
amigdale *sf. pl.* amygdales.
amigdalită *sf.* amygdalite *sf.*
amin *interj.* ainsi soit-il, amen.
aminte *adv. a-şi aduce ~ de ceva* se souvenir de; se rappeler; *cu luare ~* soigneusement; *a lua ~* faire attention.
aminti 1. *vt.* rappeler; 2. *vr.* se souvenir de; se rappeler.
amintire *sf.* souvenir *sm.*
amiral *sm.* amiral *sm.*
amnezie *sf.* amnésie *sf.*
amnistia *vt.* amnistier.
amnistiere *sf.* amnistiere *sf.*
amoniac *sn.* ammoniac *sm.*
amor *sn.* amour *sm.*; *~ propriu* amour-propre *sm.*
amoreza *vr.* s'éprendre, tomber amoureux.
amorezat, -ă *adj.* amoureux. -euse; épris, -e.
amoros, -oasă 1. *adj.* amoreux; 2. *adv.* amoureusement.
amortiza *vt.* amortir.
amortizare *sf.* amortissement *sm.*
amorţeală *sf.* engourdissement *sm.*; raideur *sf.* torpeur *sf.*
amorţi *vi.* engourdir.
amorţit, -ă *adj.* engourdi, -e.
amplasa *vt.* emplacer.
amplasament *sn.* emplacement *sm.*

A

amplifica 1. *vt.* amplifier, intensifier; 2. *vr.* s'amplifier; s'intensifier.

amplificare *sf.* augmentation *sf.*; amplification *sf.*; intensification *sf.*

amplificator *sn.* amplificateur *sm.*

amplitudine *sf.* amplitude *sf.*

amploare *sf.* ampleur *sf.*

amplu, -ă *adj.* large, ample, vaste.

amprentă *sf.* empreinte *sf.*; ~ *digitala* empreintes digitales.

amputa *vt.* amputer.

amputare *sf.* amputation *sf.*

amuletă *sf.* amulette *sf.*

amurg *sn.* crépuscule *sm.*

amuţi *vi.* perdre la voix, devenir muet.

amuţire *sf.* mutisme *sm.*

amuţit, -ă *adj.* muet, -te;

amuza 1. *vt.* amuser; 2. *vr.* s'amuser.

amuzament *sn.* amusement *sm.*, divertissement *sm.*

amuzant, -ă *adj.* amusant, -ante.

amvon *sn.* chaire *sf.*

an *sm.* an *sm.*; année *sf.*; *are cinci ani* il a vingt ans; *în fiecare* ~ chaque année; *acum un* ~ il y a une année; *Anul Nou* le Nouvel an; *la mulți ani!* Bon anniversaire; *ziua de anul nou* le jour de l'an, le premier de l'an; ~ *de* ~ tous les ans; ~ *şcolar* année scolaire.

anale *sf. pl.* annales *sf. pl.*; chroniques *sf. pl.*

anafură *sf.* pain bénit.

analfabet, -ă *smf.*, *adj.* illettré, - e, analphabète.

analfabetism *sn.* analphabétisme *sm.*

analitic, - ă *adj.* analytique.

analiza *vt.* analiser.

analiză *sf.* analyse *sf.*

analog, -ă 1. *adj.* analogue; 2. *adv.* pareillement.

analogie *sf.* analogie *sf.*

ananas *sm.* ananas *sm.*

ananghie *sf.* embarrass *sm.*; difficulté *sf.*; *a fi la* ~ être dans un mauvais draps, être aux abois.

anapoda *adv.* *(pe dos)* à l'envers; de travers; *a vorbi* ~ parler de travers.

anarhic, -ă *adj.* anarchique.

anarhie *sf.* anarchie *sf.*

anarhism *sn.* anarchisme *sm.*

anarhist, -ă *smf.* anarchiste.

anason *sm.* anis *sm.*

anatomic, -ă *adj.* anatomique.

anatomie *sf.* anatomie *sf.*

anatomist *sm.* anatomiste *sm.*

ancheta *vt.* enquêter; conduire une enquête (sur).

anchetator, -oare *smf.* enquêteur *sm.*

anchetă *sf.* enquête *sf.*, recherche *sf.*, investigation *sf.*

A

anchiloza *vr.* s'ankyloser.
anchilozare *sf.* ankylose *sf.*
anchilozat, -ă *adj.* ankylosé, -e.
ancora 1. *vi.* jeter l'ancre, amarrer, ancrer; **2.** *vt.* fixer.
ancoră *sf.* ancre *sf.*; *a ridica ancora* lever l'ancre.
andiva *sf.* endive *sf.*
andrea *sf.* aiguille à tricoter *sf.*
anecdotă *sf.* anecdote *sf.*
anemia *vt., vr.* (s')anemier.
anemic, -ă *adj.* anémique.
anemie *sf.* anémie *sf.*
anestezia *vt.* anesthésier.
anestezie *sf.* anesthésie *sf.*
anestezic, -ă *adj, sn.* anésthesique.
anevoie *adv.* malaisément, difficilement.
anevoios, -oasă *adj.* malaise, -e, difficile, pénible.
anexa *vt.* annexer.
anexă *sf.* annexe *sf.*
anexare *sf.* annexion *sf.*
angaja *vt., vr.* (s')embaucher; *a ~ muncitori* embaucher des ouvriers; (s')engager; *a se ~ şofer* s'engager comme chauffeur; louer.
angajament *sn.* engagement *sm.*; obligation *sf.*; *a-şi lua un ~* assumer une obligation.
angajare *sf.* engagement *sm.*; embauche *sf.*; embauchage *sm.*
angelic, -ă *adj.* angélique.
anghinare *sf.* artichaut *sm.*
angrena *vt., vr.* (s')engrener.
angrenaj *sn.* engrenage *sm.*
anihila *vt.* annihiler, anéantir.
anihilare *sf.* annihilation *sf.*, anéantissement *sm.*
anima *vt., vr.* (s')animer.
animal, -ă 1. *adj.* animal, -e; **2.** *sn.* animal *sm.*; *animal de povară* bête de somme.
animare *sf.* animation *sf.*
animat, -ă *adj.* animé, -e.
animator, -oare *adj.* animateur, -trice.
animaţie *sf.* animation *sf.*, entrain *sm.*, vivacité *sf.*
animozitate *sf.* animosité *sf.*
anina 1. *vt.* suspendre, accrocher; **2.** *vr.* s'accrocher.
aniversa *vt.* célébrer; fêter un anniversaire; commémorer; *a ~ un eveniment* célébrer un événement; *a ~ ziua de naştere a cuiva* fêter l'anniversaire de qqn.
aniversare *sf.* anniversaire *sm.*, fête *sf.*
anomalie *sf.* anomalie *sf.*
anomim, -ă *adj.* anonyme; *scrisoare ~* lettre anomyne.
anonimat *sn.* anonymat *sm.*
anorganic *adj.* inorganique; *chimie anorganică* chimie minérale.
anormal, -ă *adj.* anormal, -e.
anost, -ă *adj.* fade, insipide.
anotimp *sn.* saison *sf.*

A

ansamblu *sn.* ensamble *sm.*; totalité *sf.*; *în ~* dans l'ensamble; *vedere de ~* vue d'ensamble.
antarctic, -ă *adj.* antarctique.
antebelic, -ă *adj.* d'avant guerre.
antebraţ *sn.* avant-bras *sm.*
antecedente *sn. pl.* antécédents *sm. pl.*
antemeridian, -ă *adj.* antéméridien, -ne; du matin.
antenă *sf.* antenne *sf.*
antepenultim, -ă *adj.* avant-dernier, -ère.
anterior, -oară 1. *adj.* antérieur, -eure; **2.** *adv.* antérieurement.
anteriu *sn.* soutane *sm.*
antet *sn.* en-tête *sm.*
antiaerian, -ă *adj.* antiaérien, -enne.
antibiotic, -ă 1. *adj.* antibiotique; **2.** *sn.* antibiotiqe *sm.*
antic, -ă 1. *adj.* ancien, -enne; antique; **2.** *sm. pl.* les anciens.
anticameră *sf.* antichambre *sf.*
anticar *sm.* antiquaire *sm.*; bouqiniste *sm.*
anticariat *sn.* librairie di bouqiniste *sf.*
antichitate *sf.* antiquité *sf.*
anticipa *vt., vi.* devancer, anticiper.
anticipare *sf.* anticipation *sf.*
anticipaţie *sf. cu ~* par avance, par anticipation.
anticonstituţional, -ă *adj.* anticonstitutionnel, -elle.
anticreştin, -ă *adj.* antichrétien.
antidemocratic *adj.* antidémocratique.
antidot *sn.* antidote *sm.*
antifascist *adj., smf.* antifasciste.
antilopă *sf.* antilope *sf.*; *piele de ~* peau de daim, cuir suédé.
antiguvernamental, -ă *adj.* antigouvernemental.
antimonarhic, -ă *adj.* antimonarchique.
antinevralgic *sn.* antinévralgique.
antipatic *adj.* antipathique.
antipatie *sf.* antipathie *sf.*
antipod *sm.* antipode *sm.*
antirabic, -ă *adj.* antirabique.
antisemit *sn.* antisémite *sm.*
antiseptic, -ă *adj.* antiseptique.
antisocial, -ă *adj.* antisocial, -e.
antitanc *adj. invar.* antitank, antichar.
antiteză *sf.* antithèse *sf.*
antologie *sf.* anthologie *sf.*
antonim *sn.* antonyme *sm.*
antracit *sn.* anthracite *sm.*
antract *sn.* entracte *sm.*
antren *sn.* entrain *sm.*, animation *sf.*

A

antrena *vt., vr.* (s') entraîner; *a se ~ într-o discuţie* se lancer dans une discussion.
antrenament *sn*, entraînement *sm.*
antrenant, -ă *adj.* entraînant, -ante.
antrenor, -oare *smf.* entraîneur *sm.*
antreprenor, -oare *smf.* entrepreneur, -euse.
antrepriză *sf.* enterprise *sf.*
antreu *sn.* vestibule *sm.*, entrée *sf.*
antricot *sn.* entrecôte *sf.*
antropologic *sm.* anthropologique *sm.*
antropologie *sf.* anthropologie *sf.*
anturaj *sn.* entourage *sm.*; société *sf.*
anual, -ă *adj.* annuel, -elle.
anuar *sn.* annuaire *sm.*
anula *vt.* nnuler; supprimer; abolir; abroger.
anulare *sf.* annulation *sf.*; suppresion *sf.*; abolition *sf.*; abrogation *sf.*
anume *adv. invar.* certain, -e, tel, telle; *adv.* exprès, à savoir, nommément; *a făcut-o ~* il l'a fait exprès.
anumit, -ă *adj.* certain, -e.
anunţ *sn.* annonce *sf.*; avis *sm.*; *a da un ~ într-un ziar* insérer une annonce dans un journal.
anunţa *vt.* annoncer.
anvelopă *sf.* *(pentru vehicule)* pneu *sm.*; enveloppe.
anvergură *sf.* envergure *sf.*
anxietate *sf.* anxiété *sf.*, angoisse *sf.*
aortă *sf.* aorte *sf.*
apanaj *sn.* apanage *sm.*
aparat *sn.* appareil *sm.*; *~ de radio* recepteur radio *sm.*; *~ de fotografiat* appareil-photo.
aparataj *sn.* outillage *sm.*, appareillage *sm.*
aparent, -ă **1.** *adj.* apparent, -e; **2.** *adv.* apparement, en apparence.
aparenţă *sf.* apparence *sf.*; a salva aparenţele sauver les apparences; *în ~* en apparence
apariţie *sf.* apparition, *a-şi face ~* faire son apparition; publication *sf.*, parution; *~ a unei cărţi* la parution d'un livre.
apartament *sn.* appartement *sm.*; *~ mobilat* un meublé.
aparte **1.** *adv.* à part, séparément; *a examina ~* examiner à part; **2.** *adj.* particulier, -ère; original, -e; différent, -e; *un caz ~* un cas particulier.
apartenenţă *sf.* appartenence *sf.*
aparţine *vi.* appartenir.
apaş *sm.* apache *sm.*
apatic, -ă *adj.* apathique.
apatie *sf.* apathie *sf.*, passivité *sf.*

A

apatrid, -ă *smf.* apatride.

apă *sf.* eau *sf.*, masse d'eau; ~ *curgătoare* eau courante, cours d'eau; ~ *stătătoare* eau stagnante; ~ *de colonie* eau de Cologne; *a intra la* ~ rétrécire au lavage *(despre țesături)*; *a lăsa gura* ~ faire venire l'eau à la bouche; *a se duce pe* ~ *Sâmbetei* aller à vau-l'eau.

apăra 1. *vt.* défendre, protéger; **2.** *vr.* se défendre; *a se* ~ *de o lovitură* parer un coup, se protéger.

apărare *sf.* defense *sf.*; *a lua* ~ *cuiva* prendre la défense de qqn.; protection *sf.*

apărea *vi.* paraître, apparaître.

apăsa *vt.* peser, appuyer, presser; *singurătatea îl* ~ la solitude lui pèse; *a* ~ *pe un buton* appuyer sur un bouton; ~ *cu toată puterea* presser de toutes les forces.

apăsare *sf.* pression *sf.*; oppression *sf.*

apăsat, -ă 1. *adj.* pesant, -ante; **2.** *adv.* à pas pesants, pesamment.

apăsător, -oare *adj.* oppresif, -ive; accablant, -e; *căldură* ~ chaleur accablante.

apeduct *sn.* aqueduc *sm.*

apel *sn.* appel *sm.*; *a face* ~ faire l'appel.

apela 1. *vt.* appeler; **2.** *vi.* recourir.

apelativ *sn.* qualificatif *sm.*; nom *sm.*

apendice *sn.* appendice *sm.*

apendicită *sf.* appendicite *sf.*

aperitiv *sn.* aperitif *sm.*, hors-d'œuvre *sm.*

apetisant, -ă *adj.* appétisant, -ante.

apetit *sn.* appétit *sm.*

apicol, -ă *adj.* apicole.

apicultor *sm.* apiculteur.

apicultură *sf.* apiculture.

aplana *vt.* aplanir, calmer.

aplanare *sf.* conciliation *sf.* apaisement *sm.*

aplauda *vi., vt.* applaudir.

aplauze *sn. pl.* applaudissement *sm.*

apleca 1. *vt.* pencher, baisser, incliner; **2.** *vr.* se pencher, s'incliner, se baisser; *a i se* ~ avoir mal au cœur.

aplecare *sf.* inclinaison *sf.*; inclination *sf.*; gôut *sm.*; prédisposition *sf.*, penchant *sm.*

aplecat, -ă *adj.* incliné, -e; penché, -e, porté, -e sur…

aplica *vt., vr.* (s')appliquer.

aplicabil *adj.* applicable.

aplicare *sf.* application; *a pune în* ~ mettre en pratique.

apocalipsă *sf.* apocalypse *sf.*

apogeu *sn.* apogée *sm.*

apoi *adv.* après quoi, ensuite, puis; *și* ~*?* Et après?; *viața de* ~ l'au-delà.

A

apolitic, -ă *adj.* apolitique.
aport *sn.* contribution *sf.*, apport *sm.*
apos, -oasă *adj.* aqueux, -euse.
apostol *sm.* apôtre *sm.*
apostolat *sn.* apostolat *sm.*
apostolic, -ă *adj.* apostolique.
apostrof *sn.* apostrophe *sf.*
apostrofa *vt.* apostropher.
apostrofare *sf.* reproche *sm.*
aprecia *vt.* apprécier; évaluer, estimer, considérer.
apreciabil *adj.* appréciable.
apreciere *sf.* appréciation *sf.*
aprig, -ă 1. *adj.* impitoyable, vif, -ve, impétueux, -euse; dur, -e; implacable; **2.** *adv.* vivement, impétueusement, durement.
aprilie *sm.* avril *sm.*
aprinde *vt.* allumer; *a ~ focul* allumer le feu; incendier; *fig.* enflammer; *a se ~ de mânie* se mettre en colère.
aprins, -ă *adj.* allumé, -e; animé, -e; *culoare ~* couleur vive; *roșu ~* rouge vif.; *discuție ~* discussion animée.
aprinzător *sn.* allumoir *sm.*, allumeur *sm.*
aproape 1. *adv.* près; presque, environ, à peu près; **2.** *sm.* semblable *sm.*; prochain *sm.*
aproba *vt.* approuver; *se aprobă!* approuvé!
aprobare *sf.* approbation *sf.*
aprod *sm.* huissier *sm.*
aprofunda *vt.* approfondir.
aprofundare *sf.* approfonsissement *sm.*
apropria *vi., vr.* (s')approcher, (se) rapprocher.
apropriat, -ă *adj.* proche, voisin, -e; rapproché, -e; *ruda ~* proche parent; intime; *prieten ~* ami intime.
apropiere *sf.* approche *sf.*; proximité *sf.*; voisinage *sm.*; rapprochement *sm.*; *prin ~* dans le voisinage.
apropo *adv.* à propos.
aproviziona *vt.* approvisioner, faire de provisions.
aprovizionare *sf.* approvisionnement *sm.*; ravitaillement *sm.*
aproximativ, -ă 1. *adj.* approximativf, -ive; **2.** *adv.* approximativement, environ.
aproximaţie *sf.* approximation *sf.*; *cu ~* approximativement, par approximation.
apt, -ă *adj.* apte, capable.
aptitudine *sf.* aptitude *sf.*; prédisposition *sf.*
apuca 1. *vt.* empoigner, saisir, tenir, attraper, rendre, accrocher; *a ~ de braț* saisir par le bras; **2.** *vr.* s'accrocher, se mettre à; *a se ~ de lucru* se mettre au travail; *a o ~ pe un drum* s'engager dans un chemin; *ce te-a apucat?* que

vous a-t-il pris?; *a se ~ de o creangă* s'accrocher à une branche.

apucat, -ă 1. *adj*. possédé, -e; 2. *sn*. *a mânca pe apucate* manger sur le pouce.

apucător, -oare *adj*. rapace.

apucătură *sf*. habitude *sf*.

apune *vi*. se coucher, disparaître; *soarele ~* le soleil se couche.

apus, -ă 1. *adj*. passé, -e; disparu, -e; éteint, -e; 2. *sn*. ouest *sm*.; couchant; *(fig.)* déclin.

apusean, -ă *adj*. occidental, -ale.

ar *sm*. are *sm*.

ara *vt*. labourer.

arab, -ă 1. *adj*. arabe; 2. *smf*. Arabe.

arabil *adj*. arable.

arac *sm*. échalas *sm*.; tuteur *sm*.; rame *sf*.

aragaz *sm*. réchaud à gaz *sm*., cuisinière *sf*.; *butelie de ~* bouteille de gaz butane.

arahidă *sf*. arachide *sf*., cacahouette *sf*.

aramă *sf*. cuivre *sm*.; *a-și da arama pe față* lever le masque.

aranja 1. *vt*. arranger, ranger, mettre en ordre; 2. *vr*. se parer, s'arranger.

aranjament *sn*. arrangement *sm*.; accord *sm*.; transaction *sf*., entente *sf*.

arajare *sf*. mise en ordre, arrangement *sm*.

arareori *adv*. rarement.

arat *sn*. labourage *sm*., labour *sm*.

arămiu, -ie *adj*. bornzé, -e; cuivré, -e.

arăta 1. *vt*. montrer, indiquer; démontrer; *a ~ interes* témoigner de l'intérêt, *a ~ bine (rău)* avoir bonne (mauvaise) mine; 2. *vr*. se montrer, apparaître.

arătare *sf*. *(indicare)* indication *sf*; spectre *sm*., fantôme *sm*.

arătător, -oare 1. *adj*. indicateur, -tice; *degetul ~* l'index; 2. *sn*. aiguille *sf*., index *sm*.

arătos, -oasă *adj*. de belle allure, imposant, -e; beau, belle.

arbitra *vt*. arbitrer.

arbitraj *sn*. arbitrage *sm*.

arbitrar, -ă *adj*. arbitraire.

arbitru *sm*. arbitre *sm*.

arbora *vt*. arborer.

arbore *sm*. arbre *sm*.

arbust *sm*. arbuste *sm*., arbrisseau *sm*.

arc *sn*. arc *(armă)* *sm*.; ressort *sm*.; voûte *sf*.; *~ de triumf* arc de triomphe.

arcadă *sf*. arcade *sf*.

A

arcaş *sn.* archer *sm.*
arcă *sf.* arche *sf.*; *arca lui Noe* l'arche de Noe.
arctic, -ă *adj.* arctique.
arcui 1. *vt.* arquer, courber; 2. *vr.* se corber, se cabrer.
arcuire *sf.* cambrure *sf.*; courbure *sf.*
arcuş *sn.* archer *sm.*
arde 1. *vt.* brûler, chauffer; basaner, hâler; *a fi ars de soare* être hâlé par le soleil; *focul ~* le feu brûle; *a ~ o palma* flanquer une gifle; 2. *vi.* brûler, flamber; luire briller; *a-i ~ de...* désirer; *a nu-i ~ de...* n'avoir pas envie de...; 3. *vr.* se brûler; *a se ~ la deget* se brûler le doigt.
ardei *sm.* poivron *sm.*; piment *sm.*
ardeia *vt.* pimenter.
ardelean, -că *smf.* transylvain, -e.
ardere *sf.* combustion *sf.*
ardezie *sf.* ardoise *sf.*
ardoare *sf.* ardeur *sf.*
arenă *sf.* arène *sf.*
arenda *vt.* affermer, amodier.
arendă *sf.* affermage *sm.*, amodiation *sf.*; *a lua în ~* prendre à ferme.
arendaş *sm.* fermier *sm.*, métayer *sm.*
arest[1] *sn.* arrestation *sf.*
arest[2] *sm.*, détention *sf.*; prison *sf.*
aresta *vt.* arrêter.
arestare *sf.* arrestation *sf.*, emprisonnement *sm.*
arestat, -ă *adj., smf.* arrêté, -e, prisonnier, -ère, détenu, -e.
argat *sm.* valet de ferme *sm.*
argentinian, -ă 1. *adj.* argentin, -e; 2. *smf.* Argentin, -e.
argilă *sf.* argile *sf.*; glaise *sf.*
argilos, -oasă *adj.* argileux, -euse.
argint *sn.* argent *sm.*; *~ viu* vif argent, mercure; *nuntă de argint* noces d'argent.
arginta *vt.* argenter.
argintărie *sf* argenterie *sf.*
argintiu, -ie *adj.* argenté, -e; *voce ~* voix cristalline.
argou *sn.* argot *sm.*
argument *sn.* argument *sm.*
argumenta *vt.* argumenter.
argumentare *sf.* argumentation *sf.*
arhaic, -ă *adj.* archaique.
arhaism *sn.* archaisme *sm.*
arhanghel *sm.* archange *sm.*
arheolog *sm.* archéologue *sm.*
arheologic, -ă *adj.* archéologique.
arheologie *sf.* archéologie *sf.*
arhicunoscut, -ă *adj.* archiconnu, -e.
arhiepiscop *sm.* archevêque *sm.*
arhipelag *sn.* archipel *sm.*

A

arhiplin, -ă *adj.* plein, -e à craquer, archplein, -e.
arhitect, -ă *smf.* architecte *sm.*
arhitectură *sf.* architecture *sf.*
arhivar *sm.* archiviste *sm.*
arhivă *sf.* archives *sf. pl.*
arici *sm.* hérisson *sm.*
arid, -ă *adj.* stérile; aride; sec; sèche.
ariditate *sf.* aridité *sf.*
arie *sf.* aire *sf.*; *(muz.)* air *sm.*
arin *sm.* aune *sm.*; aulne *sm.*
aripă *sf.* aile *sf.*; *(la pește)* nageoire; *a prinde aripi* devenir indépendant.
aripioară *sf.* aileron *sm.*
aristocrat, -ă *smf.* aristocrate, noble.
aristocrație *sf.* noblesse *sf.*, aristocracie *sf.*
aritmetic *adj.* arithmétique.
aritmetică *sf.* arithmétique *sf.*
arlechin *sm.* arlequin *sm.*
arma *vt.* armer.
armament *sn.* armement *sm.*
armată *sf.* armée; *a face* ~ faire son service militaire.
armator *sm.* armateur *sm.*
armă *sf.* arme; ~ *de foc* arme à feu; *a fi sub arme* être sous les drapeaux.
armăsar *sm.* étalon *sm.*
armătura *sf.* armature *sf.*
armistițiu *sn.* armistice *sm.*
armonică *sf.* accordeon *sm.*; harmonica *sm.*
armonie *sf.* harmonie *sf.*
armonios, -oasă 1. *adj.* harmonieux, -euse; **2.** *adv.* harmonieusement.
armoniza *vt.* harmoniser.
armonizare *sf.* harmonisation *sf.*
armură *sf.* armure *sf.*
armurier *sm.* armurier *sm.*
aroga *vr.* s'arroger; *a-și ~ un drept* s'arroger un droit.
arogant, -ă *adj.* arrogant, -e.
aroganță *sf.* arrogance *sf.*
aromatic, -ă *adj.* aromatique.
aromă *sf.* arôme *sm.*
arpagic *sn.* ciboulette *sf.*; cive *sf.*
arpegiu *sn.* arpège *sm.*
ars, -ă *adj.* brûlé, -e; hâlé, -e; ~ *de soare* hâlé par le soleil.
arsenal *sn.* arsenal *sm.*
arsenic *sn.* arsenic *sm.*
arsură *sf.* brûlure *sf.*
arșiță *sf.* chaleur torride *sf.*, canicule *sf.*
artă *sf.* art *sm.*
arteră *sf.* artère *sf.*
artezian, -ă *adj.* artésien, -enne; *fântână* ~ puits artésien.
articol *sn.* article *sm.*; ~ *hotărât* article défini; ~ *nehotărât* article indéfini.
articula *vt.* articuler.
articulație *sf.* articulation *sf.*
artificial, -ă 1. *adj.* artificiel, -elle; **2.** *adv.* artificiellement.
artificiu *sn.* artifice *sm.*

artilerie *sf.* artillerie *sf.*
artilerist *sm.* artilleur *sm.*
artist, -ă *smf.* acteur, actrice, artiste; comédien, -ienne; interprète.
artistic, -ă **1.** *adj.* artistique; **2.** *adv.* artistiquement.
artizan *sm.* artisan *sm.*
artizanat *sn.* artisanat *sm.*
artrită *sf.* arthrite *sf.*
arţar *sm.* érable *sm.*
arţăgos, -oasă *adj.* hargneux, -euse; irascible; agressif, -ive; irritable.
arunca **1.** *vt.* jeter, lancer; *a ~ o piatră* jeter une pierre; *a ~ în aer* faire sauter; **2.** *vr.* se jeter; se précipiter, s'élancer; *a se ~ în brațele cuiva* s'élancer dans les bras de qqn.
aruncare *sf.* lancement *sm.*; *aruncarea suliței* le lancement du javelot.
aruncătură *sf.* jet; *~ de ochi* coup d'oeil; *la o ~ de băț* à un jet de pierre.
arvună *sf.* accompte *sm.*; arrhes *sf. pl.*
arvuni *vt.* donner des arrhes.
arzător, -oare **1.** *adj.* brûlant, -e; ardent, -e; *soare ~* soleil ardent; **2.** *sn.* brûleur *sm.*; injecteur *sm.*
as *sm.* as *sm.*
asalt *sn.* assaut *sm.*; *a lua cu ~* prendre d'assaut.
asalta *vt.* assaillir.
asambla *vt.* assembler, joindre.
asamblare *sf.* assemblage *sm.*
asana *vt.* assainir, assécher.
asanare *sf.* assainissement *sm.*
asasin, -ă *smf.* assassin, -e; tueur *sm.*; criminel, -elle.
asasina *vt.* assasiner, tuer.
asasinat *sn.* assasinat *sm.*, meurtre *sm.*
ascendent, -ă **1.** *adj.* ascendant, -e; **2.** *sn.* ascendant *sm.*; **3.** *smf. pl.* ancêtres *sm. pl.*
ascendenţă *sf.* ascendance *sf.*
ascensiune *sf.* ascension *sf.*; essor *(fig.) sm.*
ascensor *sn.* ascenseur *sm.*
ascet *sm.* ascète *smf.*
asculta *vt.* écouter; *a ~ muzică* écouter de la musique; obéir; *a ~ pe cineva* obéir à qqn.; interroger, examiner; *(med.)* ausculter.
ascultare *sf.* écoute *sf.*; obéissance *sf.*; examination *sf.*
ascultător, -oare **1.** *adj.* obéissant, -e; soumis, -e; **2.** *smf. pl.* auditeurs *smf. pl.*
ascunde **1.** *vt.* cacher, dissimuler; taire; *a ~ adevărul* taire la vérité; **2.** *vr.* se cacher, se planquer, se tapir *(d. animale)*; *a se ~ după deget* chercher des faux fuyants.
ascuns, -ă *adj.* caché, -e, dissimulé, -e, tapie, -e; *sn. pe ~*

en cachette, en secret; *de-a v-ați ascunselea* cache-cache *sm.*

ascunzătoare *sf.* cachette *sf.*

ascuţi 1. *vt.* affiler, aiguiser; *a ~ un cuțit* affiler un couteau, appointer; *a ~ un creion* appointer un crayon; *(fig.)* intensifier, accentuer, aggraver; **2.** *vr.* s'intensifier, s'aguiser, s'accentuer.

ascuţime *sf.* perspicacité *sf.*; sagacité *sf.*

ascuţire *sf.* affilage *sm.*; intensification *(fig.) sf.*

ascuţiş *sn.* tranchant *(tăiș) sm.*; pointe *(vârf) sf.*

ascuţit, -ă *adj.* affilé, -e, aiguisé, -e, tranchant, e; aigu, -ë, pointu, -e; accentué, -e, intensifié, -e *(fig.)*; *privire ~* regard perçant; *unghi ~* angle aigu; *voce ~* voix aiguë; *limbă ~* langue bien affligée; *minte ~* ment perspicace, asagace.

ascuţitoare *sf.* taille-crayon *sm.*; affiloir *sm.*

aseară *adv.* hier soir.

asedia *vt.* assiéger.

asediator *sm.* assiégeant *sm.*

asediu *sn.* siège *sm.*

aseleniza *vi.* alunir.

aselenizare *sf.* alunissage *sm.*

asemăna 1. *vt.* comparer; **2.** *vr.* se rassembler; se comparer.

asemănare *sf.* similitude *sf.*, resemblance *sf.*; *fără ~* sans pareil, incomparable.

asemănător, -oare *adj.* ressemblant, -e; semblable; analogue.

asemenea 1. *adj. invar.* similaire, pareil, -le; tel, -le; semblable; **2.** *adv.* de même, également, aussi; *de ~* de même; de plus, en outre.

asemui *vt.* comparer, confondre.

asemuire *sf.* ressemblance *sf.*, comparaison *sf.*

asentiment *sn.* assentiment *sm.*

aservi *vt.* asservir.

aservire *sf.* asservissement *sm.*; asujetissement *sm.*

asezona *vt.* assaisonner.

asfalt *sn.* asphalte *sm.*; bitumen *sm.*

asfalta *vt.* asphalter.

asfinţi *vi.* de coucher; *soarele ~* le soleil se couche

asfinţit *sn.* couchant *sm.*; ouest *sm. (punct cardinal)*; occident *sm.*; déclin, fin *(fig.)*

asfixia *vt., vr.* (s')asphyxier, (se) suffoquer.

asfixie *sf.* asphyxie *sf.*

asiatic 1. *adj.* asiatique; **2.** *smf.* Asiatique.

asiduitate *sf.* assiduité *sf.*

asiduu, -uă 1. *adj.* assidu, -e; **2.** *adv.* assidûment.

asigura 1. *vt.* assurer, garantir; 2. *vr.* s'assurer.
asigurare *sf.* assurance *sf.*; garantie *sf.*; *contract de ~* contrat d'assurance.
asimetric, -ă *adj.* asymétrique.
asimila *vt., vr.* (s')assimiler.
asimilare *sf.* assimilation *sf.*
asin *sm.* âne *sm.*
asista *vt., vi.* assister; prendre part, participer; secourir (qn.)
asistent, -ă *adj, smf.* assistant, -e.
asistenţă *sf.* assistance *sf.*
asmuţi *vt.* meuter; *a ~ un câine* ameuter un chien; inciter *(fig.)*
asocia *vt., vr.* (s')associer; (s')unir, (se) joindre.
asociat, -ă *smf.* associé *sm.*
asociaţie *sf.* association *sf.*
asorta *vt., vr.* (s')assortir; *a ~ culori* marier des couleurs.
asortat, -ă *adj.* assorti, -e.
asortiment *sn.* assortiment *sm.*
aspect *sn.* aspect *sm.*; apparence *sf.*
asperitate *sf.* aspérité *sf.*
aspic *sn.* gelée *sf.*
aspira *vt., vi* aspirer.
aspirant, -ă *smf.* aspirant, -e.
aspirator 1. *adj.* aspirateur, -trice; 2. *sn.* aspirateur *sm.*
aspiraţie *sf.* aspiration *sf.*
aspirină *sf.* aspirine *sf.*
aspri *vt., vr.* (s')endurcir.
asprime *sf.* aspérité *sf.*, rugosité *sf.*, rudesse *sf.*; sévérité, dureté *(fig.)*
aspru, -ă 1. *adj.* rude, âpre, dur, -e; *păr ~* cheveux raides; *voce ~* voix âpre, sechè; *piele ~* peau rugueuse; *privire ~* regard dur; 2. *adv.* durement.
astăzi *adv.* aujourd'hui; *~-mâine* ces jours-ci; *de ~ înainte* désormais, dorénavant.
astâmpăr *sn.* repos *sm.*, calme *sm.*, paix *sf.*; *fără ~* agité, sans trève; *a nu avea ~* avoir la bougeotte.
astâmpăra *vt., vr.* (se) tempérer, (se) calmer, (s')apaiser.
astenie *sf.* asthénie *sf.*
astfel 1. *adv.* ainsi; de la sorte; de telle sorte, de cette façon; *~ încât* de la sorte, par conséquent; 2. *adj.* tel, -le; pareil, -le.
astm *sf.* asthme *sm.*
astrahan *sn.* astrakan *sm.*
astringent, -ă *adj.* astringent, -e.
astrolog *sm.* astrologue *sm.*
astrologie *sf.* astrologie *sf.*
astronaut, -ă *smf.* astronaute *sm.*
astronautică *sf.* astronautique *sf.*
astronom *sm.* astronome *sm.*
astronomie *sf.* astronomie *sf.*

A

astru *sm.* astre *sm.*
astupa *vt.* boucher, fermer, obturer, barrer, combler; *a ~ o sticlă* boucher une bouteille; *a ~ o crăpătură* obturer une fante; *a ~ cuiva gura* clouer le bec à qqn.; *a ~ o fereastră* murer une fenêtre.
astupare *sf.* obstruction *sf.*
asuda *vi.* suer, transpirer.
asudat, -ă *adj.* transpiré, -e.
asuma *vt.* assumer.
asupra *prep.* sur, dessus; *a lua ~* assumer; concernant, au sujet de...
asupri *vt.* opprimer.
asuprire *sf.* oppression *sf.*
asupritor, -oare *smf.* oppresseur *sm.*
asurzi 1. *vt.* assourdir; **2.** *vi.* devenir sourd.
asurzire *sf.* assourdissement *sm.*
asurzitor, -oare *adj.* asourdisant, -e.
aşa *adv.* ainsi, de cette manière, de la sorte; *~ cum* ainsi que; pareil, -le; *~ mai departe* et ainsi de suite; *~ şi ~* comme ci, comme ça; *~ zis* soit disant; *~ de bine* si bien; *~ încât* de la sorte, par conséquent; *~ să fie!* soit!.
aşadar *adv.* donc, ainsi, par conséquent.
aşchia *vt.* atiller.
aşchie *sf.* coupeau *sm.*, écharde *sf.*
aşeza 1. *vr.* s'asseior; s'installer; s'établir; *a se ~ pe scaun* s'asseori sur une chaise; *a se ~ la masă* s'attablir, se mettre à table; **2.** *vt.* mettre, ranger, arranger, placer, poser, classer.
aşezare *sf.* rangement *sm.*; psition; établissement; *~ geografică* situation géographique; *~ rurală, urbană* agglomération rurale, urbaine *sf.*
aşezat, -ă *adj.* assis, -e; installé, -e; sage, sérieux-euse *(fig.)*; sis, -e; situé, -e *(geogr.)*
aşezământ *sn.* établissement *sm.*; institution *sf.*
aşijderea *adv.* de même.
aştepta 1. *vt.* attendre; espérer; **2.** *vr.* s'attendre; *a şti la ce să te aştepţi* savoir à quoi s'en attendre.
aşteptare *sf.* attente *sf.*; *în ~* en attendant; *sală de ~* sale d'attente.
aşterne 1. *vt.* étendre, étaler; *a ~ masa* mettre le couvert; *a ~ patul* faire le lit; **2.** *vr.* se déposer, s'étendre; *a se ~ la drum* se mettre en route.
aşternut *sn.* literie, couche; *(la animale)* litière *sf.*
atac *sn.* attaque *sf.*, assaut *sm.*
ataca *vt.* attaquer, assailir; *(fig.)* critiquer.

A

atacator, -oare *smf.* attaquant, -ante *smf.*, agresseur *sm.*
atare *adj.* pareil, -eille, tel; *ca ~* donc, par conséquent, ainsi.
ataş *sn.* attaché *sf.*
ataşa *vt., vr.* (s')attacher.
ataşament *sn.* attachement *sm.*, amitié *sf.*, affection *sf.*
ataşare *sf.* accolement *sm.*, jonction *sf.*
ataşat, -ă **1.** *sm.* attaché, -e; *~ cultural* attaché culturel; **2.** *adj.* devoué, -e.
atârna **1.** *vt.* pendre, suspender, accrocher, dépendre; *a ~ haina* accrocher le veston; **2.** *vi.* peser; pendre; *a ~ greu (la cântar)* peser lourdement; *a ~ de cineva* dépendre de qqn.; **3.** *vr.* se suspender, s'accrocher.
atât **1.** *adv.* si, tant, autant; *este ~ de frumos!* Il est si beau!; **2.** *adj. nehot.* si, tant; *de atâtea ori* tant de fois; *atâta pagubă* tant pis; *~... cât* tant... que; *cu ~ mai bine* tant mieux; **3.** *pron. nehot.* ça, cela, ce; *nici ~* pas même ça; *doar ~* seulement; *tot atâta-i* c'est égal.
ateism *sn.* athéisme *sm.*
atelaj *sn.* attelage *sm.*
atelă *sf.* atelle *sf.*
atelier *sn.* atelier *sm.*
ateneu *sn.* athénée *sm.*
atent, -ă **1.** *adj.* attentif, -ive; *fii atentă!* Fais attention!; aimable, bienveillante, -e; **2.** *adv.* attentivement; aimablement.
atenta *vi.* attenter.
atentat *sn.* attentat *sm.*
atenţie *sf.* attention *sf.*; *a acorda ~* accorder intérêt; *a atrage ~* attirer l'attention; cadeau.
atenua *vt., vr.* (se) diminuer, (s')attenuer.
atenuare *sf.* atténuation *sf.*
ateriza *vi.* atterrir.
aterizare *sf.* atterissage *sm.*
atesta *vt.* attester, certifier, confirmer, *(a dovedi)* prouver, témoigner.
ateu, -ee *smf.* athée *smf.*, *adj.*
atinge *vt.* toucher; atteindre; *(a atinge uşor)* effleurer, frôler; *a-şi ~ scopul* attainder son but; impressioner, émouvoir.
atingere *sf.* contact, attouchement *sm.*; *~ uşoara* effleurement, frôlement.
atins, -ă *adj.* touché, -e; *(fig.)* ofensée, -e; ému, -e
atitudine *sf.* attitude *sf.*, tenue *sf.*; *a lua ~* prendre position.
atlas *sn.* atlas *sm.*; *(material)* satin *sm.*
atlet, -ă *smf.* athléte *sm.*
atletic, -ă *adj.* athlétique.
atletism *sm.* athlétisme *sm.*

A

atmosferă *sf.* atmosphère *sf.*
atmosferic, -ă *sf.* athmosphérique *sf.*
atol *sm.* atoll *sm.*
atom *sm.* atome *sm.*
atomic, -ă *adj.* atomique.
aton, -ă *adj.* atone.
atotputernic, -ă *adj.* tout-puissant (toute-puissante), omnipotent, -ente.
atotştiutor, -oare *adj.* omniscient, -ante.
atractiv, -ă *adj.* attrayant, -e, attractif, -ive; captivant, -e, séduisant, -e; *(fig.)* attirant, -e.
atracţie *sf* attraction *sf.*
atribui *vt.* attributer; accorder; décerner, conférer; *a ~ un premiu* accorder un prix.
atribuire *sf.* attribution *sf.*
atribut *sn.* attribut *sm.*; *(gram.)* complément du nom.
atribuţie *sf.* attribution *sf.*
atroce *adj.* atroce, affreux, -euse, horrible.
atrocitate *sf.* atrocité *sf.*; cruauté *sf.*
atrofia *vt., vr.* (s')atrofier.
atrofiere *sf.* atrophie *sf.*
atu *sn.* atout *sm.*
atunci *adv.* alors; *de ~* depuis; *de pe ~* dès lors; *chiar ~* juste alors; *până ~* jusqu'à ce moment-là.
aţă *sf.* fil *sm.*; *~ de cusut* fil à coudre; *cusut cu ~ albă* cousu de fil blanc.
aţâţa *vt.* attiser; *a ~ focul* attiser le feu; *(pe cineva)* inciter qqn.; *a ~ curiozitatea* piquer la curiosité; exciter; *a ~ spiritele* exciter les esprits.
aţâţător, -oare *sm.* instigateur, -trice, incitateur, -trice; provocateur, -trice.
aţinti *vt.* braquer.
aţipi *vi.* s'assoupir.
aţipire *sf.* assoupissement *sm.*
aţos, -oasă *adj.* fibreux, -euse.
audienţă *sf* audience *sf.*
audiere *sf.* audience *sf.*
auditiv, -ă *adj.* auditif, -ive.
auditoriu *sn.* auditoire *sm.*; public *sm.*
audiţie *sf.* audition *sf.*
augur *sn.* augure *sm.*
august **1.** *sm.* août; *luna ~* le mois d'août; **2.** *adj.* auguste.
aulă *sf.* amphitheatre *sm.*
aur *sn.* or *sm.*; *epoca de ~* âge d'or; *inel de ~* bague en or; *de ~* doré, -e, en or.
aurar *sm.* orfèvre *sm.*
aurărie *sf.* orfèvrerie *sf.*
aureolă *sf.* auréole.
auri *vt.* dorer.
aurifer, -ă *adj.* autifère.
aurire *sf.* dorage *sm.*, dorure *sf.*
auriu, -ie *adj.* doré, -e.
auroră *sf.* aurore *sf.*
auspiciu *sn.* auspice *sm.*
auster, -ă *adj.* austère, sobre.

austeritate *sf.* austérité *sf.* sobriété *sf.*
australian, -ă 1. *adj.* australien, -ienne; 2. *smf.* Australien, -ienne.
austriac, -ă 1. *adj.* autrichien, -ienne; 2. *smf.* Autrichien, -ienne.
aut *adv.* out.
autentic, -ă *adj.* vrai, -e, authentique.
autenticitate *sf.* authenticité *sf.*
autentifica *vt.* athentifier, certifier, légaliser.
autentificare *sf.* authentification *sf.*
autobiografic, -ă *adj.* autobiographique.
autobiografie *sf.* autobiographie *sf.*
autobuz *sn.* autobus *sm.*
autocamion *sn.* autocamion *sm.*
autocar *sn.* autocar *sm.*
autocisternă *sf.* camion-citerne *sm.*
autocritică *sf.* autocritique *sf.*
autodeterminare *sf.* autodétermination *sf.*
autodidact, -ă *smf.* autodidacte *smf.*
autogară *sf.* autogare *sf.*, gare routière *sf.*
autograf *adj.* autographe *adj.*, *sm.*
autohton, -ă *adj.*, *smf.* autochtone.
automat, -ă 1. *adj.* automatique; 2. *sm.* automate *sm.*; 3. *adv.* automatiquement.
automatic 1. *adj.* automatique; 2. *adv.* automatiquement.
automatism *sn.* automatisme *sm.*
automatiza *vt.* automatiser.
automatizare *sf.* automation *sf.*
automobil *sn.* automobile *sf.*, auto *sf.*, voiture *sf.*
automobilist *smf.* automobiliste *smf.*
automotor *sn.* autorail *sm.*
autonom, -ă *adj.* autonome.
autonomie *sf.* autonomie *sf.*
autoportret *sn.* autoportrait *sm.*
autopropulsat, -ă *adj.* autopropulsé, -e.
autopsie *sf.* autopsie *sf.*
autor, -oare *smf.* auteur *sm.*; écrivain *sm.*
autoritar 1. *adj.* autoritaire; 2. *adv.* autoritairement.
autoritate *sf.* autorité *sf.*; prestige *sf.*; administration *sf.*
autoriza *vt.* autoriser.
autorizare *sf.* autorisation *sf.*
autorizaţie *sf.* autorisation *sf.*; permission *sf.*
autoservire *sf.* libre-service *sm.*; *magazin cu ~* magasin à libre – service.
autostop *sn.* auto-stop *sm.*
autostradă *sf.* autoroute *sf.*

A

autosugestie *sf.* autosugestion *sf.*
autoturism *sn.* voiture *sf.*, automobile *sf.*
auxiliar, -ă *adj.* auxiliaire.
auz *sn.* ouie *sf.*; ~ *bun* ouie fine.
auzi *vt., vi.* entendre; *(afla)* apprendre; *din auzite* par ouie-dire; *se aude că* on dit que.
aval *sn.* aval; *în* ~ en aval.
avalanşă *sf.* avalanche *sf.*
avangardă *sf.* avant-garde *sf.*
avanpremieră *sf.* avant-première *sf.*
avans *sn.* avance *sf.*
avansa *vt.* avancer; promouvoir.
avansare *sf.* avancement *sm.*
avantaj *sn.* avantage *sm.*; *a se bucura de* ~ jouir des avantages.
avantaja *vt.* avantager; favoriser;
avantajos, -oasă *adj.* avantageux, -euse, convenable.
avar, -ă *adj., smf.* avare.
avaria *vt.* avarier.
avarie *sf.* avarie *sf.*
avariere *sf.* avarie *sf.*
avariţie *sf.* avarice *sf.*
avânt *sn.* élan; *a-şi lua* ~ prendre son élan; essor *sm.*
avânta *vr.* s'élancer, prendre son essor.
avea *vt.* avoir, posséder; *a* ~ *dreptate* avoir raison; *a* ~ *ceva împotriva cuiva* avoir un dent contre qqn.; *a se* ~ *bine (rău) cu cineva* être en bons (mauvais) termes avec qqn.; *n-ai decât!* Ça te regarde!
aventura *vr.* s'aventurer.
aventură *sf.* aventure *sf.*
aventurier, -ă *smf.* aventurier, -ière.
aventuros, -oasă *adj.* aventureux, -euse.
avere *sf.* richesse *sf.*, fortune *sf.*
aversă *sf.* averse *sf.*
aversiune *sf.* aversion *sf*; répugnance *sf.*
avertisment *sn.* avertissement *sm.*
avertiza *vt.* prévenir, avertir.
avertizare *sf.* avertissement *sm.*
aviator, -oare *smf.* aviateur, -trice
aviaţie *sf.* aviation *sf.*
avicultură *sf.* aviculture *sf.*
avid, -ă *adj.* avide, rapace.
aviditate *sf.* avidité *sf.*, rapacité *sf.*
avion *sn.* avion *sm.*; *a călători cu avionul* voyager en avion.
aviz *sn.* avis *sm.*
aviza **1.** *vt.* aviser; **2.** *vi.* décider.
avocat, -ă *smf* avocat, -e.
avut, -ă *adj.* riche.
avuţie *sf.* fortune *sf.*; richesse *sf.*
ax *sn.* axe *sm.*, essieu *sm.*
axa *vt.* axer, centrer.
axă *sf.* axe *sm.*

A

axiomă *sf.* axiome *sm.*
azbest *sn.* asbeste *sm.*
azi *adv.* aujourd'hui; ~ *dimineață* ce matin; ~ *noapte* la nuit dernière; *de ~ înainte* désormais, dorénavat, dès aujourd'hui; *a trăi de ~ pe mâine* vivre au jour le jour.
azil *sn.* asile *sm.*
azimă *sf.* azyme *sm.*
azot *sn.* azote *sm.*
azotic, -ă *adj.* azotique.
azur *sn.* azur *sm.*
azvârli 1. *vt.* lancer, jeter; **2.** *vr.* s'élancer, se jeter, se précipiter.

Ă

ăla, aia, ăia, alea *pron. dem.* celui-l, cella-l, ceux-l, celles-l; *tocmai de-aia* et c'est pourquoi; *toate alea* tout ce qu'il faut.

ălălalt, ailaltă, ăilalţi, alelalte *pron. dem.* l'autre, les autres.

ăst, asta, ăşti, aste *adj. dem.* ce, cet, cette, ces *de astă dată* cette fois-ci; *astă-noapte* la nuit dernière.

ăsta, asta, ăştia, astea **1.** *pron. dem.* celui-ci, celle-ci, ceux-ci, celles-ci, ceci; *cu toate astea* malgré cela; **2.** *adj. dem.* ce, cet, cette, ces; *în noaptea asta* cette nuit.

ăstălalt, astălaltă, ăştialalţi, astelalte *pron. dem.* l'autre, les autres; celui-ci, celle-ci, ceux-ci, celles-ci.

B

ba *adv.* non, point, nullement; *da ori* ~ oui ou non; ~ *da* mais oui, mais si; ~ *bine că nu* pour sûr; ~... ~ tantôt... tantôt; *nici da nici* ~ ni oui, ni non.

babalâc *sm. (fam.)* vieux gaga *sm.*, vieillard *sm.*, ramollo *sm.*

babă *sf.* vieille femme; *a se juca de-a baba-oarba* jouer colin-maillard.

babilonie *sf.* confusion *sf.*, désordre *sm.*

babord *sn.* bâbord *sm.*

babornițǎ *sf.* vieille carcasse *sf.*, vieille sorcière *sf.*

bac *sn.* bac *sm.*

bacalaureat **1.** *sn.* baccalauréat *sm.*; *(fam.)* bachot *sm.*, bac *sm.*; **2.** *smf.* bachelier, -ère.

baci *sm.* maître berger *sm.*

bacil *sm.* bacille *sm.*

bacşiş *sn.* pourboire *sm.*

bacterie *sf.* bactérie *sf.*

baftă *sf.* *(fam.)* veine *sf.*, chance *sf.*

bagaj *sn.* bagage *sm.*

bagatelă *sf.* bagatelle *sf.*

bagateliza *vt.* minimiser.

baghetă *sf.* baguette *sf.*

baie *sf.* bain *sm.*; *a face* ~ prendre un bain; sale de bains; *a merge la băi* aller aux bains, station thermale.

baieră *sf.* ganse *sf.*, tyrant *sm.*

baionetă *sf.* baionette *sf.*

bairam *sm* bairam *sm.*; ripaille *sf.*

bal *sn.* bal *sm.*

baladă *sf.* ballade *sf.*

balama *sf.* charnière *sf.*, gond *sm.*; *a scoate pe cineva din balamale* faire sortir qqn. de ses gonds.

balamuc *sn.* hospice *sm.*; maison de fous *sf.*; chahut *sm.*, tohu-bohu *sm.*

balansa *vt., vr.* (se) balancer.

balansoar *sn.* rocking-chair *sm.*; fauteuil à bascule *sm.*

balanţă *sf.* balance *sf.*

balast *sn.* lest *sm.*; ballast *sm.*

balaur *sm.* dragon *sm.*

balcon *sn.* balcon *sm.*

bale *sf. pl.* bave *sf.*

balenă *sf.* baleine *sf.*

balerin, -ă *smf.* danseur, -euse, ballerina *sf.*

balet *sn.* ballet *sm.*; *corp de* ~ corps de ballet.

baligă *sf.* fiente *sf.*, *(de cal)* crottin *sm.*; *(de vacă)* bouse *sf.*
balistică *sf.* balistique *sf.*
balivernă *sf.* baliverne *sf.*; sornette *sf.*
baliză *sf.* balise *sf.*
balnear, -ă *adj.* balnéaire.
balon *sn.* ballon *sm.*
balona *vr.* se gonfler.
balot *sn.* ballot *sm.*; balle *sf.*
balotaj *sn.* ballottage *sm.*
balsam *sn.* baume *sm.*
baltag *sn.* hachereau *sm.*
baltă *sf.* mare *sf.*, flaque *sf.*; *o ~ de sânge* une mare de sang; *a lăsa ~ pe cineva* laisser tomber; *las-o baltă* n'en parlons plus.
balustradă *sf.* balustrade *sf.*
bamă *sf.* gombo *sm.*, cornes grecques *sf. pl.*
bambus *sm.* bambou *sm.*
ban *sm.* monnaie *sf.*, argent, denier, pécule, sou; *~ gheață* argent comptant; *a nu avea un ~* n'avoir pas le sou; *~ de buzunar* argent de poche; *băiat de bani gata* fils à papa; *a fi plin de bani* être cousu d'or; *bani mărunți* de la monnaie.
banal, -ă *adj.* banal, -e.
banalitate *sf.* banalité *sf.*
banaliza *vr., vt.* (se) banaliser.
banană *sf.* banana *sf.*
banc *sn.* *~ de nisip* banc *sm.*; *(tehn.)* établi *sm.*, banc *sm.*; *(fam.)* plaisanterie *sf.*, anecdote *sf.*, blague *sf.*
bancă *sf.* banc *sm.*; *(instituție)* banque *sf.*
bancher *sm.* banquier *sm.*
banchet *sn.* banquet *sm.*, festin *sm.*
banchetă *sf.* banquette *sf.*
banchiză *sf.* banquis *sf.*
bancnotă *sf.* billet de banque *sm.*
bandaj *sn.* bandage *sm.*
bandaja *vt.* bander.
bandă *sf.* bande *sf.*, groupe *sm.*; *~ de hoți* une bande de voleurs; bande pellicule (d'un film); *benzi desenate* bandes dessinées; *(tehn.)* ruban *sm.*; *a lucra la bandă* travailler à la chaîne.
banderolă *sf.* banderole *sf.*
bandit *sm.* bandit *sm.*; brigand *sm.*
baniţă *sf.* boisseau *sm.*
banjo *sn.* banjo *sm.*
bar *sn.* bar *sm.*; boîte de nuit *sf.*
bara *vt.* barer.
baracă *sf.* baraque *sf.*
baraj *sn.* barrage *sm.*
bară *sf.* barre *sf.*, barreau *sm.*
barbar **1.** *sm.* barbare *sm.*; barbares; **2.** *adj.* grossier, sauvage, inhumain.
barbă *sf.* barbe *sf.*
barcagiu *sm.* batelier *sm.*
barcă *sf.* barque *sf.*, canot *sm.*
bardă *sf.* hache *sf.*

barem 1. *adv.* au moins, du moins; 2. *sn.* barème *sm.*
baricada *vt., vr.* (se) barricader.
baricadă *sf.* barricade *sf.*
barieră *sf.* barrière *sf*; passage à niveau *sm.*
bariton *sm.* baryton *sm.*
baroc, -ă *adj.* baroque.
barometru *sn.* baromètre *sm.*
baron, -oană *smf.* baron *sm.*; baronne *sf.*
baros *sn.* marteau *sm.*,casse-pierre *sm.*
barosan, -ă 1. *adj.* gros, énorme; 2. *sm.* *(fam.)* grosse légume *sf.*, gros bonnet *sm.*
barou *sn.* barreau *sm.*
barză *sf.* cigone *sf.*
bas *sm., sn.* basse *sf.*
bască *sf.* béret basque *sm.*
baschet *sn.* basket-ball; *jucător de ~* basketteur *sm.*
bascule *vi.* basculer.
basculant, -ă *adj.* basculant, -ante.
basculă *sf.* bascule *sf.*
basm *sn.* conte *sm.*; conte de fées *sm.*
basma *sf.* mouchoir *sm.*; fichu *sm.*; *a ieşi ~ curată* sortir blanc comme neige.
basorelief *sn.* bas-relief *sm.*
basta *adv.* assez.
bastard, -ă *smf.* bâtard, -e.
bastion *sn.* bastion *sm.*
baston *sn.* canne *sf.*
baştină *sf.* *de ~* originaire.
batalion *sn.* batallion *sm.*
bate 1. *vt.* battre, frapper; *(un cui)* enforcer, ficher; *(despre ceas)* sonner; *(în luptă)* vaincre, battre; 2. *vi.* battre; *a ~ vântul* souffler; *(despre inimă)* palpiter; 3. *vr.* se batter, lutter; *a ~ măr* batter à plate couture; *a bătea gândul* avoir l'intention de; *a-şi ~ capul* se creuser la tête; *a-şi ~ joc de cineva* se moquer de qqn.; *a ~ la ochi* taper dans l'oeil; *a ~ în retragere* batter en retraite; *a ~ din palme* applauder; *~ palma!* tope là!.
baterie *sf.* batterie *sf.*
batistă *sf.* mouchoir *sm.*
batjocori *vt.* bafouer, railler.
batojocoritor, -oare *adj.* railleur, -euse, moqueur, -euse.
batjocură *sf.* raillerie *sf.*, moquerie *sf.*, derision *sf.*; outrage *sm.*, insulte *sf.*
batoză *sf.* batteuse *sf.*
batracian *sm.* batracien *sm.*
baza *vt., vr.* (se) baser, (se) fonder.
bazaconie *sf.* chose biscornue *sf.*
bazalt *sn.* basalte *sm.*
bazar *sn.* bazar *sm.*
bază *sf.* base, fondement *sm.*; *a pune bazele* poser les fondements.
bazin *sn.* piscine *sf.*

B

băbesc, -ească *adj.* vieillot, -otte.
băcănie *sf.* épicerie *sf.*
bădăran *sm.* rustre *sm.*, muffle *sm.*
bădărănie *sf.* grossièreté *sf.*
băga 1. *vt.* introduire, fourrer, ficher; enfoncer, plonger; **2.** *vr.* se fourrer; se mêler de; *a ~ în sperieţi* ficher une peur bleue; *a ~ în seamă* remarquer, faire attention; *a-şi ~ nasul peste tot* fourrer son nez partout.
băgare *sf. cu ~ de seamă* avec soin, soigneusement, attentivement.
băiat *sm.* garçon *sm.*; gars *sm.*; *un ~ bun* un brave garçon.
bălai, -e *adj.* blond; *nici laie, nici ~* ni chair ni poisson.
bălan, -ă *adj.* blond, -e.
bălăci *vr., vi., vt.* barboter, patauger.
bălăngăni 1. *vt.* sonnailler, tinter; *(clopot)* brimbaler; **2.** *vr.* se balancer.
bălărie *sf.* mauvaise herbe *sf.*
băligar *sn.* fumier *sm.*
bălos, -oasă *adj.* baveux, -euse.
băltoacă *sf.* mare *sf.*; flaque *sf.*
bălţat, -ă *adj.* bariolé, -e, bigarré, -e.
bănesc, -ească *adj.* d'argent, pécuniaire.
bănesc *sn.* grande fortune *sf.*
bănos, -oasă *adj.* lucrative, -ive.
bănui *vt.* supposer, se douter de; soupçonner, suspecter; *bănuiam asta* je m'en doutais.
bănuială *sf.* soupçon *sm.*, méfiance *sf.*, supposition *sf.*, suspicion *sf.*
bănuitor, -oare *adj.* soupçonneux, -euse, méfiant, -e, défiant, -e.
bănuţ *sm.* sou *sm.*, liard *sm.*
bărbat *sm.* homme *sm.*, époux *sm.*, mari *sm.*
bărbătesc, -ească *adj.* masculine, -e viril, -e; *haine bărbăteşti* vêtements pour homme.
bărbăţie *sf.* virilité *sf.*, force *sf.*, vigueur *sf.*, énergie *sf.*
bărbie *sf.* menton *sm.*
bărbier *sm.* barbier *sm.*; coiffeur pour homes.
bărbieri *vt., vr.* (se) raser, (se) faire la barbe.
bărbos, -oasă *adj.* barbu, -e.
băşcălie *sf. a lua în ~ pe cineva* se moquer de qqn.
băşică *sf.* vessie *sf.*; *~ de săpun* bulle *sf.*
băştinaş, -ă *smf.* indigène *smf.*
bătaie *sf.* coup *sm.*, vole de coup, dérouillée *sf.*, raclée *sf.*; *a se lua la ~* se battre; *a snopi din ~* passer qqn à

tabac; ~ *de cap* casse-tête, tracas; ~ *de joc* dérision; *în ~ puştii* à portée du fusil.

bătăios, -oasă *adj.* batailleur, -euse.

bătălie *sf.* lutte *sf.*, combat *sm.*, bataille *sf.*

bătători *vt.* piétiner, fouler.

bătătorit, -ă *adj.* piétiné, -e, foulé, -e; *(mâini)* calleux, -euse.

bătătură *sf.* cor *sm.*, durillon *sm.*, cal *sm.*

bătăuş, -ă *adj.*, *sm.* bagarreur, -euse.

bătrân, -ă 1. *adj.* vieux, âgé; **2.** *sm.* vieux, vieillard; *din bătrâni* des temps anciens.

bătrânesc, -ească *adj.* vieux, vieille; ancient, -enne; du temps jadis.

bătrâneţe *sf.* vieillese *sf.*

bătut, -ă *adj.* battu, -e, frappé, -e; vaincu, -e.

băţ *sn.* baton *sm.*, ~ *de chibrit* allumette *sf.*; *a pune beţe în roate* mettre des batons dans les roués.

băţos, -oasă *adj.* raide, roide; inflexible, rigide.

băut, -ă 1. *adj.* bu, -e; ivre, soul, -e; **2.** *sn.* boire *sm.*

băutor, -oare *adj.*, *smf.* buveur, -euse; ivorgne.

băutură *sf.* boisson *sf.*, breuvage *sm.*; ~ *alcoolică* boisson alcoolique.

bâigui *vi.*, *vr.* divaguer, parler d'une manière confuse; marmotter.

bâiguială *sf.* bafouillage *sm.*

bâjbâi *vi.* tâtonner.

bâjbâială *sf.* tâtonnement *sm.*

bâjbâit *sn.* pe bâjbâite à tâtons, en tatonnant.

bâlbâi *vt.*, *vr.* bégayer, bredouiller.

bâlbâială *sf.* bégaiement *sm.*, bredouillement *sm.*

bâlbâit *adj.*, *smf.* bègue.

bâlci *sn.* foire *sf.*

bântui 1. *vi.* sévir, faire rage; **2.** *vr.* ravager.

bârfeală *sf* médisance *sf.*

bârfi *vt.*, *vi* médire, dire du mal de qqn.

bârfitor, -oare *adj.* médisant, -e.

bârlog *sn.* tanière *sf.*, repaire *sm.*

bârnă *sf.* pouter *sf.*

bâtă *sf.* gourdin *sm.*, trique *sf.*

bâtlan *sm.* heron *sm.*

bâţâi *vi.*, *vt.*, *vr.* (se) trémouser, (s')agiter.

bâzâi *vi.* *(despre insecte)* bourdonner; *(despre copii)* pleurnicher.

bâzâit *sn.* bourdonnement *sm.*

bea *vi.*, *vt.* boire.

beat, -ă *adj.* ivre, soul, -e.

beatitudine *sf.* béatitude *sf.*

bec *sn.* ampoule *sf.*; bec *sm.*

beci *sn.* cave *sf.*

B

B

becisnic, -ă *adj., smf.* faible, chétif, -ive.
beduin *adj.* bédouin.
begonia *sf.* bégonia *sm.*
behăi *vi.* bêler.
behăit *sn.* bêlement *sm.*
bej *adj. invar.* beige.
belciug *sn.* anneau *sm.*; *(de lacăt)* piton *sm.*
belea *sf.* embêtement *sm.*, embarras *sm.*, désagrément; *a băga pe cineva în ~* mettre qqn. dans le pétrin; *ce ~!* quelle tuile!; *a da de ~* être dans le pétrin.
beletristic, -ă *adj.* littéraire.
belgian, -ă 1. *adj.* belge; **2.** *smf.* Belge.
beli *vt.* écorcher; *a-şi ~ ochii* écarquiller les yeux.
belicos, -oasă *adj.* belliqueux, -euse.
beligerant, -ă *adj. smf.* belligérant, -e.
belşug *sn.* abondance *sf.*, richesse *sf.*; *din ~* en abondance.
bemol *sm.* bémol *sm.*
benchetui *vi.* banqueter, festoyer, faire ripaille.
beneficia *vi.* bénéficier, profiter.
beneficiar, -ă *smf.* bénéficiaire.
beneficiu *sn.* bénéfice *sm.*; profit *sm.*
benevol, -ă *adj.* bénévole, volontaire.
benghi *sn.* grain de beauté *sm.*
benign, -ă *adj.* bénin, -igne.
bentiţă *sf.* liseré *sm.*
benzen *sf.* benzene *sm.*
benzină *sf.* essence *sf.*
berărie *sf.* brasserie *sf.*
berbec *sm.* bélier *sm.*
bere *sf.* bière *sf.*
berechet 1. *sn.* abondance *sf.*; **2.** *adv.* abondamment; *a avea ~* avoir à profusion.
beregată *sf.* gorge *sf.*
beretă *sf.* beret *sm.*
bestial, -ă *adj.* bestial, -e.
bestialitate *sf.* bestialité *sf.*
bestie *sf.* bête sauvage *sf.*; brute *sf.*
beteag, -ă *adj., smf.* infirme, estropié, -e.
beteală *sf.* fil d'or *sm. pl.*
beton *sn.* béton *sm.*; *~ armat* béton armé.
betonieră *sf.* bétonnière *sf.*
beţie *sf.* ivresse *sf.*
beţiv, -ă *adj., smf.* ivrogne *sm.*, ivrognesse *sf.*
bezea *sf.* *(fam.)* baiser *sm.*; *(culinar)* méringue *sf.*
bezmetic, -ă *adj.* étourdi, -e, écervelé, -e.
bezná *sf.* noir *sm.*, ténèbres *sf. pl.*
bianual *adj.* semestriel.
biban *sm.* perche *sf.*
bibelou *sn.* bibelot *sm.*
biberon *sn.* biberon *sm.*
bibilică *sf.* pintade *sf.*

biblie *sf.* bible *sf.*
bibliofil, -ă *smf.* bibliophile *sm.*
bibliograf *sm.* bibliographe *sm.*
bibliografie *sf.* bibliographie *sf.*
biblioraft *sn.* classeur *sm.*
bibliotecar, -ă *smf.* bibliothécaire *sm.*
bibliotecă *sf.* bibliothèque *sf.*
bicarbonate *sm.* bicarbonate *sm.*
biceps *sm.* biceps *sm.*
bici *sn.* fouet *sm.*; *a da bice* congler, fouetter.
bicicletă *sf.* bicyclette *sf.*; *(fam.)* vélo *sm.*
biciclist, -ă *smf.* cycliste.
biciui *vt.* fouetter.
biciuitor, -oare *adj.* cinglant, -e.
biciuşcă *sf.* cravache *sf.*
bidinea *sf.* gros pinceau pour badigeonner les murs.
bidon *sn.* bidon *sm.*
bielă *sf.* bielle.
bienal, -ă *adj.* biennal, -e.
biet, biată *adj.* pauvre, malheureux, -euse.
bifa *vt.* rayer, barrer, biffer.
biftec *sn.* bifteck *sm.*
bifurca *vr.* se bifurquer.
bifurcaţie *sf.* bifurcation *sf.*
bigam, -ă *adj.* bigame.
bigamie *sf.* bigamie *sf.*
bijuterie *sf.* bijou *sm.*, joyau *sm.*
bilanţ *sn.* bilan *sm.*
bilateral, -ă *adj.* bilateral, -e.
bilă *sf.* bille *sf.*; *(anat.)* bile, fiel *sm.*
bilet *sn.* billet *sm.*; ~ *de tren* ticket; ~ *de voie* permission; ~ *la ordin* billet à ordre.
biliar, -ă *adj.* biliaire.
biliard *sn.* biliard *sm.*
bilingv, -ă *adj.* bilingue.
bilunar, -ă *adj.* bimensuel, -elle.
bine 1. *adv.* bien, bon; **2.** *sn.* bien *sm.*; ~ *aţi venit!* soyez les bienvenus!; *mai* ~ *de* plus de; *e mai* ~ *să* il vaut mieux; *a o duce* ~ *cu sănătatea* aller bien; *a pune ceva* ~ mettre qqch. en lieu sûr; *a vrea binele cuiva* vouloir le bien de qqn.
binecrescut, -ă *adj.* bien élevé, -e.
binecuvânta *vt.* bénir.
binecuvântare *sf.* bénédiction *sf.*
binecuvântat, -ă *adj.* béni, -e.
binefacere *sf.* bienfaisance *sf.*
binefacător, -oare 1. *adj.* bienfaisant, -e; **2.** *smf.* bienfaiteur, -trice.
bineînţeles *adv.* bien entendu.
binevenit, -ă *adj.* bienvenu, -e.
binevoi *vt.* daigner, bien vouloir, avoir la bonté de.
binevoitor, -oare *adj.* bienveillant, -e.

B

B

binişor *adv.* assez bien; doucement.
binoclu *sn.* jumelle *sf.*, binocle *sm.*
biografie *sf.* biographie *sf.*
biolog *sm.* biologue *sm.*, biologiste *sm.*
biologic *adj.* biologique.
biologie *sf.* biologie *sf.*
biosferă *sf.* biosphère *sf.*
bioxid *sm.* bioxyde *sm.*
biped **1.** *adj.* bipède; **2.** *smf.* bipède *sm.*
bir *sn.* tribute *sm.*, impôt *sm.*; *a da ~ cu fugiții* s'enfuir.
birjar *sm.* cocher *sm.*
birjă *sf.* fiacre *sm.*
birocrat *sm.* bureaucrate *sm.*
birocratic, -ă *adj.* bureaucratique.
birocraţie *sf.* bureaucratie *sf.*
birou *sn.* bureau *sm.*
birt *sn.* restaurant *sm.*, bistrot *sm.*
birui *vt.* vaincre.
biruinţă *sf.* victoire *sf.*, triomphe *sm.*
biruitor, -oare **1.** *adj.* victorieux, -euse; **2.** *sm.* vainqueur *sm.*
bis *interj.* bis.
bisa *vt.* bisser.
biscuit *sm.* biscuit *sm.*
bisect *adj.* bissextile.
bisectoare *sf.* bisectrice *sf.*
biserică *sf.* église.
bisericesc *adj.* ecclésiastique, religieux.
bisericos, -oasă *adj.* pieux, pieuse, dévot, bigot.
bisturiu *sn.* bistouri *sm.*
bistrou *sn.* bistrot *sm.*, bistro *sm.*
bitum *sn.* bitume *sm.*
bivol *sm.* buffle *sm.*
bivoliţă *sf.* bufflonne *sf.*
bizantin, -ă *adj.* byzantin, -e.
bizar, -ă **1.** *adj.* bizarre, étrange; **2.** *adv.* bizarrement, étrangement.
bizarerie *sf.* bizarrerie *sf.*
bizon *sm.* bison *sm.*
bizui *vr.* compter sur, se fier à, se baser, se reposer sur, faire confiance à.
blagoslovi *vt.* bénir.
blajin, -ă *adj.* doux, -ce; aimable.
blam *sn.* blâme *sm.*
blama *vt.* blâmer.
blană *sf.* fourrure; *haină de ~* manteau de fourrure.
blazat, -ă *adj.* blasé, -e.
blazon *sn.* blazon *sm.*
blănar *sm.* fourreur *sm.*, pelletier *sm.*
blând, -ă *adj.* doux, -ce, gentil, -le; *(despre animale)* apprivoisé, -e.
blândeţe *sf.* douceur *sf.*, bonté *sf.*
bleg, bleagă *adj.* veule, mou, molle; aux oreilles pendants.
blestem *sn.* malédiction *sf.*, anathème *sm.*

blestema 1. *vt.* maudire; 2. *vi.* blasphémer.
bleu *adj. invar.* bleu, -e.
blid *sn.* ecuelle *sf.*
blinda *vt.* blinder.
bloc *sn.* bloc *sm.*; ~ *de piatră* bloc de pierre; *în* ~ en bloc; ~*-turn* tour *sf.*; grand immeuble a plusieurs étages.
bloca *vt.* bloquer.
blocadă *sf.* blocus *sm.*
blocare *sf.* blocage *sm.*; *blocarea șoselei* embouteillage *sm.*
blond, -ă *adj.* blond, -e.
bluză *sf.* blouse *sf.*
boa *sm.* boa *sm.*
boabă *sf.* baie *sf.*, grain *sm.*
boală *sf.* maladie *sf.*, mal *sm.*
boare *sf.* brise *sf.*, souffle léger *sm.*; arôme *sf.*
boarfe *sf. pl.* hardes *sf. pl.*
bob *sn.* grain *sm.*; *(sport)* bobsleigh *sm.*
bobinator, -oare *smf.* bobineur, -euse.
bobină *sf.* bobine *sf.*
bobârnac *sn.* chiquenaude *sf.*
boboc *sm.* bouton; ~ *de gâscă* oison; ~ *de rață* caneton.
bobotează *sf.* epiphanie *sf.*
bocanc *sm.* brodequin *sm.*
bocăni *vi.* frapper, marteler.
boccea *sf.* balluchon *sm.*
bocciu, -e *adj.* moche.
bocet *sn.* lamentation *sf.*, gémissement *sm.*
boci 1. *vi.* pleurer; 2. *vr.* se lamenter en pleurant; 3. *vt.* pleurer, plaindre.
bodegă *sf.* bistrot *sm.*
bodogăni *vi., vt.* bougonner.
boem, -ă *adj. smf.* bohème.
bogat, -ă 1. *adj.* riche; fertile; abundant, -e; 2. *smf.* riche, richard.
bogătaș, -ă *smf.* richard, -e.
bogăţie *sf.* richesse *sf.*, opulence *sf.*, abondance *sf.*
boi 1. *vt.* teindre; 2. *vr.* se farder.
boia *sf.* piment rouge en poudre *sm.*
boicot *sn.* boycottage *sm.*
boicota *vt.* boycotter.
boier *sm.* boyard *sm.*; noble *sm.*
boierime *sf.* aristocratie *sf.*, noblesse *sf.*
bold *sn.* épingle *sf.*
boli *vi.* être malade, souffrant, -e.
bolid *sm.* bolide *sm.*
bolnav, -ă 1. *adj.* malade, souffrant, -e; 2. *smf.* malade.
bolnăvicios, -oasă *adj.* maladif, -ive.
bolovan *sm.* grosse pierre *sf.*
boltă *sf.* coupole *sf.*, voûte *sf.*, cintre *sm.*, ~ *cu verdeață* tonnelle.
bolti *vt.* cintrer, voûter.
bomba *vt.* bomber.
bombarda *vt.* bambarder.
bombardament *sn.* bombardement *sm.*

B

bombardier *sn.* bombardier *sm.*
bombastic, -ă *adj.* bombastique.
bombă *sf.* bombe *sf.*
bombăni *vi.* bougonner, grommeler.
bomboană *sf.* bonbon *sm.*
bombonerie *sf.* bonbonnerie *sf.*
bon *sn.* bon *sm.*; fiche *sf.*
bondar *sm.* bourdon *sm.*
bondoc, -oacă *adj.* trapu, -e.
bonetă *sf.* bonnet *sm.*
bonificaţie *sf.* bonification *sf.*
bont, boantă *adj*: émousé, -e.
bor *sn.* *(la pălărie)* bord *sm.*
borangic *sn.* fil de soie grège *sm. pl.*; soie grège *sf.*
borcan *sn.* pot *sm.*
borcănat, -ă *adj.* gros, -se, gonflé, -e.
bord *sn.* bord *sm.*
bordei *sn.* hutte *sf.*, chaumière *sf.*
borderou *sn.* bordereau *sm.*
bordură *sf.* bordure *sf.*
boreal, -ă *adj.* boréal, -e.
borfaş *sm.* chapardeur *sm.*, cambrioleur.
borhot *sn.* drêche *sf.*
bormaşină *sf.* perforeuse *sf.*
bornă *sf.* borne *sf.*
boroboaţă *sf.* frasque *sf.*, bévue *sf.*
borş *sn.* bortsch *sm.*
borşi *vr.* s'aigrir, fermenter.
bortă *sf.* trou *sm.*
boschet *sn.* bosquet *sm.*
boscorodi *vt.* gronder, sermonner; marmotter, grommeler.
bostan *sm.* citrouille *sf.*, couge *sf.*, potiron *sm.*
bosumfla *vr.* de fâcher, bouder, faire la moue.
bosumflat, -ă *adj.* grognon, -ne, bourru, -e.
boşorog, -oagă *adj.*, *smf.* hernieux, -euse; *(fig.)* vieux gaga *sm.*, vieille carcasse *sf.*
bot *sn.* museau *sm.*; gueule sf; *a pune pe cineva cu botul pe labe* mettre qqn. à la raison.
botanică *sf.* botanique *sf.*
botanist, -ă *smf.* botaniste *sm.*
botez *sn.* baptême *sm.*
boteza *vt.* baptiser.
botniţă *sf.* muselière *sf.*
botos, -oasă *adj.* lippu, -e; maussade, boudeur, -euse.
boţ *sn.* boulette *sf.*
boţi *vt.* chiffoner, froisser.
bou *sm.* bœuf *sm.*; *(fig.)* imbécile *sm.*
boulean *sm.* bouvillon *sm.*
bour *sm.* aurochs *sm.*
bovin, -ă *adj.* bovin, -e.
box *sn.* boxe *sf.*
boxa *vt.* boxer.
boxă *sf.* box *sm.*
boxer *sm.* boxeur *sm.*
braconaj *sn.* braconnage *sm.*
braconier *sm.* braconnier *sm.*

brad *sm.* sapin *sm.*
brambura *adv. a umbla ~* déambuler.
brancardă *sf.* brancard *sm.*
branhie *sf.* branchies *sf. pl.*
branşă *sf.* branche *sf.*
braţ *sn.* bras *sm.*; brassée *sf.*; *~ de lemne* brassée de bois; *~ la ~* bras dessus, bras dessous.
brav, -ă *adj.* brave, vaillant, -e.
bravo *interj.* bravo!.
bravură *sf.* bravoure *sf.*
brazdă *sf.* sillon *sm.*; *~ de iarbă* pelouse; *~ de flori* parterre *sm.*
brazilian, -ă 1. *adj.* brésilien, -enne; **2.** *smf.* brésilien, -enne.
brădet *sn.* sapinière *sf.*
brăţară *sf.* bracelet *sm.*
brăzda *vt.* silloner.
brânci *sf. pl. pe ~* à quatre pattes; *a da ~* pousser
brânduşă *sf.* colchique *sf.*
brânză *sf.* fromage *sm.*
brâu *sn.* ceinture *sf.*
breaslă *sf.* corporation *sf.*
breaz, -ă *adj.* calé, -e.
breşă *sf.* brèche *sf.*
bretea *sf.* bretelle *sf.*
breton¹ *sn.* frange de cheveux *sf.*
breton², -ă *adj.* breton, -ne.
brevet *sn.* brevet *sm.*
breveta *vt.* breveter.
briceag *sn.* canif *sm.*
brichetă *sf.* briquette *sm.*; briquette *sf.*
brici *sn.* rasoir *sm.*
bridă *sf.* bride *sf.*
brigadă *sf.* brigade *sf.*
brigadier *sm.* brigadier *sm.*
briliant *sn.* brilliant *sm.*
brişcă *sf.* cabriolet *sm.*
britanic, -ă 1. *adj.* britannique; **2.** *smf.* Britannique.
briză *sf.* brise *sf.*
broască¹ *sf.* grenouille *sf.*; *~ ţestoasă* tortue *sf.*; *~ râioasă* crapaud *sm.*
broască² *sf.* serrure *sf.*
brocart *sn.* brocart *sm.*
broad *vt.* broder.
broderie *sf.* broderie *sf.*
brom *sn.* brome *sm.*
bronhie *sf.* bronche *sf.*
bronşită *sf.* brochite *sf.*
bronz *sn.* bronze *sm.*
bronza *vt., vr.* bronzer; brunir, haler.
broscoi *sm.* crapaud *sm.*; *(fig.)* marmot *sm.*
broşă *sf.* broche *sf.*
broşură *sf.* brochure *sf.*
bruia *vt.* brouiller.
brumă *sf.* gelée blanche *sf.*, pincée *sf.*
brun, -ă *adj.* brun, -e.
brunet, -ă *adj.* brun, -e.
brusc, -ă 1. *adj.* brusque; **2.** *adv.* brusquement.
brusca *vt.* brusquer, rabrouer.
brut, -ă *adj.* brut, -e.
brutal, -ă *adj.* brutal, -e.
brutalitate *sf.* brutalité *sf.*
brutaliza *vt.* brutaliser.

B

B

brutar *sm.* boulanger *sm.*
brută *sf.* brute *sf.*
brutărie *sf.* boulangerie *sm.*
bubă *sf.* bouton *sm.*; furuncle *sm.*
buboi *sn.* furuncle *sm.*
bubos, -oasă *adj.* couvert, -erte de boutons.
bubui *vi.* gronder, tonner.
bubuit *sn.* grondement *sm.*
buburuză *sf.* coccinelle *sf.*
bucal, -ă *adj.* bucal, -e.
bucată *sf.* morceau *sm.*, fragment *sm.*, lambeau *sm.*, *o ~ de pâine* un morceau de pain; *a face bucăți* mettre en pièces; *a vinde cu bucata* vendre au détail; *om dintr-o ~* homme intègre.
bucate *sf. pl.* mets *sm. pl.*, plats *sm. pl.*; vivres *sm. pl.*; *listă de bucate* menu.
bucălat, -ă *adj.* joufflu, -e.
bucătar *sm.* cuisinier *sm.*
bucătăreasă *sf.* cuisinière *sf.*
bucătărie *sf.* cuisine *sf.*
bucăţică *sf.* petit morceau *sm.*, fragment *sm.*
buchet *sn.* bouquet *sm.*
bucla *vt.* boucler.
buclă *sf.* boucle *sf.*
bucluc *sn.* embêtement *sm.*, ennui *sm.*; querelle *sf.*, discorde *sf.*
bucura **1.** *vr.* se réjouir, jouir de, bénéficier; **2.** *vt.* satisfaire, faire plaisir; *a se ~ de* un drept jouir d'un droit.
bucurie *sf.* joie *sf.*; *ce ~!* quelle joie!, *a fi în culmea bucuriei* être au comble de la joie
bucuros, -oasă **1.** *adj.* joyeux, -euse, enchanté, -e; **2.** *adv.* volontiers, de bon gré.
budincă *sf.* pudding *sm.*
bufant, -ă *adj.* bouffant, -e.
bufet *sn.* *(mobilă)* buffet *sm.*; *(restaurant)* bivette *sf.*, café *sm.*
bufni *vi.* *a ~ în râs* pouffer de rire, éclater de rire.
bufniţă *sf.* hiboux *sm.*
bufon *sm.* bouffon *sm.*
buget *sn.* budget *sm.*
bugetar, -ă *adj.* budgétaire.
buhai *sm.* taureau *sm.*; *(muzical)* bourdon *sm.*
buimac, -ă *adj.* ahuri, -e, étrourdi, -e.
buimăceală *sf.* confusion *sf.*, trouble *sm.*, ahurissement *sm.*, étourdissement *sm.*
buimăci **1.** *vt.*, *vr.* (s')ahurir; **2.** *vr.* se troubler, s'étourdir.
bujie *sf.* boujie *sf.*
bujor *sm.* pivoine *sf.*
bulă *sf.* bulle *sf.*
bulb *sm.* bulbe *sm.*
bulbuca *vr.*, *vt.* *a ~ ochii* écarquiller les yeux.
bulbucat, -ă *adj.* bombé, -e; gonflé, -e; *ochi bulbucați* des yeux à fleur de tête.
buldozer *sn.* bulldozer *sm.*

buletin *sn.* bulletin *sm.*; ~ *de ştiri* journal parlé; ~ *de identitate* carte d'identité.
bulevard *sn.* boulevard *sm.*
bulgar, -ă 1. *adj.* bulgare; 2. *smf.* Bulgare.
bulgăre *sm.* *(de zăpadă)* boule de neige *sf.*; *(de pământ)* motte *sf.*
bulion *sn.* pâte de tomates *sf.*
bucluc 1. *sn.* masse; 2. *adv.* en masse.
bumbac *sn.* coton *sm.*
bun 1. *adj.* bon, bonne; 2. *adv.* bon!; 3. *sn.* bien *sm.*; *bunuri de consum* biens de consommation; *a fi ~ la suflet* avoir bon cœur; *o bună parte din* une grande partie de; *într-o bună zi* un beau jour; *a o lua de bună* prendre qqch. pour argent comptant; *a o ţine una şi bună* tenir mordicus.
bună-credinţă *sf.* bonne foi *sf.*
bună-cuviinţă *sf.* décence *sf.*
bunăoară *adv.* par exemple.
bunăstare *sf.* prosperité *sf.*; aisance *sf.*
bunătate *sf.* bonté *sf.*; bienveillance *sf.*
bunăvoie *sf.* *de ~* volontier, de bon gré.
bunăvoinţă *sf.* bienveillance *sf.*, bonne volonté *sf.*
bunic, -ă *smf.* grand-père *sm.*; grand-mère *sf.*
bun-simţ *sn.* bon sens *sm.*
bura *vi.* bruiner.
bură *sf.* ~ *de ploaie* bruine *sf.*
burduf *sn.* outré *sf.*; *un ~ de vin* une outré de vin; ~ *de carte* un puits de science; *a lega ~* garrotter.
burduşi 1. *vt.* bourrer; 2. *vr.* se gondolier, se boursoufler.
burete *sm.* eponge *sf.*
buretos, -oasă *adj.* spongieux, -euse.
burghez, -ă *adj., smf.* bourgeois, -e.
burghezie *sf.* bourgeoisie *sf.*
burghiu *sn.* vrille *sf.*, foret *sm.*
buric *sn.* nombrile *sm.*, ombilic *sm.*
burlac *sm.* célibataire *sm.*
burlan *sn.* tuyau *sm.*
burlacie *sf.* célibat *sm.*
burniţa *vi.* bruiner.
burniţă *sf.* bruine *sf.*
bursă *sf.* bourse *sf.*
bursier *sm.* boursier *sm.*
bursuc *sm.* blaireau *sm.*
burtă *sf.* ventre *sm.*, *ciorbă de ~* soupe aux tripes *sf.*
burtos, -oasă *adj.* ventru, -e, pansu, -e.
buruiană *sf.* mauvaise herbe *sf.*
burzului *vr.* se fâcher.
busolă *sf.* boussole *sf.*
bust *sn.* buste *sm.*
busuioc *sn.* basilica *sm.*
buşi 1. *vt., vi.* frapper, heurter; 2. *vt.* bousculer, jeter, cogner;

B

3. *sm. pl.* de-a buşilea à quattre pattes.

buştean *sm.* souche *sf.*

butelie *sf.* bouteille *sf.*

butoi *sn.* tonneau *sm.*

buton *sm.* bouton *sm.*

butonieră *sf.* boutonnière *sf.*

butuc *sm.* souche *sf.*, bûche *sf.*, billot *sm.*; ~ *de viţă* cep de vigne *sm.*

butucănos, -oasă *adj.* lourd, -e, grossier, -ère.

buturugă *sf.* bûche *sf.*

buzat, -ă *adj.* lippu, -e.

buză *sf.* lèvre *sf.*; *a rămâne cu buzele umflate* rester chocolat; *a-şi linge buzele* se lecher les lèvres; bord *sm.*; *buza paharului* le bord du verre.

buzdugan *sn.* masse d'armes *sf.*

buzna *adv. a da* ~ faire irruption, se précipiter, se ruer.

buzunar *sn.* poche *sf.*

buzunări *vt.* voler à la tire, dévaliser, filouter.

C

ca 1. *adv.* comme; que; en tant que; ~ *și când* comme si; ~ *și* ainsi que, de même que; 2. *conj.* que; ~ *să* pour que, afin que.

cabală *sf.* cabale *sf.*

cabalistic, -ă *adj.* cabalistique.

cabană *sf.* chalet *sm.*, cabane *sf.*, hutte *sf.*, refuge *sm.*

cabanier *smf.* gérant d'un chalet.

cabină *sf.* cabine *sf.*

cabinet *sn.* cabinet *sm.*, bureau *sm.*

cablu *sn.* câble *sm.*

cabotin, -ă *smf.* cabotin, -e *smf.*

cabra 1. *vi.* cabrer; 2. *vr.* se cabrer.

cabrioletă *sf.* cabriolet *sm.*

cacao *sf.* cacao *sm.*

cacofonie *sf.* cacophonie *sf.*

cactus *sm.* cactus *sm.*

cadaveric, -ă *adj.* cadavérique.

cadavru *sn.* cadavre *sm.*

cadă *sf.* baignoire *sf.*; *(industrial)* cuve *sf.*

cadenţat, -ă *adj.* cadence, -e.

cadenţă *sf.* cadence *sf.*

cadână *sf.* odalisque *sf.*

cadou *sn.* cadeau *sm.*, présent *sm.*, don *sm.*; ~ *de anul nou* étrenne *sf.*

cadra *vi.* cadrer, concorder.

cadran *sn.* cadran *sm.*

cadru *sn.* cadre *sm.*; châssis *sm.*

cafea *sf.* café *sm.*

cafenea *sf.* café *sm.*

cafeniu, -ie *adj.* marron, café, brun, -e.

caiac *sn.* kayak *sm.*

caiet *sn.* cahier *sm.*

caimac *sn.* *(la lapte)* crème *sf.*; *(la cafea)* mousse *sf.*

cais *sm.* abricotier *sm.*

caisă *sf.* abricot *sm.*

cal *sm.* cheval *sm.*

calabalâc *sn.* bataclan *sm.*, attirail *sm.*

calambur *sn.* calembour *sm.*

calamitate *sf.* calamité *sf.*

calapod *sn.* embauchoir *sm.*; moule *sm.*, patron *sm.*, modèle *sm.*

calǎ *sf.* cale *sf.*; *(bot.)* arum *sm.*

calc *sn.* calque *sm.*

calcar *sn.* calcaire *sm.*

calcifia *vr.* se calcifier.

calciu *sn.* calcium *sm.*

calcul *sn.* calcul *sm.*

calcula *vt.* calculer.

C

calculator 1. *smf.* calculateur, -trice; **2.** *sn.* calculateur *sm.*, machine à calculer *sf.*; ordinateur *sm.*

cald, -ă *adj.* chaud, -e; chaleureux, -euse; *o primire ~* un accueil chaleureux.

caldarâm *sn.* pavé *sm.*

cale *sf.* voie *sf.*; *(drum)* chemin *sm.*, route *sf.*; *a face ~ întoarsă* rebrousser chemin; *a găsi cu ~* trouver bon; *din ~ afară* excessivement.

caleaşcă *sf.* calèche *sf.*

caleidoscop *sn.* kaleidoscope *sm.*

calendar *sn.* calendrier *sm.*

calibru *sn.* calibre *sm.*

calic, -ă 1. *adj.* pauvre, misérable; avare, chiche; **2.** *smf.* avare *sm.*, gueux, -euse.

calici *vr.* lésiner.

calicie *sf.* misère *sf.*; avarice *sf.*

califica 1. *vt.* qualifier; **2.** *vr.* se qualifier.

calificare *sf.* qualification *sf.*

calificat, -ă *adj.* qualifié, -e.

calificativ *sn.* qualificatif *sm.*

caligrafic, -ă 1. *adj.* calligraphique; **2.** *adv.* calligraphiquement.

caligrafie *sf.* calligraphie *sf.*

calitate *sf.* qualité *sf.*

calitativ, -ă 1. *adj.* qualitative, -ive; **2.** *adv.* qualitativement.

calm, -ă 1. *adj.* calme; **2.** *sn.* calme *sm.*, apaisement *sm.*

calma *vt.*, *vr.* (se) calmer, (s')apaiser.

calmant, -ă *adj.*, *sn.* calmant, -e, sedative, -ive.

calomnia *vt.* calomnier.

calomniator, -oare *smf.* calomniateur, -trice.

calomnie *sf.* calomnie *sf.*

caloric, -ă *adj.* calorique.

calorie *sf.* calorie *sf.*

calorifer *sn.* calorifère *sm.*; radiateur *sm.*

calotă *sf.* calotte *sf.*

calvar *sn.* calvaire *sm.*

cam *adv.* environ, à peu près; *~ trei ani* environ trois ans; un peu, quelque peu; assez; *~ mic* assez petit.

camarad, -ă *smf.* camarade.

camaraderie *sf.* camaraderie *sf.*

camătă *sf.* usure *sf.*

cambie *sf.* lettre de change *sf.*

cameleon *sm.* caméléon *sm.*

camelie *sf.* camellia *sm.*

cameră *sf.* chambre *sf.*, pièce *sf.*; *~ la cauciucuri* chambre à air.

camfor *sn.* camphre *sm.*

camion *sn.* camion *sm.*, poids lourd *sm.*

camionagiu *sm.* camionneur *sm.*, routier *sm.*

camionetă *sf.* camionette *sf.*, fourgonnette *sf.*

campa *vi.* camper.

campanie *sf.* campagne *sf.*

campion, -oană *smf.* champion, -ne.
campionat *sn.* championnat *sm.*
camufla *vt.* camoufler.
camuflaj *sn.* camouflage *sm.*
canadian, -ă **1.** *adj.* canadien, -enne; **2.** *smf.* Canadien, -enne.
canal *sn.* canal *sm.*
canalie *sf.* canaille *sf.*
canaliza *vt.* canaliser.
canapea *sf.* canapé *sm.*
canar *sm.* canari *sm.*
cană *sf.* tasse *sf.*; broc *sm.*
cancelar *sm.* chancelier *sm.*
cancelarie *sf.* chancellerie *sf.*; ~ *profesorilor* la sale des professeurs.
cancer *sn.* cancer *sm.*
candelabru *sn.* candélabre *sm.*
candelă *sf.* veilleuse *sm.*
candid, -ă *adj.* candide.
candida *vi.* poser sa candidature.
candidat, -ă *smf.* candidat *sm.*
candidatură *sf.* candidature *sf.*
candoare *sf.* candeur *sf.*
cangrenă *sf.* gangrène *sf.*
cangur *sm.* kangourou *sm.*
canibal *sm.* cannibale *sm.*
canicular, -ă *adj.* caniculaire.
caniculă *sf.* canicule *sf.*
canin, -ă **1.** *adj.* canin, -ine; **2.** *sm.* canine *sf.*
canistră *sf.* jerrycan *sm.*
canoe *sf.* canoe *sm.*
canotaj *sn.* canotage *sm.*
cantină *sf.* cantine *sf.*
cantitate *sf.* quantité *sf.*
cantitativ, -ă *adj.* quantitative, -ive.
canto *sn.* bel canto *sm.*
canton *sm.* canton de voie ferrée *sm.*
cantona *vi.* cantonner.
cantonament *sn.* cantonnement *sm.*
cantonier *sm.* cantonnier *sm.*
canţonetă *sf.* chansonette *sf.*
cap **1.** *sn.* tête *sf.*; *mă doare capul* j'ai mal à la tête; bout; *de la un ~ la altul* d'un bout à l'autre; *(geogr.)* cap *sm.*, promontoire *sm.*; **2.** *sm.* chef *sm.*, dirigeant *sm.*
capabil, -ă *adj.* capable.
capac *sn.* couvercle *sm.*
capacitate *sf.* capacité *sf.*
capăt *sn.* bout *sm.*, extrémité *sf.*; fin *sf.*
capcană *sf.* piège *sm.*, trappe *sf.*
capelă *sf.* chapelle *sf.*
capilar, -ă *adj.* capillaire.
capilaritate *sf.* capilarité *sf.*
capital[1] *sn.* capital *sm.*
capital[2], -ă *adj.* capital, -e, essential, -elle.
capitală *sf.* capitale *sf.*
capitalism *sn.* capitalisme *sm.*
capitalist, -ă *smf.*, *adj.* capitaliste.
capitol *sn.* chapitre *sm.*

C

capitonat, -ă *adj.* capitonné, -e.
capitula *vi.*capituler.
capitulare *sf.* capitulation *sf.*
capodoperă *sf.* chef-d'oeuvre *sm.*
caporal *sm.* caporal *sm.*
capot *sn.* robe de chambre *sf.*, peignoir *sm.*
capotă *sf.* capote *sf.*
capră *sf.* chèvre *sf.*; *(sport)* cheval de bois.
capricios, -oasă *adj.* capricieux, -euse.
capriciu *sn.* caprice *sm.*
capricorn *sn.* capricorne *sm.*
capsă *sf.* bouton-pression *sm.*
capsulă *sf.* capsule *sf.*
capta *vt.* capter.
captiv, -ă *adj.* captive, -ive.
captiva *vt.* captiver.
captivant, -ă *adj.* captivant, -e.
captivitate *sf.* captivité *sf.*
captura *vt.* capturer.
captură *sf.* capture *sf.*
car 1. *sn.* char; ~ *cu boi* char à bœufs; *carul mare* la Grande ourse; **2.** *sm.* *(zool.)* veı du bois; *mâncat de carii* vermoulu.
carabină *sf.* carabine *sf.*
caracatiţă *sf.* poulpe *sf.*, pieuvre *sf.*
caracter *sn.* caractère *sm.*
caracteristic, -ă *sf.* caractéristique.
caracteriza *vt.*, *vr.* (se) caractériser.
caraghios, -oasă 1. *adj.* drôle; **2.** *smf.* pitre *sm.*, bouffon *sm.*
caramelă *sf.* caramel *sm.*
carantină *sf.* carantine *sf.*
carapace *sf.* carapace *sf.*
carat *sn.* carat *sm.*
caravană *sf.* caravane *sf.*
carbon *sn.* carbone *sm.*
carbonifer, -ă *adj.* carbonifère; charbonnier, -ère.
carboniza *vt.* carboniser, calciner.
carburant *sm.* carburant *sm.*
carburator *sn.* carburateur *sm.*
carcasă *sf.* geôle *sf.*
cardiac, -ă *adj.* cardiaque.
cardinal, -ă 1. *adj.* cardinal, -e; **2.** *sm.* cardinal *sm.*
cardiologie *sf.* cardiologie *sf.*
care *pron. rel. interog.* qui; *pe* ~ que; *despre* ~ duquel, de laquelle; ~ *mai de* ~ à qui mieux mieux.
carenţă *sf.* carence *sf.*
caretă *sf.* carrosse *sm.*
careu *sn.* carré *sm.*
careva *pron. nehot.* quelqu'un.
caria *vr.* se carier.
caricatură *sf.* caricature *sf.*
caricaturist *sm.* caricaturiste *sm.*
caricaturiza *vt.* caricaturer.
carie *sf.* carie *sf.*
carieră *sf.* carrière *sf.*
caritabil, -ă *adj.* charitable.
caritate *sf.* charité *sf.*

C

carlingă *sf.* carlingue *sf.*
carnaţie *sf.* carnation *sf.*
carnaval *sn.* carnaval *sm.*
carne *sf.* chair *sf.*; viande *sf.*
carnet *sn.* carnet *sm.*, calepin *sm.*
carnivor, -ă *adj.* carnivore.
caroserie *sf.* carrosserie.
carou *sn.* carreau *sm.*
carpen *sm.* charme *sm.*
carpetă *sf.* carpette *sf.*
cartă *sf.* charte *sf.*
carte *sf.* livre *sm.*, bouqin *sm.*; ~ *de vizită* carte de visite; *cărţi de joc* cartes à jouer; ~ *poştală* carte postale.
cartelă *sf.* carte *sf.*
cartier *sn.* quartier *sm.*
cartilaj *sn.* cartilage *sm.*
cartof *sm.* pomme de terre *sf.*
cartofor *sm.* joueur de cartes *sm.*
cartografie *sf.* cartographie *sf.*
carton *sn.* carton *sm.*
cartona *vt.* cartonner.
cartuş *sn.* cartouche *sf.*
casa *vt.* casser.
casabil, -ă *adj.* cassable.
casă *sf.* maison *sf.*; caisse *sf.*; *a plăti la* ~ payer à la caisse; ~ *de bani* coffre-fort; ~ *de bilete* guichet *sm.*
cascadă *sf.* cascade *sf.*
caschetă *sf.* casquette *sf.*
cască *sf.* casque *sm.*
casetă *sf.* cassette *sf.*
casier, -ă *smf.* caissier, -ère.
casierie *sf.* caisse *sf.*
casnic, -ă *adj.* domestique, ménager, -ère.
cast, -ă *adj.* chaste.
castan *sm.* marronier *sm.*, châtaignier *sm.*
castană *sf.* marron *sm.*, châtaigne *sf.*
castaniu, -ie *adj.* châtain, marron.
castă *sf.* caste *sf.*
castel *sn.* château *sm.*
castelan, -ă *smf.* châtelaine, -e.
castitate *sf.* chasteté *sf.*
castor *sm.* castor *sm.*
castra *vt.* châtrer.
castravecior *sm.* cornichon *sm.*
castravate *sm.* concombre *sm.*
castron *sn.* bol *sm.*, soupière *sf.*
caş *sn.* fromage à la pie *sm.*
caşcaval *sn.* fromage *sm.*
cat *sn.* étage *sm.*
cataclism *sn.* cataclysme *sm.*
catacombă *sf.* catacombs *sf. pl.*
catadicsi *vi.* daigner.
catafalc *sn.* catafalque *sm.*
catalige *sf. pl.* échasses *sf. pl.*
cataliza *vt.* catalyser.
catalog *sn.* catalogue *sm.*
cataloga *vt.* cataloguer.
cataplasmă *sf.* cataplasme *sm.*
catapultă *sf.* catapulte *sf.*
cataractă *sf.* cataracte *sf.*
cataramă *sf.* boucle *sf.*
catarg *sn.* mât *sm.*

catastif *sn.* registre *sm.*
catastrofal *adj.* catastrophique.
catastrofă *sf.* catastrophe *sf.*
catedrală *sf.* cathédrale *sf.*
catedră *sf.* chaire *sf.*
categoric, -ă **1.** *adj.* catégorique; **2.** *adv.* catégoriquement.
categorie *sf.* catégorie *sf.*
categorisi *vt.* classifier, classer.
catifea *sf.* velours *sm.*
catifelat, -ă *adj.* velouté, -e.
catâr *sm.* mulet *sm.*
catolic, -ă *adj.* catholique.
catrafuse *sf. pl.* hardes *sf. pl.*; bagages *sm. pl.*
catran *sn.* goudron *sm.*
catren *sn.* quatrain *sm.*
cauciuc *sn.* caoutchouc *sm.*; pneu *sm.*
caustic, -ă *adj.* caustique.
cauteriza *vt.* cautériser.
cauţiune *sf.* caution *sf.*
cauza *vt.* causer, occasionner.
cauză *sf.* cause *sf.*
caval *sn.* flûte *sf.*
cavalcadă *sf.* cavalcade *sf.*
cavaler *sm.* chevalier *sm.*; galant homme *sm.*; *(necăsătorit)* célibataire *sm.*
cavaleresc, -ească *adj.* chevaleresque.
cavalerie *sf.* cavalerie *sf.*
cavalerist *sm.* officier de cavalerie *sm.*
cavernă *sf.* caverne *sf.*
cavernos, -oasă *adj.* caverneux, -euse.
cavitate *sf.* cavité *sf.*
cavou *sn.* caveau *sm.*
caz *sn.* cas *sm.*; *în ~ că* au cas où; *în orice ~* en tout cas.
caza *vt.* loger.
cazan *sn.* chaudière *sf.*; chaudron *sm.*
cazarmă *sf.* caserne *sf.*
cazemată *sf.* casemate *sf.*
cazier *sn.* casier *sm.*
cazinou *sn.* casino *sm.*
cazma *sf.* bêche *sf.*
cazna *sf.* torture *sf.*, supplice *sm.*; peine *sf.*, effort *sm.*
că *conj.* que; car; *cu toate ~* bien que, quoique; *numai ~* seulement.
căci *conj.* car.
căciulă *sf.* bonnet de fourrure *sm.*
căciuli *vr.* quémander, faire des courbettes.
cădea **1.** *vi.* tomber, choir; s'affaiser, s'écrouler; **2.** *vr.* convenir, revenirà; *a ~ la un examen* échouer à un examen; *a ~ la pat* s'aliter; *a ~ la învoială* tomber d'accord; *se cade* il sied; *a ~ în sarcina cuiva* revenir à qqn.
cădere *sf.* chute *sf.*; resort *sf.*, compétence *sf.*
căi *vr.* se repentir.
căina **1.** *vt.* plaindre; **2.** *vr.* se lamenter.
căinţă *sf.* repentir *sm.*
călare *adv.* à califourchon, à cheval.

călăreţ, -eaţă *smf.* cavalier *sm.*, amazone *sf.*
călări *vt.*, *vi.* chevaucher.
călărie *sf.* équitation *sf.*
călător, -oare 1. *adj.* voyageur, -euse; *(păsări)* migrateur, -trice; **2.** *smf.* voyageur, -euse.
călători *vi.* voyager.
călătorie *sf.* voyage *sm.*
călău *sm.* bourreau *sm.*
călăuză *sf.* guide *sm.*
călăuzi *vt.* guider, diriger.
călca 1. *vi.* marcher; **2.** *vt.* franchir; fouler; *(o lege)* efreindre; *(rufe)* repasser; *a ~ pragul* franchir le seuil; *a ~ strâmb* faire un faux pas.
călcâi *sn.* talon *sm.*
căldare *sf.* chaurdon *sm.*; chaudière *sf.*
căldură *sf.* chaleur *sf.*
călduros, -oasă *adj.* chaud, -e; *(fig.)* chaleureux, -euse.
căli *vt.* tremper.
călire *sf.* trempe *sf.*
călimară *sf.* encrier *sm.*
călit, -ă *adj.* trempé, -e; *(fig.)* résistant, -e, vigoureux, -euse.
călugăr *sm.* moine *sm.*
călugări *vr.* *(bărbați)* prendre le froc; *(femei)* prendre le voile.
călugăriţă *sf.* none *sf.*, religieuse *sf.*
căluş *sn.* bâillon *sm.*
cămară *sf.* office *sm.*
cămaşă *sf.* chemise *sf.*
cămătar *sm.* usurier *sm.*
cămilă *sf.* chameau *sm.*, chamelle *sf.*
cămin *sn.* cheminée *sf.*; *(casă părintească)* foyer *sm.*; *~ cultural* maison de la culture; *~ studențesc* foyer d'étudiants.
căpăstru *sn.* licou *sm.*
căpăta *vt.* obtenir; recevoir.
căpătâi *sn.* chevet *sm.*
căpătui 1. *vt.* établir, caser; marier; **2.** *vr.* s'établir, se caser; se marier.
căpăţână *sf.* tête *sf.*; crane *sm.*
căpăţânos, -oasă *adj.* tétu, -e.
căpcăun *sm.* ogre *sm.*
căpetenie *sf.* chef *sm.*, commandant *sm.*
căpia *vi.* *(despre animale)* avoir le tournis; *(despre oameni)* s'emporter, perdre la raison.
căpitan *sm.* capitaine *sm.*
căpiţă *sf.* meulc *sf.*
căprar *sm.* chevrier *sm.*
căprioară *sf.* biche *sf.*
căprior *sm.* chevreuil *sm.*; *(la acoperiș)* chevron *sm.*
căprui, -e *adj.* marron.
căpşună *sf.* fraise *sf.*
căptuşeală *sf.* doublure *sf.*
căptuşi *vt.* doubler.
căpuşă *sf.* tique *sf.*
căpută *sf.* empeigne *sf.*
căra 1. *vt.* transporter, charrier; **2.** *vr.* détaler, déguerpir.
cărare *sf.* sentir *sm.*, sente *sf.*; *(în păr)* raie *sf.*

C

cărăbăni 1. *vr.* décamper, détaler; 2. *vt.* porter.
cărăbuş *sm.* hanneton *sm.*
cărămidă *sf.* brique *sf.*
cărămiziu, -ie *adj.* brique.
cărăuş *sm.* roulier *sm.*, voiturer *sm.*
cărbunar *sm.* charbonnier *sm.*
cărbune *sm.* charbon *sm.*
cărnos, -oasă *adj.* charnu, -e.
cărturar *sm.* erudite *sm.*, lettré *sm.*
cărucior *sn.* pousette *sf.*, voiture d'enfant *sf.*
cărunt, -ă *adj.* grisonnant, -e.
căruţă *sf.* chariot *sm.*, charrette *sf.*
căsăpi *vt.* égorger, massacrer.
căsători *vt.*, *vr.* (se) marier, épouser.
căsătorie *sf.* mariage *sm.*
căsca 1. *vt.* ouvrir la bouche; *a ~ ochii* écarquiller les yeux; 2. *vi.* bailer; 3. *vr.* s'entrebâiller.
căscat 1. *sn.* bâillement *sm.*; 2. *adj.* niais, -aise; *a rămâne cu gura căscată* rester bouche bée.
căsnicie *sf.* ménage *sm.*
căşuna *vi. impers.* s'en prendre à qqn.
către *prep.* vers; envers; *de ~* par.
cătun *sn.* hammeau *sm.*
cătuşă *sf.* menottes *sf.*
căţăra *vr.* grimper.
căţea *sf.* chienne *sf.*
căţel *sm.* petit chien, chiot *sm.*
căuş *sn.* ecuelle *sf.*
căuta 1. *vt.* chercher; 2. *vt.* tâcher de.
căutare *sf.* recherché *sf.*
căutătură *sf.* coup d'œil *sm.*
căzător, -oare *adj.* tombant, -e; *stea ~* étoile filante.
căzni 1. *vt.* torturer; 2. *vr.* s'efforcer.
câine *sm.* chien *sm.*
câinos, -oasă *adj.* haineux, -euse.
câlţi *sm. pl.* étoupe *sf. sg.*, bourre *sf. sg.*
câmp *sn.* plaine *sf.*; *(cultivat)* champ *sm.*
câmpenesc, -ească *adj.* champêtre.
câmpie *sf.* plaine *sf.*
când 1. *adv.* quand; 2. *conj.* lorsque, quand; *până ~* jusqu'à ce que; *ca şi ~* comme si.
cândva *adv.* une fois, un jour.
cânepă *sf.* chanvre *sm.*
cânt *sn.* chant *sm.*
cânta *vi.* *(cu vocea)* chanter; *(la un instrument)* jouer.
cântar *sn.* balance *sf.*
cântat *sn.* chant *sm.*
cântăreţ, -eaţă *smf.* chanteur, -euse; *(la operă)* chanteur *sm.*, cantatrice *sf.*
cântări *vt.*, *vi.* peser; *a ~ din ochi pe cineva* toiser qqn.
cântec *sn.* chanson *sf.*; *~ de leagăn* berceuse.

cârcă *sf.* *în ~* sur le dos de qqn.
cârcel *sm.* crampe musculaire *sf.*
cârciumar *sm.* cabaretier *sm.*
cârciumă *sf.* cabaret *sm.*, bistrot *sm.*
cârciumăreasă *sf.* cabaretière *sf.*
cârcotaş, -ă *adj.* querelleur, -euse, rouspéteur, -euse.
cârd *sn.* *(animale)* troupeau; *(păsări)* vol *sm.*, volée *sf.*; *(oameni)* groupe *sm.*
cărdăşie *sf.* collusion *sf.*
cârâi **1.** *vi.* caqueter, brailler; croasser; **2.** *vt.* *(fam.)* tracasser; **3.** *vr.* se chamiller.
cârjă *sf.* béquille *sf.*
cârlig *sn.* croc *sm.*; *(de undiţă)* hameçon *sm.*
cârlionţ *sm.* boucle *sf.*
cârlionţa *vt.* boucler.
cârmaci *sm.* timonier *sm.*
cârmă *sf.* gouvernail *sm.*, timon *sm.*
cârmi *vi.* tourner, virer.
cârmui **1.** *vt.* diriger; **2.** *vt.*, *vr.* (se) gouverner.
cârmuire *sf.* direction *sf.*; gouvernement *sm.*
cârmuitor *sm.* dirigeant *sm.*; gouverneur *sm.*
cârn, -ă *adj.* camus, -e, camarad, -e.
cârnat *sm.* saucisse *sf.*
cârnăcior *sm.* saucisson *sm.*
cârnăţar, -easă *smf.* charcutier, -ière.
cârnăţărie *sf.* charcuterie *sf.*
cârpaci *sm.* *(de haine)* rauvadeur *sm.*; *(de încălţăminte)* savetier; *(om nepriceput)* bousilleur *sm.*
cârpă *sf.* chiffon *sm.*; *(pentru şters)* torchon *sm.*
cârpeală *sf.* ravaudage *sm.*, raccommodage *sm.*
cârpi *vt.* raccommoder, ravauder; *a ~ o palmă* coller un gifle.
cârteală *sf.* recrimination *sf.*
cârti *vi.* rouspéter *sf.*
cârtiţă *sf.* taupe *sf.*
câştig *sn.* gain *sm.*, profit *sm.*
câştiga *vt.* gagner.
câştigător, -oare *adj.*, *smf.* gagnant, -e.
cât[1] **1.** *adv.* combien, que; comme, ce que *cu ~... cu atât* plus... plus; *~ de ~* tant soit peu; *nu atât...* *~* pas tant... que; **2.** *conj.* tant que; autant que; *pe ~ îmi aduc aminte* autant que je m'en souvienne; **3.** *prep.* que, comme; *mare ~ casa* aussi grand que la maison, grand comme la maison; **4.** *sn.* *(matematică)* quotient *sm.*
cât[2]**, câtă, câţi, câte** *num. nehot.* ceux qui, tous ceux qui; que, combien; *~ răbdare* que de patience!; *~ e ceasul?* quelle heure est-il?
câte *prep.* par; *două ~ două* deux par deux.
câtelea, câta *pron. nehot.* le combien.

câteodată *adv.* parfois, quelquefois.
câtuşi *adv.* ~ *de puţin* tant soit peu, pas de tout.
C
câtva, câtăva, câţiva, câteva *num. nehot.* quelque; *(la plural)* quelques, quelques-uns, -unes.
ce 1. *pron. interog.* quoi?, comment?; que? qu'as-tu?; *(adjectival)* quel, quelle, quels, quelles; *de ~?* pourquoi?; *la ~ bun?* à quoi bon?; 2. *(valoare de pron. nehot., pron. rel.)* que; *~ vânt te aduce?* quel bon vent vous amène?; *din ~ în ~* de plus en plus; *ce frig este!* comme il fait froid!.
cea *interj.* dia!
ceacâr, -ă *adj.* loucheur, -euse; vairom *sm.*
ceafă *sf.* nuque *sf.*
ceai *sn.* thé *sm.*; *~ medicinal* tisane *sf.*
ceainic *sn.* théière *sf.*
ceapă *sf.* oignon *sm.*; a *nu face cât o ~ degerată* ne valoir pas un sou troué.
ceară *sf.* cire *sf.*
cearcăn *sn.* cerne *sm.*
cerşaf sn drap *sm.*
ceartă *sf.* querelle *sf.*, dispute *sf.*; *a se lua la ~* se quereller.
ceas *sn.* montre *sf.*, horloge *sf*; *(timp)* heure; *cât e ceasul?* quelle heure est-il?.
ceasornic *sn.* montre *sf.*, horloge *sf.*
ceasornicar *sm.* horloger *sm.*
ceasornicărie *sf.* horlogerie *sf.*
ceaşcă *sf.* tasse *sf.*
ceată *sf.* groupe *sm.*, troupe *sf.*
ceaţă *sf.* brouillard *sm.*
ceaun *sn.* chaudron *sm.*
cec *sn.* chèque *sm.*
ceda *vt.*, *vi.* céder.
cedru *sm.* cèdre *sm.*
ceferist *sm.* cheminot *sm.*
cegă *sf.* starlet *sm.*
ceh, -ă 1. *adj.* tchèque; 2. *smf.* Tchèque.
cel, cea, cei, cele 1. *art. adjectival* le *m. sg.*; la *f. sg.*; les *mf. pl.* *Ştefan cel Mare* Etienne le Grand; *~ mult* tout au plus; *~ puţin* au moins; 2. *pron. dem.* celui *m. sg.*; celle *f. sg.*; ceux *m. pl.*; celles *f. pl.*
celălalt, cealaltă, ceilalţi, celelalte *pron.*, *adj. dem.* l'autre *mf. sg.*; les autres *mf. pl.*
celebra *vt.* célébrer.
celebrare *sf.* celebration *sf.*
celebritate *sf.* célébrité *sf.*
celebru, -ă *adj.* célèbre.
celibat *sn.* célibate *sm.*
celibatar, -ă *smf.* célibataire *smf.*
celofan *sn.* cellophane *sm.*
celular, -ă *adj.* cellulaire.
celulă *sf.* cellule *sf.*
celuloid *sn.* celluloid *sm.*
celuloză *sf.* cellulose *sf.*

cenaclu *sn.* cénacle *sm.*
centaur *sm.* centaure *sm.*
centenar *sn.* centenaire *sm.*
centimă *sf.* centime *sm.*
centimetru *sm.* centimètre *sm.*
centra *vt.* centrer.
central, -ă *adj.* central, -e.
centrală *sf.* centrale *sf.*
centralism *sn.* centralisme *sm.*
centraliza *vt.* centraliser.
centralizator, -oare *adj.* centralisateur, -trice.
centrifugă *adj. f.* centrifuge.
centru *sn.* centre *sm.*
centură *sf.* ceinture *sf.*
cenuşă *sf.* cendre *sf.*
cenuşăreasă *sf.* cendrillon *sf.*
cenuşiu, -ie *adj.* gris, -e.
cenzor *sm.* censeur *sm.*
cenzură *sf.* censure *sf.*
cep *sn.* fausset *sm.*; *a da ~* mettre un tonneau en perce.
cer *sn.* ciel *sm.*; *a cădea din ~* tomber des nues.
ceramică *sf.* céramique *sf.*
cerb *sm.* cerf *sm.*
cerber *sm.* cerbère *sm.*
cerc *sn.* cercle; *în ~* à la rond.
cercel *sm.* boucle d'oreille *sf.*
cerceta *vt.* examiner; scruter; faire des recherches; *(jur.)* enquêter.
cercetare *sf.* recherche *sf.*; investigation *sf.*; enquête *sf.*
cercetaş *sm.* éclaireur *sm.*; boy-scout *sm.*
cercetător, -oare 1. *adj.* investigateur, -trice; **2.** *smf. ~ ştiinţific* chercheur *sm.*
cerdac *sn.* terasse *sf.*
cere 1. *vt.* demander; revendiquer, réclamer, exiger; **2.** *vr.* être recherché; *a ~ voie* demander permission; *a ~ socoteală* demander compte.
cereală *sf.* céréale *sf.*
cerebral, -ă *adj.* cérébral, -e.
ceremonial *sn.* cérémonial *sm.*
ceremonie *sf.* cérémonie *sf.*
cerere *sf.* requête *sf.*, demande *sf.*, supplique *sf.*
ceresc, -ească *adj.* céleste; divin, -e.
cergă *sf.* couverture *sf.*
cerinţă *sf.* exigence *sf.*, prétention *sf.*, besoin *sm.*
cerne 1. *vt.* tamiser, bluter; **2.** *vi. impers.* bruiner.
cerneală *sf.* encre *sf.*
cernit,-ă *adj.* en deuil; attristé, -e.
cerşetor, -oare *smf.* mendiant, -e.
cerşi *vi., vt.* mendier; quémander.
cert, -ă *adj.* certain, -e, sûr, -e.
certa *vr.* se quereller, se diputer.
certăreţ, -eaţă *adj.* querelleur, -euse.
certifica *vt.* certifier.
certificat *sn.* certificat *sm.*

C

certitudine *sf.* certitude *sf.*
cerui *vt.* cirer.
cetaceu *sn.* cétacé *sm.*
cetate *sf.* château fort *sm.*; forteresse *sf.*
cetăţean, -eancă *smf.* citoyen, -enne.
cetăţenesc, -ească *adj.* civique.
cetăţenie *sf.* citoyenneté *sf.*
cetină *sf.* branche de sapin *sf.*
ceţos, -oasă *adj.* brumeux, -euse.
ceva *pron. nehot.* quelque chose; quelque, un peu.
cheag *sn.* *(de sânge)* caillot *sm.*
chef *sn.* *(petrecere)* noce *sf.*, bombe *sf.*; *a avea ~ de ceva* avoir envie de qqch.; *a fi cu ~* être pompette.
chefliu, -ie *adj.* noceur, -euse.
chefui *vi.* faire la noce (la bombe).
chei *sn.* quai *sm.*
cheie *sf.* clef *sf.*, clé *sf.*
chel, -ealã *adj.* chauve.
chelălăi *vi.* japper.
chelălăit *sn.* jappement *sm.*
chelfăni *vt. fam.* rosser, rouer des coups.
cheli *vi.* devenir chauve.
chelie *sf.* calvitie *sf.*
chelner *sm.* garçon *sm.*
chelneriţă *sf.* serveuse *sf.*
cheltui *vt.* dépenser.
cheltuială *sf.* dépense *sf.*; *(jur. com.)* frais *sm. pl.*
cheltuitor, -oare *adj.* dépensier, -ère.
chema **1.** *vt.* appeler; mander; **2.** *vt.* unipers. s'appeler; **3.** *vr. impers.* signifier; *a ~ în judecată* citer en justice; *a ~ în ajutor* appeler au secours.
chemare *sf.* appel sm; invitation *sf.*, ordre *sm.*, convocation *sf.*; *(fig.)* vocation *sf.*
chenar *sn.* bordure *sf.*; cadre *sm.*
chenzină *sf.* quinzaine *sf.*
cheotoare *sf.* boutonnière *sf.*
chercheli *vr.* se griser, devenir pompette.
cherem *sn.* *a fi la cheremul cuiva* être à la merci de qqn.
cherestea *sf.* bois de charpente *sm.*
cherhana *sf.* pêcherie *sf.*
chestiona *vt.* questionner, interroger.
chestionar *sn.* questionnaire *sm.*
chestiune *sf.* question *sf.*
chestor *sm.* questeur *sm.*
chetă *sf.* quête *sf.*
chezaş *sm.* garant *sm.*; *a se pune ~* se porter garant.
chezăşie *sf.* garantie *sf.*; gage *sm.*
chiabur, -ă *adj.* riche; koulak *sm.*
chiar *adv.* même; exactement, justement; •vraiement; *~ s-a întâmplat* c'est réellement arrivé.

chibrit *sn.* alumette *sf.*
chibzui *vt.*, *vi.* réfléchir, méditer.
chibzuinţă *sf.* délibération *sf.*
chică *sf.* chevelure *sf.*
chichineaţă *sf.* cagibi *sm.*
chichiţă *sf.* russe *sf.*, finasserie *sf.*
chiciură *sf.* givre *sm.*
chicoti *vi.* pouffer de rire.
chiflă *sf.* petit pain *sm.*
chiftea *sf.* croquette de hachis *sf.*
chihlimbar *sn.* ambre *sm.*
chilian, -ă 1. adj chilien, -enne; **2.** *smf.* Chilien, -enne.
chilie *sf.* cellule *sf.*
chilipir *sn.* bonne affaire *sf.*, occasion *sf.*, aubaine *sf.*
chiloţi *sm. pl.* culottes *sf.*, slip *sm.*
chimen *sm.* cumin *sm.*
chimic, -ă *adj.* chimique.
chimie *sf.* chimie *sf.*
chimir *sn.* large ceinture en cuir *sf.*
chimist, -ă *smf.* chimiste.
chin *sn.* tourment *sm.*, torture *sf.*, affres *sf. pl.*
chinez, -ă 1. *adj.* chinois, -e; **2.** *smf.* Chinois, -e.
chingă *sf.* sangle *sf.*; ceinture *sf.*
chintal *sn.* quintal *sm.*
chinui 1. *vt.* tourmenter, torturer; **2.** *vr.* se donner de mal, se racasser.
chior, -oară *adj.* borgne; *apă chioară* lavasse *sf.*
chiorî 1. *vi.* devenir borgne; **2.** *vt.* éborgner; **3.** *vr.* regarder de près.
chiorâş *adv. a privi ~* regarder de travers.
chioşc *sn.* kiosque *sm.*
chiot *sn.* cri de joie *sm.*
chip *sn.* visage *sm.*, figure *sf.*; image *sf.*; manière *sf.*; façon *sf.*; modalité *sf.*, possibilité *sf.*; *în fel şi ~* de toutes les manières; *nu e ~* il n'y a pas de moyen.
chipeş, -ă *adj.* beau, bel, belle; de belle allure.
chipiu *sn.* képi *sm.*
chirci *vr.* se recroqueviller, se ratatiner.
chiriaş *smf.* locataire *smf.*
chirie *sf.* loyer *sm.*; *a da/lua cu ~* louer.
chirurg *sm.* chirurgien *sm.*
chirurgie *sf.* chirurgie *sf.*
chist *sn.* kyste *sm.*
chiştoc *sn.* mégot *sm.*
chit[1] *adv. a fi ~* être quitte.
chit[2] *sn.* mastic *sm.*
chitanţă *sf.* reçu *sm.*, récépissé *sm.*
chitară *sf.* guitare *sf.*
chitic *sm. a tăcea ~* ne souffler mot.
chiu *sn. cu ~ cu vai* à grand peine.
chiui *vi.* pousser des cris de joie.

C

chiul *sn.* absence non motivé *sf.*, *a trage chiulul* tirer au flanc.
chiulangiu, -ie *smf.* tire-au-flanc *sm.*
chiuli *vi.* tirer au flanc; *a trage chiulul de la școală* faire l'école buissonnière; *a ~ de la oră* sécher une classe.
chiuvetă *sf.* cuvette *sf.*, évier *sm.*
chivernisi 1. *vt.* épargner, mettre de côté; **2.** *vr.* se faire une bonne situation, bien arranger ses affaires.
chix *sn.* fiasco *sm.*; *a da ~* faire chou blanc.
ci *conj.* mais.
cianură *sf.* cyanure *sm.*
cibernetică *sf.* cybernétique *sf.*
cicatrice *sf.* cicatrice *sf.*
cicatriza *vr.* se cicatriser.
cică *adv.* soi'disant; à ce qu'il paraît.
cicăleală *sf.* tracasserie *sf.*
cicăli *vt.* tracasser.
cicălitor, -oare *adj.* tracassier, -ière, ravaudeur, -euse.
ciclic, -ă *adj.* cyclique.
ciclism *sn.* cyclisme *sm.*
ciclist, -ă 1. *adj.* cycliste; **2.** *sn.* cycliste.
ciclon *sn.* cyclone *sm.*
ciclop *sm.* cyclope *sm.*
ciclu *sn.* cycle *sm.*
cidru *sn.* cidre *sm.*
cifra 1. *vt.* chiffrer; **2.** *vr.* se chiffrer, monter à.
cifră *sf.* chiffre *sm.*
cifru *sn.* chiffre *sm.*
cilindric, -ă *adj.* cylindrique.
cilindru *sm.* cylindre *sm.*
cimbru *sm.* thym *sm.*
ciment *sn.* ciment *sm.*
cimenta *vt.* cimenter.
cimitir *sn.* cimitère *sm.*
cimpanzeu *sm.* chimpanzé *sm.*
cimpoi *sn.* cornemuse *sf.*
cimpoier *sm.* joueur de cornemuse *sm.*
cina *vi.* souper.
cină *sf.* souper *sm.*
cinci *num. card.* cinq.
cincilea, cincea *num. ord.* le (la) cinquième.
cincime *sf.* un cinquième *sm.*, la cinquième partie.
cincinal, -ă 1. *adj.* quinquennal, -e; **2.** *sn.* quinquennat *sm.*
cincisprezece *num. card.* quinze.
cincisprezecelea, -zecea *num. ord.* le (la) quinzième.
cincizeci *num. card.* cinquante.
cincizecilea, -zecea *num. ord.* le (la) cinquantième.
cine *pro., inter. rel.* și *nehot.* qui.
cineast *sn.* cinéaste *sm.*
cinematograf *sn.* cinématographe *sm.*, cinema *sm.*, ciné *sm.*

cinematografie *sf.* cinématographie *sf.*
cinetică *sf.* cinéthique *sf.*
cineva *pron. nehot.* quelqu'un.
cingătoare *sf.* ceinture *sf.*
cinic, -ă *adj.* cinique.
cinism *sn.* cynisme *sm.*
cinste *sf.* honnêteté *sf.*, probité *sf.*; faveur *sf.*, honneur *sm.*; *la loc de ~* place d'honneur; *a face ~* offrir une tournée, régaler.
cinsti 1. *vt.* honorer, respecter; **2.** *vr.* trinquer, porter une brinde.
cinstit, -ă 1. *adj.* honnête; **2.** *adv.* honnêtement, loyalement.
cioară *sf.* corneille *sf.*
ciob *sn.* tesson *sm.*, éclat *sm.*
cioban *sm.* berger *sm.*
ciobănesc, -ească *adj.* pastoral, -e, de berger.
ciobăniţă *sf.* bergère *sf.*
ciobi *vt.* ébrécher.
cioc *sn. (barbă)* barbiche *sf.*; *(la păsări)* bec *sm.*
ciocan *sn.* marteau *sm.*
ciocăni *vi.*, *vt.* frapper; marteler.
ciocănit *sn.* martèlement *sm.*
ciocănitoare *sf.* pie *sf.*
ciocârlie *sf.* alouette *sf.*
cioclu *sm.* croque-mort *sm.*
ciocăni *vt.* heurter, cogner; *(pahare)* trinquer.
ciocnire *sf.* heurt *sm.*, choc *sm.*; collision *sf.*; conflit *sm.*
ciocoi *sm.* parvenu *sm.*
ciocolată *sf.* chocolat *sm.*
ciolan *sn.* os *sm.*
ciolănos, -oasă *adj.* osseux, -euse.
ciomag *sn.* gourdin *sm.*, baton *sm.*
ciomăgeală *sf.* bastonnade *sf.*
ciomăgi *vt.* rouer de coups.
ciondăni 1. *vr.* se chamailler; **2.** *vt.* quereller, gronder.
ciopârţi *vt.* charcuter, mettre en pièces.
ciopli 1. *vt. (în piatră)* sculpter; *(în lemn)* tailler; polir, ciseler; **2.** *vr.* se dégrossier.
cioplit, -ă 1. *adj.* sculpté, -e, taillé, -e; dégrossi, -e; **2.** *sn.* taille *sf.*
ciorap *sm.* bas *sm.*; *(pentru bărbaţi)* chausette *sf.*
ciorbă *sf.* potage aigre *sm.*
ciorchine *sm.* grappe *sf.*
ciordi *vt.* chipper, chaparder.
ciornă *sf.* brouillon *sm.*
ciorovăi *vr.* se chamailler.
ciorovăială *sf.* chamaillerie *sf.*, querelle *sf.*
ciot *sn. (de copac)* souche *sf.*; *(a unui membru amputat)* moignon *sm.*
circ *sn.* cirque *sm.*
circa *adv.* environ, approximativement, à peu près.
circuit *sn.* circuit *sm.*, tour *sm.*
circula *vi.* circuler.
circular, -ă *adj.* circulaire.
circulaţie *sf.* circulation *sf.*; trafic *sm.*

C

circumferinţă *sf.* circonférence *sf.*
circumflex *adj.* circonflexe.
circumscrie *vt.* circonscrire.
circumscripţie *sf.* circonscription *sf.*
circumspect, -ă *adj.* circonspect, -e.
circumstanţă *sf.* circonstance *sf.*
circumstanţial, -ă *adj.* circonstanciele, -elle.
circumvoluţie *sf.* circonvolution *sf.*
cireadă *sf.* troupeanu *sm.*
cireaşă *sf.* cerise *sf.*
cireş *sm.* cerisier *sm.*
ciripi *vi.* gazouiller.
ciripit *sn.* gazouillement *sm.*
ciroză *sf.* cirrhose *sf.*
cisternă *sf.* citerne *sf.*
cişmea *sf.* fontaine *sf.*
cita *vt.* citer.
citadelă *sf.* citadelle *sf.*
citadin, -ă *adj.*, *smf.* citadin, -e.
citat *sn.* citation *sf.*
citaţie *sf.* citation *sf.*
citeţ, - eaţă *adj.* lisible.
citi *vt.* lire.
citire *sf.* lecture *sf.*
citit, -ă 1. *adj.* instruit, -e, lettré, -e, cultivé, -e; **2.** *sn.* lecture *sf.*
cititor, -oare *smf.* lecteur, -trice.
citronadă *sf.* citronnade *sf.*
ciubăr *sn.* baquet *sm.*
ciubotă *sf.* botte *sf.*
ciubuc *sn.* pipe à long tuyau *sf.*
ciuciulete 1. *sm.* boulette *sf.*; **2.** *adv.* *a fi ud ~* être trempé jusqu'aux os.
ciucure *sm.* frange *sf.*
ciudat, -ă *adj.* étrange, bizarre.
ciudă *sf.* dépit *sm.*
ciudăţenie *sf.* bizarrerie *sf.*
ciuf *sn.* houppe *sf.*, toupet *sm.*
ciufuli *vt.* ébouriffer.
ciuguli *vt.* *(despre păsări)* picorer, becqueter; *(despre oameni)* chipoter.
ciuli *vt.* *a ~ urechea* dresser l'oreille.
ciulin *sm.* chardon *sm.*
ciumat, -ă *adj.* pestiféré, -e.
ciumă *sf.* peste *sf.*
ciung, -ă *adj.* manchot, -e.
ciunti *vt.* mutiler, amputer, tronquer.
ciupercă *sf.* champignon *sm.*
ciupi 1. *vt.* pincer; chaparder, chipper; **2.** *vr.* se giser.
ciupit, -ă *adj.* marqué, -e par la petite vérole, grêlé, -e; gris, -e.
ciur *sn.* tamis *sm.*, crible *sm.*, sas *sm.*
ciuruc *sn.* laissé pour compte *sm.*
ciurui 1. *vt.* cribler, sasser; **2.** *vt.*, *vr.* (se) trouer; *ciuruit de gloanţe* criblé de balles.
ciută *sf.* biche *sf.*
civic, -ă *adj.* civique.

civil, -ă 1. *adj.* civil, -e; 2. *sm.* civil *sm.*
civiliza *vt.* civiliser.
civilizaţie *sf.* civilisation *sf.*
cizela *vt.* ciseler.
cizmar *sm.* cordonnier *sm.*, bottier *sm.*
cizmă *sf.* botte *sf.*
cizmărie *sf.* cordonnerie *sf.*
clacă *sf.* corvée *sf.*; *lucru de ~* travail bâclé.
claie *sf.* *(fân)* meule *sf.*; *(lucruri)* tas *sm.*, amas *sm.*; *~ peste grămadă* pêle-mêle.
clamă *sf.* agrafe *sf.*
clan *sn.* clan *sm.*
clandestin, -ă *adj.* clandestine, -e.
clanţă *sf.* poignée de porte *sf.*
clapă *sf.* *(la pian)* touché *sf.*; *(la buzunar)* patte de poche *sf.*; soupape *sf.*; *a trage clapa* duper.
clapon *sm.* chapon *sm.*
clar, -ă 1. *adj.* clair, -e; 2. *adv.* clair; clairement; 3. *sn.* clair; *~ de lună* clair de lune; *a vorbi ~* parler clair.
clarifica *vt.* clarifier.
clarinet *sn.* clarinette *sf.*
claritate *sf.* clarté *sf.*
clarvăzător, -oare *adj.* clairvoyant, -e.
clarviziune *sf.* clairvoyance *sf.*
clasa *vt.*, *vr.* (se) classer.
clasament *sn.* classement *sm.*
clasă *sf.* classe *sf.*
clasic, -ă *adj.* classique.
clasicism *sn.* classicisme *sm.*
clasifica *vt.* classifier.
clasificare *sf.* classification *sf.*
clasor *sn.* classeur *sm.*
clauză *sf.* clause *sf.*
clavecin *sn.* clavecin *sm.*
claviatură *sf.* clavier *sm.*
claviculă *sf.* clavicule *sf.*
claxon *sn.* klaxon *sm.*, avertisseur *sm.*
claxona *vi.* klaxonner.
clăbuc *sm.* mousse de savon *sf.*
clădi *vt.* bâtir, construire; édifier.
clădire *sf.* édifice *sm.*, construction *sf.*, bâtiment *sm.*
clănţăni *vi.* claquer; *(fig.)* jacasser.
clăti *vt.*, *vr.* (se) rincer.
clătina 1. *vt.* branler, secouer; 2. *vr.* tituber, chanceler.
clătită *sf.* crêpe *sf.*
clei *sn.* colle *sf.*, glu *sf.*
cleios, -oasă *adj.* collant, -e, gluant, -e,; *oua cleioase* mollet.
clemă *sf.* agrafe *sf.*; pince *sf.*
clement, -ă *adj.* clément, -e.
clemenţă *sf.* clémence *sf.*
clepsidră *sf.* sablier *sm.*, clepsydre *sf.*
cleptoman *sm.* cleptomane *sm.*
cler *sn.* clergé *sm.*
clerical, -ă *adj.* clerical, -e.
cleştar *sn.* cristal *sm.*
cleşte *sm.* tenailles *sf. pl.*, pince *sf*, pincettes *sf. pl.*
cleveteală *sf.* médisance *sf.*

C

cleveti *vt.*, *vi.* médire, déblatérer.
clevetitor, -oare *adj.* médisant, -e.
clică *sf.* clique *sf.*
client *sm.* client *sm.*
clientelă *sf.* clientèle *sf.*
climat *sn.* climat *sm.*
climateric, -ă *adj.* climatique.
climă *sf.* climat *sm.*
clin *sm.* biais; *a nu avea nici în ~ nici în mânecă* n'avoir aucun rapport.
clinchet *sn.* tintement *sm.*, cliquetis *sm.*
clinic, -ă *adj.* clinique.
clinică *sf.* clinique *sf.*
clinti *vt.*, *vr.* broncher.
clipă *sf.* instant *sm.*
clipi *vi.* clinger; *cât ai ~* en un clin d'oeil.
clipoci *vi.* susurrer, murmurer.
clismă *sf.* lavement *sm.*
clişeu *sn.* cliché *sm.*
cloacă *sf.* cloaque *sm.*
cloci 1. *vt.* couver; **2.** *vi.* *(fig.)* moisir; **3.** *vr.* se gâter, s'altérer.
clocitoare *sf.* couveuse *sf.*
clocot *sn.* bouillon *sm.*
clocoti *vi.* bouillir; bouillonner.
clocotitor, -oare *adj.* bouillonnant, -e.
clonţ *sn.* bec *sm.*, gueule *sf.*
clopot *sn.* cloche *sf.*
clopotniţă *sf.* clocher *sm.*
clopoţel *sm.* clochette *sf.*; sonnaille *sf.*
clor *sn.* chlore *sm.*
clorofilă *sf.* chlorophylle *sf.*
cloroform *sn.* chloroforme *sm.*
clorură *sf.* chlorure *sm.*
closet *sn.* cabinets *sm. pl.*, W.C. *sm.*, toilettes *sf. pl.*
cloşcă *sf.* couveuse *sf.*
clovn *sm.* clown *sm.*
club *sn.* club *sm.*
cneaz *sm.* prince *sm.*
coabita *vt.* cohabiter.
coacăză *sf.* groseille *sf.*
coace 1. *vt.* cuire; **2.** *vr.* mûrir; *a o ~ cuiva* garder à qqn. un chien de sa chienne.
coadă *sf.* queue *sf.*; *(de păr)* tresses *sf.*; *(la flori)* tige; *(la instrumente)* manche *sm*; bout *sm.*, extrémité *sf.*; *a se ţine de coada cuiva* ne pas lâcher qqn. d'une semelle; *a privi cu coada ochiului* regarder du coin de l'œil.
coafa *vt.* coiffer.
coafeză *sf.* coiffeuse *sf.*
coafor *sm.* coiffeur *sm.*
coafură *sf.* coiffure *sf.*
coagula *vr.* se coaguler.
coajă *sf.* *(de fructe)* pelure *sf.*; *(de copac)* écorce *sf.*; *(de ou)* coque *sf.*; *(de nuci, alune)* coquille *sf.*; *(de pâine)* croûte *sf.*; *(de lămâie)* zeste *sm.*
coală *sf.* feuille *sf.*
coaliţie *sf.* coalition *sf.*
coaliza *vr.* se coaliser.
coamă *sf.* *(de munte)* crète *sf.*; *(de păr)* crinière *sf.*
coapsă *sf.* cuisse *sf.*

coardă *sf.* codre *sf.*; *(de viță)* sarment *sm.*
coarnă *sf.* cornouille *sf.*
coasă *sf.* faux *sf.*
coase *vt.* coudre.
coastă *sf.* côte *sf.*; flanc *sm.*; *(a mării)* côte *sf.*, littoral *sm.*; *(de deal)* versant *sm.*
coate-goale *sm.* gueux *sm.*
cobai *sm.* cobaye *sm.*
cobalt *sn.* cobalt *sm.*
cobi *vt.*, *vi.* présager un malheur.
coborî 1. *vt.* baisser; 2. *vi.* descendre; 3. *vr.* s'abaisser.
coborâre *sf.* descente *sf.*
coborâtor, -oare *adj.* descendant, -e.
cobră *sf.* cobra *sm.*
coc *sn.* chignon *sm.*
cocă *sf.* pâte *sf.*
cocean *sm.* tige de mais *sf.*
cochet, -ă *adj.* coquet, -ette.
cocheta *vi.* coqueter.
cochetărie *sf.* coquetterie *sf.*
cochilie *sf.* coquille *sf.*
cocină *sf.* porcherie *sf.*
cocioabă *sf.* masure *sf.*
cocârja *vr.* se courber.
coclauri *sn. pl.* ravin *sm.*
cocleală *sf.* vert-de-gris *sm.*
cocli *vi.*, *vr.* se couvrir de vert-de-gris.
cocoaşă *sf.* bosse *sf.*
cocoloş *sn.* boulette *sf.*; grumeau *sm.*
cocoloşi 1. *vt.* étouffer; gâter qqn.; 2. *vr.* (s')emmitoufler.
cocor *sm.* grue *sf.*
cocostârc *sm.* cigone *sf.*
cocoş *sm.* coq *sm.*
cocoşat, -ă *adj.* bossu, -e.
cocotier *sm.* cocotier *sm.*
cocoţa *vt.*, *vr.* (se) jucher.
cocs *sn.* coke *sm.*
cocteil *sn.* cocktail *sm.*
cod *sn.* code *sm.*
codană *sf.* jeune fille *sf.*
codaş, -ă *adj.*, *smf.* le (la) dernier, -ère.
codi *vr.* balancer, hèsiter; reculer.
codifica *vt.* codifier.
codru *sm.* forêt *sf.*, futaie *sf.*
coechipier, -ă *smf.* coéquipier, -ère.
coeficient, -ă *adj.* coefficient *sm.*
coerent, -ă *adj.* cohérent, -e.
coexistenţă *sf.* coexistence *sf.*
coeziune *sf.* cohésion *sf.*
cofă *sf.* scille *sf.*
cofetar *sm.* confiseur *sm.*
cofetărie *sf.* confiserie *sf.*
cofraj *sn.* coffrage *sm.*
coif *sn.* casque *sm.*
coincide *vi.* coincider.
coincidenţă *sf.* coincidence *sf.*
coji 1. *vt.* *(copaci)* écorcer; *(fructe)* peler; *(nuci)* écaler; *(cereale)* décortiquer; *(legume)* éplucher, peler; 2. *vr.* *(despre piele)* se desquamer, peler.
cojoc *sn.* touloupe *sf.*

C

colabora *vi.* collaborer, coopérer.
colaborare *sf.* collaboration *sf.*, coopération *sf.*
colaborator, -oare *smf.* collaborateur, -trice.
colac *sm.* gimblette *sf.*; *(de salvare)* bouée de sauvetage *sf.*
colan *sn.* collier *sm.*
colateral, -ă *adj.* collatéral, -e.
colaţiona *vt.* collationner.
colb *sn.* poussière *sf.*
colcăi *vi.* bouillonner; *(despre oameni)* fourmiller.
colea *adv.* ici.
colecta *vt.* collecter.
colectă *sf.* collecte *sf.*
colectiv, -ă 1. *adj.* collectif, -ive; 2. *sn.* collectif *sm.*
colectivitate *sf.* collectivité *sf.*
colector, -oare 1. *adj.* collecteur, -trice; 2. *sm.* collecteur *sm.*
colecţie *sf.* collection *sf.*
coleg, -ă *smf.* collègue *sm.*
colegial, -ă *adj.* collégial, -e.
colegiu *sn.* collège *sm.*
colet *sn.* colis *sm.*
colibă *sf.* chaumière *sf.*
colică *sf.* colique *sf.*
colier *sn.* collier *sm.*
colină *sf.* colline *sf.*
colind *sn.* noel *sm.*
colinda 1. *vi.* chanter des noels; errer, flâner; 2. *vt.* battre le pavé.
colivie *sf.* cage *sf.*, volière *sf.*
coliziune *sf.* collision *sf.*
colo *adv.* là.
coloană *sf.* colonne *sf.*
colocviu *sn.* colloque *sm.*
colonel *sm.* colonel *sm.*
colonial, -ă *adj.* colonial, -e.
colonialism *sn.* colonialisme *sm.*
colonialist, -ă 1. *adj.* colonialiste; 2. *sm.* colonialiste *sm.*
colonie *sf.* colonie; *apă de colonie* eau de cologne.
coloniza *vt.* coloniser.
colonizare *sf.* colonisation *sf.*
colonizator, -oare *smf.* colonisateur, -trice.
colora *vt.* colorer; colorier.
colorit *sn.* coloris *sm.*
colos *sm.* colosse *sm.*
colosal, -ă *adj.* colossal, -e.
colţ 1. *sn.* coin *sm.*; encoignure *sf.*; *(retras)* recoin *sm.*; 2. *sm.* *(la animale)* croc sm; *colții elefantului* les défenses; *a da din ~ în ~* être aux abois; *floare-de-~* edelweiss *sm.*
colţar *sn.* crampon *sm.*
colţos, -oasă *adj.* *(fig.)* hargneux, -euse; à grands crocs.
colţunaş *sm.* ravioli *sm.*
colţuros, -oasă *adj.* anguleux, -euse.
comanda *vt.* commander.
comandament *sn.* commandement *sm.*
comandant *sm.* commandant *sm.*
comandă *sf.* commande *sf.*

comasa *vt.* réunir, assembler.
comă *sf.* coma *sm.*
combatant, -ă *adj.*, *smf.* combattant, -e.
combate *vt.* combattre.
combativ, -ă *adj.* combatif, -ive.
combina *vt.* combiner.
combinat *sn.* combinat *sm.*
combinaţie *sf.* combinaison *sf.*
combină *sf.* moissonneuse-batteuse *sf.*
combinezon *sn.* chemise *sf.*, fourreau *sm.*; *(pentru muncitori)* combinaison *sf.*, bleu de travail *sm.*
combustibil *sm.* combustible *sm.*
combustie *sf.* combustion *sf.*
comedian, -ă *smf.* comédien, -enne.
comedie *sf.* comédie *sf.*
comemora *vt.* commémorer.
comemorare *sf.* commémoration *sf.*
comemorativ, -ă *adj.* commémoratif, -ive.
comenta *vt.* commenter.
comentariu *sn.* commentaire *sm.*; *(pe un text)* exégèse *sf.*
comentator, -oare *smf.* commentateur, -trice.
comercial, -ă *adj.* commercial, -e.
comercializa *vt.* commercialiser.
comerciant, -ă *smf.* commerçant, -e.
comerţ *sn.* commerce *sm.*
comesean *sm.* convive *sm.*
comestibil, -ă *adj.* comestible.
cometă *sf.* comète *sf.*
comic, -ă **1.** *adj.* comique, drôle; **2.** *sn.* comique *sm.*; **3.** *sm.* comique *sm.*
comisar *sm.* commissaire *sm.*
comisariat *sn.* commissariat *sm.*
comisie *sf.* commission *sf.*
comisionar *sm.* commissionnaire *sm.*
comitet *sn.* comité *sm.*
comoară *sf.* trésor *sm.*
comod, -ă *adj.* commode.
comoditate *sf.* commodité *sf.*
comoţie *sf.* commotion *sf.*
compact, -ă *adj.* compact, -e.
companie *sf.* compagnie *sf.*
compara *vt.* comparer.
comparabil, -ă *adj.* comparable.
comparativ, -ă *adj.* comparatif, -ive.
comparaţie *sf.* comparaison *sf.*
compartiment *sn.* compartiment *sm.*; *(în tren)* coupé *sm.*
compas *sn.* compas *sm.*
compatibil, -ă *adj.* compatible.
compatibilitate *sf.* compatibilité *sf.*
compatriot, -oată *smf.* compatriote *smf.*

C

compătimi 1. *vt.* plaindre; **2.** *vi.* compatir.
compătimire *sf.* compassion *sf.*
compătimitor, -oare *adj.* compatissant, -e.
compensa *vt.* compenser.
compensaţie *sf.* compensation *sf.*
competent, -ă *adj.* compétent, -e.
competenţă *sf.* compétence *sf.*
competiţie *sf.* compétition *sf.*
compila *vt.* compiler.
compilaţie *sf.* compilation *sf.*
complăcea *vr.* se complaire.
complement *sn.* complément *sm.*
complementar, -ă *adj.* complémentaire.
complet, -ă *adj.* complet, -ète.
completa *vt.* compléter; *(un formular)* remplir.
completare *sf.* complétement *sm.*, addition *sf.*
complex, -ă 1. *adj.* complexe; **2.** *sm.* complexe *sm.*
complexitate *sf.* complexité *sf.*
complica *vt.* compliquer.
complicat, -ă *adj.* compliqué, -e.
complicaţie *sf.* complication *sf.*
complice *smf.* complice *sm.*
complicitate *sf.* complicité *sf.*
compliment *sn.* compliment *sm.*
complot *sn.* complot *sm.*
complota *vi.* comploter.
component, -ă *adj.* composant, -e.
componenţă *sf.* composition *sf.*
comporta *vr.* se comporter, se conduire.
compot *sn.* compote *sf.*
compozitor, -oare *smf.* compositeur, -trice.
compoziţie *sf.* composition *sf.*
compresă *sf.* compresse *sf.*
compresor *sn.* compresseur *sm.*
comprima *vt.* comprimer.
comprimat, -ă 1. *adj.* comprimé, -e; **2.** *sn.* comprimé *sm.*
compromis, -ă 1. *adj.* compromis, -e; **2.** *sn.* compromis *sm.*
compromite *vt.* compromettre.
compromiţător, -oare *adj.* compromettant, -e.
compune *vt.*, *vr.* (se) composer.
compunere *sf.* composition *sf.*
comun, -ă *adj.* commun, -e, ordinaire.
comunal, -ă *adj.* communal, -e.
comună *sf.* commune *sf.*
comunica *vt.*, *vi.* communiquer.

comunicare *sf.* communication *sf.*
comunicat *sn.* communiqué *sm.*
comunicativ, -ă *adj.* communicatif, -ive.
comunicaţie *sf.* communication *sf.*
comunism *sn.* communisme *sm.*
comunist, -ă *adj.*, *smf.* communiste.
comunitate *sf.* communauté *sf.*
comutator *sn.* commutateur *sm.*
con *sn.* cône *sm.*
conac *sn.* manoir *sm.*
concav, -ă *adj.* concave.
concavitate *sf.* concavité *sf.*
concedia *vt.* congédier, licencier.
concediu *sn.* congé *sm.*
concentra *vt.*, *vr.* (se) concentrer.
concentrare *sf.* concentration *sf.*
concentraţie *sf.* concentration *sf.*
concentric, -ă *adj.* concentrique.
concepe *vt.* concevoir.
concepţie *sf.* conception *sm.*
concern *sn.* trust *sm.*
concert *sf.* concert *sm.*; concerto *sm.*
concesie *sf.* concession *sf.*
concesiona *vt.* concéder.
concetăţean, -ă *smf.* concitoyen, -enne.
conchide *vt.* conclure.
concilia *vt.* concilier.
conciliant, -ă *adj.* conciliant, -e.
conciliator, -oare *adj.*, *smf.* conciliateur, -trice.
conciliere *sf.* conciliation *sf.*
concis, -ă *adj.* concis, -e.
concizie *sf.* concision *sf.*
concludent, -ă *adj.* concluant, -e.
concluzie *sf.* conclusion *sf.*
concomitent, -ă *adj.* concomitant, -e.
concordanţă *sf.* concordance *sf.*
concret, -ă *adj.* concret, -ète.
concretiza *vt.* concrétiser.
concubinaj *sn.* concubinage *sm.*
concura *vi.* concourir.
concurent, -ă *adj.*, *smf.* concurrent, -e, compétiteur, -trice.
concurenţă *sf.* concurrence *sf.*
concurs *sn.* concours *sm.*
condamna *vt.* condamner.
condamnabil, -ă *adj.* condamnable.
condamnare *sf.* condamnation *sf.*, peine *sf.*
condei *sn.* porte-plume *sm.*; crayon *sm.*
condensa *vt.*, *vr.* (se) condenser.
condensare *sf.* condensation *sf.*

condensator *sm.* condensateur *sm.*
condică *sf.* registre *sm.*
C **condiment** *sn.* condiment *sm.*
condiţie *sf.* condition *sf.*
condiţiona *vt.* conditionner.
condiţional, -ă **1.** *adj.* conditionel, -elle; **2.** *sn.* conditionnel *sm.*
condiţionare *sf.* conditionnement *sm.*
condoleanţe *sf. pl.* condoléances *sf. pl.*
condor *sm.* condor *sm.*
conducător, -oare **1.** *adj.* conducteur, -trice; directeur, -trice; **2.** *smf.* dirigeant, -e, chef *sm.*
conduce **1.** *vt.* conduire, diriger; **2.** *vr.* se diriger, se conduire.
conducere *sf.* direction *sf.*
conductă *sf.* conduit *sm.*, tuyau *sm.*, conduite *sf.*
conductor **1.** *sn.* conducteur *sm.*; **2.** *sm.* côntroleur *sm.*, conducteur *sm.*
conduită *sf.* conduite *sf.*
conecta *vt.* connecter.
conexiune *sf.* connexion *sf.*
confecţie *sf.* confection *sf.*
confecţiona *vt.* confectionner.
confederaţie *sf.* confédération *sf.*
conferenţiar, -ă *smf.* conférencier, -ère; *(la universitate)* maître de confèrences *sm.*
conferi *vt.* confèrer.
conferinţă *sf.* conférence *sf.*
confesiune *sf.* confession *sf.*
confeti *sf. pl.* confetti *sm. pl.*
confidenţă *sf.* confidence *sf.*
confidenţial, -ă *adj.* confidentiel, -elle.
configuraţie *sf.* configuration *sf.*
confirma *vt.* confirmer.
confirmare *sf.* confirmation *sf.*
confisca *vt.* confisquer.
conflragraţie *sf.* conflagration *sf.*
conflict *sn.* conflit *sm.*
confluent, -ă *adj.* confluent, -e.
conform, -ă **1.** *adj.* conforme; **2.** *adv.* conformément.
conforma *vr.* se conformer.
conformaţie *sf.* conformation *sf.*
conformism *sn.* conformisme *sm.*
conformist, -ă *smf.* conformiste *smf.*
conformitate *sf.* conformité *sf.*
confort *sn.* confort *sm.*
confortabil, -ă *adj.* confortable.
confrate *sm.* confrère *sm.*
confrunta *vt.* confronter.
confunda *vt.* confondre.
confuz, -ă *adj.* confus, -e.
confuzie *sf.* confusion *sf.*

congela *vt.* congeler.
congestie *sf.* congestion *sf.*
congestiona *vr.* se congestionner.
conglomerat *sn.* conglomérat *sm.*
congregaţie *sf.* congrégation *sf.*
congres *sn.* congrès *sm.*
coniac *sn.* cognac *sm.*
conic, -ă *adj.* conique.
conifer *sm.* conifères *sm. pl.*
conjuga *vt.*, *vr.* (se) conjuguer.
conjugal, -ă *adj.* conjugal, -e.
conjugare *sf.* conjugaison *sf.*
conjunctiv, -ă **1.** *adj.* conjonctif, -ive; **2.** *sn.* subjonctif *sm.*
conjuctivită *sf.* conjonctivite *sf.*
conjunctură *sf.* conjoncture *sf.*
conjuncţie *sf.* conjonction *sf.*
conjura *vt.* conjurer.
conlocui *vi.* cohabiter.
conlucra *vi.* collaborer.
conopidă *sf.* chou-fleur *sm.*
consacra *vt.* consacrer.
consacrare *sf.* consécration *sf.*
consecinţă *sf.* conséquence *sf.*; *în* ~ en conséquence, par conséquent.
consecutiv, -ă *adj.* consécutif, -ive.
consecvent, -ă *adj.* conséquent, -e.
consemn *sn.* consigne *sf.*
consemna *vt.* consigner.
conserva *vt.*, *vr.* (se) conserver.
conservare *sf.* conservation *sf.*
conservator, -oare *adj.*, *smf.* conservateur, -trice.
conservator *sn.* conservatoire *sm.*
conservă *sf.* conserve *sf.*
consfătui *vr.* se concerter, se consulter.
consfătuire *sf.* délibération *sf.*
consfinţi *vt.* consacrer.
considera *vt.*, *vr.* (se) considérer.
considerabil, -ă *adj.* considérable.
consideraţie *sf.* considération *sf.*
consignaţie *sf.* consignation *sf.*
consilier *sm.* conseiller *sm.*
consiliu *sn.* conseil *sm.*
consimţământ *sn.* consentement *sm.*, assentiment *sm.*
consimţi *vt.*, *vi.* consentir, donner son assentiment, acquiescer.
consista *vi.* consister.
consistent, -ă *adj.* consistant, -e.
consistenţă *sf.* consistance *sf.*
consoană *sf.* consonne *sf.*
consola *vt.* consoler.
consolare *sf.* consolation *sf.*
consolida *vt.* consolider.
conspect *sn.* résumé *sm.*
conspira *vi.* conspirer.

C

conspirator, -oare *smf.* conspirateur, -trice.
conspiraţie *sf.* conspiration *sf.*
consta *vi.* consister.
constant, -ă 1. *adj.* constant, -e, invariable; **2.** *sf.* constante *sf.*
constanţă *sf.* constance *sf.*
constata *vt.* constater.
constatare *sf.* constatation *sf.*
constelaţie *sf.* constellation *sf.*
consterna *vt.* consterner.
consternat, -ă *adj.* consterné, -e.
constipat, -ă *adj.* constipé, -e.
constipaţie *sf.* constipation *sf.*
constitui *vt., vr.* (se) constituer.
constituţie *sf.* constitution *sf.*
constituţional, -ă *adj.* constitutionnel, -elle.
constrânge *vt.* contraindre.
constrângere *sf.* contrainte *sf.*
constructiv, -ă *adj.* constructif, -ive.
constructor, -oare *smf.* constructeur, -trice.
construcţie *sf.* construction *sf.*
construi *vt.* construire, édifier.
construire *sf.* construction *sf.*, édification *sf.*
consul *sm.* consul *sm.*
consulat *sn.* consulat *sm.*
consulta *vt., vr.* (se) consulter.
consultativ, -ă *adj.* consultatif, -ive.
consultaţie *sf.* consultation *sf.*
consum *sn.* consommation *sf.*
consuma 1. *vt.* consommer; détruire, consumer; **2.** *vr.* se consumer.
consumaţie *sf.* consommation *sf.*
conştient, -ă *adj.* conscient, -e.
conştiincios, -oasă *adj.* consciencieux, -euse.
conştiinţă *sf.* conscience *sf.*
cont *sn.* compte *sm.*
conta *vi.* compter.
contabil, -ă 1. *adj.* comptable; **2.** *sm.* comptable *sm.*
contabilitate *sf.* contabilité *sf.*
contact *sn.* contact *sm.*
contagios, -oasă *adj.* contagieux, -euse.
container *sn.* container *sm.*
contamina *vt.* contaminer.
contaminare *sf.* contamination *sf.*
conte *sm.* comte *sm.*
contempla *vt.* contempler.
contemplaţie *sf.* contemplation *sf.*
contemporan, -ă *adj.* contemporain, -e.
conteni *vi.* cesser.
contesă *sf.* comtesse *sf.*
contesta *vt.* contester.
contestabil, -ă *adj.* contestable.
contestaţie *sf.* contestation *sf.*

context *sn.* contexte *sm.*
continent *sn.* continent *sm.*
continental, -ă *adj.* continental, -e.
contingent *sn.* contingent *sm.*
continua *vt.* continuer.
continuare *sf.* suite *sf.*; continuité *sf.*
continuator, -oare *smf.* continuateur, -trice.
continuitate *sf.* continuité *sf.*
continuu, -ă *adj.* continuu, -e, continuel, -elle.
contopi *vr.* s'unir, fusionner.
contopire *sf.* unification *sf.*
contorsiune *sf.* contorsion *sf.*
contra *prep.* contre; *din ~* au contraire.
contraataca *vt.* contre-attaquer.
contrabalansa *vt.* contrebalancer.
contrabandă *sf.* contrebande *sf.*
contrabas *sm.* contrebasse *sf.*
contracara *vt.* contracarrer.
contract *sn.* contract *sm.*
contracta *vt.* contracter.
contractare *sf.* contraction *sf.*
contracţie *sf.* contraction *sf.*
contradictoriu, -ie *adj.* contradictoire.
contradicţie *sf.* contradiction *sf.*
contraface *vt.* contrefaire.
contrage *vr.* contracter.
contraindicat, -ă *adj.* contre-indiqué, -e.
contramaistru *sm.* contremaître *sm.*
contramanda *vt.* contremander.
contrar, -ă **1.** *adj.* contraire, opposé; **2.** *adv.* contrairement.
contraria *vt.* contrarier.
contrariu *sn.* contraire *sm.*
contraspionaj *sn.* contre-espionnage *sm.*
contrast *sn.* contraste *sm.*
contrasta *vt.* contraster.
contratimp *sm.* contretemps *sm.*
contravaloare *sf.* contre-valeur *sf.*
contraveni *vi.* contrevenir.
contravenient, -ă *smf.* contrevenant, -e.
contravenţie *sf.* contravention *sf.*
contrazice *vt.*, *vr.* (se) contredire.
contrazicere *sf.* contradiction *sf.*
contribuabil, -ă *smf.* contribuable *smf.*
contribui *vi.* contribuer.
contribuţie *sf.* contribution *sf.*
control *sn.* contrôle *sm.*
controla *vt.* côntroler; *(bilete)* poinçonner.
controlor, -oare *smf.* contrôleur, -euse.
controversă *sf.* controverse *sf.*
contur *sn.* contour *sm.*
contura *vt.*, *vr.* (se) dessiner.

C

C

contuzie *sf.* contusion *sf.*
conţine *vt.* contenir.
conţinut *sn.* contenu *sm.*, fond *sm.*
conţopist *sm.* gratte-papier *sm.*
convalescent, -ă *smf.* convalescent, -e.
convalescenţă *sf.* convalescence.
convenabil, -ă *adj.* convenable.
conveni *vi.* convenir.
convenienţă *sf.* convenance *sf.*
convenţie *sf.* convention *sf.*
convenţional, -ă *adj.* conventionnel, -elle.
convergent, -ă *adj.* convergent, -e.
conversa *vi.* converser, s'entretenir.
conversaţie *sf.* conversation *sf.*
conversiune *sf.* conversion *sf.*
converti *vt.*, *vr.* (se) convertir.
convertire *sf.* conversion *sf.*
convex, -ă *adj.* convexe.
convieţui *vi.* vivrc ensemble, cohabiter.
convingător, -oare *adj.* convaincant, -e.
convinge *vt.* convaincre.
convingere *sf.* conviction *sf.*
convoca *vt.* convoquer.
convocare *sf.* convocation *sf.*
convoi *sn.* convoi *sm.*
convorbi *vi.* converser, discuter, s'entretenir.
convorbire *sf.* entretien *sm.*, discussion *sf.*
convulsie *sf.* convulsion *sf.*
convulsiona *vr.* se convulsionner.
convulsiv, -ă *adj.* convulsif, -ive.
coopera *sf.* coopérer.
cooperare *sf.* coopération *sf.*
cooperativă *sf.* coopérative *sf.*
cooperator, -oare *smf.* coopérateur, -trice.
cooperaţie *sf.* coopération *sf.*
coopta *vt.* coopter.
coordona *vt.* coordonner.
coordonare *sf.* coordination *sf.*
coordonat, -ă **1.** *adj.* coordonné, -e; **2.** *sf.* coordonnée *sf.*
coordonator, -oare *adj.*, *smf.* coordonateur, -trice.
copac *sm.* arbre *sm.*
copaie *sf.* huche *sf.*, pétrin *sm.*
copcă *sf.* agrafe *sf.*; *(în gheaţă)* trouée *sf.*
copertă *sf.* couverture *sf.*
copia *vt.* copier.
copie *sf.* copie *sf.*
copil *sm.* enfant *sm.*
copilaş *sm.* bambin *sm.*, marmot *sm.*, bébé *sm.*
copilă *sf.* enfant *sf.*
copilăresc, -ească *adj.* enfantin, -e.
copilări *vi.* passer son enfance.

copilărie *sf.* enfance *sf.*; *(fig.)* puérilité *sf.*
copilăros, -oasă *adj.* enfantin, -e.
copios, -oasă 1. *adj.* copieux, -euse; **2.** *adv.* copieusement.
copită *sf.* sabot *sm.*
copleşi *vt.* accabler; combler.
copleşitor, -oare *adj.* accablant, -e.
copoi *sm.* lévrier *sm.*
copt, coaptă 1. *adj.* mûr, -e; cuit, -e; **2.** *sn.* mûrissement *sm.*; cuisson *sf.*
copulativ, -ă *adj.* copulatif, -ive.
cor *sn.* chœur *sm.*
corabie *sf.* navire *sm.*, bateau *sm.*, nef *sf.*
coral 1. *sn.* chorale *sf.*; **2.** *sm.* corail *sm.*
coran *sn.* coran *sm.*
corăbier *sm.* marin *sm.*, navigateur *sm.*
corb *sm.* corbeau *sm.*
corci *vr.* se croiser, métisser; *(despre animale)* mâtiner.
corcit, -ă *adj.* mâtiné, -e.
corcitură *sf.* métis, -isse; bâtard, -e.
corcoduş *sm.* mirabellier *sm.*
corcoduşă *sf.* mirabelle *sf.*
cord *sn.* coeur *sm.*
cordial, -ă 1. *adj.* cordial, -e; **2.** *adv.* cordialement.
cordialitate *sf.* cordialité *sf.*
cordon *sn.* ceinture *sf.*, cordon *sm.*
coreean, -ă 1. *adj.* coréen, -enne; **2.** Coréen, -enne.
corect, -ă 1. *adj.* correct, -e; **2.** *adv.* correctement.
corecta *vt.* corriger.
corectitudine *sf.* correction.
corector, -oare *smf.* correcteur, -trice.
corectură *sf.* correction *sf.*
corecţie *sf.* correction *sf.*
coreografie *sf.* choréographie *sf.*
corelativ, -ă *adj.* corrélatif, -ive.
corelaţie *sf.* corrélation *sf.*
coresponda *vi.* correspondre.
corespondent, -ă *adj.*, *smf.* correspondant, -e.
corespondenţă *sf.* correspondance *sf.*
corespunde *vi.* correspondre.
corespunzător, -oare *adj.* correspondant, -e, conforme.
coridor *sn.* corridor *sm.*
corigent, -ă *smf.* élève ajourné, -e.
corigenţă *sf.* examen ajourné *sm.*
corist, -ă *smf.* choriste *smf.*
corn 1. *sm.* *(de vânătoare)* corn *sm.*; *(plantă)* cornouiller *sm.*; **2.** *sn.* corne; *(aliment)* croissant.
cornee *sf.* cornée *sf.*
cornet *sn.* cornet *sm.*
cornut, -ă *adj.* cornu, -e.
coroană *sf.* couronne *sf.*
corobora *vt.* corroborer.

C

coroiat, -ă *adj.* crochu, -e, recourbé, -e.
corolă *sf.* corolle *sf.*
coroziv, -ă *adj.* corrosif, -ive.
coroziune *sf.* corrosion *sf.*
corp *sn.* corps *sm.*
corpolent, -ă *adj.* corpulent, -e.
corpolenţă *sf.* corpulence *sf.*
corporal, -ă *adj.* corporel, -elle.
corporaţie *sf.* corporation *sf.*
corsaj *sn.* corsage *sm.*
corsar *sm.* corsaire *sm.*
corset *sn.* corset *sm.*
cort *sn.* tente *sf.*
cortegiu *sn.* cortège *sm.*
cortină *sf.* rideau *sm.*
corupător, -oare *adj.* corrupteur, -trice.
corupe *vt.* corrompre.
corupt, -ă *adj.* corrompu, -e.
corupţie *sf.* corruption *sf.*
corvoadă *sf.* corvée *sf.*
cosaş *sm.* faucheur *sm.*
cosi *vt.* faucher.
cositor *sn.* etain *sm.*
cositori *vt.* étamer, rétamer.
cosiţă *sf.* chevelure *sf.*; tresse *sf.*, natte *sf.*
cosmetic, -ă 1. *adj.* cosmétique; **2.** *sn.* cosmétique *sm.*
cosmetică *sf.* cosmétique *sf.*; *salon de ~* institut de beauté.
cosmic, -ă *adj.* cosmique.
cosmonaut, -ă *smf.* cosmonaute *smf.*
cosmopolit, -ă *adj.* cosmopolite.
cosmos *sn.* cosmos *sm.*
cost *sn.* coût *sm.*
costa *vt.* coûter.
costeliv, -ă *adj.* efflanqué, -e.
costisitor, -oare *adj.* coûteux, -euse.
costişă *sf.* côte *sf.*; pente *sf.*
costiţă *sf.* côtelette *sf.*
costum *sn.* costume *sm.*; *~ de baie* maillot de bain.
costuma *vr.* se costumer.
coş *sn.* corbeille *sf.*; panier *sm.*; *(la case)* cheminée *sf.*; *(pe piele)* bouton *sm.*
coşar 1. *sn.* *(pentru cereale)* grange *sf.*; *(pentru animale)* étable *sf.*; **2.** *sm.* ramoneur *sm.*
coşciug *sn.* cercueil *sm.*
coşmar *sn.* cauchemar *sm.*
cot 1. *sn.* coude *sm.*; tournant *sm.*; **2.** *sm.* *(unitate de măsură)* aune *sf.*
cotă *sf.* cote *sf.*; quote-part *sf.*; *(la munte)* altitude *sf.*
cotcodăci *vi.* glousser.
coteţ *sn.* *(pentru porc)* étable *sf.*; *(pentru câine)* niche *sf.*; *(pentru păsări)* poulailler *sm.*
coti *vi.* tourner.
cotidian, -ă 1. *adj.* quotidien, -enne; **2.** *sn.* quotidien *sm.*
cotitură *sf.* tournant *sm.*
cotiza *vi.* cotiser.
cotizaţie *sf.* cotisation *sf.*
cotlet *sn.* côtelette *sf.*

cotlon *sn.* coin *sm.*, recoin *sm.*
cotoi *sm.* matou *sm.*
cotonogi *vt.* rouer des coups.
cotor *sn.* tige *sf.*; *(la chitanţier)* souche *sf.*
cotrobăi *vi.* fouiller, fureter.
cotropi *vt.* envahir.
cotropire *sf.* envahissement *sm.*, invasion *sf.*
cotropitor, -oare 1. *adj.* envahissant, -e; **2.** *sm.* envahisseur *sm.*
coţofană *sf.* pie *sf.*
covată *sf.* huche *sf.*
coviltir *sn.* bâche *sf.*
covârşi *vt.* accabler.
covârşitor, -oare *adj.* accablant, -e; immense; *majoritate ~* grande majorité.
covor *sn.* tapis *sm.*
covrig *sm.* craquelin rond *sm.*
cozonac *sm.* brioche *sf.*
cozoroc *sn.* visière *sf.*
crab *sm.* crabe *sm.*
cracă *sf.* branche *sm.*
crainic, -ă *smf.* speaker *sm.*, speakerine *sf.*; *(înv.)* héraut *sm.*
cramă *sf.* pressoir *sm.*
crampă *sf.* crampe *sf.*
crampon *sn.* crampon *sm.*
crampona *vr.* se cramponner.
craniu *sn.* crâne *sm.*
crap *sm.* carpe *sf.*
crater *sn.* cratère *sm.*
cratiţă *sf.* casserole *sf.*
cravaşă *sf.* cravache *sf.*
cravată *sf.* cravate *sf.*
crăcăna *vt.*, *vr.* écarquiller les jambes.
crăciun *sn.* Noël *sm.*
crăpa 1. *vi.* se fendre; se fêler; *ger de crapă pietrele* gèle à pierre fendre; *a ~ de ciudă* crever de dépit.; **2.** *vt.* fendre; *a ~ lemne* fendre du bois; **3.** *vt.*, *vr.* (s')entreouvrir; *se ~ de ziuă* le jour point.
crăpătură *sf.* fente *sf.*
crâcni *vi.* rouspéter.
crâmpei *sn.* fragment *sm.*, bout *sm.*
crâncen, -ă *adj.* acharné, -e, violent, -e; cruel, -elle, terrible; impitoyable.
crâng *sn.* bocage *sm.*
crea *vt.* créer.
creangă *sf.* branche *sf.*, rameau *sm.*
creastă *sf.* crête *sf.*; *(de munte)* sommet *sm.*, cime *sf.*
creator, -oare *adj.* créateur, -trice.
creatură *sf.* creature *sf.*
creaţie *sf.* creation *sf.*
crede *vt.*, *vi.* croire; *a nu-şi ~ ochilor* ne pas en croire ses yeux.
credincios, -oasă *adj.*, *smf.* dévoué, -e, fidèle; *(religios)* croyant, -e.
credinţă *sf.* foi *sf.*; croyance *sf.*; *de bună ~* de bonne foi.
credit *sn.* crédit *sm.*
credita *vt.* créditer.

C

C

creditor, -oare 1. *smf.* créancier, -ère; **2.** *adj.* créditeur.
credul, -ă *adj.* crédule.
credulitate *sf.* crédulité *sf.*
creier *sm.* cerveau *sm.*; *(de animal folosit în alimentație)* cervelle *sf.*; *creierul mic* le cervelet.
creion *sn.* crayon *sm.*
crematoriu *sn.* crématoire *sm.*
cremă *sf.* crème *sf.*
cremene *sf.* silex *sm.*
crenel *sn.* créneau *sm.*
crenvurşt *sm.* hot-dog *sm.*
crepuscul *sn.* crepuscule *sm.*
crescător, -oare *adj.*, *smf.* éleveur, -euse.
crescătorie *sf.* ferme *sf.*
cresta *vt.* encocher, entailler.
crestătură *sf.* entaille *sf.*, encoche *sf.*
creşă *sf.* crèche *sf.*
creşte 1. *vi.* croître, s'accroître, augmenter *(despre copii)* grandir; *(despre plante)* pousser; **2.** *vt.* élever.
creştere *sf.* croissance *sf.*; accroissament *sm.*, augmentation *sf.*; *(a animalelor)* élevage *sm.*
creştet *sn.* sommet de la tête *sm.*
creştin, -ă *adj.*, *smf.* chrétien, -enne.
creştinism *sn.* christianisme *sm.*
cretă *sf.* craie *sf.*
cretin, -ă *adj.* cretin, -e.
creţ, creață *adj.* *(despre păr)* bouclé, -e, frisé, -e; *(un material)* froncé, -e.
crez *sn.* credo *sm.*; foi *sf.*; croyance *sf.*; profession de foi *sf.*
crezare *sf.* créance *sf.*, foi *sf.*; *a da ~* prêter foi, donner créance.
crimă *sf.* crime *sm.*
criminal, -ă *adj.*, *smf.* criminel, -elle.
criminalitate *sf.* criminalité *sf.*
crin *sm.* lis *sm.*
crinolină *sf.* crinoline *sf.*
criptă *sf.* crypte *sf.*
crispa *vr.* (se) crisper.
crispare *sf.* crispation *sf.*
cristal *sn.* cristal *sm.*
cristalin, -ă *adj.* cristalin, -e.
cristaliza *vi.*, *vr.* (se) cristalliser.
criteriu *sn.* critérium *sm.*, critère *sm.*
critic, -ă 1. *adj.* critique; **2.** *sm.* critique *sm.*
critica *vt.* critiquer.
critică *sf.* critique *sf.*
crivăţ *sn.* vent du nord *sm.*, bise *sf.*
crizantemă *sf.* chrysanthème *sm.*
criză *sf.* crise *sf.*
croazieră *sf.* croisière *sf.*
crochete *sn. pl.* croquettes *sf.*
crocodil *sm.* crocodile *sm.*
croi *vt.* tailler, couper; former; *a ~ drum* frayer un chemin.
croială *sf.* coupe *sf.*

croitor *sm.* tailleur *sm.*, couturier *sm.*
croitoreasă *sf.* couturière *sf.*
croitorie *sf.* couture *sf.*; atelier de couture *sm.*
crom *sn.* chrome *sm.*
cromatic, -ă *adj.* chromatique.
cromozom *sm.* chromosome *sm.*
croncăni *vi.* croasser.
croncănit *sn.* croassement *sm.*
cronic, -ă *adj.* chronique.
cronicar *sm.* chroniquer *sm.*
cronică *sf.* chronique *sf.*
cronologic, -ă *adj.* chronologique.
cronologie *sf.* chronologie *sf.*
cronometra *vt.* chronométrer.
cronometru *sn.* chronomètre *sm.*
cros *sn.* cross-country *sm.*
crosă *sf.* crosse *sf.*
croşeta *vt.* tricoter.
croşetă *sf.* crochet *sm.*
cruce *sf.* croix *sf.*
cruci *vr.* s'étonner, s'émerveiller.
cruciadă *sf.* croisade *sf.*
cruciat *sm.* croié *sm.*
cruciş *adv.* en croix; de travers; *a se uita ~* loucher, regarder de travers.
crucişător *sn.* croiseur *sm.*
crud, -ă *adj.* *(alimente)* trop peu cuit; *(fructe)* vert, -e; *(ființe)* cruel, -elle.
crunt, -ă *adj.* cruel, -elle; terrible.
crupă *sf.* croupe *sf.*
crustaceu *sn.* crustacé *sm.*
crustă *sf.* croûte *sf.*
cruţa *vt.* épargner.
cruzime *sf.* cruauté *sf.*
ctitor, -iţă *smf.* fondateur, -trice.
ctitorie *sf.* fondation *sf.*
cu *prep.* avec; *~ toate că* bien que, quoique; *~ toate acestea* pourtant; *de ~ seară* dès le soir.
cuantum *sn.* quantum *sm.*
cuarţ *sn.* quartz *sm.*
cub *sn.* cube *sm.*
cubanez, -ă 1. *adj.* cubain, -e; **2.** *smf.* Cubain, -e.
cubic, -ă *adj.* cubique; *zahăr ~* sucre en morceaux.
cubism *sn.* cubisme *sm.*
cuc *sm.* coucou *sm.*
cuceri *vt.* conqueror.
cucerire *sf.* conquête *sf.*
cuceritor, -oare 1. *smf.* conquérant, -e; séducteur, -trice.; **2.** *adj.* séduisant, -e.
cucernic, -ă *adj.* pieux, -euse, dévot, -e.
cucernicie *sf.* piété *sf.*, dévotion *sf.*
cucoană *sf.* dame *sf.*, madame *sf.*
cucui *sn.* bosse *sf.*
cucurigu *interj.* cocorico.
cucută *sf.* cigue *sf.*
cucuvaie *sf.* chouette *sf.*
cufăr *sn.* coffre *sm.*
cufunda 1. *vt.* tremper, plonger; **2.** *vr.* se plonger, s'enfoncer.

cuget *sn.* esprit *sm.*, pensée *sf.*
cugeta *vi.* réfléchir, penser, méditer.
cugetare *sf.* réflexion *sf.*
cui *sn.* clou *sm.*; *~ pe ~ se scoate* un mal en chase l'autre.
cuib *sn.* nid *sm.*
cuibări *vr.* se nicher, se pelotonner.
cuier *sn.* porte-manteau *sm.*
culca *vt.*, *vr.* (se) coucher, (se) mettre au lit.
culcare *sf.* coucher *sm.*
culcuş *sn.* couche *sf.*; *(la animale)* litière *sf.*
culegător, -oare *smf.* moissonneur, -euse; collectionneur, -euse.
culege *vt.* cueillir, récolter, ramasser, collectionner; *a ~ flori* cueillir des fleurs; *a ~ struguri* faire le vendange.
culegere *sf.* collection *sf.*; recueil *sm.*
cules *sn.* cueillette *sf.*; *culesul viei* le vendange *sf.*
culinar, -ă *adj.* culinaire.
culisă *sf.* coulisse *sf.*
culme *sf.* cime *sf.*, sommet *sm.*; *asta-i culmea!* c'est le comble.
culmina *vi.* culminer.
culminant, -ă *adj.* culminant, -e.
culoare *sn.* couloir *sm.*
culoare *sf.* couleur *sf.*
culpabil, -ă *adj.* coupable.
culpabilitate *sf.* culpabilité *sf.*
culpă *sf.* faute *sf.*
cult *sn.* culte *sm.*
cult, -ă *adj.* cultivé, -e, instruit, -e.
cultiva *vt.* cultiver; s'instruire.
cultivator, -oare **1.** *smf.* cultivateur, -trice; **2.** *sn. (maşină)* cultivateur *sm.*
cultural, -ă *adj.* culturel, -elle.
culturaliza *vt.* éduquer, instruire.
cultură *sf.* culture *sf.*
cum **1.** *adv.* comment; *~ să nu!* mais comment donc!; *~ vrei* à ta guise; **2.** *conj.* comme; *ca şi ~* comme si.
cumătră *sf.* marraine *sf.*, commère *sf.*
cumătru *sm.* parain; compère *sm.*
cuminte *adj.* sage.
cuminţenie *sf.* sagesse *sf.*
cuminţi *vr.*, *vt.* (s')assagir.
cumnat *sm.* beau-frère *sm.*
cumnată *sf.* belle-soeur *sf.*
cumpănă *sf. (la fântână)* bras *sm.*; balance *sf.*; équilibre *sm.*
cumpăni **1.** *vt.* équilibrer, peser; juger; **2.** *vr.* se balancer.
cumpănit, -ă *adj.* equilibré, -e, modéré, -e.
cumpăra *vt.* acheter.
cumpărare *sf.* achat *sm.*
cumpărător, -oare *smf.* acheteur, -euse.
cumpărătură *sf.* achat *sm.*, acquisition *sf.*; *a face cumpărături* faire des emplettes.

cumpăt *sn.* équilibre *sm.*; empire sur soi même; *a-şi pierde cumpătul* s'emporter.
cumpătare *sf.* mesure *sf.*, modération *sf.*, sobriété *sf.*
cumpătat, -ă *adj.* pondéré, -e, posé, -e, sobre.
cumplit, -ă 1. *adj.* terrible, cruel, -elle; 2. *adv.* terriblement, excessivement.
cumsecade *adj.* comme il faut, honnête.
cumul *sn.* cumul *sm.*
cumula *vt.* cumuler.
cumva *adv.* jamais, par hassard, éventuellement; peut-être; *să nu care ~* gardez-vous (de).
cunoaşte *vt.* connaître.
cunoaştere *sf.* connaissance *sf.*
cunoscător, -oare *smf.* connaisseur, -euse.
cunoscut, -ă 1. *adj.* connu, -e; 2. *smf.* connaissance *sf.*
cunoştinţă *sf.* connaissance *sf.*; *a aduce la ~* faire savoir, informer.
cununa *vt.*, *vr.* (se) marier.
cunună *sf.* couronne *sf.*
cununie *sf.* noce *sf.*
cupă *sf.* coupe *sf.*
cupeu *sn.* coupé *sm.*
cupla *vt.* coupler.
cuplaj *sn.* couplage *sm.*
cuplet *sn.* couplet *sm.*
cuplu *sn.* couple *sm.*
cupolă *sf.* coupole *sf.*
cupon *sn.* coupon *sm.*
cuprinde 1. *vt.* comprendre; contenir, renfermer; embrasser; 2. *vr.* être compris, être inclus; *a ~ dintr-o privire* embrasser d'un coup d'œil; *cât cuprinzi cu ochii* à perte vue; *a fi cuprins de frică* être saisi de peur.
cuprins *sn.* contenu *sm.*; table de matieère *sf.*; *(întindere)* étendue *sf.*
cuprinzător, -oare *adj.* large, étendu, -e.
cupru *sn.* cuivre *sm.*
cuptor *sn.* four *sm.*, fourneau *sm.*
curaj *sn.* courage *sm.*
curajos, -oasă 1. *adj.* courageux, -euse; 2. *adv.* courageusement.
curat, -ă 1. *adj.* propre; pur, -e; 2. *adv.* franchement, vraiement; *aer ~* de l'air frais.
cură *sf.* cure *sf.*
curăţa 1. *vt.* nettoyer, purifier; *(legume)* éplucher, peler; *(peşte)* écailler; *(noroi)* décrotter; *(copaci)* émonder; 2. *vr.* se nettoyer; se purifier; se débarasser.
curăţat *sn.* nettoyage *sm.*; *(legume)* épluchage *sm.*; *(noroi)* décrottage *sm.*; *(copaci)* émondage *sm.*; *(peşte)* écaillage *sm.*
curăţenie *sf.* propreté *sf.*; innocence *sf.*; nettoyage *sm.*

C

curând *adv.* bientôt; vie; *cât mai ~ posibil* le plus tôt possible.
curb, -ă *adj.* courbe.
curba *vt.* courber.
curbă *sf.* courbe *sf.*
curbură *sf.* courbure *sf.*
curcan *sm.* dindon *sm.*
curcă *sf.* dinde *sf.*
curcubeu *sn.* arc-en-ciel *sm.*
curea *sf.* courroie *sf.*
curelar *sm.* bourrelier *sm.*
curent, -ă 1. *adj.* courant, -e; **2.** *adv.* couramment; **3.** *sm.* courant *sm.*; courant d'air *sm.*
curgător, -oare *adj.* courant, qui coule; *(stil)* facile, coulant, aisé, -e.
curge *vi.* couler; *a ~ gârlă* ruisseler.
curier *sm.* courrier *sm.*
curios, -oasă *adj.* curieux, -euse.
curiozitate *sf.* curiosité *sf.*
curma 1. *vt.* interrompre; serrer, faire cesser; **2.** *vr.* cesser, s'interrompre.
curmal *sm.* dattier *sm.*
curmală *sf.* datte *sf.*
curmătură *sf.* gorge *sf.*, col *sm.*
curmeziş *adv.* de travers, obliquement.
curpen *sm.* vrille *sf.*, sarment *sm.*
curs *sn.* cours *sm.*
cursă *sf.* course *sf.*; trappe *sf.* piège *sm.*; *a cădea în ~* tomber dans un piège.
cursiv, -ă 1. *adj.* cursif, -ive; **2.** *sf. pl. litere cursive* italiques *sf. pl.*
curte *sf.* cour *sf.*
curtenitor, -oare *adj.* cortois, -e.
curtezan *sm.* galant *sm.*
curtezană *sf.* courtisane *sf.*
curtoazie *sf.* coutoisie *sf.*
cusătură *sf.* couture *sf.*
cuscră *sf.* la mère du gendre.
cuscru *sm.* le père du gendre.
custode *sm.* conservateur *sm.*; surveillant *sm.*
cusur *sn.* défaut *sm.*
cusurgioaică *sf.* chicaneuse *sf.*
cusurgiu *sm.* chicaneur *sm.*
cuşcă *sf.* cage *sf.*
cutare *pron. nehot.* tel (telle), un tel (une telle).
cută *sf.* pli *sm.*
cuteza *vt.* oser.
cutezător, -oare *adj.* audacieux, -euse; téméraire, hardi, -e.
cutie *sf.* boîte *sf.*
cutră *sf.* hypocrite *sm.*, intrigant, -ante *sm.*
cutreieia 1. *vt.* parcourir; **2.** *vi.* errer, flâner, vagabonder.
cutremur *sn.* tremblement de terre *sm.*
cutremura *vr.* trembler.

cuţit *sn.* couteau *sm.*; *a fi la cuțite cu cineva* être à couteaux tiré avec qqn.

cuţitar *sm.* coutelier *sm.*

cuvânt *sn.* parole *sf.*, mot *sm.*; discours *sm.*; *joc de cuvinte* jeu de mots; ~ *de onoare* parole d'honneur; *purtător de* ~ porte-parole; ~ *cu* ~ mot à mot; *parte de* ~ partie du discours; *a se ține de* ~ tenir sa parole; *într-un* ~ bref.

cuvânta *vt.*, *vi.* parler, discourrir, tenir un discours.

cuvântare *sf.* discours *sm.*

cuvântător, -oare 1. *adj.* parlant, -e; **2.** *sm.* orateur.

cuveni *vr.* revenir, mériter; devoir; *cum se cuvine* comme il se doit.

cuvertură *sf.* couverture *sf.*

cuviincios, -oasă *adj.* poli, -e, honnête.

cuviinţă *sf.* civilité *sf.*, bienséance *sf.*

cuvios, -oasă *adj.* pieux, -euse, dévot, -e.

cvadruplu, -ă *adj.* quadruple.

cvartet *sn.* quatuor *sm.*

cvintet *sn.* quintette *sm.*

C

D

D

da[1] *adv.* oui; *ba ~* mais oui; *a nu spune nici ~ nici nu* ne dire ni oui, ni non.

da[2] **1.** *vt.* donner, remettre, offrir; **2.** *vi.* se donner; *a se ~ drept* se faire passer pour; *a ~ o masă* donner un diner; *a ~ un premiu* accorder un prix; *a ~ de pomană* faire l'aumône; *a se ~ de o parte* s'effacer, s'écarter; *a ~ cu împrumut* prêter; *a ~ de gol* trahir; *a ~ din cap* hocher la tête; *a se ~ bătut* s'avouer vaincu; *a ~ un examen* passer un examen.

dacă *conj.* si; *chiar ~* même si; *numai ~* pourvu que.

dactilograf, -ă *smf.* dactylographe.

dactilografia *vt.* dactylographier.

dafin *sm.* laurier.

dală *sf.* dale *sf.*

dalie *sf.* dahlia *sm.*

daltă *sf.* ciseau *sm.*

dambla *sf.* coup de sang *sm.*; paralysie *sf.*

damigeană *sf.* dame-jeune *sf.*

dandana *sf.* gros ennui *sm.*, embêtement *sm.*; *(gălăgie)* vacarme *sm.*, tapage *sm.*

danez, -ă **1.** *adj.* danois, -oise; **2.** *smf.* Danois, -oise.

dangăt *sn.* tintement *sm.*

dans *sn.* danse *sf.*

dansa *vi.*, *vt.* danser.

dansator, -oare *smf.* danseur, -euse.

dantelă *sf.* dentelle *sf.*

dantură *sf.* denture *sf.*, dentition *sf.*; *~ falsă* dentier *sm.*

dar[1] *conj.* mais.

dar[2] *sn.* don *sm.*, cadeau *sm.*; *(fig.)* aptitude *sf.*, talent *sm.*, don *sm.*; *a face un ~ cuiva* faire un don à qqn.

darnic, -ă *adj.* génereux, -euse.

dascăl *sm.* professeur *sm.*, maître d'école; *(la biserică)* chantre *sm.*

data *vt.*, *vi.* dater.

datare *sf.* datation *sf.*

dată[1] *sf.* fois *sf.*; *data viitoare* la prochaine fois; *pe ~* aussitôt; *o ~ cu* en même temps que.

dată[2] *sf.* date *sf.*

datină *sf.* coutume *sf.*

dator *adj.* débiteur, -trice; redevable.

datora **1.** *vt.* devoir; **2.** *vi.* etre dû.

datorie *sf.* *(în bani)* dette *sf.*; *(morală)* devoir *sm.*; *a cumpăra pe ~* acheter à crédit.
datorită *prep.* grace à; à cause de; par suite de.
datornic, -ă *smf.* débiteur, -trice.
daună *sf.* dommage *sm.*, perte *sf.*; *a cere daune* réclamer des dommages-intérêts.
dădacă *sf.* bonne d'enfant *sf.*
dădăci *vt.* être aux petits soins de qqn.
dăinui *vi.* durer, persister.
dăltui *vt.* sculpter; ciseler.
dăngăni *vi.* sonner.
dărăpăna *vi.* se délabrer.
dărăpănat, -ă *adj.* délabré, -e.
dărăpănătură *sf.* masure *sf.*
darâma **1.** *vt.* démolir; **2.** *vi.* se délabrer, s'écrouler.
dărâmături *sf. pl.* décombres *sm. pl.*, ruines *sf. pl.*
dărnicie *sf.* générosité *sf.*
dărui **1.** *vt.* faire don, donner; **2.** *vt.*, *vi.* (se) consacrer, (se) dédier.
dăruire *sf.* don *sm.*; dévouement *sm.*; sacrifice *sm.*
dăscăli *vt.* sermonner, seriner.
dăuna *vi.* endommager, nuire, préjudicier.
dăunător, -oare **1.** *adj.* nuisible, nocif, -ive; **2.** *sm.* insecte nuisible *sm.*
dâmb *sn.* coteau *sm.*
dânsul, dânsa *pron. pers.* il, elle.
dâră *sf.* trainé *sf.*, trace *sf.*
dârdâi *vi.* grelotter, trembler.
dârdâială *sf.* grelottement *sm.*; tremblement *sm.*
dârz, -ă *adj.* fier, -ère; courageux, -euse.
dârzenie *sf.* fierté *sf.*, orgueil *sm.*; courage *sm.*, témérité *sf.*
de[1] *prep.* de, depuis; en; par; *de vreme ce* puisque; *~ când* depuis que; *un pahar ~ cristal* un verre en crystal.
de[2] *conj.* si, même.
deal *sn.* colline *sf.*; *a urca un ~* monter une côte.
deasupra *adj.* dessus; *pe ~* par-dessus, au-dessus.
debandadă *sf.* débandade *sf.*
debara *sf.* débarras *sm.*
debarasa *vt.*, *vi.* (se) débarasser.
debarca *vi.* débarquer.
debarcader *sn.* débarcadère *sm.*
debarcare *sf.* débarquement *sm.*
debil, -ă *adj.* débile, chétif, -ive.
debilitate *sf.* débilité *sf.*
debit *sn.* débit *sm.*
debitor, -oare *adj.*, *smf.* débiteur, -trice.
debolca *vt.* débloquer.
deblocare *sf.* déblocage *sm.*
deborda *vi.* déborder.
debut *sn.* début *sm.*
debuta *vi.* débuter.
debutant, -ă *smf.* débutant, -e.

decadă *sf.* decade *sf.*, décennie *sf.*
decadent, -ă *adj.* decadent, -e.
decadenţă *sf.* decadence *sf.*
decalaj *sn.* décalage *sm.*
decalitru *sm.* décalitre *sm.*
decan, -ă *smf.* doyen, -enne.
decanat *sn.* décanat *sm.*
decanta *vt.* décanter.
decapita *vt.* décapiter.
decapitare *sf.* décapitation *sf.*
decapotabil *adj.* décapotable.
decădea *vi.* déchoir.
decădere *sf.* déchéance *sf.*
deceda *vi.* décéder.
decembrie *sm.* décembre *sm.*
deceniu *sn.* décennie *sf.*
decent, -ă *adj.* décent, -e.
decenţă *sf.* décense *sf.*
decepţie *sf.* deception *sf.*
decepţiona *vt.* décevoir.
decepţionat, -ă *adj.* deçu, -e.
decerna *vt.* décerner, accorder.
deces *sn.* décès *sm.*
deci *conj.* donc, par conséquent.
decide 1. *vr.*, *vi.* (se) décider; **2.** *vt.* décider, persuader, convaincre.
decilitru *sm.* décilitre *sm.*
decima *vt.* décimer.
decimal, -ă *adj.* decimal, -e.
decimentru *sm.* decimeter *sm.*
decis, -ă *adj.* decide, -e; ferme, résolu, -e.
decisiv, -ă *adj.* décisif, -ive.
decizie *sf.* décision *sf.*
decât 1. *adv.* que; **2.** *prep.* que, *el este mai frumos ~ tine* il est plus beau que toi.
declama *vt.* déclamer.
declanşa *vt.*, *vi.* (se) déclencher.
declanşare *sf.* déclenchement *sm.*
declanşator *sn.* déclencheur *sm.*
declara 1. *vt.* déclarer; **2.** *vi.* se déclarer, se prononcer.
declaraţie *sf.* déclaration *sf.*
declic *vi.* déclic *sm.*
declin *sn.* déclie *sm.*
declina *vt.* décliner; *a-şi ~ răspunderea* décliner toute responsabilité.
decola *vi.* décoller.
decolare *sf.* décollage *sm.*
decolora 1. *vi.* se décolorer, détindre, s'effacer; **2.** *vt.* décolorer, détrindre.
decolorant, -ă 1. *adj.* décolorant, -e; **2.** *sm.* décolorant *sm.*
decolorare *sf.* décoloration *sf.*
decolta *vt.* décolleter.
decoltat, -ă *adj.* décollé, -e.
decolteu *sn.* décolleté *sm.*
deconecta *vt.* débrancher.
decont *sn.* décompte *sm.*
deconta *vt.* décompter.
decor *sn.* décor *sm.*
decora *vt.* décorer, orner.
decorative, -ă *adj.* décorative, -ive.
decoraţie *sf.* décoration *sf.*

decortica *vt.* décortiquer.
decret *sn.* décret *sm.*
decreta *vt.* décréter.
decupa *vt.* découper.
decupla *vt.* découpler; désacoupler.
decurge *vi.* découler.
decurs *sn. în ~ de un an* pendant (durant) une année.
deda *vi.* s'adonner, se consacrer; s'habituer à.
dedesubt 1. *adv.* dessous; **2.** *sn.* dessous *sm.*
dedica 1. *vt.* dédier, consacrer; **2.** *vi.* se vouer à, se consacrer.
dedicaţie *sf.* dédicace *sf.*
deduce *vt.* déduire.
deducţie *sf.* déduction *sf.*
deductiv, -ă *adj.* déductif, -ive.
defavoare *sf.* défaveur *sf.*
defavorabil, -ă *adj.* défavorable.
defăima *vt.* diffamer, calomnier, dénigrer.
defăimător, -oare *adj.* diffamant, -e, diffamatoire.
defect 1. *sn.* défaut *sm.*; **2.** *adj.* déréglé, -e, détraqué, -e.
defecta *vt., vi.* (se) déteriorer.
defectuos *adj.* défectueux, -euse.
defecţiune *sf.* défection *sf.*
defensiv, -ă *adj.* défensif, -ive.
defensivă *sf.* défensive *sf.*
deficient, -ă *adj.* déficient, -e; faible, insuffisant, -e.
deficienţă *sf.* carence *sf.*; déficience *sf.*
deficit *sn.* deficit *sm.*
deficitar, -ă *adj.* déficitaire.
defila *vi.* défiler.
defilare *sf.* défilé *sm.*
defileu *sn.* défilé *sm.*, gorge *sf.*
defini *vt.* définir.
definitiv, -ă 1. *adj.* définitive, -ive; **2.** *adv. în ~* en définitive.
definitiva *vt.* achever, parfaire, parachever; *(într-un post)* titulariser.
definiţie *sf.* définition *sf.*
deforma 1. *vt.* déformer; dénaturer; **2.** *vi.* se déformer.
deformare *sf.* déformation *sf.*
defrişa *vi.* défricher.
defunct, -ă *adj., smf.* défunt, -e.
degaja 1. *vt.* dégager, débarrasser; **2.** *vi.* se dégager, se délivrer.
degeaba *adv.* en vain, inutilement; *pe ~* gratis.
degenera *vi.* dégénérer.
degera *vi.* geler.
degerătură *sf.* engelure *sf.*
deget *sn.* doigt *sm.*; *~ de la mână* les doigts de la main; *~ de la picior* les doigts de pieds, les orteils; *~ mare* le pouce; *~ mic* l'auriculaire, le petit doigt; *a umbla în vârful degetelor* marcher sur la pointe des pieds.
degetar *sn.* dé *sm.*

deghiza *vi.* se déguiser, se travestir.
deghizare *sf.* déguisement *sm.*, travestissement *sm.*
D
degrabă *adv.* vite; *vino degrabă!* viens vite; *mai ~* plutôt.
degrada *vt.* dégrader; détériorer; *a ~ un ofiţer* dégrader un officier.
degradant, -ă *adj.* avilissant, -e, dégradant, -e.
degradare *sf.* dégradation *sf.*; avilissement *sm.*
degresa *vt.* dégraisser.
degusta *vt.* déguster, savourer.
deîmpărţit *sm. sg.* dividende *sm.*
deînmulţit *sm. sg.* multiplicande *sm.*
deja *adv.* déjà.
dejuca *vt.* déjouer.
dejun *sn.* déjeuner *sm.*
dejuna *vi.* déjeuner.
delapida *vt.* soustraire, dilapider, voler.
delapidare *sf.* dilapidation *sf.*
delăsa *vi.* se désintéresser, négliger *vt.*
delăsare *sf.* indifférence *sf.*, manque d'interêt *sm.*
delecta *vt.*, *vi.* (se) délecter.
delectare *sf.* délectation *sf.*
delega *vt.* déléguer.
delegat, -ă *smf.* délégué, -e.
delegaţie *sf.* délégation *sf.*, mandate *sm.*
delfin *sm.* dauphin *sm.*
delibera *vt.* délibérer.
deliberare *sf.* délibération *sf.*
delicat, -ă 1. *adj.* délicat, -e, fin, -e, gracieux, -euse; *culoare delicată* couleur tendre; **2.** *adv.* délicatement.
delicateţe *sf.* délicatesse *sf.*, finesse *sf.*
delicios, -oasă *adj.* délicieux, -euse, exquis, -ise.
deliciu *sn.* délice *sm.*
delict *sn.* délit *sm.*
delimita *vt.* délimiter.
delimitare *sf.* délimitation *sf.*
delicvent, -ă *smf.* déliquant, -e.
delir *sn.* délire *sm.*
delira *vi.* délirer.
deltă *sf.* delta *sm.*
deluros *adj.* montueux, -euse.
demachia *vt.*, *vi.* (se) démaquiller.
demagnetiza *vt.* démagnetiser.
demagog *sm.* démagogue *sm.*
demagogie *sf.* démagogie *sf.*
demara *vi.* démarrer.
demarca *vt.* délimiter.
demarcaţie *sf.* démarcation *sf.*
demasca *vt.*, *vi.* (se) démasquer.
dement, -ă *adj.* dément, -e.
demenţă *sf.* démence *sf.*
demers *sn.* démarche *sf.*
demilitariza *vt.* démilitariser.
demilitarizare *sf.* démilitarisation *sf.*
demisie *sf.* démission *sf.*
demisiona *vi.* démissionner.

demite *vt.* destituer, renvoyer, démettre.
demitere *sf.* destitution *sf.*, renvoi *sm.*, révocation *sf.*
demn *adj.* digne.
demnitar *sm.* dignitaire *sm.*
demnitate *sf.* dignité *sf.*
demobiliza *vi.* démobiliser.
democrat, -ă *smf.*, *adj.* démocrate *smf.*
democratic, -ă *adj.* démocratique.
democratiza *vt.* démocratiser.
democratizare *sf.* démocratisation *sf.*
democraţie *sf.* démocratie *sf.*
demoda *vi.* se démoder.
demografie *sf.* démographie *sf.*
demon *sm.* démon *sm.*, diable *sm.*
demonstra **1.** *vt.* démontrer, prouver; **2.** *vi.* *(a manifesta)* manifester.
demonstrativ, -ă **1.** *adj.* démonstrative, -ive; **2.** *adv.* démonstrativement.
demonstraţie *sf.* démonstration *sf.*; *(manifestație)* manifestation *sf.*
demonta *vt.* démonter.
demoraliza *vt.*, *vi.* (se) démoraliser, (se) décourager.
demoralizare *sf.* démoralisation *sf.*, découragement *sm.*
demoralizator, -oare *adj.* démoralisateur, -trice.
demult *adv.* il y a longtemps; *de ~* depuis longtemps; *mai ~* jadis.
denatura *vt.* dénaturer, déformer, altérer.
denaturat, -ă *adj.* dénaturé, -e.
denigra *vt.* dénigrer.
denigrare *sf.* dénigrement *sm.*
denivela *vt.* déniveler.
denivelare *sf.* dénivellation *sf.*
denota *vt.* denoter, indiquer, témoigner.
dens, -ă *adj.* dense.
densitate *sf.* densité *sf.*
dentar *adj.* dentaire.
denstist *smf.* dentiste *sm.*
dentiţie *sf.* dentition *sf.*
denumi *vt.* dénommer, nommer.
denumire *sf.* dénomination *sf.*, appellation *sf.*
denunţ *sf.* dénonciation *sf.*
denunţa *vt.* dénoncer.
denunţare *sf.* dénonciation *sf.*
denunţător, -oare *smf.* dénonciateur, -trice.
deoarece *conj.* parce que, puis que, vu que.
deocamdată *adv.* pour le moment.
deochea *vt.* jeter le mauvais œil à qqn.
deocheat, -ă *adj.* *(despre oameni)* à qui on a jeté le mauvais œil; *(fig.)* grivois, -oise.
deochi *sn.* mauvais œil *sm.*

D

deodată *adv.* tout d'un coup, brusquement, soudain.
deoparte *adv.* à l'écart; de côté.
deopotrivă *adv.* également.
deosebi **1.** *vt.* discerner; distinguer, remarquer; **2.** *vi.* être différent; se distinguer, se faire remarquer.
deosebire *sf.* différence *sf.*, distinction *sf.*; *spre ~ de* à l'encontre de.
deosebit, -ă **1.** *adj.* different, -e; **2.** *adv.* à part; particulièrement.
depana *vt.* dépanner.
depanare *sf.* dépannage *sm.*
departament *sn.* département *sm.*
departe *adv.* loin; *mai ~* plus loin; ensuite; *pe ~* indirectement; *rudă de ~* un parent éloigné.
depăna *vt.* dévider; *a ~ amintiri* égrener des souvenirs; *a ~ lână* dévider de la laine.
depărta *vt.*, *vi.* (s')éloigner.
depărtare *sf.* distance *sf.*; éloignement *sm.*; *în ~* au lointain.
depărtat, -ă *adj.* lointain, -e, éloigné, -e.
depăşi *vt.* dépasser, doubler (une voiture).
depăşire *sf.* dépassement *sm.*
depăşit, -ă *adj.* démodé, -e.
dependent, -ă *adj.* dépendant, -e.
dependenţă *sf.* dépendence *sf.*
dependinţe *sf. pl.* dépendences *sf. pl.*
depinde *vt.* dépendre.
depista *vt.* dépister.
deplasa *vt.*, *vi.* (se) déplacer.
deplasare *sf.* déplecement *sm.*
deplin, -ă **1.** *adj.* entier, -ère, complet, -ète; accompli, -e; **2.** *adv.* entièrement, complètement.
deplânge *vt.* deplorer, plindre.
depopula *vt.* dépeupler.
deporta *vt.* déporter.
deportare *sf.* déportation *sf.*
deportat, -ă *adj.*, *smf.* déporté, -e.
deposeda *vt.* déposséder, fruster.
depou *sn.* dépôt *sm.*
depozit *sn.* dépôt *sm.*; *(sediment)* sédiment *sm.*
depozita *vt.* déposer, emmagasiner.
depoziţie *sf.* déposition *sf.*
deprava **1.** *vt.*, *vi.* (se) pervertir, (se) corrompre; **2.** *vt.* dépraver.
depravat, -ă *adj.* dépravé, -e, perverti, -e, corrompu, -e.
deprecia *vt.* déprécier.
depreciere *sf.* dépréciation *sf.*
depresiune *sf.* dépression *sf.*
deprima *vt.* déprimer, démoraliser, décourager.
deprimare *sf.* dépression *sf.*

deprinde 1. *vt.* accoutumer, habituer; apprendre, assimiler; 2. *vi.* s'habituer, se familiariser, se faire à.
deprindere *sf.* habitude *sf.*
depune 1. *vi.* déposer; *a ~ jurământ* prêter serment; 2. *vi.* se déposer.
depunere *sf.* dépôt *sm.*
deputat, -ă *smf.* député *sm.*
deraia *vi.* dérailler; *(fig.)* divaguer.
deraiere *sf.* déraillement *sm.*
deranj *sn.* désordre *sm.*; dérangement *sm.*
deranja 1. *vt.* déranger, bouleverser, chambarder; 2. *vi.* se déranger.
deranjament *sn.* dérèglement *sm.*, dérangement *sm.*
derapa *vi.* déraper.
derapare *sf.* dérappage *sm.*
derâdere *sf. a lua în ~* se moquer.
derbedeu *sm.* voyou *sm.*, vaurien *sm.*
deriva 1. *vi.* dériver; 2. *vt.* détourner, dévier.
derivaţie *sf.* dérivation *sf.*
derivă *sf.* dérive *sf.*
derizoriu, -ie *adj.* dérisoire.
dermatolog *sm.* dermatologiste *sm.*
dermă *sf.* derme *sm.*
deroga *vi.* déroger.
derogare *sf.* dérogation *sf.*
deruta *vt.* dérouter.
derută *sf.* déroute *sf.*
des, deasă 1. *adj.* épais, -aisse, tofu, -e; fin, -e; fréquent, -e; 2. *adv.* souvent, fréquemment.
desagă *sf.* besace *sf.*
desăra *vt.* dessaler.
desăvârşi *vt.* parachever, parfaire.
desăvârşit, -ă *adj.* parfait, -e, achevé, -e.
descalifica *vt.* disqualifier.
descăleca *vi.* descendre de cheval.
descălţa *vt., vi.* (se) déchausser.
descărca *vt., vi.* (se) décharger; (se) libérer.
descărcare *sf.* déchargement *sm.*
descărcătură *sf.* décharge *sf.*
descărna *vi.* (se) décharner.
descătuşa *vt., vi.* (se) libérer, (s') affranchir.
descendent, -ă *adj., smf.* descendant, -e *adj., smf.*
descendenţă *sf.* descendance *sf.*
descentraliza *vt.* décentraliser.
descentralizare *sf.* décentralisation *sf.*
descheia *vt.* déboutonner.
deschide 1. *vt.* ouvrir; 2. *vi.* s'ouvrir; s'épanouir *(despre flori).*
deschidere *sf.* ouverture *sf.*
deschizător, -oare *smf. ~ de drumuri* pionnier *sm.*
deschizătură *sf.* ouverture *sf.*, trou *sm.*, passage *sm.*

D

descifra *vt.* déchiffrer.
descifrabil, -ă *adj.* déchiffrable.
descinde *vi.* descendre.
descânta *vi.* faire des incantations.
descântec *sn.* incantation *sf.*
descleşta *vt.*, *vi.* (se) desserrer.
descoase *vt.* découdre.
descoji *vt.* *(un copac)* écorcer; *(legume)* éplucher; *(fructe)* peler; *(nuci)* écaler.
descompleta *vt.* décompleter.
descompune 1. *vt.* décomposer; 2. *vi.* se décomposer, se corrompre, s'altérer.
descompunere *sf.* décomposition; altération.
descongestiona *vt.* décongestioner, dégager.
desconsidera *vt.* déconsidérer.
desconsiderare *sf.* déconsidération *sf.*
descoperi 1. *vt.* découvrir; dévoiler, révéler; 2. *vi.* se découvrir.
descoperire *sf.* découverte *sf.*
descoperitor, -oare *smf.* découvreur *sm.*
descotorosi *vi.* se débarrasser, se défaire.
descreierat, -ă *adj.*, *smf.* écervelé, -e *adj.*, *smf.*
descrescător, -oare *adj.* décroissant, -e.
descreşte vi. décroître, diminuer.
descreştere *sf.* décroissance *sf.*, diminution *sf.*
descreţi *vt.* *(fruntea)* dérider; *(o stofă)* lisser.
descrie *vt.* décrire; tracer.
descriere *sf.* description *sf.*
descriptiv, -ă *adj.* descriptif, -ive.
descuia *vt.* ouvrir une serrure.
desculţ, -ă 1. nu-pieds; 2. *smf.* va-nu-pieds *sm.invar.*
descumpăni *vt.* déconcerter, désorienter.
descuraja *vt.*, *vi.* (se) décourager.
descurajare *sf.* découragement.
descurajator, -oare *adj.* décourageant, -e.
descurca 1. *vt.* démêler; *(fig.)* débrouiller, éclaircir; 2. *vi.* se débrouiller.
descurcăreă, -eaţă *adj.* débrouillard, -e.
descusut, -ă *adj.* décousu, -e.
desface *vt.* défaire; déplier; ouvrir; *a ~ un nod* défaire un nœud; *a ~ o hartă* déplier une carte; *a ~ o cutie* ouvrir une boîte.
desfacere *sf.* *(a unui contract)* résiliation *sf.*, annulation *sf.*; *(a unor mărfuri)* vente *sf.*, liquidation *sf.*
desfăşura 1. *vt.* déployer, dérouler; étaler; 2. *vi.* se dérouler.
desfăşurare *sf.* déroulement *sm.*; déploiement *sm.*
desfăta *vt.*, *vi.* (se) délecter.

desfătare *sf.* délection *sf.*; délice *sm.*
desfide *vt.* défier.
desfigura *vt.* défigurer.
desfigurare *sf.* défigurement *sm.*
desfiinţa *vt.* supprimer.
desfiinţare *sf.* suppression *sf.*
desfrânare *sf.* débauche *sf.*
desfrânat, -ă *adj., smf.* débauché, -e.
desfrunzi *vi.* se défeuiller.
desfunda *vt.* défoncer.
desfundat, -ă *adj.* défoncé, -e; *(destupat)* débouché, -e.
deshăma *vt.* dételer.
deshidrata *vt.* déshydrater.
deshuma *vt.* exhumer.
deshumare *sf.* exhumation *sf.*
desigur *adv.* certainement, indubitablement, sûrement.
desiş *sn.* fourré *sm.*
desluşi *vt.* distinguer, percevoir; expliquer.
desluşit, -ă 1. *adj.* clair, -e, distinct, -e, explicite; 2. *adv.* clairement, distinctement.
desolidariza *vi.* se désolidariser.
despacheta *vt.* déballer.
despăduri *vt.* déboiser.
despădurire *sf.* déboisement *sm.*
despăgubi *vt., vi.* (se) dédommager.
despăgubire *sf.* dédommagement *sm.*, reparation *sf.*
despărţi 1. *vt.* séparer, désunir, diviser; 2. *vi.* se séparer.
despărţire *sf.* séparation *sf.*
despărţitor, -oare *adj.* mitoyen, -enne.
despărţitură *sf.* compartiment *sm.*; cloison *sf.*
despături *vt.* déplier.
despera vi. désespérer.
desperare *sf.* désespoir *sm.*
desperat, -ă *adj., smf.* désespéré, -e.
despica *vt.* fendre.
despleti *vt.* dénatter.
despletit, -ă *adj.* échevelé, -e.
despot *sm.* despote *sm.*
despotic, -ă *adj.* despotique, tyrannique.
despotism *sn.* despotisme *sm.*, tyrannie *sf.*
despre *prep.* de, sur; ~ *care* dont; *cât* ~ quant à.
desprinde 1. *vt.* détacher, décrocher; 2. *vi.* se détacher; *(fig.)* résulter, ressortir.
despuia *vt., vi.* (se) dépouiller.
despuiere *sf.* dépouillement *sm.*
destăinui 1. *vt.* avouer; 2. *vi.* se confesser.
destăinuire *sf.* confession *sf.*, aveu *sm.*
destin *sn.* destin *sn.*, destinée *sf.*, sort *sm.*
destina *vt.* destiner.
destinatar, -ă *smf.* destinataire *smf.*
destinaţie *sf.* destination *sf.*

destinde *vi.* se détendre, se relaxer.
destindere *sf.* détente *sf.*, repos *sm.*
destitui *vt.* destituer, congédier, renvoyer.
destituire *sf.* destitution *sf.*, renvoi *sm.*
destoinic *adj.* capable.
destrăbăla *vi.* se dévergonder.
destrăbălare *sf.* dévergondage *sm.*
destrăbălat, -ă *adj.*, *smf.* dévergondé, -e.
destrăma 1. *vt.* effilocher; 2. *vi.* *(fig.)* se démembrer, se dissoudre.
destrămare *sf.* effilochement *sm.*
destul *adv.* assez.
destupa *vt.* déboucher.
desţeleni *vt.* défricher.
desţelenire *sf.* défrichement *sm.*
desuet, -ă *adj.* désuet, -ète.
deşănţat, -ă *adj.* éhonté.
deşela *vt.* échiner, éreinter.
deşert 1. *sn.* désert *sm.*; 2. *adj.* *(despre o zonă)* désert, -erte; *(despre visuri)* vain, -e.
deşerta *vt.* vider.
deşertăciune *sf.* futilité *sf.*, inanité *sf.*, vanité *sf.*
deşeu *sn.* déchet *sm.*
deşi *conj.* bien que, quoique.
deşira *vt.* *(mărgele)* désenfiler; *(haine)* démailler.
deştept, -eaptă *adj.* intelligent, -e.
deştepta 1. *vt.* éveiller; 2. *vi.* se réveiller.
deşteptare *sf.* réveil *sm.*
deşteptăciune *sf.* intelligence *sf.*
deşteptător *sn.* réveille-matin *sm.*
deşucheat, -ă *adj.* toqué, -e, timbré, -e.
deşuruba *vt.* dévisser.
detalia *vt.* détailler.
detaliu *sn.* détail *sm.*
detaşa *vt.*, *vi.* (se) detacher.
detaşabil *adj.* detachable.
detaşament *sn.* détachement *sm.*
detaşare *sf.* détachement *sm.*
detectiv *sm.* détective *sm.*
detenţie *sf.* détention *sf.*
deteriora *vt.*, *vi.* (se) déteriorer, (se) dégrader.
determina *vt.* déterminer.
determinare *sf.* détermination *sf.*
determinism *sn.* déterminisme *sm.*
detesta *vt.* détester,
detestabil, -ă *adj.* détestable.
detrona *vt.* détrôner.
deturna *vt.* détourner.
deţinător, -oare *smf.* détenteur, -trice.
deţine *vt.* détenir.
deţinut, -ă *smf.* détenu, -e.
deunăzi *adv.* l'autre jour.

devaloriza *vt., vi.* (se) dévaloriser.
devalorizare *sf.* dévalorisation.
devansa *vt.* devancer.
devasta *vt.* dévaster, ravager.
devastare *sf.* dévastation *sf.*, ravage *sm.*
developa *vt.* développer.
developare *sf.* développement *sm.*
deveni *vi.* devenir.
devenire *sf.* développement *sm.*, epanouissement *sm.*
devia *vi.* dévier.
deviere *sf.* déviation *sf.*
deviz *sn.* devis *sm.*
deviză *sf.* devise *sf.*
devora *vt.* dévorer.
devota *vi.* se dévouer.
devotament *sn.* dévouement *sm.*
devotat, -ă *adj.* dévoué, -e.
devreme *adv.* tôt; de bonne heure.
dexteritate *sf.* dextérité *sf.*, habileté *sf.*
dezacord *sn.* désaccord *sm.*
dezacorda *vi.* être désaccordé.
dezagreabil, -ă *adj.* désagréable.
dezamăgi *vt.* decevoir, désillusionner.
dezamăgire *sf.* déception *sf.*
dezamăgit, -ă *adj.* déçu, -e.
dezaproba *vt.* désapprouver.
dezarma *vt., vi.* désarmer.
dezastru *sn.* désastre *sm.*, calamité *sf.*
dezastruos *adj.* désasteux, -euse.
dezavantaj *sn.* désavantage *sm.*, inconvénient *sm.*
dezavantajos, -oasă *adj.* désavantageux, -euse.
dezaxa *vi.* être désaxé.
dezaxat, -ă *adj.* déséquilibré, -e, désaxé, -e.
dezbate *vt.* débattre, dicuter.
dezbatere *sf.* débat *sm.*, discussion *sf.*
dezbina *vt.* diviser, désunir.
dezbinare *sf.* dissension *sf.*, désunion *sf.*
dezbrăca *vt., vi.* (se) déshabiller, (se) dévêtir.
dezechilibra *vt., vi.* (se) déséquilibrer.
dezechilibru *sn.* déséquilibre *sm.*
dezerta *vi.* déserter.
dezertor *sm.* déserteur *sm.*
dezgheţ *sn.* dégel *sm.*
dezgheţa *vi.* dégeler; *(fig.)* se dégourdir.
dezgheţat, -ă *adj.* dégelé, -e; *(fig.)* dégourdi, -e.
dezgoli *vt.* dénuder, mettre à nu.
dezgropa *vt.* déterrer.
dezgust *sn.* dégoût, répugnace *sf.*
dezgusta *vt.* dégoûter, écoeurer, répugner.
dezgustător, -oare *adj.* dégoûtant, -e.

D

dezice 1. *vt.* contredire, nier; **2.** *vi.* se dédire.
deziderat *sn.* désidérata *sf. pl.*
deziluzie *sf.* désillusion *sf.*, déception *sf.*
deziluziona *vt.* désillusionner, décevoir.
dezinfecta *vt.* désinfecter.
dezinfectant *sn.* désinfectant *sm.*
dezinfecţie *sf.* désinfection *sf.*
dezintegra *vt.*, *vi.* (se) désintégrer.
dezintegrare *sf.* désintégration *sf.*
dezinteres *sn.* indifférence *sf.*
dezinteresa *vi.* se désintéresser.
dezlănţui *sf.* déchaînement *sm.*; *(fig.)* déclenchement *sm.*
dezlega *vt.* délacher; résoudre; *(fig.)* délier.
dezlegare *sf.* déliement *sm.*; solution *sf.*
dezlipi *vt.* décoller.
dezmăţ *sn.* dévergondage *sm.*
dezmăţat, -ă *adj.* dévergondé, -e.
dezmembra *vi.* se démembrer.
dezmembrare *sf.* démembrement *sm.*
dezmetici *vi.* reprendre des esprits.
dezmierda *vt.* cajoler, câliner.
dezmierdare *sf.* cajolerie *sf.*, câlinerie *sf.*, caresse *sf.*
dezminţi *vt.* démentir.
dezminţire *sf.* démenti *sm.*
dezmorţi *vi.* se dégourdir.
dezmoşteni *vt.* déshériter.
dezmoştenire *sf.* déshéritement *sm.*
deznădăjdui *vt.* désespérer.
deznădejde *sf.* désespoir *sm.*
deznoda *vt.* dénouer.
deznodământ *sn.* dénouement *sm.*
dezobişnui 1. *vt.* déshabituer; **2.** *vi.* désapprendre.
dezola *vt.* désoler.
dezonoare *sf.* déshonneur *sm.*
dezonora *vt.* déshonorer.
dezordine *sf.* désordre *sm.*
dezordonat, -ă *adj.* désordonné, -e.
dezorganiza *vt.* désorganiser.
dezorganizare *sf.* désorganisation *sf.*
dezorienta *vt.* désorienter, déconcerter.
dezorientare *sf.* désorientation *sf.*
dezrădăcina *vt.* déraciner.
dezrădăcinare *sf.* déracinement *sm.*
dezrobi *vt.* affranchir, libérer.
dezrobire *sf.* affranchissement *sm.*, libération *sf.*
dezumfla *vt.*, *vi.* (se) dégonfler.
dezumflare *sf.* dégonflement *sm.*
dezvălui *vt.* dévoiler, divulguer, révéler.
dezvăluire *sf.* dévoilement *sm.*, divulgation *sf.*

dezvăţa 1. *vi.* déshabituer; 2. *vi.* désapprendre.
dezveli *vt.*, *vi.* (se) découvrir.
dezvinovăţi *vi.* se disculper.
dezvinovăţire *sf.* disculpation *sf.*
dezvolta *vt.*, *vi.* (se) développer.
dezvoltare *sf.* éveloppement *sm.*
diabet *sn.* diabète *sm.*
diabolic, -ă 1. *adj.* diabolique; 2. *adv.* diaboliquement.
diacon *sm.* diacre *sm.*
diademă *sf.* diadème *sm.*
diafan, -ă *adj.* diaphane.
diafragmă *sf.* diaphragme *sm.*
diagnostic *sn.* diagnostic *sm.*
diagonală *sf.* diagonale *sf.*
diagramă *sf.* diagramme *sm.*
dialect *sn.* dialecte *sm.*
dialog *sn.* dialogue *sm.*
dialoga *vi.* dialoguer.
diamant *sn.* diamant *sm.*
diametru *sn.* diamètre *sm.*
diapozitiv *sn.* diapositive *sf.*
diaree *sf.* diarrhea *sf.*
diateză *sf.* voix *s.*
diavol *sm.* diable *sm.*, démon *sm.*
dibaci, -e *adj.* habile, adroit, -e.
dibăcie *sf.* habilété *sf.*
dibui 1. *vi.* tâtonner; 2. *vt.* dénicher.
dibuire *sf.* tâtonnement *sm.*; *pe dibuite* à tâtons.
dichis *sn.* attirail *sm.*, atour *sm.*
dichisi *vt.*, *vr.* (se) bichonner, (s')attifer.
dicta *vt.* dicter.
dictare *sf.* dictée *sf.*
dictat *sm.* diktat *sm.*
dictator *sm.* dictateur *sm.*
dictatură *sf.* dictature *sf.*
dicton *sn.* dicton *sm.*
dicţionar *sn.* dictionnaire *sm.*
didactic, -ă *adj.* didactique.
dietetic, -ă *adj.* diététique.
dietă *sf.* diète *sf.*
diez *sm.* dièse *sm.*
diferenţă *sf.* différence *sf.*
diferenţia 1. *vi.* se distinguer, se différencier; 2. *vt.* différencier.
diferi *vi.* différer.
diferit, -ă *adj.* différent, -e.
dificil, -ă *adj.* difficile.
dificultate *sf.* difficulté *sf.*
diform, -ă *adj.* difforme.
diformitate *sf.* difformité *sf.*
difterie *sf.* diphtérie *sf.*
diftong *sm.* diphtongue *sf.*
difuz, -ă *adj.* diffus, -e.
difuza *vt.* diffuser.
difuzare *sf.* diffusion *sf.*
difuzor *sn.* diffuseur *sm.*, haut-parleur *sm.*
dig *sn.* digue *sf.*
digera *vt.* digérer.
digestie *sf.* digestion *sf.*
dihor *sm.* putois *sm.*
dilata *vt.*, *vi.* (se) dilater.
dilemă *sf.* dilemma *sm.*
diletant, -ă *smf.* dilettante *sm.*
diligenţă *sf.* diligence *sf.*

D

D

dilua *vt.* diluer.
dimensiune *sf.* dimension *sf.*
dimineaţă *sf.* matin *sm.*, matinée *sf.*; *dis-de-~* de grand matin.
diminua *vt.* diminuer.
diminuare *sf.* diminution *sf.*
diminutiv *sn.* diminutif *sm.*
dimpotrivă *adv.* au contraire.
din *prep.* de; dès; par.
dinadins *adv.* à dessein, intentionnellement.
dinafară *adv. pe ~* par coeur.
dinainte *adv. (spațial)* en face de, devant; *(temporal)* par avance, d'avance.
dinamic, -ă *adj.* dynamique.
dinamită *sf.* dynamite *sf.*
dinapoi *adv.* derrière.
dinastie *sf.* dynastie *sf.*
dinăuntru *adv.* de l'intérieur.
dincoace *adv.* de ce côté-ci.
dincolo *adv.* de l'autre côté, en delà.
dincotro *adv.* d'où.
dinspre *prep.* de.
dinte *sm.* dent *sf.*
dintâi *adj. invar.* le premier.
dintre *prep.* parmi, de.
dioptrie *sf.* dioptrie *sf.*
diplomat, -ă *smf.* diplomate *sm.*
diplomaţie *sf.* diplomatie *sf.*
diplomă *sf.* diplôme *sm.*
direct 1. *adj.* direct; **2.** *adv.* directement.
directivă *sf.* directive *sf.*
director, -oare *smf.* directeur, -trice.
direcţie *sf.* direction *sf.*
diriginte *smf.* professeur principal *sm.*
dirija *vt.* diriger.
dirijabil *sn.* dirigeable *sm.*
dirijor *sn.* chef d'orchestre *sm.*
disc *sn.* disque *sm.*
discernământ *sn.* discernement *sm.*
discerne *vt.* dicerner.
disciplina *vt.* discipliner.
disciplină *sf.* discipline *sf.*
discipol *sm.* disciple *sm.*
discontinuitate *sf.* disconti-nuité *sf.*
discontinuu, -ă *adj.* discontinuu, -e.
dicorda *vi.* discorder.
discordanţă *sf.* discordance *sf.*
discordie *sf.* discorde *sf.*
discotecă *sf.* discothèque *sf.*
discredita 1. *vt.* discréditer; **2.** *vi.* perdre son crédit.
discret, -ă 1. *adj.* discret, -ète; **2.** *adv.* discrètement.
discreţie *sf.* discrétion *sf.*
discriminare *sf.* discrimination *sf.*
disculpa *vt.*, *vi.* (se) disculper.
dicurs *sn.* discours *sm.*
dicuta *vt.*, *vi.* discuter.
dicuţie *sf.* discussion *sf.*
diseca *vt.* disséquer.
disecţie *sf.* dissection *sf.*
disensiune *sf.* dissension *sf.*

disertaţie *sf.* dissertation *sf.*
disidenţă *sf.* dissidence *sf.*
disimula *vt.* dissimuler.
disjunctiv, -ă *adj.* disjonctif, -ive.
disloca *vt.*, *vi.* disloquer.
disocia *vt.* dissocier.
dispariţie *sf.* disparition *sf.*
dispărea *vi.* disparaître.
dispecer *sm.* dispatcher *sm.*
dispensa 1. *vt.* dispenser, exempter; 2. *vi.* se dispenser de.
dispensar *sn.* dispensaire *sm.*
dispersa *vt.*, *vi.* (se) disperser.
dispersare *sf.* dispersement *sm.*
displăcea *vi.* déplaire.
disponibil, -ă *adj.* disponible.
disponibilitate *sf.* disponibilité *sf.*
dispozitiv *sn.* dispositif *sm.*
dispoziţie *sf.* disposition *sf.*; *bună* ~ bonne humeur.
dispreţ *sn.* mépris *sm.*
dispreţui *vt.* mépriser, dédaigner.
dispreţuitor, -oare *adj.* méprisant, -e, dédaigneux, -euse.
disproporţie *sf.* disproportion *sf.*
dispune 1. *vt.* disposer, décider, ordonner; 2. *vi.* s'égayer.
dispus, -ă *adj.* dispos, -e.
disputa *vt.*, *vi.* (se) disputer.
dispută *sf.* dispute *sf.*, querelle *sf.*
distant, -ă *adj.* distant, -e.
distanţa 1. *vt.* distancer; 2. *vi.* devancer.
distanţă *sf.* distance *sf.*
distila *vt.* distiller.
distinct, -ă 1. *adj.* distinct, -e, different, -e; 2. *adv.* distinctement.
distinctiv, -ă *adj.* distinctif, -ive.
distincţie *sf.* distinction *sf.*
distinge *vt.*, *vi.* (se) distinguer.
distins, -ă *adj.* distingué, -e.
distra *vt.*, *vi.* (s') amuser, (se) divertir.
distractiv, -ă *adj.* amusant, -e.
distracţie *sf.* distraction *sf.*, amusement *sm.*, divertissement *sm.*
distrage *vt.* distraire.
distrat, -ă *adj.* distrait, -e.
distribui *vt.* distribuer, répartir.
distribuţie *sf.* distibution *sf.*
distrugător, -oare 1. *adj.* destructif, -ive, destructeur, -trice; 2. *sn.* destroyer *sm.*
distruge *vt.* détruire.
distrugere *sf.* destruction *sf.*
diuretic, -ă *adj.* diurétique.
diurnă *sf.* indemnité pour frais de voyage *sf.*
divaga *vi.*divaguer.
divagaţie *sf.* divagation
divan *sn.* divan *sm.*, sofa *sm.*
divergent, -ă *adj.* divergent, -e.
divergenţă *sf.* divergence *sf.*
divers, -ă *adj.* divers, -e.
diversitate *sf.* diversité *sf.*

D

diversiune *sf.* diversion *sf.*
divertisment *sn.* divertissement *sm.*
divin, -ă **1.** *adj.* divin, -e; **2.** *adv.* divinement.
divinitate *sf.* divinité *sf.*
divinize *vt.* diviniser.
divinizare *sf.* divinization *sf.*
diviza *vt.* diviser.
divizibil, -ă *adj.* divisible.
divizie *sf.* division *sf.*
divorţ *sn.* divorce *sm.*
divorţa *vi.* divorcer.
divulga *vt.* divulguer.
divulgare *sf.* divulgation *sf.*
dizenterie *sf.* dysenterie *sf.*
dizgraţie *sf.* disgrace *sf.*
dizgraţios, -oasă *adj.* disgracieux, -euse.
dizolva *vt.*, *vi.* (se) dissoudre.
dizolvant, -ă *adj.* dissolvant, -e.
dizolvare *sf.* dissolution *sf.*
doagă *sf.* douve *sf.*; *a fi într-o ~* être timbré.
doamnă *sf.* dame *sf.*; madame *sf.*
doar *adv.* à moins que.
dobitoc, -oacă **1.** *adj.* sot, -te; **2.** *sn.* animal *sm.*, bête *sf.*
dobitoceşte *adv.* bêtement.
dobitocie *sf.* bêtise *sf.*, stupidité *sf.*
dobândă *sf.* intérêt *sm.*
dobândi *vi.* obtenir, acquérir.
dobândire *sf.* acquisition *sf.*, obtention *sf.*
doborî *vt.* abattre.
docil, -ă *adj.* docile.
docilitate *sf.* docilité *sf.*
doct, -ă *adj.* docte.
doctor *sm.* docteur *sm.*, médecin *sm.*
doctorat *sn.* doctorat *sm.*
doctorie *sf.* médicament *sm.*, médecine *sf.*
doctoriţă *sf.* doctoresse *sf.*
doctrină *sf.* doctrine *sf.*
document *sn.* document *sm.*
documenta *vi.* documentaer.
documentar, -ă **1.** *adj.* documentaire; **2.** *sn.* documentaire *sm.*
documentare *sf.* documentation *sf.*
dogar *sm.* tonnelier *sm.*
dogărie *sf.* tonnellerie *sf.*
dogmatic *adj.* dogmatique.
dogmatism *sn.* dogmatisme *sm.*
dogmă *sf.* dogme *sm.*
dogoare *sf.* chaleur étouffante *sf.*
dogorî *vi.* brûler.
doi, două *num.* card deux.
doică *sf.* nourrice *sf.*
doilea *num.* *ord.* le (la) deuxième, le second.
doisprezece *num.* *card.* douze.
doisprezecelea *num.* *ord.* le (la) douzième.
dojană *sf.* remontrance *sf.*
dojeni *vt.* faire des remontrances, gronder.
dolar *sm.* dollar *sm.*

doldora *adj. invar.* bondé, plein.
doleanţă *sf.* doléances *sf. pl.*
doliu *sn.* deuil *sm.*
dolofan, -ă *adj.* dodu, -e, potelé, -e.
dom *sn.* dôme *sm.*
domeniu *sn.* domaine *sm.*
domestic, -ă *adj.* domestique.
domestici *vt.* apprivoiser, domestiquer.
domicilia *vi.* domicilier.
domiciliu *sn.* domicile *sm.*
domina *vt.* dominer.
dominaţie *sf.* domination *sf.*
domn *sm.* monsieur *sm.*; seigneur *sm.*
domnesc *adj.* princier.
domni *vi.* régner.
domnie *sf.* règne *sm.*
domnişoară *sf.* demoiselle *sf.*; mademoiselle *sf.*
domnişor *sm.* damoiseau *sm.*
domnitor, -oare *adj.* régnant, -e.
domniţă *sf.* princesse *sf.*
domol, -oală **1.** *adj.* calme, paisible, lent, -e; **2.** *adv.* lentement, doucement, paisiblement.
domoli **1.** *vt.* calmer, apaiser, ralentir; **2.** *vi.* s'apaiser, se calmer.
dona *vt.* faire don.
donaţie *sf.* donation *sf.*
doniţă *sf.* seille *sf.*
dop *sn.* bouchon *sm.*
dor *sn.* désir *sm.*; regret *sm.*; nostalgie *sm*; amour *sm.*; *a-ţi fi ~ de* languir de; *~ de ţară* mal du pays
dori *vt.* désirer, souhaiter; *vă doresc călătorie plăcută* je vous souhaite bon voyage.
dorinţă *sf.* désir *sm.*, souhait *sm.*
dormi *vi.* dormir; *a ~ buştean* dormir comme une souche.
dormita *vi.* sommellier.
dormitor *sn.* chambre à coucher *sf.*
dornic, -ă *adj.* désireux, -euse.
dos *sn.* dos *sm.*; verso *sm.*; revers *sm.*; *dosul palmei* le revers de la main; *a-i merge cuiva pe ~* aller de travers.
dosar *sn.* dossier *sm.*
dosi *vt.* cacher.
dosnic, -ă *adj.* isolé, -e, retiré, -e.
dospi *vi.* lever.
dota *vt.* doter.
dotare *sf.* dotation *sf.*
dotat, -ă *adj.* doué, -e.
dotă *sf.* dote *sf.*
douăzeci *num. card.* vingt.
douăzecilea *num. ord.* le (la) vingtième.
dovadă *sf.* preuve *sf.*; *a da ~ de* faire preuve.
dovedi **1.** *vt.* prouver; **2.** *vi.* s'avérer.
doveditor, -oare *adj.* probant, -e.

dovleac *sm.* courge *sf.*, potiron *sm.*, citrouille *sf.*
dovlecel *sm.* courgette *sf.*
doza *vt.* doser.
doză *sf.* dose.
drac *sf.* diable *sm.*; démon *sm.*; *a fi dracul gol* le diable en personne; *a da de dracul* se trouver dans de beaux draps; *drace!* diantre!.
drag **1.** *sn.* amour *sm.*; *cu drag* de tout cœur; *de dragul cuiva* par amour de qqn.; **2.** *adj.* cher, chère; **3.** *smf.* chéri, -ie; *draga mea* ma chérie; *(iubit)* bien-aimé, -e.
dragoste *sf.* amour *sm.*, affection *sf.*
dram *sn.* très petite quantité *sf.*, peu *sm.*
dramatic, -ă *adj.* dramatique.
dramatiza *vt.* dramatiser.
dramaturg *sm.* dramaturge *sm.*
dramaturgie *sf.* dramaturgie *sf.*
dramă *sf.* drame *sm.*
drapel *sn.* drapeau *sm.*
draperie *sf.* draperie *sf.*
drastic, -ă *adj.* drastique; dur, -e, brutal, -e.
drăcie *sf.* diablerie *sf.*; niche *sf.*; farce *sf.*
drăcoaică *sf.* diablesse *sf.*
drăcos, -oasă *adj.* espiègle, malin, -igne; endiablé, -e.
drăcui *vt.* envoyer au diable.
drăcuşor *sm.* diablotin *sm.*
drăgălaş, -ă *adj.* mignon, -onne.
drăgălăşenie *sf.* gentillesse *sf.*
drăgăstos, -oasă *adj.* affectueux, -euse.
drăguţ, -ă *adj.* aimable, gentil, -ille.
drămui *vt.* peser.
dregător *sm.* dignitaire *sm.*
drege *vt.* réparer, raccommoder; *a face şi a ~* faire la pluie et le beau temps.
drena *vt.* drainer.
drenare *sf.* drainage *sm.*
drept, -eaptă **1.** *adj.* droit, -e; direct; juste, équitable; honnête; **2.** *adv.* droit; juste; *de-a dreptul* directement; **3.** *sn.* droit; *a studia dreptul* étudier le droit; **4.** *prep.* pour, comme, en tant que; *a lua ~ cineva* prendre pour qqn.
dreptate *sf.* justice *sf.*, équité sf; *a face ~* rendre justice; *a avea ~* avoir raison; *a nu avea ~* avoir tort; *pe bună ~* en bon droit.
dreptunghi *sn.* rectangle *sm.*
dresa *vt.* dresser.
dresare *sf.* dressage *sm.*
dresor, -oare *smf.* dresseur *sm.*
dric *sn.* corbillard *sm.*
droaie *sf.* foule *sf.*
drob *sm.* *~ de sare* bloc de sel.
droga *vt.* droguer, doper.
drogherie *sf.* parfumerie *sf.*

drojdie *sf.* levure *sf.*; *(la vin)* lie *sf.*; ~ *de bere* levure de bière.
dromader *sm.* dromadaire *sm.*
dropie *sf.* outarde *sf.*
drug *sm.* barre *sf.*
drum *sn.* chemin *sm.*, route *sf.*, voie *sf.*; *~-de-fier* chemin de fer; ~ *bun!* bon voyage!; *peste ~* en face; *a-şi vedea de ~* passer son chemin.
drumeţ *smf.* voyageur, -euse.
drumeţie *sf.* tourisme *sm.*
dualitate *sf.* dualité *sf.*
dualism *sn.* dualisme *sm.*
dubă *sf.* fourgon *sm.*, fourgonette *sf.*
dubios, -oasă *adj.* douteux, -euse.
dubitativ, -ă *adj.* dubitatif, -ive.
dubiu *sn.* doute *sm.*, incertitude *sf.*
dubla *vt.* doubler.
dublare *sf.* doublage *sm.*
dublu, -ă *adj.* double.
ducat **1.** *sm.* ducat *sm.*; **2.** *sn.* duché *sm.*
duce[1] *sm.* *(titlu nobiliar)* duc *sm.*
duce[2] **1.** *vt.* porter, conduire, mener; **2.** *vi.* durer, résister; **3.** *vr.* s'en aller, partir; *a ~ pe cineva cu vorba* faire marcher qqn; *a o ~ bine* vivre largement; *a se ~ acasă* aller à la maison.
ducesă *sf.* duchesse *sf.*
ductil, -ă *adj.* ductile.
dud *sm.* mûrier *sm.*
dudă *sf.* mûre *sf.*
dudui *vi.* *(despre maşinării)* trépider; *(despre foc)* crépiter.
duduie *sf.* demoiselle *sf.*, mademoiselle *sf.*
duel *sn.* duel *sm.*
duet *sn.* duo *sm.*
dugheană *sf.* boutique *sf.*
duh *sn.* esprit *sm.*
duhni *vi.* puer, sentir mauvais.
duhoare *sf.* puanteur *sf.*, relent *sm.*
duhovnic *sm.* confesseur *sm.*
duios, -oasă *adj.* tendre, émouvant, -e.
duioşie *sf.* tendresse *sf.*
duium *sn.* foule *sf.*; *cu duiumul* à foison.
dulap *sn.* armoire *sf.*, garde-robe *sf.*; placard *sm.*
dulău *sm.* mâtin *sm.*
dulce **1.** *sn.* gâteau, *(la pl.)* sucreries *sf. pl.*; **2.** *adj.* doux, douce, sucré, -e.
dulceag, -eagă *adj.* doucereux, -euse.
dulceaţă *sf.* confiture *sf.*
dulcegărie *sf.* mièvrerie *sf.*
dulgher *sm.* charpentier *sm.*
dulgherie *sf.* charpenterie *sf.*
dumbravă *sf.* chênaie *sf.*; taillis *sm.*
dumeri *vi.* se rendre compte, comprendre.
dumica *vt.* couper en petits morceaux.

D

D

dumicat *sm.* bouchée *sf.*
duminică *sf.* dimanche *sm.*
duminical, -ă *adj.* dominical, -e.
dumnealui, -ei *pron. pers.* il, elle.
dumneata *pron. pers.* vous.
dumnezeiesc, -ească *adj.* divin, -e; merveilleux, -euse.
dumnezeu *sm.* dieu *sm.*
dună *sf.* dune *sf.*
dungat, -ă *adj.* rayé, -e.
dungă *sf.* raie *sf.*
duoden *sn.* duodénum *sm.*
după *prep.* après; selon; derrière; *unul ~ altul* l'un après l'autre.
duplicat *sn.* copie *sf.*; duplicata *sm.*
duplicitate *sf.* duplicité *sf.*
dur, -ă *adj.* dur, -e.
dura **1.** *vt.* construire, bâtir; **2.** *vi.* durer, résister.
durabil, -ă *adj.* durable.
durabilitate *sf.* résistence *sf.*
durată *sf.* duré *sf.*
durduliu, -ie *adj.* dodu, -e, grassouillet, -ette, potelé, -e.
durea *vt.* avoir mal; faire mal; *mă doare capul* j'ai mal à la tête.
durere *sf.* mal *sm.*, douleur *sf.*; chagrin *sm.*
dureros, -oasă **1.** *adj.* douloureux, -euse; **2.** *adv.* douloureusement.
duritate *sf.* dureté *sf.*
duş *sn.* douche *sf.*
duşcă *sf.* lampée *sf.*
duşman, că *smf.* ennemi, -e.
duşmăni *vt.*, *vi.* (se) haïr.
duşmănie *sf.* hostilité *sf.*
duşmănos, -oasă *adj.* hostile.
duşumea *sf.* plancher *sm.*
duzină *sf.* douzaine *sf.*; *marfă de ~* merchandises de mauvaise qualité; *oameni de ~* médiocres.

E

ea *pron. pers.* elle.
ebonită *sf.* ebonite *sf.*
ebraic *adj.* hébraïque, *limba ebraică* l'hébreu, la langue hébraïque.
ebrietate *sf.* ivresse *sf.*, ébriété *sf.*
ecarisaj *sn.* équarissage *sm.*
ecartament *sn.* écartement *sm.*
echer *sn.* équerre *sf.*
echilateral, -ă *adj.* equilateral, -e.
echilibra *vt.*, *vr.* équilibrer.
echilibrat, -ă *adj.* équilibré, -e; pondéré, -e.
echilibrist *smf.* équilibriste *smf.*, acrobate *smf.*
echilibru *sn.* équilibre *sm.*
echinocţiu *sn.* équinoxe *sm.*
echipa *vt.* équiper.
echipaj *sn.* équipage *sm.*
echipament *sn.* équipement *sm.*; *(mil.)* fourniment *sm.*
echipare *sf.* équipement *sm.*
echipă *sf.* équipe *sf.*
echitabil, -ă *adj.* equitable.
echivala *vi.* équivaloir.
echivalare *sf.* équivalence *sf.*
echivalenţă *sf.* équivalence *sf.*
echivoc, -ă 1. *adj.* équivoque; ambigu, -e; **2.** *sn.* equivoque *sf.*
eclectic, -ă *adj.* éclectique.
ecleziastic, -ă *adj.* ecclésiastique.
eclipsa *vt.* éclipser.
eclipsă *sf.* eclipse *sf.*
ecluză *sf.* écluse *sf.*
ecologie *sf.* écologie *sf.*
econom, -oamă *adj.* économe.
economic, -ă 1. *adj.* économique; **2.** *adv.* économiquement.
economie *sf.* économie *sf.*; *~ politică* économie politique; *a face ~* faire des économies; épargne *sf.*; *casa de ~* caisse d'épargne.
economisi *vt.* économiser, épargner.
economisire *sf.* épargne *sf.*, économie *sf.*
economist, -ă *smf.* économiste *sm.*
ecosez, -ă *adj.* écossais, -aise.
ecou *sn.* écho *sm.*
ecran *sn.* écran *sm.*
ecuator *sn.* équateur *sm.*
ecuatorial *adj.* équatorial.
ecuaţie *sf.* équation *sf.*

ecvestru *adj.* équestre.
eczemă *sf.* eczéma *sm.*
edem *sm.* oedème *sm.*
eden *sn.* paradis *sm.*, éden *sm.*
edict *sn.*édit *sm.*
E
edifica 1. *vt.* édifier, bâtir, construire; édifier, éclairer *(a lămuri)*; **2.** *vr. (a se lămuri)* être édifié; se renseigner.
edificare *sf.* édification *sf.*; renseignement *sm.*
edificiu *sn.*édifice *sm.*
edil *sm.* édile *sm.*
edilitar, -ă *adj.* édilitaire.
edita *vt.* éditer, publier.
editare *sf.* publication *sf.*, édition *sf.*
editor, -oare *smf.* éditeur, -trice.
editorial, -ă 1. *adj.* editorial, -e; **2.** *sn.* editorial *sm.*, leader *sm.*
editură *sf.* maison d'édition *sf.*, maison éditrice *sf.*
ediţie *sf.* edition *sf.*
educa *vt.* éduquer, élever.
educativ, -ă *adj.* éducatif, -ive.
educator, -oare *smf.* éducateur, -trice.
educaţie *sf.* education *sf.*
effect *sn.* effect *sm.*; impression *sf.*; consequence *sf.*; résultat *sm.*
efectiv, -ă 1. *adj.* effective, -ive; **2.** *adv.* effectivement; **3.** *sn.* effective *sm.*
efectua *vt.* effectuer, executer, réaliser, accomplir.
efectuare *sf.* réalisation *sf.*, exécution *sf.*
efemer, -ă *adj.* éphémère.
efervescent, -ă *adj.* effervescent, -ente.
eficace *adj.* efficace.
eficacitate *sf.* efficacité *sf.*
eficient, -ă *adj.* efficient, -ente.
eficienţă *sf.* efficience *sf.*
efigie *sf.* effigies *sf.*
efluviu *sn.* effluve *sm.*
efort *sn.* effort *sm.*
efracţie *sf.* effraction *sf.*
efuziune *sf.* effusion *sf.*, épanchement *sm.*
egal, -ă 1. *adj.* égal, -e; **2.** *adv.* également.
egala 1. *vt.* égaler; **2.** *vr.* égaliser.
egalitate *sf.* égalité *sf.*
egaliza *vt.* égaliser.
egalizare *sf.* égalisation *sf.*
egidă *sf.* égide *sf.*
egiptean, -ă 1. *adj.* égyptien, -enne; **2.** *smf.* Egyptien, -enne.
egoist, -ă *adj.*, *smf.* égoiste.
egoism *sn.* égoisme *sm.*
el, ea, ei, ele *pron. pers.* il, lui; elle; ils, eux; elles.
elabora *vt.* élaborer.
elaborare *sf.* élaboration *sf.*
elan *sm. (zool.)* élan *sm.*; enthousiasme *sm.*, éssor *sm.*
elastic, -ă 1. *adj.* élastique, flexible; **2.** *sn.* élastique *sm.*

elasticitate *sf.* élasticité *sf.*
elector, -oare *smf.* électeur, -trice.
electoral, -ă *adj.* electoral, -ale.
electric, -ă **1.** *adj.* électrique; **2.** *adv.* électriquement.
electrician *sm.* électrician *sm.*
electricitate *sf.* électricité *sf.*
electrifica *vt.* électrifier.
electrificare *sf.* électrification *sf.*
electriza *vt.* électriser
electrizare *sf.* électrisation *sf.*
electrocuta *vt.* électrocuter.
electrocutare *sf.* électrocution *sf.*
electrod *sm.* électrode *sf.*
electrodinam *sn.* dynamo *sf.*
electrolit *sm.* electrolyte *sm.*
electroliză *sf.* électrolyse *sf.*
electromagnet *sn.* electro-aimant *sm.*
electromagnetic *adj.* électromagnétique.
electromecanică *sf.* électromécanique *sf.*
electromotor **1.** *adj.* électromoteur; **2.** *sn.* éeletromoteur *sm.*
electron *sm.* electron *sm.*
electronic *adj.* électronique.
electroscop *sn.* electroscope *sm.*
electronică *sf.* électronique.
electrotehnică *sf.* électrotechnique *sf.*
elefant *sm.* éléphant *sm.*
elegant, -ă **1.** *adj.* elegant, -e, chic; **2.** *adv.* élégamment.
eleganţă *sf.* elegance *sf.*
elegie *sf.* élégie *sf.*
element *sn.* élément *sm.*
elementar, -ă *adj.* élémentaire.
elenism *sn.* hellénisme *sm.*
elev, -ă *smf.* élève *smf.*, écolier *sm.*
elevator *sn.* élévateur *sm.*
elibera **1.** *vt.* libérer, délivrer, affranchir; *a ~ un act* délivrer un acte; *a ~ o casă* quitter une maison; *a ~ o marfă* livrer une marchandise; **2.** *adv.* relever; **3.** *vr.* se libérer.
eliberare *sf.* libération *sf.*; délivrance *sf.*, affranchissement *sm.*
eliberator, -oare *adj.*, *smf.* libérateur, -trice.
elice *sf.* hélice *sf.*
elicopter *sn.* hélicoptère *sm.*
elida *vt.*, *vr.* (s')élider.
elimina *vt.* éliminer.
eliminare *sf.* élimination *sf.*
eliminatoriu *adj.* éliminatoire.
elipsă *sf.* ellipse *sf.*
eliptic, -ă **1.** *adj.* elliptique; **2.** *adv.* elliptiquement.
elită *sf.* élite *sf.*
elixir *sn.* élixir *sm.*
eliziune *sf.* élision *sf.*
elocvent, -ă **1.** *adj.* éloquent, -ente; **2.** *adv.* éloquemment.

E

elocvenţă *sf.* éloquence *sf.*
elogia *vt.* faire l'éloge.
elogios, -oasă *adj.* élogieux, -euse.
elogiu *sn.* éloge *sm.*
elucida *vt.* élucider, expliquer, éclaircir.
elucidare *sf.* élucidation *sf.*
eluda *vt.* éluder.
elveţian, -ă 1. *adj.* suisse, -esse; **2.** *smf.* Suisse, -esse.
email *sn.* émail.
emaila *vt.* émailer, recouvrir d'émail.
emailare *sf.* émaillage *sm.*
emana 1. *vi.* émaner; **2.** *vt.* exhaler; dégager.
emanare *sf.* émanation *sf.*; exhalation *sf.*
emanaţie *sf.* émanation *sf.*; dégagement *sm.*
emancipa *vt., vr.* (s')émanciper.
emancipare *sf.* émancipation *sf.*
emancipaţie *sf.* émancipation *sf.*
embargou *sn.* embargo *sm.*; *a pune ~* mettre l'embargo; *a ridica ~* lever l'embargo.
emblemă *sf.* emblème *sm.*
embrion *sm.* embryon *sm.*
embrionar, -ă *adj.* embryonnaire.
emerit, -ă *adj.* émérite.
emfatic, -ă 1. *adj.* emphatique; prétentieux, -euse; **2.** *adv.* emphatiquement.
emfază *sf.* emphase *sf.*
emfizem *sn.* emphysème *sm.*
emigra *vi.* émigrer.
emigrant, -ă *smf.* émigrant, -c.
emigrare *sf.* émigration *sf.*
emigraţie *sf.* émigration *sf.*
eminent, -ă *adj.* eminent, -e.
emisar *sm.* émissaire *sm.*, messager *sm.*, envoyé *sm.*
emisferă *sf.* hémisphère *sm.*
emisiune *sf.* emission *sf.*
emite *vt.* émettre.
emiţător, -oare *adj.* émetteur, -trice.
emotiv, -ă *adj.* émotif, -ive.
emotivitate *sf.* émotivité *sf.*
emoţie *sf.* émotion *sf.*
emoţiona *vt., vr.* (s')émouvoir, émotionner.
emoţionant, -ă *adj.* émouvant, -e.
empiric, -ă 1. *adj.* empirique; **2.** *adv.* empiriquement.
empirism *sn.* empirisme *sm.*
emulaţie *sf.* émulation *sf.*
emulsie *sf.* émulsion *sf.*
enciclopedic, -ă *adj.* encyclopédique.
enciclopedie *sf.* encyclopédie *sf.*
enciclopedist, -ă *smf.* encyclopédiste.
enclitic, -ă *adj.* enclitique.
endocrinologie *sf.* endrocrinologie *sf.*
energetic *adj.* énergétique.

energic, -ă 1. *adj.* énergique; **2.** *adv.* énergetiquement.
energie *sf.* énergie *sf.*
enerva 1. *vt.* agacer, énerver, irriter; **2.** *vr.* s'énerver.
enervant, -ă *adj.* énervant, -ante, irritant, -ante, agaçant, -ante.
enervare *sf.* énervation *sm.*, irritation *sf.*, agacement *sm.*
englez, -ă 1. *adj.* anglais, -e; **2.** *smf.* Anglais, -e.
englezesc, -ească *adj.* anglais, -aise.
englezeşte *adv.* *a vorbi ~* parler l'anglais; *a o şterge ~* filer à l'anglaise.
englezoaică *sf.* anglaise *sf.*
enigmatic, -ă *adj.* énigmatique.
enigmă *sf.* énigme *sf.*
enoriaş, -ă *smf.* paroissien, -enne.
enorm, -ă 1. *adj.* enorme; **2.** *adv.* énormément.
enormitate *sf.* énormité *sf.*
entitate *sf.* entité *sf.*
entorsă *sf.* entorse *sf.*
entuziasm *sn.* enthousiasme *sm.*, élan *sm.*
entuziasma *vt.*, *vr.* (s')enthousiasmer.
entuziast, -ă *adj.*, *smf.* enthousiaste *smf.*
enumera *vt.* énumérer.
enumerare *sf.* énumération *sf.*
enunţ *sn.* énonce *sm.*, enunciation *sf.*
enunţa *vt.* énoncer.
eparhie *sf.* diocèce *sm.*
epata *vt.* épater, éblouir.
epavă *sf.* épave *sf.*
epic, -ă *adj.* épique.
epicentru *sn.* épicentre *sm.*
epicurian, -ă *adj.*, *smf.* épicurien, -ienne.
epicurism *sn.* épicurisme *sm.*
epidemic *adj.* épidémique.
epidemie *sf.* épidémie *sf.*
epidermă *sf.* épiderme *sm.*
epigon *sm.* épigone *sm.*
epigraf *sn.* épigraphe *sf.*
epigramă *sf.* épigramme *sf.*
epilepsie *sf.* épilepsie *sf.*
epileptic, -ă *adj.*, *smf.* épileptique *adj. smf.*
epilog *sn.* épilogue *sm.*
episcop *sm.* évêque *sm.*
episcopal, -ă *adj.* episcopal, -e.
episcopie *sf.* évêché *sm.*
episode *sn.* episode *sm.*
epistolar, -ă *adj.* épistolaire.
epistolă *sf.* épître *sf.*, lettre *sf.*
epitaph *sn.* épitaphe *sf.*
epitet *sn.* épithète *sf.*
epocal *adj.* qui fait époque.
epocă *sf.* époque *sf.*, temps *sm.*; période *sf.*; âge *sm.*; *~ de piatră* l'âge de la pierre.
epolet *sm.* épaulette *sf.*
epopee *sf.* epopée *sf.*
eprubetă *sf.* éprouvette *sf.*

E

epuiza 1. *vt.* épuiser; 2. *vr.* s'épuiser, s'extenuer.
epuizare *sf.* épuisement *sm.*; exténuation *sf.*
epura *vt.* épurerepurare *sf.* épuration *sf.*
E
erată *sf.* errata *sm.*
eră *sf.* ère *sf.*, âge *sm.*; *înaintea erei noastre* avant notre ère.
erbivor, -ă *adj., smf.* herbivore *adj., smf.*
ereditar, -ă *adj.* héréditaire.
ereditate *sf.* hérédité *sf.*
erete *sm.* épervier *sm.*
eretic, -ă *smf.* hérétique *smf.*
erezie *sf.* hérésie *sf.*
erija *vr.* s'ériger.
ermetic, -ă 1. *adj.* hermétique; 2. *adv.* hermétiquement.
eroare *sf.* erreur *sf.*, faute *sf.*; *a induce în ~* induire en erreur.
eroic, -ă 1. *adj.* héroique; 2. *adv.* héroiquement.
eroină *sf.* héroique *sf.*
eroism. *sn.* héroisme *sm.*
eronat, ă *adj.* erroné, faux, -sse.
erotic, -ă *adj.* érotique.
erou *sm.* héros *sm.*
eroziune *sf.* érosion *sf.*
erudit, -ă *adj.* erudite, -e.
erudiţie *sf.* erudition *sf.*
erupe *vi.* faire éruption.
erupţie *sf.* éruption *sf.*
escadră *sf.* escadre *sf.*
escadrilă *sf.* escadrille *sf.*
escadron *sn.* escadron *sm.*
escalada *vt.* escalader.
escaladare *sf.* escalade *sf.*
escală *sf.* escale; *a face ~* faire escale; *zbor fără ~* vol sans escale.
escamonta *vt.* escamonter.
escamontabil, -ă *adj.* escamontable.
escapadă *sf.* escapade *sf.*
eschimos, -ă *sm.* esquimau, -aude *smf.*
eschiva *vr.* s'esquiver, se soustraire, se dérober.
escorta *vt.* escorter.
Escortă *sf.* escorte *sf.*
escroc, -oacă *sm.* escroc *sm.*
escroca *vt.* escroquer.
escrocherie *sf.* escroquerie *sf.*
esenţă *sf.* essence.
esenţial, -ă *adj.* essential, -elle.
eseu *sn.* essai *sm.*
esofag *sn.* œsophage *sm.*
est *sn.* est *sm.*
estet *sm.* esthète *smf.*
estetic *adj.* esthétique.
estetică *sf.* esthétique *sf.*
estetician, -ă *sm.* esthéticien, -enne.
estima *vt.* estimer, évaluer.
estimare *sf.* estimation *sf.*, évaluation *sf.*
estimativ, -ă *adj.* estimatif, -ive.
estompa *vt.* estomper.
estompare *sf.* estompage *sm.*, estompement *sm.*

estompă *sf.* estompe *sf.*
estradă *sf.* estrade *sf.*
estuar *sn.* estuaire *sm.*
eşafod *sn.* échafaud *sm.*
eşafodaj *sn.* échafaudage *sm.*
eşalona *vt.* échelonner.
eşalonare *sn.* échelonnement *sm.*
eşantion *sn.* échantillon *sm.*
eşapament *sn.* échappement *sm.*
eşarfă *sf.* écharpe *sf.*
eşec *sn.* échec *sm.*
eşua *vt.* échouer.
etaj *sn.* étage *sm.*
etajeră *sf.* étagère *sf.*
etala *vt.* étaler
etalaj *sn.* étalage *sm.*
etalare *sf.* étalage *sm.*
etalon *sn.* étalon *sm.*
etalona *vt.* étalonner.
etamină *sf.* étamine *sf.*
etanş, -ă *adj.* étanche.
etanşeitate *sf.* étanchéité *sf.*
etapă *sf.* étape *sf.*; stade *sm.*; période *sf.*; phase *sf.*
etate *sf.* âge *sm.*; *în ~* vieux, vieille; âgé, -e.
etcetera *adv.* et cetera.
eter *sm.* éther *sm.*
etern, -ă 1. *adj.* eternal, -elle; **2.** *adv.* éternellement.
eternitate *sf.* éternité *sf.*
eterniza *vt.*, *vr.* (s')éterniser.
eterogen, -ă *adj.* hétérogène.
etic,-ă *adj.*, *sf.* éthique *sf.*, *adj.*
eticheta *vt.* éthiqueter.
etichetă *sf.* etiquette *sf.*
etimologic *adj.* étymologique.
etimologie *sf.* étymologie *sf.*
etnic, -ă *adj.* ethnique.
etnografie *sf.* ethnographie *sf.*
etuvă *sf.* étuve *sf.*
eu *pron. per.s* je, moi.
eufemism *sn.* euphémisme *sm.*
eufonie *sf.* euphonie *sf.*
euforie *sf.* euphorie *sf.*
eunuc *sm.* eunuque *sm.*
european, -ă *adj.*, *smf.* européen, -enne.
ev *sn.* âge *sm.*, ère *sf.*, époque *sf.*; *~ mediu* moyen age.
evacua *vt.* évacuer.
evacuare *sf.* évacuation *sf.*
evada *vi.* s'évader *vr.*
evadare *sf.* evasion *sf.*
evalua *vt.* évaluer.
evaluare *sf.* évaluation *sf.*
evanghelic, -ă *adj.* évangélique; protestant, -ante; *biserică ~* temple protestant.
evanghelie *sf.* Evangile *sf.*
evantai *sn.* éventail *sm.*
evapora *vr.* s'évaporer.
evaporare *sf.* évaporation *sf.*
evaziv, -ă 1. *adj.* évasif, -ive; **2.** *adv.* évasivement.
eveniment *sn.* événement *sm.*
eventual, -ă 1. *adj.* éventuel, -elle; **2.** *adv.* éventuellement.
eventualitate *sf.* éventualité *sf.*; *în ~ că* au cas où; *pentru*

E

orice ~ pour toute éventualité.
evident, -ă 1. *adj*. évident, -e; 2. *adv*. évidemment.
evidenţă *sf*. évidence *sf*.; *a pune în* ~ mettre en évidence; montrer en épingle, mettre en vedette.
evidenţia 1. *vr*. se faire remarquer, se distinguer; 2. *vt*. mettre en évidence.
evidenţiere *sf*. distinction qui recompense le mérite.
evita *vt*. éviter; louvoyer.
evitabil *adj*. évitable.
evlavie *sf*. piété *sf*.
evlavios, **-oasă** *adj*. pieux, -euse; religieux, -euse.
evoca *vt*. évoquer.
evocare *sf*. évocation *sf*.
evocator, -oare *adj*. évocateur, -trice.
evolua *vi*. évoluer.
evolutiv , -ă *adj*. évolutif, -ive.
evoluţie *sf*. evolution *sf*.
evreică *sf*. juive *sf*., israélite *sf*.
evreiesc, -ească *adj*. juif, -ive, israélite; hébraique.
evreu *sm*. juif *sm*.; israélite *sm*., hébreu *sm*.
exacerba *vt*. accentuer, exacerber, intensifier.
exact, -ă 1. *adj*. juste, exact, -e; précis, -e; ponctuel, -le; *ora* ~ l'heure juste, l'heure précise; 2. *adv*. précisément, exactement, avec précision.
exactitate *sf*. exactitude *sf*.
exagera *vt*. exagérer.
exagerare *sf*. exagération *sf*.
exagerat, -ă 1. *adj*. exagéré, -e; 2. *adv*. exagérément.
exala *vt*. exhaler.
exalaţie *sf*. exhalaison *sf*., exhalation *sf*.
exalta *vt*. exalter, enflammer.
exaltare *sf*. exaltation *sf*.
exaltat, **-ă** *adj*., *smf*. exalté, -e, passionné, -e; toqué, -e, cinglé, -e, timbré, -e.
examen *sn*. examen; *a pica la un* ~ échouer à un examen; ~ *de licență* examen de licence; ~ *medical* examen médical.
examina *vt*. examiner; *a* ~ *o situație* examiner une situation; *a* ~ *un bolnav* examiner un malade; examiner, interroger.
examinator, -oare *adj*. examinateur, -trice.
exaspera *vt*. exaspérer.
exasperant, -ă *adj*. exaspérant, -ante.
exasperare *sf*. exasperation *sf*.
excava *vt*. excaver
excavare *sf*. excavation *sf*.
excavator *sn*. excavateur *sm*.
excedent *sn*. excédent *sm*.
excedentar *adj*. excédentaire.
excela *vi*. exceller.
excelent, -ă 1. *adj*. excellent, -e; 2. *adv*. excellemment.

excelenţă *sf.* excellence *sf.*
excentric, -ă *adj.* extravagant, -e; excentrique.
excentricitate *sf.* excentricité *sf.*
excepta *vt.* excepter.
excepţie *sf.* exception *sf.*; *fără ~* sans exception; *prin ~* exceptionnellement; *cu ~* à l'exception de; *a face ~* faire exception.
excepţional, -ă 1. *adj.* exceptionnel, -elle; **2.** *adv.* exceptionellement.
exces *sn.* excès *sm.*; *~ de zel* excès de zéle.
excesiv, -ă 1. *adj.* excessif, -ive; **2.** *adv.* excessivement.
excita *vt.* exciter.
excitant, -ă *adj.* excitant, -e; *(tehn.)* excitateur, -trice.
excitaţie *sf.* excitation *sf.*
exclama *vt.* exclamer.
exclamare *sf.* exclamation *sf.*
exclamaţie *sf.* exclamation *sf.*
exclamativ, -ă *adj.* exclamatif, -ive.
exclude *vt.* exclure.
excludere *sf.* exclusion *sf.*
exclus, -ă *adj.* exclu, -e.
exclusiv, -ă 1. *adj.* exclusive, -ive; **2.** *adv.* exclusivement.
exclusivism *sn.* exclusivisme *sm.*
exclusivitate *sf.* exclusivité *sf.*; *în ~* en exclusivité.
excomunica *vt.* excommunier.
excomunicare *sf.* excommunication *sf.*
excrement *sn.* excrément *sm.*
excrescenţă *sf.* excroissance *sf.*
excursie *sf.* excursion *sf.*
excursionist, -ă *smf.* excursioniste.
execrabil *adj.* execrable.
executa *vt.* executer.
executant, -ă *smf.* exécutant, -ante.
executare *sf.* exécution *sf.*
executiv, -ă *adj.* executive, -ive.
execuţie *sf.* execution *sf.*
exegeză *sf.* exégèse *sf.*
exemplar, -ă 1. *adj.* exemplaire; **2.** *sn.* exemplaire *sm.*; **3.** *adv.* exemplairement, d'une manière exemplaire.
exemplifica *vt.* illustrer par des exemples, exemplifier.
exemplificare *sf.* exemplification *sf.*, démonstration *sf.*
exemplu *sn.* exemple *sm.*; *de ~* par exemple.
exercita *vt.* exercer.
exercitare *sf.* exercice *sm.*
exerciţiu *sn.* exercice *sm.*
exersa *vi.* exercer.
exhaustiv, -ă *adj.* exhaustif, -ive.
exhibiţie *sf.* exhibition *sf.*
exhuma *vt.* exhumer.

E

exhumare *sf.* exhumation.
exigent, -ă *adj.* exigeant, -ante.
exigenţă *sf.* exigence *sf.*
exil *sn.* exil *sm.*
exila *vt.* exiler.
exista *vi.* exister, être; *există* il y a.
existent, -ă *adj.* existant, -ante.
existenţă *sf.* existence *sf.*
exmatricula *vt.* exclure, éliminer.
exmatriculare *sf.* exclusion *sf.*, renvoi *sm.*
exod *sn.* exode *sm.*
exorbitant, -ă exorbitant, -ante.
exotic, -ă *adj.* exotique.
exotism *sn.* exotisme *sm.*
expansiune *sf.* expansion *sf.*
expansiv, -ă *adj.* expansif, -ive.
expatria *vt.*, *vr.* (s')expatrier.
expatriere *sf.* expatriation *sf.*
expectativă *sf.* expectative *sf.*
expectora *vt.* expectorer.
expectoraţie *sf.* expectoration *sf.*
expedia *vt.* expédier
expedient *sn.* expédient *sm.*
expeditiv, -ă 1. *adj.* expéditif, -ive; **2.** *adv.* expéditivement.
expeditor, -oare *smf.* expéditeur, -trice.
expediţie *sf.* expédition *sf.*
expediţionar, -ă *adj.* expéditionnaire.
experienţă *sf.* expérience *sf.*
experiment *sn.* expérimentation *sf.*
experimenta *vt.* expérimenter.
experimental, -ă 1. *adj.* expérimental, -e; **2.** *adv.* expérimentalement.
experimentare *sf.* expérimentation *sf.*
experimentat, -ă *adj.* calé, -e.
expert, -ă *smf.* expert *sm.*
expertiză *sf.* expertise *sf.*
expira *vi.* expirer.
expirare *sf.* expiration *sf.*
expiraţie *sf.* expiration *sf.*, haleine *sf.*
explica *vt.*, *vr.* (s')expliquer.
explicabil, -ă *adj.* explicable.
explicaţie *sf.* explication *sf.*
explicit, -ă 1. *adj.* explicite; **2.** *adv.* explicitement.
exploata *vt.* exploiter.
exploatare *sf.* exploitation *sf.*
exploatator, -oare *smf.* exploiteur, -euse.
exploda *vi.* exploser.
explora *vt.* explorer.
explorare *sf.* exploration *sf.*
explorator, -oare *smf.* explorateur, -trice.
explozibil, -ă *adj.* explosible.
explozie *sf.* explosion *sf.*
exploziv, -ă 1. *adj.* explosive, -ive; **2.** *sn.* explosive *sm.*
exponat *sn.* objet exposé *sm.*
exponent *sm.* représentant *sm.*; *(mat.)* exposant.

export *sn.* exportation *sf.*
exporta *vt.* exporter.
exportator, -oare *adj.* exportateur, -trice.
expozant, -ă *adj.*, *smf.* exposant, -ante.
expozeu *sn.* exposé *sm.*
expozitiv, -ă *adj.* expositif, -ive.
expoziţie *sf.* exposition *sf.*
expres, -ă 1. *adj.* exprès, -se; **2.** *adv.* expressément.
expresie *sf.* expression *sf.*
expresiv, -ă *adj.* expressif, -ive.
exprima *vt.*, *vr.* (s')exprimer.
exprimare *sf.* expression *sf.*
expropria *vt.* exproprier.
expropriere *sf.* expropriation *sf.*
expulza *vt.* expulser.
expulzare *sf.* expulsion *sf.*
expune *vt.* exposer.
expunere *sf.* exposition *sf.*
extaz *sn.* extase *sf.*
extazia *vr.* s'extasier.
extemporal *sn.* interrogation écrite *sf.*
extensibil, -ă *adj.* extensible.
extensiune *sf.* extension *sf.*
extensiv, -ă *adj.* extensive, -ive.
extenua *vt.*, *vr.* (s')extenuer.
extenuant, -ă *adj.* exténuant, -ante.
extenuare *sf.* exténuation *sf.*
exterior 1. *sn.* extérieur *sm.*; *în ~* à l'extérieur, dehors; **2.** *adj.* extérieur, -eure.
exterioriza *vt.* extérioriser.
exteriorizare *sf.* extériorisation *sf.*
extermin *vt.* exterminer.
exterminare *sf.* extermination.
extern, -ă 1. *adj.* externe, extérieur, -e, étrager, -ère; **2.** *smf.* externe; *ministerul afacerilor ~* le ministère des affaires etrangères.
externat *sn.* externat *sm.*
extinde *vt.* étendre, élargir.
extindere *sf.* extension *sf.*
extirpa *vt.* extirper.
extorca *vt.* extorquer.
extract *sn.* extrait *sm.*
extractiv, -ă *adj.* extractif, -ive.
extracţie *sf.* extraction *sf.*
extrage *vt.* extraire.
extragere *sf.* extraction *sf.*
extraordinar, -ă 1. *adj.* extraordinaire; **2.** *adv.* extraordinairement.
extras *sn.* extrait; *~ de cont* relevé des comptes.
extraşcolar *adj.* parascolaire.
extravagant, -ă *adj.* extravagant, -e.
extravaganţă *sf.* extravagance *sf.*
extrăda *vt.* extruder.

extrădare *sf.* extradition *sf.*
extrem, -ă 1. *adj.* extrême; 2. *adv.* extrêmement.
extremă *sf.* extrême *sm.*; *a trece dintr-o ~ în alta* passer d'un extrême à l'autre.
extremist, -ă *smf.* extrémiste *smf.*
extremitate *sf.* extrémité *sf.*
exuberant, -ă *adj.* exuberant, -e, expansif, -ive.
exuberanță *sf.* exuberance *sf.*, vivacité *sf.*
exulta *vi.* exulter.
ezita *vi.* hésiter, osciller.
ezitant, -ă *adj.* hésitant, -ante.
ezitare *sf.* hésitation *sf.*, indécision *sf.*

E

F

fa *sm.* fa *sm.*
fabrica *vt.* produire; faire, fabriquer.
fabricant *sm.* fabricant *sm.*
fabricat *sn.* produit *sm.*
fabricaţie *sf.* fabrication *sf.*
fabrică *sf.* fabrique *sf.*
fabulă *sf.* fable *sf.*
fabulist, -ă *smf.* fabuliste *sm.*
fabulos, -oasă *adj.* fabuleux, -euse, fantastique, incroyable.
face 1. *vt.* faire; *a ~ cunoscut* faire commaître; construire, bâtir; préparer; *a ~ mâncare* préparer les repas; rendre; *a ~ pe cineva fericit* rendre qqn heureux; obliger; *a ~ cinste* honorer; *nu ~ nimic* ça ne fait rien; commander; pratiquer, exercer; provoquer, causer; *a ~ loc* refaire; *a ~ cale întoarsă* revenir sur ses pas; *ce mai faci?* comment vas-tu?; **2.** *vi.* faire semblant, simuler, feindre; *a ~ pe prostul* faire la bête; coûter, valoir, mériter; *cât ~?* combien coûte-t-il?; *n-are a face* cela ne fait rien; *a ~ la dreapta* faire à droit; *a ~ cu ochiul* cligner de l'oeil; **3.** *vr.* se faire, se créer, se donner; *a-şi ~ inimă rea* de faire du maivais sang; *a-şi ~ de lucru* se donner de l'occupation; **4.** *vr.* se former; se faire; devenir.
facere *sf.* création; couches *sf. pl.*; accouchement *sm.*
fachir *sm.* fakir *sm.*
facial, -ă *adj.* facial, -e.
facilita *vt.* faciliter.
facilitate *sf.* facilité *sf.*
faclă flambeau *sm.*, torches *sf.*
factor *sm.* facteur *sm.*
factură *sf.* facture *sf.*; structure *sf.*
facultate *sf.* faculté *sf.*; aptitude *sf.*
facultativ, -ă *adj.* facultatif, -ive.
fad, -ă *adj.* fade, insipide.
fag *sm.* hêtre *sm.*
fagot *sn.* basson *sm.*
fagure *sm.* rayon de miel *sm.*
faianţă *sf.* faience *sf.*
faimă *sf.* renom *sm.*, renomée *sf.*, reputation *sf.*
faimos, -oasă *adj.* repute, -e; fameux, -euse, célébre.
fain, -ă *adj.* *(fam.)* exquis, -e; excellent, -e; admirable; chouette.
falangă *sf.* phalange *sf.*

falӑ *sf.* gloire *sf.;* orgueil *sm.;* pompe *sf.*
falcӑ *sf.* mâchoire *sf.*; *cu o ~ în cer și cu alta în pământ* furibond; être hors de soi.
fald *sn.* pli *sm.*
falezӑ *sf.* falaise *sf.*
faliment *sn.* faillite *sf.; a da ~* faire faillite; échec.
falimetar, -ӑ *adj.* insolvable.
falnic, -ӑ *adj.* imposant, -e, magnifique, superbe.
fals, -ӑ 1. *sn.* faux *sm.*; **2.** *adj.* faux, fausse; hypocrite, simulé, -e; **3.** *adv.* faussement.
falsifica *vt.* contrafaire, altérer, falsifier; fausser, dénaturer; *a ~ adevӑrul* dénaturer la vérité.
falsificare *sf.* falsification *sf.*, dénaturation *sf.*, altération *sf.*
falsificator, -oare *smf.* falsificateur, -trice; *~ de bani* faux-monnayeur.
falsitate *sf.* fausseté *sf.*
familial, -ӑ *adj.* familial, -e.
familiar, -ӑ *adj.* familier, -ère.
familiarism *sn.* familiarité *sm.*
familiaritate *sf.* familiarité *sf.*
familiariza *vt.*, *vr.* (se) familiariser.
familiarizare *sf.* accoutumance *sf.*, usage *sm.*
familie *sf.* famille *sf.*
fanariot *adj.*, *sm.* phanariote *sm.*
fanatic, -ӑ *adj.* fanatique.
fanatism. *sn.* fanatisme *sm.*
fandosealӑ *sf.* minauderie *sf.*
fandosi *vr.* minauder.
fandosit, -ӑ *adj.* affecté, -e; faraud, -e.
fanfarӑ *sf.* fanfare *sf.*
fanfaron, -oanӑ *smf.* fanfaron, -onne *smf.*
fantasmagorie *sf.* fantasmagorie *sf.*, aberration *sf.*; vision *sf.*
fantasmӑ *sf.* fantôme *sm.*, fantasme *sm.*
fantastic, -ӑ 1. *adj.* fatastique, imaginaire; extraordinaire, incroyable; merveilleux, -euse; admirable; **2.** *adv.* incroyablement, fantastiquement.
fantezie *sf.* fantaisie *sf.*, imagination *sf.*
fantomӑ *sf.* fantôme *sm.*, revenant *sm.*, spectre *sm.*
fapt *sn.* fait *sm.;* phénomène *sm.*; *~ împlinit* fait accompli; *de ~* en réalité, au fond; événement *sm.*; în faptul serii à la tombée de la nuit.
faptӑ *sf.* fait *sm.*, action *sf.*, acte *sm.*
far *sn.* phare *sm.*
faraon *sm.* pharaon *sm.*
fard *sn.* fard *sm.*
farda *vt.*, *vr.* (se) farder.
farfurie *sf.* assiette *sf.*, plat *sm.*; *~ întinsӑ* assiette plate; *~ adâncӑ* assiette creuse.
farfurioarӑ *sf.* soucoupe *sf.*
faringe *sn.* pharynx *sm.*
faringitӑ *sf.* pharyngite *sf.*

fariseu *sm.* pharisien *sm.*, hypocrite *sm.*
farmacie *sf.* pharmacie *sf.*
farmacist, -ă *smf.* pharmacien, -ne.
farmec *sn.* charme *sm.*, enchantement *sm.*; sortilège *sm.*, ensorcellement *sm.*; *ca prin ~* comme par enchantement.
farsă *sf.* farce *sf.*; *a face o ~* faire une farce.
fascicul *sn.* faisceau *sm.*
fascina *vt.* charmer, fasciner, séduire, captiver, enchanter.
fascinant, -ă *adj.* fascinant, -e; captivant, -e; séduisant, -e.
fascinaţie *sf.* fascination *sf.*
fasole *sf.* haricot *sm.*; *~ uscată* haricots blancs; *~ verde* haricots verts.
fason *sn..* façon *sf.*
fasona *vt.* façconner.
fast *sn.* faste *sm.*
fastuos, -oasă *adj.* fastueux, -euse.
faşă *sf.* flange *sm.*; *(pansament)* bande; *din ~* dès l'âge le plus tendre.
fatal, -ă *adj.* fatal, -e.
fatalism *sn.* fatalisme *sm.*
fatalist *smf., adj.* fataliste *smf., adj.*
fatalitate *sf.* fatalité *sf.*, destin *sm.*, sort *sm.*
fată *sf.* jeune fille *sf.*
faţadă *sf.* façade *sf.*
faţă *sf.* face *sf.*, visage *sm.*, figure *sf.*; aspect *sm.*; *~ de masă* nappe *sf.*; *~ de pernă* taie d'oreiller *sf.*; *a fi de ~* être présent; *de ~ cu* en présence de; *pe ~* ouvertement; *~ de* par rapport à; *a da pe ~* démasquer; *a face ~* résister; *cu faţa la perete* contre le mur; *la ~ locului* sur les lieux.
faţetă *sf.* facette *sf.*
faun *sm.* faune *sm.*
faună *sf.*
favoare *sf.* faveur *sf.*
favorabil, -ă *adj.* favorable, propice.
favorit, -ă *adj.* préféré, -e; favori, -e.
favoritism *sn.* favoritisme *sm.*
favoriza *vt.* favoriser, être propice à.
fazan *sm.* faisan *sm.*
fază *sf.* phase *sf.*
făcăleţ *sn.* rouleau *sm.*
făclie *sf.* flambeu *sm.*, cierge *sm.*, torche *sf.*
făgaş *sn.* direction *sf.*, voie *sf.*; ornière *sf.*
făgădui *vt.* promettre.
făgăduială *sf.* promesse *sf.*
făină *sf.* farine *sf.*
făinos, -oasă *adj.* farineux, -euse
făinoase *sf. pl.* pâtes *sf. pl.*
fălcos, -oasă *adj.* mafflu, -e.
făli *vr.* s'enorgueillier, se faire gloire.
făptaş *sm.* delinquent *sm.*
făptui *vt.* commettre.

F

făptură *sf.* être *sm.*, creature *sf.*
făraş *sn.* pelle *sf.*
fără 1. *prep.* sans; sauf, hormis, excepté; 2. *conj.* sans.
fărădelege *sf.* forfeit *sm.*, crime *sm.*
fărâma *vt.* émietter.
fărâmă *sf.* miette *sf.*, bribe *sf.*; bout; *a se face* ~ se briser.
făt *sm.* foetus *sm.*; fils *sm.*; garcon *sm.*; ~ *frumos* prince charmant.
făta *vt.* mettre bas.
făţarnic, -ă *adj.* hypocrite.
făţărnicie *sf.* hypocrisie *sf.*
făţiş *adv.* ouvertement, franchement.
făuri *vt.* réaliser, créer, édifier.
făurire *sf.* édification *sf.*, création *sf.*, réalisation *sf.*
făuritor, -oare *smf.* créateur, -trice.
fâlfâi *vi.* battre des ailes; flotter.
fâlfâit *sn.* battement d'ailes *sm.*
fân *sn.* foin *sm.*
fâneaţă *sf.* pasturage *sm.*
fântână *sf.* puits *sm.*; fontaine *sf.*
fâsâi *vi.* chuinter.
fâsâială *sf.* chuintement *sm.*
fâstâci *vr.* se décontenancer.
fâşie *sf.* bande *sf.*, lambeau *sm.*
fâşâi *vi.* *(mătase)* froufroter; *(hârtie)* crisser; *(frunze)* bruire.
fâţâi *vr.* frétiller, se trémousser.
fâţâială *sf.* trémoussement *sm.*; va-et-vient *sm.*
febră *sf.* fièvre *sf.*; temperature *sf.*
febril, -ă 1. *adj.* fébrile; 2. fébrilement.
febrilitate *sf.* fébrilité *sf.*
februarie *sm.* février *sm.*
fecioară *sf.* vierge *sf.*
fecior *sm.* fils *sm.*; valet *sm.*
feciorelnic, -ă *adj.* virginal, -e; pur, -e.
feciorie *sf.* virginité *sf.*
fecund, -ă *adj.* fécond, -e.
fecunda *vt.* féconder.
fecundaţie *sf.* fécondation *sf.*
fecunditate *sf.* fécondité *sf.*
federal, -ă *adj.* fédéral, -e.
federalism *sn.* fédéralisme *sm.*
federativ, -ă *adj.* fédératif, -ive.
federaţie *sf.* fédération *sm.*
feeric, -ă *adj.* féerique.
feerie *sf.* féerie *sf.*
fel *sn.* espèce *sf.*, sorte *sf.*, variété *sf.*; façon *sf.*, manière *sf.*; ~ *de viață* manière de vivre; ~ *de* ~ toute sorte de; *a fi de* ~ être originaire de; ~ *de mâncare* plat *sm.*, mets *sm.*
felicita *vt.* féliciter.
felicitare *sf.* compliment *sm.*; félicitation *sf.*; vœux *sm. pl.*
felie *sf.* tranche *sf.*
felin, -ă *adj.* félin, -e.
felinar *sn.* réverbère *sm.*
felurit, -ă 1. *adj.* divers, -e; different, -e; varié, -e; 2. *adv.* diversement, différemment.

femeie *sf.* femme *sf.*
femeiesc, -iască *adj.* féminin, -e.
femeiuşcă *sf.* femmelette *sf.*
femelă *sf.* femelle *sf.*
feminin, -ă *adj.* féminin, -e.
feminitate *sf.* féminité *sf.*
femur *sn.* fémur *sm.*
fenomen *sm.* phénomène *sm.*
fenomenal, -ă *adj.* phénoménal, -e.
ferăstrău *sn.* scie *sf.*
fereală *sf.* précaution *sf.*, circonspection *sf.*
fereastră *sf.* fenêtre *sf.*
fereca *vt.* enchaîner, verrouiller, embattre, ferrer.
ferecat, -ă *adj.* embattu, -e; ferré, -e; verrouillé, -e; fermé, -e.
ferfeniţă *sf.* a face ~ déchirer.
feri 1. *vt.* protéger, préserver; 2. *vr.* se préserver; se méfier; *a se ~ de cineva* se méfier de qqn.; se garder; éviter; 3. *vi. ferească Dumnezeu!* à dieu ne plaise!
feribot *sn.* ferry-boat *sm.*
ferici *vt.* rendre heureux.
fericire *sf.* bonheur *sm.*; *din ~* heureusement.
fericit, -ă *adj.* heureux, -euse.
ferigă *sf.* fougère *sf.*
ferm, -ă 1. *adj.* ferme; 2. *adv.* fermement.
fermă *sf.* ferme *sf.*
fermeca *vt.* charmer, enchanter, ravir; ensorceler.
fermecător, -oare *adj.* charmant, -e, ravissant, -e; ensorcelant, -ante.
ferment *sm.* ferment *sm.*
fermenta *vi.* fermenter.
fermentare *sf.* fermentation *sf.*
fermier, -ă *smf.* fermier, -ère.
fermoar *sn.* fermeture-éclair *sf.*; fermoir *sm.*
feroce *adj.* féroce.
ferocitate *sf.* férocité *sf.*
feros *adj.* ferreux *adj.*
feroviar 1. *adj.* ferroviaire; 2. *smf.* cheminot *sm.*
fertile, -ă *adj.* fertile.
fertilitate *sf.* fertilité *sf.*
fertiliza *vt.* fertiliser.
feruginos, -oasă *adj.* ferrugineux, -euse.
fervent *adj.* fervent, -ente.
fervoare *sf.* ferveur *sf.*
fes *sn.* fez *sm.*
festă *sf.* farce *sf.*, tour *sm.*
festin *sn.* festin *sm.*
festiv, -ă *adj.* solennel, -elle.
festivitate *sf.* festivité *sf.*; fête *sf.*
feston *sn.* feston *sm.*
feştilă *sf.* mèche *sf.*
fetiş *sn.* fétiche *sm.*
fetişcană *sf.* midinette *sf.*
fetişism *sn.* fétichisme *sm.*
fetiţă *sf.* fillette *sf.*
fetru *sn.* feutre *sm.*
feudal, -ă 1. *adj.* feudal, -e; 2. *sm.* feudal *sm.*
feudalism *sn.* féodalité *sf.*, féodalisme *sm.*

F

feudă *sf.* fief *sm.*
fi *vi.* être, exister; se trouver, vivre; *a ~ bine* être en bonne santé; *ce-o ~ o ~!* advienne que pourra; *a-i ~ frig* avoir froid; *o ~!* peut-être!; *a ~ cât pe aci să* être sur le point de; *a fost odată ca nici odată* il était une fois; *cum e vremea?* quel temps fait-il?
fiară *sf.* bête feroce *sf.*, fauve *sm.*
fiasco *sn.* échec *sm.*, fiasco *sm.*, insuccès *sm.*
fibră *sf.* fibre *sf.*
fibros, -oasă *adj.* fibreux.
ficat *sm.* foie *sm.*
fictiv, -ă *adj.* fictive, -ive.
ficţiune *sf.* fiction *sf.*
fidea *sf.* vermicelli *sm.*
fidel **1.** *adj.* fidèle; **2.** *adv.* fidèlement.
fidelitate *sf.* fidélité *sf.*
fie *conj.* soit.
fiecare **1.** *adj. nehot.* tout chaque; *~ femeie* chaque femme; **2.** *pron. nehot.* chacun, -e.
fiece *adj. nehot.* chaque, tout.
fier *sn.* fer *sm.*; *~ de călcat* fer à repasser; *~ vechi* ferraille *sf. sg.*; *a bate fierul cât e cald* battre le fer tant qu'il est chaud.
fierar *sm.* forgeron *sm.*
fierărie *sf.* forge *sf.;* ferronnerie *sf.*
fierbe *vi.* bouillir; cuire; *a ~ de furie* bouillonner de colèr; fermenter.
fierbinte **1.** *adj.* brûlant, -e; très chaude; *(fig.)* ardent, -e; passioné, -e; **2.** *adv.* chaleureusement, passionnément, ardement.
fiere *sf.* bile *sf.*, fiel *sm.*; amertume *sf.*
fiert, -ă *adj.* bouilli, -e, cuit, -e.
fiertură *sf.* bouillon *sm.*
figura *vi.* figurer.
figurant, -ă *smf.* figurant, -e.
figuraţie *sf.* figuration *sf.*
figură *sf.* figure *sf.*, visage *sm.*; *(fig.)* air *sm.*; image *sf.*, dessin *sm.*
figurină *sf.* figurine *sf.*
fiică *sf.* fille *sf.*
fiindcă *conj.* parce que, pusique, vu que.
fiinţă *sf.* être *sm.*, creature *sf.*; *a lua ~* être fondé.
fila *vt.* filer.
filament *sn.* filament *sm.*
filantrop, -oapă *smf.* philanthrope *sm.*
filantropie *sf.* philanhtropie *sf.*
filarmonică *adj.* philharmonique.
filatelic *adj.* philatélique.
filatelie *sf.* philatélie *sf.*
filatelist *sm.* philatéliste *sm.*
filator, -oare *smf.* fileur, -euse.
filatură *sf.* filature *sf.*
filă *sf.* feuille *sf.*, feuillet *sm.*; page *sf.*

fildeş *sn.* ivoire *sm.*
fileu *sn.* filet *sm.*; *(pentru păr)* résille *sf.*
filfizon *sm.* godelureau *sm.*, freluquet *sm.*
filal, -ă *adj.* filial, ale.
filială *sf.* filiale *sf.*
filiaţie *sf.* filiation *sf.*
filieră *sf.* filière *sf.*
filigran *sn.* filigrane *sm.*
film *sf.* film *sm.*
filma *vt.* filmer, tourner.
filmare *sf.* tournage *sm.*
filolog *sm.* philologue *sm.*
filologic *adj.* philologique.
filologie *sf.* philologie *sf.*
filon *sn.* filon *sm.*
filozof *smf.* philosophe *sm.*
filozofa *vi.* philosopher.
filozofic *adj.* philosophique.
filozofie *sf.* philosophie *sf.*
filtra *vt.* filtrer.
filtrant, -ă *adj.* filtrant, -ante.
filtrare *sf.* filtrage *sm.*
filtru *sn.* filtre *sm.*
fin, -ă **1.** *adj.* fin, -e, délicat, -e; **2.** *adv.* finement; **3.** *smf.* filleul, -e.
final, -ă **1.** *adj.* final, -e; **2.** *sn.* finale *sm.*
finală *sf.* finale *sf.*
finalist, -ă *smf.* finaliste *smf.*
finalitate *sf.* finalité *sf.*
financiar, -ă **1.** *adj.* financier, -ère; **2.** *smf.* financier *sm.*
finanţa *vt.* financer.
finanţare *sf.* financement *sm.*
finanţe *sf. pl.* finance *sf.*
fineţe *sf.* finesse *sf.*, subtilité *sf.*; delicatessen *sf.*
finisa *vt.* effectuer le finisage.
finisaj *sn.* finissage *sm.*; finition *sf.*
finit, -ă *adj.* fini, -ie.
finlandez, -ă **1.** *adj.* finlandais, -e, finnois, -e; **2.** *smf.* Finlandais, -e, Finnois, -e.
fiolă *sf.* ampoule *sf.*, fiole *sf.*
fior *sm.* frisson *sm.*
fiord *sn.* fjord, fiord *sm.*
fioros, -oasă **1.** *adj.* féroce; **2.** *adv.* férocement.
fir *sn.* fil *sm.*, brin *sm.*, grain *sm.*; ~ *de nisip* grain de sable; ~ *de iarbă* brin d'herbe; ~ *cu* ~ un à un; *de-a* ~ *a păr* minutieusement.
firav, -ă *adj.* frêle, fragile, délicat, -e; faible.
fire *sf.* témperament *sm.*, caractère *sm.*, natrel *sm.*; nature *sf.*; raison *sf.*; esprit *sm.*; *a-şi ieşi din* ~ sortir de ses gonds; *a scoate din* ~ pousser à bout; *a-ţi veni în* ~ reprendre ses esprits.
firesc, -ească *adj.* naturel, -elle.
fireşte *adv.* naturellement.
firet *sn.* galon *sm.*
firicel *sn.* frin *sm.*
firidă *sf.* niche *sf.*
firimitură *sf.* miette *sf.*
firmament *sn.* firmament *sm.*
fimă *sf.* firme *sf.*; enseigne *sf.*
fisă *sf.* jeton *sm.*

F

fisc *sn.* fisc *sm.*
fiscal, -ă *adj.* fiscal, -e.
fistic *sn.* pistache *sf.*; *(pom)* pistachier *sm.*
fistichiu, -ie *adj.* extravagant, -ante, bizarre.
fistulă *sf.* fistule *sf.*
fisura *vt.*, *vr.* (se) fissurer.
fisură *sf.* fissure *sf.*
fişă *sf.* fiche *sf.*
fişic *sn.* rouleau de monnaies *sm.*
fişier *sn.* fichier *sm.*
fitil *sn.* mèche *sf.*
fiu *sm.* fils *sm.*
fix, -ă **1.** *adj.* fixe; **2.** *adv.* fixement.
fixa *vt.* fixer.
fixare *sf.* fixation *sf.*
fixativ *sn.* fixatif *sm.*
fixitate *sf.* fixité *sf.*
fizic, -ă *adj.* physique.
fizică *sf.* physique *sf.*
fiziceşte *adv.* physiquement.
fizician, -ă *smf.* physicien, -ienne.
fiziolog *sm.* physiologiste *sm.*
fiziologie *sf.* physiologie *sf.*
fizionomie *sf.* physionomie *sf.*
fizioterapie *sf.* physiothérapie *sf.*
flacără *sf.* flame *sf.*
flacon *sn.* flacon *sm.*
flagel *sn.* fléau *sm.*
flagrant, -ă *adj.* flagrant, -e.
flamba *vt.* flamber.
flamură *sf.* drapeau *sm.*, bannière *sf.*
flanelă *sf.* flanelle *sf.*; pull-over *sm.*, chandail *sm.*
flaşnetă *sf.* orgue de brabarie *sm.*
flata *vt.* flatter.
flaut *sn.* flûte *sf.*
flautist, -ă *smf.* flûtiste *smf.*
flăcău *sm.* jeune homme *sm.*, gars *sm.*; garçon *sm.*, célibataire *sm.*
flămând, -ă *adj.* affamé, -e.
flămânzi *vi.* être affamé.
fleac *sn.* bagatelle *sf.*, babiole *sf.*
flecar, -ă *smf.* bavard, -e.
flecăreală *sf.* bavardage *sm.*
flecări *vi.* bavarder.
flegmatic, -ă *adj.* flegmatique, calme.
flegmă *sf.* phlegme *sm.*, flegme *sm.*; calme *sm.*
fleică *sf.* flanchet *sm.*
fler *sn.* flair.
flexibil, -ă *adj.* flexible.
flexibilitate *sf.* flexibilité *sf.*
flexiune *sf.* flexion *sf.*
flintă *sf.* mousquet *sm.*
flirt *vi.* flirt *sm.*
flirta *vi.* flirter.
floare *sf.* fleur *sf.*; *~ la ureche* bagatelle *sf.*; *floarea-soarelui* tournesol *sm.*; *floare-de-colţ* edelweiss, *a fi în ~ vârstei* être à la fleur de l'âge.
florar *sm.* fleuriste *sm.*
floră *sf.* flore *sf.*
florăreasă *sf.* fleuriste *sf.*

florărie *sf.* boutique du fleuriste *sf.*
floretă *sf.* fleuret *sm.*
floricică *sf.* fleurette *sf.*
flotant, -ă *adj.* flotant, -e.
flotă *sf.* flotte *sf.*
flotilă *sf.* flotilla *sf.*
fluctua *vi.* être fluctuant, fluctuer.
fluctuaţie *sf.* fluctuation *sf.*
fluid, -ă *adj.*, *sn.* fluide *sm.*
fluiditate *sf.* fluidité *sf.*
fluier *sn.* sifflet *sm.*; *(instrument)* flûte *sf.*
fluiera *vi.* siffler.
fluierat *sn.* sifflement *sm.*
fluorescent, -ă *adj.* fluorescent, -e.
fluorescenţă *sf.* fluorescence *sf.*
fluşturatic, -ă *adj.* volage, frivole.
flutura 1. *vt.* agiter; **2.** *vi.* voltiger, voler; flotter.
fluture *sm.* papillon *sm.*
fluvial, -ă *adj.* fluvial, -e.
fluviu *sn.* fleuve *sm.*
flux *sn.* flux *sm.*
foaie *sf.* feuille *sf.*; page *sf.*
foaier *sn.* foyer *sm.*
foale *sn.* soufflet *(de forge) sm.*
foame *sf.* faim *sf.*; *a-i fi* ~ avoir faim; *o ~ de lup* une faim de loup.
foamete *sf.* famine *sf.*
foarfece *sn.* ciseaux *sm. pl.*
foarte *adv.* très, fort, tout, bien; *nici prea prea, nici ~ ~* passablement; comme ci comme ça; *~ mult* beaucoup; *~ puţin* fort peu.
fobie *sf.* phobie *sf.*
foc *sn.* feu *sm.*; incendie *sm.*; *(fig.)* ardeur *sf.*; *a lua ~* prendre feu; *~ de artificii* feu d'artifice; *a băga mâna în ~* mettre la main au feu; *a da ~* mettre le feu; *a fi ~ şi pară* jeter feu et flame.
focar *sn.* foyer *sm.*, source *sf.*
focă *sf.* foque *sm.*
fochist *sm.* chauffeur *sm.*
focos, -oasă *adj.* ardent, -e.
fofila *vt.* se faufiler.
foi 1. *vi.* fourmiller; grouiller; **2.** *vr.* s'agiter; remuer.
foială *sf.* fourmillement *sm.*; grouillement *sm.*; agitation *sf.*, va-et-vient *sm.*
foileton *sn.* feuilleton *sm.*
foişoir *sn.* belvédère *sm.*; pavillion *sm.*; befroi *sm.*
foiţă *sf.* papier pleure, papier à cigarettes.
folclor *sn.* folklore *sm.*
folcloric, -ă *adj.* folklorique.
folcloriste *smf.* folkloriste *smf.*
folos *sn.* avantage *sm.*, profit *sm.*, utilité *sf.*, bénéfice *sm.*; *ce ~?* à quoi bon?; *fără ~* en vain; *de ~* utile, profitable.
folosi 1. *vt.* utiliser, user, employer, se servir de; **2.** *vi.* servir *a nu ~ la nimic* ne servir à rien; **3.** *vr.* se servir, profiter.

folosire *sf.* emploi *sm.*, usage *sm.*
folositor, -oare *adj.* utile.
fond *sn.* fond *sm.*; *în ~* au fond, en réalité; fonds *sm.*, capital *sm.*
fondator, -oare *smf.* fondateur, -trice.
fonem *sn.* phonème *sm.*
fonetică *sf.* phonétique *sf.*
fonetician, -ă *smf.* phonéticien, -ienne.
fonf, foanfă *adj.* nasillard, -e.
fonfăi *vi.* nasiller.
fonograf *sn.* phonographe *sm.*
fontă *sf.* fonte *sf.*
for *sn.* forum *sm.*; for *sm.*
fora *vi.*, *vt.* forer.
foraj *sn.* forage *sm.*
forestier, -ă *adj.* forestier, -ère.
forfeca *vt.* déchirer, déchiqueter, casser du sucre sur le dos de qqn.
forfecuţă *sf.* petits ciseaux; *~ pentru unghii* onglier *sm.*
forfotă *sf.* grouillement *sm.*, fourmillement *sm.*, va-et-vient *sm.*, agitation *sf.*
forfoti *vi.* fourmiller, grouiller.
forja *vt.* foger.
forjă *sf.* forge *sf.*
forma 1. *vt.* créer, donner naissance, constituer, former, faire; **2.** *vr.* se former.
formal, -ă 1. *adj.* formel, -elle; superficiel, -elle; **2.** *adv.* superficiellement; formellement.
formalism *sn.* formalisme *sm.*
formalitate *sf.* formalité *sf.*
formliza *vr.* se vexer, se formaliser
formare *sf.* formation *sf.*, constitution *sf.*
format *sn.* format *sm.*
formaţie *sf.* formation *sf.*
formă *sf.* forme *sf.*; aspect *sm.*; moule *sm.*; *a fi în ~* être en forme.
formidabil, -ă *adj.* formidable, extraordinaire.
formula *vt.* exprimer, formuler, rédiger, énonver.
formular *sn.* formulaire *sm.*
formulare *sf.* rédaction *sf.*, expression *sf.*, énoncé *sm.*
formulă *sf.* formule *sf.*
fort *sn.* fort *sm.*
fortăreaţă *sf.* forteresse *sf.*, citadelle *sf.*
fortifiant, ă *adj.*, *sn.* fortifiant, -e.
fortifica *vt.* fortifier.
fortificare *sf.* fortification *sf.*
fortuit, -ă *adj.* fortuit, -e.
forţa 1. *vt.* forcer, obliger, contraindre; **2.** *vr.* s'efforcer.
forţare *sf.* forcement *sm.*
forţă *sf.* puissance *sf.*, force *sf.*; énergie *sf.*; *cu forța* par force.
fosfat *sn.* phosphate *sm.*
fosă *sf.* fosse.
fosfor *sn.* phosphore *sm.*
fosforescent, -ă *adj.* phosphorescent, -e.

fosforescenţă *sf.* phosphorescence, -e.
fosilă *sf.* fossile *sm.*
fost, -ă *adj.* ancien, -enne.
foşnet *sn.* bruissement *sm.*; frémissement *sm.*
foşni *vi.* bruire, froufrouter.
foşnitor, -oare *adj.* bruissant, -e.
fotbal *sn.* football *sm.*
fotbalist *sm.* footballeur *sm.*
fotocopie *sf.* photocopie *sf.*
fotoelectric, -ă *adj.* photo-éléctrique.
fotogenic, -ă *adj.* photogénique.
fotograf *sm.* photographe *sm.*
fotografia *vt.* photographier.
fotografie *sf.* photographie *sf.*, photo *sf.*
fotografiere *sf.* prise de photos.
fotoliu *sn.* fauteuil *sm.*
fotomontaj *sn.* panneau photographique *sm.*, photomontage *sm.*
fotoreporter *sm.* reporter photographe *sm.*
foxtrot *sn.* fox-trot *sm.*
frac *sn.* frac *sm.*, habit *sm.*
factura *vt.* fracturer, casser.
fractură *sf.* fracture *sf.*
fracţie *sf.* fraction *sf.*
fracţiona *vt.* fractionner.
fracţionare *sf.* fractionnement *sm.*
fracţiune *sf.* fraction *sf.*
fragă *sf.* fraise *sf.*
fraged, -ă *adj.* tendre, fin, -e, délicat, -e; frais, fraîche.
fragil, -ă *adj.* fragile, délicat, -e.
fragilitate *sf.* fragilité *sf.*, friabilité *sf.*
fragment *sn.* fragment *sm.*
fragmenta *vt.* fragmenter.
fragmentar, -ă 1. *adj.* fragmentaire, partiel, -elle; **2.** *adv.* fragmentairement, partiellement.
fragmentare *sf.* fragmentation *sf.*
fraier *sm.* poire *sf.*, gogo *sm.*
franc[1] *sm.* franc *sm.*
franc, -ă[2] *adj.* franc, -che.
franca *vt.* affranchir.
francare *sf.* affranchissement *sm.*
francez, -ă 1. *adj.* français, -e; **2.** *smf.* Français, -e.
francheţe *sf.* franchise *sf.*
franjuri *sn. pl.* franges *sf. pl.*
franţuzesc, -ească *adj.* français, -aise.
franţuzism *sm.* gallicisme *sm.*
franzelă *sf.* pain blanc *sm.*, flûte *sf.*, baguette *sf.*
franzeluţă *sf.* petit pain *sm.*
frapa *vt.* frapper.
frapant, -ă *adj.* frappant, -ante.
frasin *sm.* frêne *sm.*
frate *sm.* frère *sm.*; ~ *vitreg* demi-frère.
fratern, -ă *adj.* fraternal, -elle.
fraternitate *sf.* fraternité *sf.*
fraterniza *vi.* fraterniser.
fraudă *sf.* fraude *sf.*

F

fraudulos, -oasă *adj.* frauduleux, -euse.
fraza *vi.* phraser.
frază *sf.* phrase *sf.*
frazeologie *sf.* phraséologie *sf.*
frăgezime *sf.* fraîcheur *sf.*; *(carne)* tendreté *sf.*
frământa **1.** *vt.* pétrir; **2.** *vr.* se tourmenter, s'agiter.
frământare *sf.* pétrissage *sm.*; agitation *sf.*, tourment *sm.*
frăţesc, -ească *adj.* fraternal, -elle.
frăţeşte *adv.* fraternellement.
frăţie *sf.* fraternité *sf.*
frăţior *sm.* frérot *sm.*
frâna *vt.* freiner.
frânar *sm.* garde-frein *sm.*
frânare *sf.* freinage *sm.*
frână *sf.* frein *sm.*
frânge *vt.* romper; casser, fracturer; briser; *a-şi ~ mâinile* se tordre les mains.
frângere *sf.* brisement *sm.*, rupture *sf.*
frânghie *sf.* corde *sf.*
frânt, -ă *adj.* rompu, -ue; cassé, -e, fracturé, -e.
frântură *sf.* débris *sm.*, fragment *sm.*
frâu *sn.* bride *sf.*
freamăt *sn.* frémissement *sm.*
freca **1.** *vt.* frotter, frictionner, masser; **2.** *vr.* se frotter.
frecare *sf.* friction *sf.*, frottement *sm.*
frecătură *sf.* friction *sf.*; heurt *sm.*, désaccord *sm.*
frecvent, -ă *adj.* fréquent, -e.
frecventa *vt.* fréquenter.
frecventare *sf.* fréquentation *sf.*
frecvenţă *sf.* fréquence *sf.*; assiduité *sf.*; présence *sf.*
fredona *vt.* fredonner.
fremăta *vi.* bruire; frémir.
fremătător, -oare *adj.* frémissant, -e.
frenetic, -ă **1.** *adj.* frénétique; **2.** *adv.* frénétiquement.
frenezie *sf.* frénésie *sf.*
frescă *sf.* fresque *sf.*
freza *vt.* fraiser.
freză *sf.* fraise; coiffure *sf.*
frică *sf.* crainte *sf.*, peur *sf.*, effroi *sm.*; *cu ~* peureusement, *a-i fi ~* avoir peur; *fără ~* courageusement, sans crainte.
fricos, -oasă *adj.* craintif, -ive; peureux, -euse.
fricţiune *sf.* friction *sf.*, massage *sm.*
frig *sn.* froid *sm.*; malaria *sf.*
friganea *sf.* pain perdu *sm.*
frigare *sf.* broche *sf.*
frigăruie *sf.* brochette *sf.*
frige **1.** *vt.* griller, rôtir, cuire, frire; **2.** *vi.* brûler; **3.** *vr.* se brûler.
frigid, -ă *adj.* frigide.
frigider *sn.* réfrigérateur *sm.*, frigo *sm.*
friguros, -oasă *adj.* froid, -e; frileux, -euse; *timp ~* temps

froid; *persoană friguroasă* personne frileuse.
fript, -ă *adj.* rôti, -e; cuit, -e; *a face zile fripte* rendre la vie dure à.
friptură *sf.* rôti *sm.*
frişcă *sf.* crème (fouettée) *sf.*
frivol, -ă *adj.* frivole.
frivolitate *sf.* frivolité *sf.*
friza *vt.* friser, onduler.
friză *sf.* frise *sf.*
frizer *sm.* coiffeur *sm.*
frizerie *sf.* salon de coiffure *sm.*
front *sn.* front *sm.*
frontal, -ă *adj.* frontal, -e.
frontieră *sf.* frontière *sf.*
frontispiciu *sn.* frontispice *sm.*
fronton *sn.* fronton *sm.*
fruct *sn.* fruit *sm.*
fructărie *sf.* fruiterie *sf.*
fructieră *sf.* compotier *sm.*
fructifer, -ă *adj.* fruitier, -ère, fructifère; *pom* ~ arbre fruitier.
fructifica *vi.* fructifier.
fructificare *sf.* fructification *sf.*
fructuos, -oasă *adj.* fructueux, -euse.
frugal, -ă *adj.* frugal, -e.
frugalitate *sf.* frugalité *sf.*
frumos, -oasă 1. *adj.* beau, belle, joli, -e; 2. *adv.* joliment; 3. *sn.* beau *sm.*
frumuseţe *sf.* beauté *sf.*
frumuşel, -ică 1. gentil, -ille, mignon, -onne; 2. *adv.* gentillement.
fruntaş, -ă 1. *sm.* brigadier *sm.*, caporal; 2. *adj.* d'élite.
frunte *sf.* front *sm.*; *în* ~ en tête.
frunză *sf.* feuille *sf.*
frunzări *vt.* feuilleter.
frunziş *sn.* feuillage *sm.*
frustra *vt.* frustrer.
frustrare *sf.* frustration *sf.*
ftizic *adj.* phtisique, poitrinaire.
ftizie *sf.* phtisie *sf.*, tuberculose pulmonaire *sf.*
fudul, -ă *adj.* arrogant, -e, fier, -ère; orgueilleux, -euse; ~ *de o ureche* dur d'oreille.
fuduli *vr.* se rengorger, se pavaner, faire l'important.
fugar, -ă *adj.* fugitif, -ive.
fugă 1. *sf.* course *sf.*, fuite *sf.*; *în* ~ à toutes jambes; *din* ~ en passant; *pe* ~ à la hâte; *într-o* ~ d'un trait; *a pune pe* ~ chasser qqn; *a o rupe la* ~ prendre la fuite; *fuga-fuguţa* dare-dare; 2. *adv.* vite, en courant.
fugări *vt.* poursuivre, pourchasser.
fugărire *sf.* poursuite *sf.*
fugi *vi.* s'enfuir, courur, fuir; se sauver, *timpul fuge* le temps vole; *a-ţi ~ pământul de sub picioare* perdre pied.
fugitiv, -ă 1. *adj.* passager, -ère, rapide, fugitif, -ive; 2. *adv.* fugitivement, superficiallement.
fuior *sn.* tortis *sm.*
fular *sn.* foulard *sm.*
fulg *sm.* plume *sf.*; *(la păsări)* duvet *sm.*; *(de zăpadă)* flocon *sm.*

F

fulger *sn.* éclair *sm.*
fulgera *vi.* faire des éclairs; éclairer; *a ~ cu privirea* foudroyer du regard; *a tuna și ~* fulminer.
fulgerare *sf.* éclair *sm.*
fulgerător, -oare *adj.* fulgurant, -e; foudroyant, -e.
fulgui *vi.* neiger à flocons rares.
fum *sn.* fumée *sf.*
fuma *vi., vt.* fumer.
fumător, -oare *smf.* fumeur, -euse.
fumega *vi.* fumer.
fumoar *sn.* fumoir *sm.*
fumuriu, -ie *adj.* gris, -e.
funciar, -ă *adj.* foncier, -ère.
funcţie *sf.* fonction *sf.*, emploi *sm.*
funcţiona *vt.* fonctionner.
funcţional, -ă *adj.* fonctionnel, -elle.
funcţionar, -ă *smf.* fonctionnaire, employé, -e.
funcţionare *sf.* fonctionnement *sm.*
funcţionăraş *sm.* rond-de-cuir *sm.*; gratte-papier *sm.*
fund *sn.* fond *sm.*, profondeur *sf.*; *fără ~* inépuisable.
funda *vt.* fonder, instituer.
fundament *sn.* fondement *sm.*
fundamenta *vt.* jetter les fondements, mettre; étayer, consolider; documenter.
fundamental, -ă *adj.* fondamental, -e.
fundaş *sm.* arrière *sm.*
fundaţie *sf.* fondation *sf.*
fundă *sf.* noeud *sm.*
fundătură *sf.* impasse *sf.*, cul-de-sac *sm.*
funebru, -ă *adj.* funèbre, sombre.
funeralii *sn. pl.* funérailles *sf. pl.*, obsèques *sf. pl.*
funerar, -ă *adj.* funeraire.
funest, -ă *adj.* funeste.
funicular *sn.* funiculaire *sm.*
funie *sf.* corde *sf.*, câble *sm.*
funingine *sf.* suie *sf.*
fura *vt.* voler, dérober, enlever; *a-l ~ somnul* être pris de sommeil.
furaj *sn.* fourrage *sm.*
furajer, -eră *adj.* fourrager, -ère.
furcă *sf.* fourche *sf.*; *~ de tors* quenouille *sf.*
furculiţă *sf.* fourchette *sf.*
furgon *sn.* fourgon *sm.*
furie *sf.* rage *sf.*, fureur *sf.*; furie *sf.*
furios, -oasă 1. *adj.* furieux, -euse.; **2.** *adv.* furieusement.
furiş, -ă *adj.* clandestin, -e; furtif, -ive; *pe ~* furtivement, en cachette.
furişa *vr.* se faufiler, se couler.
furnal *sn.* haut fourneau *sm.*
funica *vi.* fourmiller *sf.*
furnicar *sn.* fourmilière *sf.*
furnică *sf.* fourmi *sf.*
furnitură *sf.* fourniture *sf.*
furniza *vt.* fournir.

furnizare *sf.* fourniture *sf.*
furnizor, -oare *smf.* fournisseur *sm.*
furori *sm. pl. a face ~* faire sensation.
fursecuri *sn. pl.* petits fours *sm. pl.*
furt *sn.* vol *sm.*; maraude *sf.*
furtun *sn.* tuyau *sm.*
furtună *sf.* orage *sm.*, tempête *sf.*
furtunos, -oasă **1.** *adj.* orageux, -euse; **2.** *adv.* orageusement, tumultueusement.
furuncul *sn.* furoncle *sm.*
furunculoză *sf.* furonculose *sf.*
fus *sn.* fuseau *sm.*
fustă *sf.* jupe *sf.*
fuzelaj *sn.* fuselage *sm.*
fuziona *sn.* fusionner.
fuzionare *sf.* fusionnement *sm.*
fuziune *sf.* fusion *sf.*

G

gabardină *sf.* gabardine *sf.*
gabarit *sn.* gabarit *sm.*
gafa *vi.* gaffer.
gafă *sf.* gaffe *sf.*; *a face o ~* faire une gaffe; bévue, maladresse.
gaică *sf.* martingale, attache.
gaie *sf.* milan *sm.*
gaiţă *sf.* geai *sm.*; *(femeie vorbăreaţă)* pie *sf.*
gaj *sn.* gage *sm.*, garantie *sf.*, caution *sf.*
galant, -ă *adj.* galant, -ante, courtois, -oise; généreux, -euse.
galantar *sn.* devanture *sf.*, vitrine *sf.*
galanterie *sf.* galanterie, politesse, courtoisie; bonneterie.
galanton, -ă *adj.* généreux, -euse.
galaxie *sf.* galaxie *sf.*
gală *sf.* gala *sm.*; *de ~* de gala
galben 1. *adj.* jaune; *(despre faţă)* pâle, blame; *~ ca ceara* livide; *(la semafor)* feu orange (jaune); **2.** *sm.* *(monedă)* pièce d'or *sf.*
galeră *sf.* galère *sf.*
galerie *sf.* galerie, passage souterrain *sm.*; *galeria unei mine* la galerie d'une mine; *~ de cârtiţă* la galerie d'une taupe; *~ de artă* galerie d'art; *a face ~* acclamer bruyamment; barre à rideaux.
galeş, -ă 1. *adj.* langoureux, euse, sentimental; mélancolique, triste; **2.** *adv.* langoureusement; mélancoliquement.
galicism *sn.* gallicisme *sm.*
galon *sn.* galon *sm.*
galop *sn.* galop *sm.*
galopa *vi.* galoper.
galoş *sm.* chaussure de caoutchouc *sf.*
galvanic *adj.* galvanique.
galvaniza *vt.* galvaniser.
galvanizare *sf.* galvanization *sf.*
gamaglobulină *sf.* gammaglobuline *sf.*
gamă *sf.* gamme; *~ de culori* une gamme de couleurs; *~ largă de sortimente* une large évantail d'articles.
gambă *sf.* jambe *sf.*
gamelă *sf.* gamelle *sf.*
gamet *sm.* gamètes *sm. pl.*
gang *sn.* passage *sm.*, couloirs *sm.*, galerie *sf.*, corridor *sm.*
ganglion *sm.* ganglion *sm.*
ganglionar, -ă *adj.* ganglionnaire.

gangster *sm.* gangster *sm.*
gara *vt.* garer.
garaj *sn.* garage *sm.*
garanta *vt., vi.* garanter.
garantat, -ă 1. *adj.* garanti, -ie; 2. *adv.* sûr et certain.
garanţie *sf.* garantie *sf.*; *a fi în ~* être sous garantie; *a lua pe ~* se porter garant pour qqn.
gară *sf.* gare.
gard *sn.* clôture *sf.*, haie *sf.*, palissade *sf.*; *~ viu* haie vive; *(sport)* haies *sf. pl.*, course de haies; *a da cu oiştea în ~* faire un pas declerc.
gardă *sf.* garde; *~ de onoare* garde d'honneur; *~ de corp* garde du corps; *soldat de ~* soldat en faction; *corp de ~* corps de garde; *medic de ~* médicin de garde; *a fi de ~* être de garde; *a se pune în ~* se mettre en garde; *(la sabie)* garde *sf.*
gardenie *sf.* gardénia *sm.*
garderob *sn.* garde-robe *sf.*, armoire *sf.*
garderobă *sf.* *(la teatru, restaurant)* vestiaire *sm.*; garde-robe *sf.*
garderobier, -ă *smf.* préposé, -e au vestiaire.
gardian *sm.* gardien *sm.*
gargară *sf.* gargarisme *sm.*
garnisi *vt.* garnir, orner.
garnisire *sf.* garnissage *sm.*
garnitură *sf.* garniture; accessoire *sm.*; *friptură cu ~* rôti garni; *~ de pat* literie *sf.*; *~ de mobilă* mobilier complet; *~ de tren* rame *sf.*; *~ de robinet* joint de robinet.
garnizoană *sf.* garnison *sf.*
garoafă *sf.* oeillet *sm.*
garofiţă *sf.* oeillet mignardise *sf.*
garsonieră *sf.* studio *sm.*, garçonnière *sf.*
gastric *adj.* gastrique; *suc ~* suc gastrique.
gastrită *sf.* gastrite.
gastronomie *sf.* gastronomie.
gaşcă *sf.* bande *sf.*, clique *sf.*, clan *sm.*, coterie *sf.*
gata *adj.* prêt, fini, achevé, terminé; *haine de ~* prêts-à-porter; *a fi ~ să* être prêt à, être sur le point de; *a da ~ pe cineva* épater la galerie.
gater *sn.* scie mécanique *sf.*
gaură *sf.* trou *sm.*, orifice *sm.*, creux *sm.*; *gaura cheii* le trou de la serrure.
gaz *sn.* gaz, *~ lacrimogen* gaz lacrymogènes; *~ de mină* grisou *sm.*; *a arde ~ degeaba* perdre son temps; *a avea ~* avoir des gaz; pétrole lampant.
gaza *vt.* gazer.
gazare *sf.* gazage *sm.*
gazdă *sf.* hôte *sm.*, hôtesse *sm.*; *a primi în ~* loger qqn; *a sta în ~* être en pension chez qqn.
gazelă *sf.* gazelle.
gazetar *sm.* journaliste *sm.*

G

gazetă *sf.* journal *sm.*, gazette *sf.*
gazetărie *sf.* journalisme *sm.*
gazon *sn.* gazon *sm.*
gazos, -oasă *adj.* gazeux.
găgăuţă *sf.* nigaud *sm.*, benêt *sm.*
gaină *sf.* poule *sf.*
G
gălăgie *adj.* bruit *sm.*, vacarme *sm.*, tapage *sm.*
gălăgios, -oasă *adj.* bruyant, -e, tapageur, euse.
gălbenuş *sn.* jaune d'oeuf *sm.*
gălbinare *sf.* jaunisse *sf.*, ictère *sm.*
gălbui *adj.* jaunâtre.
găleată *sf.* seau; *plouă cu găleata* il pleut à seaux, à verse, à torrents.
găligan *sm.* escogriffe *sm.*, échalas *sm.*
găluşcă *sf.* boulette *sf.*
gămălie *sf.* tête d'épingle *sf.*
găoace *sf.* coque *sf.*, coquille *sf.*
gărgăriţă *sf.* charançon *sm.*
găsi 1. *vt.* trouver, rencontrer, joindre; *ţi-ai găsit!* allons donc; *a-şi ~ naşul* trouver son maître; **2.** *vr.* se trouver.
găteală *sf.* toilette *sf.*; parure *sf.*
găti 1. *vt.*, *vr.* se parer, s'attifer, s'habiller; se préparer; **2.** *vt.* cuisiner, faire la cuisine.
găunos, -oasă *adj.* creux, -euse.
găuri *vt.* percer, trouer, performer.
găzdui *vt.* héberger, loger.
găzduire *sf.* hébergement *sm.*, logement *sm.*
gâdila *vt.* chatouiller.
gâdilare *sf.* chatouillement *sm.*
gâdilicios, -oasă *adj.* chatouilleux, -euse.
gâfâi *vi.* haleter, s'esouffler.
gâfâială *sf.* halètemet *sm.*, essoufflement *sm.*
gâlceavă *sf.* dispute, noise, querelle *sm.*; *a căuta ~* chercher noise à qqn.
gâlgâi *vi.* couler à flots, gargouiller, glouglouter.
gâlgâit *sn.* glouglou *sm.*, gargouillement.
gâlmă *sf.* butte, monticule; enflure, inflammation.
gând *sn.* pensée *sf.*, idée *sf.*; réflexion; projet *sm.*, dessein *sm.*, intention *sf.*; *a sta pe gânduri* être plongé dans ses pensées, réfléchir; *a nu sta mult pe gânduri* ne pas hésiter; *a pune cuiva ~ rău* en vouloir à qqn.
gândac *sm.* cafard *sm.*
gândi *vi.*, *vr.* penser, songer, réfléchir, méditer; *pe negândite* soudain, à l'improviste; croire, considérer que.
gândire *sf.* pensée, idée; méditation, réflexion; imagination, fantaisie.

gânditor, -oare 1. *adj.* pensif, -ive; rêveur, -euse; **2.** *smf.* penseur *sm.*
gânganie *sf.* insecte *sm.*
gângav *adj.* bégue.
gângăveală *sf.* bégaiement *sm.*
gângăvi *vi.* bégayer.
gânguri *vi.* gazouiller, balbutier.
gârbovi. *vr.* se voûter, se corber.
gârlă *sf.* ruisseau *sm.*; *a se duce pe ~* s'en aller à vau-l'eau.
gâscan *sm.* jars *sm.*
gâscă *sf.* oie; *laba-gâștei* patte-d'oie.
gât *sn.* cou *sm.*, gorge *sf.*; *a se arunca la gâtul cuiva* se jeter au cou de qqn.; *~ de sticlă* le goulot, le col; *a strange de ~ pe cineva* étrangler qqn, tordre le cou; *a da pe ~* siffler une bouteille; *durere de ~* mal de gorge; *un ~ de* une gorgée de.
gâtlej *sn.* gosier *sm.*
gâtui *vt.* étrangler, étouffer, tordre le cou.
gâtuire *sf.* étranglement *sm.*; entrave *sf.*; *(despre circulație)* embouteillage.
gâză *sf.* insecte *sm.*
geam *sn.* vitre *sf.*, carreau *sm.*; fenêtre *sf.*; *(de ceas)* verre *sm.*; *~ mat* verre dépoli; *a spăla ~* faire/laver les vitres/carreaux.
geamandură *sf.* bouée.
geamantan *sn.* valise *sf.*
geamăn, -ă *adj.*, *smf.* jumeau, -elle; *frați gemeni* frères jumeaux.
geamăt *sn.* gémissement *sm.*
geambaș *sm.* maquignon *sm.*
geamgiu sm vitrier *sm.*
geamie *sf.* mosque *sf.*
geamlâc *sn.* véranda *sf.*, galerie vitrée *sf.*
geană *sf.* cil *sm.*; *a privi printre gene* regarder les yeux entre-ouverts; *~ de lumină* filet de lumière.
geantă *sf.* serviette; sac à main.
gel *sn.* gel *sm.*
gelatină *sf.* gélatine; *(de fructe)* gelée *sf.*
gelatinos, -oasă *adj.* gélatineux, -euse.
gelos, -oasă *adj.* jaloux, -ouse.
gelozie *sf.* jalousie *sf.*
gem *sn.* confiture *sf.*, jam *sm.*, marmelade *sf.*
geme *vi.* gémir, geindre; *a ~ de lume* être bondé de monde.
gen *sn.* genre *sm.*, espèce *sf.*, sorte *sf.*, type *sm.*; *~ masculin* le genre masculin; *~ dramatic* le genre dramatique.
genă *sf.* gène *sm.*
genealogie *sf.* généalogie *sf.*
genera *vt.* engendrer, causer, produire.
general 1. *sm.* général; **2.** *adj.* général; *caracter ~* caractère général; *în ~* généralement; *medicină ~* médicine générale; *părere ~* opinion générale.

G

generalitate *sf.* généralité *sf.*
generalist *smf.* médicin généraliste.
generaliza *vt.* généraliser.
generalizare *sf.* généralisation *sf.*
generare *sf.* engendrement *sm.*
generator, -oare **1.** *adj.* générateur, -trice; **2.** *sn.* *(de aburi)* générateur *sm.*; *(de electricitate)* génératrice *sf.*
generaţie *sf.* génération *sf.*
genere *sn.* *în ~* en général, généralement.
generos, -oasă *adj.* généreux, -euse.
generozitate *sf.* générosité.
genetică *sf.* génetique.
geneză *sf.* genèse *sf.*
genial, -ă *adj.* génial, -e.
genialitate *sf.* génialité *sf.*
genital, -ă *adj.* génital, -e.
genitive *sn.* génitive *sm.*
geniu *sn.* génie; *de ~* génial; *trupe de ~* troupes de génie.
genocid *sn.* génocide *sm.*
gentil, -ă *adj.* aimable, gentil, -ille, poli, -e.
gentileţe *sf.* gentilesse *sf.*, amabilité *sf.*
gentilom *sm.* gentilhomme *sm.*
genuflexiune *sf.* génuflexion.
genunchi *sm.* genou; *a se aşeza în ~* se mettre à genoux; *pe ~* sur les genoux; *cu genunchii la gură* pelotonné, recroquevillé; *a i se taia genunchii* se sentir défaillir.
genunchieră *sf.* genouilère *sf.*
geodezie *sf.* géodesie *sf.*
geofizică *sf.* géophysique *sf.*
geograf, -ă *smf.* géographe.
geografic, -ă *adj.* géographique.
geografie *sf.* géographie.
geolog *sm.* géologue *sm.*
geologic, -ă *adj.* géologique.
geologie *sf.* géologie.
geometric, -ă *adj.* géométrique.
geometrie *sf.* géometrie.
geotermal, -ă *adj.* géothermal, -e.
ger *sn.* gel *sm.*, froid *sm.*; *gerul bobotezei* un froid de loup; *~ de crapă pietrele* gèle à pierre fendre.
gera *vt.* gérer, adminstrer.
german, -ă **1.** *adj.* allemand, -ande; **2.** *smf.* Allemand, -e.
germanic, -ă *sm.* germanique.
germanist *smf.* germaniste.
germanistică *sf.* philologie germanique.
germen *sm.* germe *sm.*; origine *sf.*, source *sf.*
germina *vi.* germer.
germinaţie *sf.* germination *sf.*
gerontologie *sf.* gerontologie.
geros, -oasă *adj.* très froid, -e; *iarnă ~* hiver rigoureux.
gerui *vi.* geler.
gerunziu *sn.* participe présent.
gest *sn.* geste *sm.*
gesticula *vi.* gesticuler.
gesticulare *sf.* gesticulation *sf.*

gestionar, -ă *smf.* gérant, -ante, gestionnaire.
gestiune *sf.* gestion *sf.*
gheară *sf.* griffe; serres *sf. pl.*, *a pune gheara pe cineva* mettre le grapin; *ghearele vulturului* les serres de l'aige; *a-şi scoate ghearele* montrer ses griffes; *a cădea în ~ cuiva* tomber sous la griffe de qqn.
gheată *sf.* bottine *sf.*
gheaţă *sf.* glace *sf.*; *rece ca ~* froid comme la glace; *sloi de ~* glaçon *sm.*; *bani ~* argent comptant; *a se da pe ~* s'amuser en glissant sur la glace; *a sparge ~* briser la glace; *de ~* de glace; *o primire de ~* un accueil de glace; *a fi sloi de ~* être transi de froid.
gheb *sn.* bosse *sf.*
ghebos, -oasă *adj.* bossu, -e.
gheenă *sf.* géhenne.
gheişă *sf.* geisha.
ghem *sn.* pelote *sf.*, peloton *sm.*; *a face ~* pelotoner, *a se face ~* se pelotonner.
ghemotoc *sn.* boule *sf.*, tampon *sm.*; *a face ~* rouler en boule.
ghemui *vr.* se recroqueviller; se blottir, se pelotonner.
ghepard *sm.* guépard *sm.*
gheretă *sf.* guérite *sf.*; kiosque *sm.*
gherghef *sn.* métier à broder *sm.*
ghes *sn.* *a da cuiva ~* pousser qqn.
ghetou *sn.* ghetto *sm.*
gheţar *sm.* glacier *sm.*
gheţărie *sf.* glacière *sf.*
gheţuş *sn.* *(polei)* verglas *sm.*; *(făcut de copii)* glissoire *sf.*
ghici *vt.* deviner; prédire, prévoir, pressentir, entrevoir; *a ~ viitorul* dire la bonne aventure; *pe ghicite* au hasard, à l'aventure; *a ~ în cafea* lire l'avenir dans le marc de café; *a ~ în cărţi* tirer des cartes; *a ~ în palmă* lire dans les lignes de la main.
ghicitoare *sf.* devinette; *a spune ghicitori* poser des devinettes; *(persoană)* diseuse de bonne aventure.
ghid *sn.*, *sm.* guide *sm.*
ghida *vt.* guider.
ghidon *sn.* guidon *sm.*
ghiduş, -ă *adj.* espiègle, farceur.
ghiduşie *sf.* espièglerie, farce *sf.*
ghiftui *vt.*, *vr.* (se) bourrer, (s')empiffrer, (se) gaver, (se) gorger.
ghilimele *sf. pl.* guillements *sm. pl.*
ghilotină *sf.* guillotine, échafaud *sm.*
ghimbir *sm.* gingembre *sm.*
ghimpat, -ă *adj.* *sârmă ~* fil de fer barbelé.

ghimpe *sm.* épine *sf.*, piquant *sm.*; *a sta ca pe ~* être sur des charbons ardents.
ghindă *sf.* gland *sm.*; *(la cărți)* trèfle *sm.*
ghinion *sn.* malchance *sf.*, guigne *sf.*
ghinionist, -ă *smf.* malchanceux, -euse.
ghioagă *sf.* massue *sf.*, masse *sf.*
ghiocel *sm.* perce-neige *sm.*
ghiol *sn.* lac *sm.*; étang *sm.*
ghiont *sm.* bourrade *sf.*
ghionti *vt.*, *vr.* se bousculer.
ghiorăi *vi.* gargouiller.
ghiotură *sf. cu ghiotura* à profusion.
ghiozdan *sn.* cartable *sm.*
ghips *sn.* gypse *sm.*, pierre à plâtre; *a pune în ~* plâtrer.
ghirlandă *sf.* guirlande *sf.*
ghișeu *sn.* guichet *sm.*
ghitară *sf.* guitare *sf.*
ghiulea *sf.* boulet *sm.*
ghiveci *sn. (vas)* pot à fleurs; *(culinar)* macédoine *sm.*
ghivent *sn.* filet *sm.*
gibon *sm.* gibbon *sm.*
gigant *sm.* géant *sm.*
gigantic, -ă *adj.* gigantesque.
gimnast *smf.* gymnaste.
gimnastică *sf.* gymnastique *sf.*
gimnaziu *sn.* collège d'enseignement général qui comprend les classes V-VIII.
gin *sn.* gin *sm.*
ginecologie *sf.* gynécologie *sf.*
ginere *sm.* beau-fils, gendre *sm.*
gingaș, -ă *adj.* délicat, -e, fin, -e, gentil, -e, mignon, -e; sensible.
gingășie *sf.* grace, finesse; gentillesse, délicatesse.
gingie *sf.* gencive *sf.*
gingivită *sf.* gingivite *sf.*
gir *sn.* endos *sm.*; garantie *sf.*
gira *vt.* endosser; garantir.
girafă *sf.* giraffe *sf.*
girant, -ă *smf.* endosseur *sm.*; garant, -e.
giroscop gyroscope *sm.*
giruetă *sf.* girouette *sf.*
giulgiu *sn.* linceuil *sm.*
giumbușluc *sn.* espièglerie *sf.*; drôlerie *sf.*
giuvaer *sn.* bijou *sm.*, joyau *sm.*
giuvaergerie *sf.* joaillerie, bijoiterie *sf.*
giuvaergiu *sm.* joaillier *sm.*, bijoutier *sm.*
glacial, -ă *adj.* glacial, -ale.
glaciar, -ă *adj.* glaciaire; *perioada ~* période glaciaire.
gladiator *sm.* gladiateur.
gladiolă *sf.* glaieul *sm.*
glandă *sf.* glande *sf.*
glas *sn.* voix *sf.*; *a ridica glasul* élever la voix; *a-și drege glasul* s'éclaircir la voix, *a da ~* exprimer; *într-un ~* à l'unisson.
glasa *vt.* glacer; vernir.

glaspapir *sn.* papier de verre *sm.*
glastră *sf.* vase, pot à fleurs *sm.*
glasvand *sn.* grande porte vitrée *sf.*
glaucom *sn.* glaucome *sm.*
glazură *sf.* glaçage *sf.*
gleznă *sf.* cheville *sf.*
glicerină *sf.* glycérine *sf.*
glisa *vi.* glisser, coulisser.
glisare *sf.* glissement *sm.*
gloabă *sf.* haridelle *sf.*
gloată *sf.* cohue *sf.*, foule, masse.
glob *sn.* globe *sm.*
global, -ă *adj.* global, -ale.
globulă *sf.* globule *sm.*
globulină *sf.* globuline *sf.*
glod *sn.* boue *sf.*, gadoue *sf.*
glonţ *sn.* balle *sf.*; *a se duce ~* aller directement, filer d'un trait.
glorie *sf.* gloire *sf.*
glorifica *vt.* glorifier.
glorios, -oasă *adj.* glorieux, -euse.
glosar *sn.* glossaire *sm.*
glosă *sf.* glose *sf.*
glotă *sf.* glotte *sf.*
glucoză *sf.* glucose *sm.*
glugă *sf.* capuchon *sm.*
glumă *sf.* blague, plaisanterie *sf.*; *~ proastă* une mauvaise plaisanterie; *fără ~* sans blague; *în ~* histoire a rire; *a lua în ~* prendre à la légère; *a se întrece cu gluma* aller trop loin; *lăsând gluma la o parte* blague à part.
glumeţ, -eaţă *adj.* blagueur, -euse, badin, -e.
glumi *vi.* plaisanter, blaguer, badiner, railler; *a nu ~ cu* prendre au sérieux.
gnoseologie *sf.* gnoséologie *sf.*
goană *sf.* course, fuite; chasse, poursuite; *a pune pe cineva pe ~* chaser qqn.; *a o lua la ~* prendre ses jambes à son cou, mettre en fuite; *în ~ mare* au grand gallop; *a veni în ~* accourir.
goangă *sf.* insecte *sm.*
goarnă *sf.* clarion *sm.*, trompette *sf.*
goeletă *sf.* goélette *sf.*
gofra *vt.* gaufrer.
gogoaşă *sf.* beignet *sm.*; *a spune gogoși* dire des balivernes; *(de mătase)* cocon *sm.*
gogoman *sm.* nigaud, niais, sot *sm.*
gogomănie *sf.* niaiserie *sf.*, sottise *sf.*
gogonat, -ă *adj.* enflé, -e, gonflé, -e; exagéré, -e.
gogonea *sf.* tomate verte *sf.*
gogoriţă *sf.* croquet-mitaine *sm.*
gogoşar *sm.* piment-tomate.
gol 1. *sn. (sport)* but *sm.*; *a marca un ~* marquer un but; *~ de aer* un trou d'air; *a se arunca*

G

în ~ se jeter dans le vide; *a se da de* ~ se trahir; *a umple un* ~ combler une lacune; **2.** *adj.* nu; în pielea goală tout nu; *cu capul* ~ nu-tête; vide, creux; *cu mâna goală* les mains vides, *pe stomacul* ~ à jeun; *a suna a* ~ sonner creux; *a mânca pâine goală* manger du pain sec.

G

golan *smf.* gueux, -euse, voyou, -oute.
golănie *sf.* insolence *sf.*, muflerie *sf.*
golănime *sf.* racaille *sf.*
golf *sn.* golfe *sm.*; *(sport)* golf *sm.*
goli *vt.*, *vr.* (se) vider.
goliciune *sf.* nudité *sf.*
gologan *sm.* sou *sm.*
gondolă *sf.* gondola *sf.*
gonfla *vt.*, *vr.* (se) gonfler.
gonflabil, -ă *adj.* gonflable.
gong *sn.* gong *sm.*
goni 1. *vt.* chaser; pourchasser; **2.** *vi.* courir.
gorilă *sf.* gorille *sm.*
gornist *sm.* trompette *sm.*
gorun *sm.* rouvre.
gospodar *sm.* admistrateur *sm.*; fermier *sm.*
gospodări 1. *vt.* diriger, administrer; **2.** *vi.* s'occuper des travaux ménagers *vr.*
gospodărie *sf.* ménage *sm.*; ferme *sf.*
gospodărire *sf.* administration *sf.*
gospodină *sf.* maîtresse de maison; ménagère *sf.*
gotic, -ă *adj.* gothique.
grabă *sf.* hate, vitesse; rapidité, urgence; *în* ~ à la hâte, en hâte; *în* ~ *mare* à toute vitesse; *de* ~ vite; vino de ~! viens vite; *graba strică treaba* vite et bien ne vont pas ensemble.
grabnic, -ă 1. *adj.* pressant, -ante, urgent, -ente; **2.** *adv.* d'urgence, promptement.
grad *sn.* degré *sm.*; grade *sm.*; rang; dignité; *a avansa în* ~ advancer en grade; ~ *militar* grade militaire; ~ *celsius* degré celsius; ~ *de rudenie* degré de parenté; ~ *de comparație* degré de comparaison; ~ *de vechime* rang d'ancienneté.
grada *vt.* graduer.
gradare *sf.* graduation.
gradat 1. *sm.* gradé *sm.*; **2.** *adj.* gradué, -e.
gradaţie *sf.* gradation *sf.*
grafic *adj.* graphique.
grafică *sf.* art graphique *sm.*
grafician *smf.* graphiste *sm.*
grafie *sf.* graphie *sf.*
grafit *sn.* graphyte *sm.*
grafologie *sf.* graphologie *sf.*
grai *sn.* voix *sf.*; langue *sf.*; langage *sm.*, parler *sm.*, dialecte *sm.*; ~ *românesc* la langue roumaine; *prin viu* ~ de vivre

voix; *într-un ~* en choeur; *a-i pieri graiul* en perdre la parole.

grajd *sn.* écurie *sf.*, étable *sf.*

gram *sn.* gramme *sm.*

gramatical, -ă *adj.* grammatical, -ale.

gramatică *sf.* grammaire *sf.*

grandios, -oasă *adj.* grandiose.

grandoare *sf.* grandeur.

grandomanie *sf.* manie des grandeurs *sf.*, mégalomanie.

granit *sn.* granit *sm.*

graniţă *sf.* frontière *sf.*; limite *sf.*; *peste ~* par-delà la frontière, à l'étranger.

granulă *sf.* granule *sm.*

grapă *sf.* herse *sf.*

gras, -ă *adj.* gras, -sse; *mâncare grasă* plat gras; gros, -osse; *om ~* homme gros; *(despre fructe)* charnu; *(despre pământ)* fertile; *câştig ~* de gros gains; important, considérable; *ardei ~* piment doux.

graseia *vi.* grasseyer.

gratie *sf.* barreau *sm.*

gratificaţie *sf.* gratification *sf.*

gratis *adv.* gratis, pe ~ à titre gracieux.

gratuit, -ă 1. *adj.* gratuit, -e; **2.** *adv.* gratuitement.

graţia *vt.* gracier.

graţie *sf.* grace; finesse; délicatesse, beauté, élégance; grâce à; *am reuşit ~ lui* j'ai réussi grâce à lui; *o pesoană plină de ~* une personne pleine de charme; *lovitură de ~* coup de grâce; *cele trei graţii* les trios grâces; *anul de ~* l'an de grâce; *a fi în graţiile cuiva* être dans les bonnes grâces de qqn.

graţiere *sf.* grace *sf.*

graţios, -oasă *adj.* gracieux, -euse, délicat, -e; charmant, -e.

graur *sm.* sansonnet *sm.*

grav, -ă 1. *adj.* grave; *boală ~* une maladie grave; *voce ~* voix grave; sérieux, -euse; **2.** *adv.* gravement; grièvement; *rănit ~* grièvement blessé.

grava *vt.* graver.

gravidă *adj.*, *sf.* enceinte.

graviditate *sf.* grossesse, gravidité *sf.*

gravita *vi.* graviter.

gravitate *sf.* gravité *sf.*

gravitaţie *sf.* gravitation; *centru de ~* centre de gravitation.

gravor *sm.* graveur *sm.*

gravură *sf.* gravure *sf.*

grăbi 1. *vr.* se hater, se dépêcher, se presser; grăbeşte-te hâte-toi!; **2.** *vt.* hâter, acceléler, urgenter; *a ~ lucrările* accéler les travaux; *a ~ pasul* doubler le pas; **3.** *vi.* presser, être urgent.

grăbit, -ă *adj.* pressé; rapide.

grădinar *sm.* jardinier.
grădină *sf.* jardin *sm.*; ~ *de zarzavat* potager *sm.*; ~ *botanică* jardin botanique; ~ *publică* jardin public; ~ *zoologică* zoo.
grădinărie *sf.* jardinage *sm.*
grădiniţă *sf.* jardinet *sm.*; jardin d'enfants, école maternelle.

G

grăi *vi.*, *vt.* dire, parler.
grăitor, -oare *adj.* eloquent, -ente.
grăjdar *sm.* valet d'écurie *sm.*
grămadă *sf.* tas *sm.*, amas *sm.*, monceau *sm.*, pile; foule; *a cădea* ~ s'écrouler; *o* ~ *de* un tas de.
grămădeală *sf.* cohue *sf.*, agglomération *sf.*; amas *sm.*
grănicer *sm.* garde-frontière *sm.*
grăpa *vt.* herser.
grăsime *sf.* graisse *sf.*
grăsuţ, -ă *adj.* grassouille, -ette, rondelet, -ette, dodu-e.
grătar *sn.* grille *sf.*; gril; *a frige pe* ~ griller; *friptură la* ~ grillade; ~ *pentru şters picioarele* décrottoir *sm.*
grăunte *sm.* grain *sm.*
grânar *sn.* grenier *sm.*
grâne *sf. pl.* céréales *sf. pl.*, graines *sf. pl.*
grâu *sn.* blé, froment *sm.*; *lan de* ~ champs de blé.
greaţă *sf.* nausée *sf.*, mal au cœur *sm.*; dégoût *sm.*; *a-i fi* ~ avoir mal au cœur; *a face cuiva* ~ écourer qqn.
grebla *vt.* ratisser.
greblă *sf.* râteau *sm.*
grec, -acă 1. *adj.* grec, -que; **2.** *smf.* Grec, -que.
grecesc, -ească *adj.* grec, -que.
grefa *vt.* faire une greffe, greffer.
grefă *sf.* greffe *sf.*
grefier, -ă *smf.* greffier, -ère.
greier *sm.* cigale *sf.*, grillon *sm.*
grenadă *sf.* grenade *sf.*
greoi, -oaie *adj.* lourdaud, -aude, pataud, -e.
grepfrut *sn.* pamplemousse *sm.*
gresa *vt.* graisser.
gresaj *sn.* graissage *sm.*
gresie *sf.* grès *sm.*
greş *sn.* *a da* ~ manquer son coup; *fără* ~ sans faute.
greşeală *sf.* faute, erreur; *din* ~ par mégarde, par erreur.
greşi *vi.* se tromper, avoir tort; *a* ~ *faţă de cineva* avoir des torts envers qqn.; *a* ~ *adresa* se tromper d'adresse; *dacă nu greşesc* si je ne me trompe.
greşit, -ă *adj.* erroné, -e, faux, -sse.
greţos, -oasă *adj.* nauséabond, -e, écoeurant, -e, dégoûtant, -e.
greu, grea 1. *adj.* lourd, pesant; *bagaj* ~ bagage lourd; *industrie* ~ industrie lourde; difficile *problemă* ~ un problème difficil; dur, -e; *o viaţă* ~ une

vie dure; grave; *o boală ~* une maladie grave; **2.** *adv.* lourd; *a cântări ~* peser lourd; difficilement; gravement; *a fi ~ bolnav* être gravement malade; *a-i veni ~ să* avoir du mal à; *a o duce ~* mener une vie pénible; **3.** *sn.* *a munci din ~* trimer; *a duce tot greul* avoir tout sur le dos; poids *sm.*, charge *sf.*

greutate *sf.* poids *sm.*, pesanteur *sf.*; *~ netă* poids net; fardeau; *a ridica o ~* soulever un fardeau; difficulté *sf.*, obstacle *sm.*; *a se lovi de greutăți* se heurter à des difficultés; *aruncarea greutății* lancement du poids; *cu ~* à peine; *om cu ~* personne influente.

greva *vt.* grever.

grevă *sf.* grève; *a face ~* faire grève.

grevist, -ă *smf.*, *adj.* gréviste.

grijă *sf.* ennui *sm.*, souci *sm.*; *cu ~* avec précaution, avec soin; *a fi fără ~* sans soucis; *a avea ~* avoir des soucis; *a-și face ~* se faire du souci; *a avea ~ de* prendre soin de; *a lăsa în ~ cuiva* confier à qqn; *a trăi fără ~* se la couler douce.

grijuliu, -ie *adj.* prévenant, -ante; attentioné, -e; prudent, -ente.

grilaj *sn.* grille *sf.*

grilă *sf.* grille *sf.*

grima *vt.*, *vr.* (se) grimer, (se) maquiller *sm.*

grimasă *sf.* grimace *sf.*

grindă *sf.* pouter *sf.*

grindină *sf.* grêle *sf.*

gripa *vt.* (se) gripper.

gripare *sf.* grippage *sm.*

gripă *sf.* grippe; *a lua ~* attraper la grippe.

griș *sn.* semoule *sf.*

groapă *sf.* fosse, trou *sm.*; *a da în gropi de prost* il est bête à pleurer; *(mormânt)* tombe *sf.*, tombeau *sm.*; *a fi cu un picior în ~* avoir un pied dans la tombe; *a-i săpa cuiva ~* travailler à la perte de qqn.

groază *sf.* épouvante *sf.*, effroi *sf.*, horreur *sf.*; *a fi cuprins de ~* être saisi d'épouvante; *o ~ de* une foule de; *a umple pe cineva de ~* épouvanter qqn.

groaznic, -ă **1.** *adj.* épouvantable, effrayant, -ante; **2.** *adv.* affreusement.

grohăi *vi.* grogner.

grohăit *sn.* grognement *sm.*

gropar *sm.* fossoyeur *sm.*

gropiță *sf.* fossette *sf.*

gros, -oasă **1.** *adj.* gros; épais, dense; *zid ~* mur épais; *strat ~* couche épaisse; *intestin ~* le côlon; **2.** *adv.* gros; *a câștiga ~* gagner gros; **3.** *sn.* majorité *sf.*, gros *sm.*; *grosul trupelor* le gros des troupes.

G

grosime *sf.* épaisseur, grosseur.
grosolan, -ă *adj.* grossier, -ère.
grosolănie *sf.* grossièreté *sf.*
grotă *sf.* grotte, caverne *sf.*
grotesc, -ă *adj.* grotesque, ridicule.
grozav, -ă 1. *adj.* terrible, terrifiant, -ante; extraordinaire, formidable, épatant, -ante; fort, -e, terrible, violent, -e; *o furtună ~* une têmpete violente; *o lucrare ~* une oeuvre remarquable; **2.** *adv.* admirablement, remarquablement; **3.** *smf. a face pe grozavul* faire l'important, faire l'épate.
grozăvie *sf.* horreur *sf.*, monstruosité *sf.*, abomination *sf.*
grumaz *sm.* cou *sm.*; nuque *sf.*; *a-şi pleca grumazul* s'humilier.
grup *sn.* groupe *sm.*
grupa *vt.*, *vr.* (se) grouper.
grupare *sf.* groupement *sm.*
grupă *sf.* groupe *sm.*
guaşă *sf.* gouache *sf.*
gudron *sn.* goudron *sm.*
gudura *vr. (despre câini)* remuer la queue; *(despre oameni)* s'humilier devant qqn.
guler *sf.* col *sm.*, collet *sm.*; *a lua pe cineva de ~* prendre qqn au collet.
gulie *sf.* chou-rave *sm.*
gumă *sf.* gomme *sf.*
gunoi *sn.* ordure *sf. pl.*; balayures *sf. pl.*; *(bălegar)* fumier *sm.*
gunoier *sm.* éboueur *sm.*
guraliv, -ă *adj.* bavard, loquace.
gură *sf. (la oameni)* bouche; *(la animale)* gueule; *a se arunca în ~ lupului* se précipiter dans la gueule du loup; *a astupa cuiva ~* clouer le bec à qqn.; *a avea ~ mare* être fort en gueule; *cu sufletul la ~* à bout de souffle; *în ~ mare* à haute voix; *a-şi ţine ~* ne pas souffler mot; *~ de aerisire* bouche d'aération; *~ de canal* bouche d'égout; *gurile Dunării* les bouches du Danube.
gură-cască *sm.* badaud *sm.*
gurmand, -ă *adj.*, *smf.* gourmand, -e.
gust *sn.* goût *sm.*; *a avea ~* avoir de goût; saveur *sf.*; inclinasion *sf.*, penchant *sm.*; préférence *sf.*; *bun ~* bon goût; *mâncare fără ~* plat insipide; envie *sf.*, caprice *sm.*, désir *sm.*; *a-i veni cuiva gustul să* avoir l'envie.
gusta *vt.* goûter, déguster.
gustare *sf.* goûter *sm.*; *a lua o ~* casser une croûte.
gustos, -oasă *adj.* savoureux, -euse.
guşat, -ă *adj.* goitreux, -euse.
guşă *sf. (la pasări)* jabot *sm.*; *(la oameni)* goiter *sm.*
guşter *sm.* lizard vert *sm.*

gutui *sm.* cognassier *sm.*
gutuie *sf.* coing *sm.*
guturai *sn.* rhume *sm.*
guttural, -ă *adj.* guttural, -e.
govern *sn.* gouvernement *sm.*
guverna *vt.* gouverner.
guvernamental, -ă *adj.* gouvernamental, -e.
guvernantă *sf.* gouvernante *sf.*
guvernare *sf.* gouvernement *sm.*
guvernator *sm.* governeur *sm.*
guvernământ *sn.* *formă de ~* forme de gouvernement.
guzgan *sm.* rat *sm.*

H

habar *sn.* cure *sf.*, preoccupation *sf.*, souci *sm.*; *a nu avea ~* ne pas s'en soucier de.
habotnic, -ă *adj.* bigot, -e.
habotnicie *sf.* bigotisme *sm.*; bigoterie *sf.*
hac *sn. sg. a veni de ~* venir à bout de.
hachiţe *sf. pl. a avea ~* être mal luné.
hahaleră *sf.* traînard *sm.*
hai *interj.* allons!, allez-y!, *~ noroc!* à la votre.
haide *interj.* allons!; *haida-de!* quelle idée!; allons, donc!.
haiduc *sm.* haiduk *sm.*, hors la loi *sm.*.
haihui, -e 1. *adj.*. étourdi, -e, ahuri, -e; **2.** *adv.*. sans but, au hazard; *a umbla ~* traîner les rues.
haimana *sf.* voyou *sm.*, vagabond *sm.*; *a umbla ~* vagabonder.
haimanlâc *sn.* vagabondage *sm.*
hain, -ă *adj.* méchant, -e, cruel, -elle, dur, -e.
haină *sf.* veston *sm.*, vêtement *sm.*; manteau *sm.*; *~ de blană* manteau de fourrure, *haine vechi* frusques; *un rând de haine* un complet, un costume.
hait *interj.* zut! flûte!
haită *sf.* meute *sf.*; bande *sf.*; *~ de câini* meute de chiens; *~ de lupi* bande de loups.
hal *sn.* mauvais état *sm.*; *într-un ~ fără de ~* dans un état pitoyable.
halal *interj.* bravo!.
halat *sn.* robe de chambre *sf.*; blouse *sf.*; *~ de baie* peignoir *sm.*
hală *sf.* halle *sf.*
halbă *sf.* chope *sf.*
halcă *sf. ~ de carne* quartier *sm.*; *~ de pământ* lopin de terre *sm.*
haleală *sf.* boustifaille *sf.*
hali *vt.* bouffer.
haltă *sf.* halte *sf.*
halteră *sf.* haltère *sm.*
halterofil *sm.* haltérophile *sm.*
halucinant, -ă *adj.* hallucinant, -e.
halucinaţie *sf.* hallucination *sf.*
halva *sf.* halva *sm.*
ham *sn.* harnais *sm.*, harnachement *sm.*; *(fig.) a trage la ~* travailler comme une bête; *cal de ~* cheval de trait.

hamac *sn.* hamac *sm.*
hamal *sm.* porteur *sm.*
hambar *sn.* grange *sf.*, grenier *sm.*
hamei *sn.* houblon *sm.*
han *sn.* auberge *sf.*
handbal *sn.* hand-ball *sm.*
handicap *sn.* handicap *sm.*
handicapa *vt.* handicapper.
hang *sn.* *a ţine ~* accompagner.
hangar *sn.* hangar *sm.*
hangiu, -iţă *smf.* aubergiste.
hanorac *sn.* anorak *sm.*
haos *sn.* chaos *sm.*
haotic, -ă *adj.* chaotique.
hap *sn.* cachet *sm.*, pastille *sf.*
haplea *sm.* jocrisse *sm.*, bécassine *sf.*
hapsân, -ă *adj.* méchant, -e; avide, avare, vorace.
har *sn.* don *sm.*; grâce divine *sf.*
harababură *sf.* désordre *sm.*, confusion *sf.*; pagaille *sf.*
harbuz *sm.* pastèque *sf.*
hardughie *sf.* grande maison délabrée *sf.*
harem *sn.* harem *sm.*
harnaşament *sn.* harnachement *sm.*
harnic, -ă *adj.* travailleur, -euse, actif, -ive, laborieux, -euse.
harpă *sf.* harpe *sf.*
harpist, -ă *smf.* harpiste.
hartă *sf.* carte *sf.*
harţă *sf.* dispute *sf.*, querelle *sf.*; *a se lua la ~* avoir une prise de bec avec qqn.
haşura *vt.* hachurer.
hatâr *sn.* plaisir *sm.*; faveur *sf.*; *de ~ cuiva* pour les beaux yeaux de qqn; *a face un ~* faire un plaisir.
havuz *sn.* bassin *sm.*, jet d'eau *sm.*
haz *sn.* gaieté *sf.*; *a face ~* s'amuser; *a face ~ de necaz* faire bonne mine à mauvais jeu.
hazard *sn.* chance *sf.*, hasard *sm.*
hazarda *vr.* s'aventurer, se hãzarder.
hazliu, -ie *adj.* amusant, -e, drôle, comique.
hazna *sf.* égout *sm.*
hăcui *vt.* dépecer, hacher.
hăis *interj.* dia!; *a trage unul ~ şi altul cea* l'un tire à hue et l'autre à dia.
hăitaş *sm.* traqueur *sm.*
hăitui *vt.* rabattre le gibier, traquer.
hăituială *sf.* traque *sf.*
hămăi *vi.* japer, aboyer.
hămăit *sn.* jappement *sm.*, aboiement *sm.*
hămesit, -ă *adj.* affamé, -e, mort de faim, famélique.
hăpăi *vt.* happer.
hărăzi *vt.* destiner, vouer.
hărmălaie *sf.* vacarme *sm.*, tumulte *sm.*, tapage *sm.*
hărnicie *sf.* diligence *sf.*; application *sf.*; zèle *sm.*
hărţui 1. *vt.* tracasser, harceler; **2.** *vr.* se colleter; se chamailler.

H

hărţuială *sf.* tracasserie; altercation *sf.*, harcèlement *sm.*, chamaillerie *sf.*
hăţ *sn.* bride *sf.*, guide *sf.*, rêne *sf.*
hăţiş *sn.* maquis *sm.*, brousaille *sf.*
hău *sn.* gouffre *sm.*, abîme *sm.*
hârâi **1.** *vi.* gogner, grincer; renâcler; **2.** *vr.* se chamailler.
H
hârâială *sf.* grincement *sm.*
hârb *sn.* tesson *sm.*; sabot *sm.*
hârcă *sf.* crâne *sm.*
hârdău *sn.* baquet *sm.*
hârjoană *sf.* lutinerie *sf.*
hârjoni *vr.* lutiner.
hârleţ *sn.* pioche *sf.*
hârşâi *vi.* grincer, crisser.
hârtie *sf.* papier *sm.*; acte *sm.*, document *sm.*; *o foaie de ~* une feuille de papier; *(bancnotă)* billet.
hârtop *sn.* ornière *sf.*
hârţoagă *sf.* paperasse *sf.*
hârzob *sn.* corde.
hâtru, -ă *adj.* facétieux, -euse; amusant, -e.
hâţâna **1.** *vt.* secouer, balancer; **2.** *vr.* se balancer.
hebdomader *adj.*, *sn.* hebdomadaire *sm.*
hectar *sn.* hectare *sm.*
hegemonie *sf.* hégémonie *sf.*
heleşteu *sn.* étang *sm.*
heliu *sn.* helium *sm.*
hematite *sn.* hématite *sf.*
hemofilie *sf.* hémophilie *sf.*
hemoglobină hémoglobine *sf.*
hemoragie *sf.* hémorragie *sf.*
hemoroizi *sm. pl.* hémoroides *sf.*
hepatită *sf.* hépatite *sf.*
heraldic, -ă *adj.* héraldique.
herghelie *sf.* haras *sm.*
hering *sm.* hareng *sm.*
hermafrodit, -ă *adj.*, *smf.* hermaphrodite *sm.*
hermină *sf.* hermine *sf.*
hernie *sf.* hernie *sf.*
heroină *sf.* heroine *sf.*
herpes *sn.* herpes *sm.*
hexagon *sn.* hexagone *sm.*
hiat *sn.* hiatus *sm.*
hibă lacune *sf.*, défaut *sm.*
hiberna *vi.* hiberner.
hibrid, -ă *adj.* hybride.
hidos, -asă *adj.* hideux, -euse; horrible.
hidoşenie *sf.* hideur *sf.*
hidrata *vt.* hydrater.
hidraulic, -ă *adj.* hydrauliqe.
hidră *sf.* hydre *sf.*
hidroavion *sn.* hydroavion *sm.*
hidrocentrală *sf.* centrale hydraulique *sf.*
hidrofor *sn.* surpresseur *sm.*
hidrogen *sn.* hydrogène *sm.*
hidrosferă *sf.* hydrosphere *sf.*
hidrotehnic, -ă hydrotechnique.
hidroterapie *sf.* hydrothérapie *sf.*
hidroxid *sm.* hydroxide *sm.*
hienă *sf.* hyène *sf.*
hieroglifă *sf.* hiéroglyphe *sm.*

hireoglific, -ă *adj.* hiéroglyphique.
himeră chimère *sf.*, illusion *sf.*
hindus 1. *adj.* hindou; **2.** *smf.* Hindou.
hingher *sm.* préposé de la fourrière.
hiperbolă *sf.* hyperbole *sf.*
hipertensiune *sf.* hypertension *sf.*
hipertrofie *sf.* hypertrophie *sf.*
hipism *sm.* hippisme *sm.*
hipnotism *sn.* hypnotisme *sm.*
hipnotiza *vt.* hypnotiser.
hipnoză *sf.* hypnose *sf.*
hipodrom *sn.* hippodrome *sm.*
hipopotam *sm.* hippopotami *sm.*
hipotensiune *sf.* hypotension *sf.*
hirotonisi *vt.* ordonner prêtre.
hirotonisire *sf.* ordination *sf.*
ho! *interj.* holà!
hoardă *sf.* horde *sf.*
hoaşcă *sf.* veille baderne *sf.*
hoaţă *sf.* voleuse *sf.*
hochei *sn.* hockey *sm.*
hodorogi 1. *vi.* faire un bruit assourdissant; radoter; **2.** *vr.* se délabrer.
hodoronc *interj.* patatras!.
hohot *sn.* éclat de rire; *a râde cu ~* rire aux éclats; *a plânge cu ~* sangloter.
hohoti *vi.* *(de râs)* rire aux éclats; *(de plâns)* sangloter.
hoinar, -ă *adj.* vagabond, -e; errant, -e.
hoinăreală *sf.* vagabondage, flânerie *sf.*
hoinări *vi.* flâner.
hoit *sn.* charogne *sf.*, cadaver *sm.*
hol *sn.* hall *sm.*
holba *vr.* écarquiller les yeux.
holbat, -ă *adj.* écarquillé, -e.
holdă *sf.* champ ensemancé *sm.*
holeră *sf.* cholera *sm.*
holtei *sm.* célibataire *sm.*
homar *sm.* homard *sm.*
homeopatie *sf.* homéopathie *sf.*
homosexual *sm.* homosexuel *sm.*
hop *sn.* difficulté *sf.*; obstacle *sm.*; cahot *sm.*
horă *sf.* ronde paysanne *sf.*
horcăi *vi.* ronfler; râler.
horcăit *sn.* râle *sm.*
hormon *sm.* hormone *sf.*
horn *sm.* cheminée *sf.*
hornar *sm.* ramoneur *sm.*
horoscop *sn.* horoscope *sm.*
hortensie *sf.* hortensia *sm.*
horticol, -ă *adj.* horticole.
horticultor, -oare *smf.* horticulteur *sm.*
horticultură *sf.* horticulture *sf.*
hotar *sn.* frontière *sf.*, limite *sf.*, confins *sm. pl.*; borne *sf.*; *fără ~* sans borne.
hotă *sf.* hotte *sf.*
hotărâ 1. *vt.* résoudre, decider; **2.** *vr.* se décider.
hotărâre *sf.* décision *sf.*, résolution *sf.*, fermeté *sf.*; *a lua o ~* prendre une décision.

H

hotărâtor, -oare *adj.* decisive, -ive; concluant, -e.
hotărî *vt.*, *vr.* (se) decider, (se) résoudre.
hotel *sn.* hôtel *sm.*
hotelier *sm.*, *adj.* hotelier, -ère *sm.*
hoţ *sm.* voleur; ~ *la drumul mare* brigand *sm.*; ~ *de buzunare* pick-pocket *sm.*
H
hoţeşte *adv.* à la dérobée.
hoţie *sf.* vol *sm.*
hram *sn.* patron *sm.*
hrană *sf.* nourriture *sf.*; vivres *sm. pl.*
hrăni 1. *vt.* nourrir, alimenter; **2.** *vr.* se nourrir.
hrănitor, -oare *adj.* nourissant, -e, nutritif, -ive.
hrăpăreţ, -eaţă *adj.* avide, rapace.
hrean *sm.* raifort *sm.*
hrib *sm.* champignon *sm.*, bolet *sm.*
hrisov *sn.* parchemin *sm.*
hrubă *sf.* cave à provisions *sf.*; souterrain *sm.*
huhurez *sm.* chat-huant *sm.*
hui *vi.* retentir.
huidui *vt.* huer, conspuer.
huiduială *sf.* huée *sf.*
huidumă *sf.* escogriffe *sm.*
huiet *sn.* retentissement *sm.*, rumeur *sf.*
huilă *sf.* houille *sf.*
huli *vt.* dénigrer, diffamer.
huligan *sm.* fauteur de désordres *sm.*
hulpav, -ă *adj.* glouton, -onne.
hulub *sm.* pigeon *sm.*
hulubă *sf.* brancard *sm.*
hulubărie *sf.* pigeonnier *sm.*
humă *sf.* terre glaise *sf.*, argile *sf.*
hurduca *vt.* cahoter, secouer.
hurducătură *sf.* cahot *sm.*, secousse *sf.*.
hurui *vi.* vrombir, bourdonner.
huruitură *sf.* vrombissement *sm.*; *(de motor)* ronronnement *sm.*; *(de roţi)* roulement *sm.*
husă *sf.* housse *sf.*
huţa *interj.* *a se da* ~ balancer.
huzuri *vi.* vivre comme un coq en pâte; se la couler douce.

I

iacă *interj.* voilà!, voici; tiens!.
iad *sn.* enfer *sm.*
iadă *sf.* chevrette *sf.*
iadeş *sn.* bréchet *sm.*
iahnie *sf.* ragoût *sm.*
iaht *sn.* yacht *sm.*
iama *sf.* *a da ~* se ruer sur; ravager, saccager, piller.
ianuarie *sm.* janvier *sm.*
iapă *sf.* jument *sf.*
iar 1. *adv.* de nouveau; encore une fois; **2.** *conj.* pendant que, mais, pourtant.
iarbă *sf.* herbe *sf.*
iarmaroc *sn.* foire *sm.*
iarnă *sf.* hiver *sm.*
iască *sf.* amadou *sm.*
iasomie *sf.* jasmine *sm.*
iatac *sn.* alcove *sf.*
iatagan *sn.* yatagan *sm.*
iată *interj.* voici, voilà.
iaurt *sn.* youghourt *sm.*
iaz *sn.* étang *sm.*
ibovnic, -ă *smf.* amant, -e, maîtresse *sf.*
ibric *sn.* coquemar *sm.*, bouilloire *sf.*
ici *adv.* ici, *pe ~ , pe colo* par ci par là.
icni *vi.* ahaner.
icoană *sf.* icône *sf.*
iconografie *sf.* iconographie *sf.*
iconostas *sn.* iconostase *sf.*
icre *sf. pl.* œufs de poisson *sm. pl.*
icter *sn.* ictère *sm.*
ideal, -ă 1. *adj.* ideal, -e, parfait, -e; **2.** *sn.* ideal *sm.*
idealism *sn.* idéalisme *sm.*
idealist, -ă *adj.*, *smf.* idéaliste.
idealiza *vt.* idéaliser.
idealizare *sf.* idéalisation *sf.*
idee *sf.* idée *sf.*
idem *adv.* idem.
identic, -ă *adj.* identique.
identifica *vt.* identifier.
identificare *sf.* identification *sf.*
identitate *sf.* identité *sf.*
ideolog *sm.* idéologue *sm.*
ideologie *sf.* idéologie *sf.*
idilă *sf.* idylle *sf.*
idilic, -ă *adj.* idyllique.
idiom *sn.* idiome *sm.*
idiot, -oată 1. *adj.* idiot, -e, bête; **2.** *smf.* idiot, -e, crétin, -e, imbécile, stupide.
idiotism *sn.* idiotisme *sm.*
idioţie *sf.* idiotie *sf.*, stupidité *sf.*
idol *sm.* idole *sf.*
idolatrie *sf.* idolâtrie *sf.*
idolariza *vt.* idolâtrer.
idolarizare *sf.* adoration *sf.*
ie *sf.* blouse paysanne brodée *sf.*
ied *sm.* chevreau *sm.*, cabri *sm.*
iederă *sf.* lierre *sm.*

ieftin *adj.* bon marché; sans valeur.
ieftini *vt.* réduire le prix, baisser le prix.
ieftinire *sf.* baisse des prix *sf.*
iele *sf. pl.* mauvaises fées *sf. pl.*
ienicer *sm.* janissaire *sm.*
ienupăr *sm.* genévrier *sm.*
iepure *sm.* lièvre; *(de casă)* lapin *sm.*
iepuroaică *sf.* hase *sf.*, lapine *sf.*
ierarhic *adj.* hiérarchique.
ierarhie *sf.* hiérarchie *sf.*
ierbar *sn.* herbier *sm.*
ieri *adv.* hier; *a căuta ziua de ~* chercher midi à quatorze heures.
ierna *vi.* hiverner.
ierta *vt.* pardonner, excuser; *(jur.)* gracier; *iertați-mă* excusez-moi.
iertare *sf.* pardon *sm.*
iertător, -oare *adj.* clement, -e, miséricordieux, -euse.
iesle *sf.* mangeoire *sf.*, crèche *sf.*
ieşi *vi.* sortir; *(a apărea)* surgir, émerger; *(despre culori)* déteindre, passer; (*despre plante)* lever, pousser; *a ~ din minți* sortir de ses gonds.
ieşire *sf.* sortie *sf.*, issue *sf.*
iezuit *sm.* jésuite *sm.*
ifos *sn.* infatuation *sf.*, fatuité *sf.*
igienă *sf.* hygiène *sf.*
igienic *adj.* hygiénique.
igliţă *sf* crochet *sm.*
ignora *vt.* ignorer.
ignorant, -ă *adj.*, *smf.* ignorant, -ante.
ignoranţă *sf.* ignorance *sf.*
igrasie *sf.* humidité *sf.*
ilariant, -ă *adj.* hilarant, -e.
ilaritate *sf.* hilarité *sf.*
ilegal, -ă *adj.* illegal, -e.
ilegalitate *sf.* illégalité *sf.*
ilic *sn.* veste paysanne *sf.*
ilicit, -ă *adj.* illicite.
ilogic, -ă *adj.* illogique.
ilumina 1. *vt.* illuminer, éclairer; **2.** *vr.* s'éclairer.
iluminare *sf.* eclairage *sm.*, illumination *sf.*
iluminism *sn.* philosophie des lumières *sf.*
ilustra *vt.*, *vr.* (s')illustrer.
ilustraţie *sf.* illustration *sf.*, image *sf.*
ilustru, -ă *adj.* illustre.
iluzie *sf.* illusion *sf.*
iluzoriu, -ie *adj.* illusoire.
imaculat, -ă *adj.* immaculé, -e.
imagina 1. *vt.* imaginer; **2.** *vr.* s'imaginer, se figurer.
imaginabil, -ă *adj.* imaginable.
imaginar, -ă *adj.* imaginaire.
imaginaţie *sf.* imagination *sf.*
imagine *sf.* image *sf.*
imaş *sn.* pâturage *sm.*
imbecil, -ă *adj.* imbécile.
imbecilitate *sf.* imbécilité *sf.*
imbold *sn.* incitation *sf.*, encouragement *sm.*, impulsion *sf.*, poussée *sf.*
imediat *adv.* immédiatement, tout de suite.

imens, -ă 1. *adj.* immense; 2. *adv.* immensément.
imensitate *sf.* immensité *sf.*
imigra *vi.* immigrer.
imigrant, -ă *smf.* immigrant, -e.
imigraţie *sf.* immigration *sf.*
iminent, -ă *adj.* imminent, -e.
imita *vt.* imiter.
imitativ, -ă *adj.* imitatif, -ive.
imitator, -oare *smf.* imitateur, -trice.
imitaţie *sf.* imitation *sf.*
imn *sn.* hymne *sm.*
imobil, -ă 1. *adj.* immobile, fixe; 2. *sn.* immeuble *sm.*
imobilitate *sf.* immobilité *sf.*
imobiliza *vt.* immobiliser.
imoral, -ă *adj.* immoral, -e.
imoralitate *sf.* immoralité *sf.*
imortaliza *vt.* immortaliser.
impalpabil, -ă *adj.* impalpable.
impar, -ă *adj.* impair, -e.
imparţial, -ă *adj.* impartial, -e.
imparţialitate *sf.* impartialité *sf.*
impas *sn.* impasse *sf.*
impasibil, -ă *adj.* impassible.
impecabil, -ă *adj.* impeccable.
impediment *sn.* empêchement *sm.*, impediment *sm.*
impenetrabil, -ă *adj.* impénétrable.
imperativ, -ă 1. *adj.* impérative, -ive; 2. *sn.* impérative *sm.*
imperceptibil, -ă *adj.* imperceptible.
imperfect, -ă 1. *adj.* imparfait, -e; 2. *sn.* imparfait *sm.*
imperfecţiune *sf.* imperfection *sf.*, défaut *sm.*
imperial, -ă *adj.* imperial, -e.
imperialism *sn.* impérialisme *sm.*
imperialist, -ă *adj.*, *smf.* impérialiste.
imperios, -oasă 1. *adj.* impériux, -euse; 2. *adv.* impériusement, absolument.
imperiu *sn.* empire *sm.*
impermeabil, -ă *adj.* imperméable.
impermeabilitate *sf.* imperméabilité *sf.*
impersonal, -ă *adj.* impersonnel, -elle.
impertinent, -ă *adj.* impertinent, -e, insolent, -e.
impertinenţă *sf.* impertinence *sf.*
imperturbabil, -ă *adj.* imperturbable.
impetuos, -oasă *adj.* impétueux, -euse.
impiegat *smf.* chef du mouvement *sm.*
impietate *sf.* impieté *sf.*
implacabil, -ă *adj.* implacable.
implica *vt.* impliquer.
implicare *sf.* implication *sf.*
implicit, -ă 1. *adj.* implicite.; 2. *adv.* implicitement.
implora *vt.* implorer
implorare *sf.* imploration *sf.*
impoliteţe *sf.* impolitesse *sf.*
imponderabil, -ă *adj.* imponderable.

imponderabilitate *sf.* impondérabilité *sf.*
import *sn.* importation *sf.*
importa *vt.* importer, *a ~ marfă* importer des merchandises; *asta nu mă ~* cela ne m'importe pas.
important, -ă *adj.* important, -e.
importanţă *sf.* importance *sf.*
imposibil *adj.* impossible.
imposibilitate *sf.* impossibilité *sf.*
impostor, -oare *smf.* imposteur *sm.*
impostură *sf.* imposture *sf.*
impotent, -ă *adj.* impotente, -e.
impozant, -ă *adj.* imposant, -e.
impozit *sn.* impôt *sm.*
imprecaţie *sf.* imprecation *sf.*
impregna *vt.* imprégner.
impregnare *sf.* impregnation *sf.*
impresar *sm.* impressario *sm.*
impresie *sf.* impression *sf.*
impresiona *vt.* impressioner.
impresionabil, -ă *adj.* impressionable.
impresionant, -ă *adj.* impressionant.
impresionism *sn.* impressionisme *sm.*
impresionist, -ă *adj.*, *smf.* impressionniste.
imprima *vt.* imprimer.
imprimare *sf.* impression *sf.*
imprimat, -ă 1. *adj.* imprimé, -e; **2.** *sn.* imprimé *sm.*
imprimerie *sf.* imprimerie *sf.*
impropriu, -ie 1. *adj.* impropre; **2.** *adv.* improprement.
improviza *vt.* improviser.
improvizaţie *sf.* improvisation *sf.*
imprudent, -ă 1. *adj.* imprudent, -e; **2.** *adv.* imprudemment.
imprudenţă *sf.* imprudence *sf.*
impudic, -ă *adj.* impudique.
impuls *sn.* impulsion *sf.*
impulsiv, -ă *adj.* impulsif, -ive.
impulsivitate *sf.* impulsivité *sf.*
impunător, -oare *adj.* imposant, -e.
impune *vt.* imposer.
impunere *sf.* imposition *sf.*
imputa *vt.* imputer.
imputare *sf.* imputation *sf.*
imun, -ă *adj.* immunisé, -e.
imunitate *sf.* immunité *sf.*
imuniza *vt.* immuniser.
in *sn.* lin *sm.*
inabordabil, -ă *adj.* inabordable.
inacceptabil, -ă *adj.* inacceptable.
inaccesibil, -ă *adj.* inaccessible.
inactiv, -ă *adj.* inactive, -ive.
inactivitate *sf.* inactivité *sf.*
inadaptabil, -ă *adj.* inadapté, -e.
inadecvat *adj.* inadéquat, -e.
inadmisibil, -ă *adj.* inadmissible.
inadvertenţă *sf.* inadvertence *sf.*

inalienabil, -ă *adj.* inaliénable.
inalterabil, -ă *adj.* inaltérable.
inamic, -ă *adj., smf.* ennemi, -e.
inaniţie *sf.* inanition *sf.*
inapt, -ă *adj.* inapte.
inaptitudine *sf.* inaptitude *sf.*
inaugura *vt.* inaugurer.
inaugurare *sf.* inauguration *sf.*
incalculabil, -ă *adj.* incalculable.
incandescent, -ă *adj.* incandescent, -e.
incandescenţă *sf.* incandescence *sf.*
incapabil, -ă *adj.* incapable.
incapacitate *sf.* incapacité *sf.*
incendia *vt.* incendier.
incendiar, -ă *adj.* incendiaire.
incendiu *sn.* incendie *sm.*
incertitudine *sf.* incertitude *sf.*
incest *sn.* inceste *sm.*
inchizitor *sm.* inquisiteur *sm.*
inchiziţie *sf.* inquisition *sf.*
incident *sn.* incident *sm.*
incinera *vt.* incinérer.
incinerare *sf.* incinération *sf.*
incintă *sf.* enceinte *sf.*
incisiv, -ă *adj.* incisif, -ive.
incizie *sf.* incision *sf.*
include *vt.* inclure.
inclus, -ă *adj.* inclus, -e.
inclusiv *adv.* inclusivement.
incoerent, -ă *adj.* incohérent, -e.
incognito *adv.* incognito.
incolor, -ă *adj.* incolore.
incomod, -ă *adj.* incommode.
incomoda *vt.* incommoder, gêner.
incomparabil, -ă *adj.* incomparable.
incompatibil, -ă *adj.* incompatible.
incompetent, -ă *adj.* incompétent, -e.
incompetenţă *sf.* incompétence *sf.*
incomplete, -ă *adj.* incomplete, -ète.
inconsecvent, -ă *adj.* inconséquent, -e.
inconsecvenţă *sf.* inconséquence *sf.*
inconstant, -ă *adj.* inconstant, -e.
inconştient, -ă 1. *adj.* inconscient, -e; 2. *adv.* inconsciemment.
incontestabil, -ă 1. *adj.* incontestable; 2. *adv.* incontestablement.
inconvenient *sn.* inconvénient *sm.*
incorect, -ă *adj.* incorrect, -e, erroné, -e.
incorectitudine *sf.* incorrection *sf.*
incoruptibil, -ă *adj.* incorruptible.
incrimina *vt.* incriminer.
incriminare *sf.* incrimination *sf.*
incrusta *vt.* incruster.
incrustaţie *sf.* incrustation *sf.*
incubator *sn.* incubateur *sm.*
incubaţie *sf.* incubation *sf.*

inculpa *vt.* inculper.
incult, -ă *adj.* inculte, ignorant, -e.
incurabil, -ă *adj.* incurable.
incursiune *sf.* incursion *sf.*
indecent, -ă *adj.* indécent, -e.
indecenţă *sf.* indécence *sf.*
indefinit, -ă *adj.* indéfini, -e.
indemnizaţie *sf.* indemnité *sf.*, indemnisation *sf.*
independent, -ă *adj.* indépendent, -e.
independenţă *sf.* indépendence *sf.*
indescifrabil, -ă *adj.* indéchiffrable.
indescriptibil, -ă adj indescriptible.
indestructibil *adj.* indestructible.
index *sn.* index *sm.*
indezirabil *adj.* indésirable.
indian, -ă 1. *adj.* indien, -enne; **2.** *smf.* Indien, -enne.
indica *vt.* indiquer.
indicativ *sn.* indicatif *sm.*
indicator *sn.* indicateur *sm.*
indicaţie *sf.* indication *sf.*
indice *sm.* indice *sm.*
indiciu *sm.* indice *sm.*
indiferent, -ă *adj.* indifférent, -e.
indiferenţă *sf.* indifférence *sf.*
indigen, -ă *adj.* indigène.
indigest, -ă *adj.* indigested.
indigestie *sf.* indigestion *sf.*
indigna *vt.*, *vr.* (s')indigner.
indignare *sf.* indignation *sf.*
indirect, -ă 1. *adj.* indirect, -e; **2.** *adv.* indirectement.
indisciplină *sf.* indiscipline *sf.*
indiscret, -ă *adj.* indiscret, -ète.
indiscreţie *sf.* indiscrétion *sf.*
indiscutabil, -ă 1. *adj.* indiscutable; **2.** *adv.* indiscutablement.
indisolubil, -ă 1. *adj.* indissoluble; **2.** *adv.* indissolublement.
indispensabil, -ă 1. *adj.* indispensable; **2.** *adv.* indispensablement.
indispensabili *sm. pl.* caleçon *sm.*
indispoziţie *sf.* indisposition *sf.*
indispune *vt.* indisposer.
indispus, -ă *adj.* indisposé, -e.
individ, -ă *smf.* individu *sm.*
individual, -ă *adj.* individuel, -elle.
individualism *sn.* individualisme *sm.*
individualitate *sf.* individualité *sf.*
individualiza *vt.* individualiser.
indivizibil, -ă *adj.* indivisible.
indolent, -ă *adj.* indolent, -e.
indolenţă *sf.* indolence *sf.*
indonezian, -ă 1. *adj.* indonesien, -enne; **2.** *smf.* Indonesien, -enne.
induce *vt.* induire.
inductiv, -ă *adj.* inductif, -ive.
inductor *sn.* inducteur *sm.*
inducţie *sf.* induction *sf.*

indulgent, -ă *adj.* indulgent, -e.
indulgenţă *sf.* indulgence *sf.*
industrial, -ă *adj.* industriel, -elle.
industrializa *vt.* industrialiser.
industriaş *sm.* industriel *sm.*
industrie *sf.* industrie *sf.*; ~ *grea* industrie lourde; ~ *uşoară* industrie légère.
inedit, -ă *adj.* inédit, -e.
ineficace *adj.* inefficace.
ineficacitate *sf.* inefficacité *sf.*
inegal, -ă *adj.* inégal, -e.
inegalitate *sf.* inegalité *sf.*
inel *sf.* anneau *sm.*, bague *sf.*
inelar *sn.* annulaire *sm.*
inelat, -ă *adj.* bouclé, -e.
inepţie *sf.* ineptie *sf.*
inepuizabil, -ă *adj.* inépuisable.
inerent, -ă *adj.* inhérent, -e.
inert, -ă *adj.* inerte.
inerţie *sf.* inertie *sf.*
inestetic, -ă *adj.* inesthétique.
inevitabil, -ă 1. *adj.* inévitable; **2.** *adv.* inévitablement.
inexact, -ă *adj.* inexact, -e.
inexactitate *sf.* inexactitude *sf.*
inexistent, -ă *adj.* inexistent, -e.
inexplicabil, -ă *adj.* inexplicable.
infailibil, -ă *adj.* infailible.
infam, -ă *adj.* infâme.
infamie *sf.* infamie *sf.*
infanterie *sf.* infanterie *sf.*
infanterist *sm.* fantassin *sm.*
infantil, -ă *adj.* infantile.
infarct *sn.* infarctus *sm.*
infect, -ă *adj.* infect, -e.
infecta *vt.*, *vr.* (s')infecter.
infecţie *sf.* infection *sf.*
infecţios, -oasă *adj.* infectieux, -euse.
inferior, -oară *adj.* inférieur, -e.
inferioritate *sf.* infériorité *sf.*
infern *sn.* enfer *sm.*
infernal, -ă *adj.* infernal, -e.
infidel, -ă *adj.* infidèle.
infidelitate *sf.* infidélité *sf.*
infiltra *vt.* infiltrer.
infiltrare *sf.* infiltration *sf.*
infinit, -ă 1. *adj.* infini, -e; **2.** *adv.* infiniment; **3.** *sn.* infini *sm.*
infinitate *sf.* infinité *sf.*
infinitiv *sn.* infinitif *sm.*
infirm, -ă *adj.* infirme, estropié, -e.
infirma *vt.* infirmer.
infirmare *sf.* infirmation *sf.*
infirmerie *sf.* infirmerie *sf.*
infirmier, -ă *smf.* infirmier, -ère.
infirmitate *sf.* infirmité *sf.*
inflama *vr.* s'enfler.
inflamabil, -ă *adj.* inflammable.
inflamaţie *sf.* inflammation *sf.*
inflaţie *sf.* inflation *sf.*
inflexibil *adj.* inflexible.
inflexiune *sf.* inflexion *sf.*
influent, -ă *adj.* influent, -e.
influenţa *vt.* influencer.
influenţabil, -ă *adj.* influençable.

influenţă *sf.* influence *sf.*
inform, -ă *adj.* informe.
informa *vt.*, *vr.* (s')informer, (se) renseigner.
informator, -oare *smf.* informateur, -trice.
informaţie *sf.* information *sf.*
infractor, -oare *smf.* infracteur *sm.*
infracţiune *sf.* infraction *sf.*
infrastructură *sf.* infrastructure *sf.*
infuzie *sf.* infusion *sf.*
ingenios, -oasă *adj.* ingénieux, -euse.
ingeniozitate *sf.* ingéniosité *sf.*
ingenuitate *sf.* ingénuité *sf.*
ingenuu, -ă *adj.* ingénu, -e.
inginer *smf.* ingénieur *sm.*
ingrat, -ă *adj.* ingrate, -e.
ingratitudine *sf.* ingratitude *sf.*
ingredient *sn.* ingrédient *sm.*
inhala *vt.* inhaler.
inhalaţie *sf.* inhalation *sf.*
inhiba *vt.* inhiber.
inhibiţie *sf.* inhibition *sf.*
inimă *sf.* coeur *sm.*; *cu dragă ~* volontiers; *a-şi face ~ rea* se faire du mauvais sang.
inimos, -oasă *adj.* vaillant, -e, brav, -e; généreux, -euse; passioné, -e.
iniţia *vt.* initier; organizer, commencer.
iniţial, -ă *adj.* initial, -e.
iniţială *sf.* initiale *sf.*
iniţiativă *sf.* initiative *sf.*
iniţiator, -oare *smf.* initiateur, -trice.
iniţiere *sf.* initiation *sf.*
injecta *vt.* injecter.
injector *sn.* injecteur *sm.*
injecţie *sf.* injection *sf.*, piqûre *sf.*
injurie *sf.* injure *sf.*, outrage *sm.*
injurios, -oasă *adj.* injurieux, -euse, outrageant, -e.
injust, -ă *adj.* injuste.
inocent, -ă *adj.* innocent, -e.
inocenţă *sf.* innocence *sf.*
inocula *vt.* inoculer, vacciner; inculquer, trasmettre.
inoculare *sf.* inoculation *sf.*, vaccination *sf.*
inofensiv, -ă *adj.* inoffensive, -ive.
inopinat, -ă *adj.* inopiné, -e, imprévu, -e.
inoportun, -ă *adj.* inopportune, -e.
inova *vi.* innover.
inovator, -oare *smf.* innovateur, -trice.
inovaţie *sf.* innovation *sf.*
inoxidabil, -ă *adj.* inoxydable.
ins *sm.* individu *sm.*
insalubritate *sf.* insalubrité *sf.*
insalubru, -ă *adj.* insalubre.
inscripţie *sf.* inscription *sf.*
insectar *sn.* collection d'insectes *sf.*
insectă *sf.* insecte *sm.*
insecticide *sn.* insecticide *sm.*
insectivore, -ă *adj.* insectivore.
insensibil, -ă *adj.* insensible.

insensibilitate *sf.* insensibilité *sf.*
inseparabil, -ă *adj.* inseparable.
insera *vt.* insérer, introduire.
inserare *sf.* insertion *sf.*
insignă *sf.* insigne *sm.*
insiuna *vt.*, *vr.* (s')insinuer.
insinuant, -ă *adj.* insinuant, -e.
insinuare *sf.* insinuation *sf.*
insipid, -ă *adj.* insipide.
insista *vi.* insister.
insistent, -ă *adj.* insistant, -e.
insistenţă *sf.* insistence *sf.*
insolaţie *sf.* insolation *sf.*, coup de soleil *sm.*
insolent, -ă *adj.* insolent, -e.
insolenţă *sf.* insolence *sf.*
insolubil, -ă *adj.* insoluble.
insolvabil, -ă *adj.* insolvable.
insomnie *sf.* insomnie *sf.*
inspecta *vt.* inspecter.
inspector, -oare *smf.* inspecteur, -trice.
inspectorat *sn.* inspectorat *sm.*
inspecţie *sf.* inspection *sf.*
inspira **1.** *vt.* inspirer, insuffler; **2.** *vr.* s'inspirer.
inspiraţie *sf.* inspiration *sf.*
instala **1.** *vt.* installer, placer; **2.** *vr.* s'installer, s'établir.
instalator *sm.* plombier *sm.*
instalaţie *sf.* installation *sf.*
instantaneu, -e **1.** *adj.* instantané, -e; **2.** *adv.* instantanément; **3.** *sn.* instantané *sm.*
instanţă *sf.* instance *sf.*; *în ultimă* ~ en dernier lieu.
instaura *vt.* instaurer.
instaurare *sf.* instauration *sf.*
instiga *vt.* inciter, instiguer.
instigare *sf.* instigation *sf.*
instigator, -oare *smf.* instigateur, -trice.
instinct *sn.* instinct *sm.*
instinctive **1.** *adj.* instinctif, -ive; **2.** *adv.* instinctivement.
institui *vt.* instituer.
institut *sn.* institut *sm.*
institutor, -oare *smf.* instituteur, -trice.
instituţie *sf.* institution *sf.*
instructaj *sn.* directives *sf. pl.*
instructiv, -ă *adj.* instructif, -ive.
instructor, -oare *smf.* instructeur *sm.*
instrucţie *sf.* instruction *sf.*
instrui *vt.* instruire.
instruit, -ă *adj.* instruit, -e.
instrument *sn.* instrument *sm.*, outil *sm.*
instrumental, -ă *adj.* instrumental, -e.
instrumentist, -ă *smf.* instrumentiste *sm.*
insucces *sn.* insuccès *sm.*, échec *sm.*
insuficient, -ă **1.** *adj.* insuffisant, -e; **2.** *adv.* insuffisamment.
insuficienţă *sf.* insuffisance *sf.*
insufla *vt.* insuffler.

insuflare *sf.* insufflation *sf.*
insular, -ă *adj.* insulaire.
insulă *sf.* île *sf.*
insuliţă *sf.* îlot *sm.*
insulta *vt.* isulter, outrager.
insultă *sf.* insulte *sf.*, injure *sf.*, outrage *sm.*
insuportabil, -ă *adj.* insupportable.
insurecţie *sf.* insurrection *sf.*
insurgent, -ă *smf.* insurgé, -e.
intact, -ă *adj.* intact, -e.
integra *vt.* intégrer.
integral, -ă 1. *adj.* intégral, -e; **2.** *adv.* intégralement.
integritate *sf.* intégrité *sf.*
integru, -ă *adj.* intègre.
intelect *sn.* intellect *sm.*, intelligence *sf.*
intelectual, -ă *smf.* intellectual, -elle.
intelectualitate *sf.* intellectuels *sm. pl.*
inteligent, -ă *adj.* intelligent, -e.
inteligenţă *sf.* intelligence *sf.*
inteligibil, -ă *adj.* intelligible.
intemperie *sf.* intempérie *sf.*
intendent *sm.* intendant *sm.*
intendenţă *sf.* intendance *sf.*
intens, -ă *adj.* intense.
intensifica *vt.* intensifier.
intensitate *sf.* intensité *sf.*
intenta *vt.* intenter.
intenţie *sf.* intention *sf.*
intenţiona *vt.* avoir l'intention.
intercala *vt.* intercaler.
intercalare *sf.* intercalation *sf.*
intercepta *vt.* intercepter.
interceptare *sf.* interception *sf.*
intercontinental, -ă *adj.* intercontinental, -e.
intercostal, -ă *adj.* intercostale, -e.
interdependenţă *sf.* interdependence *sf.*
interdicţie *sf.* interdiction *sf.*, defense *sf.*
interes *sn.* intérêt *sm.*
interesa *vt.*, *vr.* (s')intéresser.
interesant, -ă *adj.* intéressant, -e.
interesat, -ă *adj.* intéressé, -e.
interferenţă *sf.* interference *sf.*
interimar, -ă *adj.* intérimaire.
interior, -oară 1. intérieur, -e; **2.** *sn.* intérieur *sm.*
interjecţie *sf.* interjection *sf.*
interlocutor, -oare *smf.* interlocuteur, -trice.
interludiu *sn.* interlude *sm.*
intermediar, -ă 1. *adj.* intermédiaire; **2.** *sm.* intermédiaire *sm.*, médiateur *sm.*
interminabil, -ă *adj.* interminable.
intermitent, -ă *adj.* intermittent.
intermitenţă *sf.* intermittence *sf.*
intern, -ă 1. *adj.* intérieur, -e, interne; **2.** *sm.* interne *sm.*
interna *vt. a ~ în spital* hospitaliser; interner.
internat *sn.* internat *sm.*

internaţional, -ă *adj.* international, -e.
internaţionalism *sn.* internationalisme.
internist, -ă *adj., smf.* médecin de maladies internes *sm.*
interoga *vt.* interroger.
interogare *sf.* interrogation *sf.*
interogativ, -ă *adj.* interrogatif, -ive.
interogatoriu *sn.* interrogatoire *sm.*
interpela *vt.* interpeller.
interpelare *sf.* interpellation *sf.*
interplanetar, -ă *adj.* interplanétaire.
interpret, -ă *smf.* interprète.
interpreta *vt.* interpréter; *(muz.)* exécuter.
interpretare *sf.* interprétation *sf.*; *(muz.)* exécution *sf.*
interpune *vr.* s'interposer.
intersecţie *sf.* intersection *sf.*
interval *sn.* intervalle *sm.*
interveni *vi.* intervenir.
intervenţie *sf.* intervention *sf.*
interviu *sn.* interview *sf.*
interzice *vt.* interdire.
interzicere *sf.* interdiction *sf.*
intestin *sn.* intestin *sm.*
intim, -ă *adj.* intime.
intimida *vt.* intimider.
intimidare *sf.* intimidation *sf.*
intimitate *sf.* intimité *sf.*
intitula *vt.* intituler.
intolerabil, -ă *adj.* intolérable.
intolerant, -ă *adj.* intolérant, -e.
intoleranţă *sf.* intolérance *sf.*
intona *vt.* entonner.
intonaţie *sf.* intonation *sf.*
intoxica *vt.* intoxiquer.
intoxicaţie *sf.* intoxication *sf.*
intra *vi.* entrer, pénétrer.
intraductibil, -ă *adj.* intraduisible.
intransigent, -ă *adj.* intrasigeant, -e.
intranzitiv, -ă *adj.* intransitive, -ive.
intrare *sf.* entrée *sf.*
intriga *vt.* intriguer.
intrigant, -ă *smf.* intrigant, -e.
intrigă *sf.* intrigue *sf.*
intrinsec, -ă *adj.* intrinsèque.
introduce *vt., vr.* (s')introduire.
introducere *sf.* introduction *sf.*
introductiv, -ă introductive, -ive.
intrus, -ă *smf.* intrus, -e.
intuit *vt.* avoir l'intuition.
intuitiv, -ă *adj.* intuitif, -ive.
intuiţie *sf.* intuition *sf.*
inuman, -ă *adj.* inhumain, -e, cruel, -elle.
inunda *vt.* inonder.
inundaţie *sf.* inondation *sf.*
inutil, -ă 1. *adj.* inutile; **2.** *adv.* inutilement.
inutilitate *sf.* inutilité *sf.*
inutilizabil, -ă *adj.* inutilisable.
invada *vt.* envahir.
invadator, -oare *adj.* envahisseur *sm.*

invalid, -ă *adj.* invalide.
invaliditate *sf.* invalidité *sf.*
invariabil *adj.* invariable.
invazie *sf.* invasion *sf.*
invectivă *sf.* invective *sf.*
inventa *vt.* inventer.
inventar *sn.* inventaire *sm.*
inventaria *vt.* inventarier.
inventator, -oare *smf.* inventateur, -trice.
inventiv, -ă *adj.* inventif, -ive.
invenţie *sf.* invention *sf.*
invers, -ă 1. *adj.* inverse; **2.** *adv.* inversement.
inverse *vt.* inverser.
inversiune *sf.* inversion *sf.*
investi *vt.* placer, investir.
investigaţie *sf.* investigation *sf.*, recherché *sf.*
investiţie *sf.* placement *sm.*
inveterat, -ă *adj.* invétéré, -e.
invidia *vt.* envier.
invidie *sf.* envie *sf.*
invidios, -oasă *adj.* envieux, -euse.
invincibil, -ă *adj.* invincible.
invita *vt.* inviter.
invitaţie *sf.* invitation *sf.*
invizibil, -ă *adj.* invisible.
invoca *vt.* invoquer.
invocare *sf.* invocation *sf.*
involuntar, -ă *adj.* involontaire.
invulnerabil, -ă *adj.* invulnérable.
iobag *sm.* serf *sm.*
iobăgie *sf.* servage *sm.*
ioc *adv.* pas de tout.
iod *sn.* iode *sm.*
iotă *sf.* iota *sm.*; *a nu şti o ~* ne pas savoir le premier mot.
ipocrit, -ă *adj.* hypocrite.
ipocrizie *sf.* hypocrisie *sf.*
ipohondrie *sf.* hypocondrie *sf.*
ipohondru, -ă *adj.* hypocodriaque.
ipostază *sf.* hypostase *sf.*
ipoteca *vt.* hypothéquer.
ipotecă *sf.* hypothèque *sf.*
ipotenuză *sf.* hypoténuse *sf.*
ipotetic, -ă *adj.* hypothétique.
ipoteză *sf.* hypothèse *sf.*
ipsos *sn.* plâtre *sm.*
iradia *vt.* irradier.
iradiaţie *sf.* irradiation *sf.*
irascibil, -ă *adj.* irascible.
iraţional, -ă *adj.* irrationnel, -elle, irraisonnable.
ireal, -ă *adj.* irréel, -elle.
irealizabil, -ă *adj.* irréalisable.
ireductibil, -ă *adj.* irréductible.
iremediabil, -ă 1. *adj.* irrémédiable; **2.** *adv.* irrémédiablement.
ireproşabil, -ă *adj.* irréprochable.
irespirabil, -ă *adj.* irrespirable.
iresponsabil *adj.* irresponsible.
ireversibil *adj.* irréversible.
irevocabil, -ă 1. *adj.* irrévocable; **2.** *adv.* irrévocablement.
irezistibil, -ă *adj.* irrésistible.
iriga *vt.* irriguer.

irigaţie *sf.* irrigation *sf.*
iris *sm.* iris *sm.*
irita *vt.* irriter.
iritabil, -ă *adj.* irritable.
iritaţie *sf.* irritation *sf.*; énervement *sm.*
ironic, -ă *adj.* ironique.
ironie *sf.* ironie *sf.*
ironiza *vt.* ironiser.
irosi *vt.* gaspiller.
irupe *vi.* faire irruption.
isca *vt.*, *vr.* (se) produire, susciter.
iscăli *vi.*, *vr.* signer.
iscălitură *sf.* signature *sf.*
iscoadă *sf.* espion, -onne.
iscodi *vt.* espioner, épier.
iscodire *sf.* espionnage *sm.*
iscoditor, -oare *adj.* curieux, -euse.
iscusinţă *sf.* habileté *sf.*
iscusit, -ă *adj.* habile, adroit, -e.
ispăşi *vt.* expier.
ispăşire *sf.* expiation *sf.*
ispită *sf.* tentation *sf.*
ispiti *vt.* tenter.
ispititor, -oare *adj.* tentant, -e.
ispravă *sf.* affaire *sf.*, fait *sm.*, aventure *sf.*; exploit *sm.*
isprăvi *vt.* achever, terminer, finir.
isteric, -ă *adj.* hystérique.
isterie *sf.* hystérie *sf.*
isteţ, -eaţă *adj.* perspicace, sagace.
isteţime *sf.* perspicacité *sf.*
istoric, -ă **1.** *adj.* historique; **2.** *sn.* historien *sm.*
istorie *sf.* histoire *sf.*; récit *sm.*
istorisi *vt.* raconter, narrer.
istovi *vr.* s'épuiser, s'exténuer.
istovire *sf.* épuisement *sm.*, exténuation *sf.*
istovitor, -oare *adj.* exténuant, -e.
italian, -ă **1.** *adj.* italien, -enne; **2.** *smf.* Italien, -enne.
itinerar *sn.* itinéraire *sm.*
iţă *sf.* chaîne *sf.*, fil de toile *sm.*
iubi *vt.* aimer.
iubire *sf.* amour *sm.*
iubit, -ă *smf.* amoureux, -euse.
iubitor, -oare *adj.* aimant, -e.
iugoslav, -ă **1.** *adj.* yougoslave; **2.** *smf.* Yougoslave.
iulie *sm.* juillet *sm.*
iunie *sm.* juin *sm.*
iureş *sn.* ruée *sf.*
iute **1.** *adj.* rapide, agile, leste; vif, vive; irritant, -e; **2.** *adv.* rapidement, vite.
iuţeală *sf.* vitesse *sf.*, rapidité *sf.*
iuţi **1.** *vt.* accélérer, hater; **2.** *vr.* s'emporter.
ivăr *sn.* verrou *sm.*
ivi *vr.* apparaître, surgir.
ivire *sf.* apparition *sf.*
iz *sn.* relent *sm.*
izbăvi *vt.* sauver.
izbăvire *sf.* salut *sm.*
izbăvitor, -oare *smf.* sauveur *sm.*
izbi *vt.* frapper, heurter, cogner.
izbitor, -oare *adj.* frappant, -e.

izbitură *sf.* coup *sm.*, heurt *sm.*
izbândă *sf.* victoire *sf.*; success *sm.*
izbândi *vi.* vaincre, triompher.
izbucni *vi.* éclater, jaillir.
izbucnire *sf.* éclat *sm.*, déchaînement *sf.*
izbuti *vt.* réussir.
izgoni *vt.* chasser.
izlaz *sn.* pâturage *sm.*
izmană *sf.* caleçon *sm.*
izmă *sf.* menthe *sf.*
izmeni *vr.* minauder.
izola *vt.*, *vr.* (s')isoler.
izolare *sf.* isolement *sm.*
izolator, -oare *adj.* isolateur, -trice.
izotop *sm.* isotope *sm.*
izvor *sn.* source *sf.*; document *sm.*
izvorî *vi.* jaillir, prendre sa source; découler.

Î

îmbarca *vt.*, *vr.* (s')embarquer, prendre la mer.
îmbarcare *sf.* embarquement *sm.*
îmbăia *vt.*, *vr.* (se) baigner, prendre un bain.
îmbălsăma *vt.* embaumer.
îmbălsămare *sf.* embaumement *sm.*
îmbărbăta *vt.* encourager, donner du courage.
îmbărbătare *sf.* encouragement *sm.*
îmbăta 1. *vr.* s'enivrer, se griser, se soûler; **2.** *vt.* enivrer.
îmbătător, -oare *adj.* enivrant, -e.
îmbătrâni *vi.* vieillir.
îmbâcseală *sf.* encombrement *sm.*
îmbâcsi *vt.* encombrer, bonder.
îmbâcsit, -ă *adj.* encrassé, plein de poussière; encombré.
îmbelşugare *sf.* abondance.
îmbelşugat, -ă *adj.* abondant, -e.
îmbia *vt.* inviter, engager.
îmbiba *vt.* imprégner.
îmbiere *sf.* invite *sf.*, offre *sf.*
îmbietor, -oare *adj.* engageant, -e, attirant, -e, tentant, -e.
îmbina *vt.* joindre, unir, agencer.
îmbinare *sf.* mélange *sm.*, jointure *sf.*
îmblăni *vt.* fourrer.
îmblânzi 1. *vt.* dompter, apprivoiser; **2.** *vr.* s'apprivoiser; s'adourcir.
îmblânzire *sf.* apprivoisement *sm.*, adoucissement *sm.*
îmblânzitor, -oare *smf.* dompteur, -euse.
îmboboci *vi.* éclore, bourgeonner.
îmbogăţi *vt.*, *vr.* (s')enrichir.
îmbogăţire *sf.* enrichissement *sm.*
îmboldi 1. *vt.* aguillonner; inciter, pousser; **2.** *vt.*, *vr.* (se) bousculer.
îmbolnăvi *vr.* tomber malade.
îmbrăca 1. *vt.*, *vr.* (s')habiller, (se) vêtir; mettre; **2.** *vt.* recouvrir, couvrir, revêtir.
îmbrăcăminte *sf.* vêtements *sm. pl.*, habits *sm. pl.*
îmbrăţişa *vt.*, *vr.* (s')embrsser.
îmbrăţişare *sf.* embrassement *sm.*, étreinte *sf.*
îmbrânci *vt.*, *vr.* (se) bousculer, (se) pousser.

îmbrobodi *vt.*, *vr.* (s')envelopper la tête, encapuchonner; tromper.

îmbuca 1. *vt.* manger à la hate, manger sur le pouce; **2.** *vr.* *(tehn.)* s'emboîter.

îmbucătură *sf.* bouchée *sf.*

îmbucurător, -oare *adj.* réjouissant, -e.

îmbufna *vr.* bouder, se renfrogner.

îmbuiba *vr.* se graver, s'empiffer, se bourrer.

Î

îmbujora *vr.* rougir, s'empourprer.

îmbulzeală *sf.* foule *sf.*, cohue *sf.*; bousculade *sf.*

îmbulzi *vr.* se bousculer.

îmbuna *vt.* adoucir, calmer, amadouer.

îmbunătăţi *vt.* améliorer.

îmbunătăţire *sf.* amélioration *sf.*

împacheta *vt.* empaqueter.

împachetare *vt.* empaquetage *sm.*, emballage *sm.*

împăca 1. *vr.* se réconcilier, se raccomoder; **2.** *vt.* concilier, réconcilier.

împăcare *sf.* reconciliation *sf.*

împăciuitor, -oare *adj.* conciliant, -ante.

împăduri *vt.* boiser.

împădurire *sf.* boisement *sm.*

împăia *vt.* empailler.

împăienjeni se voiler, se troubler.

împământeni *vr.* se faire naturaliser; s'acclimater, s'adapter.

împământenire *sf.* naturalisation *sf.*; acclimatation *sf.*, adaptation *sf.*

împăna *vt.* larder, piquer.

împărat *sm.* empereur *sm.*

împărteasă *sf.* impératrice *sf.*

împărătesc, -ească *adj.* imperial, -e.

împărăţie *sf.* empire *sm.*

împărtăşanie *sf.* communion *sf.*

împărtăşi 1. *vt.* communiquer, faire part; **2.** *vr.* *(religios)* communier.

împărţeală *sf.* partage *sm.*

împărţi *vt.* partager, diviser, répartir; *a ~ frățește* couper la pain en deux.

împărţire *sf.* division *sf.*, partage *sm.*

împărţitor *sm.* diviseur *sm.*

împătrit, -ă *adj.* quadruple.

împături *vt.* plier.

împăuna *vr.* se pavaner, se rengorger.

împânzi *vt.* couvrir, parsemer; envahir; répandre.

împeliţat, -ă *adj.* incarné, -e; endiablé, -e, maudit, -e.

împerechea 1. *vt.* appareiller, accoupler; **2.** *vr.* s'accoupler.

împerechere *sf.* accouplement *sm.*

împestriţa *vt.* barioler.

împiedica 1. *vt.* empêcher, entraver; **2.** *vr.* trébucher, se heurter à.

împietri *vi.*, *vr.* (se) pétrifier.

împietrire *sf.* pétrification *sf.*

împila *vt.* opprimer.

împilare *sf.* oppression *sf.*

împinge *vt.*, *vr.* (se) pousser, (se) bousculer.

împleti *vt.* tresser, natter; *(lână)* tricoter.

împletici *vt.* chanceler, vaciller, tituber.

împletitură *sf.* tresse *sf.*; tricot *sm.*

împlini 1. *vt.* accomplir, réaliser; **2.** *vr.* se réaliser, s'accomplir.

împlinire *sf.* accomplissement *sm.*, realization *sf.*

împlânta *vt.* ficher, enfoncer.

împodobi 1. *vt.* orner, parer; **2.** *vr.* se parer.

împodobire *sf.* ornamentation *sf.*, decoration.

împopoţona *vt.*, *vr.* (s')attifer, (s')affubler.

împopoţonare *sf.* attifement *sm.*

împotmoli *vr.* s'enliser, s'embourber.

împotmolire *sf.* enlisement *sm.*, embourbement *sm.*

împotriva *prep.* contre.

împotrivă *adv.* contre.

împotrivi *vr.* s'opposer, résister.

împotrivire *sf.* opposition *sf.*

împovăra *vt.* surcharger, accabler.

împrăştia *vt.*, *vr.* (se) disperser, (s')éparpiller, (se) disséminer; propager, diffuser.

împrăştiat, -ă *adj.* dissipé, -e; distrait, -e, étourdi, -e.

împrăştiere *sf.* dispersion *sf.*, éparpillement *sm.*

împrejmui *vt.* clôturer, entourer.

împrejmuire *sf.* clôture *sf.*

împrejur *adv.* autour; *de jur ~* tout autour; *stânga ~* tour à gauche.

împrejurare *sf.* circonstance *sf*, conjuncture *sf.*

împrejurime *sf.* environs *sm. pl.*, alentours *sm. pl.*

împresura *vt.* investir, cerner; assiéger.

împresurare *sf.* investissement *sm.*, siège *sm.*

împreuna 1. *vt.* joindre, réunir; **2.** *vr.* s'accoupler.

împreunare *sf.* jonction *sf.*; accouplement *sm.*

împreună *adv.* ensemble.

împricinat, -ă *smf.* plaideur, -euse.

împrieteni *vr.* se lier d'amitié.

împroprietări *vt.* octroyer à qqn. un titre de propriété.

împrospăta *vt.* rafraîchir.

împrospătare *sf.* rafraîchissement *sm.*

împroşca *vt.* éclabousser; jeter, cracher.

împrumut *sn.* prêt *sm.*, emprunt *sm.*
împrumuta *vt. (cuiva)* prêter; *(de la cineva)* emprunter.
împuia *vt. a ~ capul cuiva* rompre la tète à qqn.
împunge *vt.* piquer.
împunsătură *sf.* piqûre *sf.*
împurpura *vr.* s'empourprer.
împuşca **1.** *vt.* fusiller; **2.** *vi.* tirer un coup de fusil; **3.** *vr.* se brûler la cervelle.
îmuşcătură *sf.* coup de feu *sm.*
împuternici *vt.* donner des pleins pouvoirs.
împuternicire *sf.* autorisation *sf.*
împuternicit, -ă *smf.* mandataire chargé, -e.
împuţi **1.** *vr.* s'altérer, pourrir; **2.** *vt.* empuantir, empester.
împuţina *vr.* diminuer.
împuţinare *sf.* diminution *sf.*
împuţit *adj. (alterat)* pourri, -e; *(aer)* empesté, -e; sale; cossard, -e.
în *prep.* dans, en.
înadins *adv.* exprès, intentionellement.
înainta **1.** *vi.* advancer; promouvoir; progresser; **2.** *vt. (o cerere)* présenter.
înaintare *sf.* avancement *sm.*
înaintaş *sm.* précurseur *sm.*
înaintat, -ă *adj.* avancé, -e.
înainte *adv. (spaţial)* devant; *(temporal)* avant, auparavant; *de azi ~* désormais, dorénavant.
înaintea *prep. (spaţial)* devant, au devant de; *(temporal)* avant.
înalt, -ă *adj.* haut, -e; grand, -e, de haute taille.
înapoi *adv.* en arrière, de retour; *a da ceva ~* render qqch.
înapoia[1] *prep.* derrière.
înapoia[2] **1.** *vt.* restituer, rendre; **2.** rentrer, revenir, être de retour.
înapoiat, -ă *adj.* arriéré, -e; rétrograde.
înapoiere *sf.* restitution *sf.*; retour *sm.*
înaripat, -ă *adj.* ailé, -e.
înarma *vt.*, *vr.* (s')armer.
înarmare *sf.* armament *sm.*
înăbuşi **1.** *vt.* étouffer, suffoquer; réprimer; **2.** *vr.* etouffer, suffoquer; *a ~ o răscoală* réprimer une révolte.
înăbuşire *sf.* suffocation *sf.*, étouffement *sm.*; repression *sf.*
înăbuşitor, -oare *adj.* étouffant, -e, suffocant, -e.
înăcri *vt.*, *vr.* (s')aigrir.
înăcrit, -ă *adj.* aigri, -e.
înădi *vt.* abouter, rabouter.
înălbi *vt.* blanchir.
înălţa **1.** *vt.*, *vr.* (s')élever, (se) hausser, (se) dresser; **2.** *vt.* élever, bâtir; hausser.

înălţător, -oare 1. *adj.* exaltant, -e; 2. *sm.* *(dispozitiv)* hausse *sf.*
înălţime *sf.* hauteur *sf.*
înăspri 1. *vt.* durcir; 2. *vr.* se durcir; *(despre vreme)* devenir plus froid.
înăuntru *adv.* dedans, à l'intérieur.
încadra *vt.* encadrer; intégrer; *(în muncă)* embaucher.
încadrare *sf.* *(în muncă)* embauchage *sm.*, engagement *sm.*; encadrement *sm.*
încarcera *vt.* emprisonner.
încarcerare *sf.* emprisonnement *sm.*
încasa *vt.* encaisser; *a ~ salariul* toucher le salaire.
încasator, -oare *smf.* receveur, -euse.
încă *adv.* encore.
încăiera *vr.* en venire aux mains.
încăierare *sf.* rixe *sf.*, bagarre *sf.*
încălca *vt.* *(un drept)* trasgresser, enfreindre; *(un teritoriu)* envahir.
încălcare *sf.* *(a unui drept)* transgression *sf.*, violation *sf.*; *(a unui teritoriu)* invasion *sf.*
încăleca *vt.* monter à cheval, enfourcher.
încălţa *vr.* chausser.
încălţăminte *sf.* chaussure *sf.*
încălţător *sn.* chausse-pied *sf.*
încălzi *vt.*, *vr.* (se) chauffer, (se) réchauffer, (s')échauffer.
încălzire *sf.* chauffage *sm.*
încăpător, -oare *adj.* spacieux, -euse.
încăpăţâna *vt.* s'entêter, s'obstiner.
încăpăţânare *sf.* entêtement *sm.*, obstination *sf.*
încăpăţânat, -ă *adj.* entêté, -e, obstiné, -e.
încăpea *vi.* tenir dans; *a nu-şi mai ~ în piele de bucurie* ne pas se posséder de joie; *nu mai ~ vorbă* cela va sans dire.
încăpere *sf.* chamber *sf.*, pièce *sf.*
încărca *vt.* charger.
încărcătură *sf.* charge *sf.*, chargement *sm.*
încărunţi *vi.* grisonner.
încărunţit, -ă *adj.* grisonnant, -e.
încătuşa *vt.* enchaîner.
încătuşsare *sf.* enchaînement *sm.*
încâlci *vt.* emmêler, enchevêtrer, embrouiller.
încâlcire *sf.* enchevêtrement *sm.*
încâlcit, -ă *adj.* enchevêtré, -e, embrouillé, -e.
încânta *vt.* enchanter, charmer, ravir.
încântare *sf.* enchantement *sm.*, ravissement *sm.*
încântător, -oare *adj.* charmant, -e, ravissant, -e.

încât *conj.* que, de sorte que, de manière que.
începător, -oare *smf.* débutant, -e, coomençant, -e.
începe 1. *vi.* commencer; **2.** *vt.* commencer, entamer, engager.
începere *sf.* commencement *sm.*
început *sn.* commencement *sm.*, début *sm.*
încerca *vt.* essayer, tenter, tâcher; éprouver; *a ~ marea cu degetul* prendre la lune avec les dents.
încercare *sf.* essai; tentative *sf.*; *a pune la ~* mettre à l'épreuve *sf.*
încercat, -ă *adj.* expérimenté, -e, habile, rompu, -e.
încercănat, -ă *adj.* cerné, -e.
încercui *vt.* encercler; cerner, investir.
încercuire *sf.* encirclement *sm.*, investissement *sm.*
încet, -eată 1. *adj.* lent, -e; bas, -sse; **2.** *adv.* lentement; doucement, bas; *a vorbi ~* parler bas; *încetul cu încetul* peu à peu.
înceta *vt.*, *vi.* cesser.
încetare *sf.* cessation *sf.*, arrêt *sm.*; *fără ~* sans cesse.
încetăţeni *vt.* naturaliser; prendre racine.
încetineală *sf.* lenteur *sf.*
încetini *vt.* ralentir.
încetinire *sf.* ralentissement *sm.*
înceţoşa *vr.* brouillasser.
închega *vr.* cailler, coaguler; se preciser, se contourer.
închegare *sf.* coagulation *sf.*, solidification *sf.*, caillement *sm.*
încheia *vt.* *(haine)* boutonner; *(pantofi)* lacer; *(maşină)* monter; *(o acţiune)* achiever, *(o afacere)* conclure.
încheiere *sf.* fin *sf.*, conclusion *sf.*, cloture *sf.*
încheietoare *sf.* boutonnière *sf.*
încheietură *sf.* articulation *sf.*, jointure *sf.*
închide 1. *vt.* fermer, enfermer; *(o şedinţă)* clore; **2.** *vr.* *(despre vreme)* s'obscurcir; *(despre faţă)* s'assombrir; *(despre culori)* foncer.
închidere *sf.* fermeture *sf.*; cloture *sf.*
închina 1. *vr.* se signer; s'incliner, se prosterner; **2.** *vt.* consacrer, dédier; toaster.
închinare *sf.* *(rugăciune)* prière *sf.*; *(plecăciune)* reverence *sf.*; toast *sm.*
închipui *vr.* s'imaginer, se figurer.
închipuire *sf.* imagination *sf.*; fiction *sf.*, illusion *sf.*
închipuit, -ă *adj.* imaginaire, irréel, -elle, fictive, -ive.
închirci *vr.* se rabourgir.
închiria *vt.* louer.

închiriat, -ă *adj.* loué, -e, de louage.
închiriere *sf.* louage *sm.*
închisoare *sf.* prison *sf.*
închista *vr.* s'enkyster.
închistare *sf.* enkystement *sm.*
închizătoare *sf.* fermeture *sf.*
încinci *vt.* quintupler.
încinge 1. *vt.* ceindre, ceinturer.; **2.** *vr.* s'échauffer, s'enflamer.
încins *adj.* ceinturé; serré autour la taille; *(despre arme)* attaché à la ceinture.
înciuda 1. *vt.* dépiter; **2.** *vr.* se dépiter, se faire du mauvais sang.
încleia *vt.* coller, engluer.
încleiere *sf.* collage *sm.*, engluage *sm.*
încleşta 1. *vt.* serer avec force; **2.** *vr.* s'accrocher, se cramponer.
încleştare *sf.* serrement *sm.*; cramponnement *sm.*
înclina *vt.*, *vr.*, *vi.* (s')incliner, (se) pencher.
înclinare *sf.* inclinasion *sf.*; penchant *sm.*, application *sf.*
înclinaţie *sf.* inclinaison *sf.*
încoace *adv.* ici, de ce côté-ci; *a avea pe vino ~* avoir du charme (du chien).
încolăci 1. *vt.* enrouler; **2.** *vr.* s'enrouler.
încolăcire *sf.* enroulement *sm.*
încolo *adv.* là, de ce côté-là, dans ce direction-là; *de azi ~* dorénavant, à partir d'aujourd'hui.
încolona *vr.* entrer dans les ranges.
încolţi 1. *vi.* *(despre plante)* germer; **2.** *vt.* traquer; acculer; *a fi încolţit* être aux abois.
încondeia *vt.* orner de dessins; calomnier, dénigrer.
înconjur *sn.* détour *sm.*, crochet.
înconjura 1. *vt.* contourner; entourer; *(a împresura)* investor, cerner.; **2.** *vr.* s'entourer.
înconjurător, -oare *adj.* environnant, -e.
încontinuu *adv.* continuellement, sans cesse.
încorda 1. *vt.* tender, bander; **2.** *vr.* se raidir, se bander; *a-şi ~ muşchii* tendre ses muscles.
încordare *sf.* tension *sf.*; raidisement *sm.*
încorona *vt.* couronner.
încorpora *vt.* incorporer.
încorporare *sf.* incorporation *sf.*
încotoşmăna *vr.* s'emmitoufler.
încotro *adv.* oú? dans quelle direction?; *a nu mai avea ~* n'avoir plus d'autre issue.
încovoia *vr.* se courber, se voûter, ployer; s'humilier.
încovoiere *sf.* ploiement *sm.*, courbement *sm.*
încovriga *vr.* se recroqueviller.

încrede *vr.* se fier.
încredere *sf.* confiance *sf.*
încredinţa **1.** *vt.* confie; assurer, certifier; **2.** *vr.* s'assurer, se convaincre.
încredinţare *sf.* assurance *sf.*, convinction *sf.*
încremeni *vi.* rester stupéfait.
încreţi **1.** *vt.* *(părul)* friser; *(o ţesătură)* froncer; **2.** *vr.* se froncer, se rider.
încreţitură *sf.* fronce *sf.*; ride *sf.*
Î
încrezător, -oare **1.** *adj.* confiant, -ante; crédul, -e; **2.** *adv.* crédulement.
încrezut, -ă *adj.* infatué, -e.
încropi *vt.* tiédir, attiédir; improviser.
încrucişa *vt.*, *vr.* (se) croiser, (s') entrecroiser.
îcrucişare *sf.* croisement *sm.*
încrunta *vr.* froncer les sourcils.
încuia *vt.* fermer à clé.
încuietoare *sf.* serrure *sf.*
încumeta *vr.* oser, se hazarder.
încunoştinţa *vt.* informer, averter.
încunoştinţare *sf.* information *sf.*, avertissement *sm.*
încununa *vt.* couronner.
încuraja *vt.* encourager, réconforter.
încurajare *sf.* encouragement *sm.*
încurca **1.** *vt.* *(ceva)* embrouiller, enchevêtrer; *(pe cineva)* embarrasser, gêner; **2.** *vr.* s'embrouiller.
încurcat, -ă *adj.* enchevêtré, -e, embrouillé, -e; *(despre oameni)* confus, -e, embarrassé, -e.
încurcă-lume *sm. invar.* faiseur d'embarras *sm.*
încurcătură *sf.* embarrass *sm.*, confusion *sf.*; tracas *sm.*, embêtement *sm.*, ennui; *a avea încurcături* avoir des tracas.
încuviinţa *vi.* consenter, acquiescer.
încuviinţare *sf.* consentement *sm.*, acquiescement *sm.*
îndată *adv.* immédiatement, tout de suite.
îndatora **1.** *vt.* rendre service, obliger; **2.** *vr.* s'endetter.
îndatorire *sf.* devoir *sm.*, obligation *sf.*, tâche *sf.*
îndatoritor, -oare *adj.* obligeant, -e, serviable, prévenant, -e.
îndărăt *adv.* derrière, en arrière; *a se întoarce* ~ revenir sur ses pas.
îndărătnic, -ă *adj.* opiniâtre, obstiné, -e.
îndărătnici *vr.* s'obstiner, se buter.
îndărătnicie *sf.* obstination *sf.*
îndârji *vr.* s'acharner.
îndârjire *sf.* acharnement *sm.*
îndeajuns *adv.* assez, suffisament.
îndeaproape *adv.* de près.

îndelete *adv.* lentement, sans hâte.
îndeletnici *vr.* s'occuper.
îndeletnicire *sf.* occupation *sf.*, métier *sm.*
îndelungat, -ă *adj.* long, gue, prolongé, -e.
îndemânare *sf.* adresse *sf.*, habileté *sf.*, dextérité *sf.*
îndemânatic, -ă *adj.* adroit, -e, habile.
îndemână *adv.* *la ~* accessible, à la portée de, sous la main.
îndemn *sn.* exhortation *sf.*, impulsion *sf.*
îndemna *vt.* exhorter, engager, pousser.
îndeobşte *adv.* généralement.
îndeosebi *adv.* surtout, notamment, particulièrement.
îndepărta 1. *vt.* écarter, éloigner; renvoyer, congédier; **2.** *vr.* s'éloigner.
îndepărtare *sf.* éloignement *sm.*, écartement *sm.*; renvoi *sm.*
îndeplini *vt.* accomplir, exécuter, réaliser.
îndeplinire *sf.* accomplissement *sm.*, exécution *sf.*, réalisation *sf.*
îndesa 1. *vt.* tasser, entasser; **2.** *vr.* s'entasser.
îndesat, -ă *adj.* tassé, -e; *(despre oameni)* trapu, -e.
îndesi *vr.* s'épaissir; s'accroître.
îndestula *vt.* contçnter, satisfaire.
îndigui *vt.* endiguer.
îndiguire *sf.* endiguement *sm.*
îndobitoci *vt.* abêtir, abrutir.
îndobitocire *sf.* abêtissement *sm.*, abrutissement *sm.*
îndoctrina *vt.* endoctriner.
îndoctrinare *sf.* endoctrinement *sm.*
îndoi 1. *vt.* plier, courber, ployer; doubler; *(despre vin)* couper; **2.** *vr.* ployer, (se) courber, plier; douter; *a ~ o foaie* plier un papier; *a ~ un copac* ployer un arbre.
îndoială *sf.* doute *sm.*; *fără ~* sans doute.
îndoielnic, -ă *adj.* douteux, -euse.
îndoit, -ă *adj.* double.
îndoitură *sf.* pli *sm.*
îndolia *vt.* endeuiller.
îndoliat, -ă *adj.* endeuillé, -e, en deuil.
îndopa *vt.*, *vr.* (se) bourrer, (se) gorger, (se) gaver.
îndrăcit, -ă *adj.* endiablé, -e; méchant, -e; furieux, -euse.
îndrăgi *vt.* aimer.
îndrăgosti *vr.* s'éprendre, tomber amoureux.
îndrăgostit, -ă *adj.* épris, -e; amoureux, -euse.
îndrăzneală *sf.* audace *sf.*, hardiesse *sf.*, témérité *sf.*
îndrăzneţ, -eaţă *adj.* audacieux, -euse, hardi, -e, téméraire.
îndrăzni *vt.* oser.

îndrepta 1. *vt.* redresser; rétablir; corriger; indiquer la direction; 2. *vr.* se redresser; se corriger, s'amender; se diriger.

îndreptar *sn.* guide *sm.*

îndreptare *sf.* redressement *sm.*; correction *sf.*

îndreptăţi *vt.* justifier, autoriser.

îndreptăţire *sf.* justification *sf.*

îndreptăţit, -ă *adj.* justifié, -e, autorisé, -e.

Î

îndruga *vt.* bargouiner; papoter.

îndruma *vt.* guider, diriger.

înduioşa *vt.* attendrir, émouvoir, toucher.

înduioşare *sf.* attendrissement *sm.*

înduioşător, -oare *adj.* émouvant, -e, attendrissant, -e, touchant, -e.

îndulci 1. *vt.* sucrer, dulcifier; *(a atenua)* adoucir; radoucir; 2. *vr.* s'adoucir.

îndupleca 1. *vt.* fléchir; 2. *vr.* céder.

îndura 1. *vt.* subir, supporter; 2. *vr.* avoir pitié, s'apitoyer.

îndurare *sf.* pitié *sf.*, miséricorde *sf.*

îndurător, -oare *adj.* miséricordieux, -euse, compatissant, -e.

îndurera *vt.* attrister, chagriner, peiner.

îndurerare *sf.* chagrin *sm.*, douleur *sf.*, peine *sf.*

înec *sn.* noyade *sf.*

îneca 1. *vr.* se noyer; *(înăbuşi)* s'étouffer; 2. *vt.* *(a inunda)* noyer, submerger.

înecăcios, -oasă *adj.* *(sufocant)* suffocant, -e, *(despre alimente)* étouffant, -e.

înfăptui *vt.* accomplir, réaliser.

înfăptuire *sf.* réalisation *sf.*, accomplissement *sm.*

înfăşa *vt.* emmailloter.

înfăşura *vt.* envelopper, enrouler.

înfăşurare *sf.* enveloppement *sm.*

înfăţişa 1. *vt.* présenter; figurer; 2. *vr.* se présenter.

înfăţişare *sf.* presentation *sf.*; *(juridic)* comparution *sf.*; aspect *sm.*, apparence *sf.*

înfia *vt.* adopter.

înfiera *vt.* stigmatiser, flétrir.

înfierare *sf.* stigmatisation *sf.*, blame *sm.*, flétrissure *sf.*

înfierbânta *vt.*, *vr.* (s')échauffer, (s')enflammer.

înfiere *sf.* adoption *sf.*

înfigăreţ, -eaţă *adj.* qui a du culot.

înfige *vt.* planter, ficher, enfoncer.

înfiinţa *vt.* fonder, créer.

înfiinţare *sf.* fondation *sf.*, création *sf.*

înfiora *vr.* frisonner; frémir.

înfiorare *sf.* frisson *sm.*, frémissement *sm.*

înfiorător, -oare *adj.* effrayant, -e, épouvantable, effroyable.
înfiripa 1. *vt.* improviser, former; **2.** *vr.* se former; se remettre, se rétablir.
înflăcăra *vt.*, *vr.* (s')enflammer, (s')enthousiasmer.
înflăcărare *sf.* ardeur *sf.*, enthousiasme *sm.*
înflori *vi.* fleurir, s'épanouir.
înflorire *sf.* épanouissement *sm.*, floraison *sf.*
înfloritor, -oare *adj.* prospère, florissant, -e.
înfocare *sf.* ardeur *sf.*, passion *sf.*
înfocat, -ă *adj.* enflame, -e, ardent, -e.
înfofoli *vr.* s'emmitoufler.
înfoia *vr.* *(despre păr)* bouffer; *(despre animale)* se hérisser.
înfometa *vt.* affamer.
înfrăţi *vr.* fraterniser.
înfrăţire *sf.* fraternité *sf.*
înfrâna 1. *vt.* tenir en bride; dominer; **2.** *vr.* se contenir, se maîtriser.
înfrânare *sf.* modération *sf.*, abstinence *sf.*
înfrânge *vt.* vaincre.
înfrângere *sf.* défaite *sf.*, échec *sm.*
înfricoşa 1. *vt.* épouvanter, effrayer; **2.** *vr.* s'effrayer, s'épouvanter.
înfricoşător, -oare 1. *adj.* effroyable; **2.** *adv.* effroyeablement.
înfrigurare *sf.* ardeur *sf.*, fièvre *sf.*
înfrigurat, -ă *adj.* transi, -e; fiévreux, -euse.
înfrumuseţa *vt.* embellir.
înfrumuseţare *sf.* embellissement *sm.*
înfrunta *vt.* affronter, braver.
înfruntare *sf.* bravade *sf.*, défi *sm.*
înfrunzi *vi.* se couvrir de feuilles.
înfrupta *vr.* goûter à.
înfuleca *vt.* gober.
înfumurare *sf.* presumption *sf.*, infatuation *sf.*
înfumurat, -ă *adj.* infatué, -e.
înfunda 1. *vt.* *(o sticlă)* boucher; *(o conductă)* obsturer; **2.** *vr.* *(despre conducte)* s'obstruer; *(despre drumuri)* se terminer en cul-de-sac.
înfuria 1. *vr.* se mettre en colère, s'emporter; **2.** *vt.* exaspérer.
îngădui *vt.* permettre, tolérer.
îngăduinţă *sf.* permission *sf.*; indulgence *sf.*, tolérance *sf.*
îngăduitor, -oare *adj.* tolerant, -e, indulgent, -e.
îngăima *vt.* balbutier, bredouiller.
îngălbeni *vi.*, vr jaunir; pâlir, blêmir.

îngâmfa *vr.* faire l'important, se pavaner, se rengorger.
îngâmfare *sf.* vanité *sf.*, presumption *sf.*
îngâmfat, -ă *adj.* vain, -e, présomptueux, -euse.
îngâna *vt.* repeater les paroles de qqn.; bredouiller; chantonner, murmurer; *a ~ un cântec* chantonner; *se ~ ziua cu noaptea* au point du jour.
îngândurat, -ă *adj.* pensif, -ive.
îngenunchea 1. *vr.* s'agenouiller; **2.** *vt.* asservir, assujetir.
îngenunchere *sf.* agenouillement *sm.*; asservissement *sm.*, assujettisement *sm.*
înger *sm.* ange *sm.*
îngeresc, -ească *adj.* angélique.
înghesui 1. *vt.* se serer, se bousculer; **2.** *vt.* entasser, tasser.
înghesuială *sf.* agglomeration *sf.*, bousculade *sf.*
îngheţ *sn.* gel *sm.*
îngheţa 1. *vi.* geler; **2.** *vt.* glacer.
îngheţat, -ă *adj.* gelé, -e; congelé, -e.
îngheţată *sf.* glace *sf.*
înghionti *vt.*, *vr.* (se) bousculer, jouer des coudes.
înghiţi *vt.* avaler; engloutir; *a nu ~ pe cineva* ne pas gober qqn.
înghiţitură *sf.* *(de lichid)* gorgée *sf.*; *(de mâncare)* bouchée *sf.*
îngloba *vt.* englober.
îngloda *vr.* s'embourber, s'enliser.
îngrădi *vt.* clôturer; limiter.
îngrădire *sf.* clôture *sf.*; limitation *sf.*
îngrămădeală *sf.* agglomeration *sf.*, affluence *sf.*
îngrămădi 1. *vt.* amasser, entasser; **2.** *vr.* s'agglomérer; s'amonceler.
îngrăşa 1. *vt.* *(animale)* engraisser; **2.** *(oameni)* grossir, engraisser.
îngrăşământ *sn.* engrais *sm.*
îngreţoşa 1. *vr.* avoir la nausée; **2.** *vt.* écourer.
îngreuna 1. *vt.* alourdir; appesantir; *(mai anevoios)* rendre plus difficile; **2.** *vr.* s'alourdir.
îngriji 1. *vt.* soigner; prendre soin; **2.** *vr.* se soigner; s'occuper.
îngrijire *sf.* soin *sm.*
îngrijitor, -oare *smf.* intendant, -e.
îngrijora *vt.*, *vr.* (s') inquiéter, (s') alarmer.
îngrijorare *sf.* inquietude *sf.*
îngrijorat, -ă *adj.* inquiet, ète, soucieux, -euse, anxieux, -euse.
îngrijorător, -oare *adj.* alarmant, -e, inquiétant, -e.
îngropa *vt.* enterer.
îngroşa *vr.* grossir, s'épaissir.

îngrozi 1. *vt.* effrayer, épouvanter, terrifier; 2. *vr.* s'effrayer.
îngrozitor, -oare 1. *adj.* terrifiant, -e, effrayant, -e, épouvantable; 2. *adv.* effroyablement, terriblement.
îngust, -ă *adj.* étroit, -e.
îngusta *vt.*, *vr.* (se) rétrécir.
îngustime *sf.* étroitesse *sf.*
înhăita *vr.* s'aboucher, s'acoquiner.
înhăma *vt.*, *vr.* (s')atteler.
înhăţa *vt.* saisir, empoigner.
înhuma *vt.* inhumer.
înhumare *sf.* inhumation *sf.*
înjgheba *vt.* improviser.
înjosi *vt.*, *vr.* (s')humilier, (s')abaisser.
înjosire *sf.* humiliation *sf.*, avilissement *sm.*
înjositor, -oare *adj.* dégradant, -e, humiliant, -e.
înjuga *vt.* atteler.
înjumătăţi *vt.* réduire à moitié.
înjunghia 1. *vt.* poignarder, égorger; abattre; 2. *vr.* se couper la gorge.
înjura 1. *vt.* injurier, pester; 2. *vi.* jurer, sacrer.
înjurătură *sf.* juron *sm.*
înlănţui *vt.* enchaîner.
înlănţuire *sf.* enchaînement *sm.*
înlătura *vt.* écarter.
înlemni *vi.* s'immobiliser, se figer, se raidir.
înlesni *vt.* faciliter.
înlocui *vt.* remplacer, suppléer; substituer.
înlocuire *sf.* remplacement *sm.*, substitution *sf.*
înlocuitor, -oare *smf.* remplaçant, -e, suppléant, -e.
înmagazina *vt.* emmagasiner.
înmănunchea *vt.* mettre en faisceau; assembler.
înmărmuri *vi.* être stupéfait.
înmâna *vt.* remettre.
înmânare *sf.* remise *sf.*
înmii *vt.* multiplier par mille.
înmiresma *vt.* embaumer.
înmiresmat, -ă *adj.* embaumé, -e.
înmormânta *vt.* enterrer.
înmormântare *sf.* enterrement *sm.*
înmuguri *vi.* bourgeonner.
înmuia 1. *vt.* mouiller, tremper, humecter; amollir; attendrir; 2. *vr.* s'amollir, s'apaiser.
înmulţi 1. *vt.* multiplier; 2. *vr.* (s')accroître, se reproduire, se multiplier.
înmulţire *sf.* multiplication *sf.*; accroissement sm; reproduction *sf.*
înnădi *vt.* abouter.
înnămoli *vr.* s'embourber.
înnăscut, -ă *adj.* inné, -e.
înnebuni 1. *vi.* devenir fou, perdre la raison; 2. *vt.* affoler.
înnebunit, -ă *adj.* affolé, -e.
înnebunitor, -oare *adj.* affolant, -e.

înnegri 1. *vt.* noircir; **2.** *vr.* bronzer, brunir.
înnegura 1. *vt.*, *vr.* embrumer, brumasser; (se) troubler; **2.** *vr.* s'assombrir.
înnobila *vt.* annoblir; ennoblir.
înnobilare *sf.* annoblissement *sm.*; ennoblissement.
înnoda *vt.* nouer.
înnoi 1. *vt.* renouveler; rafraîchir; **2.** *vr.* etrenner; se renouveler.
înnoire *sf.* renouvellement *sm.*
înnopta 1. *vi.* passer la nuit; **2.** *vr.* *s-a înnoptat* la nuit est tombée.
înnora *vr.* *(despre vreme)* se brouiller; *(despre cer)* se couvrir.
înnorat, -ă *adj.* nuageux, -euse, couvert, -e.
înot *sn.* nage *sf.*
înota *vi.* nager.
înotătoare *sf.* nageoire *sf.*
înotător, -oare *smf.* nageur.
înrădăcina *vr.* s'enraciner.
înrăi *vr.* devenir méchant.
înrăma *vt.* encadrer.
înrăutăţi *vt.*, *vr.* (s')aggraver, empirer.
înregistra *vt.* enregistrer.
înregistrare *sf.* enregistrement *sm.*
înrobi *vt.* asservir, assujetir.
înrobire *sf.* asservissement *sm.*, assujettissement *sm.*
înrola *vt.*, *vr.* (s')enroller.
înroşi *vt.*, *vr.* rougir.
înroura *vr.* se couvrir de rosée.
înrudi *vr.* s'apparenter.
îndrudire *sf.* parenté *sf.*
însă *conj.* mais; cependant, toutefois.
însăila *vt.* faufiler, bâtir.
însămânţa *vt.* ensemencer.
însămânţare *sf.* ensemencement *sm.*
însănătoşi *vr.* guérir, se remettre.
însănătoşire *sf.* guérison *sf.*
însărcina *vt.* charger.
însărcinare *sf.* charge *sf.*, tâche *sf.*, mission *sf.*
însărcinată *adj.*, *sf.* enceinte.
însângera *vt.* ensanglanter.
însângerat, -ă *adj.* ensanglant *adj.* ensanglanté, -e.
înscena *vt.* manigancer, machiner.
înscrie *vt.* inscrire.
înscriere *sf.* inscription *sf.*
înscris *sn.* document *sm.*, acte *sm.*
însemna 1. *vt.* note, marquer; **2.** *vi.* signifier.
însemnare *sf.* note *sf.*
însemnat, -ă *adj.* important, -e; marqué, -e.
însemnătate *sf.* importance *sf.*, valeur *sf.*
însenina *vr.* se rasséréner; s'éclaircir.
însera *vr.* *impers.* *se înserează* le soir tombe.
înserat *sn.* crepuscule sm; *pe ~* entre chien et loup.

însetat, -ă *adj.* assoiffé, -e, altéré, -e.
îsorit, -ă *adj.* ensoleillé, -e.
însoţi *vt.* accompagne, escorter.
însoţitor, -oare *smf.* compagnon *sm.*, compagne *sf.*; guide *sm.*
înspăimânta 1. *vt.* épouvanter, effrayer; **2.** *vr.* s'éffrayer.
înspăimântător, -oare *adj.* épouvantable, effrayant, -e.
înspre *prep.* vers.
înspumat, -ă *adj.* ecumant, -e.
înstări *vr.* s'enrichir.
înstărit, -ă *adj.* cossu, -e, aisé, -e.
înstelat, -ă *adj.* étoilé, -e.
înstrăina 1. *vt.* aliéner; **2.** *vr.* s'éloigner.
înstrăinare *sf.* alienation *sf.*; éloignement *sm.*
însufleţi 1. *vt.* animer, stimuler; **2.** *vr.* s'animer.
însufleţire *sf.* animation *sf.*
însuma *vt.* totaliser, additionner.
însumi, însămi, înşine, însene *pron.* même; eu însumi moi-même.
însura *vr.* se marier, prendre femme.
însurătoare *sf.* marriage *sm.*
însuşi *vr.* s'approprier; assimiler.
însuşire *sf. (a unui lucru)* appropriation *sf.*; *(de cunoştinţe)* acquisition *sf.*; *(calitate)* qualité *sf.*; *(de cracter)* trait *sm.*
însuti *vt.* centupler.
însutit, -ă 1. *adj.* centuple; **2.** *adv.* au centuple.
înşela *vt.*, *vr.* (se) tromper, s'abuser.
înşelăciune *sf.* tromperie *sf.*, escroquerie *sf.*
înşelător, -oare *adj.* trompeur, -euse.
înşeua *vt.* seller.
înşfăca *vt.* saisir, empoigner.
înşira 1. *vt.* mettre en file, aligner; **2.** *vr.* s'aligner, se mettre en file.
înşirare *sf.* enfilage *sm.*; succession *sf.*
înştiinţa *vt.* informer, notifier, communiquer.
înştiinţare *sf.* avis *sm.*, notification *sf.*
înşuruba *vt.* visser.
întări 1. *vr.* (se) durcir, s'affermir, se raffermir; **2.** *vt.* fortifier; renforcer, consolider.
întărire *sf.* durcissement *sm.*; renforcement *sm.*, consolidation *sf.*
întăritor, -oare *adj.* fortifiant, -e.
întăritură *sf.* fortification *sf.*
întărâta 1. *vt.* irriter, exciter; **2.** *vr.* se monter, s'irriter, s'exciter.
întărâtare *sf.* irritation *sf.*
întâi[1] *adv.* d'abord, au début.
întâi[2] *num. ord.* (le) premier *sm.*, (la) première *sf.*
întâietate *sf.* priorité *sf.*
întâlni *vt.* rencontrer.

întâlnire *sf.* rencontre *sf.*, rendez-vous *sm.*
întâmpina *vt.* accueillir.
întâmpinare *sf.* accueil *sm.*
întâmpla *vr.* arriver, survenir, se produire.
întâmplare *sf.* fait *sm.*, événement *sm.*; *la* ~ au hasard.
întâmplător, -oare 1. *adj.* occasionnel, -elle, accidental, -elle; 2. *adv.* occasionnellement, accidentellement.
întârzia 1. *vi.* être en retard, arriver tard; 2. *vt.* retarder.
întârziat, -ă *adj.* retardataire.
întârziere *sf.* retard *sm.*
întemeia *vt.*, *vr.* (se) fonder.
întemeiere *sf.* foundation *sf.*
întemeietor, -oare *smf.* fondateur, -trice.
întemniţa *vt.* incarcérer.
întemniţare *sf.* incarcération *sf.*
înteţi 1. *vr.* s'intensifier; devenir plus fréquent; 2. *vt.* intensifier.
întinde 1. *vt.* étendre, allonger; tender; *(a desfăşura)* déployer, étendre; 2. *vr.* s'étandre, s'allonger; *(a se răspândi)* se répandre, s epropager; *(a dura)* durer.
întindere *sf.* étendue *sf.*, surface *sf.*
întineri *vi.* rajeunir.
întins, -ă *adj.* vaste; étendu, -e; allongé, -e.
întipări *vt.* imprimer, fixer, graver.
întoarce 1. *vt.* tourner, retourner; 2. *vr.* rentrer, être de retour, revenir.
întoarcere *sf.* retour *sm.*
întocmai *adv.* exactement, identiquement.
întocmi *vt.* *(un plan)* élaborer; *(o listă)* dresser.
întocmire *sf.* elaboration *sf.*
întorsătură *sf.* tournant *sm.*
întortochea *vt.* entortiller.
întortocheat, -ă *adj.* tortueux, -euse; entortillé, -e.
întotdeauna *adv.* toujours.
întovărăşi 1. *vt.* accompagner; 2. *vr.* s'allier; s'associer.
întovărăşire *sf.* association *sf.*
între *prep.* entre, parmi; ~ *timp* en attendant, entre temps.
întreba 1. *vr.* demander, questioner, interroger; 2. *vr.* se demander.
întrebare *sf.* demande *sf.*, question *sf.*, interrogation *sf.*
întrebător, -oare 1. *adj.* interrogateur, -trice; 2. *adv.* interrogativement.
întrebuinţa *vt.* utiliser, user, employer.
întrebuinţare *sf.* usage *sm.*, utilization *sf.*, employ *sm.*
întrece *vt.*, *vr.* (se) dépasser; (se) surpasser; *a se ~ cu gluma* y aller un peu fort.
întrecere *sf.* compétition *sf.*
întredeschide *vt.* entreouvrir.
întredeschis, -ă *adj.* entre-ouvert, -e.

întreg, -eagă 1. *adj.* entire, -ère, complet, -ète, intact, -e; 2. *sn.* entier *sm.*
întregi *vt.* compléter.
întregime *sf.* *în ~* entièrement, complètement.
întrei *vt.* tripler.
întreit, -ă *adj.* triple.
întrema *vr.* se remettre, se rétablir.
întremare *sf.* rétablissement *sm.*
întrepătrunde *vr.* s'emboîter.
întreprinde *vt.* entreprendre.
întreprindere *sf.* entreprise *sf.*
întreprinzător, -oare *adj.* entreprenant, -e.
întrerupător *sn.* interrupteur *sm.*
întrerupe *vt.*, *vr.* (s')interrompre.
întrerupere *sf.* interruption *sf.*
întretăia *vr.* s'entrecouper.
întretăiere *sf.* intersection *sf.*
întreţine *vt.*, *vr.* (s')entretenir.
întreţinere *sf.* entretien *sm.*
întrevedea *vt.* entrevoir, discerner.
întrevedere *sf.* entrevue *sf.*
întrezări *vt.* entrevoir.
întrista 1. *vt.* attister, chagriner; 2. *vr.* s'attrister.
întru *prep.* dans, de.
întruchipa *vt.* incarner, représenter, symboliser.
întruchipare *sf.* incarnation *sf.*, image *sf.*, symbole *sm.*
întrucât *conj.* puisque, vu que, étant donné que.
întrucâtva *adv.* en quelque sorte, dans une certaine mesure.
întruni *vt.*, *vr.* (se) réunir.
întrunire *sf.* reunion *sf.*
întrupa *vt.*, *vr.* (s')incarner.
întuneca 1. *vr.* s'assombrir, s'obscurcir; se întunecă la nuit tombe; 2. *vt.* obscurcir, assombrir.
întunecare *sf.* obscurcissement *sm.*
întunecat, -ă *adj.* sombre, ténébreux, -euse, obscure, -e.
întunecime *sf.* ténèbres *sf. pl.*
întunecos, -oasă *adj.* obscure, -e, sombre.
întuneric *sn.* obscurité *sf.*
înţărca *vt.* sevrer.
înţărcare *sf.* sevrage *sm.*
înţelegător, -oare *adj.* compréhensif, -ive.
înţelege 1. *vt.* comprendre, saisir, entendre; 2. *vr.* s'entendre.
înţelegere *sf.* entendement *sm.*, compréhension *sf.*; entente *sf.*, accord *sm.*
înţelepciune *sf.* sagesse *sf.*
înţelept, -eaptă *adj.* sage, raisonnable.
înţeles 1. *sn.* sens *sm.*, signification *sf.*; 2. *adj. invar. e de la sine ~* cela va de soi.
înţepa *vt.* piquer.
înţepat, -ă *adj.* piqué, -e; *fig.* pincé, -e.

înţepător, -oare *adj.* piquant, -e; *fig.* mordant, -e.
înţepătură *sf.* piqûre *sf.*; *(fig.)* ironie *sf.*
înţepeni 1. *vt.* fixer, immobilizer; **2.** *vi.* se raider, s'ankyloser.
înţesa *vi.* bonder, encombrer.
învălmăşeală *sf.* désordre *sm.*, agglomération *sf.*, confusion *sf.*, cohue *sf.*
învălmăşi *vt.* embrouiller, mettre sens dessus-dessous.
Î
învălui 1. *vt.* voiler; enveloper; entourer; **2.** *vr.* s'envelopper.
învăluire *sf.* enveloppement *sm.*
învăluitor, -oare *adj.* enveloppant, -e.
învăpăia *vr.* s'enflammer.
învăpăiere *sf.* ardeur *sf.*
învăţ *sn.* habitude *sf.*, coutume *sf.*
învăţa 1. *vt.* apprendre, étudier, *(pe cineva)* enseigner; **2.** *vr.* s'habituer, se faire à.
învăţat, -ă *adj.* instruit, -e; erudite, -e.
învăţământ *sn.* enseignement *sm.*
învăţător *smf.* instituteur, -trice, maître d'école.
învăţătură *sf.* études *sf. pl.*; doctrine.
învârteală *sf.* arrangement *sm.*, truc *sm.*
învârti 1. *vt.* tourner; **2.** *vr.* tourner, tournoyer.
învârtire *sf.* tour *sm.*
învechi *vr.* vieillier, s'user.
învecina *vr.* avoisiner, confiner.
înveli *vt.*, *vr.* (se) couvrir, (s')envelopper.
înveliş *sn.* enveloppe *sf.*
învelitoare *sf.* couverture *sf.*
învenina 1. *vt.* envenimer, empoisonner; **2.** *vr.* s'envenimer, se chagriner.
înverşuna *vr.* s'acharner.
înverşunare *sf.* acharnement *sm.*
înverzi *vi.* verdir.
înverzire *sf.* verdissement *sm.*
înveseli *vt.*, *vr.* (s')égayer, (se) réjouir.
înveşmânta *vt.* revêtir.
învia *vi.*, *vt.* ressuciter.
înviere *sf.* résurrection *sf.*
învineţi 1. *vi.*, *vr.* blêmir; **2.** *vt.* couvrir de bleus.
învingător, -oare *adj.* vaiqueur *sm.*
învinge *vt.* vaincre.
învinovăţi *vt.*, *vr.* (s')accuser, inculper, incriminer.
învinui *vt.* accuser, inculper, incriminer.
învinuire *sf.* accusation *sf.*, inculpation *sf.*
înviora *vt.* vivifier, rafrachîr; animer, ranimer.
înviorător, -oare *adj.* vivifiant, -e, réconfortant, -e.
învoi 1. *vr.* tomber d'accord; **2.** *vt.* permettre à qqn. s'absenter.

învoială *sf.* marché *sm.*, contrat *sm.*, accord *sm.*

învoire *sf.* permission *sf.*, consentement *sm.*

învolbura *vr.* tourbilloner.

învolburare *sf.* tourbillonement *sm.*

învrăjbi 1. *vr.* devenir ennemis, se hair; **2.** *vt.* semer la discorde.

învrăjbire *sf.* discorde *sf.*, dissension *sf.*

învrednici *vr.* réussir, être capable, avoir de la chance.

înzăpezi *vr.* être enneigé, être bloqué par la neige.

înzăpezire *sf.* enneigement *sm.*

înzdrăveni *vr.* se rétablir, se remettre.

înzdrăvenire *sf.* rétablissement.

înzeci *vt.* décupler.

înzecit, -ă *adj.* décuplé.

înzestra *vt.* doter; *fig.* douer.

înzestrare *sf.* dotation *sf.*

înzorzona 1. *vt.* chamarrer, attifier; **2.** *vr.* s'attifier.

J

jabou *sn.* jabot *sm.*
jachetă *sf.* jaquette *sf.*
jaf *sn.* pillage *sm.*; gaspillage *sm.*
jaguar *sm.* jaguar *sm.*
jalbă *sf.* requite *sf.*, petition *sf.*, plainte *sf.*, supplique *sf.*
jale *sf.* affliction *sf.*, tristesse *sf.*; désolation *sf.*, lamentation *sf.*
jalnic, -ă 1. *adj.* pitoyable, lamentable, triste; **2.** *adv.* lamentablement, piteusement, tristement.
jalon *sn.* jalon *sm.*
jalona *vt.* jalonner.
jaluzea *sf.* jalousie *sf.*, persienne *sf.*
jambieră *sf.* jambière *sf.*
jambon *sn.* jambon *sm.*
jandarm *sm.* gendarme *sm.*
jandarmerie *sf.* gendarmerie *sf.*
jantă *sf.* jante *sf.*; *a rămâne pe ~* être à plat.
japcă *sf. a lua cu ~* faire main basse.
japonez, -ă 1. *adj.* japonais, -e; **2.** *smf.* Japonais, -e.
jar *sn.* braise *sf.*, brasier *sm.*
jargon *sn.* jargon *sm.*
jartieră *sf.* jartière *sf.*
javră *sf.* roquet *sm.*, cabot *sm.*
jaz *sn.* jazz *sm.*
jder *sm.* martre *sf.*
jecmăneală *sf.* spoliation *sf.*
jecmăni *vt.* piller; spoiler.
jefui *vt.* piller.
jefuitor, -oare *adj.* pillard, -e.
jeg *sn.* crasse *sf.*
jegos, -oasă *adj.* crasseux, -euse.
jeleu *sn.* gelée *sf.*
jeli 1. *vr.* se lamenter, se plaindre, s'affliger, se désoler; **2.** *vt.* plaindre, regretter, déplorer.
jena 1. *vt.* gêner, incommoder; **2.** *vr.* se gêner.
jenă *sf.* gêne *sf.*
jerbă *sf.* grebe *sf.*
jerpeli *vr.* se déteriorer, s'user.
jerpelit, -ă *adj. (despre haine)* râpé, -e, usé, -e; *(despre oameni)* loqueteux, -euse, déguenillé, -e.
jerseu *sn.* jersey *sm.*
jertfă *sf.* sacrifice *sm.*; immolation *sf.*; offrande *sf.*
jertfi 1. *vt.* immoler, sacrifier; **2.** *vr.* se sacrifier, se consacrer.
jertfire *sf.* sacrifice *sm.*
jeţ *sn.* fauteuil *sm.*
jgheab *sn. (la acoperiş)* gouttière *sf.*; *(la vite)* auge *sf.*; *(rigolă)* rigole *sf.*
jigărit, -ă *adj. (fam.)* maigre.

jigni *vt.* offenser, blesser, humilier, vexer.
jignire *sf.* offense *sf.*, affront *sm.*, offense *sf.*, humiliation *sf.*
jignitor, -oare *adj.* offensant, -e.
jilav, -ă *adj.* moite, humide.
jiletcă *sf.* gilet *sm.*
jind *sn.* désir *sm.*, envie *sf.*; *a se uita cu ~* regarder avec envie.
jindui *vi.* désirer ardement, convoiter.
jir *sn.* faîne *sf.*
jivină *sf.* bête *sf.*, fauve *sm.*; animal *sm.*
joacă *sf.* jeu *sm.*
joardă *sf.* verge *sf.*, houssine *sf.*
joagăr *sn.* scie mécanique *sf.*
joben *sn.* haut-de-forme *sm.*
joc *sn.* jeu *sm.*, distraction *sf.*; *~ de cărţi* jeu de cartes; *~ de noroc* jeu de hazard; *~ de cuvinte* jeu de mots; *~ popular* danse populaire; *~ olimpice* jeux olympiques.
jocheu *sm.* jockey *sm.*
joi *sf.* jeudi *sm.*
joncţiune *sf.* jonction *sf.*
jongla *vi.* jongler.
jongler *sm.* jongleur *sm.*
jonglerie *sf.* jonglerie *sf.*
jos, -oasă 1. *adj.* bas, -sse; *(despre voce)* grave; **2.** *adv.* en bas; *de sus în ~* de haut en bas; *a merge pe ~* aller à pied; **3.** *sn.* *în josul apei* en aval.
josnic, -ă *adj.* abject, -e, ignoble, vil, -e.
josnicie *sf.* bassesse *sf.*, abjection *sf.*, vilenie *sf.*
jovial, -ă 1. *adj.* jovial, -e; **2.** *adv.* jovialement.
jovialitate *sf.* jovialité *sf.*
jubila *vi.* jubiler, exulter.
jubileu *sn.* jubilé *sm.*
jubiliar *adj.* jubiliaire.
juca 1. *vt.* jouer, interpréter; *a ~ un rol* jouer un rôle; *a ~ şah* jouer aux échecs; *a ~ o festă cuiva* jouer un tour à qqn.; **2.** *vr.* s'amuser, se divertir.
jucărie *sf.* jouet *sm.*, joujou *sm.*
jucător, -oare *smf.* joueur, -euse.
jucăuş, -ă *adj.* folâtre; *(privire)* vif.

J

judeca 1. *vt.* juger; apprécier, estimer, considérer; **2.** *vr.* *a se ~* être en procès.
judecată *sf.* jugement *sm.*, procès *sm.*; raisonement *sm.*, réflexion *sf.*; *om cu ~* personne raisonable; *a da în ~* traduire en justice.
judecător *sm.* juge *sm.*
judecătoresc *adj.* judiciaire.
judecătorie *sf.* tribunal civil *sm.*
judeţ *sn.* département *sm.*
judeţean, -ă départamentale, -e.
judiciar, -ă *adj.* judiciaire.
jug *sn.* joug *sm.*
juli *vr.* s'échorcher, s'éngratiner.
jumări *sf. pl.* rillons *sm. pl.*; ouefs brouillés *m. pl.*
jumătate *sf.* moitié *sf.*, demi *adj.*; *o ~ de oră* une demi-heure; mi; *la jumătatea lunii martie* à la mi-mars.
jumuli *vt.* plumer.

juncan *sm.* bouvillon *sm.*
juncană *sf.* génisse *sf.*
junghi *sn.* élancement *sm.*
junglă *sf.* jungle *sf.*
junior, -oară *smf.* *(sport)* junior; cadet *sm.*
jupân *sm.* patron, maître *sm.*; *(înv.)* boyard.
jupâneasă *sf.* servante *sf.*; menagerie *sf.*; *(înv.)* femme de boyard.
jupui *vt.* écorcher.
jupuială *sf.* écorchement *sm.*
J
jur *sn.* environs *sm. pl.*; *în ~* aux environs; *de ~ împrejur* tout autour de; *în ~ de* près de.
jura 1. *vt.* jurer, prêter serment, faire serment; **2.** *vr.* se jurer.
jurat *sm.* juré *sm.*
jurământ *sn.* serment *sm.*
juridic *adj.* juridique.
jurisconsult *sm.* jurisconsulte *sm.*
jurist *sm.* juriste *sm.*
juristicţie *sf.* jurisdiction *sf.*
juriu *sn.* jury *sm.*
jurnal *sn.* journal *sm.*, gazette *sf.*; *~ de bord* journal de bord; *(contabil)* registre *sm.*
jurnalist *sm.* journaliste *sm.*
jurnalistică *sf.* joulnalisme *sm.*
just, -ă 1. *adj.* juste, exacte; équitable; **2.** *adv.* justement, exactement, équitablement.
juseţe *sf.* justesse *sf.*, exactitude *sf.*
justifica *vt.*, *vr.* (se) justifier.
justificare *sf.* justification *sf.*
justificativ, -ă *adj.* justificatif, -ive.
justiţie *sf.* justice *sf.*
juxtapune *vt.* juxtaposer.
juxtapunere *sf.* juxtaposition *sf.*

K

kaki *adj.* kaki *adj. invar.*
kilogram *sn.* kilogramme *sm.*; kilo *sm.*
kilometra *vt.* kilométrer.
kilometraj *sn.* kilométrage *sm.*
kilometric *adj.* kilométrique.
kilometru *sm.* kilométre *sm.*
kilowatt *sm.* kilowatt *sm.*

L

la *prep.* à; chez; *de ~* de, depuis; *pe ~*, *până ~* jusqu'à; *~ mine acasă* chez moi; *~ anul* l'année prochaine; *~ o vreme* à un moment donné; *de ~ a ~ z* depuis a jusqu'à z; *până ~ Bacău* jusqu'à Bacău; *~ metrou* au mètre; *pe ~ ora trei* vers les trois heures; *de ~ unul ~ altul* de l'un à l'autre.

L

labă *sf.* patte *sf.*

labial, -ă *adj.* labial, -e.

labil, -ă *adj.* labile, inconstant; variable.

labirint *sn.* labyrinthe *sm.*

laborant *sm.* assistant de laboratoire *sm.*

laborantă *sf.* laborantine *sf.*

laborator *sn.* laboratoire *sm.*

laborios, -oasă *adj.* laborieux, -euse.

lac *sn.* lac *sm.*; *a cădea din ~ în puț* tomber de mal en pis; *~ de acumulare* lac de retenue; *~ de unghii* vernis à ongles; *a fi ~ de sudoare* être en nage; *pantofi de ~* souliers vernis.

lacăt *sn.* cadenas *sm.*; *a închide cu ~* cadenasser; *a-și pune ~ la gură* tenir sa langue.

lacheu *sm.* laquais *sm.*

lacom, -ă 1. *adj.* gourmand, -e, friand, -e, glouton, -onne, vorace; avide, cupide; **2.** *adv.* goulûment; avidement.

laconic, -ă *adj.* laconique.

lacrimă *sf.* larme *sf.*; *a izbucni în lacrimi* fonder en larmes; *a râde cu lacrimi* rire aux larmes.

lacrimogen, -ă *adj.* lacrymogène.

lactat, -ă *adj.* lacté, -e; *produse lactate* laitage *sm.*

lactee *adj.* Calea lactee la Voie lactée.

lacună *sf.* lacune *sf.*

lacustru, -ă *adj.* lacustre.

ladă *sf.* coffer *sm.*, caisse *sf.*; *~ de gunoi* poubelle.

lagăr *sn.* camp *sm.*; *~ de prizonieri* camp de prisoniers; *~ de refugiați* camp de réfugiés; *~ de concentrare* camp de concentration.

lagună *sf.* lagune *sf.*

laibăr *sn.* jaquette *sf.*, veste *sf.*

laic, -ă *adj.* laique.

laiciza *vt.* laiciser.

laitmotiv *sn.* leitmotiv *sm.*

lalea *sf.* tulipe *sf.*

lamă *sf.* lame *sf.*; ~ *de cuţit* fer d'un couteau; ~ *de ras* lame de rasoir; *(animal)* lama *sm.*
lambriu *sn.* lambris *sm.*
lamelă *sf.* lamelle *sf.*
lamenta *vr.* se lamenter, se plaindre.
lamentabil, -ă **1.** *adj.* lamentable, pitoyable, déplorable; **2.** *adv.* lamentablment, pitoyablement, déplorablement.
lamina *vt.* laminer.
laminare *sf.* laminage *sm.*
laminor *sn.* laminoir *sm.*
lampadar *sn.* lampadaire *sm.*
lampă *sf.* lampe *sf.*
lampion *sn.* lampion *sm.*
lan *sn.* champ *sm.*; ~ *de grâu* champ de blé.
lance *sf.* lance *sf.*
landou *sn.* landau *sm.*
languros, -oasă *adj.* langoureux, -euse.
langustă *sf.* langouste *sf.*
lanolină *sf.* lanoline *sf.*
lansa **1.** *vt.* lancer; *a ~ o rachetă* lancer une fusée; lancer, faire connaître, diffuser; *a ~ un nou produs* lancer un nouveau produit; *(vapoare)* mettre à l'eau; **2.** *vr.* se lancer; *a se ~ în muzică* se lancer dans la musique.
lansare *sf.* lancement *sm.*
lanternă *sf.* lanterne *sf.*
lanţ *sn.* chaîne *sf.*; ~ *muntos* une chaîne de montagnes; *a pune în ~* enchaîner; *a se ţine ~* se succéder; ~ *de hoteluri* chaîne d'hôtels; *reacţie în ~* réaction en chaîne; ~ *de aur* chaîne en or.
laolaltă *adv.* ensemble.
lapidar, -ă *adj.* lapidaire.
lapoviţă *sf.* giboulée *sf.*
lapsus *sn.* lapsus *sm.*
lapte *sn.* lait *sm.*; ~ *crud* lait bourru; ~ *praf* lait en poudre; ~ *condensat* lait condensé; ~ *covăsit* lait caillé; *dinţi de ~* dents de lait; *vacă de ~* vache laitière; *purcel de ~* cochon de lait; ~ *de cocos* lait de coco; ~ *de var* lait de chaux.
lapţi *sm. pl.* laitance *sf.*, laite *sf.*
larg, -ă **1.** *adj.* large, étendue, -e, vaste; *în lumea ~* dans le vaste monde; *o câmpie ~* une plaine vste, étendue; *o fustă ~* une jupe ample; **2.** *sn.* large *sm.*, étendue *sf.*, largeur *sf.*; *în ~* au large; *a se simţi în largul său* être à l'aise; *pe ~* en détail; *a pleca în ~* prendre le large.
largheţe *sf.* générosité *sf.*
laringe *sn.* larynx *sm.*
laringită *sf.* laryngite *sf.*
larmă *sf.* vacarme *sm.*, chahut *sm.*; tapage *sm.*
larvă *sf.* larve *sf.*
lasciv, -ă **1.** *adj.* lascif, -ive; **2.** *adv.* lascivement.
laser *sn.* laser *sm.*
laş, -ă *adj.* lâche.
laşitate *sf.* lâcheté *sf.*

lat, -ă 1. *adj.* large; ~ *în spate* large d'épaules; **2.** *sn.* largeur *sf.*; *de-a latul* en travers de qqch.; *în lung și în ~* en long et en large; *un ~ de palmă* le largeur de la main; *a cădea ~* tomber de tout son long.
latent, -ă *adj.* latent, -ente.
lateral, -ă 1. *adj.* lateral, -e; **2.** *adv.* latéralement.
latifundiar, -ă *smf.* grand propriétaire foncier *sm.*
latin, -ă 1. *adj.* latin, -ine; **2.** *smf.* Latin, -e; **3.** *sf.* le latin *sm.*, la langue latine *sf.*
latimism *sn.* latinisme *sm.*
latinitate *sf.* latinité; monde latin.
latitudine *sf.* latitude *sf.*
latrină *sf.* latrines *sf. pl.*
latură *sf.* côté *sm.*, parties *sf.*; *~ triunghiului* le côté du triangle; *pe de lături* de chaque côté; *a nu se da în lături* ne pas se défiler; *a se da în lături* se mettre de côté; aspect.
laţ *sn.* noeud coulant *sm.*; lacs *sm.*; *a cădea în ~* être pris au piège.
laţe *sf. pl.* mèches en désordre *sf. pl.*
laudă *sf.* louange *sf.*; éloge *sm.*
laur *sm.* laurier *sm.*; *a culege ~* cueillir des lauriers; *a se culca pe ~* s'endormir sur ses lauriers; *a mânca ~* devenir fou.
laureat, -ă *smf.* laureate, -e.
lavabil, -ă *adj.* lavable.
lavabou *sn.* lavabo *sm.*
lavandă *sf.* lavande *sf.*
lavetă *sf.* lavette *sf.*
lavă *sf.* lave *sf.*
laviţă *sf.* banc *sm.*
laxativ *adj.*, *sn.* laxatif *sm.*
lăbărţa *vr.* se deformer, s'élargir, s'avachir.
lăbărţat, -ă *adj.* relâché, -e.
lăcătuş *sm.* serrurier *sm.*
lăcătuşerie *sf.* serrurerie *sf.*
lăcomi *vr.* être avide de; désirer.
lăcomie *sf.* gourmandise *sf.*, gloutonnerie *sf.*; cupidité *sf.*, avidité *sf.*
lăcrămioară *sf.* muguet *sm.*
lăcrima *vi.* pleurer, lamoyer.
lăcui *vt.* vernir, laquer.
lăcustă *sf.* sauterelle *sf.*
lădiţă *sf.* coffret *sm.*
lăfăi *vr.* se prélasser.
lălăi *vt.* chantonner.
lălâu, -ie *adj.* dégengandé, -e.
lămâi *sm.* citronnier *sm.*
lămâie *sf.* citron *sm.*
lămâiţă *sf.* citronnelle *sf.*
lămuri 1. *vt.* expliquer, éclaircir, faire comprendre, élucider; **2.** *vr.* être élucidé; *problema s-a lămurit* le problème a été élucidé.
lămurire *sf.* explication *sf.*; éclaircissement *sm.*.
lămurit, -ă 1. *adj.* clair, -e; édifié, -e; **2.** *adv.* clairement, distinctement.
lănţişor *sn.* chaînette *sf.*

lăptar *sm.* laitier *sm.*
lăptăreasă *sf.* laitière *sf.*
lăptărie *sf.* crémerie *sf.*
lăptişor *sm.* ~ *de matcă* gelée royale *sf.*
lăptos, -oasă *adj.* laiteux, -euse.
lăptucă *sf.* laitue *sf.*
lărgi *vt.*, *vr.* (s')élargir, (s')étendre; (s')agrandir.
lărgime *sf.* largeur *sf.*, ampleur *sf.*
lăsa 1. *vt.* laisser, abandoner, quitter; céder; *a nu te ~ inima* n'avoir pas le cœur; *lasă pe mine!* j'en fais mon affaire; *a o ~ mai moale* se calmer; *a ~ jos* déposer; *a-l ~ durerea* la douleur a cédé; *a ~ cu limbă de moarte* dicter ses dernières volontés; **2.** *vr.* se laisser *a se ~ păgubaş* abbandonner la partie; *a se ~ rugat* se faire prier; **3.** *vi.* *a ~ din preţ* faire un rabais.
lăsător, -oare *adj.* négligent, -ente.
lăscaie *sf.* sou *sm.*; *a nu avea nicio ~* ne pas avoir un sou.
lăstar *sm.* rejet *sm.*, pousse *sf.*, drageon *sm.*
lăstun *sm.* martinet *sm.*
lătăreţ, -eaţă *adj.* aplati, -e.
lătra *vi.* aboyer.
lătrat *sn.* aboiement *sm.*.
lăturalnic, -ă *adj.* lateral, -e, secondaire; écarté, -e, isolé, -e.
lături *sf. pl.* rinçure *sf.*, lavure *sf.*
lăţi *vt.*, *vr.* s'aplatir; sélargir, s'étendre, s'accroître.
lăţime *sf.* largeur *sf.*
lăţos, -oasă *adj.* à long poil.
lăuda 1. *vt.* ouer; **2.** *vr.* se vanter, se faire gloire de.
lăudabil, -ă *adj.* louable.
lăudăros, -oasă *adj.* vantard, -e.
lăudăroşenie *sf.* vantardise *sf.*
lăuntric, -ă *adj.* interieur, -e.
lăutar *sm.* ménétrier *sm.*, violoneux *sm.*
lăută *sf.* luth *sm.*
lăuză *sf.* accouchée *sf.*
lână *sf.* laine *sf.*
lânced, -ă *adj.* languissant, -e, apathique.
lâncezeală *sf.* torpeur *sf.*, lassitude *sf.*, lagueur *sf.*, apathie *sf.*
lâncezi *vi.* languir; *(despre acţiuni)* traîner, stagner, languir.
lângă *prep.* près, auprès; *pe ~* à côté de; *pe ~ că* outré que.
lânos, -oasă *adj.* laineux, -euse.
leac *sn.* remède *sm.*; médicament; *~ băbesc* remède de bonne femme; *a da de ~* trouver le remède *fără ~* incurable; incorrigible; *nici de ~* rien du tout.
leafă *sf.* salaire *sm.*; solde *(la militari) sm.*; traitement *sm.*
leagăn *sn.* berceau *sm.*; *cântec de ~* berceuse *sf.*; *(scrânciob)* balançoire *sf.*; *a se da în ~* se balacer.
leal, -ă *adj.* loyal, -e.

L

leandru *sm.* laurier-rose *sm.*
lebădă *sf.* cygne *sm.*
lector, ă *smf.* lecteur, -trice; *(universitar)* chargé de cours *sm.*
lectură *sf.* lecture *sf.*
lecţie *sf.* leçon, classe *sf.*; *a scoate la ~* interroger; *a ţine o ~* faire la classe; *a spune ~* réciter sa leçon; *a da cuiva o ~* en remonter à qqn.
lecui *vt.*, *vr.* guérir.
lecuire *sf.* guérison *sf.*
lefter, -ă *adj.* sans le sou, fauché, -e; *a fi ~* être à sec.
lega *vt.* lier; *a ~ părul* lier ses cheveux; attacher; *a ~ un câine* attacher un chien; unir; *a fi legat de o prietenie* être uni par une amitié; nouer; *a ~ şireturile* nouer ses lacets; relier; *şoseaua ~ două oraşe* la route relie deux villes; *a ~ o carte* relier un livre; *a ~ cu sfoară* ficeler; *a ~ pe cineva* lignoter qqn.; *~ o rană* bander une blessure; *a ~ o conversaţie* nouer la conversation, lier conversation; *a se ~ la cap de* bander la tête; *de ce te legi de mine?* pourquoi t'en prends-tu à moi?
legal, -ă *adj.* legal, -e.
legalitate *sf.* légalité *sf.*
legaliza *vt.* légaliser, authentifier.
legat, -ă *adj.* attaché, -e, lié, -e; *un om bine ~* un homme bien bâti.
legaţie *sf.* légation *sf.*
legământ *sn.* engagement *sm.*; promesse solennelle *sf.*, serment *sm.*
legăna 1. *vt.* bercer, balancer; **2.** *vr.* se balancer, se dadiner.
legător, -oare *smf.* *(de cărţi)* relieur, -euse; *(de snopi)* lieur *sm.*, botteleur *sm.*
legătorie *sf.* atelier de reliure.
legătură *sf.* lien *sm.*, attaché *sf.*; *o ~ de rufe* balluchon; *~ de carte* reliure *sf.*; *~ între oameni* liaison; *~ de rudenie* lien de parenté; *~ de zarzavat* bouquet garni; *în ~ cu* en ce qui concerne; *~ de vreascuri* fagot.
lege *sf.* loi *sf.*; *în afara ~* hors la loi; *pe legea mea* ma foi; *~ nescrisă* coutume, tradition.
legendar, -ă *adj.* légendaire.
legendă *sf.* légende *sf.*
leghe *sf.* lieue *sf.*
legifera *vt.* légiférer.
legionar *sm.* légionnaire *sm.*
legislative, -ă *adj.* législatif, -ive.
legislatură *sf.* législature *sf.*
legislaţie *sf.* législation *sf.*
legist, -ă *adj.* légiste.
legitim, -ă *adj.* légitime.
legitima *vt.* légitimer.
legitimaţie *sf.* légitimation *sf.*; carte/pièce d'identité *sf.*
legiuitor, -oare *adj.* législateur, -trice.

legiune *sf.* légion *sf.*; ~ *străină* légion étrangère.
legumă *sf.* légume *sm.*
legumicultură *sf.* culture maraîchére *sf.*
leguminos, -oasă *adj.* légumineux, -euse.
lehamite *sf.* ennui *sm.*; *a i se face* ~ en avoir assez.
lehuză *sf.* accouchée *sf.*
leit, -ă *adj.* identique.
lemn *sn.* bois *sm.*
lemnar *sm.* menuisier, charpentier *sm.*
lemnărie *sf.* charpente *sf.*; menuiserie *sf.*
lemnos, -oasă *adj.* ligneux, -euse.
lene *sf.* paresse, fainéantise.
leneş, -ă *adj.* paresseux, fainéant.
lenevi *vi.* paresser, fainéantir.
lenevie *sf.* paresse *sf.*, fainéantise *sf.*
leninism *sn.* léninisme *sm.*
lenjereasă *sf.* lingère *sf.*
lenjerie *sf.* lingerie *sf.*
lent, -ă 1. *adj.* lent, -e; **2.** *adv.* lentement.
lentilă *sf.* lentille *sf.*
leoaică *sf.* lionne *sf.*
leoarcă *adj.* trempé, -e; *ud* ~ trempé jusqu'aux os.
leopard *sm.* léopard *sm.*
lepăda 1. *vt.* jeter, rejecter; **2.** *vr.* se débarasser, se défaire; renier, abjurer; **3.** *vi.* *(despre femei)* avorter.
lepădare *sf.* reniement *sm.*
lepădătură *sf.* avorton *sm.*; salaud, -e, salopard *sm.*
lepră *sf.* lépre *sf.*
lepros, -oasă *adj.* lépreux, -euse.
lesne *adv.* facilement, aisément.
lesnicios, -oasă *adj.* facile, aisé, commode.
lespede *sf.* dalle *sf.*
lest *sn.* lest *sm.*
leş *sn.* cadavre *sm.*
leşie *sf.* lessive *sf.*
leşin *sn.* évanouissement *sm.*
leşina *vi.* s'évanouir, perdre connaissance; *a ~ de râs* se tordre de rire.
letargie *sf.* léthargie *sf.*
letopiseţ *sn.* chronique *sf.*
leţcaie *sf.* liard; *a nu avea o ~* n'avoir pas un rouge liard.
leu *sm.* lion *sm.*
leucemie *sf.* leucémie *sf.*
leucocită *sf.* leucocyte *sm.*
leucoplast *sn.* sparadrap *sm.*
leuştean *sm.* livèche *sf.*
levănţică *sf.* lavande *sf.*
levier *sn.* levier *sm.*
lexic *sn.* lexique *sm.*
lexical, -ă *adj.* lexical, -ale.
lexicograf *sn.* lexicographe *sm.*
lexicografie *sf.* lexicographie *sf.*
lexicolog *sm.* lexicologue *sm.*
lexicon *sn.* dictionnaire *sm.*
leza *vt.* léser, offenser, porter préjudice à qqn, faire tort.
leziune *sf.* lésion *sf.*, plaie *sf.*
liană *sf.* liane *sf.*

L

libanez, -ă 1. *adj.* libanais, -e; 2. *smf.* Libanais, -e.
libelulă *sf.* libellule *sf.*
liber, -ă 1. *adj.* libre, indépendent; *țară* ~ pays libre; *traducere* ~ traduction libre; *intrare* ~ entré libre; *profesiune* ~ profession libérale; *lovitură* ~ coup franc; *timp* ~ temps libre; *catedră* ~ chaire vacante; *~-cugetător* libre penseur; *a vedea cu ochiul* ~ voir à l'œil nu; *în aer* ~ en plein air; 2. *adv.* librement.
libera *vt.* libérer, lâcher; délivrer.
liberal 1. *adj.* libéral; *partidul* ~ le parti libéral; 2. *smf.* libéral, -e.
liberare *sf.* libération *sf.*, délivrance *sf.*
liberator, -oare *smf.* libérateur, -trice.
libertate *sf.* liberté *sf.*; *a pune în* ~ libérer, mettre en liberté.
libertin, -ă *adj.* libertine.
libertinaj *sn.* libertinage *sm.*
libidinos, -oasă *adj.* libidineux, -euse.
librar *sf.* libraire *sm.*
librărie *sf.* librairie *sf.*
libret *sn.* livret *sm.*; *(muzical)* libretto *sm.*
licări *vi.* scintiller, clignoter, briller; luire.
licărire *sf.* scintillement *sm.*; lueur *sf.*
licean, -ă *smf.* lycéen, -enne.
licență *sf.* licence *sf.*
licenția *vt.* licencier, congédier.
licențiat, -ă *smf.* licencié, -e.
licențios, -oasă *adj.* licencieux, -euse.
liceu *sn.* lycée *sm.*
lichea *sf.* faquin *sm.*, vaurien *sm.*, fripouille *sf.*; canaille *sf.*
lichefia *vt.* liquéfier.
lichefiere *sf.* liquéfaction *sf.*
lichen *sm.* liche *sm.*
lichid *adj.*, *sn.* liquide; *bani lichizi* argent liquide.
lichida *vt.* liquider; tuer, assassiner.
lichidare *sf.* liquidation *sf.*; suppression *sf.*, abolition *sf.*
lichior *sn.* liqueur *sf.*
licita *vi.* liciter.
licitație *sf.* vente aux enchères *sf.*
licoare *sf.* liqueur *sf.*
licurici *sm.* ver luisant *sm.*
lider *sm.* leader *sm.*
lift *sn.* ascenceur *sm.*
liftier, -ă *sm.* liftier *sm.*, garçon d'ascenseur *sm.*
ligament *sn.* ligament *sm.*
ligă *sf.* ligue *sf.*
lighean *sn.* cuvette *sf.*, bassin *sm.*
lighioană *sf.* bête *sf.*, animal *sf.*
lignit *sn.* lignite *sm.*
lihnit, -ă *adj.* affamé, -e.
liliac *sm.* lilas; *(animal)* chauve-souris *sf.*
liliachiu, -ie *adj.* lilas.
liman *sn.* bord *sm.*, rivage *sm.*; *a ieși la* ~ arriver à bon port; *a scoate pe cineva la* ~ tirer qqn. d'embarras.

limbaj *sn.* langage *sm.*
limbă *sf.* langue; *a scoate ~* tirer la langue; *a trage de ~ pe cineva* tirer les vers du nez à qqn.; *a alerga cu ~ scoasă* courir à perdre haleine; *a aștepta cu ~ scoasă* attendre avec impatience; *a avea ~ ascuțită* avoir une langue de vipère; *~ franceză* le français, la langue française; *a lăsa cu ~ de moarțe* exprimer sur son lit de mort; *~ clopotului* le battant de la cloche; *~ de pantofi* chausse-pied; *~ de ceas* aguille.
limbric *sm.* ascaride *sm.*
limbut, -ă *adj.* bavard, loquace.
limbuţie *sf.* loquacité *sf.*, bavardage *sm.*
limfatic, -ă *adj.* lymphatique.
limfă *sf.* lymphe *sf.*
limita *vt.*, *vr.* (se) limiter; (se) restreindre.
limitare *sf.* limitation *sf.*; restriction *sf.*
limită *sf.* limite *sf.*; *în ~ posibilităților* dans la mesure du possible; *a fi la ~ puterilor* être à bout de forces.
limitrof, -ă *adj.* limitrophe.
limonadă *sf.* lemonade *sf.*
limpede 1. *adj.* clair, pur, limpide; *~ ca lumina zilei* clair comme l'eau de roche; *cu mintea ~* à la tête reposée; 2. *adv.* clairement, nettement, distinctement.
limpezi *vt.* clarifier; éclairer, tirer au clai; *(despre rufe)* rincer.
limpezime *sf.* limpidité; clarté; sérénité; précision, lucidité.
limpezire *sf.* clarification *sf.*; *(despre rufe)* rinçage *sm.*
limuzină *sf.* limousine *sf.*
lin 1. *adj.* calme, tranquille; paisible; *drum ~* à pente douce; *sunet ~* son doux; 2. *adv.* paisiblement; doucement; 3. *sn.* *(pește)* tanche *sf.*
lindină *sf.* lente *sf.*
lingău *sm.* flagorneur *sm.*
linge 1. *vt.* lecher; *a-și ~ degetele* se lécher les doigts; *a-și ~ buzele* se pourlécher; 2. *vr.* *a se ~ pe bot* être obligé à renoncer à qqch.
linge-blide *sm.* pique-assiette *sm.*
lingou *sn.* lingot *sm.*
lingură *sf.* cuiller; *conținutul unei ~* cuileré *sf.*; *~ de supă* cuilleré soupe.
linguriţă *sf.* petite cuiller, cuiller à café *sf.*
linguşeală *sf.* flatterie *sf.*, flagonrnerie *sf.*
linguşi *vt.* flatter, flagorner.
linguşire *sf.* flatterie *sf.*, flagornerie *sf.*
linguşitor, -oare *adj.* flatteur, -euse, flagorneur, -euse.
lingvist, -ă *smf.* linguiste *sm.*
lingvistic *adj.* linguistique.
lingvistică *sf.* linguistique *sf.*
linia *vt.* régler, tracer des lignes.

L

liniar, -ă *adj.* linéaire.
liniat, -ă *adj.* réglé, -e.
linie *sf.* ligne *sf.*; *~ dreaptă* ligne droite, *(riglă)* règle *sf.*; *~ de cale ferată* voie *sf.*; *~ de plutire* ligne de flottaison; *în ~* en ligne; *în linii generale* dans les grandes lignes.
linişte *sf.* silence *sm.*; calme *sm.*, tranquilité *sf.*; *în ~* paisiblement; calmement; *a nu avea ~ până ce* n'avoir ni trêve ni repos tant que.
linişti *vt.*, *vr.* (se) calmer, (s')apaiser.
liniştire *sf.* apaisement *sm.*
liniştit, -ă 1. *adj.* calme, tranquille; paisible; placide; **2.** *adv.* calmement, tranquillement; placidement.
liniştitor, -oare *adj.* calmant, -e, tranquilisant, -e, apaisant, -e.
liniuţă *sf.* tiret *sm.*, trait d'union *sm.*
linoleum *sn.* linoleum *sm.*
lins, -ă *adj. (despre păr)* lisse.
linşa *vt.* lyncher.
lişare *sf.* lynchage *sm.*
linte *sf.* lentille *sf.*
linţoliu *sf.* linceuil *sm.*
linx *sm.* lynx *sm.*
liotă *sf.* foule *sf.*, cohue *sf.*
lipăi *vi.* laper.
lipi 1. *vt.* coller; *a ~ un afiş* coller une affiche; *a ~ o palmă* coller une gifle à qqn.; souder; **2.** *vr.* s'attacher, adhérer.
lipici *sn.* colle *sf.*, glu *sf.*; *a avea ~* attirer, séduire qqn.
lipicios, -oasă *adj.* gluant, -ante, collant, -ante.
lipie *sf.* pain plat *sm.*
lipit, -ă *adj.* collé, -e; soudé, -e; *(despre case)* contigu, -e; *sărac ~* n'avoir ni sou ni maille.
lipitoare *sf.* sangsue *sf.*
lipitură *sf.* collage *sm.*; soudure *sf.*
lipsă *sf.* absence *sf.*; manqué *sm.*; lacune *sf.*; *în ~ cuiva* en l'absence de qqn.; *în ~ de* faute de; *în ~ de altceva* faute de mieux; *mai bine ~* mieux vaut s'en passer; *condamnat în ~* condamné par contumance.
lipsi 1. *vi.* manquer; **2.** *vr.* se passer de, renoncer à; *puţin a lipsit să* il s'en fallu de peu.
lipsit, -ă *adj.* dépourvu, -e.
liră *sf. (muzical)* lyre *sf.*; *(monedă)* lire *sf.*; *~ sterlină* livre sterling *sf.*
liric, -ă *adj.* lyrique.
lirism *sn.* lyrisme *sm.*
listă *sf.* liste *sf.*
literalmente *adv.* littéralement, à la lettre.
literar, -ă *adj.* littéraire.
literat *smf.* lettré, -e; homme de lettres.
literatură *sf.* littérature *sf.*
literă *sf.* lettre; *~ majusculă* majuscule; *~ mică* minuscule; *~ cu ~* à la lettre; *~ legii* les termes de la loi.

litigios, -oasă *adj.* litigieux, -euse.
litigiu *sn.* litige *sm.*
litografia *vt.* lithografier.
litografie *sf.* litographie *sf.*
litoral *sn.* littoral *sm.*
litosferă *sf.* lithosphère *sf.*
litru *sm.* litre *sm.*
liturghie *sf.* messe *sf.*
liţă *sf.* fil *sm.*
livadă *sf.* verger *sm.*
livid, -ă *adj.* livide.
livra *vt.* livrer.
livrabil, -ă *adj.* livrable.
livrare *sf.* livraison *sf.*
livrea *sf.* livré *sf.*
livresc, -ască *adj.* livresque.
livret *sn.* livret *sm.*
lizibil, -ă *adj.* lisible.
lizieră *sf.* lisière *sf.*
loază *sf.* vaurien *sm.*, fripon *sm.*
lob *sm.* lobe *sm.*
lobodă *sf.* arroche *sf.*
loc *sn.* endroit *sm.*; place *sf.*; *a rămâne pe ~* rester en place; *luați ~!* asseyez-vous! prenez place!; lieu; *~ de muncă* lieu de travail; *a avea ~* avoir lieu; *a ține ~ de* remplacer, tenir lieu de; *în ~ să* au lieu de; emplacement *sm.*; *~ pentru o casă* emplacement pour une maison; *din ~ în ~* par endroits; *pe ~ repaus!* repos!; *din capul locului* d'emblée; *a da ~ la* donner lieu à.
local, -ă **1.** *adj.* local, -e; **2.** *sn.* local *sm.*, restaurant *sm.*
localitate *sf.* localité *sf.*
localiza *vt.* localiser, adapter.
localizare *sf.* localisation *sf.*, adaptation *sf.*; *a localiza un incendiu* localiser un incendie.
localinc, -ă *smf.* indigene *smf.*
locaş *sn.* demeure *sf.*, habitation *sf.*; logis *sm.*; *~ sfânt* sainte demeure.
locatar, -ă *smf.* locataire *smf.*
locaţie *sf.* loyer *sm.*; location *sf.*
locomotivă *sf.* locomotive *sf.*
locomoţie *sf.* locomotion *sf.*
locotenent *sm.* lieutenant *sm.*
locţiitor, -oare *smf.* remplaçant, -ante, suppléant, -ante.
locui *vi.* habiter, demeurer, loger.
locuinţă *sf.* habitation *sf.*, demeure *sm.*, domicile *sm.*, logement *sm.*
locuitor, -oare *smf.* habitant, -e.
locuţiune *sf.* locution *sf.*
logaritm *sn.* logarithme *sm.*
logic, -ă **1.** *adj.* logique; **2.** *adv.* logiquement.
logică *sf.* logique *sf.*
logodi *vr.*, *vt.* (se) fiancer.
logodnă *sf.* fiançailles *sf. pl.*
logodnic, -ă *smf.* fiancé, -e.
loial, -ă *adj.* loyal, -e.
lojă *sf.* *(la parter)* baignoire *sf.*; *(la etaj)* loge *sf.*
lombar, -ă *adj.* lombaire.
londonez, -ă **1.** *adj.* londonien; **2.** *smf.* londonien, -ne.
longevitate *sf.* longevité *sf.*

L

longitudinal, -ă *adj.* longitudinal, -ale.
longitudine *sf.* longitude *sf.*
lopată *sf.* pelle *sf.*; *cu lopata* à la pelle; en abondance *conținutul lopeții* pelletée *sf.*, *(vâslă)* rame, aviron *sm.*
lopăta *vi.* ramer.
lopătar *sm.* rameur *sm.*
lord *sm.* lord; *Camera lorzilor* la Chambre des lords.
lot *sn.* lot *sm.*, parcelle *sf.*
loterie *sf.* loterie *sf.*
loto *sn.* loto *sm.*
lotus *sm.* lotus *sm.*
loţiune *sf.* lotion *sf.*
L
lovi **1.** *vt.* frapper; **2.** *vr.* se cogner, se heurter.
lovitură *sf.* coup *sm.*
loz *sn.* lot *sm.*
lozincă *sf.* slogan *sm.*, mot d'ordre *sm.*
lua **1.** *vt.* prendre; *a ~ trenul* prendre le train; emporter; *a ~ provizii* emporter des provisions; emmener; *a ~ la teatru* emmener au théâtre; *a ~ înapoi* reprendre; *a ~ bătaie* batter; *a o ~ la fugă* prendre la fuite; **2.** *vr. a se ~ cu treaba* être absorbé par le travail; *a se ~ din dragoste* faire un mariage d'amour; *a se ~ la bătaie* en venir aux coups; *a se ~ de cineva* s'en prendre à qqn.
luare *sf.* prise *sf.*
lucarnă *sf.* lucarne *sf.*
luceafăr *sn.* étoile du berger *sf.*, vénus.
lucernă *sf.* luzerne *sf.*
luci *vi.* briller; luire.
lucid, -ă *adj.* lucide.
luciditate *sf.* lucidité *sf.*
lucios, -oasă *adj.* brilliant, -ante, luisant, -ante.
luciu *sn.* lustre *sm.*, éclat *sm.*
lucra **1.** *vi.* travailler; **2.** *vt.* confectionner.
lucrare *sf.* travail *sm.*, activité; *~ scrisă* épreuve écrite; œuvre, ouvrage *sm.*, étude *sf.*
lucrativ, -ă *adj.* lucratif, -ive.
lucrător, -oare **1.** *adj.* laborieux; *zi ~* jour ouvrable; **2.** *smf.* ouvrier, -ère.
lucrătură *sf.* execution *sf.*; manigace *sf.*, intrigue *sf.*
lucru *sn.* chose *sf.*; objet *sm.*; *lucruri personale* effets *sm. pl.*; travail *sm.*; *metodă de ~* méthode de travail; *a avea de ~* avoir à faire; *~ la negru* travail noir; *e ~ mare* c'est qqch. d'extraordinaire; *~ de mână* travail manuel.
lugubru, -ă *adj.* lugubre.
lujer *sm.* tige *sf.*
lulea *sf.* pipe; *îndrăgostit ~* fou d'amour; éperdument amoureux.
lumânare *sf.* cierge *sm.*; bugie; *drept ca o ~* droit comme un i.
lumbago *sn.* lumbago *sm.*
lume *sf.* monde; *la capătul lumii* au bout de monde; gens

s. pl; *cât e lumea și pământul* éternellement; *lumea veche* l'ancien monde; *a veni pe ~* naître, venire au monde; *a-și lua ~ în cap* s'en aller pour toujours, *pentru nimic în ~* pour rien au monde.

lumesc, -ească *adj.* profane.

lumina 1. *vt.* éclairer, illuminer; **2.** *vi.* briller; *a se ~ de ziua* le jour se lève; *a se ~ la față* se rasséréner.

luminat *sn.* éclairage *sm.*

laminator *sn.* jour *sm.*

lumină *sf.* lumière *sf.*; *a vedea ~ zilei* voir le jour; *a scoate la ~* tirer au clair; *a-i fi cuiva drag ca ~ ochilor* tenir à qqn. comme à la prunelle de ses yeux.

luminiș *sn.* clairière *sf.*

luminos, -oasă *adj.* lumineux, -euse, clair, -e.

luminozitate *sf.* luminosité *sf.*

lunar, -ă 1. *adj.* mensuel, -elle; **2.** *adv.* mensuellement.

lunatic, -ă *adj.* somnambule; lunatique, fantasque.

lună *sf.* lune *sf.*; mois *sm.*, *~ mai* mois de mai; *~ de miere* lune de mile; *a fi căzut din ~* être tombé des nues; *cu luna* au mois; *la trei luni o dată* tous les trios mois.

luncă *sf.* pré *sm.*, prairie, herbage *sm.*; bocage au bord d'une rivière.

luneca *vi.* glisser.

lunecare *sf.* glissement *sm.*

lunecos, -oasă *adj.* glissant, -ante.

lunecuș *sn.* verglas *sm.*; glissoire *sf.*

lunetă *sf.* lunette *sf.*

lung, -ă 1. *adj.*. long, -gue; **2.** *adv.* longuement; **3.** *sn.* *de-a lungul* le long de; *în ~ și în lat* en long et en large; *a-și cunoaște lungul nasului* ne pas dépasser les bornes.

lungan *smf.* échalas *sm.*, perche *sf.*

lungi 1. *vt.* allonger; prolonger; *a ~ vorba* prolonger la discussion; *a ~ pasul* allonger le pas; **2.** *vr.* s'étendre, s'allonger; *a se ~ pe pat* s'étendre sur le lit; *a i se ~ urechile de foame* avoir l'estomac dans les talons.

lungime *sf.* longueur *sf.*

lungit, -ă *adj.* couché, -e, étendu, -e; allongé, -e.

lunguieț, -iață *adj.* oblong, -gue.

luni *sf.* lundi *sm.*

luntraș *sm.* batelier *sm.*

luntre *sf.* barque *sf.*, canot *sm.*; *a se face ~ și punte* remuer ciel et terre.

lup *sm.* loup *sm.*; *lupul își schimbă părul dar năravul ba* le loup mourra dans sa peau; *a avea o foame de ~* avoir une faim de tous les diables; *a intra în gura lupului*

se mettre dans le gueule du loup; *vorbeşti de ~ şi lupul la uşă* quand on parle du loup, on en voit la queue.
lupă *sf.* loupe *sf.*
lupoaică *sf.* louve *sf.*
lupta *vi.*, *vr.* lutter, combattre.
luptă *sf.* lutte *sf.*, combat *sm.*, bataille *sf.*; *lupte libere* lutte libre.
luptător, -oare *smf.* combatant, -ante.
lustragiu *sm.* cireur de bottes *sm.*
lustră *sf.* luster *sm.*
lustru *sn.* lustre *sm.*; éclat *sm.*, poli *sm.*
lustrui *vt.* polir.
lustruit, -ă *adj.* poli, luster; luisant, brilliant.
lut *sn.* argile *sf.*, terre glaise *sf.*
lutos, -oasă *adj.* argileux, -euse.
lutru *sn.* loutre *sf.*
lux *sn.* luxe *sm.*
luxa *vt.* luxer.
luxaţie *sf.* luxation *sf.*
luxos, -oasă *adj.* luxeux, -euse, somptueux, -euse.
luxuriant, -ă *adj.* luxuriant, -ante; abondant, riche.

L

M

mac *sm.* pavot; ~ *sălbatic* coquelicot *sm.*; *roşu ca macul* rouge comme un coqelicot
macabru, -ă *adj.* macbre.
macara *sf.* grue *sf.*
macaroană *sf.* macaroni *sm.*
macaz *sn.* aguille *sf.*; *a schimba macazul* virer de bord, *(fam.)* tourner casaque.
macedonean, -ă 1. *adj.* macédonien, -ienne; **2.** *smf.* Macédonien, -ienne.
macera *vt.* macérer.
maceraţie *sf.* macération *sf.*
machetă *sf.* maquette *sf.*
machia *vt.*, *vr.* (se) farder, (se) maquiller.
macră *adj. carne* ~ chair migre.
macrou *sn.* maquereau *sm.*
maculator *sn.* brouillon *sm.*, cahier brouillon *sm.*
maculatură *sf.* maculature *sm.*
madonă *sf.* madone; la Sainte vierge.
madrigal *sn.* madrigal *sm.*
maestru, -ă *smf.* maître *sm.*; *(muz.)* maestro *sm.*
mafie *sf.* mafia *sf.*
mafiot *smf.* mafieux, -euse.
mag *sm.* mage *sm.*
magazie *sf.* dépôt *sm.*; remise *sf.*; magasin *sm.*
magazin *sn.* magasin *sm.*; *(revistă)* magazine *sm.*
magaziner *sm.* magasinier *sm.*
maghernіţă *sf.* taudis *sm.*, masure *sf.*
maghiar, -ă 1. *adj.* hongrois, -e, magyar, -e; **2.** *smf.* Hongrois, -e, Magyar, -e.
maghiran *sm.* marjolaine *sf.*
magic, -ă *adj.* magique.
magician *smf.* magicien, -ienne.
magie *sf.* magie, sorcellerie.
magistral 1. *adj.* magistral, -e; **2.** *adv.* magistralement.
magistrală *sf.* autorute *sf.*, avenue *sf.*
magistrat *sm.* magistrat *sm.*
magistratură *sf.* magistrature *sf.*
magiun *sn.* marmelade de prunes *sf.*
magmă *sf.* magma *sm.*
magnat *sm.* magnat *sm.*
magnet *sm.* aimant *sm.*
magnetic, -ă *adj.* magnétique.
magnetism *sn.* magnétisme *sm.*
magnetiza *vt.* magnétiser, aimanter; fasciner.
magnetofon *sn.* magnétophone *sm.*
magneziu *sn.* magnésium *sn.*

magnific, -ă *adj.* magnifique, splendide.
magnolie *sf.* magnolia *sm.*
mahala *sf.* faubourg *sm.*, banlieue *sf.*; *de ~* commun, grossier, vulgaire.
mahalagioaică *sf.* commère *sf.*, faubourienne *sf.*, femme grossière, banlieusarde *sf.*
mahalagism *sn.* commérage *sm.*; expression vulgaire.
mahalagiu *sm.* faubourien *sm.*, banlieusard *sm.*
mahmur, -ă *adj.* mal disposé, -e, morose; *a fi ~ după un chef* avoir la gueule de bois.
mahon *sm.* acajou *sm.*
mahomedan, -ă *adj.*, *smf.* mahométan, -e, musulman, -e.
mai 1. *adv.* plus, encore, davantage; *~ mare* plus grand; *~ întâi* d'abord; *~ e vorbă* cela va sans dire; *~ cu seama* nottament, surtout; *~ mult sau ~ puțin* plus ou moins; **2.** *sm.* *(luna)* mai *sm.*; **3.** *sn.* *(unealtă)* maillet *sm.*
maia *sf.* levain *sm.*
maică *sf.* mere *sf.*; *(călugăriță)* none *sf.*, religieuse *sf.*; *maica domnului* la Sainte vierge
maidan *sn.* terrain vague *sm.*
maiestate *sf.* majesté *sf.*
maiestuos, -oasă *adj.* majestueux, -euse.
maimuţă *sf.* singe *sm.*, guenon *sf.*
maimuţăreală *sf.* singerie *sf.*
maimuţări 1. *vt.* singer; **2.** *vr.* faire des singeries.
maimuţoi *sm.* gros singe *sm.*
maioneză *sf.* mayonnaise *sf.*
maior *sm.* commandant *sm.*
maiou *sn.* maillot *sm.*
maistru *sm.* contremaître *sm.*
major, -ă *adj.* majeur, -e; *stat-~* état-major; *sergent-~* adjudant; *gamă ~* gamme majeure.
majora *vt.* majorer, augmenter.
majorare *sf.* majoration *sf.*, augmentation *sf.*, hausse *sf.*
majorat *sn.* majorité *sf.*
majoritar, -ă *adj.* majoritaire.
majoritate *sf.* majorité *sf.*, plupart *sf.*
majusculă *sf.* majuscule *sf.*
mal *sn.* bord *sm.*, rive *sf.*, ravage *sm.*; *a se îneca la ~* échouer au port.
malac *sm.* buffletin *sm.*
maladie *sf.* maladie *sf.*
maladiv, -ă *adj.* maladif, -ive.
malarie *sf.* malaria *sf.*
malaxa *vt.* malaxer.
malaxor *sn.* malaxeur *sm.*
maldăr *sn.* tas *sm.*, monceau *sm.*
maleabil, -ă *adj.* malléable; adaptable.
maleabilitate *sf.* malléabilité *sf.*
malign, -ă *adj.* maligne.
maliţios, -oasă 1. *adj.* malicieux, narquois, ironique; **2.** *adv.* malicieusement.
maliţiozitate *sf.* malice *sf.*
maltrata *vt.* maltraiter; molester, brutaliser.

malţ *sn.* malt *sm.*
mamă *sf.* mère, maman; ~ *vitregă* belle-mère; ~*-soacră* belle-mère; ~*-mare* grand-mère, mamie; *dragoste de* ~ amour maternel; *dinspre* ~ du côté de sa mère; *la mama dracului* au diable vauvert; *mama (muma) pădurii* laide à faire peur.
mamifer *sn.* mammifère *sm.*
mamoş *sm.* médecin accoucheur *sm.*
mamut *sm.* mammouth *sm.*
mană *sf.* manne *sf.*; rouille *sf.*
mandarin *sm.* mandarinier *sm.*; *(demnitar chinez)* mandarin *sm.*
mandarină *sf.* mandarine *sf.*
mandate *sn.* mandate *sm.*; ~ *telegrafic* mandate télégraphique; ~ *postal* mandate-poste; ~ *de arestare* mandate d'arrêt.
mandatar, -ă *smf.* mandataire *smf.*
mandibulă *sf.* mandibule *sf.*
mandolină *sf.* mandoline *sf.*
manechin *sn.* mannequin *sm.*
manej *sn.* manège *sm.*
manetă *sf.* manette *sf.*
manevra *vt.* manœuvrer.
manevră *sf.* manoeuvre *sf.*
mangal *sn.* charbon de bois *sm.*
mangan *sn.* manganèse *sm.*
maniac, -ă *adj.* maniaque.
manichiură *sf.* manicure *sf.*; *a-şi face* ~ se faire les ongles.
manichiuristă *sf.* manicure *smf.*
manie *sf.* manie *sf.*
manierat, -ă *adj.* poli, courtois; maniéré.
manieră *sf.* manière *sf.*, façon *sf.*, sorte *sf.*; *codul manierelor elegante* le code des bonnes manières.
manierism *sn.* maniérisme *sm.*
manifest, -ă 1. *adj.* manifeste, évident, -e, clair, -e; **2.** *adv.* manifestant; **3.** *sn.* manifeste *sm.*, déclaration *sf.*
manifesta *vi., vt.* manifester,
manifestant, -ă *smf.* manifestant, -ante *smf.*
manifestare *sf.* manifestation *sf.*
manifestaţie *sf.* manifestation *sf.*
manipula *vt.* manipuler; manier.
manivelă *sf.* manivelle *sf.*
manometru *sn.* manomètre *sm.*
manoperă *sf.* main d'oeuvre *sf.*
mansardă *sf.* mansarde *sf.*
manşetă *sf.* manchette *sf.*
manşon *sn.* manchon *sm.*; ~ *de blană* manchon de fourrure.
manta *sf.* manteau *sm.*; ~ *militară* capote; ~ *de ploaie* imperméable; ~ *de vreme rea* pis aller *sm.*
mantie *sf.* mante *sf.*, chape *sf.*
mantinelă *sf.* coin de patinoire *sm.*
mantou *sm.* manteau *sm.*

M

manual, -ă **1.** *adj.* manuel, -elle; **2.** *sn.* manuel *sm.*, livre *sm.*, cours *sm.*; *lucru* ~ travail manuel.
manufactura *vt.* manufacturer.
manufactură *sf.* manufacture *sf.*
manuscris *sn.* manuscript *sm.*
manutanţă *sf.* manutention *sf.*
mapamond *sn.* mappemonde *sf.*
mapă *sf.* sous-main *sm.*; serviette *sf.*
maramă *sf.* voile paysan *sm.*
maraton *sn.* marathon *sm.*
marca *vt.* marquer, *a ~ metale prețioase* poinçonner; *a ~ un gol* marquer un but.
marcant, -ă *adj.* marquant, -e.
marcă *sf.* marques *sf.*, signe *sm.*; empreinte *sf.*; ~ *poștală* timbre-poste *sm.*
marchiz *sm.* marquis *sm.*
marchiză *sf.* marquise; *(la construcții)* marquise *sf.*
mare[1] *adj.* grand, -e; haut; vaste, étendu; *degetul* ~ le pouce; *a se face* ~ grandir; *soră mai* ~ soeur aîné; *a fi ~ și tare* faire la pluie et le bau temps; *a vorbi în gura* ~ parler à haute voix; *în ziua* ~ en plein jour; *cât e ziua de* ~ tout le long de la journée.
mare[2] *sf.* mer; *a promite marea cu sarea* promettre monts et merveilles; *rău de* ~ mal de mer; *în largul mării* en pleine mer.
maree *sf.* mare *sf.*
mareşal *sm.* maréchal *sm.*
marfar *sn.* train de merchandises *sm.*
marfă *sf.* merchandise *sf.*
margaretă *sf.* marguerite *sf.*
margarină *sf.* margarine *sf.*
marginal, -ă *adj.* marginal, -e.
margine *sf.* bord *sm.*; marge *sf.*; *pe marginea drumului* sur le bord de la route; *fără de* ~ sans bornes; *la ~ lumii* aux confines de la terre; *a lăsa o* ~ laisser une marge.
mariaj *sn.* mariage *sm.*
marin, -ă *adj.* marin, -e.
marinar *sm.* marin, matelot *sm.*
marinat, -ă *adj.* mariné, -e.
marinată *sf.* marinade *sf.*
marină *sf.* marine *sf.*
marinăresc, -ească *adj.* marin, -e.
marionetă *sf.* marionette *sf.*, patin *sm.*
maritime, -ă *adj.* maritime.
marmeladă *sf.* marmelade *sf.*
marmură *sf.* marbre *sm.*
maro *adj. invar.* marron, brun.
marocan, -ă **1.** *adj.* marocain, -e; **2.** *smf.* Marocain, -e.
marochin *sn.* maroquin *sm.*
marochinărie *sf.* maroquinerie *sf.*
marş *sn.* marche *sf.*
martie *sm.* mars *sm.*
martir, -ă *smf.* martyr, -e.
martiriu *sn.* martyre *sm.*
martor, -ă *smf.* témoin *sm.*

marţea *adv.* le mardi, chaque mardi.
marţi *sf.* mardi *sm.*
marţial, -ă *adj.* martial, -e.
masa *vt.* masser.
masacra *vt.* massacrer.
masacru *sn.* massacre *sm.*, carnage *sm.*
masaj *sn.* massage *sm.*
masă[1] *sf.* table *sf.*; *a pune ~* dresser la table; repas *sm.*; *a lua ~* prendre le repas; *a da o ~* donner un diner; *a se aşeza la ~* se mettre à table; *a nu avea nici ~ nici casă* sand feu ni lieu; *a lua pe cineva pe nepusă ~* prendre qqn. au pied léve; *~ şi casă* le vivre et le coucher; *după-~* après-midi.
masă[2] *sf.* masse *sf.*; *în ~* en grand masse; *~ de aer rece* masse d'air froid.
masca *vt.* masquer.
mascaradă *sf.* mascarade *sf.*
mască *sf.* masque *sm.*; *~ de gaze* masque à gaz.
mascotă *sf.* mascotte *sf.*
mascul *sm.* male *sm.*
masculin, -ă *adj.* masculine (-ine).
maseur *sm.* masseur *sm.*
masiv 1. *adj.* massif, -ive; *aur ~* or massif; **2.** *sn.* massif *sm.*; *~ muntos* massif montagneux *sm.*
mason *sm.* franc-maçon *sm.*
mastica *vt.* mastiquer.
masticaţie *sf.* mastication *sf.*
mastodont *sm.* mastodonte *sm.*
maşina *vi.* machiner.
maşinaţie *sf.* machination *sf.*, manigance *sf.*
maşină *sf.* machine; *~ electrică* machine électrique; *~ de gătit* cuisinière *sf.*; *~ de tocat* hacheviande *sm.*; *~ de călcat* fer à repasser; *~ de scris* machine à écrire; *~ de cusut* machine à coudre; *~ unealtă* machine-outil; automobile, voiture.
maşinărie *sf.* mécanisme *sm.*
maşinism *sn.* machinisme *sm.*
mat, -ă 1. *adj.* mat, -e, terne; **2.** *sn.* *a face pe cineva ~* l'emporter sur qqn.; *(la şah)* mat.
matahală *sf.* colosse *sm.*
matcă *sf.* abeille mere; *(albie)* lit *sm.*; *lăptişor de ~* gelée royale *sf.*
matelot *sm.* matelot *sm.*
matematic 1. *adj.* mathématique; **2.** *adv.* mathématiquement.
matematică *sf.* mathématiques *sf. pl.*
matematician, -ă *smf.* mathématician, -ienne.
material, -ă 1. *adj.* materiel, -elle; *ajutor ~* aide matérielle; **2.** *sn.* matériel *sm.*; *~ de construcţie* matériau de construction *sm.*
materialism *sn.* matérialisme *sm.*

materialist, -ă *adj.*, *smf.* matérialiste.
materialize *vt.*, *vr.* (se) matérialiser, (se) concrétiser.
materie *sf.* matière *sf.*; objet d'études; ~ *primă* matière première; *în* ~ *de* en matière de.
matern, -ă *adj.* maternel, -elle.
maternitate *sf.* maternité *sf.*
matinal, -ă *adj.* matinal, -e.
matineu *sn.* matiné *sf.*
matrapazlâc *sn.* escroquerie *sf.*, charlatanerie *sf.*
matrice *sf.* matrice *sf.*
matricolă *sf.* matricule *sf.*
matrimonial, -ă *adj.* matrimonial, -e.
M
matriţă *sf.* matrice *sf.*
matroană *sf.* matrone *sf.*
matroz *sm.* matelot *sm.*, marin *sm.*
matur, -ă *adj.* mûr, -e, adulte.
maturitate *sf.* maturité *sf.*
maturiza *vr.* devenir mûr, venir à maturité.
maturizare *sf.* maturation *sf.*
maţ *sn.* intestine *sm.*; boyau *sm.*; tripe *sf.*; *a-i chiorăi maţele de foame* avoir l'estomac dans les talons; *maţe-fripte* pauvre diable.
mausoleu *sn.* mausolée *sm.*
maxilar *sn.* maxilaire *sm.*; mâchoire *sf.*
maxim, -ă 1. *adj.* maximum *sm.*; **2.** *adv.* maximum, tout au plus; **3.** *sn.* maximum.
maximă *sf.* maxime *sf.*
mazăre *sf.* pois; ~ *verde* petits-pois.
mazili *vt.* bannir; limoger.
măcar *adv.* au moins, du moins; ~ *dacă* encore si, au moins si; ~ *că* bien que.
măcăi *vi.* cancaner.
măceaşă *sf.* cynorhodon *sm.*
măcel *sn.* massacre *sm.*, carnage *sm.*, boucherie *sf.*
măcelar *sm.* boucher *sm.*
măcelări *vt.* massacrer; exterminer.
măcelărie *sf.* boucherie *sf.*
măceş *sm.* églantier *sm.*; *floare de* ~ églantine *sf.*
măcina *vt.* moudre.
macinare *sf.* mouture *sf.*
măcinat, -ă *adj.* moulu, -e; *cafea* ~ café moulu.
măciucă *sf.* massue *sf.*; *a se face părul* ~ les cheveux se sont dressés sur la tête.
măciulie *sf.* pommeau *sm.*
măcriş *sm.* oseille *sf.*
mădular *sn.* membre *sm.*
măduvă *sf.* moelle *sf.*; ~ *spinării* moelle épinière.
măgar *sm.* âne *sm.*; bourrique *sf.*; muffle *sm.*
măgărie *sf.* muflerie *sf.*, rosserie *sf.*, insolence *sf.*
măgăriţă *sf.* ânesse *sf.*
măgăruş *sm.* ânon *sm.*, bourriquet *sm.*
măghiran *sm.* marjolaine *sf.*
măguli *vt.* flatter.

măgulire *sf.* flatterie *sf.*
măgulitor, -oare 1. *adj.* flatteur, -euse; **2.** *adv.* flatteusement.
măgură *sf.* tertre *sm.*; colline *sf.*; monticule *sm.*
măi *interj.* eh!, *~, ~!* tiens!.
măicuţă *sf.* petite mère; *(călugăriță)* religieuse, soeur *sf.*
măiestrie *sf.* art *sm.*; maîtrise *sf.*
măiestru, -iastră *adj.* accompli, -e; habile, adroit; *pasăre ~* oiseau bleu.
mălai *sn.* farine, de maïs *sf.*; *vrabia ~ viseaza* chacun son dada.
mălăieţ, -iaţă *adj.* blet, -ette.
mălin *sm.* merisier *sm.*
mămăligă *sf.* polenta *sf.*; *a o pune de ~* se trouver dans une impasse.
măna *vr.* être gâté par le mildiou.
mănăstire *sf.* couvent *sm.*, monastère *sm.*
mănos, -oasă *adj.* fertile, fécond, -e.
mănunchi *sn.* bouquet *sm.*; *~ de flori* bouquet des fleurs; *~ de paie* botte de paille.
mănuşă *sf.* gant *sm.*; *~ cu un deget* moufle *sf.*; *a-i veni ca o ~* aller comme un gant; *a se purta cu mạnuși* mettre des gants.
măr 1. *sm.* pommier *sm.*; **2.** *sn.* pomme *sf.*; *de florile mărului* en vain, inutilement; *tartă cu mere* tarte aux pommes; *mărul discordiei* brandon de discorde; *mărul lui Adam* la pomme d'Adam.
mărar *sm.* fenoiul *sm.*
măracine *sm.* ronce *sf.*
mărăciniş *sn.* ronceraie *sf.*
măreţ, -eaţă *adj.* grandiose, magnifique.
măreţie *sf.* grandeur *sf.*, magnificence *sf.*
mărfar *sn.* train de merchandises *sm.*
mărgăritar *sn.* perle *sf.*
mărgea *sf.* perle en verre.
mărgean *sn.* corail *sm.*
mărginaş, -ă *adj.* périphérique.
mărgini 1. *vt.* delimiter, circonscrire; borner; **2.** *vr.* se limiter, se borner, se résumer à.
mărginit, -ă *adj.* limité, -e, restraint, -einte; borné, -e.
mări 1. *vt.* augmenter, accroître, croître, agrandir; **2.** *vr.* grandir; prolonger.
mărime *sf.* grandeur *sf.*; taille *sf.*; longueur *sf.*; dimension *sf.*; grosseur *sf.*
mărinimie *sf.* générosité *sf.*, magnanimité *sf.*
mărinimos, -oasă *adj.* magnanime, généreux, -euse.
mărire *sf.* accroissement *sm.*, augmentation, agrandissement *sm.*; hausse *sf.*

M

mărita 1. *vr.* se marier, épouser; 2. *vt.* marier.
măritiş *sn.* marriage *sm.*
mărşălui *vi.* marcher; faire une marche
mărturie *sf.* témoignage *sm.*; déposition *sf.*; attestation *sf.*
mărturisi 1. *vt.* avouer, declarer, affirmer; 2. *vr.* se confesser; 3. *vt.*, *vi.* témoigner (de), montrer, faire preuve de.
mărturisire *sf.* aveu *sm.*
mărunt, -ă 1. *adj.* menu, -e, petit, -e; *tocat ~* haché menu; *bani mărunți* menus monnaies; 2. *adv.* finement.
măruntaie *sf. pl.* entrailles *sf. pl.*; tripes *sf. pl.*
M
mărunţi *vt.* émietter, égruger.
mărunţiş *sn.* bagatelle *sf.*, riens *sm. pl.*; babiole *sf.*
măscărici *sm.* bouffon *sm.*
măsea *sf.* dent *sf.*; molaire *sf.*; *a trage la ~* loire à tire-larigot; *~ de minte* dent de sagesse.
măslin *sm.* olivier *sm.*
măslină *sf.* olive *sf.*
măsliniu, -ie *adj.* olivâtre.
măslui *vt.* tricher, falsifier.
măsura 1. *vt.* mesurer, évaluer, apprécier; 2. *vr.* se mesurer, rivaliser; *a ~ pe cineva din cap până în picioare* toiser qqn; *a se ~ cu cineva* se mesurer avec qqn.
măsurat, -ă mesuré, -e; modéré, -e; *cu pași măsurați* à pas comptés.
măsură *sf.* mesure *sf.*; *pe ~ ce* au fur et à mesure; *instrument de ~* instrument de mesure; *a fi în ~ să* être à même de.
măsurătoare *sf.* mesurage *sf.*
măsuţă *sf.* guéridon *sm.*, petite table *sf.*
mătanie *sf.* génuflexion.
mătase *sf.* soie *sf.*
mătănii *sf. pl.* rosaire *sm.*, chapelet *sm.*
mătăsos, -oasă *adj.* soyeux, -euse.
mătrăgună *sf.* mandragore *sf.*
mătreaţă *sf.* pellicule *sf.*
mătura *vt.* balayer.
mătură *sf.* balai *sm.*
măturător, -oare *smf.* balayeur, -euse.
mătuşă *sf.* tante *sf.*
măzăriche *sf.* grésil *sm.*, grelon *sm.*
mâhni *vt.*, *vr.* affliger; attrister, chagriner; peiner.
mâhnire *sf.* peine *sf.*, chagrin *sm.*
mâhnit, -ă *adj.* attristé, -e, peiné, -e, chagriné-e.
mâine *adv.* demain.
mâl *sn.* vase *sf.*
mâlc *adv.* *a tăcea ~* ne souffler mot.
mâlos, -oasă *adj.* limoneux, vaseux.
mâna *vt.* mener, conduire.

mână *sf.* main *sf.*; *lucru de ~* travail manuel; *~ în ~* main dans la main; *pe sub ~* sous le manteau; *a da ~* échanger une poigné de main; *a da o ~ de ajutor* donner un coup de main; *a fi ~ spartă* être panier percé; *a sta cu mâinile în sân* rester les bras croisé; *a fi ~ de fier* avoir de la poignée; *a da ~ liberă* donner carte blanche; *a cere ~ cuiva* demander la main à qqn.

mânătarca *sf.* champignon *sm.*

mânca *vt.* manger, prendre un repas; *a ~ cât zece* manger comme un quatre; *a ~ cu poftă* manger de bon appétit; *a ~ pe săturate* manger à sa faim; *a ~ zilele cuiva* rendre la vie dure; *a-l ~ pielea* la peau lui démenage; *a-l ~ spinarea* avoir droit à une raclée; *a ~ o bătaie soră cu moartea* être battu à plate couture.

mâncare *sf.* manger *sm.*; repas *sm.*; *poftă de ~* appétit; *altă ~ de peşte* c'est un aute paire de manches.

mâncăcios, -oasă *adj.* glouton, -onne, goulu, -e, gourmand, -e.

mâncărime *sf.* démangeaison *sf.*

mâncătorie *sf.* cabale *sf.*, manigance *sf.*, intrigue *sf.*

mâncău *sm.* goinfre *sm.*

mândreţe *sf.* splendeur *sf.*, beauté *sf.*; *~ de fată* un beau brin de fille.

mândri *vr.* s'énorgueillir.

mândrie *sf.* fierté *sf.*, orgueil *sm.*

mândru, -ă **1.** *adj.* fier, -ère, altier, -ère; orgueilleux, -euse; hautain, -aine; beau, belle; **2.** *sm.* bien-aimé, -e.

mânecă *sf.* manche *sf.*; *a o băga pe ~* être dans ses petits souliers.

mâner *sn.* manche *sm.*

mângâia **1.** *vt.* caresser, câliner, cajoler; **2.** *vr.* se calmer, se consoler; apaiser.

mângâiere *sf.* caresse *sf.*; consolation *sf.*, encouragement *sm.*

mângâietor, -oare *adj.* caressant, -e, consolateur, -trice.

mania *vr.* se fâcher, s'irriter, se mettre en colère.

mânie *sf.* colère *sf.*, courroux *sm.*; *a fi iute la ~* s'emporter.

mânios, -oasă *adj.* emporté, -e, colerique.

mânji *vt.*, *vr.* souiller, salir.

mântui *vt.* sauver; achever; *a ~ o treabă* achever une besogne.

mântuială *sf.* *de ~* superficiellement; *lucru de ~* chose bâclée.

mântuire *sf.* redemption *sf.*; liberation *sf.*

mânui *vt.* manier, manipuler.

mânuire *sf.* maniement *sm.*, manipulation *sf.*

mânz *sm.* poulain *sm.*

mânzat *sm.* veau *sm.*
mânzeşte *adv. a râde ~* rire jaune.
mârâi *vi.* grogner; ronchonner, grogner.
mârâit *sn.* grognement *sm.*
mârlan *sm.* malotru *sm.*, goujat *sm.*
mârşav, -ă *adj.* infâme, vil, -e, détestable; ignoble.
mârşăvie *sf.* infamie *sf.*, vilenie *sf.*, ignominie *sf.*
mârţoagă *sf.* haridelle *sf.*, rosse *sf.*
mâţă *sf.* chat; *a fi ~ blândă* faire patte de velours; *a trage ~ de coadă* tirer le diable par la queue; *a prinde pe cineva cu ~ în sac* prendre qqn. sur le fait.
mâţişor *sm.* chaton *sm.*
mâzgă *sf.* vase *sf.*, boue *sf.*
mâzgăli *vt.* griffoner, gribouiller; tacher.
mâzgălitură *sf.* griffonage *sm.*; gribouillage *sm.*
meandru *sn.* méandre *sm.*
mecanic, -ă **1.** *adj.* méchanique; **2.** *adv.* mécaniquement; **3.** *sm.* mécanicien *sm.*
mecanism *sn.* mécanisme *sm.*
mecaniza *vt.* mécaniser.
mecanizare *sf.* mécanisation.
meci *sn.* match *sm.*
medalie *sf.* médaille; *reversul medaliei* le revers de la médaille.
medalion *sn.* médallion *sm.*
media *vi.* servir de médiateur, s'entremettre, faciliter.
medial, -ă *adj.* medial, -e.
median, -ă **1.** *adj.* median, -e; **2.** *sf.* médiane *sf.*
mediator, -oare *smf.* médiateur, -trice.
medic *sm.* médecin *sm.*, docteur *sm.*
medical, -ă *adj.* médical, -e.
medicament *sn.* médicament *sm.*, remède *sm.*, médicine *sf.*
medicină *sf.* médicine *sf.*
medicinist, -ă *smf.* étudiant, -ante en médecine.
medie *sf.* moyenne; *în ~* en moyenne.
medieval, -ă *adj.* medieval, -e, moyenâgeux, -euse.
mediocritate *sf.* médiocrité *sf.*
mediocru, -ă **1.** *adj.* médiocre; **2.** *adv.* médiocrement.
medita **1.** *vi.* méditer, réfléchir; **2.** *vt.* donner des répétitions.
meditare *sf.* méditation *sf.*, réflexion *sf.*
meditativ, -ă *adj.* meditative, -ive, pensif, -ive.
meditator, -oare *smf.* répétiteur, -trice.
meditaţie *sf.* meditation; *sală de ~* salle d'études; *a da meditații* donner des répétitions.
mediu[1] *sn.* ambience *sf.*, milieu *sm.*, société.

mediu², **-e** *adj.* moyen, -enne; *învățământ* ~ enseignement secondaire.
meduză *sf.* méduse *sf.*
megafon *sn.* haut-parleur *sm.*; porte-voix *sm.*
megaloman, -ă *adj.*, *smf.* mégalomane.
megalomanie *sf.* mégalomanie *sf.*
mei *sn.* millet *sm.*
melancolic, -ă 1. *adj.* mélancolique; 2. *adv.* mélancoliquement.
melancolie *sf.* mélancolie *sf.*
melasă *sf.* mélasse *sf.*
melc *sm.* escargot, limaçon; *ca melcul* en spirale, en colimaçon; *a merge ca melcul* aller comme un escargot, avancer à pas de tortue.
meleag *sn.* contrée *sf.*, pays *sm.*; *pe aceste meleaguri* dans ces parages.
melodie *sf.* mélodie *sf.*, air *sm.*
melodios, -oasă 1. *adj.* mélodieux, -euse; 2. *adv.* mélodieusement.
melodramă *sf.* melodrama *sm.*
meloman, -ă *smf.* mélomane.
membrană *sf.* membrane *sf.*
membru, -ă *smf.*, *sn.* membre.
memora *vt.* mémoriser; retenir; apprendre par coeur.
memorabil, -ă *adj.* memorable.
memorial, -ă 1. *sn.* memorial; 2. *adj.* commemorative.
memorialist *smf.* mémorialiste.
memorie *sf.* mémoire *sf.*
memoriu *sn.* mémoire *sm.*
menaj *sn.* ménage *sm.*
menaja *vt.*, *vr.* (se) ménager.
menajament *sn.* ménagement *sm.*
menajer, -ă 1. *adj.* *aparat* ~ appareil ménajer; 2. *sf.* femme de ménage.
menajerie *sf.* ménajerie *sf.*
menghină *sf.* étau *sm.*
meni *vt.* destiner, vouer à.
meningită *sf.* méningite *sf.*
menire *sf.* vocation *sf.*; mission *sf.*
menit, -ă *adj.* destine, -e, voué, -e à.
meniu *sn.* menu *sm.*; carte *sf.*
menstruaţie *sf.* menstruation *sf.*
mentalitate *sf.* mentalité *sf.*
mentă *sf.* menthe *sf.*
mentol *sn.* menthol *sm.*
menţine *vt.* maintenir.
menţiona *vt.* mentionner.
menţiune *sf.* mention, spécification *sf.*
menuet *sn.* menuet *sm.*
mercantil, -ă *adj.* mercantile.
mercantilism *sn.* mércantilisme *sm.*
mercenar *sm.* mercenaire *sm.*
mercerie *sf.* mercerie *sf.*
mercur *sm.* mercure *sm.*
mereu *adv.* toujours.

merge *vi.* aller; marcher, se diriger; se rendre; *a ~ repede* trotter; *a ~ strună* aller comme sur des roulettes; *a ~ înainte* avancer; *a ~ înapoi* reculer; *a-i ~ bine* avoir le vent en poupe; *a ~ de-a lungul* longer; *a ~ pe jos* aller à pied; *(despre culori)* se marier; *ulciorul nu ~ de multe ori la apă* tant va la cruche à l'eau qu'à la fin elle se casse; *a ~ la cineva* se rendre chez qqn.; *mergi cu bine!* bonne route, bon voyage!.
meridian *sn.* méridien *sm.*
meridional, -ă *adj.* méridional, -e, du midi.
M
merinde *sf. pl.* vivres *sm. pl.*, provisions *sf. pl.*
merit *sn.* mérite *sm.*
merita *vt.* mériter.
meritoriu, -ie *adj.* méritoire.
mers *sn.* marche *sf.*; démarche *sf.*; évolution *sf.*; *mersul trenurilor* l'indicateur des chemins de fer.
mesager *sm.* messager *sm.*
mesagerie *sf.* messagerie *sf.*
mesaj *sn.* message *sm.*
meschin, -ă *adj.* mesquin, e; insignificant, -e.
meschinărie *sf.* mesquinerie *sf.*
meseriaş *sm.* artisan *sm.*
meserie *sf.* métier *sm.*; occupation *sf.* profession *sf.*
mesteacăn *sm.* bouleau *sm.*
mesteca *vt.* mâcher, mastiquer.
meşter 1. *adj.* adroit, -e, habile; **2.** *sm.* contremaître *sm.*; ouvrier qualifié *sm.*; *a fi ~ în ceva* être calé en.
meşteri *vt.* bricoler, arranger.
meşteşug *sn.* métier *sm.*; occupation *sf.*; art *sm.*
meşteşugar *sm.* artisan *sm.*
meşteşugăresc, -ească *adj.* artisanal, -ale.
meşteşugi *vt.* ciseler, travailler, polir.
metabolism *sn.* métabolisme *sm.*
metafizică *sf.* métaphysique *sf.*
metaforă *sf.* métaphore *sf.*
metal *sn.* metal *sm.*
metallic, -ă *adj.* métallique.
metaliza *vt.* métaliser.
metalurgic, -ă *adj.* métallurgique
metalurgie *sf.* métallurgie *sf.*
metamorfoza *vr.* se métamorphoser; se transformer.
metamorfoză *sf.* metamorphose *sf.*
metan *sm.* méthane *sm.*
meteahnă *sf.* défaut *sm.*; maladie *sf.*; infirmité *sf.*
meteorit *sm.* météorite *sm.*
meteorolog *sm.* météorologue *sm.*
meteorologie *sf.* météorologie *sf.*
meterz *sn.* rampart *sm.*
meticulous, -oasă *adj.* méticuleux, -euse.

meticulozitate *sf.* méticulosité *sf.*
metis, -ă *smf.* métis, -isse.
metodă *sf.* métode *sf.*
metodică *sf.* méthode.
metodologie *sf.* méthodologie *sf.*
metonimie *sf.* métonymie *sf.*
metraj *sn.* métrage *sm.*
metric, -ă *adj.* métrique.
metrologie *sf.* métrologie *sf.*
metronom *sf.* métronome *sm.*
metropolă *sf.* métropole *sf.*
metropolitan *sn.* métropolitain *sm.*
metrou *sn.* métro *sm.*
metru *sm.* mètre *sm.*
meu, mea, mei, mele 1. *adj. pos.* mon, ma, mes; **2.** *pron. pos.* le mien, la mienne, les miens, les miennes.
mexican, -ă *adj., smf.* mexicain, -e.
mezanin *sn.* mezzanine *sf.*
mezat *sn.* vente aux enchères *sf.*
mezel *sn.* charcuteries *sf. pl.*
mezelar *sm.* charcutier *sm.*
mezelărie *sf.* charcuterie *sf.*
mezin, -ă *smf.* benjamin, -e; cadet, -ette.
mi *sm.* mi *sm.*
miasmă *sf.* miasme *sm.*
miazănoapte *sf.* nord *sm.*
miazăzi *sf.* sud *sm.*, midi *sm.*
mic, -ă *adj.* petit, -e; réduit, -e; *de ~ copil* dès sa plus tendre enfance; *mica publicitate* les petites annonces.
mică *sf.* mica *sm.*
michiduţă *sm.* diable *sm.*
micime *sf.* petitesse *sf.*
microb *sm.* microbe *sm.*
microbian, -ă *adj.* microbien, -enne.
microbiologie *sf.* microbiologie *sf.*
microfon *sn.* microphone *sm.*
micron *sm.* micron *sm.*
microscop *sn.* microscope *sm.*
microscopic, -ă *adj.* microscopique; minuscule.
micşora *vt.* diminuer, amoindrir; basser, réduire.
micşorare *sf.* amoindrissement *sm.*, diminution *sf.*
micşunea *sf.* violette *sf.*; *când o face plopul pere şi rachita micşunele* au grand jamais.
midie *sf.* moule *sf.*
mie *num. card.* mille; *cam o ~* un millier.
miel *sm.* agneau *sm.*; *blând ca un ~* doux comme un agneau.
miercuri *sf.* mercredi *sm.*
miere *sf.* miel *sf.*
mierlă *sf.* merle *sm.*
mieros, -oasă *adj.* mielleux, -eusse, doucereux, -eusse; hypocrite.
mieuna *vi.* miauler.
mieunat *sn.* miaulement *sm.*
miez *sn.* cœur *sm.*; *~ de pâine* mie *sf.*; *miezul problemei* le vif d'un sujet; *miezul nopţii* minuit; *în miezul verii* au coeur de l'été.

M

migală *sf.* travail minutieux *sm.* méticulosité *sf.*
migăli *vt.* exécuter avec soin.
migălos, -oasă *adj.* méticuleux, -euse.
migdalat, -ă *adj.* en-amande.
migdală *sf.* amande *sf.*
migra *vi.* migrer.
migraţiue *sf.* migration *sf.*
migrator, -oare *adj.* migrateur; migratoire.
migrenă *sf.* migraine *sf.*
miime *sf.* millième *sm.*
miji *vt.* pointer, poindre, apparaître; *a ~ de ziuă* le jour point.
mijloc *sn.* milieu *sm.*; cœur *sm.*, centre *sm.*; taille *sf.*; moyen *sm.*, resource *sf.*; *în mijlocul lor* parmi eux; *la mijlocul drumului* à mi-chemin; *drept în ~* en plein milieu; *~ de trai* ressources.
mijlocaş *sm.* demi *sm.*
mijloci *vt.* servir d'indermédiaire, intercéder.
mijlocire *sf.* médiation *sf.*, intercession *sf.*, entremise *sf.*
mijlocitor, -oare *smf.* médiateur, -trice.
mijlociu, -ie *adj.* moyen, -enne.
milă[1] *sf.* *(unitate de măsură)* mille *sm.*
milă[2] *sf.* pitié *sf.*, compassion *sf.*, miséricorde *sf.*; charité *sf.*; *fără ~* sans pitié; *cutia milei* le tronc; *Dumnezeu cu mila* à la grâce de Dieu.
milenar, -ă *adj.* millénaire.
mileniu *sn.* millénaire *sm.*
miliard *num. card.* milliard *sm.*
miliardar, -ă *smf.* milliardaire.
miligram *sn.* milligrame *sm.*
milimetric, -ă *adj.* millimétrique.
milimetru *sm.* millimètre *sm.*
million *num. card.* million *sm.*
milionar, -ă *adj.*, *smf.* millionaire
milita *vi.* militer.
militant, -ă *adj.*, *smf.* millitant, -e.
militar, -ă 1. *adj.*, *sm.* militair; **2.** *adv.* militairement.
milităresc *adj.* militaire.
milităreşte *adv.* militairement.
militărie *sf.* service militaire *sm.*
milivolt *sm.* millivolt *sm.*
milivoltmetru *sn.* millivoltmètre *sm.*
milog, -oagă *smf.* mendiant, -e.
milogi *vr.* supplier; mendier.
milogeală *sf.* supplication *sf.*, imploration *sf.*
milos, -oasă *adj.* charitable; compatissant, -ante.
milostenie *sf.* charité *sf.*
milostiv, -ă *adj.* clément, -e.
milostivi *vr.* s'apitoyer.
milui *vt.* faire l'aumône.
mim *sm.* mime *sm.*
mima *vt.* mimer.
mimetism *sn.* mimétisme *sm.*
mimică *sf.* mimique *sf.*

mimoză *sf.* mimosa *sm.*
mina *vt.* miner.
minaret *sn.* minaret *sm.*
mină *sf.* mine *sf.*
mincinos, -oasă 1. *adj.* mensonger, -ère; **2.** *smf.* menteur, -euse.
minciună *sf.* mensonge *sm.*; fiction *sf.* invention *sf.*; ruse *sf.* tromperie; *ce-i în mână nu-i* ~ il vaut mieux tenir que courir.
miner *sm.* mineur *sm.*
mineral, -ă 1. *adj.* minéral, -e; **2.** *sn.* minéral *sm.*
mineraliza *vr.* minéraliser.
mineralogie *sf.* minéralogie *sf.*
minereu *sn.* minerai *sm.*
minge *sf.* balle *sf.*, ballon *sm.*
miniatură *sf.* miniature *sf.*; *în* ~ en miniature.
minier, -ă *adj.* minier, -ère.
minim, -ă 1. *adj.* minime; **2.** *sn.* minimum *sm.*
minimal, -ă *adj.* minimal, -e.
minimaliza *vt.* minimiser.
minimum *adv.* au minimum.
minister *sn.* ministère *sm.*
ministerial, -ă *adj.* ministeriél, -elle.
ministru *sm.* ministre *sm.*
minor, -ă *adj.* mineur, -e.
minoritat *sf.* minorité *sf.*
mintal, -ă *adj.* mental, -e.
minte *sf.* raison; intellect *sm.*; *fără* ~ irréfléchi; toqué; *a nu fi în toate minţile* ne pas avoir toute sa raison; *a învăţa ~ pe cineva* faire entendre raison à qqn.; *a-şi pierde minţile* perdre la tête, devenir fou; *a ţine* ~ ne pas oublier.
mintos, -oasă *adj.* intelligent, -e.
minţi *vi.* mentir, tromper; *minte de îngheaţă apele* il ment comme un arracheur de dents.
minuna 1. *vt.* émerveiller; **2.** *vr.* s'étonner.
minunat, -ă 1. *adj.* merveilleux, -euse, miraculeux, -euse; splendide; **2.** *adv.* merveilleusement, miraculeusement.
minune *sf.* merveille *sf.*; miracle *sm.*; prodige *sm.*; *a face minuni* faire des miracles; *cele şapte minuni ale lumii* les sept merveilles du monde; *copil* ~ enfant prodige.
minus 1. *sn.* moins; manque *sm.*; déficit *sm.*; **2.** *adv.* moins.
minuscul, -ă *adj.* minuscule, menu, -e.
minut *sm.* minute *sf.*
minută *sf.* minute *sf.*
minuţios, -oasă *adj.* minutieux, -euse.
minuţiozitate *sf.* minutie *sf.*
mioară *sf.* brebis *sf.*
miop, -oapă *adj.* myope.
miopie *sf.* myopie *sf.*

miorlăi *vi.* miauler.
miorlăit *sn.* miaulement *sm.*
mira *vr.* s'étonner.
miracol *sn.* miracle *sm.*
miraculos, -oasă 1. *adj.* miraculeux, -euse, merveilleux, -euse; 2. *sn.* merveilleux *sm.*
miraj *sn.* mirage *sm.*
mirare *sf.* étonnement *sm.*
mirat, -ă *adj.* étonné, -e, surpris, -e.
mire *sm.* marié *sm.*
mireasă *sf.* mariée *sf.*; *a plânge ca o ~* pleurer à chaudes larmes.
mireasmă *sf.* parfum *sm.*, arôme *sm.*, fragrance *sf.*
M
miriapod *sn.* mille-pieds *sm.*, mille-pattes *sm.*; myriapode *sm.*
mirişte *sf.* chaume *sm.*, éteule *sf.*
mirodenie *sf.* épice *sf.*; arôme *sm.*
miros *sn.* odeur *sf.*, senteur *sf.*; *simţul mirosului* l'odorat *sm.*; *~ urât* relent *sm.*
mirosi *vt.* sentir; flairer, *a ~ frumos* sentir bon.
mirositor, -oare *adj.* odorant, -e, parfumé, -e.
mirt *sm.* myrte *sm.*
mirui *vt.* oindre.
misionar *sm.* missionnaire *sm.*
misiune *sf.* mission *sf.*
misogin *sm.* misogyne *sm.*
mister *sn.* mystère *sm.*
misterios, -oasă *adj.* mystérieux, -euse, énigmatique; *a face pe misteriosul* être cachottier.
mistic, -ă *adj.*, *smf.* mystique.
misticism *sn.* mysticisme *sm.*
mistifica *vt.* mystifier.
mistificare *sf.* mystification *sf.*
mistreţ *sm.* sanglier *sm.*
mistrie *sf.* truelle *sf.*
mistui 1. *vt.* dogérer; détruire, anéantir; 2. *vr.* se tourmenter, se torturer; *a fi mistuit de patimă* être miné pour la passion.
mistuitor, -oare *adj.* dévorant, -ante; destructeur, -trice.
mişca 1. *vi.* *vr.* bouger, remuer; émouvoir; 2. *vr.* se mouvoir, se déplacer; *nu mişca!* ne bouge pas!; *mişcă!* file!.
mişcare *sf.* mouvement *sm.*; *a se pune în ~* se mettre en branle.
mişcat, -ă *adj.* remué, -e, déplacé, -e; ému-e.
mişcător, -oare *adj.* émouvant, -e, touchant, -e.
mişel *adj.*, *sm.* infâme, misérable; ignoble.
mişelesc, -ească *adj.* infâme, odieux, -euse.
mişeleşte *adv.* odieusement, lâchement.
mişelie *sf.* infâmie *sf.* vilenie *sf.*
mişuna *vi.* grouiller, foumiller.
mit *sn.* mythe *sm.*

mită *sf.* pot-de-vin *sm.*; *a da ~* graisser la patte.
mitic, -ă *adj.* mythique, légendaire.
miting *sn.* meeting *sm.*
mititel, -ică *adj.* menu, -e, mignon, -onne.
mitocan *sm.* malotru *sm.*, mufle *sm.*
mitocănesc, -ească *adj.* grossier, -ère.
mitocănie *sf.* goujaterie *sf.*
mitologic, -ă *adj.* mythologique.
mitologie *sf.* mythologie *sf.*
mitralia *vt.*, *vi.* mitrailler.
mitralieră *sf.* mitrailleuse *sf.*
mitropolie *sf.* église métropolitaine orthodoxe *sf.*
mitui *vt.* graisser la patte, donner un pot-de-vin.
miţos, -oasă *adj.* floconneux, -euse.
mixt, -ă *adj.* mixte.
miza *vt.* miser.
mizantrop *sm.* misanthrope *sm.*
miză *sf.* mise *sf.*, enjeu *sm.*
mizerabil, -ă *adj.* infâme, misérable, abject.
mizerie *sf.* misère *sf.*
mlaştină *sf.* mare *sf.*; marais *sm.*
mlădia *vr.*, *vt.* plier, ondoyer.
mlădios, -oasă *adj.* souple, flexible; malléable.
mlădiţă *sf.* pousse; descendent *sm.*
mlăştinos, -oasă *adj.* marécageux, -euse.
moale *adj.* mou; moelleux, -euse; tendre, doux; *om ~* homme molasse; *ou ~* œuf mollet; *lână ~* laine douce; *a o lăsa mai ~* faire des concessions.
moară *sf.* moulin; *a vorbi ca o ~* être un moulin à paroles.
moarte *sf.* mort *sf.*; *pe viaţă şi pe ~* à la vie et à la mort; *a muri de ~ bună* mourir de sa belle mort.
moaşă *sf.* sage-femme *sf.*
moaşte *sf. pl.* reliques *sf. pl.*
mobil *sn.* mobile *sm.*
mobila *vt.* meubler.
mobilat, -ă *adj.* meublé, -e.
mobilă *sf.* meuble *sm.*
mobilier *sn.* mobilier *sm.*
mobilitate *sf.* mobilité *sf.*
mobiliza *vt.* mobiliser.
mobilizare *sf.* mobilisation *sf.*
mocăi *vr.* lambiner.
mocăit, -ă *adj.* lambin, -e; lent, -e; gourd, -e.
mochetă *sf.* moquette *sf.*
mocirlă *sf.* bourbier *sm.*
mocni *vi.* couver.
mocofan *smf.* loirdaud *sm.*
mod *sn.* mode *sm.*, manière *sf.*; *adverb de ~* adverbe de manière; *modul indicativ* le mode indicatif.
modalitate *sf.* modalité *sf.*
modă *sf.* mode *sf.*

model *sn.* modèle *sm.*; *a lua drept ~* prendre pour modèle.
modela *vt.* modeler.
modelare *sf.* modelage *sm.*
modera *vt.* modérer.
moderat, -ă *adj.* modéré, -e.
moderaţie *sf.* modération, pondération.
modern, -ă *adj.* moderne.
modernism *sn.* modernisme *sm.*
moderniza *vt.* moderniser.
modernizare *sf.* modernisation *sf.*
modest, -ă *adj.* modeste.
modestie *sf.* modestie *sf.*
modifica *vt.* modifier.
M
modificare *sf.* modification *sf.*
modificare *sf.* modification *sf.*
modistă *sf.* modiste *sf.*
modula *vt.* moduler.
modulaţie *sf.* modulation *sf.*
moft *sn.* bagatelle *sf.*, broutille *sf.*; *a face mofturi* faire des façons, des simagrées.
mofturos, -oasă *adj.* difficile, capricieux, -euse.
mogâldeaţă *sf.* nabot *sm.*
mohair *sn.* mohair *sm.*
mohorî *vt.*, *vr.* foncer, s'assombrir, se rembrunir.
mohorât, -ă *adj.* sombre, triste.
mojar *sn.* mortrier *sm.*
mojic, -ă *adj.*, *smf.* rustre *sm.*, impoli, goujat; grossier, insolent.
mojicie *sf.* grossièreté *sf.*, goujaterie *sf.*
molatic, -ă *adj.* mou *sm.*, mollasse.
molcom, -ă 1. *adj.* tranquille, calme; paisible; doux; **2.** *adv.* doucement, tranquillement.
molecular, -ă *adj.* moléculaire.
moleculă *sf.* molécule *sf.*
moleşeală *sf.* torpeur *sf.*
moleşi *vt.*, *vr.* ammolir, affaiblir.
molfăi *vt.* mâchonner.
moliciune *sf.* mollesse *sf.*
molid *sm.* mélèze *sm.*
molie *sf.* mite *sf.*
molimă *sf.* épidémie *sf.*
molipsi *vt.*, *vr.* se contaminer.
molipsitor, -oare *adj.* contagieux, -euse.
moloz *sn.* gravat *sm. pl.*, plâtras *sm.*
moluscă *sf.* mollusque *sm.*
momeală *sf.* amorce *sf.*, appât *sm.*
moment *sn.* moment *sm.*; instant *sm.*; *din primul ~* du prémier abord.
momi *vt.* amorcer; leurrer.
momâie *sf.* épouvantail *sm.*
monah *sm.* moine *sm.*
monarh *sm.* monarque *sm.*
monarhic *adj.* monarchique.
monarhie *sf.* monarche *sf.*
monden, -ă *adj.* mondain, -e.
mondial, -ă *adj.* mondial, -e.
monedă *sf.* monnaie *sf.*

monetar *adj.* monétaire.
monetărie *sf.* la monnaie *sf.*
mongol, -ă 1. *adj.* mongol; 2. *smf.* Mongol.
monoclu *sn.* monocle *sm.*
monografie *sf.* monographie *sf.*
monogramă *sf.* monogramme *sm.*
monolog *sn.* monologue *sm.*
monopol *sn.* monopole *sm.*
monopoliza *vt.* monopoliser.
monosilabic, -ă *adj.* monosyllabique.
monoteism *sn.* monothéisme *sm.*
monoton, -ă *adj.* monotone.
monotonie *sf.* monotonie *sf.*
monstru *sm.* monstre *sm.*
monstruos, -oasă 1. *adj.* monstrueux, -euse; 2. *adv.* monstueusement.
monstruozitate *sf.* monstruosité *sf.*
monta *vt.* monter, ajuster, fixer.
montaj *sn.* montage *sm.*
montare *sf.* montage *sm.*
montator *sm.* monteur *sm.*
monument *sn.* monument *sm.*
monumental, -ă *adj.* monumental, -e.
moral, -ă 1. *adj.* moral, -e; 2. *sn.* moral *sm.*
morală *sf.* morale *sf.*
moralist *sm.* moraliste *sm.*
moralitate *sf.* moralité *sf.*
moraliza *vt.* moraliser.
morar *sm.* meunier *sm.*
moravuri *sn. pl.* moeurs *sf. pl.*
morărit *sn.* minoterie *sf.*
morăriţă *sf.* meunière *sf.*
morbid, -ă *adj.* morbide.
morcov *sm.* carotte *sf.*
morfină *sf.* morphine *sf.*
morfologie *sf.* morphologie.
morgă *sf.* morgue *sf.*
morişcă *sf.* moulinet *sm.*; ~ *de vânt* girouette *sf.*
morman *sn.* monceau *sm.*, tas *sm.*, amas *sm.*
mormăi *vi.* grogner; marmonner, grommeler.
mormânt *sn.* tombe *sf.*, tombeau *sm.*
mormoloc *sm.* têtard *sm.*; molasse *sm.*
morocănos, -oasă *adj.* bourru, -e; maussade.
morsă *sf.* morse *sm.*
mort, moartă *adj.*, *smf.* mort, -e, defunt, -e, décédé, -e.
mortal, -ă *adj.* mortel, -elle.
mortalitate *sf.* mortalité *sf.*
mortar *sn.* mortier *sm.*
mortaciune *sf.* chargone *sf.*
mortifica *vt.* mortifier; torturer.
morţiş *adv.* à tout prix; *a ţine ~* n'en pas en démordre.
morun *sm.* esturgeon *sm.*
mosc *sm.* musc *sm.*
moschee *sf.* mosquée *sf.*
mosor *sn.* bobine *sf.*
mostră *sf.* échantillon *sm.*
moş *sm.* vieillard *sm.*; oncle *sm.*; grand-père *sm.*; *din moşi strămoşi* de temps immémorial.

M

moşi *vt.* accoucher.
moşie *sf.* domaine *sm.*, terre *sf.*
moşier *sm.* grand propriétaire foncier *sm.*
moşneag *sm.* vieillard *sm.*
moşteni *vt.* héritier.
moştenire *sf.* héritage *sm.*
moştenitor, -oare *smf.* héritier, -ère.
motan *sm.* matou *sm.*
motel *sn.* motel *sm.*
motiv *sn.* motif *sm.*, raison *sf.*
motiva *vt.* motiver, justifier.
motivare *sf.* motivation *sf.*
motocicletă *sf.* motocyclette *sf.*
motociclist, -ă *smf.* motocycliste *sm.*
motor, -oare 1. *adj.* motor, -trice; **2.** *sn.* moteur *sm.*
motorină *sf.* gas-oil *sm.*
motoriza *vt.* motoriser.
mototol, -oală *adj.* mollasse; nigaud, -e;
mototoli *vt.* froisser, chiffoner.
moţ *sn.* toupet *sm.*, houppe *sf.*; *a fi cu ~* se croire plus malin que les autres.
moţăi *vi.* sommeiller.
moţiune *sf.* motion *sf.*
mov *adj.* mauve.
movilă *sf.* tertre *sm.*, monticule *sm.*
mozaic *sn.* mosaique *sf.*
mozoli *vt.* mâchonner.
mreajă *sf.* filet de pêche *sm.*; piège *sm.*; *a prinde pe cineva în mreje* prendre qqn. dans ses rets.
mreană *sf.* barbeau *sm.*
muc 1. *sn.* bout de cigarette, mégot; **2.** *sm.* morve *sf.*, mucosité.
mucalit, -ă 1. *adj.* blagueur, badin; **2.** *smf.* pince-sans-rire *sm.*
mucegai *sn.* moici *sm.*, moisissure *sf.*
mucegăi *vi.* moisir.
mucenic, -ă *smf.* martyr, -e.
muchie *sf.* arête *sf.*; crête *sf.*; bord; *a fi pe ~ de cuţit* ne tenir qu'à un fil.
mucoasă *sf.* muqueuse *sf.*
mucos, -oasă *adj.*, *smf.* morveux, -euse.
mucozitate *sf.* mucosité *sf.*
muget *sn.* mugissement *sm.*; beuglement *sm.*
mugi *vi.* beugler, mugir.
mugur *sm.* bourgeon *sm.*
muia 1. *vt.* tremper, mouiller; amollir; **2.** *vr.* se calmer, s'apaiser, s'adoucir.
muiat, -ă *adj.* mouillé, -e, trempé, -e.
muiere *sf.* femme *sf.*
mujdei *sn.* aillade *sf.*, mousse d'ail *sf.*
mula *vt.* mouler
mulaj *sm.* moulage *sm.*

mulatru, -ă *smf.* mulâtre, -âtresse, métis, -isse.
mulgător, -oare *smf.* trayeur, -euse.
mulge *vt.* traire
muls *sf.* traite *sf.*
mult, -ă 1. *adv.* beaucoup, davantage; **2.** *adj.* beaucoup de, bien des; **3.** *num.* nehot beaucoup, nombre; *de mai multe ori* plusieurs fois; *cel ~* tout au plus; *prea ~* trop; *~ și bine* bel et bien.
multicolor, -ă *adj.* multicolore.
multiplica *vt.* multiplier.
multiplicare *sf.* multiplication *sf.*
multiplu *sm.* multiple *sm.*
mulţime *sf.* foule, masse, multitude; ensemble *teoria mulțimilor* la théorie des ensambles.
mulţumi 1. *vi.* remercier; **2.** *vt.* récompenser qqn, contenter qqn.; **3.** se contenter de.
mulţumire *sf.* remerciement *sm.*; satisfaction *sf.*, contentement *sm.*; *a avea o mare ~* éprouver une grande satisfaction.
mulţumit, -ă *adj.* content, -e, satisfait, -e.
mulţumitor, -oare *adj.* satisfaisant, -e.
mumie *sf.* momie *sf.*
mumifica *vr.* se momifier.
muncă *sf.* travail *sm.*, labeur *sm.*; *forță de ~* force de travail.
munci 1. *vi.* travailler, peiner; **2.** *vt.* torturer, tourmenter; **3.** *vr.* se tourmenter; s'efforcer; *a ~ pământul* labourer; *a ~ cu ziua* travailler à la journée; *a ~ cu nădejde* travailler dur.
muncitor, -oare 1. *adj.* travailleur, -euse, ouvrier, -ère; **2.** *smf.* travailleur, -euse, ouvrier, -ère; *~ necalificat* manœuvre *sm.*
muncitoresc, -ească *adj.* ouvrier, -ère.
municipal, -ă *adj.* municipal, -e.
muniţie *sf.* munition *sf.*
munte *sm.* montagne *sf.*, mont; *de peste munți* par-delà les montagnes; *un ~ de om* un gaillard; *un lanț de munți* une chaîne de montagnes.
muntos, -oasă *adj.* montagneux, -euse.
mura *vt.* saumurer, confire.
murat, -ă *adj.* saumuré, -e; confit, -e.
murătură *sf.* pickles *sm. pl.*
murdar, -ă *adj.* sale, taché, souillé; sale, malpropre; *cuvinte murdare* obscène.
murdări *vt.* salir, souiller.
murdărie *sf.* saleté, malpropreté *sf.*; ordures *sf.*

M

muri *vi.* mourur, décéder; *a ~ de urât* s'ennuyer à mourir; *a ~ de râs* crever de rire; *a ~ după ceva* raffoler de qch.; *a ~ de somn* tomber de sommeil.

muribund, -ă *smf.* mourant, -ànte, muribond, -e.

muritor, -oare *adj. smf.* mortel, -elle.

murmur *sn.* murmure *sm.*

murmura *vi.* murmurer; chuchoter; susurrer.

musafir *sm.* hôte *sm.*, invité *sm.*

muscă *sf.* mouche *sf.*; *a cădea ca musca în lapte* venir comme un cheveu sur la soupe; *a se aduna ca muştele la miere* accourir à l'aubaine.

M

muscular, -ă *adj.* musculaire.

musculatură *sf.* musculature *sf.*

musculos, -oasă *adj.* musculeux, euse.

muson *sm.* mousson *sf.*

must *sn.* moût *sm.*

mustaţă *sf.* moustache *sf.*

mustăcios, -oasă *adj.* moustachu, -e.

mustos, -oasă *adj.* juteux, -euse.

mustra *vt.* réprimander, sermonner, gronder; *a ~ pe cineva conştiinţa* avoir des remords.

mustrare *sf.* réprimade *sf.*

mustrător, -oare *adj.* réprobateur, -trice.

muşama *sf.* toile cirée *sf.*

muşca *vt.* mordre.

muşcată *sf.* géranium *sm.*

muşcător, -oare *adj.* mordant, -ante.

muşcătură *sf.* morsure *sf.*

muşchetar *sm.* mousquetaire *sm.*

muşchi *sm.* *(bot.)* mousse *sf.*; *(anat.)* muscle *sm.*; filet *sm.*; *~ de vacă* filet de boeuf.

muşeţel *sm.* camomille *sf.*

muştar *sn.* moutarde *sf.*

muşteriu *sm.* client *sm.*, acheteur *sm.*

muştrului *vt.* réprimader, gronder.

muşuroi *sn.* fourmilière *sf.*

mut, -ă *adj.* muet, -ette.

muta 1. *vt.* déplacer; transférer; **2.** *vr.* *(dintr-o locuinţă)* déménager; *(într-o locuinţă)* emménager.

mutare *sf.* déménagement *(dintr-o locuinţă)*; emménagement *(într-o locuinţă)*; déplacement *sm.*

mutaţie *sf.* mutation *sf.*

mutila *vt.* mutiler.

mutilat, -ă *adj.* mutilé, -e.

mutră *sf.* figure, face, visage *sm.*; a face mutre faire des façons.

mutual, -ă *adj.* mutuel, -elle.

muţenie *sf.* mutisme *sm.*
muză *sf.* muse. *sf.*
muzeu *sn.* musée *sm.*
muzical, -ă *adj.* musical, -e.
muzicant, -ă *s/mf.* musicien, -enne.
muzică *sf.* musique *sf.*
muzicuţă *sf.* harmonica *sm.*

N

na *interj.* voilà!, tiens!
nabab *sm.* nabab *sm.*
nacelă *sf.* nacelle *sf.*
nadă *sf.* amorce *sf.*; appât *sm.*; piège *sm.*; leurre *sm.*
naftalină *sf.* naphtaline *sf.*
nai *sn.* flûte de Pan *sf.*
naiadă *sf.* naiade *sf.*
naiba *sf.* diable *sm.*; *la ~!* corbleu!; *a vedea pe ~* trouver son compte; *al naibii de* très, extrémement, terriblement, diablement.

N

nailon *sn.* nylon *sm.*
naiv, -ă **1.** *adj.* naïf, -ive, crédule; **2.** *adv.*. naivement.
naivitate *sf.* naïveté *sf.*, candeur *sf.*
nalbă *sf.* rose trémière *sf.*
namilă *sf.* colosse *sm.*
nani *(fam.) a face ~* faire dodo.
naos *sn.* nef *sf.*
nap *sm.* navet *sm.*
nara *vt.* narrer.
narativ, -ă *adj.* narrative, -ive.
naraţiune *sf.* narration *sf.*
nară *sf.* narine *sf.*
narcisă *sf.* *(albă)* narcisse *sf.*, *(galbenă)* jonquille *sf.*
narcotic *sn.* narcotique *sm.*
narghilea *sf.* narguilé *sm.*
nas *sn.* nez *sm.*; *a da cuiva peste ~* rabattre le caquet de qqn., remettre à sa place; *a umbla cu nasul pe sus* être orgueilleux; *a-şi băga ~ peste tot* fourrer son nez partout; *a nu-i ajunge cu prăjina la ~* être très imbu de sa personne; *a vorbi pe ~* parler du nez; *a strâmba din ~* faire la moue; *a-şi sufla nasul* se moucher; *a-i râde în ~* rire au nez.
nasture *sm.* bouton *sm.*
naş, -ă *smf.*parrain *sm.*, marraine *sf.*
naşte **1.** *vt.* donner naissance, accoucher (de); **2.** naître, venire au monde; **3.** *vi.* engendrer.
naştere *sf.* naissance; accouchement *sm.*, couches *sf. pl.*; *zi de ~* anniversaire.
natal, -ă *adj.* natal, -e.
natalitate *sf.* natalité *sf.*
nataţie *sf.* notation *sf.*
nativ, -ă *adj.* natif, -ive.
natriu *sn.* natrium *sm.*
natural, -ă **1.** *adj.* naturel, -elle; **2.** *adv.*. naturellement; *mărime ~* grandeur nature.
naturaleţe *sf.* naturel *sm.*

naturalism *sn.* naturalisme *sm.*
naturalist, -ă *smf.* naturalist.
natură *sf.* nature *sf.*; tempérament *sm.*
naţional, -ă *adj.* national, -e.
naţionalism *sn.* nationalisme *sm.*
naţionalist *smf.*, *adj.* nationaliste.
naţionalitate *sf.* nationalité *sf.*; citoyenneté *sf.*
naţionaliza *vt.* nationaliser.
naţionalizare *sf.* nationalization *sf.*
naţiune *sf.* nation *sf.*
naufragia *vi.* faire naufrage, naufrager.
naufragiu *sn.* naufrage *sm.*
nautic, -ă *adj.* nautique.
naval, -ă *adj.* naval, -e.
navă *sf.* *(mar.)* navire *sm.*; *(spaţială)* vaisseau spatial; *(aeriană)* aéronef.
navetă *sf.* navette *sf.*
naviga *vi.* naviguer.
navigabil, -ă *adj.* navigable.
navigator, -oare *smf.* navigateur, -trice *sm.*
navigaţie *sf.* navigation *sf.*
nazal, -ă *adj.* nasal, -e.
nazalizare *sf.* nasalization *sf.*
nazuri *sn. pl.* caprice *sm.*, chichis *sm. pl.*; *a face ~* faire des chichis.
năbădăios, -oasă *adj.* emporté, -e, colérique; capricieux, -euse; *(despre animale)* rétif.
năbuşeală *sf.* chaleur étouffante *sf.*
năbuşi *vt.* étouffer.
năclăi **1.** *vt.* engluer; **2.** *vr.* se salir, se souiller.
năclăit, -ă *adj.* gluant, -e.
nădăjdui *vt.* espérer.
nădejde *sf.* espoir *sm.*, espérance *sf.*; *om de ~* homme de confiance; *a trage ~* espérer; nourrir un espoir; *a pune ~ în cineva* compter sur qqn.; *slabă ~* il y a peu de chances.
nădrag *sm.* pantalon *sm.*
năduf *sn.* chaleur accablante *sf.*; oppression *sf.*; dépit *sm.*
năduşeală *sf.* sueur *sf.*; transpiration *sf.*; *a trece pe cineva toate năduşelile* suer sang et eau *(de efort)*; être en nage *(de căldură)*; avoir la frousse *(de frică)*.
năduşi *vi.* suer, transpirer.
năframă *sf.* écharpe *sf.*; fichu *sm.*; voile *sm.*
nălucă *sf.* apparition *sf.*, vision *sf.*, fantôme *sm.*; chimère *sf.*, illusion *sf.*
nămete *sm.* congère *sf.*, monceau de neige *sm.*
nămol *sn.* boue *sf.*, vase *sf.*
nămolos, -oasă *adj.* boueux, -euse, vaseux, -euse.

năpastă *sf.* calamité *sf.*, malheur *sm.*; calomnie *sf.*
năpădi 1. *vt.* envahir; accabler; **2.** *vi.* faire irruption, se jeter, se ruer; assaillier; *năpădit de buruieni* envahi par des mauvaises herbes; *a se ~ asupra cuiva* se ruer su qqn.; *a fi năpădit de griji* être opressé par les soucis.
năpăstui *vt.* opprimer, persecuter.
năpăstuit, -ă *adj.*, *smf.* opprimé, -e.
năpârcă *sf.* *vi.*père *sf.*
năpârli *vt.* muer.
năprasnic, -ă 1. *adj.* soudain, -e; subit, -e; inattendu, -e; violent, -ente; terribile; **2.** *adv.* soudain, soudainement, brusquement, violemment; *moarte ~* mort violente, subite.
năpusti 1. *vr.* se précipiter, se ruer, fonder (sur), foncer (sur); **2.** *vt.*. envahir.
năpustire *sf.* irruption *sf.*, invasion *sf.*, assaut *sm.*
nărav *sn.* vice *sm.*; mauvaise habitude *sf.*
nărăvaş, -ă *adj.* rétif, -ive.
nărăvi *vr.* prendre de mauvaises habitudes.
nărui *vr.* s'écrouler, s'abattre; se ruiner.
năruire *sf.* écroulement *sm.*, effondement *sm.*
născoci *vt.* inventer, forger, imaginer.
născocire *sf.* invention *sf.*; mensonge *sm.*
născut, -ă *adj.* né, -e; *nou ~* nouveau-né.
năstruşnic, -ă *adj.* bizarre, étrange, formidabile; extraordinaire; mirobolant, -e; *ce idee ~*! quelle drôle d'idée!
nătăfleţ, -eaţă 1. *adj.* niais, -e, bête; **2.** *smf.* nigaud, -e.
nătărau *adj.*, *smf.* niais, -aise, nigaud, -e.
nătâng, -ă *adj.* *adj.*, *smf.* niais, -aise, nigaud, -e.
năuc, -ă 1. *adj.* ahuri, -e, hébété, -e; **2.** *smf.* ahuri, -e; fou, folle.
năuci *vt.* étourdir, ahurir, hébéter; éblouir.
năucire *sf.* ahurissement *sm.*; étourdissement *sm.*
năucit, -ă *adj.* ahuri, -e, hébété, -e.
năvală *sf.* ruée *sf.*; assaut *sm.*; *a da ~* se précipiter, se pousser, faire irruption.
năvalnic, -ă 1. *adj.* impétueux, -euse, fougueux, -euse; **2.** *adv.* impéteusement, fougueusement.
năvăli *vt.* assaillir; envahir, se ruer, se jeter, attaquer; *a ~ asupra unei cetăţi* assaillier un château; *(a se îmbulzi)* se pousser, se bousculer.

năvălire *sf.* assaut *sm.*; invasion *sf.*; ruée *sf.*
năvălitor, -oare 1. *adj.* envahissant, -e; **2.** *smf.* envahisseur *sm.*
năvod *sn.* filet de pêche *sm.*
năzări *vr.* sembler *vi.*, avoir l'impression; avoir un caprice, être pris d'une envie.
năzbâtie *sf.* espièglerie *sf.*, farce *sf.*, facétie *sf.*
năzdrăvan, -ă *adj.* merveilleux, -euse, extraordinaire; éspiegle, facétieux, -euse; *cal ~* cheval surnaturel; *glumă ~* une facétie.
năzui *vi.* aspirer, *vi.*ser, briguer.
năzuinţă *sf.* aspiration *sf.*
năzuros, -oasă *adj.* difficile, capricieux, -euse.
nea *sf.* neige *sf.*.
neabătut, -ă *adj.*ferme; consequent, -e
neacoperit, -ă *adj* .nu, -e; decouvert, -e.
neadevăr *sn.* conte-vérité *sf.*, inexactitude *sf.*; mensonge *sm.*
neadevărat, -ă *adj.* faux, fausse, erroné, -e, inexact, -e.
neaeristit, -ă *adj.*non-aéré, -e.
neagresiune *sf.* non-agression *sf.*
neajuns *sn.* désagrément *sm.*, ennui *sm.*; incovénient *sm.*, défaut *sm.*
neajutorat, -ă *adj.* maladroit, -e, incapable; maladroit, e.
neam *sn.* peuple *sm.*; nation *sf.*; parent *sm.*; *a fi ~ cu cineva* s'apparenter à qqn.; *(naţionalitate)* nationalité *sf.*; éspece *sf.*, genre *sm.*; variété *sf.*
neamestec *sn.* non-intervention *sf.*, non-ingérence *sf.*
neant *sn.* néant *sm.*
neaoş, -ă *adj.* autochtone, authentique, indigène; pur, -e.
neapărat *adv..* absolument, sans faute, à tout prix, nécessairement.
neascultare *sf.* désobéissance *sf.*; insoumission *sf.*
neasemănat, -ă *adj.* incomparable; sans pareil, -le.
neastâmpăr *sn.* impatience *sf.*; agitation *sf.*, inquiétude *sf.*
neastâmpărat, -ă *adj.* impatient, -e; agité, -e, vif, vive; turbulent, -e.
neaşteptat, -ă 1. *adj.* inattendu, -e; imprévu, -e; surprenant, -e; **2.** *adv.* étonnamment; **3.** *sn. pe ~* inopinément.
neatins, -ă *adj.* intact, -e, entire, -ière.
neatârnare *sf.* independence *sf.*
nebăgare *sf. din ~ de seamă* par mégarde; par inadvertence
nebiruit, -ă *adj.* invaincu, -e.

nebulos, -oasă *adj.* nébuleux, -euse, confus, -use.

nebun, -ă 1. *adj.* fou, fol, folle; insensé, -e, dément, -e; *~ de bucurie* fou de joie; **2.** *smf.* aliéné, -e; fou, folle.

nebunatic, -ă *adj.* folâtre, espiègle.

nebuneşte *adj.* follement, à la folie, éperdument; *a dori ~* désirer ardemment; *a iubi ~* aimer follement.

nebunie *sf.* folie; démence; *la ~* follement.

necaz *sn.* ennui *sm.*; chagrin *sm.*, peine *sf.*; dépi *sm.*; *a avea ~* avoir des déboires; *a avea ~ pe cineva* en vouloir à qqn.; rancune.

N

necăji *vt.* irriter, agacer, taquiner; peiner, affliger; chagriner; fâcher; s'efforcer *(a-şi da osteneala).*

necăjit, -ă *adj.* chagriné, -e, peiné, -e.

necăsătorit, -ă *adj.* célibataire.

necesar, -ă *adj.* nécessaire.

necesitate *sf.* nécessité *sf.*

necheza *vi.* hennir.

nechezat *sn.* hennissement *sm.*

nechibzuit, -ă *adj.* irréfléchi, -e.

necinsti *vt.* déshonorer; profaner, outrager, violer.

necinstit, -ă 1. *adj.* malhonnête, déloyal, -e; **2.** *adv.* malhonnêtement.

necioplit, -ă *adj.* fruste, rude, grossier, -ère

neciteţ, -eaţă *adj.* illisible.

neclar *adj.* confus, -use.

neclintit, -ă *adj.* immobile; ferme, constant, inébranlable.

necondiţionat, -ă 1. *adj.* inconditionné, inconditionnel, -elle; **2.** *adv.* inconditionnellement.

neconsolat, -ă *adj.* inconsolé, -e.

necontenit, -ă 1. *adj.* continu, -e, continuel, -elle, ininterrompu; **2.** *adv.* sans cesse, continuellement

necontestat, -ă *adj.* incontesté, -e, indiscutable.

necopt, -oaptă *adj.* cru, -e; vert, -e; sans expérience, inexpérimenté, -e.

necredincios, -oasă *adj.* infidèle.

necrezut, -ă *adj.* incroyable, *de ~* inimaginable.

necrolog, -ă *sn.* nécrologe *sm.*

necropolă *sf.* nécropole *sf.*

necruţător, -oare *adj.* implacable, impitoyable.

nectar *sn.* nectar *sm.*

necugetat, -ă *adj.* irréfléchi, -e.

necum *adv.* d'autant moins.

necumpănit, -ă *adj.* irréfléchi, -e.
necumpătat *adj.* intempérant, -ante.
necunoscut, -ă inconnu, -e.
necuprins, -ă *adj.* immense, infinie, -e.
necurat, -ă **1.** *adj.* sale, impur; **2.** le diable *sm.*, le malin *sm.*
necurăţenie *sf.* impureté *sf.*, saleté *sf.*, ordure *sf.*, immodice *sf.*
necurmat, -ă **1.** *adj.* continuel, -elle; **2.** *adv.* continuellement.
necuviincios, -oasă *adj.* impoli, -e, inconvenant, -e.
necuviinţă *sf.* impolitesse *sf.*, incovenance *sf.*, impertinence *sf.*
nedefinit, -ă *adj.* indéfini, -ie.
nedesluşit, -ă *adj.* confus, -e; vague.
nedespărţit, -ă *adj.* inseparable
nedezlipit, -ă *adj.* collé, -e.
nedezminţit, -ă *adj.* sans démenti.
nedorit, -ă *adj.* indésirable.
nedisciplinat, -ă *adj.* indiscipline, -e.
nedrept, -eaptă **1.** *adj.* injuste; **2.** *sn.* *pe* ~ injustement.
nedreptate *sf.* injustice *sf.*
nedreptăţi *vt.* commettre une injustice.
nedumerire *sf.* incertitude *sf.*, étonnement *sm.*; indécision *sf.*; embarras *sm.*
nedumerit, -ă *adj.* étoné, -e, surpris, -ise; embarrassé, -e; incertain, -aine.
nefast, -ă *adj.* néfaste.
nefavorabil, -ă *adj.* défavorable.
nefericire *sf.* malheur; *din* ~ malheureusement.
nefericit, -ă *adj.* malheureux, -euse.
neffinţă *sf.* néant *sm.*
nefiresc, -ească **1.** *adj.* anormal, -e; inaccoutumé, -e; **2.** *adv.* anormalement.
neg *sm.* verrue *sf.*
nega *vt.* nier.
negare *sf.* négation *sf.*
negativ, -ă **1.** *adj.* negative, -ive; **2.** *sn.* negative *sm.*; **3.** *adv.* négativement.
negaţie *sf.* négation *sf.*
neghină *sf.* ivraie *sf.*
neghiob, -oabă *adj.*, *smf.* niais, -aise, nigaud, -aude.
neghiobie *sf.* niaiserie *sf.*; bêtise *sf.*
negândit, -ă *sn.* pe negâdite inopinément
neglija *vt.* négliger.
neglijabil *adj.* négligeable.
neglijent, -ă **1.** *adj.* négligent, -e; **2.** *adv.* négligemment.
neglijenţă *sf.* negligence *sf.*
negocia *vt.* négocier.

negociere *sf.* négociation *sf.*, pourparlers *sm. pl.*
negoţ *sn.* commerce *sm.*, négoce *sm.*
negrăit, -ă *adj.* indicible, ineffable.
negreală *sf.* noirceur *sf.*
negresă *sf.* negresse *sf.*
negreşit *adv.* sans faute, assurement.
negricios, -oasă *adj.* noirâtre, noiraud, -e.
negru, -ă 1. *adj.* noir, -e; *pâine ~* pain bis; *vin ~* vin rouge; *a i se face ~ înaintea ochilor* voir rouge; *a vedea totul în ~* broyer du noir; **2.** *sn.* noir *sm.*; **3.** *sm.* noir.
negură *sf.* brume *sf.*, brouillard épais *sm.*; obscurité *sf.*, ténèbres *sf. pl.* negustor *sm.* commerçant *sm.*, marchand *sm.*
negustorie *sf.* négoce *sm.*, commerce *sm.*
nehotărâre *sf.* indécision *sf.*, hésitation *sf.*, irrésolution *sf.*
nehotărât, -ă *adj.* indécis, -e, indéfini, -e; hésitant, -e, irrésolu, -e.
neiertător, -oare *adj.* impitoyable, implacable.
neisprăvit, -ă inachevé, -e; incapable.
neistovit, -ă *adj.* infatigable.
neîmblânzit, -ă *adj.* indompté, -e.
neîmpăcat, -ă *adj.* insatisfait, -e, mécontent, -ente.
neîncetat, -ă 1. *adj.* incessant, -e; continu, -e; **2.** *adv.* continuellement, sans cesse.
neînchipuit 1. *adj.* inimaginable; **2.** *adv.* extrêmement.
neîncredere *sf.* méfiance *sf.*, defiance *sf.*; soupçon *sm.*
neîncrezător, -oare *adj.* méfiant, -e; défiant, -e.
neîndemânare *sf.* maladresse *sf.*
neîndemânatic, -atică 1. *adj.* maladroit, -e, malhabile; **2.** maladroitement.
neîndoios, -oasă 1. *adj.* indubitable, indiscutable; **2.** *adv.* indubitablement.
neînduplecat, -ă *adj.* implacable, inébranlable, impitoyable.
neîndurator, -oare *adj.* implacable, inébranlable, impitoyable.
neîndurare *sf.* cruauté *sf.*; *cu ~* implacablement, sans pitié.
neînfricat, -ă 1. *adj.* hardi, -e; courageux, -euse; vaillant, -e; **2.** *adv.* courageusement.
neînfrânt *adj.* invaincu, -ue.
neînsemnat, -ă *adj.* insignifiant, -e; négligeable, modeste.
neînsufleţit, -ă *adj.* inanimé, -e.
neîntârziat, -ă *adv.* immédiatement, tout de suite.

neîntemeiat, -ă *adj.* sans fondement, non fondé.

neîntrecut, -ă 1. *adj.* inégalable, insurpassable; **2.** *adv.* sans pareil, -eille, sans égal.

neîntrerupt, -ă 1. *adj.* continu, -e; ininterrompu, -e; **2.** *adv.* continuellement, incessament; sans cesse.

neînţelegere *sf.* malentendu *sm.*; discorde *sf.*; différend *sm.*, dissension *sf.*

neînţeles, -easă *adj.* incompris, -e; confus, -e; inintelligible, *de ~* incompréhensible.

neînvins *adj.* invaincu, -e; *de ~* invincible.

nelămurire *sf.* doute *sm.*, incertitude *sf.*

nelămurit, -ă *adj.* confus, -e, vague, indistinct, -e.

nelegitim *adj.* illégitime.

nelegiuire *sf.* infamie *sf.*, crime *sm.*

nelegiuit, -ă *adj.* infâme.

nelimitat, -ă *adj.* illimité, -e.

nelinişte *sf.* trouble *sm.*, inquietude *sf.*, agitation *sf.*

nelinişti *vt.*, *vr.* (se) troubler, (s')inquiéter.

neliniştit, -ă *adj.* agité, -e; inquiet, -ète.

nelipsit, -ă *adj.* assidu, -e.

nemaiauzit, -ă *adj.* inouï, -e.

nemaiîntâlnit, -ă *adj.* unique, extraordinaire.

nemaipomentit, -ă 1. *adj.* inoui, -e, fantastique, extraordinaire; **2.** *adv.* extrêmement, extraordinairement.

nemaivăzut, -ă *adj.* extraordinaire.

nemărginire *sf.* infini *sm.*

nemărginit, -ă *adj.* illimité, -e, sans bornes.

nemăsurat, -ă 1. *adj.* démesuré, -e, immense; **2.** *adv.* démesurément, immensément.

nemâncat, -ă 1. *adj.* affamé, -e; **2.** *sn. pe nemâncate* à jeun, le ventre creux.

nemângâiat, -ă *adj.* inconsolé, -e; *de ~* inconsolable.

nemernic, -ă 1. *adj.* scélérat, -e; **2.** *smf.* misérable, grédin, -e; infâme; canaille *sf.*, pauvre.

nemijlocit, -ă 1. *adj.* direct, -e, immédiat, -e; **2.** *adv.* directement.

nemilos, -oasă 1. *adj.* impitoyable, inexorable; implacable, cruel, -elle; **2.** *adv.*. inexorablement, impitoyablement.

nemiluita *sf. cu ~* à foison.

nemişcare *sf.* immobilité *sf.*

nemişcat *adj.* immobile.

nemotivat, -ă *adj.* immotivé, -e.

nemţesc, -ească *adj.* allemande, -e.

nemţeşte *adv.* à l'allemande.

nemulţumi *vt.* mécontenter, indisposer.

N

nemulţumire *sf.* mécontentement; ennui *sm.*
nemulţumit, -ă *adj.* mécontent, -e.
nemulţumitor, -oare *adj.* ingrate, -e; insuffisant, -e.
nemurire *sf.* immortalité *sf.*
nemuritor, -oare *adj.* immortel, -elle.
nene *sm.* oncle *sm.*; tonton *sm.*
nenoroc *sn.* malchance *sf.*
nenoroci *vt.* render malheureux.
nenorocire *sf.* malheure *sm.*, infortune *sf.*; calamité *sf.*; désastre *sm.*; *din* ~ par malheur, malheureusement.
nenorocit, -ă *sf.* malheureux, miserable.
nenorocos, -oasă *adj.* malchanceux, -euse.
nenumărat, -ă *adj.* innombrable.
neobişnuit, -ă *adj.* inaccoutumé, insolite.
neobosit, -ă *adj.* infatigable.
neobrăzare *sf.* impudence *sf.* effronterie *sf.*
neobrăzat, -ă *adj.* éhonté, -e, impertinent, -e; effronté, -e; impudent, -e.
neoclasicism *sn.* néoclasicisme *sm.*
neofalină *sf.* essence *sf.*; benzene *sf.*
neolitic, -ă 1. *adj.* néolithique; **2.** *sn.* néolithique *sm.*
neologism *sn.* néologisme *sm.*
neomenie *sf.* inhumanité *sf.*
neomenos, -oasă *adj.* inhumain, -e, cruel, elle.
neon *sn.* néon *sm.*
neorânduială *sf.* désordre *sm.*; pagaille *sf.*, confusion *sf.*
nepărtinire *sf.* impartialité *sf.*, objectivité *sf.*
nepărtinitor, -oare *adj.* impartial, -e.
nepăsare *sf.* indifference *sf.*, insouciance *sf.*
nepăsător, -oare *adj.* indifferent, -ente, insouciant, -ante.
nepătruns, -ă *adj.* insondé, -e; impénétrable, insondable; mystérieux, -euse.
nepieritor, -oare *adj.* impérissable.
neplăcere *sf.* désagrément *sm.*, ennui *sm.*
nepoată *sf.* *(de bunic)* petite-fille; *(de unchi)* nièce.
nepoftit, -ă *adj.* intrus, -e.
nepot *sm.* *(de bunic)* petit-fils *sm.*; *(de unchi)* neveu *sm.*
nepotism *sn.* *népotisme sm.*
nepotolit, -ă *adj.* inapaisé, -e.
nepotrivire *sf.* discordance *sf.*, disparité *sf.*, disproportion *sf.*, incompatibilité *sf.*
nepotrivit, -ă 1. *adj.* déplacé, -e; **2.** *adv.* hors de propos, mal à propos.
nepovestit, -ă *adj.* pas encore raconté, -e; *de* ~ inénarrable.

neprecupeţit, -ă *adj.* inconditionné, -e.
nepregătit, -ă 1. *adj.* ignorant, -e; non préparé, -e; **2.** *sn. pe ~* au pied levé.
nepreţuit, -ă *adj.* inestimable.
neprevăzut, -ă 1. *adj.* imprévu, -e; **2.** *sn.* imprévu, -e; *de ~* imprévisible.
nepricepere *sf.* incompétence *sf.*
nepriceput, -ă *adj.* maladroit, -e, incapable.
nepricopsit, -ă 1. *adj.* pauvre, miserable; **2.** *smf.* diable *sm.*
neprielnic, -ă *adj.* défavorable.
neprietenesc *adj.* inimical, -ale; hostile.
nepusă *adj.* pe ~ masă à l'improvise.
nepunticios, -oasă *adj.*, *smf.* impuissant, -e, incapable.
neputinţă *sf.* incapacité *adj.*; impuissance *sf.*; infirmité *sf.*; *e cu ~!* c'est impossible.
nerăbdare *sf.* impatience *sf.*; *cu ~* impatiemment.
nerăbdător, -oare *adj.* impatient, -e; inquiet, -ète; agité, -e.
nerecunoscător, -oare *adj.* ingrate, -e.
nerecunoştinţă *sf.* ingratitude *sf.*
neregulat, -ă *adj.* irrégulier, -ère.
neregulă *sf.* irrégularité *sf.*; désordre *sm.*
nereuşită *sf.* échec *sm.*, insuccès *sm.*
nerezolvat, -ă *adj.* non résolu, -e; *de ~* insoluble.
nerod, -oadă *adj.*, *smf.* nigaud, -e, sot, -otte.
neroditor, -oare *adj.* infécond, -e, improductif, -ive, infertile.
nerozie *sf.* sottise *sf.*, bêtise *sf.*
neruşinare *sf.* impudence *sf.*
neruşinat, -ă *adj.* éhonté, -e; impudent, -e; effronté, -e, indécent, -e.
nerv *sm.* nerf *sm.*; *a avea nervi* avoir ses nerfs.
nervos *adj.* nerveux, -euse, irrascible.
nervozitate *sf.* nervosité *sf.*, irritation *sf.*
nervură *sf.* nervure *sf.*
nesaţ *sn.* avidité *sf.*; *cu ~* avidement.
nesăbuit, -ă *adj.* insensé, -e.
nesărat, -ă *adj.* fade, insipide; non salé, -e.
nesătul, -ă *adj.* inassouvi, -e; insatiable.
nesăţios, - oasă *adj.* insatiable.
neschimbat, -ă *adj.* inchangé, -e; invariable.
nesecat, -ă *adj.* inépuisable.
nesfârşit, -ă 1. *adj.* interminable, infini, -e; sans fin; **2.** *sn.*

N

infini *sm.*; *la* ~ infiniment, à l'infini.

nesigur, -ă *adj.* incertain, -e; indécis, -e.

nesiguranţă *sf.* incertitude *sf.*

nesimţire *sf.* inconscience *sf.*, insensibilité *sf.*; *(leşin)* évanouissement *sm.*; *a cădea în* ~ perdre connaissance; *ce* ~*!* quelle muflerie *sf.*

nesţimţit, -ă *adj.* maltrou, goujat *sm.*, muffle; *pe nesimţite* en tapinois; discrètement.

nesimţitor, -oare *adj.* insensible; insouciant; maltrou, -e.

nesocoti *vt.* ne pas tenir compte de qqch.; ignorer, mépriser.

N

nesocotit, -ă *adj.* irréflechi, -e; insensé, -e.

nesomn *sn.* insomnie *sf.*

nespălat, -ă 1. *adj.* sale; **2.** *sm.* va-nu-pieds am.

nespus, -ă 1. *adj.* indicible, immense, ineffable; **2.** *adv.*. extrêmement, indiciblement.

nestabil, -ă *adj.* instable.

nestatornic, -ă *adj.* inconstant, -ante; variable, changeant, -e; *timp* ~ temps variable; *persoana* ~ personne insconstante.

nestatornicie *sf.* inconstance *sf.*

nestăpânit, -ă *adj.* immodéré, -e, fougueux, euse.

nestăvilit, -ă *adj.* indompté, -e; *de* ~ indomptable; impétueux, -euse.

nestemată *adj. piatră* ~ pierre précieuse.

nestingherit, -ă *adj.* en toute liberté, sans contrainte.

nestins, -ă *adj.* inextinguible; ardent, -e.

nestrăbatut, -ă *adj.* infranchissable.

nestrămutat, -ă *adj.* inébranlable, ferme.

nesuferit, -ă *adj.* insupportable, intolerable.

nesupunere *sf.* insoumission *sf.*

neşansa *sf.* malchance *sf.*

neşters, -earsă *adj.* non effacé, -e; *de* ~ ineffaçable; inoubliable.

neştiinţă *sf.* ignorance *sf.*

neştirbit, -ă *adj.* intact, -e; non entamé, -e.

neştire *sf. în* ~ inconsciemment.

neştiut, -ă *adj.* ignoré, -e; inconnu, -e.

neştiutor, -oare *adj.* ignorant, -e; ~ *de carte* illettré, -e, analphabète.

net, -ă 1. *adj.* net, nette; clair, -e; distincte; **2.** *adv.* net, nettement, clairement.

netăgăduit, -ă 1. *adj.* incontesté, -e; **2.** *adv.* incontestablement.

neted, -ă *adj.* lisse.
netezi *vt.* niveler, aplanir; lisser; arranger.
neto *adv.* netto.
netrebnic, -ă *adj.* miserable, salaud, -aude.
neţărmurit, -ă *adj.* illimité, -e, immense.
neuitat, -ă *adj.* inoublié, -e; *de* ~ inoubliable.
neumblat, -ă *adj.* peu fréquenté, -e; désert, -e.
neuron *sm.* neurone *sm.*
neutralitate *sf.* neutralité *sf.*
neutraliza *vt.* neutralizer.
neutron *sm.* neutron *sm.*
neutru, -ă *adj.* neutre.
nevastă *sf.* femme *sf.*, épouse *sf.*
nevăstuică *sf.* belette *sf.*
nevătămat, -ă *adj.* indemne; *viu și* ~ sain et sauf.
nevăzut, -ă 1. *adj.* invisible; **2.** *sn. pe* ~ à l'aveuglette; *a se face* ~ disparaître.
neverosimil, -ă *adj.* invraiesemblable.
nevertebrat, -ă invertebré, -e.
nevindecat, -ă *adj.* non guéri, -e; *de* ~ inguérissable.
nevinovat, -ă *adj.* innocent, -e; candide.
nevinovăţie *sf.* innocence *sf.*; candeur *sf.*
nevoi *vt. pasiv* être contraint (à); être obligé (de).
nevoiaş, -ă *adj.* indigent, -e, pauvre.
nevoie *sf.* besion *sm.*, nécessité *sf.*; *a avea* ~ avoir besion; *la* ~ au besion; manque *sm.*; difficulté *sf.*; *de* ~ par nécessité, obligatoirement; *zor-*~ à tout prix.
nevoit, -ă *adj.* obligé, -e.
nevolnic, -ă *adj.* incapable.
nevralgie *sf.* névralgie *sf.*
nevrednic, -ă *adj.* indigne.
nevrednicie *sf.* indignité *sf.*
nevricos, -oasă *adj.* nerveux, -euse; irascible; *a fi* ~ avoir la tête près du bonnet.
nevropat, -ă *adj.* névropathe.
nezdruncinat, -ă *adj.* fixe; ferme; *de* ~ inébranlable.
nicăieri *adv.* nulle part.
nichel *sn.* nickel *sm.*
nichela *vt.* nickeler.
nichelare *sf.* nickelage *sm.*
nici 1. *adv.* point; pas même; **2.** *conj.* ~... ~ ni...ni, non plus; ~ *eu* moi non plus; **3.** *pron.* ~ *unul* aucun, -e.
nicicând *adv.* jamais.
nicicum *adv.* nullement, pas du tout, pas le moins du monde.
niciodată *adv.* jamais.
niciunde *adv.* nulle part.
nicovală *sf.* enclume *sf.*; *a fi între ciocan și* ~ être entre l'enclume et le marteau.
nihilism *sn.* nihilisme *sm.*

nimb *sn.* nimbe *sm.*, auréole *sf.*
nimeni *pron. neg.* personne.
nimereală *sf. la ~* au hazard.
nimeri 1. *vt.* atteindre, toucher, trouver; *a ~ ținta* toucher la cible; **2.** *vr.* se trouver; s'accorder; **3.** *vi.* tomber juste; *a ~ prost* tomber mal.
nimerit, -ă 1. *adj.* indiqué, -e, oportun, -e; **2.** *sn.* pe nimerite au hasard, à tâtons.
nimfă *sf.* nymphe *sf.*
nimic 1. *pron. neg.* rien; *pentru ~* pour rien; *~ deosebit* rien de particulier; *~ bun* rien de bon; **2.** *sn.* rien *sm.*
nimica *sf. e o ~ toata* c'est un rien du tout.
nimici *vt.* anéantir, annihiler.
nimicire *sf.* anéantissement *sm.*, annihilation *sf.*
nimicnicie *sf.* vanité *sf.*, néant *sm.*
ninge *vi.* neiger.
nins, -ă *adj.* enneigé, -e; couvert de neige; *(fig.)* blanchi, -e.
ninsoare *sf.* chute de neige *sf.*
niscai *adj.* nehor quelques, certains, -aines.
nisetru *sm.* esturgeon *sm.*
nisip *sn.* sable *sm.*
nisipos, -oasă *adj.* sablonneux, -euse, sableux, -euse; *pământ ~* terre sableuse.
nişă *sf.* niche *sf.*
nişte *art. nehot.* quelques, certains, -aines, des.
nit *sn.* rivet *sm.*
nitam-nisam *adv.* sans crier gare, inopinément.
nitui *vt.* riveter.
nituitor *sm.* riveur *sm.*
niţel *num. nehot.* un peu.
nivel *sn.* niveau *sm.*, *la ~* au ras de; *~ apei* le niveau de l'eau; *conferință la ~ înalt* conférence au sommet; *la ~ parlamentului* à l'échelon du parlament; *~ de viață* niveau de vie.
nivela *vt.* niveler, aplanir.
nivelă *sf.* niveau *sm.*
niznai *adv. a se face ~* n'avoir l'air de rien.
noapte *sf.* nuit; *cu ~ în* cap dès l'aube, avant l'aube, au point du jour; *e ~* il fait nuit; *la ~* cette nuit; *~ de ~* chaque nuit; *la căderea nopții* à la nuit tombante; *zi și ~* nuit et jour; *noapte bună!* bonne nuit!.
nobil, -ă 1. *adj.* noble, aristocratique; généreux; **2.** *smf.* noble, aristocrate.
nobilime *sf.* noblesse *sf.*, aristocratie *sf.*
nobleţe *sf.* noblesse *sf.*
nociv, -ă *adj.* nuisible; nocif, -ive.
nocturn, -ă 1. *adj.* nocturne; **2.** *sf.* *(muz.)* nocturne *sf.*

nod *sn.* noeud *sm.*; *a căuta ~ în papură* chercher la petite bête; chercher des taches dans le soleil.

noduros, -oasă *adj.* noueux, -euse.

noi *pron. pers.* nous.

noian *sn.* monceau *sm.*, tas *sm.*, multitude *sf.*, immensité *sf.*

noiembrie *sm.* novembre *sm.*

noimă *sf.* sens *sm.*, but *sm.*, signification *sf.*

nojiţă *sf.* lacet *sm.*

nomad, -ă *adj.* nomade.

nomenclator *sn.* tableau (d'objets, de matérieux) *sm.*

nomenclatură *sf.* nomenclature *sf.*

nominal, -ă *adj.* nominal, -e.

nominative 1. *adj.* nominative; **2.** *sn.* nominative, cas sujet.

nonsens *sn.* nonsens *sm.*

noptieră *sf.* table de nuit *sf.*

nor *sm.* nuage *sm.*; *a cădea din ~* tomber des nues; *a fi cu capul în ~* être dans les nuages.

noră *sf.* bru *sf.*; belle-fille *sf.*

nord *sn.* nord *sm.*

nordic, -ă *adj.* nordique.

norma *vt.* planifier le travail; régler, réglementer.

normal 1. *adj.* normal, -ale; **2.** *adv.* normalement.

normaliza *vt.* normaliser.

normalizare *sf.* normalisation *sf.*

normare *sf.* planification du travail *sf.*; réglementation *sf.*

normativ, -ă *adj.* normative, -ive.

normă *sf.* norme *sf.*; *a lucra cu ~ întreagă* travailler à temps plein; *a lucra cu jumătate de ~* travailler à mi-temps.

noroc *sn.* fortune *sf.*, destin *sm.*; *la ~* au hasard; veine *sf.*, chance *sf.*; *a avea ~* avoir de la chance; *~!* bonjour!; *joc de ~* jeu de hasard.

norocos, -oasă *adj.* chanceux, -euse, veinard, -e.

norod *sn.* peuple *sm.*; foule *sf.*

noroi *sn.* boue *sf.*; *(fig.)* fange *sf.*

noroios, -oasă *adj.* boueux, -euse.

noros, -oasă *adj.* nuageux, -euse.

norvegian, -ă 1. *adj.* norvégien, -ienne; **2.** *smf.* Norvégien, -ienne.

nostalgic *adj.* nostalgique.

nostalgie *sf.* nostalgie *sf.*

nostim, -ă *adj.* amusant, -e; drôle, plaisant, -e; agréable, sympathique.

nostimadă *sf.* drôlerie *sf.*, facétie *sf.*

nostru, noastră **1.** *adj. pos.* notre; **2.** *pron. pos.* le nôtre, la nôtre.

nota *vt.* noter, marquer.

notabilitate *sf.* notabilité *sf.*

N

notar *sm.* notaire *sm.*
notare *sf.* notation *sf.*
notariat *sn.* notariat *sm.*
notă *sf.* note *sf.*; remarques *sf. pl.*; commentaries *sf. pl.*; *a lua ~* prendre des notes; trait *sm.*; nuance *sf.*
notifica *vt.* notifier.
notificare *sf.* notification *sf.*
notiţă *sf.* note *sf.*; notice *sf.*
notorietate *sf.* notoriété *sf.*
notoriu *adj.* notoire.
noţiune *sf.* notion *sf.*
nou, nouă *adj.* neuf, -ve, nouveau, nouvel, nouvelle; *anul ~* le nouvel an.
nouă *num. card.* neuf; *peste ~ mări şi ~ ţări* au bout du monde; *este ora ~* il est neuf heures.

N

nouălea, noua *num. ord.* le (la) neuvième; *a fi în al ~ cer* être su septième ciel.
nouăsprezece *num. card.* dix-neuf.
nouăzeci *num. card.* quatre-vingt-dix.
noutate *sf.* nouveauté *sf.*; nouvelle *sf.*
novice *smf.* novice.
nu *adv.* non; ne; pas *încă ~* pas encore; *~ de mult* il n'y a pas longtemps.
nuanţa *vt.*, *vi.* nuancer.
nuanţă *sf.* nuance.
nuc *sm.* noyer *sf.*
nucă *sf.* noix; *ca ~ în perete* cela ne rime à rien.
nuclear, -ă *adj.* nucléaire.
nucleu *sn.* noyau *sm.*
nud, -ă1 *adj.* nu, -e,dévêtu, -e; *sn.* nu *sm.*
nufăr *sm.* nénuphar *sm.*
nuia *sf.* baguette *sf.*, verge *sf.*
nul, -ă *adj.* nul, -le.
nulitate *sf.* nulité *sf.*
numai **1.** *adv.* uniquement, seulement; *~ şi ~* exclusivement; **2.** *conj.* cependant, mais, aussitôt; *nu ~* non seulement; *~ cât* dès que; *afară ~ dacă* à moins que; *~ să* pourvu que.
numaidecât *adv.* tout de suite, immédiatement.
număr *sn.* numéro *sm.*, nombre *sm.*; *~ de telefon* numéro de téléphone; *~ la pantofi* pointure *sf.*; *~ la haine* taille *sf.*
număra *vt.* compter.
numărătoare *sf.* compte *sm.*; numération *sf.*
numărător *sm.* numérateur *sm.*
nu-mă-uita *sf.* myosotis *sm.*, ne m'oubliez pas *sm.*
nume *sn.* nom; *a lua în ~ de rău* prendre en mauvaise part; *a spune lucrurilor pe ~* parler franchement.
numeral *sn.* numéral *sm.*; *~ cardinal* adjective numeral cardinal.

numerar *sn.* numéraire *sm.*; *în ~* argent comptant.
numeric, -ă *adj.* numérique.
numeros, -oasă *adj.* nombreux, -euse.
numerota *vt.* chiffrer, numéroter.
numi *vt.* nommer.
numire *sf.* nomination *sf.*
numismatică *sf.* numismatique *sf.*
numitor *sm.* dénominateur *sm.*
nuntă *sf.* noce *sf.*
nunti *vi.* se marier.
nunţiu *sm.* noce *sm.*
nurcă *sf.* vison *sm.*
nutreţ *sn.* fourrage *sm.*
nutri *vt.* nourrir.
nutrie *sf.* castor *sf.*
nutritiv, -ă *adj.* nourissant, -ante.
nutriţie *sf.* nutrition *sf.*
nuvelă *sf.* nouvelle *sf.*
nuvelist *sm.* auteur de nouvelles.

N

O

o *art. nehot.* une.
oacheş, -ă *adj.* brun, -e.
oaie *sf.* mouton *sm.,* brebis *sf.*; *deştept ca o ~* sot *sm.*; *turmă de oi* troupeau de moutons.
oală *sf.* pot *sm.,* marmite *sf.*; *a se amesteca unde nu-i fierbe ~* se mêler de ce qui ne vous regarde pas.
oară *sf.* fois *sf.*; *ori de câte ori* chaque fois; *de multe ori* souvent, bien des fois; *ultima ~* la dernière fois; *de cele mai multe ori* le plus souvent; *de atâtea ori* tant de fois; *de nenumărate ori* bien de fois.
oare *adv.* vraiment?; est-ce que?; par hasard; *de ce ~?* pourquoi donc?.
oarecare 1. *adj. nehot.* quelconque, certain, -e; **2.** *un ~* un quidam *sm.*
oarecine *pron. nehot.* quelqu'un.
oarecum *adv.* en quelque sorte, plus ou moins
oaspete *sm.* visiteur *sm.,* hôte *sm.,* invité *sm.*
oaste *sf.* armée *sf.*
oază *sf.* oasis *sf.*
obârşie *sf.* origine *sf.,* souche *sf.*; source *sf.*
obelisc *sn.* obélisque *sm.*
obez, -ă *adj.* obèse.
obezitate *sf.* obésité *sf.*
obicei *sn.* habitude *sf.*; coutume *sf.*; usage *sm.*; *un ~ prost* une mauvaise habitude; *după ~* selon la coutume; *de ~* d'habitude.
obidă *sf.* abatement *sm.,* chagrin *sm.,* peine *sf.*
obiect *sn.* objet *sm.*
obiecta *vt.* objecter.
obiectiv, -ă 1. *adj.* objectif, -ive; **2.** *adv.* objectivement; **3.** *sn.* objectif.
obiectivism *sn.* objectivisme *sm.*
obiectivist, -ă *adj.* objectiviste.
obiecţie *sf.* objection *sf.*
obişnui *vt., vr.* (s')habituer, (s')accoutumer, (se) familiariser.
obişnuinţă *sf.* habitude *sf.*; *din ~* par habitude.
obişnuit, -ă 1. *adj.* habituel, -elle, ordinaire, courant, -e, usuel, -elle; *smf.* habitué, -e; familier, -ère; **2.** *adv.* habituellement
oblic, -ă 1. *adj.* oblique, incline, -e; **2.** *adv.* de biais; obliquement.

obliga **1.** *vt.* obliger, contraindre, forcer; **2.** s'obliger.

obligatoriu, -orie **1.** *adj.* obligatoire; **2.** *adv.* obligatoirement.

obligaţie *sf.* obligation *sf.*, devoir *sm.*

obloji **1.** *vt.* panser; soigner; **2.** *vr.* s'emmitoufler.

oblon *sn.* volet *sm.*, persienne *sf.*

oboi *sn.* hautbois *sm.*

obor *sn.* marché aux bestiaux *sm.*

oboseală *sf.* fatigue *sf.*

obosi **1.** *vi.*, *vr.* (se) fatiguer; **2.** *vt.* fatiguer, lasser, épuiser.

obositor, -oare *adj.* fatigant, -e.

obraz *sn.* joue *sf.*; visage *sm.*, figure *sf.*; face *sf.*; *a fi fără ~* n'avoir pas honte, être sans vergone; *a zice de la ~* dire carrément; *a scăpa cu ~ curat* se tirer d'embarras.

obraznic, -ă **1.** *adj.* impertinent, -e, insolent, -e; **2.** *adv.* insollement.

obrăznici *vr.* devenir impertinent.

obrăznicie *sf.* impertinence *sf.*, insolence *sf.*

obscen, - ă *adj.* obscene.

obscur, -ă **1.** *adj.* obscur, -e, ténébreux, -euse; **2.** *adv.* obscurément.

obscurantism *sn.* obscurantisme *sm.*

obscuritate *sf.* obscurité *sf.*

obseda *vt.* obséder, hanter.

obsedant, -ă *adj.* obsedant, -ante.

observa *vt.* observer, remarquer.

observare *sf.* observation *sf.*

observator, -oare **1.** *adj.*, *smf.* observateur, -trice; **2.** *sn.* observatoire *sm.*

observaţie *sf.* observation *sf.*; critique *sf.*; reproche *sm.*; remarque *sf.*

obsesie *sf.* obsession *sf.*

obstacol *sn.* difficulté *sf.*; obstacle *sm.*

obstrucţie *sf.* obstruction *sf.*

obşte *sf.* collectivité *sf.*, communauté *sf.*

obştesc, -ească *adj.* public, -que, commun, -e.

obtura *vt.* obturer.

obturare *sf.* obturation *sf.*

obtuz, -ă *adj.* obtus, -e; *persoană ~* personne bornée.

obţine *vt.* gagner, obtenir, remporter, acquérir; *a ~ un premiu* remporter un prix.

obuz *sn.* obus *sm.*

ocară *sf.* insulte *sf.*, affront *sm.*, outrage *sm.*; diffamation *sf.*; *a fi de ~* être la risée de tous; *vorbe de ~* invectives; *a face de ~* ridiculiser.

ocazie *sf.* occasion *sf.*; *cu prima ~* au premier jour; *a da ~* donner lieu à; *a profita de ~* prendre la balle au bond.
ocazional, -ă 1. *adj.* occasionnel, -elle; 2. *adv.* occasionnellement.
ocărî *vt.* gronder, rudoyer; insulter.
occident *sn.* occident *sm.*
occidental, -ă *adj.* occidental, -e.
ocean *sn.* ocean *sm.*
ocheadă *sf.* oeillade *sf.*, coup d'oeil *sm.*
ochean *sn.* lunette *sf.*, longue-vue *sf.*
ochelari *sm. pl.* lunettes *sf. pl.*
ochi[1] *sm.* œil *sm.*; regard *sm.*; *a da ~ cu cineva* rencontrer qqn; *a-şi pleca ~* baisser les yeux; *văzând cu ~* à vue d'œil; *a clipi din ~* cligner de l'œil; *cât ai clipi din ~* en un clin d'oeil; *a vorbi între patru ~* parler entre quatre yeux, en particulier; *plin ~* plein à ras-bord; *a fi cu ~ în patru* ouvrir l'œil; *cât vezi cu ~* à perte vue; *~ de geam* carreau *sm.*; *~ de aragaz* brûlant *sm., (culinar)* œufs sur le plat.
ochi[2] *vt.* viser, apercevoir.
ochios, -oasă *adj.* beau, bel, belle.
ochire *sn.* œillade *sf.*; coup d'œil *sm.*; visée *sf.*
ocârmui *vt.* gouverner.
ocârmuire *sf.* gouvernement *sm.*
ocnaş *sm.* forçat *sm.*
ocnă *sf.* saline *sf.*; bagne *sm.*
ocol *sn.* detour *sm.*; *a face un ~* faire un détour; *fără ~* franchement, directement; enclose *sm.*
ocoli *vt.* faire le tour de, contourner; éviter.
ocolire *sf.* tour *sm.*; détour *sm.*
ocroti *vt.* protéger, défendre; aider.
ocrotire *sf.* protection *sf.*; défense *sf.*; aide *sf.*
ocrotitor, -oare *adj.*, *smf.* protecteur, -trice.
octavă *sf.* octave *sf.*
octogenar *adj.*, *smf.* octogénaire.
octombrie *sm.* octobre *sm.*
ocular, -ă *adj.* oculaire.
oculist *sm.* oculiste *sm.*
ocult, -ă *adj.* occulte.
ocupa *vt.*, *vr.* (s')occuper.
ocupare *sf.* occupation *sf.*
ocupant, -ă *adj.*, *smf.* occupant, -e.
ocupat, -ă *adj.* occupé, -e.
ocupaţie *sf.* occupation *sf.*, profession *sf.*
odaie *sf.* chambre *sf.*, pièce *sf.*
odată *adv.* autrefois, jadis, une fois, un jour; *a fost ~* il était

une fois; tout à coup, brusquement; ~ *şi* ~ un beau jour.

odă *sf.* ode *sf.*

odgon *sn.* câble *sm.*, cordage *sm.*, amarre *sf.*

odihnă *sf.* repos *sm.*, délassement *sm.*; loisir *sm.*

odihni *vr.*, *vi.* se délasser, se reposer, dormir.

odihnitor, -oare *adj.* reposant, -e.

odinioară *adv.* jadis, autrefois.

odios, -oasă *adj.* odiex, -euse.

odisee *sf.* odyssée *sf.*

odor *sn.* joyau *sm.*; personne aimée.

odraslă *sf.* rejeton *sm.*, descendent, -e; progéniture *sf.*

ofensa 1. *vt.* offenser, outrager; 2. *vr.* se fâcher.

ofensator, -oare 1. *adj.* offensant, -e, outrageant, -e; 2. *sm.* offenseur *sm.*

ofensă *sf.* outrage *sm.*, offense *sf.*; affront *sm.*, insulte *sf.*

ofensiv, -ă *adj.* offensive, -ive.

ofensivă *sf.* offensive *sf.*

oferi *vt.* offrir.

ofertă *sf.* offre *sf.*

ofertant *sm.* offrant *sm.*

oficia *vt.* officier.

oficial, -ă 1. *adj.* official, -elle; 2. *adv.* officiallement.

oficialităţi *sf. pl.* autorités *sf. pl.*

oficializa *vt.* rendre officiel.

oficios, -oasă *adj.* officieux, -euse.

oficiu *sf.* office *sm.*; ~ *poştal* bureau de poste.

ofili *vr.* se faner, se flétrir.

ofilire *sf.* étiolement *sm.*

ofiţer *sm.* officier *sm.*

ofrandă *sf.* offrande *sf.*

ofta *vi.* soupirer.

oftat *sn.* soupir *sm.*

oftică *sf.* phtisie *sf.*; tuberculose *sf.*

ofticos, -oasă *adj.* pop phtisique, tuberculeux, -euse.

ogar *sm.* lévrier *sm.*

ogivă *sf.* ogive *sf.*

oglindă *sf.* miroir *sm.*, glace *sf.*

oglindi 1. *vt.* refléter; 2. *vr.* se mirer, se refléter.

oglindire *sf.* réflexion *sf.*; reflet *sm.*

ogor *sn.* champ labouré *sm.*; guéret *sm.*

ogradă *sf.* cour *sf.*, basse-cour *sf.*

oişte *sf.* timon *sm.*

olaltă *adv.* ensamble.

olan *sn.* tuile *sf.*

olandă *sf.* toile de lin *sf.*

olandez, -ă 1. *adj.* hollandais, -e; 2. *smf.* Hollandais, -e.

olar *sm.* potier *sm.*

olărie *sf.* poterie *sf.*

olărit *sn.* métier du potier *sm.*

oleacă *adv.* un peu, un brin.

oleaginos, -oasă *adj.* oléagineux, -euse.

olfactiv, -ă *adj.* olfactif, -ive.
oligarhie *sf.* oligarchie *sf.*
olimpiadă *sf.* jeux olympiques *sm. pl.*; olympiade *sf.*
olimpic, -ă *adj.* olympique.
olog, -oagă *adj.* infirme, estropié, -e, perclus, -e, cul-de-jatte *sm.*
ologeală *sf.* paralysie *sf.*
ologi *vi.*, *vr.* estropier.
om *sm.* homme *sm.*, individu *sm.*; *pl.* gens; ~ *de treabă* un brave home; ~ *de zapadă* bonhomme de neige.
omagia *vi.* rendre hommage.
omagiu *sn.* hommage *sm.*
omăt *sn.* neige *sf.*
omenesc, -ească *adj.* humain, -e.
omenește *adj.* humainement.
omenie *sf.* bonté *sf.*, générosité *sf.*, humanité *sf.*
omenire *sf.* humanité *sf.*
omenos, -oasă *adj.* humain, -e, bon, bonne, doux, douce.
omidă *sf.* chenille *sf.*
omisiune *sf.* omission *sf.*
omite *vt.* omettre.
omletă *sf.* omlette *sf.*
omnipotent, -ă *adj.* omnipotent, -e.
omnivor, -ă *adj.* omnivore.
omogen, -ă *adj.* homogène.
omogenitate *sf.* homogénéinté *sf.*
omologa *vt.* homologuer.
omologare *sf.* homologation *sf.*
omonim *sn.* homonyme *sm.*
omoplat *sm.* omoplate *sf.*
omor *sm.* meurtre *sm.*, assassinat *sm.*
omorî *vt.* assassiner, tuer.
onctuos, -oasă *adj.* onctueux, -euse.
ondula **1.** *vt.* onduler; **2.** *vi.* ondoyer.
ondulaţie *sf.* ondulation *sf.*
oneros, -oasă *adj.* onéreux, -euse.
onest, -ă *adj.* honnête, correct, -e.
onestitate *sf.* honnêteté *sf.*
onoare *sf.* honneur *sm.*; *cuvânt de* ~ parole d'honneur.
onomastic, -ă *adj.* onomastique; *ziua* ~ la fête de qqn.
onomatopee *sf.* onomatopée *sf.*
onor *sn.* honneur *sm.*
onora *vt.* honorer, respecter.
onorabil, -ă **1.** *adj.* honorable; **2.** *adv.* honorablement
onorariu *sn.* honoraries *sm. pl.*
onorific, -ă *adj.* honorifique.
opac, -ă *adj.* opaque.
opacitate *sf.* opacité *sf.*
opaiţ *sn.* lumignon *sm.*
opal *sn.* opale *sm.*
opări **1.** *vt.* échauder, ébouillanter; **2.** *vr.* se brûler.
opărire *sf.* échaudage *sm.*
opera *vt.*, *vi.* opérer.
operant *adj.* efficace; efficient.

operativ, -ă *adj.* efficient, -e, efficace; expéditif, -ive; opérationnel, -elle.
operator, -oare *smf.* opérateur, -trice.
operaţie *sf.* operation *sf.*
operă *sf.* oeuvre *sf.*; *(muz.)* opéra *sm.*; *(teatru)* opéra *sm.*; production *sf.*
operetă *sf.* opérette *sf.*
opina *vt.* opiner, dire son avis.
opincă *sf.* sandale de paysan *sf.*
opinie *sf.* opinion *sf.*, avis *sm.*
opinteală *sf.* effort *sm.*
opinti *vr.* s'efforcer, s'arc-bouter.
opiu *sn.* opium *sm.*
oportun, -ă *adj.* opportune, -e.
oportunism *sn.* opportunisme *sm.*
oportunist, -ă *adj.* opportuniste *sf.*
opozant, -ă *smf.* opposant, -e.
opoziţie *sf.* opposition *sf.*
oprelişte *sf.* interdiction *sf.*; arrêt *sm.*; obstacle *sm.*; difficulté *sf.*
opresiune *sf.* oppression *sf.*
opresor, -oare *smf.* oppresseur *sm.*
opri 1. *vt.* arrêter, stopper; interdire; garder; retenir; réserver; empêcher; **2.** *vr.* s'arrêter, cesser (de); *a se ~ brusc* (s')arrêter pile.
oprima *vt.* opprimer.
oprimare *sf.* oppression *sf.*
oprire *sf.* arrêt *sm.*, cesse *sf.*; *fără ~* sans cesse, sans répit, sans arrêt; halte *sf.*
opt *num. card.* huit.
opta *adj.* opter.
optativ *adj. mod ~* l'optatif *sm.*
optic, -ă *sf.* optique *sf.*
optică *sf.* optique *sf.*
optim, -ă *adj.* optimal, ale.
optime *sf.* huitième *sm.*
optimism *sn.* optimisme *sm.*
optimist, -ă *adj.* optimiste.
optsprezece, -zecea *num. ord.* le (la) dix-huitième.
optulea, opta *num. ord.* le (la) huitième.
optzeci *num. card.* quatre-vingt(s).
optzecilea, -zecea *num. ord.* le (la) quatre-vingtième.
opţiune *sf.* option *sf.*
opulenţă *sf.* opulence *sf.*
opune *vt.*, *vr.* (s')opposer à.
opunere *sf.* opposition *sf.*
opus, -ă *adj.* contraire, opposé, -e.
oracol *sn.* oracle *sm.*
oral, -ă 1. *adj.* oral, -e; **2.** *adv.* oralement.
oranjadă *sf.* orangeade *sf.*
orar *sn.* horaire *sm.*; programme *sm.*
oraş *sn.* ville *sf.*, cité *sf.*
orator, -oare *sm.* orateur *sm.*
oratorie *sf.* art oratoire *sm.*

oră *sf.* heure *sf.*; ~ *de curs* leçon *sf.*, cours *sm.*; *cu* ~ à l'heure; *din* ~ *în* ~ d'heure en heure.
orăcăi *vi.* coasser.
orăcăit *sn.* coassement.
orăşean *sm.* citadin *sm.*
orăşeancă *sf.* citadine *sf.*
orăşenesc, -ească *adj.* urbain, -e.
orândui *vt.* ranger, arranger, mettre en ordre.
orânduire *sf.* organization *sf.*; ordre *sm.*, arrangement *sm.*; régime *sm.*; ~ *feudală* régime féodal.
orb, oarbă 1. *smf.* aveugle; **2.** *adj.* aveugle; *cameră* ~ chamber noire; *baba-oarba* colinmaillard; *a avea orbul găinilor* avoir la berlue.

O

orbecăi *vi.* tâtoner, marcher à tâtons.
obeşte *adv.* aveuglément, à l'aveuglette; au hasard.
orbi 1. *vi.* devenir aveugle, perdre la vue; **2.** *vt.* aveugler.
orbire *sf.* cécité *sf.*
orbital *adj.* orbital.
orbită *sf.* orbite *sf.*
orbitor, -oare *adj.* aveuglant, -e.
orchestră *sf.* orchestre *sm.*
ordin *sn.* ordre *sm.*, disposition *sf.*
ordinal *adj.* ordinal.
ordinar, -ă *adj.* ordinaire, commun, -e; vulgaire.
ordine *sf.* ordre *sm.*, règle *sf.*; *a face* ~ ranger, mettre de l'ordre; *la ordinea zilei* à l'ordre de jour; *ordine de zi* ordre de jour.
ordona *vt.* mettre en ordre, grouper, ranger; commander, ordonner.
ordonanţă *sf.* ordonnance *sf.*
ordonat, -ă *adj.* ordonné, -e; rangé, -e.
orez *sn.* riz *sm.*
orezărie *sf.* rizière *sf.*
orfan, -ă *adj.*, *smf.* orphelin, -e.
orfelinat *sn.* orphelinat *sm.*
organ *sn.* organe; organisme.
organic, -ă *adj.* organique.
organism *sn.* organisme *sm.*
organiza *vt.* organiser.
organizare *sf.* rganisation *sf.*
organizator, -oare *adj.* organisateur, -trice.
organizaţie *sf.* organisation *sf.*
orgă *sf.* orgue *sm.*
orgie *sf.* orgie *sf.*
orgolios, -oasă *adj.* orgueilleux, -euse; vaniteux, -euse.
orgoliu *sn.* vanité *sf.*, orgueil *sm.*
orhidee *sf.* orchidée *sf.*
ori *adv.*, *conj.* ou, ou bien.
oribil, -ă 1. *adj.* horrible, épouvantable; **2.** *adv.* horriblement.
oricare *pron. nehot.* chacun, -e.
oricând *adv.* n'importe quand.

oricât 1. *adv.* n'importe combien, tant que, autant que; **2.** *pron. nehot.* quelque; tant que.
orice 1. *pron. nehot.* quoique ce soit, n'importe quoi; **2.** *adj.* chaque; *în ~ caz* de toute manière.
oricine *pron. nehot.* n'importe qui, qui que ce soit, quiconque.
oricum *adv.* tout de même; de toute manière, n'importe comment; *~ ar fi* de toute façon.
orient *sn.* levant *sm.*, orient *sm.*, est *sm.*
orienta *vt.*, *vr.* (se) guider, (s')orienter.
oriental, -ă *adj.*, *smf.* oriental, -e.
orientare *sf.* orientation *sf.*
orificiu *sn.* orifice *sm.*
original, -ă 1. *adj.* original, -e; **2.** *adv.* originalement.
originalitate *sf.* originalité *sf.*
originar, -ă *adj.* originaire.
origine *sf.* origine *sf.*, souche *sf.*; point de départ, source *sf.*
oriunde *adv.* n'importe où.
orizont *sn.* horizon *sm.*
orizontal, -ă 1. *adj.* horizontal, -e; **2.** *sf.* horizontale *sf.*; *adv.* horizontalement.
orna *vt.* décorer, orner, embellir, parer.
ornament *sn.* ornament *sm.*
ornamenta *vt.* décorer, orner.
ornamental, -ă *adj.* ornamental, -e.
ornamentaţie *sf.* ornamentation *sf.*
ornitologie *sf.* ornithologie *sf.*
oroare *sf.* horreur *sf.*, repulsion *sf.*
orologiu *sn.* horologe *sf.*
oropsi *vt.* opprimer, persécuter.
oropsire *sf.* oppression *sf.*; persécution *sf.*
ortodox, -ă *adj.* orthodoxe.
ortografic, -ă *adj.* orthographique.
ortografie *sf.* orthographe *sf.*
ortopedie *sf.* orthopédie *sf.*
orz *sn.* orge; *a strica ~ pe gâşte* jeter des perles aux pourceaux.
os *sn.* os; *~ de peşte* arête; *pâna la ~* jusqu'à la moelle; *a muia oasele cuiva* rouer de coups; *în carne şi oase* en chair et en os.
osanale *sf. pl.* ovations *sf. pl.*, acclamations *sf. pl.*
osatură *sf.* ossature *sf.*
osândă *sf.* condemnation *sf.*, peine *sf.*
osândi *vt.* condemner.
osândire *sf.* condemnation *sf.*
osânză *sf.* saindoux *sm.*
oscila *vi.* osciller; hésiter.
oscilaţie *sf.* oscillation; hésitation *sf.*

O

oseminte *sn. pl.* ossements *sm. pl.*
osie *sf.* essieu *sm.*
osificare *sf.* ossification *sf.*
osmoză *sf.* osmose *sf.*
osos, -oasă *adj.* osseux, -euse; ossu, -e.
ospăta *vt.* régaler.
ospăta *sm.* garçon *sm.*
ospătărie *sf.* auberge, gargote *sf.*; restaurant *sm.*; hôtellerie *sf.*
ospăţ *sn.* banquet *sm.*; festin *sm.*; régal *sm.*
ospiciu *sn.* ospice *sm.*
ospitalier, -ă *adj.* ospitalier, -ère.
ospitalitate *sf.* hospitalité *sf.*
ostaş *sm.* soldat *sm.*; combatant *sm.*
ostatic *sm.* otage *sm.*
ostăşesc, -ească *adj.* militaire.
osteneală *sf.* effort *sm.*, peine *sf.*; fatigue *sf.*; *a-şi da ~* faire des efforts, se donner du mal, se donner la peine.
osteni **1.** *vi.* se sentir fatigué, se fatiguer; **2.** *vr.* se fatiguer, se donner de la peine; **3.** *vt.* fatiguer, harasser, exténur, s'efforcer.
ostenit, -ă *adj.* fatigué, -e; las, lasse.
ostentativ, -ă *adj.* ostentateur, -trice; ostentatoire.
ostentaţie *sf.* ostentation *sf.*
ostil, -ă *adj.* hostile.
ostilitate *sf.* hostilité *sf.*
ostoi *vr.*, *vt.* (se) calmer, (se) tranquiliser.
ostrov *sn.* île *sf.*, îlot *sm.*
oştire *sf.* armée *sf.*
otavă *sf.* regain *sm.*
otravă *sf.* poison *sm.*
otrăvi *vt.*, *vr.* (s')empoisonner.
otrăvire *sf.* empoisonnement *sm.*
otrăvitor, -oare *adj.* vénéneux, -euse.
otreapă *sf.* torchon *sm.*; *(fig.)* fripouille *sf.*, vaurien *sm.*
oţărî *vr.* se courroucer, s'emporter; *a se ~ la cineva* tancer vertement qqn.
oţel *sn.* acier *sm.*
oţelar *sm.* trempeur (d'acier) *sm.*; fondeur *sm.*
oţelărie *sf.* aciérie *sf.*
oţeli *vt.* aciérer, tremper.
oţelire *sf.* aciérage *sm.*
oţet *sn.* vinaigre *sm.*; *a face pe cineva cu ou şi cu ~* passer un savon à qqn.
oţeti *vr.* s'aigrir.
ou *sn.* œuf *sm.*; *~ clocit* oeuf pourri; *~ ochiuri* des œufs pochés, des œufs sur le plat; *~ tari* des œufs durs; *~ jumări* des œufes brouillés; *~ fierte* des œufs à la coque.
oua *vi.* pondre.
ouat *sn.* ponte *sf.*
oval, -ă *adj.* ovale.

ovar *sn.* ovaire *sm.*
ovaţie *sf.* ovation *sf.*
ovaţiona *vt.* ovationner.
ovăz *sn.* avoine *sf.*
ovin, -ă *adj.* ovin, -e.
ovul *sn.* ovule *sm.*
oxid *sm.* oxide *sm.*
oxida *vt.*, *vr.* (s')oxyder.
oxidabil *adj.* oxydable.
oxidare *sf.* oxydation *sf.*
oxigen *sn.* oxygène *sm.*
oxigena *vt.* oxygéner.
oxigenare *sf.* oxygénation *sf.*
ozon *sn.* ozone *sm.*

P

pa *interj.* au revoir!
pace *sf.* paix *sf.*; *a încheia ~* conclure la paix; *a nu da ~* ne laisser aucun répit à.
pachebot *sn.* paquebot *sm.*
pachet *sn.* paquet *sm.*
pacient, -ă *smf.* patient, -e, malade *smf.*
pacifica *vt.* pacifier.
pacifism *sn.* pacifisme *sm.*
pacifist, -ă *adj.*, *smf.* pacifiste.
pacoste *sf.* malheur *sm.*, calamité *sf.*; ennui *sm.*
pact *sn.* pacte *sm.*, convention *sf.*
P
pactiza *vi.* pactiser.
paf *interj.* paf!; *a rămâne ~* rester baba.
pafta *sf.* boucler *sf.*
pagina *vt.* mettre en page.
paginaţie *sf.* mise en page *sf.*
pagină *sf.* page *sf.*
pagodă *sf.* pagode *sf.*
pagubă *sf.* dommage *sm.*, préjudice *sm.*; dégât *sm.*
pahar *sm.* verre *sm.*
pai *sn.* paille *sf.*
paiaţă *sf.* clown *sn.*, pantin *sm.*
paietă *sf.* paillette *sf.*
paisprezece *num. card.* quatorze.
paisprezecelea, -zecea *num. ord.* quatorzième.
paj *sm.* page *sm.*
pajişte *sf.* pré *sm.*; prairie *sf.*
pajură *sf.* aigle *sm.*
pal, -ă *adj.* pâle.
palat *sn.* palais *sm.*
palavragiu *sm.* bavard *sm.*
palavră *sf.* baliverne *sf.*
paletă *sf.* palette *sf.*; *(de ping-pong)* raquette *sf.*
palid, -ă *adj.* pale.
paliditate *sf.* pâleur *sf.*
palier *sn.* plate-forme *sf.*, palier *sm.*
palmares *sn.* palmarès *sm.*
palmă *sf.* paume *sf.*; gifle *sf.*, soufflet *sm.*; *a da o ~* donner un giffle; *a bate din palme* applaudir; *cât ai bate din palme* en tour de main.
palmier *sm.* palmier *sm.*
paloare *sf.* pâleur *sf.*
paloş *sn.* glaive *sm.*
palpa *vt.* palper.
palpabil, -ă *adj.* palpable.
palpita *vt.* palpiter.
palpitaţie *sf.* palpitation *sf.*
paltin *sm.* faux platane *sm.*, sycomore *sm.*
palton *sn.* manteau *sm.*, paletot *sm.*

pamflet *sn.* pamphlet *sm.*
pamfletar *sm.* pamphlétaire *sm.*
pampas *sn.* pampa *sf.*
panaş *sn.* panache *sm.*
pană¹ *sf.* plume *sf.*; *(la pălărie)* plummet *sm.*
pană² *sf.* panne *sf.*; *a rămâne în ~* tomber en panne.
pancartă *sf.* pancarte *sf.*
pancreas *sn.* pancréas *sm.*
pandalii *sf. pl.* lubies *sf. pl.*, crise de nerfs *sf.*
pandantiv *sn.* pendentif *sm.*
pandişpan *sn.* pain d'Espagne *sm.*
paner *sn.* panier *sm.*
panglică *sf.* ruban *sm.*
panică *sf.* panique *sf.*
panificaţie *sf.* panification *sf.*
panoplie *sf.* panoplie *sf.*
panoramă *sf.* panorama *sm.*, vue *sf.*
panou *sn.* panneau *sm.*
pansa *vt.* panser.
pansament *sn.* pansement *sm.*
pansea *sf.* pensée *sf.*
pantalon *sm.* pantalon *sm.*
pantă *sf.* pente *sf.*
panteră *sf.* panthère *sf.*
pantof *sm.* soulier *sm.*
pantofar *sm.* cordonnier *sm.*
pantomimă *sf.* pantomime *sf.*
papagal *sm.* perroque *sm.*, perruche *sf.*
papagaliceste *adv.* comme un perroquet.
papă *sm.* pape *sm.*
papă-lapte *sm.* dadais *sm.*, blanc-bec *sm.*
papetărie *sf.* papeterie *sf.*
papiotă *sf.* papillote *sf.*
papornıţă *sf.* cabas *sm.*
papuc *sm.* pantoufle *sf.*, mule *sf.*
papură *sf.* jonc *sm.*
par¹ *adj.* paire.
par² *sm.* pieu *sm.*
para¹ *sf.* sou *sm.*, liard *sm.*; *a nu avea o ~ chioară* n'avoir pas le sou; argent *sm. sg.*
para² *vt.* parer.
parabolă *sf.* parabole *sf.*
paradă *sf.* parade *sf.*
paradis *sn.* paradis *sm.*
paradox *sn.* paradoxe *sm.*
parafă *sf.* paraphe *sm.*
parafină *sf.* paraffine *sf.*
parafrază *sf.* paraphrase *sf.*
paragină *sf.* friche *sf.*, délabrement *sm.*
paragraf *sn.* paragraphe *sm.*
paralel, -ă **1.** *adj.* parallèle; **2.** *sf.* parallèle *sm.*; **3.** *adv.* parallèlement.
paralelipiped *sn.* parallélépipède *sm.*
paralelism *sn.* parallélisme *sm.*
paralelogram *sn.* parallélogramme *sm.*
paraliza *vi.* paralyser.
paralizie *sf.* paralysie *sf.*
paranoic, -ă *smf.*, *adj.* paranoiaque.
paranteză *sf.* parenthèse *sf.*

P

parapet *sn.* parapet *sm.*
parastas *sn.* requiem *sm.*, obit *sm.*
paraşuta *vt.* parachuter.
paraşută *sf.* parachute *sm.*
paraşutist, -ă *smf.* parachutiste.
paratrăsnet *sn.* paratonnere *sm.*
paravan *sn.* paravent *sm.*
parazit, -ă 1. *adj.* parasitaire; **2.** *smf.* parasite *sm.*
pară *sf.* poire *sf.*
parâmă *sf.* cordage *sm.*, câble *sm.*
parbriz *sn.* pare-brise *sm.*
parc *sn.* parc *sm.*
parca *vt.* parquer, garer.
parcare *sf. loc de ~* parking *sm.*
parcă *adv.* comme si; on diratit que.
P
parcela *vt.* lotir.
parcelare *sf.* lotissement *sm.*
parcelă *sf.* parcelle *sf.* lot. *sm.*
parchet *sn.* parquet *sm.*
parcurge *vt.* parcourir.
parcurs *sn.* parcours *sm.*, trajet *sm.*
pardesiu *sn.* pardessus *sm.*
pardoseală *sf.* plancher *sm.*
pardosi *vt.* carreler, daller; parqueter.
parfum *sm.* parfum *sm.*
parfuma *vt.*, *vr.* (se) parfumer.
paria 1. *vt.*, *vi.* parier, gagner; **2.** *sm.* paria *sm.*
paritate *sf.* parité *sf.*
pariu *sn.* pari *sm.*, gageure *sf.*
parizer *sn.* mortadelle *sf.*
parlament *sn.* parlement *sm.*
parlamenta *vi.* parlementer.
parlamentar, -ă 1. *adj.* parlementaire; **2.** *sm.* parlementaire *sm.*
parmezan *sn.* parmesan *sm.*
parodia *vt.* parodier.
parodie *sf.* parodie *sf.*
parohie *sf.* paroisse *sf.*
parolă *sf.* mot de passe *sm.*
paronim *sn.* paronyme *sm.*
paroxism *sn.* paroxysme *sm.*
parşiv, -ă *adj.* endiablé, -e.
parte *sf.* partie *sf.*; part *sf.*; *a lua ~* prendre part; *în altă ~* ailleurs; *a se da la o ~* s'écarter.
partener, -ă *smf.* partenaire *smf.*
parter *sn.* rez-de-chaussée *sm.*
participa *vi.* participer, prendre part.
participant, -ă *smf.* participant, -e.
participiu *sn.* participe *sm.*
particular, -ă *adj.* particulier, -ère, spécifique; privé, -e.
particularitate *sf.* particularité *sf.*
particulă *sf.* particule *sf.*
partid *sn.* parti *sm.*
partidă *sf.* partie *sf.*
partitiv, -ă *adj.* partitif, -ive.
partitură *sf.* partition *sf.*
partisan, -ă *smf.* partisan, -e.
parţial, -ă *adj.* partiel, -elle.

parţialitate *sf.* partialité *sf.*
parveni *vi.* parvenir.
parvenit, -ă *smf.* parvenu, -e.
pas[1] *sm.* pas *sm.*; *~ cu ~* pas à pas; *la tot pasul* partout.
pas[2] *sn.* défilé *sm.*, gorge *sf.*
pasa *vt.* passer.
pasager, -ă 1. *adj.* passager, -ère; **2.** *smf.* voyageur, -euse.
pasaj *sn.* passage *sm.*, passe *sf.*
pasarelă *sf.* passarelle *sf.*
pasă *sf.* passe *sf.*
pasăre *sf.* oiseau *sm.*; *~ de curte* volaille *sf.*
pasibil, -ă *adj.* passible.
pasienţă *sf.* patience *sf.*
pasiona 1. *vt.* passioner; **2.** *vr.* se passioner, s'enticher.
pasionat, -ă *adj.* passioné, -e, féru, -e.
pasiune *sf.* passion *sf.*
pasiv, -ă 1. *adj.* passif, -ive; **2.** *sn.* passif *sm.*
pasivitate *sf.* passivité *sf.*
pastă *sf.* pâte *sf.*
pastel *sn.* pastel *sm.*
pasteuriza *vt.* pasteurizer.
pastilă *sf.* pastille *sf.*
pastor *sm.* pasteur *sm.*
pastoral, -ă 1. *adj.* pastoral, -e; **2.** *sf.* pastorale *sf.*
pastramă *sf.* viande sale et fumée.
paşaport *sn.* passeport *sm.*
paşă *sm.* pacha *sm.*
paşnic, -ă *adj.* paisible.
patriotism *sn.* patriotisme *sm.*
patron, -oană *smf.* patron, -onne.
patrona *vt.* patronner.
paşte 1. *vi.* paître, brouter; **2.** *vr.* garder les animaux qui paissent.
paşti *sf. pl.* Pâques *sf. pl.*
pat *sn.* lit *sm.*; *a face patul* faire le lit.
pată *sf.* tache *sf.*
patefon *sn.* phonographe *sm.*
patenta *vt.* breveter, patenter.
patern, -ă *adj.* paternal, -elle.
paternitate *sf.* paternité *sf.*
patetic 1. *adj.* pathétique; **2.** pathétiquement.
pateu *sn.* *(din aluat)* friand *sm.*; *(de carne)* pâté *sm.*
patimă *sf.* passion *sf.*
patina *vi.* patiner.
patinaj *sn.* patinage *sm.*
patinator, -oare *smf.* patineur, -euse.
patină *sf.* patine *sf.*; *(sport)* patin *sm.*
patinoar *sn.* patinoire *sf.*
patiserie *sf.* patisserie *sf.*
patogen, -ă *adj.* pathogène.
patologic, -ă *adj.* pathologique.
patos *sn.* pathos *sm.*, emphase *sf.*
patrafir *sn.* chasuble *sf.*
patriarh *sm.* patriarche *sm.*
patriarchal, -ă *adj.* patriarchal, -e.
patriarhie *sf.* patriarchie *sf.*
patrie *sf.* patrie *sf.*
patrimoniu *sn.* patrimoine *sm.*

P

patriot, -ă *adj.* patriote.
patriotic, -ă *adj.* patriotique.
patriotism *sn.* patriotisme *sm.*
patron, -oană **1.** *smf.* patron, -onne; **2.** *(tehnic)* cartouche *sf.*
patronaj *sn.* patronage *sm.*
patru *num. card.* quatre; *a fi cu ochii în ~* être sur ses gardes.
patrula *vi.* patrouiller.
patrulater *sn.* quadrilatère *sm.*
patrulă *sf.* patrouille *sf.*, ronde *sf.*
patrulea, patra *num. ord.* le (la) quatrième.
patruped *sn.* quadrupède *sm.*
patruzeci *num. card.* quarante.
patruzecilea, -zecea *num. ord.* le (la) quarantième.
pauză *sf.* pause *sf.* *(la teatru)* entracte.
P
pava *vt.* paver.
pavaj *sn.* pavage *sm.*, pavement *sm.*
pavăză *sf.* bouclier *sm.*
pavea *sf.* pavé *sm.*
pavilion *sn.* pavilion *sm.*
pază *sf.* garde *sf.*; *a sta de ~* monter la garde.
paznic *sm.* gardien *sm.*, garde *sm.*
păcat *sn.* péché *sm.*; *a face un ~* commettre un péché; *din păcate* malheureusement.
păcăleală *sf.* tour *sm.*, farce *sf.*
păcăli **1.** *vt.* jouer un tour; tromper, duper; **2.** *vr.* se tromper.
păcălici *sm.* farceur *sm.*
păcătos, -oasă **1.** *adj.* pécheur, pécheresse; **2.** *smf.* pécheur, pécheresse; un pauvre hère.
păcătui *vi.* pécher.
păcură *sf.* cambouis *sm.*
păduche *sm.* pou *sm.*
păduchios, -oasă *adj.* pouilleux, -euse.
pădurar *sm.* garde-forestier *sm.*
pădure *sf.* forêt *sf.*, bois *sm.*
pădureţ, -eaţă *adj.* sauvage.
pădurice *sf.* bocage *sm.*
păduros, -oasă *adj.* boisé, -e.
păgân, -ă *adj.*, *smf.* paien, -enne.
păgubaş, -ă *smf.* perdant, -e; *a se lăsa ~* renoncer à qqch.
păgubi **1.** *vi.* perdre; **2.** *vt.* léser, endommager.
păgubitor, -oare *adj.* nuisible, nocif, -ive.
păianjen *sm.* araignée *sf.*
păienjeniş *sn.* toile d'araignée *sf.*; *(fig.)* lacis *sm.*
păioasă *sf.* graminée *sf.*
pălălaie *sf.* flambée *sf.*
pălărie *sf.* chapeau *sm.*
pălărier *sm.* chapelier *sm.*
pălăvrăgeală *sf.* bavardage *sm.*
pălăvrăgi *vt.* bavarder, jaser.
păli **1.** *vr.*, *vi.* *(despre plante)* se faner, se flétrir; **2.** *vi.* *(despre oameni)* pâlir.
pălit, -ă *adj.* jauni, -e, fané, -e.
pălmaş *sm.* paysan pauvre *sm.*

pălmui *vt.* gifler.
pămătuf *sn.* *(pentru bărbierit)* blaireau *sm.*; *(pentru praf)* plumeau *sm.*; *(pentru pudră)* houppette *sf.*
pământ *sn.* terre *sf.*; monde *sm.*; *a face înconjurul pământului* faire le tour du monde; *a fi cu picioarele pe ~* avoir la tête sur les épaules.
pământean, -ă *adj.* terrien, -enne; indigène.
pământesc, -ească *adj.* terrestre.
pământiu, -ie *adj.* terreux, -euse.
păpa *vt.* manger; *(fig.)* gaspiller.
păpădie *sf.* pissenlit *sm.*
păpuşar *sm.* manieur de marionettes *sm.*
păpuşă *sf.* poupée *sf.*
păpuşoi *sm.* mais *sm.*; *a face pe mortul în ~* n'avoir l'air de rien.
păr *sm.* (*bot.*) poirier *sm.*; chevelure *sm. pl.*, poil *sm.*; *~ de porc* soie *sf.*; *~ cal* crin *sm.*; *în doi peri* mi figue mi raisin; *a se lua de ~ cu cineva* se créper le chignon; *a atârna de un fir de ~* se tenir qu'à un fil.
părăgini *vr.* se délabrer, tomber en ruine.
părăsi *vt.* abandoner, quitter.
părăsire *sf.* abandon *sm.*
părăsit, -ă *adj.* abandonné, -e, quitté, -e.
părea *vi.* sembler, paraître; *mi se pare* j'ai l'impression; *îmi pare bine* je suis enchanté; *îmi pare rău* je suis aux regrets.
părere *sf.* opinion *sf.*, avis *sm.*; illusion *sf.*, chimère *sf.*
părinte *sm.* père *sm.*; *pl.* parents *sm. pl.*
părintesc, -ească *adj.* paternal, -elle.
părinteşte *adv.* paternellement.
păros, -oasă *adj.* poilu, -e.
părtaş, -ă *smf.* participant, -e, associé, -e.; complice.
părtini *vt.* favoriser, avantager.
părtinire *sf.* partialité *sf.*
părtinitor, -oare *adj.* partial, -e.
părui *vr.* se prendre aux cheveux.
păruială *sf.* rixe *sf.*
păs *sn.* souci *sm.*, chagrin *sm.*, ennui *sm.*
păsa *vi.* se soucier (de).
păsăreşte *adv.* à la manière des oiseaux; *a vorbi ~* parler chinois.
păstaie *sf.* cosse *sf.*
păstârnac *sm.* panais *sm.*
păstor *sm.* berger *sm.*, pâtre *sm.*
păstoresc, -ească *adj.* pastoral, -e.
păstoriţă *sf.* bergère *sf.*
păstos, -oasă *adj.* pâteux, -euse.
păstra *vt.* garder.

P

păstrare *sf.* garde *sf.*
păstrăv *sm.* truite *sf.*
păsui *vt.* accorder un délai.
păsuire *sf.* délai *sm.*
păşi 1. *vi.* marcher; **2.** *vt.* franchir; *a ~ înainte* advancer.
păşuna 1. *vi.* pâtre; **2.** *vt.* garder les moutons.
păşune *sf.* pâturage *sm.*
păta 1. *vt., vr.* (se) tacher, (se) salir, souiller; **2.** *vt.* profaner, déshonorer.
pătimaş, -ă *adj.* passionné, -e.
pătimi *vt., vi.* souffrir, pâtir.
pătimire *sf.* passion *sf.*, tourment *sm.*
pătlagină *sf.* plantain *sm.*
pătlăgea *sf.* tomate *sf.*
pătrar *sn.* quart *sm.*; quartier *sm.*
pătrat, -ă 1. *adj.* carré, -e; **2.** *sn.* carré *sm.*
pătrăţel *sn.* carreau *sm.*
pătrime *sf.* quart *sm.*
pătrunde *vt., vi.* pénétrer.
pătrundere *sf.* pénétration *sf.*
pătrunjel *sm.* persil *sm.*
pătruns, -ă *adj.* pénétré, -e.
pătrunzător, -oare *adj.* pénétrant, -e.
pătură *sf.* couverture *sf.*, plaid *sm.*
pături *vt.* plier.
păţanie *sf.* mésaventure *sf.*
păţi *vt.* pâtir.
păţit, -ă *adj.* éprouvé, -e.
păun *sm.* paon *sm.*
păuniţă *sf.* paonne *sf.*
păzi 1. *vt.* garder, surveiller; **2.** *vr.* prendre garde.
păzitor, -oare *smf.* gardien, -enne, surveillant, -e.
pâclă *sf.* brume *sf.*
pâine *sf.* pain *sm.*; *bun ca pâinea caldă* bon comme du pain blanc.
pâlc *sn.* groupe *sm.*, bande *sf.*
pâlnie *sf.* entonnoir *sm.*
pâlpâi *vi.* vaciller.
pâlpâire *sf.* vacillement *sm.*
până 1. *conj.* jusque; **2.** *prep.* presque.
pândă *sf.* guet *sm.*; *a sta la ~* être aux aguets.
pândi *vt.* épier, guetter.
pângări *vt.* profaner, souiller.
pângărire *sf.* profanation *sf.*
pântece *sn.* ventre *sm.*, abdomen *sm.*
pântecos, -oasă *adj.* ventru, -e, pansu, -e.
pânză *sf.* toile *sf.*; *(la nave)* voile *sf.*
pânzeturi *sn. pl.* tissues *sm. pl.*
pâră *sf.* dénonciation *sf.*, plainte *sf.*
pârghie *sf.* levier *sm.*
pârgui *vr.* commencer à mûrir.
pârî *vt.* dénoncer.
pârâi *vi.* craquer.
pârâitură *sf.* craquement *sm.*
pârât, -ă *adj., smf.* accusé, -e, inculpé, -e.
pârâtor, -oare *adj.* dénonciateur, -trice.
pârâu *sn.* ruisseau.

pârjoală *sf.* boulette de viande hâchée *sf.*
pârjol *sn.* incendie *sm.*
pârjoli *vt.* incendier, brûler.
pârleaz *sn.* echalier *sm.*
pârli *vt.*, *vr.* roussier; hâler, (se) bronzer.
pârlit, -ă **1.** *adj.* brûlé, -e; bronzé, -e; **2.** *smf.* un pauvre hère.
pârloagă *sf.* jachère *sf.*
pârtie *sf.* piste *sf.*
pâslă *sf.* feutre *sm.*
pe *prep.* sur; ~ *care?* lequel?; dans; ~ *stradă* dans la rue; par; *a privi ~ fereastră* regarder par la fenêtre.
pecete *sf.* sceau *sm.*, cachet *sm.*
pecetlui *vt.* sceller, cacheter.
pectoral, -ă *adj.* pectoral, -e.
pedagog, -ă *smf.* pédagogue.
pedagogie *sf.* pédagogie *sf.*
pedala *vi.* pédaler.
pedală *sf.* pédale *sf.*
pedant, -ă *adj.*, *smf.* pédant, -e.
pedeapsă *sf.* punition *sf.*, peine *sf.*; ~ *cu moartea* peine capitale.
pedepsi *vt.* punir, chattier.
pediatrie *sf.* pédiatrie *sf.*
peduncul *sf.* pédoncule *sm.*
pehlivan *sm.* charlatain *sm.*; drôle *sm.*
peiorativ, -ă *adj.* pejorative, -ive.
peisaj *sn.* paysage *sm.*
pelagră *sf.* pellagre *sf.*
pelerin *sm.* pèlerin *sm.*
pelerinaj *sn.* pélérinage *sm.*
pelerină *sf.* pélerine *sf.*
pelican *sm.* pélican *sm.*
peliculă *sf.* pellicule *sf.*
pelin *sn.* absinthe *sf.*
peltea *sf.* gelée de fruits *sf.*
peltic, -ă *smf.* personne qui zézaye.
peluză *sf.* pelouse *sf.*
penaj *sn.* plumage *sm.*
penal, -ă *adj.* penal, -e.
penalitate *sf.* pénalité *sf.*
penaliza *vt.* pénaliser.
penar *sn.* plumier *sm.*
pendul *sn.* pendule *sf.*
pendulă *sf.* pendule *sf.*
penel *sn.* pinceau *sm.*
penetrabil, -ă *adj.* pénétrable.
penetrabilitate *sf.* pénétrabilité *sf.*
penibil, -ă *sf.* pénible.
peninsulă *sf.* péninsule *sf.*
penitenciar *sn.* pénitencier *sm.*
peniţă *sf.* plume *sf.*
pensetă *sf.* pincette *sf.*
pensie *sf.* pension *sf.*, retraite *sf.*; *a ieşi la ~* prendre sa retraite.
pension *sn.* pensionnat *sm.*
pensiona *vt.* mettre à la retraitre.
pensionar, -ă *smf.* pensionnaire, retraité, -e.
pensiune *sf.* pension *sf.*
pensulă *sf.* pinceau *sm.*

pentagon *sn.* pentagone *sm.*
pentru *prep.* pour; ~ *ce?* pourquoi?; ~ *ca* afin que; ~ *că* parce que.
penultim, -ă *adj.* l'avant-dernier, -ère.
penumbră *sf.* pénombre *sf.*
pepene *sm.* *(verde)* pastèque *sf.*; *(galben)* melon *sm.*
pepinieră *sf.* pépinière *sf.*
pepită *sf.* pépite *sf.*
percepe *vt.* percevoir.
percepere *sf.* perception *sf.*
perceptor *sm.* percepteur *sm.*
percepţie *sf.* perception *sf.*
percheziţie *sf.* perquisition *sf.*
percheziţiona *vt.* perquisitionner.
perciune *sm.* favori *sm.*
percuta *vt.* percuter.
percutor *sn.* percuteur *sm.*
percuţie *sf.* percution *sf.*
perdea *sf.* rideau *sm.*
pereche *sf.* paire *sf.*, couple *sm.*; *fără* ~ sans pareil.
peregrina *vt.* pérégriner.
perete *sm.* mur *sm.*, muraille *sf.*
perfect, -ă 1. *adj.* parfait, -e; **2.** *adv.* parfaitement; **3.** *sn.* *(gram.)* passé *sm.*, parfait *sm.*
perfecta *vt.* parfaire.
perfecţiona *vt.* perfectionner, parfaire.
perfecţiune *sf.* perfection *sf.*
perfid, -ă *adj.* perfide.
perfidie *sf.* perfidie *sf.*
perfora *vt.* perforer.
perforator, -oare 1. *sn.* perforateur *sm.*, perforatrice *sf.*; **2.** *smf.* receveur, -euse.
performanţă *sf.* performance *sf.*
pergament *sn.* parchemin *sm.*
peria *vt.* brosser.
periclita *vt.* péricliter.
pericol *sn.* peril *sm.*, danger *sm.*
periculos, -oasă *adj.* dangeureux, -euse.
perie *sf.* brosse *sf.*
periere *sf.* borssage *sm.*
periferic, -ă *adj.* périphérique.
periferie *sf.* banlieu *sf.*, faubourg *sm.*, pérophérie *sf.*
perifrază *sf.* périphrase *sf.*
perima *vr.* périmer.
perimat, -ă *adj.* périmé, -e.
perimetru *sn.* périmètre *sm.*
perinda *vr.* se succéder.
perindare *sf.* succession *sf.*
perioadă *sf.* période *sf.*
periodic, -ă 1. *adj.* périodique; **2.** *sn.* périodique *sm.*
periodicitate *sf.* périodicité *sf.*
peripeţie *sf.* péripétie *sf.*, aventure *sf.*
periscop *sn.* périscope *sm.*
peritonită *sf.* péritonite *sf.*
perlă *sf.* perle *sf.*
permanent, -ă *adj.* permanent, -e.
permanenţă *sf.* permanence *sf.*
permeabil, -ă *adj.* permeable.
permeabilitate *sf.* perméabilité *sf.*

P

permis *sn.* permis *sm.*, autorisation *sf.*
permisie *sf.* permission *sf.*, congé *sm.*
permite *vt.* permettre.
permuta *vt.* permuter.
permutare *sf.* permutation *sf.*
pernă *sf.* cousin *sm.*, oreiller *sm.*
peron *sn.* quai *sm.*
perpeli **1.** *vt.* flamber; rissoler; **2.** *vr.* se tourmenter.
perpendicular, -ă *adj.*, *sf.* perpendiculaire.
perpetua *vt.*, *vr.* (se) perpetuer.
perpetuitate *sf.* perpétuité *sf.*
perpetuu, -ă *adj.* perpetual, -elle.
perplex, -ă *adj.* perplexe, interdit, -e.
persan, -ă **1.** *adj.* persan, -e; **2.** *smf.* Persan, -e.
persecuta *vt.* persécuter.
persecuţie *sf.* persecution *sf.*
persevera *vi.* persévérer.
perseverent, -ă *adj.* persévérant, -e.
perseverenţă *sf.* perseverance *sf.*
persifla *vt.* persifler.
persiflare *sf.* persiflage *sm.*
persista *vi.* persister.
persistent, -ă *adj.* persistent, -e.
persistenţă *sf.* persistence *sf.*
persoană *sf.* personne *sf.*
personaj *sn.* personnage *sm.*
personal, -ă **1.** *adj.* personnel, -elle; **2.** *sn.* personnel *sm.*
personalitate *sf.* personnalité *sf.*
personifica *vt.* personnifier.
personificare *sf.* personnification *sf.*
perspectivă *sf.* perspective *sf.*
perspicace *adj.* perspicace, sagace.
perspicacitate *sf.* perspicacité *sf.*, sagacité *sf.*
persuada *vt.* persuader.
persuasiune *sf.* persuasion *sf.*
perturba *vt.* troubler, perturber.
perturbare *sf.* perturbation *sf.*
peruan, -ă **1.** *adj.* péruvien, -enne; **2.** *smf.* Péruvien, -enne.
perucă *sf.* perruque.
peruzea *sf.* turquoise *sf.*
pervaz *sn.* chambranle *sm.*
pervers, -ă *adj.* pervers, -e.
perversitate *sf.* perversité *sf.*
perverti *vt.* pervetir.
pescar *sm.* pêcheur *sm.*
pescărească *sf.* pêcheuse *sf.*
pescărie *sf.* poissonnerie *sf.*
pescăruş *sm.* mouette *sf.*
pescui *vi.* pêcher.
pescuit *sn.* pêche *sf.*
pesemne *adv.* probablement, à ce qu'il paraît.
pesimism *sn.* pessimisme *sm.*
pesimist, -ă *adj.*, *smf.* pessimiste.
pesmet *sm.* biscotte *sf.*

peste *prep.* sur, par-dessus; au-delà.
pestriţ, -ă *adj.* bigarré, -e, bariolé, -e.
peşte *sm.* poisson *sm.*; *cât ai zice ~* un clin d'oeil.
peşteră *sf.* caverne *sf.*, grotte *sf.*
petală *sf.* pétale *sm.*
petardă *sf.* pétard *sm.*
petic *sn.* bout d'étoffe *sm.*; *~ de pământ* un lopin de terre.
petici *vt.* rapiécer.
petiţie *sf.* pétition *sf.*, requête *sf.*
petiţionar, -ă *smf.* pétitionnaire.
petrecanie *sf.* bambance *sf.*; *a face de ~ cuiva* tuer qqn.
petrecăreţ, -eaţă *adj.* noceur, -euse.
petrece 1. *vt.* *(timpul)* passer; *(o persoană)* accompagner; **2.** *vi.* s'amuser, se divertor; **3.** *vr.* se passer, avoir lieu.
petrecere *sf.* suterie *sf.*
petrifica *vr.* pétrifier.
petrificat, -ă *adj.* pétrifié, -e.
petrochimie *sf.* petrochimie *sf.*
petrol *sn.* pétrole *sm.*
petrolier, -ă 1. *adj.* pétrolier, -ère; **2.** *sn.* pétrolier *sm.*
petrolifer, -ă *adj.* pétrolifère.
petrolist, -ă *smf.* ouvrier du pétrole.
petunie *sf.* pétunia *sm.*
peţi *vt.* demander en mariage.
pezevenchi *sm.* chenapan *sm.*, fripouille *sf.*
pian *sn.* piano *sm.*
pianist, -ă *smf.* pianiste *smf.*
piatră *sf.* pierre *sf.*; *bloc de ~* bloc de pierre; *(medical)* calcul *sm.*; *~ preţioasă* pierre précieuse; *~ de moară* meule de moulin *sf.*; *(grindină)* grèle *sf.*
piaţă *sf.* marché *sm.*; place *sf.*; *Piaţa Victoriei* Place de la Victoire.
piază *sf.* *~ rea* de mauvais augure.
pic *sn.* goutte *sf.*; brin *sm.*; *nici un ~ de* pas l'ombre de; *un ~* un peu.
pica *vi.* tomber; *(despre ploaie)* pleuviner; *a ~ de somn* tomber de sommeil; *a fi frumos de ~* être beau comme le jour.
picaj *sn.* piquage *sm.*
picant, -ă *adj.* piquant, -e.
picat, -ă *adj.* *~ din lună* tombé, -e des nues.
pică *sf.* rancune *sf.*; *a avea ~ pe cineva* en vouloir à qqn., avoir un dent contra qqn.
picătură *sf.* goutte *sf.*, *~ cu ~* goutte à goutte.
pici *sm.* bambin *sm.*, mioche *sm.*
picior *sn.* jambe *sf.*; *(laba piciorului)* pied *sm.*; *a lua pe cineva peste ~* se payer la tête

de qqn.; *a sta ~ peste ~* rester les jambes croisés.
picioroange *sf. pl.* échasses *sf. pl.*
picoti *vt.* sommeiller.
picta *vt.*, *vi.* peindre.
pictor *sm.* peindre *sm.*
pictoriţă *sf.* peintresse *sf.*
pictură *sf.* peinture *sf.*; *(tablou)* toile *sf.*, tableau *sm.*
picura 1. *vi.* s'égoutter, dégouliner; *(despre ploaie)* bruiner; **2.** *vt.* verser goutte à goutte.
piedestal *sn.* piédestal *sm.*
piedică *sf.* entrave *sf.*; obstacle *sm.*, difficulté *sf.*
pieire *sf.* mort *sf.*
pielărie *sf.* tannerie *sf.*, peausserie *sf.*; maroquinerie *sf.*
piele *sf.* peau *sf.*; *(tăbăcită)* cuir *sm.*
pieliţă *sf.* peau *sf.*
piept *sn.* poitrine *sf.*, gorge *sf.*; *a ține ~* tenir tête.
pieptăna *vt.*, *vr.* (se) peigner, (se) coiffer.
pieptănătură *sf.* coiffure *sf.*
pieptene *sm.* peigne *sm.*
pieptiş 1. *adv.* tout droit; **2.** *adj.* abrupte.
pierde 1. *vt.* perdre, égarer; **2.** *vr.* se perdre, s'égarer; *a ~ trenul* manquer la train.
pierdere *sf.* perte *sf.*; dégât *sm.*
pierde-vară *sm.* badaud *sm.*
pieri *vi.* périr.
pieritor, -oare *adj.* périssable.
piersic *sm.* pêcher *sm.*
piersică *sf.* pêche *sf.*
pierzanie *sf.* perte *sf.*; déchéance *sf.*
piesă *sf.* pièce *sf.*
pietate *sf.* piété *sf.*
pieton *sm.*, passant, -e.
pietrar *sm.* tailleur de pierres *sm.*
pietricică *sf.* caillou *sm.*
pietriş *sn.* gravier, cailloutis *sm.*
pietros, -oasă *adj.* pierreux, -euse; *(despre drum)* caillouteux, -euse.
pietrui *vt.* empierrer; paver.
pieziş *adv.* de travers, en biasis, obliquement.
piftie *sf.* aspic *sm.*
pigment *sm.* pigment *sm.*
pigmeu *sm.* pygmée *sm.*
pajama *sf.* pyjama *sm.*
pilă *sf.* lime *sf.*
pildă *sf.* exemple *sm.*
pili *vt.* limer.
pilitură *sf.* limaille *sf.*
pilon *sm.* pylone *sm.*
pilot *sm.* pilote *sm.*
pilota *vt.* piloter.
pilotaj *sn.* pilotage *sm.*
pilulă *sf.* pilule *sf.*
pin *sm.* pin *sm.*
pingea *sf.* semelle *sf.*
pingeli *vt.* ressemeler.
ping-pong *sn.* ping-pong *sm.*
pinguin *sm.* pingouin *sm.*
pinion *sn.* pignon *sm.*
pinten *sm.* éperon *sm.*
piolet *sm.* piolet *sm.*
pion *sm.* pion *sm.*

pionier, -ă *smf.* pionnier, -ère.
pios, -oasă *adj.* pieux, -euse, dévot, -e.
pipă *sf.* pipe *sf.*
pipăi *vt.* toucher, tâter.
pipăit *sn.* toucher *sm.*; *pe pipăite* à tâtons.
piper *sm.* poivre *sm.*
piperat, -ă *adj.* poivré, -e; piquant, -e.
pipernici *vt.* se ratatiner, se rabougri.
pipetă *sf.* pipette *sf.*
pipotă *sf.* gésier *sm.*
piramidă *sf.* pyramide *sf.*
pirat *sm.* pirate *sm.*
piraterie *sf.* piratierie *sf.*
pirită *sf.* pyrite *sf.*
pirogă *sf.* pirogue *sf.*
pirogravură *sf.* pyrogravure *sf.*
piron *sn.* gros clou *sm.*
pironi *vt.* immobiliser, fixer.
pirpiriu, -ie *adj.* chétif, -ive, malingre.
piruetă *sf.* pirouette *sf.*
pisa *vt.* piler; *a ~ la cap* embêter qqn.
pisălog, -oagă 1. *adj.* raseur, -euse; **2.** *sn.* pilon *sm.*
pisălogeală *sf.* barbe *sf.*, scie *sf.*
pisc *sn.* pic *sm.*
piscicol *adj.* piscicole.
piscicultură *sf.* pisciculture *sf.*
piscină *sf.* piscine *sf.*
pisică *sf.* chat *sm.*; *(femelă)* chatte *sf.*
pisoi *sm.* chaton *sm.*, minet *sm.*
pistă *sf.* piste *sf.*
pistil *sn.* pistil *sm.*
pistol *sn.* pistolet *sm.*, revolver *sm.*
piston *sn.* piston *sm.*
pistona *vt.* pistonner.
pistrui *sm. pl.* taches de son *sf. pl.*
pişca *vt.* piquer; pincer.
pişcător, -oare *adj.* piquant, -e.
pişcătură *sf.* piqûre *sf.*
pişcot *sn.* biscuit *sm.*, biscotti *sf.*
pişicher *sm.* roublard *sm.*
piti 1. *vt.* cacher; **2.** *vr.* se nicher.
pitic, -ă 1. *adj.* nain, -e; **2.** *smf.* nain, -e, nabot, -e.
pitiş *adv.* en tapinois, en catimini.
pitoresc, -ească *adj.* pittoresque.
pitpalac *sm.* caille *sf.*
pitulice *sf.* fauvette *sf.*
piţigăiat, -ă *adj.* strident, -e, aigu, -e.
piţigoi *sm.* mésange *sf.*
piuă *sf.* moulin à foulon *sm.*; mortier *sm.*
piui *vi.* piailler.
piuit *sn.* piaulement.
piuliţă *sf.* mortier *sm.*
piuneză *sf.* punaise *sf.*
pivnicer *sm.* sommelier *sm.*
pivniţă *sf.* cave *sf.*
pivot *sn.* pivot *sm.*
pivota *vi.* pivoter.

pizmaş, -ă *adj.* envieux, -euse, jaloux, -euse; rancunier, -ère.
pizmă *sf.* rancune *sf.*; envie *sf.*, jalousie *sf.*
pizmui *vt.* envier, jalouser.
plac *sn.* plaisir *sm.*, gré *sm.*; *după ~* au gré de chacun; *a fi la bunul ~ al cuiva* être à la merci de qqn.
placa *vt.* plaquer.
placaj *sn.* placage *sm.*
placardă *sf.* placard *sm.*, affiche *sf.*, pancarte *sf.*
placă *sf.* plaque *sf.*; *(de patefon)* disque *sm.*
plafon *sn.* plafond *sm.*
plafona *vt.* plafonner.
plagă *sf.* plaie *sf.*
plagia *vt.* plagier.
plai *sn.* plateaux herbeux *sm.*; *(ţinut)* contrée *sf.*
plajă *sf.* plage *sf.*
plan, -ă **1.** *sn.* plan *sm.*; **2.** *adj.* plan, -e.
plana *vi.* planer.
planetar *adj.* planètaire.
planetă *sf.* planéte *sf.*
planifica *vt.* planifier.
planificare *sf.* planification *sf.*
planor *sn.* planeur *sm.*
planşă *sf.* planche *sf.*
planşetă *sf.* planche à dessin *sf.*
planşeu *sn.* plancher *sm.*
planta *vt.* planter.
plantaţie *sf.* plantation *sf.*
plantă *sf.* plante *sf.*
planton *sn.* planton *sm.*
plapumă *sf.* couverture *sf.*
plasa *vt.*, *vr.* (se) placer.
plasament *sn.* placement *sm.*
plasare *sf.* placement *sm.*
plasator *smf.* placeur *sm.*
plasă *sf.* filet *sm.*
plastic *sf.* plastique *sf.*
plasture *sm.* sparadrap *sm.*
plat, -ă *adj.* plat, -e.
platan **1.** *sm.* platane *sm.*; **2.** *sn.* *(de cântar)* plateau *sm.*
plată *sf.* paye, paie *sf.*, payement *sm.*
platformă *sf.* plate-forme *sf.*
platină *sf.* platine *sm.*
platitudine *sf.* platitude *sf.*, banalité *sf.*
platnic, -ă *smf.* payeur, -euse.
platonic, -ă *adj.* platonique.
platoşă *sf.* cuirasse *sf.*
platou *sn.* plateau *sm.*
plauzibil, -ă *adj.* vraisemblable, plausible.
plăcea *vi.* aimer; plaire.
plăcere *sf.* plaisir *sm.*
plăcintă *sf.* pâtisserie *sf.*, galette *sf.*
plăcintărie *sf.* pâtisserie *sf.*
plăcut, -ă *adj.* agréable.
plămân *sm.* poumon *sm.*
plănui *vt.* faire le projet de; *(a urzi)* tramer.
plăpând, -ă *adj.* chétif, -ive.
plăpumar *sm.* matelassier *sm.*
plăsmui *vt.* créer; forger, inventer.
plăsmuire *sf.* creation *sf.*; invention *sf.*

plăti *vt.* payer; acquitter.
plângăreţ, -eaţă *adj.* pleurnicheur, -euse.
plânge **1.** *vi.* pleurer; **2.** *vt.* plaindre; **3.** *vr.* se plaindre, se lamenter.
plângere *sf.* plainte *sf.*, réclamation *sf.*, pétition *sf.*
plânset *sn.* leurs *sm. pl.*, larmes *sf. pl.*
pleaşcă *sf.* aubaine *sf.*
pleavă *sf.* balle *sf.*
plebe *sf.* plebe *sf.*
pleca **1.** *vi.* partir; **2.** *vr.* se pencher, se baisser; **3.** *vt.* baisser, fléchir.
plecare *sf.* départ *sm.*
plecăciune *sf.* révérence *sf.*, courbette *sf.*
pled *sn.* plaid *sm.*
pleda *vi.* plaider.
pledoarie *sf.* plaidoirie *sf.*, plaidoyer *sm.*
pleiadă *sf.* pléiade *sf.*
pleoapă *sf.* paupière *sf.*
pleonasm *sn.* pléonasme *sm.*
pleoşti **1.** *vt.* déformer, aplatir; **2.** *vr.* s'affaisser.
plescăi *vi.* clapper; *(despre ape)* clapoter.
plesni **1.** *vi.* crever, éclater; **2.** *vt.* *(a pălmui)* gifler; *(a biciui)* fouetter, cingler.
plesnitură *sf.* coup *sm.*, clauqement *sm.*
pleşuv, -ă *adj.* chauve.
plete *sf. pl.* cheveux longs *sm. pl.*
plic *sn.* enveloppe *sf.*
plicticos, -oasă *adj.* ennuyeux, -euse.
plictiseală *sf.* ennui *sm.*
plictisi *vt.*, *vr.* (s')ennuyer.
plictisitor, -oare *adj.* ennuyeux, -euse.
plimba *vt.*, *vr.* (se) promener, (se) balader.
plimbare *sf.* promenade *sf.*, balade *sf.*
plimbăreţ, -eaţă *adj.* flâneur, -euse.
plin, -ă **1.** *adj.* plein, -e; bondé, -e, comble; **2.** *sn.* plein *sm.*
plisa *vt.* plisser.
plisc *sn.* bec *sm.*
plită *sf.* fourneau de cuisine *sm.*
pliu *sn.* pli *sm.*
plivi *vt.* sarcler.
ploaie *sf.* pluie *sf.*
ploconi *vr.* faire des courbettes.
ploconire *sf.* courbette *sf.*
ploios, -oasă *adj.* pluvieux, -euse.
plomba *vt.* plomber, obturer.
plombă *sf.* obturation dentaire *sf.*
plop *sm.* peuplier *sm.*
ploscă *sf.* gourde *sf.*
ploşniţă *sf.* punaise *sf.*
ploua *vi.* pleuvoir.
plug *sn.* charrue *sf.*
plugar *sm.* laboureur *sm.*
plumb *sm.* plomb *sm.*
plumbui *vt.* plumber.
plural, -ă *adj.*, *sn.* pluriel, -elle.

plus *sn.* surplus *sm.*, excédent *sm.*; *(mat.)* plus, et.
pluş *sn.* peluche *sf.*
plută *sf.* radeau *sf.*; *dop de ~* bouchon de liège.
pluti *vi.* flotter; naviguer.
plutitor, -oare *adj.* flottant, -e.
pluton *sn.* peloton *sm.*
plutonier *sm.* adjudant *sm.*
pneu *sn.* pneu *sm.*
pneumatic, -ă *adj.* pneumatique.
pneumonie *sf.* pneumonie *sf.*
poală *sf.* *(de munte)* pied *sm.*; *(de la o fustă)* bas; *a ţine în ~* tenir sur ses genoux.
poamă *sf.* fruit *sm.*; *(fig.)* crapule *sf.*
poantă *sf.* pointe *sf.*
poartă *sf.* porte *sf.*; *(sport)* but *sm.*
poate *adv.* peut-être.
pocal *sn.* gobelet *sm.*
pocăi *vr.* se repentir; faire pénitence.
pocăinţă *sf.* repentir *sm.*
poci *vt.* défigurer, enlaidir.
pocinog *sn.* tuile *sf.*, mésaventure *sf.*; bêtise *sf.*
pocit, -ă *adj.* défiguré, -e, difforme.
pocitanie *sf.* magot *sm.*, monstre *sm.*
pocnet *sn.* éclat *sm.*, détonation *sf.*
pocni *vi.* éclater, clauqer, gifler.
pod *sn.* pont *sm.*; *podul casei* grenier *sm.*
podar *sm.* passeur *sm.*
podea *sf.* plancher *sm.*
podgorean *sm.* vigneron *sm.*
podgoreancă *sf.* vigneronne *sf.*
podgorie *sf.* vignoble *sm.*
podi *vt.* planchéier.
podidi *vt.* *a ~ plânsul* fondre en larmes; *a ~ râsul* éclater de rire; *a ~ sângele* jaillir.
podiş *sn.* plateau *sm.*
podium *sn.* podium *sm.*
podoabă *sf.* parure *sf.*, ornament *sm.*; bijou *sm.*, joyau *sm.*
poem *sn.* poème *sm.*
poet, -ă *smf.* poète *sm.*, poétesse *sf.*
poetic, -ă *adj.* poétique.
poezie *sf.* poésie *sf.*
pofidă *sf.* dépit; *în pofida ta* en dépit de toi, malgré toi.
poftă *sf.* envie *sf.*, désir *sm.*; appetit *sm.*; *poftă bună!* bon appétit *sm.*; *a râde cu ~* rire de bon coeur.
pofti *vt.* avoir envie de; désirer; inviter.
pofticios, -oasă *adj.* gourmand, -e.
poftim *interj.* voici, voilà; s'il vous plaît.
poiană *sf.* clarière *sf.*
poimâine *adv.* après-demain.
pojar *sn.* rougeole *sf.*
pojghiţă *sf.* couche *sf.*
pol *sm.* pôle *sm.*
polar, -ă *adj.* polaire.

P

polariza *vt.* polariser.
polarizare *sf.* polarisation *sf.*
polcă *sf.* polka *sf.*
polei **1.** *sn.* verglas *sm.*; **2.** *vt.* dorer.
poleială *sf.* durure *sf.*
polemic, -ă *adj.*, *sf.* polémique.
polemiza *vi.* polémiser.
polen *sn.* pollen *sm.*
policlinică *sf.* polyclinique *sf.*
poligamie *sf.* polygamie *sf.*
poliglot, -ă *adj.* polyglotte.
poligon *sn.* polygone *sm.*
poligrafie *sf.* polygraphie *sf.*
polip *sm.* polype *sm.*
polisemie *sf.* polysémie *sf.*
polisemic, -ă *adj.* polysémique.
politehnic, -ă *adj.* polytechnique.
politeţe *sf.* politesse *sf.*
P
politic, -ă *adj.*, *sf.* politique.
politician *sm.* politicien *sm.*
politicos, -oasă *adj.* poli, -e.
politiza *vt.* politiser.
poliţie *sf.* police *sf.*
poliţist *sm.* policier *sm.*, agent de police *sm.*
polivalent, -ă *adj.* polyvalent, -e.
polizor *sn.* polisseur *sm.*
poloboc *sn.* tonneau *sm.*
polonez, -ă **1.** *adj.* polonais, -e; **2.** *smf.* Polonais, -e.
polonic *sn.* louche *sf.*
pom *sm.* arbre fruitier *sm.*
pomadă *sf.* pommade *sf.*
pomană *sf.* aumône *sf.*; *a cere de ~* mendier.
pomeneală *sf.* *nici ~ de* pas ombre de.
pomeni **1.** *vt.*, *vi.* rappeler; mentionner; **2.** se trouver; *te pomeneşti că* il se peut que.
pomenire *sf.* commémoration *sf.*
pomicultor *sm.* pomiculteur *sm.*
pomicultură *sf.* pomologie *sf.*
pomină *sf.* *de ~* inoubliable.
pompa *vt.* pomper.
pompă *sf.* pompe *sf.*
pompier *sm.* pompier *sm.*
pompos, -oasă *adj.* pompeux, -euse, fastueux, -euse.
ponderaţie *sf.* pondération *sf.*, modération *sf.*
pondere *sf.* poids *sm.*
ponegri *vt.* dénigrer.
ponei *sm.* poney *sm.*
ponosit, -ă *adj.* râpé, -e.
potif *sm.* pontife *sm.*
ponton *sn.* ponton *sm.*
popas *sn.* halte *sf.*, arrêt.
popă *sm.* prêtre *sm.*, curé *sm.*
popic *sf.* quaille *sf.*
popândău *sm.* hamster *sm.*
popor *sn.* peuple *sm.*
poposi *vi.* s'arrêter, faire halte.
popotă *sf.* popote *sf.*
popula *vt.* peupler.
popular, -ă *adj.* populaire.
popularitate *sf.* popularité *sf.*
populariza *vt.* populariser.

populaţie *sf.* population *sf.*
por *sm.* pore *sm.*
porc *sm.* porc *sm.*, cochon *sm.*; ~ *mistreţ* sanglier *sm.*
porcar *sm.* porcher *sm.*
porcărie *sf.* porcherie *sf.*; *(fig.)* saloperie *sf.*
porcesc, -ească *adj.* porcin, -e.
porcos, -oasă *adj.* indécent, -e, obscène.
porcuşor *sm.* porcelet *sm.*
poreclă *sf.* surnom *sm.*
porecli *vt.* surnommer.
porni 1. *vi.* partir; *a ~ motorul* démarrer; **2.** *vr.* se déchainer; s'ébranler; **3.** *vt.* mettre en branle, déclencher.
pornire *sf.* départ *sm.*; démarrage *sm.*
poros, -oasă *adj.* poreux, -euse.
port *sn.* port *sm.*; costume *sm.*; *(maritim)* port *sm.*
portal *sn.* portail *sm.*
portar *sm.* concierge *sm.*; *(sport)* gardien de but *sm.*
portativ, -ă 1. *adj.* portatif, -ive; **2.** *sn.* *(muz.)* portée *sf.*
portavion *sn.* porte-avions *sm.*
portăreasă *sf.* concierge *sf.*, portière *sf.*
portărel *sm.* huissier *sm.*
portbagaj *sn.* porte-bagages *sm.*
portieră *sf.* portière *sf.*
portiţă *sf.* portillon *sm.*
portjartier *sn.* ceinture *sf.*
portmoneu *sn.* bourse *sf.*, portemonnaie *sm.*
portocal *sm.* oranger *sm.*
portocală *sf.* orange *sf.*
portocaliu, -ie *adj.* orange.
portofel *sn.* portefeuille *sm.*
portret *sn.* portrait *sm.*
portretiza *vt.* faire le portret de.
portughez, -ă 1. *adj.* portugais, -e; **2.** *smf.* Portugais, -e.
porţelan *sn.* porcelaine *sf.*
porţie *sf.* portion *sf.*
porţiune *sf.* portion *sf.*, partie *sf.*
porumb *sm.* maïs *sm.*
porumbel *sm.* pigeon *sm.*
porumbiţă *sf.* colombe *sf.*
poruncă *sf.* ordre *sm.*
porunci *vt.* ordonner, commander.
poruncitor, -oare *adj.* impérieux, -euse, autoritaire.
posac, -ă *adj.* grognon, -onne.
poseda *vt.* posséder.
posesiune *sf.* possession *sf.*
posesiv, -ă *adj.* possessif, -ive.
posesor, -oare *smf.* possesseur *sm.*
posibil, -ă *adj.*, *smf.* possible; *a face tot ~* faire son possible, faire son mieux.
posibilitate *sf.* possibilité *sf.*
posomorî *vr.* s'assombrir; se renfrogner.

P

post *sn.* emploi, service *sm.*; poste; *(rel.)* carême *sm.*, jeûne *sm.*
posta *vt.*, *vr.* (se) poster, (se) placer.
postament *sn.* piédestal *sm.*, socle *sm.*
postav *sn.* drap *sm.*
postbelic, -ă *adj.* d'après-guerre.
posterior, -oară *adj.* postérieur, -e.
posteritate *sf.* posterité *sf.*
posti *vt.* faire maigre.
post-mortem *adv.* post-mortem.
postum, -ă *adj.* posthume.
postură *sf.* posture *sf.*
poşetă *sf.* sac à main *sm.*
poştal, -ă *adj.* postal, -e,
poştaş *sm.* facteur *sm.*
poştă *sf.* poste *sf.*; courrier *sm.*
potabil, -ă *adj.* potable.
potaie *sf.* cabot *sm.*
potasiu *sn.* potassium *sm.*
potârniche *sf.* perdrix *sf.*
potcoavă *sf.* fer à cheval *sm.*
potcovar *sm.* maréchal-ferrant *sm.*
potcovi *vt.* ferrer.
potecă *sf.* sentier *sm.*
potenţial, -ă 1. *adj.* potentiel, -elle; **2.** *sn.* potentiel *sm.*
poticni *vt.* buter contre, trébucher; *(fig.)* échouer.
potir *sn.* timbale *sf.*
potlogar *sm.* filou *sm.*
potlogărie *sf.* filouterie *sf.*
potoli 1. *vt.* apaiser, calmer, assouvir; **2.** *vr.* s'apaisser, se calmer.
potolit, -ă *adj.* tranquille, calme.
potop *sn.* déluge *sm.*
potopi *sn.* inonder.; *(fig.)* accabler.
potrivă *sf.* *pe potriva cuiva* pareil à.
potriveală *sf.* accord *sm.*; ressemblance *sf.*; coincidence *sf.*
potrivi 1. *vt.* arranger, accorder, régler, ajuster; **2.** *vr.* s'accorder, se ressembler; *a-şi ~ părul* arranger sa coiffure.
potrivire *sf.* concordance *sf.*; similitude *sf.*
potrivit, -ă *adj.* assorti, -e, conforme; moyen, -enne, modéré; *o expresie ~* une expression adéquate.
potrivnic, -ă 1. *adj.* adverse, hostile, contraire; **2.** contrairement.
potrivnicie *sf.* adversité *sf.*
poţiune *sf.* potion *sf.*
povară *sf.* fardeau *sm.*
povaţă *sf.* conseil *sm.*
povăţui *vt.* coneiller.
poveste *sf.* conte *sm.*; histoire *sf.*
povesti *vt.* raconter, conter, narrer.
povestire *sf.* narration *sf.*, récit *sm.*

povestitor, -oare *smf.* narrateur, -trice.
povârniş *sn.* pente abrupte *sf.*
poza 1. *vi.* poser; photographier; 2. *vr.* se faire photographier.
poză *sf.* pose *sf.*, attitude *sf.*; image *sf.*, photographie *sf.*
pozitiv, -ă *adj.* positif, -ive.
pozitivism *sn.* positivisme *sm.*
poziţie *sf.* position *sf.*
poznaş, -ă 1. *adj.* drôle, espiègle; 2. *smf.* pitre *sm.*, drôle *sm.*
poznă *sf.* espièglerie *sf.*; gaffe *sf.*
practic, -ă *adj.* pratique.
practica *vt.* exercer, pratiquer.
practicabil, -ă *adj.* practicable, applicable.
practicant, -ă *smf.* stagiaire; practicien, -enne.
practică *sf.* pratique *sf.*; stage *sm.*
practician, -ă *smf.* practicien, -enne.
pradă *sf.* proie *sf.*
praf *sn.* pousère *sf.*, poudre *sf.*; *lapte* ~ lait en poudre; *a face ~ un lucru* détruire, *a face ~ şi pulbere* anéantir.
prag *sn.* seuil *sm.*
pragmatism *sn.* pragmatisme *sm.*
pralină *sf.* praline *sf.*
pramatie *sf.* crapule *sf.*, gredin *sm.*
praştie *sf.* fronde *sf.*
praz *sm.* poireau *sm.*
praznic *sn.* festin *sm.*; *la dracu-n* ~ au diable vauvert.
prăbuşi *vr.* s'écrouler, s'affaiser, s'effondrer.
prăbuşire *sf.* écroulement *sm.*, éboulement *sm.*
prăda *vt.* piller.
prăfuit, -ă *adj.* poussiéreux, -euse, poudreux, -euse.
prăji 1. *vt.* rissoler, frire; 2. *vr.* se prélasser au soleil.
prăjină *sf.* perche *sf.*, gaule *sf.*
prăjitură *sf.* gâteau *sm.*
prăpastie *sf.* précipice *sm.*, abîme *sm.*, gouffre *sm.*
prăpăd *sn.* ravage *sm.*, désastre *sm.*
prăpădi 1. *vt.* ravager, détruire, dévaster; gaspiller; 2. *vr.* mourir.
prăpădit, -ă *adj.* détruit, -e, ravagé, -e.
prăşi *vt.* biner.
prăşit *sn.* binage *sm.*
prăşitoare *sf.* bineuse.
prăşitor, -oare *smf.* sarcleur, -euse.
prăvăli 1. *vt.* renverser; abattre; 2. *vr.* dévaler.
prăvălie *sf.* magasin *sm.*
prăvălire *sf.* dégringolade *sf.*, schute *sf.*
prăznui *vt.* célébrer, fêter.
prânz *sn.* déjeuner *sm.*
prânzi *vi.* déjeuner.
prâslea *sm.* cadet *sm.*, benjamin *sm.*

prea *adv.* trop; *nici ~-~, nici foarte-foarte* couçi-couça.
preajmă *sf.* voisinage *sm.*
prealabil, -ă *adj.* préalable; *în ~* en premier lieu, au préalable.
preamări *vt.* glorifier.
preambul *sn.* préambule *sm.*
preaplin *sn.* trop-plein *sm.*
preaviz *sn.* préavis *sm.*
precar, -ă *adj.* précaire.
precaut, -ă *adj.* prudent, -e.
precauţie *sf.* précaution *sf.*
precădere *sf.* préséance *sf.*
preceda *vt.* précéder.
precedent, -ă 1. *adj.* précédent, -e; **2.** *sn.* précédent *sm.*
precipita *vt.*, *vr.* (se) précipiter.
precipitat, -ă 1. *adj.* pressé, -e, précipité, -e; **2.** *sn.* précipité *sm.*
precipitaţie *sf.* précipitation *sf.*
precis, -ă *adj.* précis, -e, exact, -e.
preciza *vt.* préciser.
precizie *sf.* précision *sf.*
precoce *sf.* précoce.
precocitate *sf.* précocité *sf.*
preconceput, -ă *adj.* préconçu, -e.
preconiza *vt.* préconiser.
precum *conj.* ainsi, ainsi que, comme.
precumpăni *vt.*, *vi.* prévaloir.
precumpănitor, -oare *adj.* prédominant, -e.
precupeţ, -eaţă *smf.* marchand, -e.
precupeţi *vt.* marchander, *a-şi ~ efortul* s'épargner.
precursor, -oare *smf.* précurseur *sm.*
preda 1. *vt.* livrer; *(o disciplină)* enseigner; **2.** *vr.* se rendre, se livrer.
predecesor, -oare *smf.* prédécesseur.
predestinat, -ă *adj.* prédestiné, -e.
predica *vi.* prêcher.
predicat *sn.* prédicat *sm.*; *(gram.)* verbe *sm.*
predică *sf.* sermon *sm.*, prédication *sf.*
predilecţie *sf.* prédilection *sf.*, préférence *sf.*
predispoziţie *sf.* prédisposition *sf.*
predispune *vt.*, *vi.* prédisposer.
predomina *vi.* prédominer.
predominaţie *sf.* prédominance *sf.*
prefabricat, -ă *adj.* préfabriqué, -e.
preface 1. *vt.* changer, transformer; **2.** *vr.* feindre, simuler, faire semblant.
prefecere *sf.* transformation *sf.*; renouvellement *sm.*
prefaţă *sf.* préface *sf.*
prefăcătorie *sf.* feinte *sf.*, dissimulation *sf.*
prefăcut, -ă 1. *adj.* transformé, -e; **2.** *smf.* hypocrite *smf.*

prefect *sm.* préfet *sm.*
prefectură *sf.* préfecture *sf.*
prefera *vt.* préférer.
preferabil, -ă *adj.* préférable.
preferinţă *sf.* préférence *sf.*
prefix *sn.* préfixe *sm.*
pregăti *vt.*, *vr.* (se) préparer, (s')apprêter.
pregătire *sf.* préparation *sf.*
preistoric, -ă *adj.* préhistorique.
preîntâmpina *vt.* prévenir, contrecarrer.
prejos *adv.* *mai ~ de* inférieur à.
prejudecată *sf.* préjugé *sm.*
prejudicia *vt.* porter du préjudice.
prejudiciu *sn.* préjudice *sm.*
prelat *sm.* prélat *sm.*
prelată *sf.* bâche *sf.*
prelegere *sf.* conférence *sf.*, cours *sm.*
preliminar, -ă **1.** *adj.* préliminaire; **2.** *sn. pl.* préliminaires *sm. pl.*
prelinge *vt.* suinter.
prelua *vt.* prendre; assumer.
prelucra *vt.* modifier; usiner.
prelucrare *sf.* usinage *sm.*; intérpretation *sf.*
preludiu *sn.* prélude *sm.*
prelung, -ă *adj.* allongé, -e.
prelungi *vt.*, *vr.* *(în timp)* prolonger; *(în spaţiu)* rallonger.
prelungire *sf.* prolongation *sf.*, prolongement *sm.*; *(jur.)* prorogation.
prematur, -ă *adj.* prématuré, -e.
premedita *vt.* préméditer.
premeditare *sf.* préméditation *sf.*
premergător, -oare *adj.* précurseur *sm.*, antérieur, -e à.
premia *vt.* accorder un prix.
premiat, -ă *adj.* lauréat, -e.
premier *sm.* premier ministre *sm.*
premieră *sf.* première *sf.*
premisă *sf.* prémisse *sf.*
premiu *sn.* pix *sm.*
prenume *sn.* prénom *sm.*
preocupa *vt.*, *vr.* (se) préoccuper.
preocupare *sf.* préoccupation *sf.*
preot *sm.* prêtre *sm.*, curé *sm.*
preoţie *sf.* sacerdoce *sm.*
preoţime *sf.* clergé *sm.*
preparare *sf.* préparation *sf.*
preparative *sf. pl.* préparatifs *sm. pl.*
preparator, -oare *smf.* préparateur, -trice.
prepeliţă *sf.* caille *sf.*
preponderent, -ă *adj.* prépondérant, -e.
preponderenţă *sf.* prépondérance *sf.*
prepoziţie *sf.* préposition *sf.*
prerie *sf.* prairie *sf.*
prerogativă *sf.* prérogative *sf.*
presa *vt.* presser, comprimer.
presă *sf.* presse *sf.*
presăra *vt.* parsemer, éparpiller.

P

preschimba *vt.* échanger.
prescrie *vt.* prescrire, ordonner.
prescripţie *sf.* prescription *sf.*
prescurta *vt.* abréger.
prescurtare *sf.* abréviation *sf.*
presimţi *vt.* pressentir.
presimţire *sf.* pressentiment *sm.*
presiune *sf.* pression *sf.*
presta *vt.* fournir un travail; *a ~ un jurământ* prêter serment.
prestanţă *sf.* prestance *sf.*
prestaţie *sf.* prestation *sf.*
prestigiu *sn.* prestige *sm.*
presupune *vt.* supposer, présumer.
presus *adv. mai ~ de* par-dessus.
preş *sn.* tapis.

P

preşcolar, -ă *adj. învăţământ ~* enseignement que l'on donne dans les jardins d'enfants.
preşedinte, -ă *smf.* président, -e.
preşedinţie *sf.* présidence *sf.*
pretendent, -ă *smf.* prétendant, -e; aspirant, -e.
pretenţie *sf.* prétention *sf.*
pretenţios, -oasă *adj.* exigeant, -e; prétentieux, -euse.
pretext *sn.* prétexte *sm.*
pretexta *vt.* prétexter.
pretinde *vt.*, *vi.* prétendre.
pretutindeni *adv.* partout.
preţ *sn.* prix *sm.*
preţios, -oasă *adj.* précieux, -euse.
preţui 1. *vt.* evaluer, estimer; apprécier; **2.** *vi.* valoir.
preţuire *sf.* évaluation *sf.*; considération *sf.*
prevala *vi.* prévaloir.
prevăzător, -oare *adj.* prévoyant, -e.
prevedea *vt.* prévoir; munir; *prevăzut cu* muni de.
prevedere *sf.* prévoyance *sf.*; prévision *sf.*
preveni *vt.* prévenir.
prevenitor, -oare *adj.* prévenant, -e.
preventiv, -ă *adj.* préventif, -ive.
prevenţie *sf.* prévention *sf.*
prevesti *vt.* prédire.
prevestire *sf.* prédiction *sf.*
previziune *sf.* prévision *sf.*
prezent, -ă 1. *adj.* présent, -e; **2.** *sn.* présent *sm.*
prezenta 1. *vt.* présenter; **2.** *vr.* se présenter.
prezentare *sf.* présentation *sf.*
prezenţă *sf.* présence *sf.*
prezicător, -oare *smf.* voyant, -e.
prezice *vt.* prédire.
prezida *vt.* présider.
prezidiu *sn.* praesidium *sm.*
prezumtiv, -ă *adj.* présomptif, -ive.
prezumţie *sf.* présomption *sf.*
pribeag, -ă *adj.* errant, -e; exilé, -e, vagabond, -e.

pribegi *vi.* errer.
pribegie *sf.* errance *sf.*; expatriation *sf.*
pricepe **1.** *vt.* comprendre, saisir; **2.** *vr.* s'entendre.
pricepere *sf.* compréhension *sf.*; adresse *sf.*, capacité *sf.*
priceput *adj.* capable, avisé, -e.
prichindel *sm.* nabot *sm.*
pricină *sf.* raison *sf.*, cause *sf.*; *a căuta* ~ chercher noise.
pricinui *vt.* causer, provoquer, produire.
pricopsi *vr.* faire son magot, s'enrichir.
pridvor *sn.* véranda *sf.*
prielnic, -ă *adj.* favorable; avantageux, -euse.
prieten *smf.* ami, -e.
prietenesc, -ească *adj.* amical, -e.
prieteneşte *adv.* amicalement.
prietenie *sf.* amitié *sf.*
prietenos, -oasă *adj.* aimable, bienveillant, -e.
prigoană *sf.* persécution *sf.*, oppression *sf.*
prigoni *vt.* persécuter, opprimer.
prii *vi.* faire du bien; être favorable.
prilej *sn.* occasion *sf.*
prilejui *vt.* causer, occasionner.
prim, -ă *num. ord.* premier, -ére; ~ *ajutor* secours d'urgence.
primar **1.** *sm.* maire sm; **2.** *adj.* primaire; *medic* ~ médecin en chef.
primă *sf.* prime *sf.*
primărie *sf.* mairie *sf.*
primăvară *sf.* printemps *sm.*
primăvăratic, -ă *adj.* printanier, -ère.
primejdie *sf.* péril *sm.*, danger *sm.*
primejdios, -oasă *adj.* périlleux, -euse, dangereux, -euse.
primejdui *vt.* péricliter, mettre en danger.
primeni **1.** *vr.* changer de linge; **2.** *vt.* renouveler, rafraîchir.
primi *vt.* recevoir; accepter; accueillir.
primire *sf.* réception *sf.*; accueil *sm.*
primitiv, -ă *adj.* primitif, -ive.
primitor, -oare *adj.* hospitalier, -ère; accueillant, -e.
primordial, -ă *adj.* primordial, -e.
prin *prep.* par; à travers; ~ *somn* pendant le sommeil; ~ *urmare* par conséquent.
princiar, -ă *adj.* princier, -ère.
principal, -ă *adj.* principal, -e.
principat *sn.* principauté *sf.*
principe *sm.* prince *sm.*
principesă *sf.* princesse *sf.*
principial, -ă **1.** *adj.* de principe; **2.** *adv.* en principe.
principiu *sn.* principe *sm.*

P

prinde **1.** *vt.* attraper; saisir; surprendre; prendre; rattraper; fixer; **2.** *vr.* aller bien; s'accrocher; **3.** *vi., vr.* commencer; prendre; *a ~ de braț* saisir le bras; *a ~ de veste* apprendre; *a ~ un hoț* arrêter un voleur; *a ~ să bată (despre vânt)* commencer à souffler.

prinos *sn.* offrande *sf.*

prinsoare *sf.* pari *sm.*

printre *prep.* parmi, entre; *~ noi* parmi nous; *~ gene* les yeux mi-clos; *~ picături* entre temps.

prinţ *sm.* prince *sm.*

prinţesă *sf.* princesse *sf.*

prioritate *sf.* priorité *sf.*

pripas *sn. de ~* sans feu ni lieu.

pripă *sf. în ~* à la hâte.

pripăşi *vr.* se nicher.

P

pripi **1.** *vr.* se hâter, se presser, se dépécher; **2.** *vt. (despre mâncare)* rissoler.

pripon *sn.* piquet *sm.*

priponi *vt.* attacher un anumal à un piquet.

prisacă *sf.* rucher *sm.*

prisăcar *sm.* apiculteur *sm.*

prismă *sf.* prisme *sm.*

prisos *sn.* surplus *sm.*, excédent *sm.*, superflu *sm.*

prisosi *vi.* surabonder.

prispă *sf.* véranda *sf.*

priva *vt.* priver.

privat, -ă *adj.* privé, -e, particulier, ère.

priveghea *vi.* veiller.

priveghere *sf.* veille *sf.*

privelişte *sf.* vue *sf.*, paysage *sm.*

privi *vt.* regadrer, contempler; *în ceea ce priveşte* en ce qui concerne.

privighetoare *sf.* rossignol *sm.*

privilegiat, -ă *adj.* privilégié, -e.

privilegiu *sn.* privilège *sm.*

privinţă *sf. în aceasta ~* à cet égard; *într-o ~* à un certain point de vue; *în ~* en ce qui concerne.

privire *sf.* regerd *sm.*; vue *sf.*; *cu ~ la* concernant.

privitor, -oare **1.** *adj.* relatif, -ive; **2.** *smf.* spectateur, -trice.

priză *sf.* prise *sf.*

prizonier, -ă *smf.* prisonnier, -ière.

prizonierat *sn.* captivité *sf.*

proaspăt, -ă *adj.* frais, fraîche; *aer ~* de l'air frais.

proba *vt.* essayer; vérifier.

probabil, -ă **1.** *adj.* probable; **2.** *adv.* probablement.

probabilitate *sf.* probabilité *sf.*

probă *sf.* essai *sm.*; vérification *sf.*; *(la croitor)* essayage *sm.*; *~ scrisă* épreuve écrite; *(dovadă)* preuve *sf.*

probitate *sf.* probité *sf.*

problematic, -ă *adj.* problématique.

problemă *sf.* problème *sm.*
proceda *vi.* procéder.
procedeu *sn.* procédé *sm.*
procent *sn.* pourcentage *sm.*
procentaj *sn.* pourcentage *sm.*
proces *sn.* processus *sm.*; procès *sm.*; *a intenta un ~* intenter un procès.
pricesiune *sf.* procession *sf.*
proclama *vt.* proclamer.
proclamaţie *sf.* proclamation *sf.*
procrea *vt.* procréer.
procreare *sf.* procréation *sf.*
procura *vt.* procurer..
procurator *sm.* mandataire *sm.*
procuratură *sf.* parquet *sm.*
procuror *sm.* procureur *sm.*
prodecan *sm.* vice-doyen *sm.*
prodigios, -oasă *adj.* prodigieux, -euse.
producător, -oare **1.** *adj.* productif, -ive; **2.** *smf.* producteur, -trice.
produce *vt.*, *vr.* (se) produire.
productiv, -ă *adj.* productif, -ive.
productivitate *sf.* productivité *sf.*, rendement *sm.*
producţie *sf.* production *sf.*
produs *sn.* produit *sm.*
proeminent, -ă *adj.* proéminent, -e.
profan, -ă *adj.*, *smf* .profane.
profana *vt.* profaner.
profanare *sf.* profanation *sf.*
profera *vt.* proférer.
profesa *vt.* exercer un métier.
profesional, -ă **1.** *adj.* professionnel, -elle; **2.** *adv.* professionnel, -elle.
profesiune *sf.* profession *sf.*
profesor *smf.*. professeur *sm.*
profesoral, -ă *adj.* professoral, -e.
profet *sm.* prophète *sm.*
profeţie *sf.* prophétie *sf.*
profil *sn.* profil *sm.*
profila *vr.* se profiler.
profilactic, -ă *adj.* prophylactique.
profilaxie *sf.* prophylaxie *sf.*
profit *sn.* profit *sm.*
profitabil, -ă *adj.* profitable, avantageux, -euse.
profitor, -oare *smf.* profiteur, -euse.
profund, -ă **1.** *adj.* profond, -e; **2.** *adv.* profondément.
profunzime *sf.* profondeur *sf.*
progenitură *sf.* progéniture *sf.*
program *sn.* programme *sm.*
programa *vt.* programmer; planifier.
programare *sf.* programmation *sf.*, planification *sf.*
programă *sf.* programme *sm.*
progres *sn.* progrès *sm.*
progresa *vi.* progresser, avancer.
progresie *sf.* progression *sf.*
progresist, -ă *adj.* progressiste.
progresiv **1.** *adj.* progressif, -ive; **2.** *adv.* progressivement.

prohibiţie *sf.* prohibition *sf.*
proiect *sn.* projet *sm.*
proiecta *vt.* projeter.
proiectil *sn.* projectile *sm.*
proiector *sn.* projecteur *sm.*
proiecţie *sf.* projection *sf.*
proletar, -ă **1.** *adj.* prolétarien, -enne; **2.** *smf.* prolétaire.
proletariat *sn.* prolétariat *sm.*
prolific, -ă *adj.* prolifique.
prolog *sn.* prologue *sm.*
promiscuitate *sf.* promiscuité *sf.*
promisiune *sf.* promesse *sf.*
promite *vt.* promettre.
promiţător, -oare *adj.* prometteur, -euse.
promontoriu *sn.* promontoire *sm.*
promoţie *sf.* promotion *sf.*
promova *vt.* promouvoir, avancer; *a ~ clasa* déclarer un élève reçu.

P

promovare *sf.* promotion *sf.*; *(a unui elev)* le fait d'avoir été déclaré reçu.
promovat, -ă *adj.* *(despre elevi)* reçu, -e, admis, -e.
prompt, -ă *adj.* prompt, -e.
promptitudine *sf.* promptitude *sf.*
promulga *vt.* promulguer.
promulgare *sf.* promulgation *sf.*
pronominal, -ă *adj.* pronominal, -e.
pronostic *sn.* pronostic *sm.*
pronume *sn.* pronom *sm.*
pronunţa *vt.*, *vr.* (se) prononcer.
pronunţare *sf.* prononciation *sf.*
pronunţat, -ă *adj.* prononcé, -e; accentué, -e.
pronunţie *sf.* prononciation *sf.*
propaga *vt.*, *vr.* (se) propager.
propagandă *sf.* propagande *sf.*
propagandist, -ă *smf.* propagandiste *smf.*
propagare *sf.* propagation *sf.*
propagator, -oare *smf.* propagateur, -trice.
propăşi *vi.* progresser; prospérer.
propăşire *sf.* progrés *sm.*; prospérité *sf.*
propice *adj.* favorable, propice.
proporţie *sf.* proportion *sf.*
proporţiona *sf.* proportion *sf.*
proporţiona *vt.* proportionner.
proporţional, -ă *adj.* proportionnel, -elle.
proporţionalitate *sf.* proportionnalité *sf.*
propovădui *vt.* prêcher; propager.
propoziţie *sf.* proposition *sf.*
proprietar, -ă *smf.* propriétaire *smf.*
proprietate *sf.* propriété *sf.*
propriu, -ie *adj.* propre; *~-zis* proprement dit.
proptea *sf.* étai.

propti 1. *vt.* étayer; 2. *vr.* s'appuyer.
proplusa *vt.* propulser.
propulsie *sf.* propulsion *sf.*
propune *vt.* proposer; suggérer.
propunere *sf.* proposition *sf.*, suggestion *sf.*
prorector *sm.* vice-recteur *sm.*
proroc *sm.* prophète *sm.*
proroci *vt.* prophétiser.
proslăvi *vt.* glorifier.
prosop *sn.* serviette *sf.*; essuie-mains *sm.*
prospect *sn.* prospectus *sm.*
prospecta *vt.* prospecter.
prosper, -ă *adj.* prospère.
prospera *vi.* prospérer.
prosperitate *sf.* prospérité *sf.*
prospeţime *sf.* fraîcheur *sf.*
prost, proastă 1. *adj.* bête, sot, sotte, nigaud, -e; mauvais, -e; *vreme proastă* mauvais temps; 2. *adv.* mal; 3. *smf.* sot, sotte, nigaud, -e.
prostănac, -ă *adj.*, *smf.* niais, -e, nigaud, -e.
prostesc, -ească *adj.* bête, stupide.
prosteşte *adv.* bêtement, stupidement.
prosti 1. *vr.* s'abrutir, s'abêtir; 2. *vt.* faire marcher.
prostie *sf.* bêtise *sf.*, sottise *sf.*
prostit, -ă *adj.* abruti, -e, abêti, -e; *(uluit)* hébété, -e.
prostuţ, -ă *adj.* benêt, niais, -e.
protagonist *smf.* protagoniste *sm.*
protector, -oare *adj.*, *smf.* protecteur, -trice.
protectorat *sn.* protectorat *sm.*
protecţie *sf.* protection *sf.*
proteja *vt.* protéger.
protejare *sf.* protection *sf.*
protest *sn.* protestation *sf.*
protesta *vi.* protester.
proteză *sf.* prothèse *sf.*
protipendadă *sf.* haute-volée *sf.*
protocol *sn.* protocole *sm.*
protocolar, -ă *adj.* protocolaire.
proton *sm.* proton *sm.*
prototip *sn.* prototype *sm.*
proţap *sn.* flèche *sf.*; timon *sm.*
proţăpi *vr.* se planter.
proveni *vi.* provenir, résulter.
provenienţă *sf.* provenance *sf.*
proverb *sn.* proverbe *sm.*
proverbial, -ă *adj.* proverbial, -e.
providenţă *sf.* providence *sf.*
providenţial, -ă *adj.* providenciel, -elle.
provincial, -ă *adj.*, *smf.* provincial, -e.
provincie *sf.* province *sf.*; contrée *sf.*, région *sf.*
provizie *sf.* provision *sf.*; vivres *sm. pl.*
provizoriu, -ie 1. *adj.* provisoire; 2. *adv.* provisoirement.
provoca *vt.* provoquer.

provocare *sf.* provocation *sf.*, défi *sm.*
provocator, -oare *adj.*, *smf.* provocateur, -trice.
prozaic, -ă *adj.* prosaique.
prozator *smf.* prosateur *sm.*
proză *sf.* prose *sf.*
pudent, -ă 1. *adj.* prudent, -e; **2.** *adv.* prudement.
prudenţă *sf.* prudence *sf.*
prun *sm.* prunier *sm.*
prună *sf.* prune *sf.*
prunc *sm.* nourisson *sm.*, bébé *sm.*
prund *sn.* gravier *sm.*
prundiş *sn.* gravillon *sm.*
psalm *sm.* psaume *sm.*
pseudonim *sn.* pseudonyme *sm.*
psihanaliză *sf.* psychanalyse *sf.*
P
psihiatrie *sf.* psychiatrie *sf.*
psihiatru *sm.* psychiatre *sm.*
psihic, -ă *adj.* psychique.
psiholog *smf.* psychologue *sm.*
psihologie *sf.* psychologie *sf.*
psihoză *sf.* psychose *sf.*
public, -ă 1. *adj.* public, -ique; **2.** *sn.* public *sn.*
publica *vt.* publier.
publicare *sf.* publication *sf.*, parution *sf.*
publicaţie *sf.* publication *sf.*
publicist, -ă *smf.* publiciste *sm.*
publicitate *sf.* publicité *sf.*
pucioasă *sf.* soufre *sm.*
pudic, -ă *adj.* pudique.
pudoare *sf.* pudeur *sf.*
pudra *vt.*, *vr.* (se) poudrer.
pudră *sf.* poudre *sf.*
pudrieră *sf.* poudrier *sm.*
puf *sn.* duvet *sm.*
pufăi *vi.* haleter.
pufni *vi.* *a ~ în râs* pouffer de rire.
pufos, -oasă *adj.* duveteux, -euse; molleux, -euse.
pugilist *sm.* pugliste *sm.*, boxeur *sm.*
puhoi *sn.* torrent *sm.*; *~ de oameni* foule *sf.*
pui *sm.* petit *sm.*; *(de găina)* poussin *sm.*, poulet *sm.*
puiet *sm.* plant *sm.*
puişor *sm.* poussin *sm.*; *(pernă mică)* petit coussin *sm.*
pulbere *sf.* pousière *sf.*
pulmonar, -ă *adj.* pulmonaire.
pulover *sn.* pull-over *sm.*; pull *sm.*
pulpă *sf.* cuisse *sf.*; *(de fruct)* pulpe *sf.*
puls *sn.* pouls *sm.*
pulsaţie *sf.* pulsation *sf.*
pulveriza *vt.* pulvériser.
pulverizator *sn.* pulvérisateur *sm.*
pumn *sm.* poing *sm.*; coup de poing *sm.*
pumnal *sn.* poignard *sm.*
punct *sn.* point *sm.*; *~ şi virgulă* point-virgule.

punctaj *sn.* pointage *sm.*
punctual, -ă **1.** *adj.* ponctuel, -elle, précis, -e, exact, -e; **2.** *adv.* précisément, exactement, ponctuellement.
punctualitate *sf.* ponctualité *sf.*
punctuaţie *sf.* ponctuation *sf.*
pune **1.** *vt.* mettre; poser; **2.** *vr.* se mettre à.
pungaş *sm.* voleur *sm.*, chapardeur *sm.*
pungă *sf.* *~ cu bani* bourse; *~ de bomboane* sachet de bonbons.
pungăşi *vt.* voler, escroquer.
pungăşie *sf.* vol *sm.*, escroquerie *sf.*
punte *sf.* pont *sm.*; pasarelle *sf.*; *a se face luntre şi ~* se mettre en quatre.
pupa *vt.*, *vr.* (s')embrasser.
pupă *sf.* pope *sf.*
pupătură *sf.* baiser *sm.*, embrassade *sf.*
pupăză *sf.* huppe *sf.*
pupilă *sf.* pupille *sf.*
pupitru *sn.* pupitre *sm.*
pur, -ă **1.** *adj.* pur, -e; **2.** *adv.* purement; *~ şi simplu* purement et simplement.
purcea *sf.* jeune truie *sf.*
purcede *vi.* commencer.
purcel *sm.* cochonnet *sm.*
purgativ *sn.* purge *sf.*
purgatoriu *sn.* purgatoire *sm.*
purica *vt.* épouiller, épaucer; *(fig.)* éplucher.
purice *sm.* puce *sf.*
purifica *vt.*, *vr.* (se) purifier.
purificare *sf.* purification *sf.*
puritan, -ă *adj.* puritain, -e.
puritate *sf.* pureté *sf.*
purpură *sf.* pourpre *sf.*
purpuriu, -ie *adj.* pourpré, -e.
pursânge *adj.* pur-sang *sm.*
purta *vt.* porter; *a ~ în braţe* porter dans ses bras.
purtare *sf.* comportament *sm.*; conduite *sf.*; *a-şi lua nasul la ~* devenir impertinent.
purtat, -ă *adj.* porté, -e.
purtător, -oare *adj.*, *smf.* porteur, -euse.
pururi *adv.* toujours.
pustii *vt.* dévaster, ravager.
pustiire *sf.* désastre *sm.*, ravage *sm.*
pustiu, -ie **1.** *adj.* désert, -e; **2.** *sn.* désert *sm.*
pustnic, -ă *smf.* ermite *sm.*
puşcă *sf.* fusil *sm.*
puşcăriaş *sm.* forçat *sm.*
puşcărie *sf.* bagne *sm.*, prison *sf.*
puşculiţă *sf.* tirelire *sf.*
puşlama *sf.* fripouille *sf.*, voyou *sm.*
puşti *sm.* mioche *sm.*, gamin *sm.*, gosse *sm.*
putea *vt.* pouvoir; *se prea ~* il est fort possible.
putere *sf.* force *sf.*; puissance *sf.*; pouvoir; *în puterea nopţii* en pleine nuit; *depline puteri*

pleins-pouvoirs; *din toate puterile* de toutes ses forces.
puternic, -ă *adj.* fort, -e, puissant, -e, vigoureux, -euse.
putină *sf.* baril *sm.*; *a spăla putina* prendre la poudre d'escampette.
putinţă *sf.* possibilité *sf.*; *peste ~* impossible.
putoare *sf.* puanteur *sf.*
putred, -ă *adj.* pourri, -e; *~ de bogat* pourri d'argent.
putrefacţie *sf.* putréfaction *sf.*
putregai *sn.* pourriture *sf.*
putrezi *vi.* pourrir.
putreziciune *sf.* chargone *sf.*, pourriture *sf.*
puturos, -oasă *adj.* puant, -e; *(despre oameni)* paresseux, -euse.
puturoşenie *sf.* puanteur *sf.*; *(fig.)* paresse *sf.*, fainéantise *sf.*
puţ *sn.* puits *sm.*
puţi *vi.* puer, empester.
puţin, -ă 1. *adv.* peu; 2. *adj.* insuffisant, -e; 3. *sn.* peu; *cel ~* au moins, du moins; *peste ~ timp* sous peu; *~ câte ~* petit à petit.
puzderie *sf.* foule *sf.*, multitude *sf.*; *~ de stele* une nuée d'étoiles.

P

R

rabat *sn.* rabais *sm.*
rabatabil, -ă *adj.* rabattable.
rabin *sm.* rabbin *sm.*
rablagi *vr.* se détériorer, se détraquer; *(despre oameni)* devenir gâteux.
rablă *sf.* *(maşină)* vieux clou *sm.*, tacot *sm.*; patraque.
rabota *vt.* raboter.
raboteză *sf.* raboteuse *sf.*
rac *sm.* ecrevisse *sf.*
rachetă *sf.* fusée *sf.*; *(sport)* raquette *sf.*
rachiu *sn.* eau de vie *sf.*
raclă *sf.* cercueil *sm.*
racord *sn.* raccord *sm.*
racorda *vt.* raccorder.
radar *sn.* radar *sm.*
rade 1. *vt.*, *vr.* (se) raser, (se) faire la barbe; **2.** *vt.* *(pe răzătoare)* râper.
radia 1. *vt.* émaner; *(în registru)* radier, rayer; **2.** *vi.* rayonner, irradier.
radiator *sn.* radiateur *sm.*
radiaţie *sf.* radiation *sf.*
radical, -ă 1. *adj.* radical, -e; **2.** *adv.* radicalement; **3.** *sm.* *(matematică)* racine carrée *sf.*
radieră *sf.* gomme *sf.*
radio *sn.* radio *sf.*
radioactiv, -ă *adj.* radioactif, -ive.
radioactivitate *sf.* radioactivité *sf.*
radiofonic *adj.* radiophonique.
radiofonie *sf.* radiophonie.
radiografie *sf.* radiographie *sf.*
radiojurnal *sn.* journal parlé *sm.*
radiolog *sm.* radiologue *sm.*, radiologiste *sm.*
radiologie *sf.* radiologie *sf.*
radios, -oasă *adj.* radieux, -euse.
radioscopie *sf.* radioscopie *sf.*
radioterapie *sf.* radiothérapie *sf.*
radiu *sn.* radium *sm.*
rafală *sf.* rafale *sf.*
rafie *sf.* raphia *sm.*
rafina *vt.*, *vr.* (se) raffiner.
rafinament *sn.* raffinement *sm.*
raft *sn.* rayon *sm.*
rage *vi.* *(despre măgari)* braire; *(despre lei)* rugir; *(despre bovine)* beugler; *(despre elefanţi)* barrir.
rahat *sn.* lokoum *sm.*
rahidian, -ă *adj.* rachidien, -enne.
rahitic, -ă *adj.* rachitique.

rai *sn.* paradis *sm.*, éden *sm.*
raid *sn.* raid *sm.*
raion *sn.* *(în magazine)* rayon *sm.*; *(în oraş)* arrondissement *sm.*
raită *sf.* tour *sm.*
ralia *vr.* se rallier.
raliere *sf.* ralliement *sm.*
ramă *sf.* *(de tablou)* cadre *sm.*; *(de barcă)* rame *sf.*, aviron *sm.*
ramburs *sn.* remboursement *sm.*
rambursa *vt.* rembourser.
ramifica *vr.* se ramifier.
ramificaţie *sf.* ramification *sf.*
ramoleală *sf.* ramolissement *sm.*
ramoli *vr.* se ramolir.
ramolit, -ă *adj.* ramolli, -e.
rampă *sf.* rampe *sf.*
ramură *sf.* branche *sf.*
rană *sf.* blessure *sf.*, plaie *sf.*
R
ranchiună *sf.* rancune *sf.*
randament *sn.* randement *sm.*
rang *sn.* rang *sm.*
rangă *sf.* barre de fer *sf.*
raniţă *sf.* havresac *sm.*, sac *sm.*
rapace *adj.* rapace.
rapacitate *sf.* rapacité *sf.*
rapid, -ă **1.** *adj.* rapide; **2.** *adv.* rapidement.
rapiditate *sf.* rapidité *sf.*
rapiţă *sf.* colza *sm.*
raport *sn.* rapport *sm.*
raporta **1.** *vt.* rapporter; **2.** *vr.* se rapporter à.
raportor *sn.* rapporteur *sm.*
rapsodie *sf.* rhapsodie *sf.*
rar, -ă **1.** *adj.* rare; clairsmé, -e; **2.** *adv.* rarement; *piatră rară* pierre précieuse.
rarefia *vt.*, *vr.* (se) rarefier.
rareori *adv.* rarement.
raritate *sf.* rarté *sf.*
rasă *sf.* race *sf.*; *(haină)* froc *sm.*
rasial, -ă *adj.* racial, -e.
rasism *sn.* racisme *sm.*
rasist, -ă *smf.* raciste.
rasol *sn.* bouilli *sm.*
rasoli *vt.* bâcler.
rastel *sn.* râtelier *sm.*
rata **1.** *vt.* rater, manquer; **2.** *vi.* *(despre arme)* rater.
rată *sf.* tranche *sf.*
ratifica *vt.* ratifier.
ratificare *sf.* ratification *sf.*
raţă *sf.* canard *sm.*, *(femelă)* cane *sf.*; ~ *sălbatică* canard sauvage.
raţie *sf.* ration *sf.*
raţiona **1.** *vi.* raisonner; **2.** *vt.* rationner.
raţional, -ă **1.** *adj.* raisonable; **2.** *adv.* raisonnablement.
raţionalism *sn.* rationalisme *sm.*
raţionaliza *vt.* rationaliser.
raţionament *sn.* raisonnement *sm.*
raţiune *sf.* raison *sf.*
ravagiu *sn.* ravage *sm.*
rază *sf.* rayon *sm.*
razie *sf.* rafle *sf.*

razna *adv.* *a o lua ~* divaguer, dérailler; *a merge ~* quitter le droit chemin.
răbda 1. *vt.* endurer, souffrir; tolérer, patienter.; 2. *vi.* endurer.
răbdare *sf.* patience *sf.*
răbdător, -oare *adj.* patient, -e.
răboj *sn.* entaille *sf.*
răbufni *vi.* éclater; jaillir.
răceală *sf.* froid *sm.*; froideur *sf.*; refroidissement *sm.*
răchită *sf.* osier *sm.*
răci 1. *vt.* refroidir; 2. *vr.* se refroidir; 3. *vi.* prendre froid.
răcire *sf.* refroidissement *sm.*
răcit, -ă *adj.* refroidi, -e.
răcitor *sn.* glacière *sf.*, refrigérateur *sm.*
răcnet *sn.* rugiessement *sm.*, hurlement *sm.*
răcni *vi.* hurler, rugir.
răcoare *sf.* fraîcheur *sf.*, frais *sm.*
răcori 1. *vr.* se rafraîchir; se calmer; 2. *vt.* refraîchir.
răcoritor, -oare 1. *adj.* rafraîchissant, -e; 2. *sf. pl.* rafraîchissements *sm. pl.*
răcoros, -oasă *adj.* frais *sm.*, fraîche *sf.*
rădăcină *sf.* racine *sf.*
răfui *vr.* se quereller.
răfuială *sf.* querelle *sf.*, règlement de comptes *sm.*
răgaz *sn.* répit *sm.*; délai *sm.*
răguşeală *sf.* enrouement *sm.*
răguşi *vi.* s'enrouer.
răguşit, -ă *adj.* enroué, -e.
rămas *sn.* *a-şi lua ~ bun* faire ses adieux.
rămăşag *sn.* pari *sm.*
rămăşiţă *sf.* reste *sm.*, vestige *sm.*; résidu *sm.*
rămâne *vt.*, *vi.* rester, demeurer; séjourner.
rămuros, -oasă *adj.* branchu, -e.
răni *vt.* blesser.
rănit *adj.*, *smf.* blessé, -e.
răpăi *vi.* *(despre aplauze)* crépiter; *(despre ploaie)* tomber dru.
răpăială *sf.* crépitement *sm.*
răpănos, -oasă *adj.* galeux, -euse; crasseux, -euse.
răpciugos, -oasă *adj.* morveux, -euse.
răpi *vt.* *(persoane)* enlever; *(drepturi)* spoiler.
răpire *sf.* *(persoane)* enlèvement *sm.*, rapt *sm.*; 2 *(drepturi)* spoliation *sf.*
răpitor, -oare 1. *adj.* ravissant, -ante; 2. *smf.* ravisseur.
răposa *vi.* mourir, décéder, trépasser.
răposat, -ă *adj.*, *smf.* mort, -e, trépassé, -e.
răpune *vt.*, *vr.* (se) tuer.
rări *vt.* raréfier; espacer.
răsad *sn.* plant *sm.*, semis *sm.*
răsădi *vt.* repiquer.

R

răsări *vi.* *(despre aştri)* se lever; *(despre plante)* pousser; *(a apărea)* surgier, apparaître.
răscoace *vt.*, *vr.* cuire.
răscoală *sf.* révolte *sf.*
răscoli *vt.* fouiller, mettre sens dessus dessous.
răscolitor, -oare *adj.* troublant, -e; boulversant, -e.
răscopt, -oaptă *adj.* trop cuit, -e.
răscroi *vt.* échancrer.
răscroială *sf.* echancrure *sf.*
răscruce *sf.* carrefour *sm.*
răscula 1. *vt.*soulever, ameuter.; **2.** *vr.* se révolter, se soulever.
răsculat, -ă *adj. smf.* révolté, -e, rebelle, insurgé, -e.
răscumpăra *vt.* racheter.
răscumpărare *sf.* rachat *sm.*
răsfăţ *sn.* gâterie *sf.*
răsfăţa 1. *vt.* gâter, choyer; **2.** *vr.* minauder.
răsfira *vt.*, *vr.* (s')éparpiller, (se) disperser.
răsfirare *sf.* éparpillement *sm.*, dispersion *sf.*
răsfirat, -ă *adj.* eparpillé, -e.
răsfoi *vt.* feuilleter.
răsfrânge *vt.*, *vr.* (se) refléter, (se) réfléchir; *(despre sunete)* se répercuter.
răsfrânt, -ă *adj.* *guler ~* col rabattu.
răspicat, -ă 1. *adj.* distincit, -e; **2.** *adv.* distinctement, nettement, carrément.
răspândi *vt.*, *vr.* (se) répandre, (se) disperser.
răspândire *sf.* éparpillement *sm.*; emanation *sf.*, émision *sf.*
răspântie *sf.* carrefour *sm.*
răsplată *sf.* recompense *sf.*
răsplăti *vt.* récompenser.
răspopit *adj.* défroqué.
răspunde *vi.*, *vt.* répondre, riposter, répliquer.
răspundere *sf.* responsabilité *sf.*
răspuns *sn.* réponse *sf.*, riposte *sf.*
răspunzător, -oare *adj.* responsible.
răsputeri *sf. pl.* *din ~* de toutes ses forces.
răstălmăci *vt.* fausser le sens, dénaturer.
răstălmăcire *sf.* interprétation dénaturée *sf.*
răsti *vr.* parler rudiment; gueuler.
răstigni *vt.* crucifier.
răstimp *sn.* intervalle *sm.*, laps de temps *sm.*
răsturna 1. *vt.* renverser; abbatre; **2.** *vr.* verser.
răsturnare *sf.* renversement *sm.*
răsuci *vt.* tordre; tourner; *a ~ gâtul cuiva* tordre le cou à qqn.
răsufla *vi.* respirer; souffler, haleter.
răsuflare *sf.* respiration *sf.*, soufflé *sm.*, haleine *sf.*
răsuflat, -ă *adj.* evénté, -e.
răsuflătoare *sf.* soupirail *sm.*

răsuna *vt.* résonner, retentir.
răsunător, -oare *adj.* retentissant, -e.
răsunet *sn.* retentissement *sm.*
răşchira *vt.* écarter les jambes.
răşină *sf.* réine *sf.*
rătăci 1. *vr.* s'égarer; **2.** *vi.* errer, vagabonder.
rătăcire *sf.* vagabondage *sm.*; égarement *sm.*
rătăcit, -ă *adj.* égaré, -e.
rătăcitor, -oare *adj.* errant, -e, vagabond, -e.
răţoi 1. *sm.* canard *sm.*; **2.** *vr.* rabrouer qqn., tancer qqn.
rău, rea 1. *adj.* mauvais, -e; méchant, -e; **2.** *adv.* mal; **3.** *sn.* mal *sm.*; *a vorbi de ~ pe cineva* médire de qqn.; *a-i face ~ cuiva* faire du mal à qqn.; *a fi ~ de gură* avoir mauvaise langue; *de rea credinţă* de maivaise foi.
răufăcător, -oare *adj.* malfaisant, -e.
răutate *sf.* méchanceté *sf.*, malice *sf.*; *cu ~* méchamment.
răutăcios, -oasă *adj.* méchant, -e.
răuvoitor, -oare *adj.* malveillant.
răvaş *sn.* letter *sf.*
răvăşeală *sf.* désordre *sm.*; pagaille *sf.*
răvăşi *vt.* éparpiller, boulverser.
răvăşit, -ă *adj.* en désordre, boulversé, -e.
răzătoare *sf.* râpe *sf.*
răzătură *sf.* raclure *sf.*
răzbate *vt.* se frayer un chemin, pénétrer; parvenir; réussir.
răzbi 1. *vi.* se frayer un chemin; pénétrer, avancer; **2.** *vt.* vaincre.
război[1] *sn.* guerre *sf.*
război[2] *sn.* métier à tisser *sm.*
război[3] *vt.* faire la guerre.
războinic, -ă 1. *adj.* guerrier, -ère; **2.** *sm.* guerrier *sm.*
răzbuna *vt.*, *vr.* (se) venger.
răzbunare *sf.* vengeance *sf.*
răzbunător, -oare *adj.* vengeur, -eresse.
răzeş *sm.* paysan libre *sm.*
răzgândi *vr.* se raviser, changer d'avis.
răzleţ, -eaţă 1. *adj.* isolé, -e; écarté, -e; **2.** *adv.* à l'écart.
răzleţi *vr.* s'écarter; s'éparpiller, se disperser.
răzor *sn.* guéret *sm.*; *(de flori)* plante-bande *sf.*
răzui *vt.* racler; râper.
răzvrăti *vr.* (se) soulever.
răzvrătire *sf.* soulèvement *sm.*, révolte *sf.*
râcă *sf.* querelle *sf.*
râcâi *vt.* racler.
râde *vi.* rire; *a ~ de cineva* railler, se moquer de qqn.
râgâi *vi.* roter.
râie *sf.* gale *sf.*
râios, -oasă *adj.* galeux, -euse.
râmă *sf.* ver de terre *sm.*
rână *sf.* *într-o ~* sur le flanc.
rânced, -ă *adj.* ranci.

râncezi *vi.* rancir.
rând *sn.* rang *sm.*; file *sf.*, queue *sf.*; ligne *sf.*, rangée *sf.*; *un ~ de haine* un complet; *la rândul meu* à mon tour.
rândaş *sm.* valet de ferme.
rândui *vt.* ranger, arranger; organizer.
rânduială *sf.* ordre *sm.*, arrangement *sm.*
rândunică *sf.* hirondelle *sf.*
rânjet *sn.* ricanement *sm.*
rânji *vi.* ricaner.
râpă *sf.* ravin *sm.*
râs[1] *sn.* rire *sm.*; risée *sf.*; *a fi de râsul lumii* être la risé de tous.
râs[2] *sm.* lynx *sm.*
râşni *vt.* moudre.
râşniţă *sf.* moulin à café *sm.*
rât *sn.* groin *sm.*
râu *sn.* rivière *sf.*
râuleţ *sn.* ruisseau *sm.*
râvnă *sf.* zèle *sm.*, ardeur *sf.*
râvni *vi.* convoiter, desirer.
reabilita *vt.* réhabiliter.
reabilitare *sf.* réhabilitation *sf.*
rea-credinţă *sf.* mauvaise foi *sf.*
reactiv, -ă 1. *adj.* réactif, -ive; **2.** *sm.* réactif *sm.*
reactor *sn.* réacteur *sm.*
reacţie *sf.* réaction *sf.*
reacţiona *vi.* réagir.
reacţionar, -ă *adj. smf.* réactionnaire.
reacţiune *sf.* réaction *sf.*
reajusta *vt.* rajuster.
real, -ă *adj.* réel, -elle.
realism *sn.* réalisme *sm.*
realist, -ă *adj.*, *smf.* réaliste.
realitate *sf.* rćalitć *sf.*
realiza *vt.* réaliser.
realizabil, -ă *adj.* réalisable.
reaminti *vt.*, *vr.* (se) rappeler.
reanima *vt.* ranimer
reaminare *sf.* ranimation *sf.*
reapărea *vi.* réapparaître.
reapariţie *sf.* réapparition *sf.*
reavăn *adj.* humide.
rea-voinţă *sf.* mauvaise volonté *sf.*
reazem *sn.* appui *sm.*, soutien *sm.*
rebegi *vi.* transir.
rebegit, -ă *adj.* transi, -e.
rebel, -ă *adj.*, *smf.* rebelle.
rebeliune *sf.* rebellion *sf.*, révolte *sf.*, émeute *sf.*
rebus *sn.* rébus *sm.*
rebut *sn.* rebut *sm.*
recalcitrant, -ă *adj.* récalcitrant, -e.
recalcula *vt.* recalculer.
recapitula *vt.* récapituler.
recăsători *vr.* se remarier.
recâştiga *vt.* regagner, reconquérir.
rece 1. *adj.* froid, -e; **2.** *adv.* froidement; *sânge ~* sang froid.
recensământ *sn.* recensement *sm.*
recent, -ă *adj.* recent, -e.
recenzie *sf.* compte-rendu *sm.*
recepta *vt.* recevoir, enregistrer.

receptare *sf.* réception *sf.*, enregistrement *sm.*
receptivitate *sf.* réceptivité *sf.*
receptor, -oare 1. *adj.* récepteur, -trice; 2. *sn.* récepteur.
recepţie *sf.* réception *sf.*
recepţion *vt.* réceptionner.
recepţionare *sf.* réception *sf.*
rechema *vt.* rappeler.
rechin *sm.* requin *sm.*
rechizite *sf. pl.* fournitures scolaires *sf. pl.*
rechizitoriu *sn.* réquisitoire *sm.*
rechiziţie *sf.* réquisition *sf.*
rechiziţiona *vt.* réquisitionner.
recidivă *sf.* récidive *sf.*
recidivist, -ă *smf.* récidiviste *smf.*
recif *sn.* récif *sm.*
recipient *sn.* récipient *sm.*
recipisă *sf.* reçu *sm.*, quittance *sf.*
reciproc, -ă *adj.* réciproque, mutuel, -elle.
reciprocitate *sf.* réciprocité *sf.*, mutualité *sf.*
recita *vt.* réciter.
recital *sn.* récital *sm.*
recitare *sf.* récitation *sf.*
reciti *vt.* relire.
reclama *vt.* réclamer; revendiquer.
reclamant, -ă *smf.* réclamant, -e.
reclamaţie *sf.* réclamation *sf.*; révendication *sf.*
reclamă *sf.* réclame *sf.*
reclădi *vt.* reconstruire.
recolta *vt.* récolter.
recoltă *sf.* récolte *sf.*, moisson *sf.*
recomanda 1. *vt.* recommander; présenter qqn.; 2. *vr.* se nommer; *a ~ un tratament* prescrire un traitement.
recomandabil *adj.* recommandable.
recomandat *adj.* recommandé.
recompensa *vt.* récompenser.
recompensă *sf.* récompense *sf.*
reconciliere *sf.* réconciliation *sf.*
recondiţiona *vt.* restaurer, remettre à neuf.
reconforta *vt.* réconforter, fortifier.
reconfortant, -ă 1. *adj.* réconfortant, -e, fortifiant, -e; 2. *sn.* réconfortant *sm.*, fortifiant *sm.*
reconfortare *sf.* réconfort *sm.*, consolation *sf.*
reconstitui *vt.* reconstituer.
reconstrucţie *sf.* reconstruction *sf.*
reconstrui *vt.* reconstruire.
record *sn.* record *sm.*
recrea *vr.* se récréer.
recreare *sf.*, délassement *sm.*
recreaţie *sf.* récréation *sf.*
recrut *sm.* recrue *sf.*, conscrit *sm.*
recruta *vt.* recruiter, enrôler.

recrutare *sf.* recrutement *sm.*. enrôlement *sm.*, conscription *sf.*
rectifica *vt.* rectifier.
rectificare *sf.* rectification *sf.*
rectificator, -oare **1.** *adj.* rectificatif, -ive; **2.** *sm.* rectificateur *sm.*
rectiliniu, -ie *adj.* rectiligne.
rector *sm.* recteur *sm.*
recuceri *vi.* reconquérir.
reculege *vr.* se recueillir.
reculegere *sf.* recueillement *sm.*
recunoaşte **1.** *vt.*, *vr.* (se) reconnaître; **2.** *vt.* remettre; admettre, avouer.
recunoaştere *sf.* reconnaissance *sf.*; aveu *sm.*
recunoscător, -oare *adj.* reconnaissant, -ante.
recunoscut, -ă *adj.* reconnu, -e;
R
recunoştinţă *sf.* reconnaissance *sf.*
recupera *vt.* récupérer, recouvrer.
recuperare *sf.* récupération *sf.*
recurge *vi.* recourir à.
recurs *sn.* recours *sm.*, pourvoi *sm.*
reda *vt.* rendre.
redacta *vt.* rédiger.
redactare *sf.* rédaction *sf.*
redactor, -oare *smf.* rédacteur, -trice.
redacţie *sf.* redaction *sf.*
redeştepta **1.** *vt.* réveiller; éveiller; **2.** *vr.* se réveiller.
redobândi *vt.* recouvrer, rependre.
redresa *vt.* redresser.
redresare *sf.* redressement *sm.*
reduce *vt.* réduire.
reducere *sf.* réduction *sf.*
reductibilitate *sf.* réductibilité *sf.*
redactor, -oare **1.** *adj.* réducteur, -trice; **2.** *sn.* réducteur *sm.*
redută *sf.* redoute *sf.*
reedita *vt.* rééditer.
reeduca *vt.* rééduquer.
reevalua *vt.* réévaluer.
reface **1.** *vt.* refaire; se redresser; **2.** *vr.* se remettre, se rétablir.
refacere *sf.* reconstruction *sf.*; redressement *sm.*; réfection *sf.*
referat *sn.* rapport *sm.*, compte rendu *sm.*
referendum *sn.* référendum *sm.*
referi **1.** *vi.* référer, rapporter; **2.** *vr.* se référer, se raporter à.
referinţă *sf.* reference *sf.*
referitor, -oare *adj.* relative, -ive; ~ *la* concernant, relative à.
reflecta **1.** *vt.*, *vr.* (se) réfléchir, (se) refléter; **2.** *vi.* réfléchir, médier.
reflectare *sf.* réflexion *sf.*
reflector *sn.* réflécteur *sm.*
reflecţie *sf.* réflexion *sf.*

reflex, -ă 1. *adj.* réflexe; 2. *sm.* réflexe *sm.*
reflexiv, -ă *adj.* réfléchi, -e.
reflux *sn.* reflux *sm.*
reforma *vt.* réformer.
reformator *adj. smf.* réformateur, -trice.
reformă *sf.* réforme *sf.*
refracta *vr.* se réfracter.
refractar, -ă *adj.* réfractaire.
refracţie *sf.* réfraction *sf.*
refren *sn.* refrain *sm.*
refugia *vr.* se réfugier.
refugiat, -ă *adj., smf.* réfigié, -e.
refugiu *sn.* refuge *sm.*, asile *sm.*
refulare *sf.* refoulement *sm.*
refuz *sn.* refus *sm.*
refuza *vt.* refuser.
regal, -ă *adj.* royal, -e.
regalitate *sf.* royauté *sf.*
regat *sn.* royaume *sm.*
regată *sf.* régate *sf.*
rege *sm.* roi *sm.*
regenera *vt.* régénérer.
regenerare *adj.* régénération *sf.*
regenerator, -oare 1. *adj.* régénérateur, -trice; 2. *sn.* régénérateur *sm.*
regent, -ă *smf.* régent, -e.
regie *sf.* mise en scène *sf.*; régie *sf.*
regim *sn.* régime *sm.*
regiment *sn.* régiment *sm.*
regină sf reine *sf.*
regional, -ă *adj.* régional, -ale.
regionalism *sn.* régionalisme *sm.*
registratură *sf.* bureau d'enregistrement *sm.*
registru *sn.* régistre *sm.*
regiune *sf.* région *sf.*, contrée *sf.*
regiza *vt.* mettre en scène.
regizor *sm.* metteur en scène *sm.*
regla *vt.* régler.
reglare *sf.* réglage *sm.*
reglementa *sf.* réglementer.
reglementare *sf.* réglementation *sf.*
regn *sn.* règne *sm.*
regres *sn.* régression *sf.*
regresa *vi.* régresser.
regret *sn.* regret *sm.*
regreta *vt.* regretter.
regulament *sn.* règlement *sm.*
regularitate *sf.* régularité *sf.*
regulat, -ă 1. *adj.* régulier, -ère.; 2. *adv.* régulièrement.
regulă *sf.* règle *sf.*
reieşi *vi.* résulter, ressortir.
reintegra *vt.* réintégrer.
reîmprospăta *vt.* refraîchir.
reînarma *vt.* réarmer.
reînarmare *sf.* réarmement *sm.*
reîncălzi *vt.* réchauffer.
reîncepe *vt.* recommencer.
reînnoi *vt., vr.* (se) renouveler.
reînsufleţi *vt., vr.* (se) ranimer.
reîntineri *vi.* rajeunir.
reîntoarce *vr.* revenir, retourner.
reînvia *vi.* ressusciter.
relata *vt.* relater, raconter.
relatare *sf.* relation *sf.*

relativ, -ă 1. *adj.* relative, -ive; 2. *adv.* relativement.
relativitate *sf.* relativité *sf.*
relaţie *sf.* relation *sf.*, rapport *sm.*
relaxa *vr.* se détendre, se relâcher.
releu *sn.* relais *sm.*
releva *vt.* relever.
relicvă *sf.* relique *sf.*
relief *sn.* relief *sm.*
reliefa *vt.* relever, mettre en evidence.
religie *sf.* réligion *sf.*
religios, -oasă *adj.* religieux, -euse.
relua *vt.* reprendre.
reluare s. reprise *sf.*
remania *vt.* remanier.
remaniere *sf.* remaniement *sm.*
remarca 1. *vt.* remarquer; observer; 2. *vr.* se faire remarquer.

R

remarcabil, -ă *adj.* remarquable.
remedia *vt.* remédier.
remediu *sn.* remède *sm.*
rememora *vt.* rappeler, remémorer.
reminiscenţă *sf.* reminiscence *sf.*
remite *vt.* remettre.
remiză *sf.* remise *sf.*
remorca *vt.* remorquer.
remorcă *sf.* remorque *sf.*
remorcher *sn.* remorqueur *sm.*
remunera *vt.* rémunérer.
remuneraţie *sf.* rémunération *sf.*
remuşcare *sf.* remords *sm.*
ren *sm.* renne *sm.*
renaşte *vi.* renaître.
renaştere *sf.* renaissance *sf.*
renega *vt.* renier, abjurer.
renegat, -ă *adj.* renégat, -e.
renghi *sn.* *a juca un ~* jouer un tout.
renova *vt.* rénover.
renovare *sf.* rénovation *sf.*
renta *vi.* rapporter.
rentabil, -ă *adj.* rentable.
rentabilitate *sf.* rentabilité *sf.*
rentă *sf.* rente *sf.*
rentier, -ă *smf.* rentier, - ère.
renume *sn.* renom *sm.* renommée *sf.*
renumit, -ă *adj.* renommé, -e.
renunţa *vi.* renoncer.
renunţare *sf.* renoncement *sm.*
reorganiza *vt.* réorganiser.
reorganizare *sf.* réorganization *sf.*
repara *vt.* réparer.
reparaţie *sf.* réparation *sf.*
repartiţie *sf.* répartition *sf.*
repartiza *vt.* répartiser,
repatria *vt.*, *vr.* (se) repatrier.
repaus *sn.* repos *sm.*
repede 1. *adj.*rapide; 2. *adv.* vite, rapidement.
reper *sn.* repère *sm.*
repera *vt.* repérer.
repercursiune *sf.* repercussion *sf.*
repercuta *vr.* répercuter.

repertoriu *sn.* repertoire *sm.*
repeta *vt.* repeater; *a ~ clasa* redoubler la classe.
repetent, -ă *smf.* redoublant, -e.
repetiţie *sf.* répétition *sf.*
repezeală *sf.* rapidité *sf.*, hâte *sf.*, précipitation *sf.*
repezi 1. *vr.* se ruer, foncer; **2.** *vt.* jeter, lancer.
repeziciune *sf.* vitesse *sf.*
repezit, -ă *adj.* emporté, -e; précipité, -e.
replanta *vt.* replanter.
replica *vt.* répliquer, répondre.
replică *sf.* réplique *sf.*, réponse *sf.*
repopula *vt.* repeupler.
report *sn.* report *sm.*
reporta *vt.* reporter.
reportaj *sn.* reportage *sm.*
reporter *sm.* reporter *sm.*
represalii *sf. pl.* représailles *sf. pl.*
represiune *sf.* répression *sf.*
reprezenta *vt.* représenter.
reprezentant, -ă *smf.* représentant, -e.
reprezentanţă *sf.* representation *sf.*; agence *sf.*
reprezentativ, -ă *adj.* représentatif, -ive.
reprezentaţie *sf.* représentation *sf.*, spectacle *sm.*
reprima *vt.* réprimer.
reprimi *vt.* regagner.
repriză *sm.* reprise *sf.*
reproduce 1. *vt.* reproduire; relater; **2.** *vr.* se reproduire.
reproducere *sf.* reproduction *sf.*
reproş *sn.* reproche *sm.*
reproşa *vt.* reprocher.
reptilă *sf.*reptile *sm.*
republica *vt.* republier.
republican, -ă *adj.*, *smf.* républicain, -e.
republică *sf.* république *sf.*
repudia *vt.* répudier.
repugna *vi.* répugner à.
repulsie *sf.* répulsion *sf.*, répugnance *sf.*, aversion *sf.*
repurta *vt.* remporter.
reputaţie *sf.* réputation *sf.*, renom *sm.*
resemna *vr.* se résigner.
resemnare *sf.* résignation *sf.*
resentiment *sn.* ressentiment *sm.*
resimţi 1. *vt.* ressentir, éprouver; **2.** *vr.* se ressebtir de.
resorbi *vr.* résorber.
resort *sn.* resort *sm.*
respect *sn.* respect *sm.*
respecta 1. *vt.* respecter; observer; **2.** *vr.* se respecter.
respectabil, -ă *adj.* respectable.
respective, -ă 1. *adj.* respectif, -ive; **2.** *adv.* respectivement.
respectuos, -oasă *adj.* respectueux, -euse.
respingător, -oare *adj.* répugnant, -e.

R

respinge *vt.* repousser; *(la examen)* refuser, recaler.
respingere *sf.* refus *sm.*, répulsion *sf.*
respira *vt.*, *vi.* respirer.
respiraţie *sf.* respiration *sf.*
responsabil, -ă *adj. smf.* responsable.
responsabilitate *sf.* responsabilité *sf.*
rest *sn.* reste *sm.*
restabili 1. *vt.* rétablir; **2.** *vr.* se rétablir, se remettre.
restabilire *sf.* établissement *sm.*
restanţă *sm.* retardement *sm.*
restaura *vt.* restaurer.
restaurant *sn.* restaurant *sm.*
restaurare *sf.* restauration *sf.*
restitui *vt.* rendre, restituer.
restituire *sf.* restitution *sf.*
restrictiv, -ă *adj.* restrictif, -ive.
R
restricţie *sf.* restriction *sf.*
restrişte *sf.* malheur *sm.*
restrânge 1. *vt.* réduire, limiter; **2.** *vr.* se limiter à.
restructura *vt.* réorganiser.
restructurare *sf.* réorganisation *sf.*
resursă *sf.* resource *sf.*
reşedinţă *sf.* residence *sf.*
reşou *sn.* réchaud *sm.*
reteza *vt.* trancher.
reticenţă *sf.* reticence *sf.*
retină *sf.* rétine *sf.*
retipări *vt.* réimprimer.
retoric, -ă *adj.* oratoire.
retorică *sf.* rhétorique *sf.*
retracta *vt.* rétracter.
retrage *vt.*, *vr.* (se) retirer.
retragere *sf.* retraite *sf.*
retransmisie *sf.* retransmission *sf.*
retransmite *vt.* retransmettre.
retranşa *vr.* se retrancher.
retras, -ă *adj.* retire, -e; solitaire.
retrăi *vt.* reviver.
retribui *vt.* rétribuer, rémunérer.
retribuţie *sf.* rétribuntion *sf.*, rémunération *sf.*
retrimite *vt.* renvoyer.
retroactiv, -ă *adj.* rétroactif, -ive.
retrograd, -ă *adj.* retrograde.
retrograda *vt.* rétrograder.
retrospectiv, -ă *adj.* rétrospectif, -ive.
retroversiune *sf.* thème *sm.*; version *sf.*
retrovizor *sn.* rétroviseur *sm.*
retur *sn.* retour *sm.*
retuşa *vt.* retoucher.
reţea *sf.* réseau *sm.*, filet *sm.*
reţetă *sf. (med.)* ordonnance *sf.*, prescription *sf.*; recette *sf.*
reţine *vt.* retenir,
reţinere *sf.* retenue *sf.*
reumatism *sn.* rhumatisme *sm.*
reuni *vt.*, *vr.* (se) réunir, (se) rassemnbler.
reuniune *sf.* réunion *sf.*, assemblée *sf.*
reuşi *vi.* réussier.
reuşită *sf.* réussite *sf.*

revalorifica *vt.* revaloriser.
revalorificare *sf.* revalorisation *sf.*
revanşa *vr.* se revancher.
revanşă *sf.* revanche *sf.*
revărsa *vr.* déborder, inonder.
revărsare *sf.* inondation *sf.*, débordement *sm.*
revedea **1.** *vt.*, *vr.* (se) revoir; **2.** *vt.* réviser.
revedere *sf.* revoir *sm.*; *la ~* au revoir.
revela *vt.* révéler.
revelaţie *sf.* révélation *sf.*
revelion *sn.* réveillon *sm.*
revendica *vt.* revendiquer, réclamer.
revendicare *sf.* revendication *sf.*
reveneală *sf.* humidité *sf.*
reveni *vi.* revenir.
revenire *sf.* retour.
reversibil, -ă *adj.* réversible.
reversibilitate *sf.* réversibilité *sf.*
revinde *vt.* revendre.
revistă *sf.* revue *sf.*
revizie *sf.* révision *sf.*
revizor, -oare *smf.* reviseur *sm.*
revizui *vt.* réviser, revoir.
revizuire *sf.* révision *sf.*
revoca *vt.* révoquer.
revocare *sf.* révocation *sf.*
revolta *vr.* se révolter, se soulever.
revoltă *sf.* révolte *sf.*, rebellion *sf.*
revoltător, -oare *adj.* révoltant, -e.
revoluţie *sf.* revolution *sf.*
revoluţiona *vt.* révolutionner.
revoluţionar, -ă *adj. smf.* révolutionnaire.
revolver *sn.* revolver *sm.*
rezema *vr.* s'appuyer.
rezemătoare *sf.* appui *sm.*; dossier *sm.*
rezerva *vt.* réserver, garder; louer.
rezervat, -ă *adj.* reserve, -e.
rezervă *sf.* réserve *sf.*
reservist *sm.* réserviste *sm.*
rezervor *sn.* réservoir *sm.*
rezida *vt.* résider.
reziduu *sn.* résidu *sm.*, reste *sm.*
rezilia *vt.* résilier, annuler.
reziliere *sf.* résiliation *sf.*, annulation *sf.*
rezistenţă *sf.* résistence *sf.*
rezoluţie *sf.* résolution *sf.*
rezolva *vt.* résoudre.
rezolvare *sf.* solution *sf.*
rezonabil, -ă *adj.* raissonable.
rezonanţă *sf.* resonance *sf.*
rezulta *vi.* résulter.
rezultat *sn.* résultat *sm.*
rezuma *sn.* résumé *sm.*
ricin *sm.* ricin *sm.*
ricoşa *vi.* ricocher.
ricoşeu *sn.* ricochet *sm.*
rictus *sn.* rictus *sm.*
rid *sn.* ride *sf.*
ridica **1.** *vt.* lever, solever; hausser, augmenter; **2.** *vr.* se lever; s'élever, se soulever;

a ~ ochii lever les yeux; *a ~ de jos* ramsser; *a se ~ în picioare* se lever; *a ~ o greutate* soulever un poids; *a ~ din umeri* hausser les épaules.
ridicata *sf. cu ~* en gros.
ridicătură *sf.* proéminence *sf.*, monticule *sm.*, tertre *sm.*
ridiche *sf.* radis *sm.*
ridicol, -ă *adj.* ridicule.
ridiculiza *vt.* ridiculiser.
rigid, -ă *adj.* rigide.
rigiditate *sf.* rigidité *sf.*
riglă *sf.* règle *sf.*
rigoare *sf.* rigueur *sf.*, sévérité *sf.*
rigolă *sf.* rigole *sf.*
riguros, -oasă *adj.* rigoureux, -euse.
rima *vi.* rimer.
rimă *sf.* rime *sf.*
rindea *sf.* rabot *sm.*, varlope *sf.*
ring *sn.* ring *sm.*
rinichi *sm.* rein *sm.*
rinocer *sm.* rhinoceros *sm.*
riposta *vi.* riposter.
risc *sn.* risqué *sm.*
risca 1. *vt.* risuqer, hazarder; **2.** *vi.* courir le risqué.
riscant, -ă *adj.* risqué, -e.
risipă *sf.* gaspillage *sm.*
risipi 1. *vt.* éparpiller; gaspiller, dissiper; **2.** *vr.* se disperser; *a ~ banii* gaspiller l'argent.
risipitor, -oare *adj.* gaspilleur, -euse, prodigue.
rit *sn.* rite *sm.*
ritm *sn.* rythme *sm.*
ritma *vt.* rythmer.
ritmic, -ă *adj.* rythmique.
ritual *sn.* ritual *sm.*
rival, -ă *smf.* rival, -e.
rivalitate *sf.* rivalité *sf.*
rivaliza *vi.* rivaliser.
riveran, -ă *adj.* riverain, -e.
rizom *sn.* rhizome *sm.*
roabă *sf.* brouette *sf.*
roade *vt.* ronger; corroder.
roată *sf.* roue *sf.*; *a merge ca pe roate* aller comme sur des roulettes.
rob, roabă *smf.* esclave *smf.*, serf, -ve *smf.*
robă *sf.* robe *sf.*
robi *vt.* assujettir, asservir.
robie *sf.* esclavage *sm.*, servitude *sf.*
robinet *sn.* robinet *sm.*
robit, -ă *adj.* subjugué, -e, asservi, -e.
robot *sm.* robot *sm.*
roboti *vi.* peiner.
robust, -ă *adj.* robuste.
rocă *sf.* roche *sf.*
rochie *sf.* robe *sf.*
rod *sn.* fruit *sm.*
roda *vt.* roder.
rodi *vi.* porter des fruits.
rodie *sf.* grenade *sf.*
roditor, -oare *adj.* fertile; fruitier, ère.
rodiu *sn.* rhodium *sm.*
rodnic, -ă *adj.* fertile, fructueux, -euse.
rogojină *sf.* paillasson *sm.*
roi[1] *sn.* essaim *sm.*

roi[2] *vi.* essaimer; fourmiller.
rol *sn.* rôle *sm.*
rom *sn.* rhum *sm.*
roman *sn.* roman *sm.*
romancier, -ă *smf.* romancier, -ère.
romantic, -ă *adj.* romantique.
romantism *sn.* romantisme *sm.*
romanţă *sf.* romance *sf.*
romanţios, -oasă *adj.* romanesque.
român *sm.* roumain.
român, -ă *adj.* roumain, -e; *limba ~* la langue roumaine, le roumain.
româncă *sf.* roumaine.
romb *sn.* losange *sm.*, rhombe *sm.*
rond *sn.* *(de flori)* plante-bande *sf.*; rond-point *sm.*; *(militar)* ronde *sf.*
ronţăi *vt.* grignoter, croquer.
ropot *sn.* trot *sm.* *(de cal)*; *~ de aplauze* salve d'applaudissements; *~ de ploaie* averse.
ros, roasă *adj.* *(despre haine)* usé, râpé; *(despre teren)* erodé.
rost *sn.* sens *sm.*
rosti *vt.* prononcer, dire.
rostogoli *vt.* rouler, dégringoler.
rostogolire *sf.* roulement *sm.*, renversement *sm.*
rostui *vt.* arranger.
roşcat, -ă *adj.* roux, rousse.
roşcovă *sf.* caroube *sf.*
roşeaţă *sf.* rougeur *sf.*
roşi *vi.* rougir.
roşiatic, -ă *adj.* rougêatre.
roşie *sf.* tomate *sf.*
roşu **1.** *adj.* rouge; **2.** *sn.* rouge; *a vedea ~ în faţa ochilor* voir rouge.
rotar *sm.* charron *sm.*
rotat, -ă *adj.* circulaire, rond, -e.
rotativ, -ă *adj.* rotatif, -ive.
rotaţie *sf.* rotation *sf.*
roti *vt.* tourner.
rotire *sf.* rotation *sf.*
rotocol *sn.* rond *sm.*
rotofei, -e *adj.* dodu, -e, potelé, -e.
rotulă *sf.* rotule *sf.*
rotund, -ă *adj.* rond, -e.
rotunji *vt.* arrondir.
rotinjime *sf.* rondeur *sf.*
rouă *sf.* rosée *sf.*
roz, -ă *adj.* rose; *roza vânturilor* rose des vents.
rozător, -oare **1.** *adj.* rongeur, -euse; **2.** *sn. pl.* rongeurs *sm. pl.*
rozetă *sf.* rosette *sf.*
rozmarin *sm.* romarin *sm.*
rubin *sn.* rubis *sm.*
rublă *sf.* rouble *sm.*
rubrică *sf.* rubrique *sf.*
rucsac *sn.* sac *sm.*
rudă *sf.* parent, -e.
rudenie *sf.* parenté *sf.*
rudimentar, -ă *adj.* rudimentaire.
rufă *sf.* linge *sm.*
rufărie *sf.* lingerie *sf.*, linge *sm.*
rug *sn.* bûcher *sm.*
ruga *vt.* prier.
rugă *sf.* prière *sf.*

rugbi *sn.* rugby *sm.*
rugină *sf.* rouille *sf.*
rugini *vi.* rouiller.
ruina 1. *vt.* ruiner; 2. *vr.* se ruiner.
ruină *sf.* ruine *sf.*; vestige *sm.*
ruj *sn.* rouge à lèvres *sm.*
ruja *vr.* se farder, se mettre du rouge.
rujeolă *sf.* rougeole *sf.*
rula *vt.* rouler.
rulant, -ă *adj.* roulant, -e.
ruletă *sf.* roulette *sf.*
rulment *sm.* roulement *sm.*
rulou *sn.* rouleau *sm.*
rumega *vt.*, *vi.* ruminer.
rumegător, -oare *adj.* ruminant, -e.
rumen, -ă *adj.* vermeil, -eille, rubicond, -e.
rumeneală *sf.* rougeur *sf.*
rumeni 1. *vt.* rissoler; 2. *vr.* *(la față)* rougir.
rumoare *sf.* rumeur *sf.*
rundă *sf.* ronde *sf.*
rupe *vt.* rompre, déchirer; briser, casser, fendre; *a-și ~ un picior* casser la jambe; *a o ~ la fugă* décamper.
ruptură *sf.* rupture *sf.*, déchirure *sf.*; *(medical)* fissure *sf.*
rural, -ă *adj.* rural, -e.
rus, -ă 1. *adj.* russe; 2. *smf.* Russe.
rustic, -ă *adj.* rustique.
rușina *vr.* avoir honte, être gêné.
rușine *sf.* honte *sf.*; *fără ~* sans vergogne.
rușinos, -oasă *adj.* timide, honteux, -euse.
rută *sf.* route *sf.*
rutier *adj.* routier, -ère.
rutinat, -ă *adj.* routiné, -e; versé, -e.
rutină *sf.* routine.

R

S

sabat *sn.* sabat *sm.*
sabie *sf.* épée *sf.*, sabre *sm.*
sabot *sm.* sabot *sm.*
sabota *vt.* saboter.
sabotaj *sn.* sabotage *sm.*
sabotor, -oare *smf.* saboteur, -euse.
sac *sm.* sac *sm.*, ~ *de dormit* sac de couchage; *a prinde pe cineva cu mâța în* ~ prendre qqn. la main dans le sac.
scadat, -ă *adj.* saccadé, -e.
sacagiu *sm.* porteur d'eau *sm.*
sacâz *sn.* colophane *sf.*
sacoşă *sf.* sacoche *sf.*
sacou *sn.* veste *sf.*, veston *sm.*
sacrifica *vt.*, *vr.* (se) sacrifier.
sacrificiu *sn.* sacrifice *sm.*
sacrilegiu *sn.* sacrilege *sm.*
sacru, -ă *adj.* sacré, -e.
sadea 1. *adj. invar.* pur, véritable; **2.** *adv.* purement, vraiement, authentique.
sadic, -ă *adj.* sadique.
sadism *sn.* sadisme *sm.*
safir *sn.* saphir *sm.*
salahor *sm.* manoeuvre *sm.*, homme de peine *sm.*
salam *sn.* saucisson *sm.*, salami *sm.*
salamandră *sf.* salamandre *sf.*
salariat, -ă *adj.*, *smf.* salarié, -e.
salariu *sn.* *(pentru muncitori)* salaire *sm.*, *(pentru funcționari)* traitement *sm.*
salariza *vt.* salarier.
salată *sf.* salade *sf.*; ~ *verde* laitue *sf.*; ~ *de fructe* salade de fruits.
salatieră *sf.* saladier *sm.*
sală *sf.* sale *sf.*; vestibule *sm.*
salbă *sf.* collier *sm.*
salcâm *sm.* acacia *sm.*
salcie *sf.* saule *sm.*; ~ *pletoasă* saule pleureur *sm.*
salină *sf.* saline *sf.*
salivă *sf.* salive *sf.*
salon *sn.* salon *sm.*
salopetă *sf.* salopette *sf.*, bleu *sm.*, combinaison *sf.*
salt *sn.* saut *sm.*, bond *sm.*
saltea *sf.* matelas *sm.*
saltimbanc *sm.* saltimbanque *sm.*
salubritate *sf.* salubrité *sf.*
salubru, -ă *adj.* salubre.
salut *sn.* salut *sm.*, salutation *sf.*
saluta *vt.* saluer.
salutar, -ă *adj.* salutaire.
salva *vt.* sauver.
salvare *sf.* sauvetage *sm.*; *barcă de* ~ canot de sauvetage *sm.*; *colac de* ~ ceinture de sauvetagel salut *sm.*; *armata salvării*

l'armée du salut; *(ambulanță)* voiture d'ambulance *sf.*
salvator, -oare *adj., smf.* sauveteur *sm.*; sauveur *sm.*
salvă *sf.* salve *sf.*
samavolnic *adj.* abusive, -ive.
samavolnicie *sf.* abus *sm.*
samovar *sn.* samovar *sm.*
samsar *sm.* courtier *sm.*
samurai *sm.* samourai *sm.*
sanatoriu *sn.* sanatorium *sm.*, maison de santé *sm.*
sanctifica *vt.* sanctifier.
sanctuar *sn.* sanctuaire *sm.*
sancţiona *vt.* sanctionner.
sancţiune *sf.* sanction *sf.*
sandală *sf.* sandale *sf.*
sandviş *sn.* sandwich *sm.*
sanguin, -ă *adj.* sanguin, -e.
sanie *sf.* traîneau *sm.*
sanitar, -ă *adj.* sanitaire.
santinelă *sf.* sentinelle *sf.*
sapă *sf.* bêche *sf.*, houe *sf.*, binette *sf.*; *a ajunge la ~ de lemn* être réduit à la dernière extrémité.
samarmură *sf.* saumure *sf.*
sarcasm *sn.* sarcasme *sm.*
sarcastic, -ă *adj.* sarcastique.
sarcină *sf.* poids *sm.*, fardeau *sm.*, charge *sf.*; tâche *sf.*, mission *sf.*; *(graviditate)* grossesse *sf.*; *a îndeplini o ~* accomplir une tâche.
sarcofag *sn.* sarcophage *sm.*
sardea *sf.* sardine *sf.*
sare *sf.* sel *sm.*
saşiu, -ie *adj.* bigle, louche; *a se uita ~* loucher.
sat *sn.* village *sm.*
satana *sf.* satan *sm.*
satanic, -ă *adj.* satanique.
satâr *sn.* couperet *sm.*
satelit *sm.* satellite *sm.*
satin *sn.* satin *sm.*
satiră *sf.* satire *sf.*
satiric, -ă *adj.* satirique.
satiriza *vt.* satiriser.
satisface *vt.* satisfaire, contenter.
satisfacţie *sf.* satisfaction *sf.*, contentement *sf.*
satisfăcător, -oare *adj.* satisfaisant, -e.
satrap *sm.* satrape *sm.*
satura *vt.* saturer.
saturaţie *sf.* saturation *sf.*
saţ *sn.* satiéeé *sf.*
sau *conj.* ou.
savană *sf.* savane *sf.*
savant, -ă *adj.* savant, -e.
savoare *sf.* saveur *sf.*
savonieră *sf.* boîte à savon *sf.*
savura *vt.* savourer.
savuros, -oasă *adj.* savoureux, -euse.
saxofon *sn.* saxophone *sm.*
să *conj.* que; *numai ~* pourvu que.
săculeţ *sn.* sachet *sm.*
sădi *vt.* planter.
sădire *sf.* platation *sf.*
săgeată *sf.* flèche *sf.*
săgeta *vt.* élancer; fudroyer, darder.

S

săgetător, -oare *adj. privire ~* regard percent; *(zodie)* le signe du sagitaire.
sălaş *sn.* campement *sm.*, camp *sm.*
sălăşlui *vi.* habiter, demeurer.
sălbatic, -ă *adj.*, *smf.* sauvage.
sălbătici *vr.* devenir sauvage.
sălbăticie *sf.* sauvagerie *sf.*
sălbăticiune *sf.* fauve *sm.*
sălciu, -ie *adj.* saumaître.
sălta **1.** *vi.* bondir, sauter; **2.** *vt.* relever, soulever; **3.** *vr.* se hausser, se dresser.
săltăreţ, -eaţă *adj.* sautillant, -e, bondissant, -e; vif, vive.
sămânţă *sf.* semence *sf.*, graine *sf.*
sănătate *sf.* santé *sf.*
sănătos, -oasă *adj.* sain, -e.
săniuţă *sf.* luge *sf.*
săpa *vt.* bêcher; houer, biner, sarcler; graver; éroder.
săpat *sf.* bêchage *sm.*
săpător, -oare *smf.* bêcheur, -euse.
săpătură *sf.* bêchage *sm.*
săptămânal, -ă *adj.* hebdomadaire.
săptămână *sf.* semaine *sf.*
săpun *sn.* savon *sm.*
săpuneală *sf.* savonnage *sm.*
săpuni *vt.* savonner.
săpunieră *sf.* savonière *sf.*
săra *vt.* saler.
sărac, -ă **1.** *adj.* pauvre; *~ cu duhul* pauvre d'esprit; **2.** *smf.* pauvre *sm.*; mendiant, -e.
sărăcăcios, -oasă *adj.* misérable, pauvre.
sărăci **1.** *vi.* devenir pauvre; **2.** *vt.* appauvrir.
sărăcie *sf.* pauvreté *sf.*, indigence *sf.*, misère *sf.*; *~ lucie* misère noire.
sărăcime *sf.* les pauvres *sm. pl.*
sărbătoare *sf.* fête *sf.*; festivité *sf.*, jour férié *sm.*
sărbatoresc, -ească *adj.* de fête, solennel, -elle.
sărbătoreşte *adv.* solennellement.
sărbători *vt.* fêter, célébrer.
sări **1.** *vi.* sauter; sautiller; bondir; **2.** *vt.* sauter; franchir; *a ~ în aer* sauter, exploser; *a ~ peste cal* dépasser la mesure.
sărit, -ă *adj.* toque, -e; timbré, -e; écervelé, -e.
săritor, -oare *adj.* serviable.
săritură *sf.* saut *sm.*, bond *sm.*
sărman, -ă *adj.*, *smf.* pauvre, malheureux, -euse.
sărut *sn.* baiser *sm.*
săruta *vt.* embrasser.
sărutare *sf.* baiser *sm.*
sătean *sm.* villageois *sm.*, campagnard *sm.*
săteancă *sf.* villageoise *sf.*, campagnarde *sf.*
sătesc, -ească *adj.* du village; campagnard, -e, villageois, -e, rustique.
sătuc *sn.* hameau *sm.*
sătul, -ă *adj.* rassaisié, -e, repu, -e; las, lasse.

S

sătura *vt.*, *vr.* (se) rassasier; s'assouvir.

săturare *sf.* satiété *sf.*, rassasiement *sm.*; assouvissement *sm.*

săţios, -oasă *adj.* rassasiant, -e.

său, sa, săi, sale 1. *adj.* son, sa, ses; **2.** *pron. pos.* le sien, la sienne, les siens, les siennes.

săvârşi *vt.* accomplir, réaliser, commettre.

săvârşire *sf.* accomplissement *sm.*, réalisation *sf.*, perpétration *sf.*

sâcâi *vt.* tracasser, harceler, tarabuster.

sâcâit, -ă *adj.* tatillon, -onne.

sâcâitor, -oare *adj.* tracassant, -ante.

sâmbătă *sf.* samedi; *a se duce pe apa sâmbetei* s'en aller à vau-l'eau.

sâmbure *sm.* noyau *sm.*; pèpin *sm.*

S

sân *sm.* sein *sm.*, poitrine *sf.*; *a încălzi un şarpe la ~* réchauffer un serpent dans son sein; *a fi cu frica în ~* vivre la mort dans l'âme.

sânge *sn.* sang *sm.*; *vărsare de ~* massacre *sm.*; *a-şi face ~ rău* se faire de la bile.

sângera *vi.* saigner.

sângeriu, -ie *adj.* cramoisy, -e.

sângerând, -ă *adj.* sanguinolent, -e.

sângeros, -oasă *adj.* sanglant, -e; cruel, -elle.

sârg *sn.* cu ~ en hate, rapidement.

sârgui *vr.* s'appliquer, s'efforcer.

sârguinţă *sf.* diligence *sf.*, application *sf.*, zèle *sm.*

sârmă *sf.* fil de fer *sm.*

sâsâi *vi.* zézayer; *(despre şerpi)* siffler.

sâsâit *sn.* zézaiement *sm.*; *(despre şerpi)* sifflement.

scabie *sf.* gale *sf.*

scabros, -oasă *adj.* scabreux, -euse.

scadent, -ă *adj.* échéant, -e.

scadenţă *sf.* échéance *sf.*

scafandru *sm.* scaphandrier *sm.*

scai *sm.* schardon *sm.*; *a se ţine ~ de cineva* ne pas lâcher qqh. d'une semelle.

scaiete *sm.* chardon *sm.*

scalpel *sn.* scalpel *sm.*

scamator *sm.* prestidigitateur *sm.*

scamatorie *sf.* prestidigitation *sf.*

scamă *sf.* charpie *sf.*

scandal *vt.* scander.

scandal *sn.* scandale *sm.*; tapage *sm.*

scandalagiu *sm.* tapeur *sm.*

scandaliza *vt.*, *vr.* (se) scandaliser.

scandalos, -oasă *adj.* scandaleux, -euse.

scarabeu *sm.* scarabée *sm.*
scară *sf.* échelle *sf.*, escalier *sm.*; ~ *rulantă* escalator *sm.*, escalier roulant *sm.*
scarlatină *sf.* scarlatine *sf.*
scatiu *sm.* tarin *sm.*
scaun *sn.* chaise *sf.*, siège *sm.*
scădea 1. *vi.* baisser, diminuer, decroître; **2.** *vt.* réduire, rabattre.
scădere *sf.* baisse *sf.*, diminution *sf.*; *(matematică)* soustraction *sf.*
scălda *vr.*, *vt.* (se) baigner.
scăldat *sn.* bain *sm.*
scăldătoare *sf.* baignoire *sf.*
scămos, -oasă *adj.* effiloché, -e.
scămoşa *vt.*, *vr.* (s')effilocher.
scămoşare *sf.* effilochage *sm.*
scăpa 1. *vi.* echapper; **2.** *vt.* sauver; manquer, rater; *a ~ din vedere* omettre; *a ~ o ocazie* manquer une occasion; *a ~ teafăr* échapper sain et sauf.
scăpare *sf.* délivrance *sf.*; ~ *din vedere* omission *sf.*
scăpăra *vt.* étinceler, briller.
scăpărător, -oare *adj.* étincelant, -e, brilliant, -e.
scărpina *vt.*, *vr.* (se) grater.
scăunel *sn.* tabouret *sm.*, escabeau *sm.*
scâlcia *vt.* éculer.
scâlciat, -ă *adj.* éculé, -e.
scâncet *sn.* vagissement *sm.*
scânci *vi.* vagir.
scândură *sf.* planche *sf.*
scândurică *sf.* planchette *sf.*
scânteia *vi.* étinceler, scintiller.
scânteie *sf.* étincelle *sf.*
scânteiere *sf.* étincellement *sm.*, scintillement *sm.*
scânteietor, -oare *adj.* étincelant, -e, scintillant, -e.
scârbă *sf.* dégoût *sm.*, répulsion *sf.*
scârbi 1. *vr.* se dégoûter; **2.** *vt.* dégoûter, écœurer.
scârbos, -oasă *adj.* dégoûtant, -ante; écoeurant, -ante.
scârţâi *vi.* grincer; crisser.
scelerat, -ă *smf.* scélérat, -e.
scenarist, -ă *smf.* scénariste.
scenariu *sn.* scénario *sm.*
scenă *sf.* scène *sf.*
scenetă *sf.* saynète *sf.*
scenic, -ă *adj.* scénique.
scenografie *sf.* scénographie *sf.*
sceptic, -ă *adj.* sceptique.
sceptru *sn.* sceptre *sm.*
scheci *sn.* sketch *sm.*
schelă *sf.* échafaud *sm.*; pasarelle *sf.*
schelărie *sf.* échafaudage *sm.*
schelet *sn.* squelette *sm.*
scheletic, -ă *adj.* squelettique.
schematic, -ă *adj.* schématique.
schematism *sn.* schématisme *sm.*
schematiza *vt.* schématiser.

schematizare *sf.* schématization *sf.*
schemă *sf.* schéma *sm.*
scheuna *vi.* japer.
schi *sn.* ski *sm.*
schia *vi.* faire du ski, skier.
schijă *sf.* éclat d'obus *sm.*
schilod, -oadă *adj.* éclopé, -e; estropié, -e.
schilodeală *sf.* mutilation *sf.*
schimb *sn.* change *sm.*; échange *sm.*; troc *sm.*; *scrisoare de ~* lettre de change; *piesă de ~* pièce de rechange.
schimba **1.** *vt.* échanger; changer; **2.** *vr.* se changer; *a ~ vorba* passer à un autre sujet.
schimbare *sf.* chamgement *sm.*, transformation *sf.*
schimbat, -ă *adj.* changé, -e, transformé, -e.
schimbător, -oare **1.** *adj.* inconstant, -ante; changeant, -ante; **2.** *sn.* echangeur *sm.*
S
schimonoseală *sf.* grimace *sf.*, contorsion *sf.*
schimonosi **1.** *vt.* déformer, défigurer; **2.** *vr.* faire des grimaces.
schingiui *vt.* torturer.
schingiuire *sf.* torture *sf.*
schior, -oară *smf.* skieur, -euse.
schit *sn.* couvent *sm.*
schiţa *vt.* esquisser, ébaucher.
schiţă *sf.* esquisse *sf.*, ébauche *sf.*
scinda *vt.* scinder.
sciziune *sf.* scisson *sf.*
sclav, -ă *smf.* esclave.
sclavagism *sn.* esclavagisme *sm.*
sclavagist, -ă *adj.* esclavagiste.
sclavie *sf.* esclavage *sm.*
scleroză *sf.* sclérose *sf.*
sclifosi *vr.* pleurnicher; minauder.
sclipi *vi.* briller, scintiller.
sclipitor, -oare *adj.* brillant, -e, scintillant, -e.
scoabă *sf.* agrafe *sf.*, crampon *sm.*
scoarţă *sf.* écorce *sf.*; tapis roumain *sm.*
scoate *vt.* tirer, ôter, extraire, sortir, puisser; *a ~ din minţi* tourner la tête à qqn.; *a ~ apă* puiser de l'eau; *a-şi ~ pălăria* ôter son chapeau; *a ~ la mezat* vendre aux éncheres; *a ~ un ţipăt* pousser un cri; *a ~ peri albi* en faire voir de toutes les couleurs.
scobi **1.** *vt.* creuser; **2.** *vi.* fouiller; **3.** *vr.* se curer les dents.
scobitoare *sf.* cure-dent *sm.*
scobitură *sf.* creux *sm.*
scofală *sf.* prouesse *sf.*
scofâlcit, -ă *adj.* décharné, -e; déformé, -e.
scoică *sf.* coquille *sf.*; coquillage *sm.*
sconcs *sm.* sconse *sm.*
scont *sn.* escompte *sm.*
sconta *vt.* escompter.

scop *sn.* but *sm.*, fin *sf.*; *în acest ~* à cet effet, dans ce but.
scor *sn.* score *sm.*
scorbură *sf.* creux *sm.*
scorburos, -oasă *adj.* creux, -euse.
scormoni 1. *vi.*fouiller, troubler; **2.** *vt.*creuser.
scorni *vt.* inventer; élucubrer.
scornitură *sf.* élucubration *sf.*
scoroji *vr.* s'écailler.
scorpie *sf.* scorpion *sm.*; harpie *sf.*, chipie *sf.*
scorpion *sm.* scorpion *sm.*
scorţişoară *sf.* cannelle *sf.*
scorţos, -oasă *adj.* rugueux, -euse; raide, guindé, -e.
scotoci *vt.* fouiller, farfouiller.
scoţian, -ă 1. *adj.* écossaise, -e; **2.** *smf.* Ecossais, -e.
scrânciob *sn.* balançoire *sf.*
scrânteală *sf.* entorse *sf.*, luxation *sf.*
scrânti *vt.* fouler, luxer; *a se ~ la cap* se toquer.
scrântit, -ă *adj.* foulé, -e; *(fig.)* timbré, -e.
scrâşnet *sn.* grincement des dents *sm.*
scrâşni *vi.* grincer des dents.
screme *vr.* s'efforcer.
scrib *sm.* scribe *sm.*
scrie *vt.*, *vi.* écrire.
scriere *sf.* ecriture *sf.*
scriitor, -oare *smf.* écrivain *sm.*
scrijeli *vt.* égratigner.
scrimă *sf.* escrime *sf.*
scrin *sn.* commode *sf.*
scripcar *sm.* violoneux *sm.*
scripcă *sf.* violon *sm.*
scripete *sm.* poulie *sf.*
scris *sn.* écriture *sf.*
scris, -ă *adj.* écrit, -e.
scrisoare *sf.* lettre *sf.*
scroafă *sf.* truie *sf.*
scrobeală *sf.* empois *sm.*
scrobi *vt.* empeser.
scrobit, -ă *adj.* empesé, -e, apprêté, -e.
scrum *sn.* cendre *sf.*
scrumbie *sf.* maquereau *sm.*, hareng *sm.*
scrumieră *sf.* cendrier *sm.*
scrupul *sn.* scrupule *sm.*
scrupulous, -oasă *adj.* scrupuleux, -euse.
scrupulozitate *sf.* scrupule *sm.*
scruta *vt.* scruter.
scrutător, -oare *adj.* scrutateur, -trice, perçant, -e.
scrutin *sn.* scrutin *sm.*
scuar *sn.* square *sm.*
scufiţă *sf.* bonnet *sm.*; *Scufița roșie* le Petit chaperon rouge.
scufunda 1. *vr.* couler, submerger; **2.** *vr.* couler, s'enfoncer, se plonger.
scufundare *sf.* plongeon *sm.*; immersion *sf.*, submersion *sf.*
scufundător, -oare *adj.* plongeur, -euse.
scuipa *vi.* cracher.
scuipat *sn.* crachat *sm.*
scuipătoare *sf.* crachoir *sm.*

S

scul *sn.* écheveau *sm.*
scula *vt.*, *vr.* (se) lever.
sculare *sf.* lever *sm.*, réveil *sm.*
sculă *sf.* outil *sm.*, ustensile *sm.*
sculărie *sf.* outillage *sm.*
sculpta *vt.* sculpter.
sculptor *sm.* sculpteur *sm.*
sculptură *sf.* sculpture *sf.*
scump, -ă 1. *adj.* cher, ère, coûteux, -euse; 2. *adv.* cher, chèrement; *a plăti* ~ payer cher.
scumpete *sf.* cherté *sf.*
scumpi 1. *vt.* hausser les prix; 2. *vr.* lésiner.
scumpire *sf.* renchérissement *sm.*
scund, -ă *adj.* bas, basse; de petite taille.
scurge 1. *vr.* s'écouler; 2. *vt.* égouter.
scurgere *sf.* fuite; échappement.
scurma *vt.*, *vi.* gratter la terre.
scurt, -ă 1. *adj.* court, -e, bref, brève; 2. *adv.* court, bref; brièvement; *pe* ~ bref.
scurta *vt.* raccourcir; abréger.
scurtcircuit *sn.* court-circuit *sm.*
scut *sn.* bouclier *sm.*
scutec *sn.* lange *sm.*
scuter *sn.* scooter *sm.*
scuti *vt.* exempter, dispenser; épargner.
scutier *sm.* ecuyer *sm.*
scutura 1. *vt.* secouer; agiter; 2. *vi.* nettoyer, se défaire (dẹ); 3. *vr.* se secouer, se débarasser, s'effeuiller.
scuturat *sn.* nettoyage *sm.*
scuturătură *sf.* secousse *sf.*; cahot; (curățenie) nettoyage.
scuza *vt.*, *vr.* (s')excuser.
scuză *sf.* excuse *sf.*
se *pron. refl.* se; *el se spală* il se lave; *se zice* on dit.
seamă *sf. de bună* ~ certainement; sans aucun doute; *mai cu* ~ sourtout; aşi da seama se render compte; *a ține* ~ tenir compte; *de* ~ important; *a fi de o* ~ cu cineva être du même âge; *o* ~ *de* une foule de.
seamăn *sm.* prochain *sm.*, semblable *sm.*; *fără* ~ sans pareil.
seară *sf.* soir *sm.*, soirée *sf.*; *în fiecare* ~ chaque soir; *de cu* ~ le soir venu.
searbăd, -ă *adj.* fade, insipide.
sec, seacă *adj.* sec, sèche.
seca 1. *vt.* sécher, tarir; 2. *vr.* se désecher.
secară *sf.* seigle *sm.*
secătui *vt.* épuiser.
secătură *sf.* vaurien *sm.*
secera *vt.* moissonner.
seceră *sf.* faucille *sf.*
secerător, -oare 1. *smf.* moissonneur, -euse; 2. *sf. (mașina)* moissonneuse *sf.*
seceriş *sn.* moisson *sf.*

secetă *sf.* sécheresse *sf.*
secetos, -oasă *adj.* sec, sèche, de sècheresse.
sechestra *vt.* séquestrer.
sechestru *sn.* séquestre *sm.*, saisie *sf.*
secol *sn.* siècle *sm.*
secret, -ă **1.** *adj.* secret, -ète; **2.** *sn.* secret *sm.*
secretar, -ă *smf.* secrétaire.
secretariat *sn.* secretariat *sm.*
secreţie *sf.* secretion *sf.*
sectă *sf.* secte *sf.*
sector *sn.* secteur *sm.*; arrondisement *sm.*
secţie *sf.* section *sf.*
secţiona *vt.* sectionner.
secţiune *sf.* section *sf.*
secular, -ă *adj.* séculaire.
secund, -ă *adj.* **1.** second, -e, deuxième; **2.** *sm.* officier en second *sm.*
secunda *vt.* seconder.
secundar, -ă *adj.* secondaire.
secundă *sf.* seconde *sf.*
secure *sf.* hache *sf.*, cognée *sf.*
securitate *sf.* sécurité *sf.*
secvenţă *sf.* séquence *sf.*
sedativ, -ă *adj.* sedative, -ive, calmant, -e.
sedentar, -ă *adj.* sédentaire.
sedilă *sf.* sédille *sf.*
sediment *sn.* sédiment *sm.*
sedimentare *sf.* sedimentation *sf.*
sediu *sn.* siege *sm.*
seducător, -oare **1.** *adj.* séduisant, -e; **2.** *sm.* séducteur *sm.*
seduce *vt.* séduire.
seducţie *sf.* séduction *sf.*
segment **1.** *sn.* segment *sm.*; **2.** *sm.* segment *sm.*
segmenta *vt.* segmenter.
segregare *sf.* segrégation *sf.*
seif *sn.* coffer-fort *sm.*
seism *sn.* séisme *sm.*
seismic *adj.* séismique.
select, -ă *adj.* sélect, -e.
selecta *vt.* sélectionner, trier.
selectiv, -ă *adj.* sélectif, -ive.
selecţie *sf.* selection *sf.*
selecţion *vt.* sélectionner.
selecţionare *sf.* sélection *sf.*
semafor *sn.* sémaphore *sm.*
semantic *adj.* sémantique.
semăna[1] *vt.* semer; ensemencer; *a ~ vrajbă* semer la discorde.
semăna[2] *vi.* (se) ressembler; *a ~ cu cineva* ressembler à qqn.
semănat *sn.* ensemencement *sm.*
semănătoare *sf.* semoir *sm.*
semestrial, -ă *adj.* semestriel, -elle.
semestru *sn.* semestre *sm.*
semeţ, -eaţă **1.** *adj.* altier, -ère, fier, -ère; **2.** *adv.* altièrement, fièrement, orgueilleusement.
semeţi *sf.* orgueil *sm.*
semicerc *sn.* demi-cercle *sm.*
semifabricat *sn.* ebauche *sf.*

S

seminar *sn.* *(învăţământ)* travaux pratiques *sm. pl.*, séminaire *sm.*; *(pentru preoţi)* séminaire *sm.*
seminţie *sf.* nation *sf.*, people *sm.*
semiobscuritate *sf.* demi-jour *sm.*
semivocală *sf.* semi-voyelle *sf.*
semizeu *sm.* demi-dieu *sm.*
semn *sn.* signe *sm.*, indice *sm.*, marque *sf.*; ~ *bun* de bon augure.
semna *vt.* signer.
semnal *sn.* signal *sm.*; ~ *de alarmă* poignée d'alarme.
semnala *vt.* signaler.
semnaliza *vt.* signaler.
semnalizare *sf.* signalisation *sf.*
semnalment *sn.* signalement *sm.*
semnătură *sf.* signature *sf.*
semnifica *vt.* signifier.
semnificativ, -ă *adj.* significatif, -ive.
semnificaţie *sf.* signification *sf.*, sens *sm.*
senat *sn.* sénat *sm.*
senator *sm.* sénateur *sm.*
senilitate *sf.* sénilité *sf.*
senin, -ă **1.** *adj.* serein, -e, limpide, clair, -e; **2.** *sn.* beau temps *sm.*; *din* ~ soudain.
seninătate *sf.* claret *sf.*
senior **1.** *sm.* seigneur *sm.*; **2.** *smf.* *(sport)* senior.
sens *sn.* sens *sm.*, signification *sf.*
sensibil, -ă *adj.* sensible.
sensibilitate *sf.* sensibilité *sf.*
sensibiliza *vt.* sensibiliser.
sentiment *sn.* sentiment *sm.*
sentimental, -ă *adj.* sentimental, -e.
sentimentalism *sn.* sentimentalisme *sm.*
sentinelă *sf.* sentinelle *sf.*
sentinţă *sf.* sentence *sf.*, arrêt *sm.*
senzaţie *sf.* sensation *sf.*
senzaţional, -ă *adj.* sensationnel, -elle.
senzitiv, -ă *adj.* sensitive, -ive.
senzorial, -ă *adj.* sensorial, -elle.
senzual, -ă *adj.* sensuel, -elle.
sepală *sf.* sépale *sm.*
separa *vt.* séparer, désunir.
separat, -ă *adj.* séparé, -e.
separator *sn.* séparateur *sm.*
separaţie *sf.* séparation *sf.*
sepia *sf.* seiche *sf.*
septembrie *sm.* septembre *sm.*
septicemie *sf.* septicémie *sf.*
ser *sn.* sérum *sm.*
seral, -ă *adj.* du soir; *curs* ~ cours du soir.
serată *sf.* soirée *sf.*
seră *sf.* serre *sf.*
serba *vt.* fêter, célébrer.
serbare *sf.* fête *sf.*, festivité *sf.*
serenadă *sf.* sérénade *sf.*
sergent *sm.* sergent *sm.*
serie *sf.* série *sf.*
seringă *sf.* seringue *sf.*

serios, -oasă **1.** *adj.* sérieux, -euse; **2.** *adv.* sérieusement.
seriozitate *sf.* sérieux *sm.*
serpentină *sf.* lacet *sm.*; *drum în serpentine* route en lacet.
sertar *sn.* tiroir *sm.*
serv, -ă *smf.* serf, serve.
servantă *sf.* *(slujnică)* bonne *sf.*, servante *sf.*; *(mobilă)* servante *sf.*
servi *vt.*, *vr.* (se) servir.
serviabil, -ă *adj.* serviable, obligeant, -e.
serviciu *sn.* service *sm.*; emploi *sm.* *a face un* ~ rendre un service.
servietă *sf.* serviette *sf.*
servil, -ă *adj.* servile.
servilisme *sn.* servilisme *sm.*
servitor, -oare *smf.* serviteur *sm.*, servante *sf.*, domestique *smf.*
servitute *sf.* servitude *sf.*
sesiune *sf.* session *sf.*
sesiza *vt.* saisir.
sesizare *sf.* réclamation *sf.*
set *sn.* set *sm.*
sete *sf.* soif *sf.*
setos, -oasă *adj.* assoiffé, -e.
seu *sn.* suif *sm.*
sevă *sf.* sève *sf.*
sever, -ă *adj.* sévère.
severitate *sf.* sevérité *sf.*, rigueur *sf.*
sex *sn.* sexe *sm.*
sexagenar *adj.*, *smf.* sexagénaire *adj.*, *smf.*
sexual *adj.* sexuel, -elle.
sezon *sn.* saison *sf.*
sezonier, -ă *adj.* saisonnier, -ère.
sfadă *sf.* querelle *sf.*, dispute *sf.*, altercation *sf.*, conflit *sm.*
sfanţ *sm.* sou *sm.* *a nu avea un* ~ être sans le sou.
sfat *sn.* conseil *sm.*; ~ *popular* conseil populaire; *a ţine* ~ tenir conseil.
sfădi *vr.* se quereller, se disputer.
sfărâma **1.** *vt.* briser, casser; écraser; **2.** *vr.* se briser, se casser; *a* ~ *oasele* cuiva broyer les os de qqn.
sfărâmătură *sf.* debris *sm.*
sfărâmicios, -oasă *adj.* friable.
sfătos, -oasă **1.** *adj.* sage; causeuer, -euse; **2.** *adv.* sagement.
sfătui **1.** *vt.* conseiller; **2.** *vr.* se consulter.
sfătuitor, -oare *smf.* coseiller, -ère.
sfânt, -ă **1.** *adj.* saint, -e, sacré, -e; **2.** *smf.* sant, -e; *la sfântul aşteaptă* à la saint Glinglin.
sfârc *sn.* bout *sm.*, lobe *sm.*; *(bici)* mèche *sf.*; mamelon *sm.*, tétin *sm.*
sfârâi *vi.* grésiller.
sfârâit *sn.* grésillement *sm.*
sfârlează *sf.* toupie *sf.*
sfârşeală *sf.* défaillance *sf.*
sfârşi **1.** *vt.* finir, terminer, achever; **2.** *vr.* mourir, se terminer.

sfârşit *sm.* fin *sf.*; *fără ~* sans fin; *în ~* enfin.
sfârşit, -ă *adj.* fini, -e, terminé, -e, achevé, -e.
sfârteca *vt.* écarteler, déchiqueter.
sfâşia *vt.* déchirer.
sfâşietor, -oare *adj.* déchirant, -e.
sfeclă *sf.* betterave *sf.*
sfecli *vt.* *a o ~* être dans des beaux drapes.
sferă *sf.* sphère *sf.*
sferic, -ă *adj.* sphérique.
sfert *sn.* quart *sm.*, quartier *sm.* *un ~ de oră* un quart d'heure.
sfeşnic *sn.* chandelier *sm.*, bougeoir *sm.*
sfetnic *sm.* conseiller *sm.*
sfială *sf.* timidité *sf.*, gêne *sf.*
sfida *vt.* narguer, défier, braver, affronter.
sfidare *sf.* défi *sm.*
sfii *vr.* se gêner, ne pas oser
S
sfinţenie *sf.* sainteté *sf.*; *cu ~* religieusement.
sfinţi *vt.* *(persoane)* sanctifier; *(clădire)* consacrer.
sfinţire *sf.* sanctification *sf.*, consécration *sf.*
sfinx *sm.* sphinx *sm.*
sfios, -oasă *adj.* timide.
sfoară *sf.* corde *sf.*, ficelle *sf.*; *a trage pe cineva pe ~* flouer qqn, carotter qqn.
sforăi *vi.* ronfler.
sforăială *sf.* ronflement *sm.*
sforăitor, -oare *adj.* ronflant, -e.
sforţa *vt.* s'efforcer.
sforţare *sf.* effort *sm.*
sfredel *sn.* vrille *sf.*, foret *sm.*
sfredeli *vt.* vriller, forer.
sfredelitor, -oare *adj.* foreur, -euse; *privire ~* regard percent.
sfriji *vr.* se ratatiner, se rabourgir.
sfrijit, -ă *adj.* ratatiné, -e, rabourgi, -e.
siamez *adj.* siamois.
sicriu *sn.* cercueil *sm.*
sidef *sn.* nacre *sf.*
sidefiu, -ie *adj.* nacré, -e.
sideral, -ă *adj.* sidéral, -e.
siderurgic, -ă *adj.* sidérurgique.
siderurgie *sf.* sidérurgie *sf.*
siestă *sf.* sieste *sf.*
sifilis *sn.* syphilis *sf.*
sifon *sn.* *(aparat)* siphon *sm.*; *(băutură)* eau gazeuse *sf.*
sigila *vt.* sceller, cacheter.
sigiliu *sn.* sceau *sm.*, cachet *sm.*
sigur, -ă 1. *adj.* sûr, -e, certain, -e; assuré, -e; *a fi absolut ~* être sûr et certain; *a fi ~ de ceva* tenir une chose pour certaine; *a fi ~ de ceea ce spune* être sûr de son fait; *a merge la ~* jouer gagnant; **2.** *adv.* sûrement, à coup sûr, certainement, assurément; *mai mult ca ~* infailliblement.
siguranţă *sf.* sûreté *sf.*; assurance *sf.*; securité *sf.*; *în ~* en sûreté; *cu ~* à coup sûr, certainement.

sihastru, -ă *smf.* ermite *sm.*
sihăstrie *sf.* ermitage *sm.*
silabă *sf.* syllable *sf.*
silabisi *vt.* épeler.
silă *sf.* dégoût *sm.*; contrainte *sf.*; *în ~* à contre-cœur; *a lua cu sila* emmener de force.
sili 1. *vt.* obliger, contraindre, forcer.; **2.** *vr.* s'efforcer, s'appliquer.
silinţă *sf.* effort *sm.*, assiduité *sf.*; application *sf.*; *a-şi da toată silinţa* faire son mieux.
silit, -ă *adj.* constraint, -e, forcé, -e.
silitor, -oare *adj.* diligent, -e, appliqué, -e.
silnic, -ă *adj.* forcé, -e; muncă silnică travaux forcés.
siloz *sn.* entrepôt *sm.*; silo *sm.*
siluetă *sf.* silhouette *sf.*
silui *vt.* violenter; violer.
siluire *sf.* violence *sf.*; viol *sm.*
silvic, -ă *adj.* forestier, -ère.
silvicultor, -oare *smf.* sylviculteur *sm.*
silvicultură *sf.* sylviculture *sf.*
simandicos, -oasă *adj.* guindé, -e, huppé, -e.
simbioză *sf.* symbiose *sf.*
simbol *sn.* symbole *sm.*
simbolic, -ă *adj.* symbolique.
simbolism *sn.* symbolisme *sm.*
simboliza *vt.* symboliser.
simbrie *sf.* paye *sf.*, gages *sm. pl.*
simetric, -ă *adj.* simétrique.
simetrie *sf.* symétrie *sf.*
simfonic, -ă *adj.* symphonique.
simfonie *sf.* symphonie *sf.*
similar, -ă *adj.* similaire.
similitudine *sf.* similitude *sf.*
simpatic, -ă *adj.* sympathique.
simpatie *sf.* sympathique *sf.*
simpatiza *vt.* sympathiser.
simplifica *vt.* simplifier.
simplificare *sf.* simplification *sf.*
simplist, -ă *adj.* simpliste.
simplitate *sf.* simplité *sf.*, naturel *sm.*
simplu, -ă *adj.* simple; naif, -ive.
simpozion *sn.* symposion *sm.*
simptom *sn.* symptôme *sm.*
simptomatic, -ă *adj.* symptômatique.
simţ *sn.* sens *sm.*
simţământ *sn.* sentiment *sm.*
simţi 1. *vt.* sentir; éprouver; **2.** *vr.* se sentir; se ressentir; *a ~ nevoia să* éprouver le besoin de; *a se ~ rău* se trouver mal; *a se ~ bine* aller bien.
simţire *sf.* sensibilité *sf.*; sentiment *sm.*; *fără ~* inconscient.
simţit, -ă *adj.* senti, -e; *(despre persoane)* comme il faut.
simţitor, -oare *adj.* sensible.
simula *vt.* simuler.
simulacru *sn.* simulacre *sm.*
simulare *sf.* simulation *sf.*
simultan, -ă *adj.* simultané, -e.
simultaneitate *sf.* simultanéité *sf.*
sinagogă *sf.* synagogue *sf.*

sincer, -ă *adj.* sincère, franc, franche.
sinceritate *sf.* sincérité *sf.*
sinchiseală *sf.* soin *sm.*; souci *sm.*
sinchisi *vr.* se soucier de.
sincopă *sf.* syncope *sf.*
sincroniza *vt.* synchronizer.
sincronizare *sf.* synchronization *sf.*
șindical, -ă *adj.* syndical, -e.
sindicalism *sn.* syndicalisme *sm.*
sindicaliza *vr.* se syndiquer.
sindicat *sn.* syndicat *sm.*
sindrom *sn.* symdrome *sm.*
sine *pron. refl.* soi, soi-même; lui, lui-même, elle, elle-même.
singular *adj.*, *sn.* singulier, -ère.
singur, -ă *adj.* seul, -e.
singuratic, -ă *adj.* solitaire, rétiré, -e; isolé, -e.
singurătate *sf.* solitude *sf.*
sinistrat, -ă *adj.* sinistré, -e.
S
sinistru, -ă *adj.* sinistre.
sinod *sn.* synode *sm.*
sinonim *sn.* synonyme *sm.*
sinonimie *sf.* synonimie *sf.*
sintactic, -ă *adj.* syntactique, syntaxique.
sintaxă *sf.* syntaxe *sf.*
sintetic, -ă *adj.* synthétique.
sintetiza *vt.* synthétiser.
sinteză *sf.* synthèse *sf.*
sinucide *vr.* se suicider.
sinucidere *sf.* suicide *sm.*
sinucigaş, -ă *smf.* suicide, -e.
sinus *sn.* sinus *sm.*
sipet *sn.* coffret *sm.*
sirenă *sf.* sirène *sf.*
sirop *sn.* sirop *sm.*
siropos, -oasă *adj.* doucereux, -euse, édulcoré, -e.
sista *vt.* cesser, interrompre.
sistare *sf.* cessation *sf.*, suppression *sf.*
sistem *sn.* système *sm.*
sistematic, -ă 1. *adj.* systématique; 2. *adv.* systématiquement.
sistematiza *vt.* systématiser.
sistematizare *sf.* systematization *sf.*
sitar *sm.* bécasse *sf.*
sită *sf.* tamis *sm.*, crible *sm.*; *(pentru nisip)* sas *sm.*
situa *vt.*, *vr.* (se) situer.
situaţie *sf.* situation *sf.*
slab, -ă *adj.* maigre; faible.
slalom *sn.* slalom *sm.*
slavă *sf.* gloire *sf.*
slăbănog, -oagă *adj.* maigre, chétif, -ive; faible; veule.
slăbi 1. *vt.* relâcher, desserrer; 2. *vi.* maigrir; s'affaiblir.
slăbiciune *sf.* maigreur *sf.*; faiblesse *sf.*
slăbire *sf.* amaigrissement *sm.*
slăbuţ-ă *adj.* maigrelet, -ette.
slănină *sf.* lard *sm.*
slăvi *vt.* glorifier, louer.
slei 1. *vr.* *(a se închega)* se figer; 2. *vt.* exténuer, épuiser.
slinos, -oasă *adj.* crasseux, -euse.
slip *sn.* slip *sm.*

slobod, -ă *adj.* libre; permis, -e.
slobozi *vt.* libérer, délivrer; lâcher.
slogan *sn.* slogan *sm.*
sloi *sn.* glaçon *sm.*
slovă *sf.* letter *sf.*
slugarnic, -ă *adj.* servile.
slugă *sf.* **domestique** *smf.*, serviteur *sm.*, servante *sf.*
slugărnicie *sf.* servilité *sf.*, servilisme *sm.*
slujbaş, -ă *smf.* employé, -e, fonctionaire.
slujbă *sf.* emploi *sm.*; *(biserică)* office, messe *sf.*
sluji *vt.* servir; *(biserică)* officier.
slut, -ă *adj.* difforme; laid, -e; moche.
sluţenie *sf.* laideur *sf.*
sluţi 1. *vt.* mutiler, estropier; enlaidir, défigurer; **2.** *vr.* s'enlaidir, grimacer.
smalţ *sn.* email *sm.*
smarald *sn.* émeraude *sf.*
smălţui *vt.* émailler.
smălţuire *sf.* émaillage *sm.*
smălţuit, -ă émaillé, -e.
smerenie *sf.* humilité *sf.*; *(biserică)* devotion *sf.*, piété *sf.*
sminteală *sf.* folie *sf.*
sminti *vt.* devenir fou, perdre la raison.
sminti, -ă *adj.* fou *sm.*, fol *sm.*, folle *sf.*, toqué, -e.
smiorcăi *vi.* renifler; pleurnicher.
smirnă 1. *adv.* droit, immobile; **2.** *sf.* myrrhe *sf.*
smântână *sf.* crème *sf.*
smântâni *vt.* écrémer.
smântânos, -oasă *adj.* crémeux, -euse.
smoală *sf.* poix *sf.*
smoc *sn.* touffe *sf.*, toupet *sm.*
smochin *sm.* figuier *sf.*
smochină *sf.* figue *sf.*
smoching *sn.* smocking *sm.*
smoli *vt.* enduire de poix.
smuci 1. *vt.* arracher, tirare; **2.** *vr.* s'arracher, se débattre.
smucitură *sf.* secousse *sf.*
smulge *vt.* arracher.
snoavă *sf.* anecdote *sf.*
snob, snoabă *smf.* snob *sm.*
snobism *sn.* snobisme *sm.*
snop *sm.* grebe *sf.*
snopeală *sf.* raclée *sf.*, rosée *sf.*
soacră *sf.* belle-mère *sf.*
soare *sm.* soleil *sm.*
soartă *sf.* destin *sm.*, sort *sm.*
sobă *sf.* poêle *sm.*
sobor *sm.* synode *sm.*
sobrietate *sf.* sobriéte *sf.*
sobru, -ă *adj.* sobre.
soc *sm.* sureau *sm.*
sociabil, -ă *adj.* sociable.
sociabilitate *sf.* sociabilité *sf.*
social, -ă *adj.* social, -e.
socializa *vt.* socialiser.
socializare *sf.* socialisation *sf.*
societate *sf.* société *sf.*
sociolog *sm.* sociologue *sm.*
sociologie *sf.* sociologie *sf.*
soclu *sn.* socle *sm.*
socoteală *sf.* compte *sm.*

socoti 1. *vt.* compter, calculer; estimer; 2. *vr.* considérer, régler les comptes.
socotit, -ă *adj.* calculé, -e; prudent, -e.
socru *sm.* beau-père *sm.*
sodă *sf.* soude *sf.*
sodiu *sn.* sodium *sm.*
sofa *sf.* sofa *sm.*
soi *sn.* espèce *sf.*, variété *sf.*, sorte *sf.*
soia *sf.* soya *sm.*
soios, -oasă *adj.* crasseux, -euse.
sol 1. *sm.* *(muzical)* sol *sm.*; émissaire *sm.*, messager *sm.*, envoyé sm; 2. *sn.* *(pamânt)* sol *sm.*
solar, -ă *adj.* solaire.
solariu *sn.* solarium.
sold *sn.* solde *sm.*
solda *vt.* solder.
soldat *sm.* soldat *sm.*
soldă *sf.* solde *sf.*
S
solemn, -ă 1. *adj.* solennel, -elle; 2. *adv.* sollennellement.
solemnitate *sf.* solennité *sf.*
solfegiu *sn.* solfège *sm.*
solicita *vt.* soliciter.
solicitare *sf.* sollicitation *sf.*
solicitator, -oare *smf.* solliciteur, -euse.
solicitudine *sf.* sollicitude *sf.*
solid, -ă 1. *adj.* solide; 2. *sn.* solide *sm.*
solidar, -ă *adj.* solidaire.
solidaritate *sf.* solidarité *sf.*
solidariza *vr.* se solidariser.
solidifica *vr.* (se) solidifier.
solidificare *sf.* solidification *sf.*
soliditate *sf.* solidité *sf.*
solie *sf.* mission *sf.*, message *sm.*
solist, -ă *smf.* soliste.
solitar 1. *sn.*, *adv.* solitaire *sm.*; 2. *adv.* solitairement.
solitudine *sf.* solitude *sf.*
solniţă *sf.* salière *sf.*
solo *sn.* invar. solo.
solstiţiu *sn.* solstice *sm.*
solubil, -ă *adj.* soluble.
solubilitate *sf.* solubilité *sf.*
soluţie *sf.* solution *sf.*
soluţiona *vt.* résoudre, solutionner.
soluţionare *sf.* solution *sf.*; issue *sf.*
solvabil, -ă *adj.* solvable.
solvabilitate *sf.* solvabilité *sf.*
solz *sm.* écaille *sf.*
solzos, -oasă *adj.* écailleux, -euse.
soma *vt.* sommer.
somaţie *sf.* sommation *sf.*
somieră *sf.* sommier *sm.*
somitate *sf.* sommité *sf.*
somn 1. *sm.* *(peşte)* silure *sm.*; 2. *sn.* sommeil *sm.*; ~ *uşor!* bonne nuit!.
somnambul, -ă *smf.* somnambule.
somnifer *adj.*, *sn.* somnifère *adj. sm.*
somnolent, -ă *adj.* somnolent, -ente,
somnolenţă *sf.* somnolence *sf.*

somnoros, -oasă *adj.* somnolent, -e, ensommeillé, e-.
somptuos, -oasă *adj.* somptueux, -eus.
sonată *sf.* sonate *sf.*
sonda *vt.* sonder.
sondaj *sn.* sondage *sm.*
sondă *sf.* sonde *sf.*
sondor *sm.* sondeur *sm.*
sonerie *sf.* sonnerie *sn.*
sonet *sn.* sonnet *sm.*
sonic, -ă *adj.* sonique.
sonor, -ă *adj.* sonore.
sonoritate *sf.* sonorité *sf.*
sonoriza *vt.* sonoriser.
soprană *sf.* soprano *sm.*
soră *sf.* soeur *sf.*
sorbi *vt.* siritter; lamper; humer.
sorbitură *sf.* lampée *sf.*
soroc *sn.* terme *sm.*; délai *sm.*
sort *sn.* sorte *sf.*, éspece *sf.*, catégorie *sf.*
sorta *vt.* sorter.
sorti *vt.* vouer à, prédestiner.
sortiment *sn.* assortiment *sm.*
sorţ *sm.* *a trage la sorţi* tirer au sort.
sos *sn.* sauce *sf.*
sosi *vi.* arriver.
socire *sf.* arrivée *sf.*
sosieră *sf.* saucière *sf.*
soţ **1.** *sm.* époux *sm.*, mari *sm.*; **2.** *cu ~* pair; *fără ~* impair.
soţie *sf.* femme *sf.*, épouse *sf.*
soviet *sn.* soviet *sm.*
sovietic *adj.* soviétique.
spadă *sf.* é pée *sf.*
spaimă *sf.* effroi *sm.*, épouvante *sf.*, frayeur *sf.*; *a băga spaima în oameni* jeter l'épouvante.
spalier *sn.* espalier *sm.*
spanac *sn.* épinard *sm.*
spaniol, -ă **1.** *adj.* espagnol, -e; **2.** *smf.* Espagnol, -e.
sparanghel *sm.* asperge *sf.*
sparge **1.** *vt.* casser; briser; fendre; *a ~ lemne* fendre du bois; **2.** *vr.* (se) casser; se briser; rompre.
spargere *sf.* *(infracţiune)* cambriolage *sm.*, effraction *sf.*; bris *sm.*; *(cauciuc)* crevasion *sf.*
spart, -ă **1.** *adj.* cassé, -e, brisé, -e; fendu, -e; *mână spartă* panier percé; **2.** *sn.* fin *sf.*; *la spartul târgului* arriver après coup.
spasm *sn.* spasme *sm.*
spasmodic, -ă *adj.* spasmodique.
spată *sf.* omoplate *sf.*
spate *sn.* dos *sm.*; arrière *sm.*, derrièrre *sm.*, *pe ~* sur le dos; *a întoarce spatele cuiva* tourner le dos; *a cădea pe ~* tomber à la reverse.
spatulă *sf.* spatule *sf.*
spaţios, -oasă *adj.* spacieux, -euse, vaste.
spaţiu *sn.* espace *sm.*; blanc *sm.*
spăla *vt.*, *vr.* (se) laver; *a ~ rufe* faire la lessive.
spălat, -ă **1.** *adj.* lavé, -e; **2.** *sn.* lavage *sm.*; *(despre rufe)*

lessive *sf.*; *maşină de ~* machine à laver.
spălăcit, -ă *adj.* passé, -e, décoloré, -e, délávé, -e.
spălător *sn.* lavabo *sm.*, lavoir *sm.*; évier *sm.*
spălătoreasă *sf.* blanchisseuse *sf.*
spălătorie *sf.* blanchisserie *sf.*; *~ chimică* teinturerie *sf.*
spălătură *sf.* lavage *sm.*, blanchissage *sm.*
spărgător *sn.* *~ de gheaţă* brise-glace *sm.*; *~ de nuci* casse-noix *sm.*
spărgător, -oare **1.** *adj.* casseur, -euse, briseur, -euse; **2.** *smf.* casseur, -euse, briseur, -euse; cambioleur, -euse; *~ de grevă* briseur de grève.
spărtură *sf.* brèche *sf.*, brisure *sf.*; fente; cassure; *~ a zidului* la fente d'un mûr.
spătar *sn.* dossier *sm.*
spătos, -oasă *adj.* râblé, -e.
spân, -ă *adj.* imberbe, glabre.
spânzura **1.** *vt.* pendre; suspendre; accrocher; **2.** *vr.* se pendre.
spânzurare *sf.* pendaison *sf.*
spânzurat, -ă **1.** *adj.* pendant, -e; **2.** *sm.* pendu, -e.
spânzurătoare *sf.* gibet *sm.*, potence *sf.*
special, -ă **1.** *adj.* spécial, -e; **2.** *adv.* spécialement.
specialist, -ă *smf.* spécialiste.
specialitate *sf.* spécialité *sf.*
specializa *vr.* se spécialiser.
specializare *sf.* spécialisation *sf.*
specie *sf.* espèce *sf.*; sorte *sf.*
specific, -ă **1.** *adj.* spécifique, caractéristique; **2.** *sn.* caractère particulier *sm.*
specifica *vt.* specifier.
specificare *sf.* spécification *sf.*, mention *sf.*
specimen *sn.* spécimen *sm.*
spectacol *sn.* spectacle *sm.*
spectaculos, -oasă *adj.* spectaculaire.
spectator, -oare *smf.* spectateur, -trice.
spectral, -ă *adj.* spectral, -e.
spectru *sn.* spectre *sm.*
specula *vt.*, *vi.* spéculer.
speculant, -ă *smf.* spéculateur, -trice.
speculaţie *sf.* spéculation *sf.*
speculă *sf.* spéculation *sf.*
speologie *sf.* spéléologie *sf.*
spera *vt.* espérer.
speranţă *sf.* espoir *sm.*, espérance *sf.*
speria *vt.*, *vr.* (s')effrayer, (s')effaroucher.
sperietură *sf.* frayeur *sf.*, effroi *sm.*
sperios, -oasă *adj.* peureux, -euses, craintif, -ive.
sperjur *smf.* parjure.
spetează *sf.* dossier *sm.*
speti *vr.* s'esquinter, trimer.
speţă *sf.* espèce *sf.*; *în ~* en l'occurrence.

speze *sf. pl.* frais *sm. pl.*
spic *sn.* épi *sm.*
spicui *vt.* glaner.
spilcui *vr.* se bichonner.
spilcuit, -ă *adj.* bichonné, -e, tiré, -e à quatre épingles.
spin *sm.* épine *sf.*
spinare *sf.* dos *sm.*
spinos, -oasă *adj.* épineux, -euse.
spinteca *vt.* éventrer.
spion, -oană *smf.* espion, -onne.
spiona *vt.*, *vi.* espionner.
spionaj *sn.* espionnage *sm.*
spirală *sf.* spirale *sf.*
spiriduş *sm.* lutin *sm.*
spirit *sn.* esprit *sm.*
spiritual, -ă *adj.* spirituel, -elle.
spiritualism *sn.* spiritualisme *sm.*
spirt *sn.* alcool *sm.*
spirtieră *sf.* réchaud à alcool *sm.*
spirtos, -oasă *adj.* spiritueux, -euse.
spital *sn.* hôpital *sm.*
spitaliza *vt.* hospitaliser.
spiţă *sf. (la roată)* rai *sm.*, rayon *sm.*; *(neam)* souche *sf.*, lignée *sf.*
spiţer *sm.* pharmacien, apothicaire *sm.*
spiţerie *sf.* pharmacie *sf.*
splai *sn.* quai *sm.*
splendid, -ă *adj.* splendide.
splendoare *sf.* splendeur.
splină *sf.* rate *sf.*
spoi *vt.* badigeonner, blanchir à chaux.
spoială *sf.* badigeonnage *sm.*
spoitor *sm.* rétameur *sm.*
spongios, -oasă *adj.* spongieux, -euse.
spontan, -ă 1. *adj.* spontanné, -e.; **2.** *adv.* spontanément.
spontaneitate *sf.* spontaneité *sf.*
spor *sn.* avance *sf.*, progrès *sm.*; rendement *sm.*; abondance *sf.*
sporadic, -ă 1. *adj.* sporadique.; **2.** *adv.* sporadiquement.
spori 1. *vt.* augmenter; **2.** *vi.* croître.
sporire *sf.* augmentation *sf.*
sporovăi *vi.* jaser, papoter.
sport *sn.* sport *sm.*
sportiv, -ă *adj.*, *smf.* sportif, -ive.
spovedanie *sf.* confession *sf.*
spovedi *vt.*, *vr.* (se) confesser.
sprânceană *sf.* sourcil *sm.*
spre *prep.* vers; ~ *seară* vers le soir; pour; à.
sprijin *sn.* soutien *sm.*, appui *sm.*, secours *sm.*
sprijini 1. *vt.* appuyer, soutenir, étaver; **2.** *vr.* s'appuyer; s'accoter; *a se ~ în coate* s'accouder.
sprinten, -ă *adj.* agile, alerte, leste, vif, vive.
sprinteneală *sf.* agilité *sf.*, vivacité *sf.*
spulbera *vt.* *vr.* (s')éparpiller.
spumă *sf.* écume *sf.*; mousse *sf.*

spumega *vi.* ecumer; baver.
spumos, -oasă *adj.* écumeux; mousseux, -euse.
spune *vt.* dire; *a ~ verde în față* dire les quatres vérités.
spurca *vt.* souiller; profaner.
spurcăciune *sf.* immondice *sf.*
spusă *sf.* dire *sm.*, propos *sm.*
spuză *sf.* cendre chaude *sf.*; *o ~ de copii* une nuée d'enfants.
spuzeală *sf.* éruption *sf.*, éczéma *sm.*
sta *vi.* s'arrêter; rester; se trouver; séjourner, demeurer, habiter; aller, seoir; *a ~ în picioare* rester debout; *el stă în Timișoara* il habite Timișoara; *a ~ la masă* être assis à table; *a ~ pe vine* s'accroupir; *a ~ la pândă* guetter; *a ~ liniștit* se tenir tranquille; *costumul îi stă bine* le costume lui va bien; *a ~ la îndoială* hésiter; *stai!* halte; *a nu ~ locului* avoir la bougeotte; *a ~ degeaba* ne rien faire; *a-i ~ capul la* avoir l'esprit à.
stabil, -ă *adj.* stable.
stabili *vt.*, *vr.* (s')établir.
stabiliment *sn.* établissement *sm.*
stabilitate *sf.* stabilité *sf.*
stabiliza *vt.*, *vr.* (se) stabiliser.
stabilizare *sf.* stabilisation *sf.*
stacană *sf.* cruche *sf.*, gobelet *sm.*, pinte *sf.*
stacojiu, -ie *adj.* ecarlate.
stadion *sn.* stade *sm.*
stadiu *sn.* stade *sm.*, étape *sf.*, état *sm.*
stafidă *sf.* raisin sec *sm.*
stafidi *vr.* se ratatiner.
stafie *sf.* fantôme *sm.*, revenant *sm.*
stagiar, -ă *adj.* stagiaire.
stagiu *sn.* stage *sm.*
stagiune *sf.* saision *sf.*
stagna *vi.* stagner.
stagnare *sf.* stagnation *sf.*
stal *sn.* parterre *sm.*
stalactită *sf.* stalactite *sf.*
stalagmită *sf.* stalagmite *sf.*
stambă *sf.* cotonnade *sf.*, calicot *sm.*
stamină *sf.* étamine *sf.*
stană *sf.* *a rămâne ~ de piatră* rester pétrifié.
stand *sn.* stand *sm.*
standard *sn.* standard *sm.*
standardiza *vt.* standardiser.
staniol *sn.* étain *sm.*
stare *sf.* état *sm.*; situation *sf.*; humeur *sf.*, disposition *sf.*; *~ de sănătate* l'état de santé; *~ materială* situation matérielle; *cu ~* aisé; *a fi în ~ să* être capable de.
stareț, -ă *smf.* supérieur, -e, prieur *sm.*
staroste *sm.* chef *sm.*, commandant *sm.*
start *sn.* start *sm.*
stat *sn.* état *sm.*; *granițele unui ~* les frontières d'un état; *~ de plată* livre de comptes.
statal, -ă *adj.* d'état.

static, -ă *adj.* statique.
statistică *sf.* statistique *sf.*
statornic, -ă *adj.* constant, -e, fixe.
statornici 1. *vt.* établir, décider; fixer; **2.** *vr.* s'établir.
statornicie *sf.* constance *sf.*
statuetă *sf.* statuette *sf.*
statuie *sf.* statue *sf.*
statură *sf.* stature *sf.*, taille *sf.*
statut *sn.* statut *sm.*
staţie *sf.* arrêt *sm.*, halte *sf.*, station *sf.*
staţiona *vt.* stationner.
staţionar, -ă *adj.* stationnaire.
staţionare *sf.* stationnement *sm.*
staţiune *sf.* station *sf.*
staul *sn.* étable *sf.*
stavilă *sf.* écluse *sf.*; entrave *sf.*
stăpân, -ă *smf.* maître, maîtresse; patron, -onne; propriétaire; *a fi ~ pe sine* être maître de soi.
stăpâni 1. *vt.* posséder; maîtriser; gouverner; **2.** *vr.* se maîtriser, se dominer; *a ~ o limbă străină* maîtriser une langue étrangère.
stăpânire *sf.* possesion *sf.*, propriété *sf.*; domination *sf.*
stăpânitor, -oare 1. *adj.* possédant, -e; dominant, -e, dominateur, -trice; **2.** *smf.* maître *sm.*, maîtresse *sf.*
stărui *vi.* insister; persister, persévérer.
stăruinţă *sf.* insistance *sf.*, persévérence *sf.*
stăruitor, -oare *adj.* persévérant, -e.
stătător, -oare *adj.* stagnant, -e, immobile; *de sine ~* autonomme.
stătut, -ă *adj.* croupi, -e; avancé, -e.
stăvilar *sn.* écluse *sf.*
stăvili *vt.* entraver; mettre fin.
stâlci *vt.* estropier; rouer de coupes.
stâlp *sm.* pilier *sm.*, poteau *sm.*
stână *sf.* bergerie *sf.*
stâncă *sf.* rocher *sm.*
stâncos, -oasă *adj.* rocheux, -euse.
stâng, -ă *adj.*, *sf.* gauche.
stângaci, -e *adj.* gaucheur, -ère; maladroit, -e.
stângăcie *adj.* gaucherie *sf.*, maladresse *sf.*
stânjeneală *sf.* gêne *sf.*, embarras *sm.*
stânjeni *vt.* gêner, déranger.
stârni 1. *vt.* soulever; provoquer; inciter; susciter; **2.** *vr.* se déclencher, se déchaîner; *a ~ nemulţimiri* susciter des mécontentements; *a ~ pe cineva* inciter qqn.
stârpi *vt.* détruire; exterminer.
stârpitură *sf.* avorton *sm.*
stârv *sn.* chargone *sf.*
stea *sf.* étoile *sf.*
steag *sn.* drapeau *sm.*
stegar *sm.* porte-drapeau *sm.*
steguleţ *sn.* fanion *sm.*
stejar *sm.* chêne *sm.*

stelat, -ă *adj.* étoilé, -e.
stemă *sf.* emblème *sf.*; armoiries *sf. pl.*
stenograf *smf.* sténographe.
stenografia *vt.* sténographier.
stenogramă *sf.* sténogramme *sm.*
stepă *sf.* steppe *sf.*
steril, -ă *adj.* stérile.
sterilitate *sf.* stérilité *sf.*
steriliza *vt.* stériliser.
stern *sn.* sternum *sm.*
sterp, stearpă *adj.* stérile, aride, infécond, -e.
stetoscop *sn.* stéthoscope *sm.*
stewardesă *sf.* hôtesse de l'air, stewardess *sf.*
sticlar *sm.* verrier *sm.*
sticlă *sf.* verre *sm.*; bouteille *sf.*
sticlărie *sf.* verrerie *sf.*
sticli *vi.* briller, scintiller.
sticlire *sf.* scintillement *sm.*
sticols, -oasă *adj.* vitreux, -euse.
S **sticluţă** *sf.* flacon *sm.*
stigmat *sn.* stigmate *sm.*
stigmatiza *vt.* stigmatiser.
stih *sn.* vers *sm.*
stil *sn.* style *sm.*
stilet *sn.* stylet *sm.*
stilist *sm.* styliste *sm.*
stilistică *sf.* stylistique *sf.*
stiliza *vt.* styliser.
stlizare *sf.* stylisation *sf.*
stilou *sn.* stylo *sm.*
stima *vt.* estimer.
stimabil, -ă *adj.* estimable, respectable.
stimă *sf.* estime *sf.*
stimula *vt.* stimuler.
stimulare *sf.* stimulation *sf.*
stimulent *sn.* stimulant *sm.*
stindard *sn.* étendard *sm.*
stingător *sn.* extincteur *sm.*
stinge *vt.*, *vr.* (ş)' éteindre.
stingere *sf.* extinction *sf.*
stingher, -ă *adj.* seul, -e; isolé, -e.
stinghereală *sf.* gêne *sf.*, embarras *sm.*
stingheri *vt.* gêner, déranger.
stingherit, -ă *adj.* gêné, -e, confus, -e.
stinghie *sf.* barreau en bois *sm.*
stins, -ă *adj.* éteint , -e.
stipula *vt.* stipuler.
stivă *sf.* pile *sf.*, monceau *sm.*, tas *sm.*
stoarce *vt.* presser, pressurer; tordre; extorquer; *a ~ rufele* tordre le linge; *a ~ o lămâie* presser un citron; *a ~ de bani* extorquer de l'argent.
stoc *sn.* stock *sm.*
stoca *vt.* stocker.
stocaj *sn.* stockage *sm.*
stofă *sf.* étoffe *sf.*
stog *sn.* meule *sf.*
stoic, -ă *adj. smf.* stoique.
stoicism *sn.* stoicisme *sm.*
stol *sn.* volée *sf.*, groupe *sm.*
stomac *sn.* estomac *sm.*
stomatolog *sm.* stomatologiste *sm.*
stomatologie *sf.* stomatologie *sf.*

stop 1. *interj.* stop!; 2. *sn.* feu rouge *sm.*
stopa *vt.* stopper.
stor *sn.* store *sm.*
strabism *sn.* strabisme *sm.*
strachină *sf.* terrine *sf.*, écuelle *sf.*
stradă *sf.* rue *sf.*
stradelă *sf.* ruelle *sf.*
strai *sn.* vêtement *sm.*, habit *sm.*
strajă *sf.* garde *sf.*; sentinelle *sf.*
strană *sf.* stalle *sf.*
strangula *vt.*, *vr.* (s')étrangler.
strangulare *sf.* étranglement *sm.*, strangulation *sf.*
straniu, -ie 1. *adj.* étrange; 2. *adv.* etrangement.
straşnic, -ă *adj.* extraordinaire, formidable; terrible, violent, -e; sévère, rigoureux, -euse.
strat *sn.* couche *sf.*; *(de flori)* plate-bande *sf.*
stratagemă *sf.* stratagème *sm.*
strateg *sm.* stratège *sm.*
strategic, -ă *adj.* stratégique.
strategie *sf.* stratégie *sf.*
stratifica *vt.* stratifier.
stratificare *sf.* stratification *sf.*
stratosferă *sf.* stratosphère *sf.*
străbate *vt.* traverser, pénétrer, percer; parcourir.
străbun *sm.* aieul *sm.*; ancêtre *sm.*
străbun, -ă 1. *adj.* ancien, -ne; 2. *smf.* aieul, -e.
străbunic, -ă *smf.* arrière-grand-père *sm.*; arrière-grand-mère *sf.*
strădanie *sf.* effort *sm.*, peine *sf.*
strădui *vr.* s'efforcer, s'évertuer, se donner de la peine.
străduinţă *sf.* effort *sm.*, peine *sf.*
străduţă *sf.* ruelle *sf.*
străfulgerare *sf.* lueur *sf.*, éclair *sm.*
străfund *sn.* profondeur *sf.*, tréfonds *sm. pl.*
străin, -ă *adj.* *smf.* étragner, -ère.
străinătate *sf.* étranger *sm.*
străjer *sm.* garde *sf.*, sentinelle *sf.*
străjui 1. *vt.* garder, surveiller; 2. *vi.* monter la garde.
străluci *vi.* briller, scintiller.
strălucire *sf.* éclat *sm.*
strălucit, -ă *adj.* brillant, -e.
strălucitor, -oare *adj.* brillant, -e, éclatant, -e, resplendissant, -e.
strămoş, -oaşă *smf.* ancêtre, aieul, -e.
strămoşesc, -ească *adj.* ancestral, -ale.
strămuta *vt.*, *vr.* (se) transférer, (se) deplacer.
strămutare *sf.* transfert *sm.*, permutation *sf.*, déplacement *sm.*

S

strănepot, -oată *smf.* arrière-petit-fils *sm.*; arrière-petite-fille *sf.*
strănut *sn.* éternuement *sm.*
strănuta *vi.* éternuer.
străpungător, -oare *adj.* perçant, -e.
străpunge *vt.* percer.
străşnicie *sf.* sévérité *sf.*; rigueur *sf.*; force *sf.*
străvechi, -e *adj.* antique, ancien, -enne.
străveziu, -ie *adj.* transparent, -e.
strâmb, -ă 1. *adj.* tors, -e; **2.** *adv.* de travers; *a râde ~* rire jaune; *a avea nasul ~* avoir le nez de travers.
strâmb 1. *vt.* tordre; courber; **2.** *vr.* minauder; grimacer; *a se ~ de râs* se tordre de rire; *a ~ din nas* faire la moue.
strâmbătură *sf.* grimace *sf.*
strâmt, -ă *adj.* étroit, -e; étriqué, -e; *drum ~* chemin étroit; *haină ~* habit étriqué.
strâmta 1. *vt.* rétrécir, resserer; **2.** *vr.* se rétrécir.
strâmtoare *sf.* étroitesse *sf.*; embarras; *(geografic)* gorge *sf.*, défilé *sm.*, pas *sm.*; *a fi la ~* être aux abois.
strâmtorat, -ă *adj.* gêné, -e.
strângător, -oare *adj.* économe.
strânge 1. *vt.* serrer, resserer; étraindre; plier, rassembler; amasser; **2.** *vr.* se contracter; se rassembler; *a ~ mâna* serrer la main; *a ~ în brațe* étreindre, presser dans ses bras; *a ~ din umeri* hausser les épaules; *a ~ recolta* rentrer la récolte; *a ~ fructe* cueillir des fruits.
strângere *sf.* étreinte *sf.*; serrement *sm.*
strâns 1. *adj.* serré, -e, resserré, -e; plié, -e; *(despre bani)* épargné, -e; **2.** *adv.* fortement, solidement; étroitement; **3.** *sn.* *(despre recolta)* moisson *sf.*, cueillette *sf.*
streaşină *sf.* gouttière *sf.*; auvent *sm.*
streche *sf.* taon *sm.*
strecura 1. *vt.* égoutter, filtrer; glisser; **2.** *vr.* se faufiler, se glisser.
strecurătoare *sf.* égouttoir *sm.*; tamis *sm.*
strepezi *vt.* agaçer.
streptococ *sm.* streptocoque *sm.*
striat, -ă *adj.* strié, -e.
strica 1. *vt.* détériorer, gâter, gâcher; détruire; **2.** *vr.* se gâter; s'alltérer; a-şi strica stomacul se détraque l'estomac.
stricat, -ă *adj.* altéré, -e, gâté, -e; *(despre oameni)* dépravé, -e; dinți stricați dents gâtées; *alimente stricate* des aliments altérés.

stricăciune *sf.* dégât *sm.*, dommage *sm.*, détérioration *sf.*
strict, -ă 1. *adj.* strict, -e.; **2.** *adv.* strictement.
stricteţe *sf.* rigueur *sf.*, exactitude *sf.*
strident, -ă *adj.* strident, -e.
stridenţă *sf.* stridence *sf.*
stridie *sf.* huître *sf.*
striga 1. *vi.* crier; **2.** *vt.* héler, appele.
strigăt *sn.* cri *sm.*; appel *sm.*
strigoi *sm.* revenant *sm.*, fantôme *sf.*
stringent, -ă *adj.* impérieux, -euse, pressant, -e.
strivi *vt.* écraser.
strivitor, -oare *adj.* ecrassant, -e.
strofă *sf.* strophe *sf.*
strop *sm.* goutte *sf.*
stropi *vt.* arroser; asperger.
stropitoare *sf.* arrosoir *sm.*
structural, -ă *adj.* structural, -e.
structură *sf.* structure *sf.*
strugure *sm.* raisin *sm.*
strună *sf.* corde *sf.*; *a cânta în ~ cuiva* faire chorus; *a merge ~* aller comme sur des roulettes.
strung *sn.* tour *sm.*
strungar *sm.* tourneur *sm.*
strungă *sf.* bercail *sm.*
strungărie *sf.* tournerie *sf.*
struni *vt.* maîtriser.
struji *vt.* travailler au tour.
struţ *sm.* autruche *sf.*
stuc *sn.* stuc *sm.*
student, -ă *smf.* étudiant, -e.
studenţesc, -ească *adj.* estudiantin, -e.
studenţime *sf.* étudiants *sm.*
studia *vt.* étudier.
studio *sn.* studio *sm.*
studios, -oasă *adj.* studieux, -euse, appliqué, -e.
studiu *sn.* étude *sf.*
stuf *sn.* jone *sm.*
stufăriş *sn.* hailler *sm.*, maquis *sm.*
stufiş *sn.* hallier *sm.*, broussailles *sf. pl.*
stufos, -oasă *adj.* toffu, -e, épais, -aisse.
stup *sm.* ruche *sf.*
stupar *sm.* apiculteur *sm.*
stupărie *sf.* rucher *sm.*
stupefacţie *sf.* stupéfaction *sf.*
stupid, -ă 1. *adj.* stupide; **2.** *adv.* stupidement.
stupiditate *sf.* stupidité *sf.*
stupoare *sf.* stupeur *sf.*
sturz *sm.* grive *sf.*
suav, -ă *adj.* suave.
sub *prep.* sous.
subalimenta *vt.*, *vr.* sous-alimenter.
subalimentaţie *sf.* sous-alimentation *sf.*
subaltern, -ă *adj.* subalterne.
subaprecia *vt.* sous-estimer.
subconştient *sn.* subconscient *sm.*
subsestima *vt.* sous-estimer, sous-évaluer.
subiect *sn.* sujet *sm.*

subiectiv, -ă *adj.* subjectif, -ive.
subiectivism *sn.* subjectivisme *sm.*
subiectivitate *sf.* subjectivité *sf.*
subit, -ă 1. *adj.* subit, -e; **2.** *adv.* subitement.
subînţelege *vt.* sous-entendre.
subînţeles *sn.* sous-entendu *sm.*
subjonctiv *sn.* subjonctif *sm.*
subjuga *vt.* subjuguer, soumettre.
subjugare *sf.* sujétion *sf.*, soumission *sf.*
sublim, -ă *adj.*, *sn.* sublime *sm.*
sublima *vi.* sublimer.
sublinia *vt.* souligner.
subliniere *sf.* soulignement *sm.*
sublocotenent *sm.* sous-lieutenant *sm.*
S
submarin, -ă 1. *adj.* sous-marin, -e; **2.** *sn.* sous-marin *sm.*
subofiţer *sm.* sous-officier *sm.*
subordona *vt.* subordonner.
subordonare *sf.* subordination *sf.*
subordonat, -ă *adj.* subordonné, -e.
subraţ *sn.* aiselle *sf.*
subscrie *vt.* souscrire.
subscripţie *sf.* souscription *sf.*
subsecretar *sm.* sous-secrétaire *sm.*
subsemnat, -ă *adj.* soussigné, -e.
subsidiar, -ă *adj.* subsidiaire.
subsol *sn.* sous-sol *sm.*
substantiv *sn.* substantif *sm.*, nom *sm.*
substanţă *sf.* substance *sf.*
substanţial *adj.* substanciel, -elle.
substitui *vt.*, *vr.* substituer.
substituire *sf.* substitution *sf.*
substrat *sn.* substrat *sm.*
subsuoară *sf.* aiselle *sf.*
subteran, -ă *adj.* souterrain, -e.
subterană *sf.* souterrain *sm.*
subterfugiu *sn.* subterfuge *sm.*
subtil, -ă 1. *adj.* subtil, -e; **2.** *adv.* subtilement.
subtilitare *sf.* subtilité *sf.*
subtiliza *vt.* subtiliser.
subtitlu *sn.* sous-titre *sm.*
subţia 1. *vt.*, *vr.* (s')amincir; **2.** *vt.* *(a dilua)* diluer.
subţiere *sf.* amincissement *sm.*
subţire *adj.* mince; *(zvelt)* élancé, -e; léger, -ère; *(ploaie)* fin, fine; *voce* ~ voix grêle.
suburban, -ă *adj.* suburbain, -e.
suburbie *sf.* faubourg *sm.*
subvenţie subvention *sf.*
subvenţiona *vt.* subventionner.
subzista *vi.* subsister.
subzistenţă *sf.* subsistance *sf.*
suc *sn.* *(de fructe)* jus *sm.*; suc *sm.*
succeda *vi.*, *vr.* (se) succéder.

succes *sn.* succés *sm.*
succesiune *sf.* succession *sf.*
succesiv, -ă *adj.* successif, -ive.
succesor, -oare *smf.* successeur *sm.*
succint, -ă *adj.* succint, -e, concis, -e.
suci *vt.* tordre; touner; *a ~ capul cuiva* tourner la tête à qqn.
sucit, -ă *adj.* tors, -e, tordu, -e; tourné, -e.
sucomba *vi.* succomber.
suculent, -ă *adj.* succulent, -e.
sucursală *sf.* succursale *sf.*
sud *sn.* sud *sm.*
suda *vt.* souder.
sudare *sf.* soudure *sf.*
sudic, -ă *adj.* du sud, méridional, -e.
sudoare *sf.* sueur *sf.*, transpiration *sf.*
sudor *sm.* soudeur *sm.*
sudui *vt.* injurer, jurer.
sudură *sf.* soudure *sf.*
suedez, -ă 1. *adj.* suédois, -orise; 2. *smf.* Suédois, -oise.
suferi 1. *vi.* souffrir; 2. *vt.* souffrir, supporter.
suferind, -ă *adj.* souffrant, -ante.
suferinţă *sf.* souffrance *sf.*
suficient, -ă 1. *adj.* suffisant, -e; 2. *adv.* suffisamment.
sufix *sn.* suffixe *sm.*
sufla 1. *vi.* souffler; respirer; 2. *vt.* souffler; *(cu aur, argint)* dorer, argenter; *a-şi ~ nasul* se moucher.
suflare *sf.* souffle; haleine *sf.*
sufleca *vt.* retrousser.
suflet *sn.* âme *sf.*; coeur *sm.*
sufletesc, -ească *adj.* affectif, -ive.
sufleteşte *adv.* affectivement.
sufleu *sn.* soufflé *sm.*
suflu *sn.* souffle *sm.*, respiration *sf.*
sufoca *vr.* suffoquer, étouffer.
sufocant, -ă *adj.* suffocant, -e, étouffant, -e.
sufocare *sf.* suffocation *sf.*, étouffement *sm.*
sufragerie *sf.* salle à manger *sf.*
sufragiu *sn.* suffrage *sm.*
sugativă *sf.* papier buvard *sm.*
suge *vt.* têter; suger; absorber.
sugera *vt.* suggérer.
sugestie *sf.* suggestion *sf.*
sugestiona *vt.* suggestionner.
sugestiv, -ă *adj.* suggestif, -ive.
sughiţ *sn.* hoquet *sm.*
sughiţa *vt.* avoir le hoquet.
sugruma *vt.* étrangler.
sugrumare *sf.* strangulation *sf.*
sui 1. *vi.* monter; grimper, gravir; 2. *vr.* s'élever, monter.
suiş *sn.* montée *sf.*; pente *sf.*
suită *sf.* suite *sf.*
sul *sn.* rouleau *sm.*
sulf *sn.* soufre *sm.*
sulfat *sm.* sulfate *sm.*
sulfină *sf.* mélitot *sm.*
suliţă *sf.* lance *sf.*, pique *sf.*; *(sport)* javelot *sm.*

sultan *sm.* sultan *sm.*
sumar, -ă 1. *adj.*, *sn.* sommaire *sm.*; 2. *adv.* sommairement.
sumă *sf.* somme *sf.*, montant *sm.*
sumbru, -ă *adj.* sombre.
sumedenie *sf.* foule *sf.*, tas *sm.*
suna *vi.* sonner; tinter.
sunător, -oare *adj.* sonnant, -e, sonore.
sunet *sn.* son *sm.*
supapă *sf.* soupape *sf.*
supă *sf.* soupe *sf.*, bouillon *sm.*
supăra 1. *vt.* fâcher; affliger, chagriner; 2. *vr.* se fâcher; s'irriter.
supărare *sf.* ennui *sm.*; peine *sf.*, chagrin *sm.*; brouille *sf.*
supărat, -ă *adj.* fâché, -e; peiné, -e, chagriné, -e.
supărăcios, -oasă *adj.* susceptible, irascible.
supărător, -oare *adj.* fâcheux, -euse.
superb, -ă *adj.* superbe, magnifique.
S
superficial, -ă 1. *adj.* superficiel, -elle.; 2. *adv.* superficiellement.
superficialitate *sf.* superficialité *sf.*
superior, -oară *adj.* supérieur, -eure.
superioritate *sf.* supériorité *sf.*
superlativ, -ă *adj.* superlatif, -ive.
supersonic, -ă *adj.* supersonique.
superstiţie *sf.* superstition *sf.*
superstiţios, -oasă superstitieux, -euse.
supeu *sn.* souper *sm.*
supieră *sf.* soupière *sf.*
supleţe *sf.* souplesse *sf.*
supliment *sn.* supplément *sm.*
suplimentar, -ă *adj.* supplémentaire.
suplini *vt.* suppléer.
suplinitor, -oare *adj.* suppléant, -e; remplaçant, -e.
suplu, -ă *adj.* souple.
suport *sn.* support *sm.*
suporta *vt.* supporter, endurer, souffrir.
suportabil, -ă *adj.* supportable.
supoziţie *sf.* supposition *sf.*
supraalimenta *vt.* suralimenter.
supraestima *vt.*, *vr.* surestimer.
supracopertă *sf.* jaquette *sf.*
supraevalua *vt.* surévaluer.
suprafaţă *sf.* surface *sf.*; superficie *sf.*
supraîncăzit, -ă *adj.* surchauffé, -e.
supranatural, -ă *adj.* surnaturel, -elle.
supranumerar, -ă *adj.* surnumméraire.
supranumi *vt.* surnommer.
supraomenesc, -ească *adj.* surhumain, -e.
suprapopulat, -ă *adj.* surpeuplé, -e.
supraproducţie *sf.* surproduction *sf.*
suprapune *vt.* superposer.

suprapunere *sf.* superposition *sf.*
suprapus, -ă *adj.* superposé, -e.
suprarealism *sn.* surréalisme *sm.*
suprastructură *sf.* superstructure *sf.*
suprataxă *sf.* surtaxe *sf.*
supraveghea *vt.* surveiller.
supraveghere *sf.* surveillance *sf.*
supraveghetor, -oare *smf.* surveillant, -e.
supravieţui *vi.* survivre.
supravieţuire *sf.* survie *sf.*, survivance *sf.*
supravieţuitor, -oare *smf.* survivant, -e,
suprem, -ă *adj.* suprême.
supremaţie *sf.* suprématie *sf.*
suprima *vt.* supprimer.
suprimare *sf.* suppression *sf.*
supt, -ă *adj.* maigre, décharné, -e.
supune *vt.*, *vr.* (se) soumettre.
supunere *sf.* soumission *sf.*
supura *vi.* suppurer
supus, -ă 1. *adj.* soumis, -ise; obéissant, -ante; 2. *smf.* sujet, -ette.
sur, -ă *adj.* gris, -e, grisonnant, -e.
surată *sf.* amie *sf.*, compagne *sf.*
surâde *vi.* sourire.
surâs *sn.* sourire *sm.*
surcea *sf.* coupau *sm.*
surd, -ă *adj.* sourd, -e.
surdină *sf.* sourdine *sf.*
surditate *sf.* surdité *sf.*
surdomut, -ă *adj.*, *smf.* sourd-muet *sm.*, sourde-muette *sf.*
surescita *vt.* surexciter.
surfila *vt.* surfiler.
surghiuni *vt.* exiler, bannir, proscrire.
surioară *sf.* soeurette *sf.*
surlă *sf.* fifre *sm.*
surmena *vr.* surmener.
surmenaj *sn.* surmenage *sm.*
surogat *sn.* ersatz *sm.*
surpa *vr.* s'écrouler, s'éffondrer.
surpare *sf.* ecroulement *sm.*, effondrement *sm.*
surplus *sn.* surplus *sm.*, excédent *sm.*
surprinde *vt.* surprendre.
surprindere *sf.* surprise *sf.*, étonnement *sm.*; *prin* ~ au dépourvu, à l'improviste.
surprinzător, -oare *adj.* surprenant, -ante.
surpriză *sf.* surprise *sf.*
sursă *sf.* source *sf.*
surveni *vi.* survenir.
surzenie *sf.* surdité *sf.*
surzi *vi.* devenir sourd.
sus *adv.* haut; en haut.
susan *sm.* sésame *sm.*
susceptibil, -ă *adj.* susceptible.
susceptibilitate *sf.* susceptibilité *sf.*
suscita *vt.* susciter.
suspect, -ă *adj.* suspect, -e.
suspecta *vt.* suspecter.

S

suspenda *vt.* suspendre.
suspendare *sf.* souspension, révocation.
suspensie *sf.* suspension *sf.*
suspiciune *sf.* suspicion *sf.*
suspin *sn.* soupir *sm.*
suspina *vi.* soupirer.
sus-pus, -ă *adj.* haut-placé, -e.
sustrage *vt.* soustraire.
sustragere *sf.* soustraction *sf.*
susţine *vt.* soutenir.
susur *sn.* susurrement *sm.*
susura *vi.* susurrer.
sutană *sf.* soutane *sf.*
sută *num. card.* cent; ~ *la* ~ cent pour cent.
sutălea *num. ord.* le (la) centième.
sutien *sn.* soutien-gorge *sm.*
sutime *sf.* centième *sm.*
suveică *sf.* navette *sf.*
suveran, -ă *adj., smf.* souverain, -aine.
suveranitate *sf.* souveraineté *sf.*
suzeran, -ă *adj.* suzerain, -e.
suzeranitate *sf.* suzeraineté.

S

Ş

şa *sf.* selle *sf.*; *(de bicicletă)* siège *sm.*
şablon *sn.* *(croitorie)* patron; *(turnătorie)* moulë *sm.*; cliché *sm.*
şacal *sm.* chacal *sm.*
şagă *sf.* blague *sm.*; badinage *sf.*, plaisanterie *sf.*; *fără ~* sérieusement; *în ~* par plaisanterie
şah 1. *sn.* échecs *sm.pl.*; *a juca ~* jouer aux échecs; *masă de ~* échiquier; *a ţine în ~* tenir en èchec; **2.** *sm.* *(suveranul Iranului)* schah.
şahist, -ă *smf.* joueur, -euse d'échecs.
şaibă *sf.* rondelle *sf.*
şaisprezece *num..card.* seize.
şaisprezecelea, -zecea *num. ord.* le (la) seizième.
şaizeci *num. card.* soixante.
şaizecilea, -zecea *num. ord.* le (la) soixantième.
şal *sn.* châle *sf.*
şalău *sm.* sandre *sf.*
şale *sf. pl.* reins *sm. pl.*
şalupă *sf.* chaloupe *sf.*
şampanie *sf.* champagne *sm.*
şampon *sn.* shampooing *sm.*
şandrama *sf.* masure *sf.*, bicoque *sf.*
şansă *sf.* chance *sf.*
şansonetă *sf.* chansonette *sf.*
şantaj *sn.* chantage *sm.*
şantaja *vt.* faire chanter.
şantier *sn.* chantier *sm.*
şanţ *sn.* fosse *sm.*, tranchée *sf.*; *~ cu apă* douve *sf.*
şapcă *sf.* casquette *sf.*
şapte *num. card.* sept; *a mânca cât ~* manger comme un ogre; *a umbla pe ~ cărări* être ivre-mort.
şaptelea, şaptea *num. ord.* le (la) septième.
şaptesprezece *num. card.* dix-sept.
şaptesprezecelea, -zecea *num. ord.* le (la) dix-septième.
şaptezeci *num. card.* soixante-dix.
şaptezecilea, -zecea *num. ord.* le (la) soixante-dixième.
şaradă *sf.* charade *sf.*
şaretă *sf.* tilbury *sm.*
şarjă *sf.* charge *sf.*
şarlatan *sm.* charlatan *sm.*, trompeur *sm.*; escroc *sm.*, imposteur *sm.*, chenapan *sm.*
şarlatanie *sf.* escroquerie *sf.*, charlatanerie *sf.*, filouterie *sf.*
şarlotă *sf.* charlotte *sf.*

şarpantă *sf.* charpente *sf.*
şarpe *sm.* serpent *sm.*
şase *num. card.* six.
şaselea, şasea *num. ord.* le (la) sixième.
şasiu *sn.* chassis *sm.*
şaten, -ă *adj.* châtain, -e.
şatră *sf.* campement de bohemians *sm.*
şăgalnic, -ă *adj.* badin, -e, mutin, -e.
şchiop, şchioapă 1. *adj.* boiteux, -euse; 2. *sf.* empan *sm.*, pouce *sm.*; *de o şchioapă* très petit.
şchiopăta *vi.* boiter, clocher.
şcoală *sf.* école *sf.*; *a da la ~* mettre à l'école.
şcolar, -ă 1. *adj.* scolaire; 2. *sm.* écolier, élève.
şcolăresc, -ească *adj.* écolier, -ière.
şcolăriţă *sf.* écolière *sf.*.
şedea *vi.* s'asseoir, être assis; habiter, demeurer, vivre; rester; *a ~ pe vine* rester accroupi.
şedere *sf.* séjour *sm.*
şedinţă *sf.* séance *sf.*, reunion *sf.*
şef *sm.* chef *sm.*
şelar *sm.* sellier *sm.*
şemineu *sn.* cheminée *sf.*
şenilă *sf.* chenille *sf.*
şeptel *sn.* cheptel *sm.*
şeptime *sf.* septième *sm.*
şerb, -ă *smf.* serf, -ve.
şerbie *sf.* servage *sm.*
şerpui *vi.* onduler, serpenter.
şerpuire *sf.* méandre *sm.*, sinuosité *sf.*
şerpuitor, -oare *adj.* serpentin, -e.
şervet *sn.* serviette *sf.*
şerveţel *sn.* serviette *sf.*; *~ de masă* napperon *sm.*
şes *sn.* plaine *sf.*
şesime *sf.* sixième *sm.*
şevalet *sn.* chevalet *sm.*
şezătoare *sf.* veillée *sf.*; reunion littéraire.
şezlong *sn.* chaise longue *sf.*, chaise pliante *sf.*; transatlantique *sm.*
şezut *sn.* séant *sm.*
şfichi *sn.* mèche *sf.*
şfichiui *vt.* cingler.
şi 1. *conj.* et, aussi, ainsi; donc; *tata ~ mama* père et mère; *~ eu* moi aussi; *ca ~* comme; *ca ~ când* comme si; *ei ~?* et alors?; 2. *adv.* ainsi, déjà, encore, justement; *~ mai ~* encore plus; *a ~ plecat* il est déjà parti.
şic *sn.* chic *sm.*
şicana *vt.* chicaner.
şicană *sf.* chicane *sf.*
şifon *sn.* madapolam *sm.*
şifona *vt.* chiffoner, froisser.
şifonier *sn.* garde-robe *sf.*; armoire *sf.*
şină *sf.* rail *sm.*
şindrilă *sf.* latte *sf.*, bardeau *sm.*
şip *sn.* flacon *sm.*, gourde *sf.*, bouteille *sf.*
şipcă *sf.* latte *sf.*, aisseau *sm.*

şipot *sn.* source *sf.*
şir *sn.* file *sf.*; rangée *sf.*; enfilade *sf.*; série *sf.*; ~ *de munți* chaîne de montagne; ~ *de idei* fil des idées; ~ *de case* rangée de maisons; *în* ~ à la file; ~ *de mărgele* collier.
şirag *sn.* collier *sm.*
şiră *sf.* meule *sf.*; ~ spinării l'épine dorsale, léchine.
şiret[1] *sn.* lacet *sm.*
şiret[2], **-eată** *adj.* finaud, -aude; ruse, -e; astucieux, -euse.
şiretenie *sf.* ruse *sf.*, astuce *sf.*, fourberie *sf.*
şiretlic *sn.* russe *sf.*, astuce *sf.*, malice *sf.*
şiroi 1. *sn.* torrent *sm.*, flot *sm.*; *a curge* ~ couler à flots; **2.** *vi.* ruisseler.
şlagăr *sn.* chanson à la mode *sf.*
şlampăt, -ă *adj.* débraillé, -e.
şleahtă *sf.* bande *sf.*, clique *sf.*
şleau *sn.* *a vorbi pe* ~ parler sans ambages.
şlefui *vt.* polir, ciseler.
şlep *sn.* chaland *sm.*, péniche *sf.*
şliţ *sn.* braguette *sf.*; fente *sf.*; rainure *sf.*
şmecher, -ă 1. *adj.* débrouillard, -e, rusé, -e; **2.** *smf.* fine mouche *sf.*
şmecherie *sf.* ruse *sf.*, astuce *sf.*, truc *sm.*
şmirghel *sn.* émeri *sm.*, papier émeri *sf.*
şnapan *sm.* chenapan *sm.*
şniţel *sn.* escalope panée *sm.*
şnur *sn.* ganse *sf.*; cordonnet *sm.*
şoaptă *sf.* chuchotement *sm.*, murmure *sm.*; *a vorbi în* ~ chuchoter, parler bas.
şoarece *sm.* souris *sf.*
şobolan *sm.* rat *sm.*
şoc *sn.* choc *sm.*
şoca *vt.* offenser, choquer.
şofer *sn.* chauffeur *sm.*, conducteur *sm.*
şofran *sm.* safran *sm.*
şoim *sm.* faucon *sm.*; aigle *sm.*
şold *sn.* hanche *sf.*; *a pune mâinile în* ~ faire le pot à deux anses; *cu arma la* ~ l'arme au flanc.
şoma *vi.* chômer.
şomaj *sn.* chômage *sm.*
şomer, -eră *sm.* chômeur, -euse.
şomoiog *sn.* tampon *sm.*; bouchon de paille *sm.*
şontâc *adv.* ~-~ clopin-clopant.
şontorog, -oagă *adj.* boiteux, -euse.
şopârlă *sf.* lizard *sm.*
şopot *sn.* sussurement *sm.*
şopron *sn.* remise *sf.*; appentis *sm.*
şopti *vt.*, *vi.* chuchoter; susurrer, murmurer.
şoricar *sm.* *(câine)* basset *sm.*; *(pasăre)* milan *sm.*
şorici *sn.* couenne *sf.*
şoricioaică *sf.* mort-aux-rats *sf.*
şoricel *sm.* souriceau *sm.*

şort *sn.* short *sm.*
şorţ *sn.* tablier *sm.*
şosea *sf.* route *sf.*
şosetă *sf.* chaussette *sf.*
şoşon *sm.* snow-boot *sm.*; chausson *sm.*
şotie *sf.* farce *sf.*, plaisanterie *sf.*
şotron *sn.* marelle *sf.*
şovăi *vi.* hésiter; balancer, vaciller, chanceler, tituber.
şovăială *sf.* hésitation *sf.*, vacillation *sf.*, chancellement *sm.*
şovin, -ă *adj.* chauvin, e.
şovinism *sn.* chauvinisme *sm.*
şpalt *sn.* épreuve *sf.*; colonne *sf.*
şperaclu *sn.* passé-partout *sm.*
şperţ *sn.* pot-de-vin *sm.*
şrapnel *sn.* shrapnel *sm.*
ştab *sm.* *(fam.)* gros bonnet *sm.*, grosse legume *sf.*, manitou *sm.*
ştafetă *sf.* estafette *sf.*; *cursă de ~* course de relais *sf.*
ştampila *vt.* estampiller, cacheter.
ştampilă *sf.* estampille *sf.*, cachet *sm.*, tampon *sm.*
ştanţa *vt.* matricer.
ştergar *sn.* essuie-mains *sm.*, serviette *sf.*
ştergătoare *sf.* décrottire *sm.*
ştergător *sn.* torchon *sm.*, serviette *sf.*; de parbriz essue-glace *sm.*
şterge 1. vt essuyer; effacer; *(tabla)* effacer le tableau; rayer, bifer; *a ~ un cuvânt* rayer un mot; raser; *a o ~* filer; *a ~ o palmă* flanquer une gifle; **2.** *vr.* s'essuyer; s'effacer; disparaître; *a ~ de praf* épousseter.
şterpeli *vt.* chipper, voler, chaparder.
şters, ştearsă *adj.* efface, -e; pale; *(culori)* passé, -e; rongé, usé.
ştersătură *sf.* effaçure *sf.*, rapture *sf.*
ştevie *sf.* rumex *sm.*, patience *sf.*
şti 1. *vt.* savoir, connaître; *a ~ ca pe apă* savoir sur le bout du doigt; *după câte ~* autant que je sache; *ştiu şi eu!* est-ce que je sais moi!; *a ~ carte* savoir lire et écrire; *a ~ pe de rost* savoir par cœur; *a nu mai ~ unde-i e capul* ne plus savoir où donner la tête; **2.** *vi.* s'intéresser à; tenir compte de; **3.** *vr.* savoir; se connaître; *totul se ~* tout se sait; *a se ~ dator* de reconnaître débiteur.
ştiinţă *sf.* science *sf.*; *~ ale naturii* les sciences naturelles; savoir *sm.*, connaissance *sf.*; *om de ~* homme de science; *cu bună ~* sciemment; *fără ~ cuiva* à l'insu de qqn.
ştiinţific, -ă 1. *adj.* scientifique; **2.** *adv.* scientifiquement.
ştir *sm.* amarante vulgaire *sf.*
ştirb, -ă *adj.* édenté, -e; *(ciobit)* ébréché, -e.

Ş

ştirbi *vt.* ébrécher, tronquer; *(fig.)* diminuer, entamer.
ştire *sf.* nouvelle *sf.*, *fără ~ cuiva* à l'insu de qqn.; *a da de ~* annoncer; *cu bună ~* sciemment;
ştiucă *sf.* brochet *sm.*
ştiulete *sm.* épi de mais *sm.*
ştrand *sn.* piscine *sf.*
ştreang *sn.* corde *sf.*
ştrengar *sm.* polisson *sm.*, gamin *sm.*, gavroche *sm.*
ştrengărie *sf.* polissonerie *sf.*, gaminerie *sf.*
şubă *sf.* pelisse *sf.*
şubred, -ă *adj.* frêle, fragile, débile; *sănătate ~* à la petite saine.
şubrezi *vr.* *(despre fiinţe)* s'affaiblir; *(despre obiecte)* devenir peu résistent.
şugubăţ, -eaţă *adj.* drôle, facétieux, -euse, éspiegle.
şui, -e *adj.* élancé, -e, svelte; toqué, -e, braque.
şuiera *vi.* siffler.
şuierătură *sf.* sifflement *sm.*
şuncă *sf.* jambon *sm.*
şură *sf.* hangar *sm.*, remise *sf.*
şurub *sm.*

Ş

T

tabac *sn.* tabac *sm.*

tabacheră *sf.* tabatière *sf.*, porte-cigarettes *sm.*

tabără *sf.* camp *sm.*, bivouac *sm.*, ~ *militară* un campement militaire; ~ *de elevi* camp de vacances.

tabel *sn.* tableau *sm.*

tabiet *sn.* habitude *sf.*; *om cu tabieturi* personne routinière.

tablă *sf.* tôle *sf.*; fer-blanc *sm.*; *(la școală)* tableau noir *sm.*; tabla înmulțirii table de multiplication.

table *sf. pl.* trietac *sm.*

tabletă *sf.* tablette *sf.*

tablou *sn.* tableau *sm.*, toile *sf.*, peinture *sf.*, dessin *sm.*, gravure *sf.*, *a rămâne* ~ rester interdit, rester bouche-bée; *un* ~ *de Toniza* une toile de Toniza.

taburet *sn.* tabouret *sm.*, escabeau *sm.*

tacâm *sn.* couvert *sm.*

tachina *vt.* taquinner.

tacit, -ă *adj.* tacite.

taciturn, -ă *adj.* taciturne.

tact *sn.* (*muz.*) mesure *sf.*; tact *sm.*

tactică *sf.* tactique *sf.*

tacticos, -oasă *adj.* calme, mesuré, -e, compasée, -e.

tactil, -ă *adj.* tactile.

tafta *sf.* taffetas *sm.*

taifas *sn.* bavardage *sm.*, conversation *sf.*; *a sta la* ~ tailler une bavette.

taifun *sn.* typhon *sm.*

taiga *sf.* taiga *sf.*

taină *sf.* mystère *sm.*; secret *sm.*; *(religios)* sacrament *sm.*; *cina cea de taina* la cenèn; *de* ~ intime, particulier.

tainic 1. *adj.* mystérieux; caché, intime, isolé; **2.** *adv.* mystérieusement, en cachette, secrètement.

taior *sn.* costume tailleur *sm.*

talangă *sf.* sonnaille *sf.*

talaş *sn.* sciure de bois *sf.*

talaz *sn.* vague *sf.*, lame *sf.*

talc *sn.* talc *sm.*

talent *sn.* talent *sm.*

talentat, -ă *adj.* doué, -e, qui a du talent.

taler *sn.* assiette *sf.*; plateau *sm.*; *(muz.)* cymbale *sf.*

talie *sf.* taille *sf.*

talisman *sn.* talisman *sm.*

talmeş-balmeş *sn.* pêle-mêle *sm.*

talon *sn.* talon *sm.*; souche *sf.*; *(la ciorap)* talon *sm.*

talpă *sf.* la plante du pied *sf.*, ~ *de sanie* patin *sm.*; ~ *de cauciuc* semelle; ~ *ortopedică* semelle compensée; *din creștet până în tălpi* de la tête aux pieds.
taluz *sn.* talus *sm.*
taman *adv.* juste, exactement, précisement; ~ *la mijloc* juste au milieu; à peine, seulement.
tambur *sn.* *(muz.)* tambour *sm.*
tamburină *sf.* tambourin *sm.*
tam-nisam *adv.* inopinément, à l'improviste.
tampon *sn.* tampon *sm.*
tampona *vt.* tamponner.
tanc *sn.* tank *sm.*, char *sm.*
tanchist *sm.* tankiste *sm.*
tandem *sn.* tandem *sm.*
tandreţe *sf.* tendresse *sf.*
tandru, -ă *adj.* tendre.
tangaj *sn.* tangage *sm.*
tangent, -ă *adj.* tangent, -ente.
tangentă *sf.* *(mat.)* tangente *sf.*
tangenţă *sf.* tangence *sf.*
tangibil, -ă *adj.* tangible.
tangou *sn.* tango *sm.*
tanin *sn.* tanin *sm.*
tapet *sn.* papier peint *sm.*; *a pune pe* ~ mettre sur le tapis.
tapeta *vt.* tapisser.
tapir *sm.* tapir *sm.*
tapisa *vt.* tapisser.
tapiserie *sf.* tapisserie *sf.*
tapiţer *sm.* tapissier *sm.*
tarabă *sf.* éventaire *sm.*, étalage *sm.*
tardiv, -ă *adj.* tardif, -ive.
tare 1. *adj.* fort, solide, dur; résistent, durable; consistant; **2.** *adv.* beaucoup; très, extrêmement; tout à fait; ~ *ca piatra* dur comme la pierre; *a fi* ~ *la matematică* être calé en mathématiques; *vin* ~ vin fort; ~ *de ureche* dur d'oreille; *a vorbi* ~ parler haut; *cu voce* ~ à haute voix; *aer* ~ air frais; *a fi* ~ *de cap* avoir la tête dure.
targă *sf.* brancard *sm.*
tarhon *sm.* estragon *sm.*
tarif *sn.* tariff *sm.*
tarla *sf.* parcelle *sf.*
tartă *sf.* tarte *sf.*
tartină *sf.* tartine *sf.*; canapé *sm.*
tartor *sm.* demon *sm.*, diable *sm.*
tasa *vr.* se tasser.
tată *sm.* père *sm.*
tatona *vt.* tâtonner.
tatonare *sf.* tâtonnement *sm.*
tatua *vt.* tatouer.
taur *sm.* taureau *sm.*
tavan *sn.* plafond *sm.*
tavă *sf.* plateau *sm.*
tavernă *sf.* taverne *sf.*
taxa *vt.* taxer.
taxator, -oare *smf.* receveur, -euse.
taxă *sf.* taxe *sf.*
taxi *sn.* taxi. *sm.*
tăbăcar *sm.* tanneur *sm.*
tăbăcărie *sf.* tannerie *sf.*

tăbăci *vt.* tanner.
tăbăcit, -ă *adj.* tanné, -e.
tăbărî *vi.* se ruer, fonder, foncer.
tăblie *sf.* panneau *sm.*
tăbliţă *sf.* *(la şcoală)* ardoise *sf.*; *(de metal)* plaquette *sf.*
tăcea *vi.* se taire; *a ~ chitic* ne pas souffler mot; *taci din gură!* tais-toi!; *pe tăcute* en cachette.
tăcere *sf.* silence *sm.*
tăciune *sm.* tison *sm.*; charbon *sm.*
tăcut, -ă *adj.* taciturne; silencieux, -euse.
tăgădui *vt.* nier, contester.
tăia *vt.* couper; rayer, biffer; abbatre; *a ~ o brazdă* creuser un sillon; *a ~ o pădure* couper un bois; *a-şi ~ drum* se frayer un chemin; *a ~ cu pixul* rayer; *a se ~ la deget* se couper au doigt; *a ~ cu ferăstrăul* scier.
tăiere *sf.* coupe *sf.*
tăietor *sm.* coupeur *sm.*; *~ de lemne* coupeur de bois; *~ de piatră* tailleur de pierres.
tăietură *sf.* coupure *sf.*
tăinui *vt.* cacher, receler; taire.
tăinuitor, -oare *smf.* receleur, -euse.
tăios, -oasă *adj.* trenchant, -e, coupant; affilé, aiguisé; *vânt ~* vent piquant, cinglant; *privire tăioasă* regard trenchant, dur; *vorbe tăioase* paroles mordants.
tăiş *sn.* trenchant *sm.*, fil d'un couteau *sm.*
tăiţei *sm. pl.* nouilles *sf. pl.*
tălmăci *sm.* traduire, expliquer, interpréter.
tălpăşiţă *sf.* *a-şi lua tălpăşiţa* ficher le camp.
tălpui *vt.* ressemeler.
tămădui *vt.* guérir.
tămăduire *sf.* guérison *sf.*
tămbălău *sn.* boucan *sm.*, tapage *sm.*, vacarme *sm.*
tămâie *sf.* encens *sm.*
tămâios, -oasă *adj.*, *sn.* muscat *sm.*
tăpşasn *sn.* pente *sf.*
tărăboi *sn.* vacarme *sm.*, boucan *sm.*
tărăgăna *vt.* trainer en longueur, tergiverser, lambiner.
tărcat, -ă *adj.* bigarré, -e, bariolé, -e.
tărie *sf.* force *sf.*, vigueur *sf.*
tărâm *sn.* contrée *sf.*, region *sf.*; *tărâmul celălalt* l'au-delà.
tărâţe *sf. pl.* son *sm.*
tărtăcuţă *sf.* courgette *sf.*
tău , ta, tăi, tale **1.** *adj. pos.* ton, ta, tes; **2.** *pron. pos.* le tien, la tienne, les tiens, les tiennes.
tăun *sm.* taon *sm.*
tăvăleală *sf.* rossée *sf.*; *a ţine la ~* être dur à la peine.
tăvăli **1.** *vt.* rouler; **2.** *vr.* se rouler.

tâlc *sn.* sens *sm.*, explication *sf.*, signification *sf.*; *a vorbi cu ~* parler à mots couverts.
tâlhar *sm.* bandit *sm.*, brigand *sm.*
tâlhărie *sf.* brigandage *sm.*, vol *sf.*
tâmp, -ă *adj.* idiot, -e, niais, -e.
tâmpi *vr.* devenir idiot, s'abrutir.
tâmpit, -ă *adj.* idiot, -e, stupide.
tâmplar *sm.* menuisier *sm.*
tâmplă *sf.* tempe *sf.*
tâmplărie *sf.* menuiserie *sf.*
tânăr, -ă 1. *adj.* jeune; **2.** *smf.* jeune home *sm.*, jeune fille *sf.*
tângui *vr.* se lamenter, se plaindre.
tânguitor, -oare *adj.* plaitif, -ive.
tânjală *sf. a se lăsa pe ~* s'abandonner à la paresse, se relâcher.
tânji *vi.* languir, dépérir; *a ~ după* languir après.
târg *sn.* foire *sf.*, marché *sm.*; vente *sf.*; *a face târgul cu cineva* clore un marché; *la spartul târgului* à la douzième heure; *(orăşel)* bourgade.
târgoveţ, -eaţă *smf.* citadin, -e.
târgui 1. *vt.* acheter, faire des achats; **2.** *vr.* marchander.
târguială *sf.* achat *sm.*; marchandage *sm.*
târî 1. *vt.* trainer; **2.** *vr.* se trainer, ramper.
târâie-brâu *sm.* vaurien *sm.*
târâş *adv.* en traînant, en rampant.
târâtor, -oare *adj.* rampant, -e.
târnăcop *sn.* pioche *sf.*, pic *sm.*
târtiţă *sf.* croupion *sm.*
târziu, -ie 1. *adj.* tardif, -ive; **2.** *adv.* tard; *cel mai ~* au plus tard; *mai devreme sau mai ~* tôt ou tard; *într-un ~* sur le tard; *toamnă târzie* arrière saison.
teacă *sf.* *(de sabie)* fourreau *sm.*; *(de ochelari)* étui *sm.*; *(păstaie)* cosse *sf.*
teafăr, -ă *adj.* sauf, -ve; *~ la cap* sain, -e.
teamă *sf.* crainte *sf.*
teanc *sn.* pile *sf.*, tas *sm.*; *(de hârtii)* liasse *sf.*
teapă *sf.* trempe *sf.*, espèce *sf.*; condition sociale.
teasc *sn.* pressoir *sm.*, presse *sf.*
teatral, -ă *adj.* théâtral –e.
teatru *sn.* théâtre *sm.*
tehnic, -ă *adj.* technique.
tehnică *sf.* technique *sf.*
tehnician, -ă *smf.* technicien *sm.*
tehnologie *sf.* technologie *sf.*
tei *sm.* tilleul *sm.*
tejghea *sf.* comptoir *sm.*
tel *sn.* fouet *sm.*

T

telecomandă *sf.* télécommande *sf.*
telecomunicaţie *sf.* télécommunication *sf.*
telefric *sn.* télépherique *sm.*, funiculaire *sm.*
telefon *sn.* téléphone *sm.*; *a da/ a primi un* ~ donner/recevoir un copu de fil.
telefona *vi.* téléphoner.
telefonist, -ă *smf.* téléphoniste *sm.*
teleghida *vt.* téléguider.
telegraf *sn.* télégraphe *sm.*
telegrafia *vt.* télégraphier.
telegrafie *sf.* télégraphie.
telegrafist, -ă *smf.* télégraphiste *sm.*
telegramă *sf.* télégramme *sm.*
teleleu, -ea *smf.* badaud, -e, flâneur; *a umbla* ~ trîner les rues.
telepatie *sf.* télépatie *sf.*
telescop *sn.* téléscope *sm.*
televiziune *sf.* télévision *sf.*
televizor *sn.* téléviseur *sm.*
tematic, -ă *adj.* thématique.
tematică *sf.* thème.
temă *sf.* thème *sm.*; devoir *sm.*; *a-şi face* ~ faire ses devoirs.
temător, -oare *adj.* craintif, -ive; farouche.
tembel *adj.*, *smf.* lambiant, -ente; idiot, -e; indolent, -e.
teme *vr.* craindre, avoir peur, redouter.
temei *sn.* base *sf.*, fondement *sm.*; raison *sf.*, motif *sm.*
temeinic, -ă *adj.* fondé, -e, solide; sérieux, -euse.
temeinicie *sf.* solidité *sf.*
temelie *sf.* fondement *sm. pl.*; fondation *sf.*
temerar, -ă *adj.* téméraire, hardif, -ive.
temnicer *sm.* geôlier *sm.*
teminiţă *sf.* geôle *sf.*, prison *sf.*
tempera *vi.* tempérer, modérer.
temperament *sn.* tempérament *sm.*
temperat, -ă *adj.* tempéré, -e.
temperatură *sf.* temperature *sf.*
templu *sn.* temple *sm.*
temporar, -ă 1. *adj.* temporaire; **2.** *adv.* temporairement.
temut, -ă *adj.* redouté, -e; *de* ~ redoubtable.
ten *sn.* teint *adj.*
tenace *adj.* tenace.
tenacitate *sf.* ténacité *sf.*
tencui *vt.* crépir.
tencuială *sf.* crépi *sm.*
tendenţios, -oasă *adj.* tendancieux, euse.
tendinţă *sf.* tendence *sf.*
tendon *sn.* tendon *sm.*
tenebros, -oasă *adj.* ténébreux, -euse.
tenie *sf.* ténia *sm.*
tenis *sn.* tennis *sm.*; *jucător de* ~ tenisman.
tenor *sm.* tenor *sm.*
tensiune *sf.* tension *sf.*
tenta *vt.* tenter.
tentacul *sn.* tentacule *sm.*

tentativă *sf.* tentative *sf.*
tentaţie *sf.* tentation *sf.*
tentă *sf.* teine *sf.*
teolog *sm.* théologien *sm.*
teologie *sf.* théologie *sf.*
teoremă *sf.* théorème *sm.*
teoretic, -ă 1. *adj.* théorique; **2.** *adv.* théoriquement.
teoretician, -ă *smf.* théoricien, -enne.
teorie *sf.* théorie *sf.*
teracotă *sf.* terre cuite *sf.*
terapie *sf.* thérapie *sf.*
terasă *sf.* terasse *sf.*
terci *sn.* bouillie *sf.*
terciui *vt.* écraser, réduire en bouillie.
terebentină *sf.* térébenthine *sf.*
teren *sn.* terrain *sm.*
terestru, -ă *adj.* terestre.
terfeli *vt.* souiller, salir; outrager, souiller.
tergal *sn.* tergal *sm.*
tergiversa *vt.* tergiverser.
teribil, -ă 1. *adj.* terrible; **2.** *adv.* terriblement.
territorial, -ă *adj.* territorial, -e.
teritoriu *sn.* territoire *sm.*
termal, -ă *adj.* thermal, -e.
termen 1. *sn.* terme *sm.*; délai *sm.*; **2.** *sm.* terme *sm.*, mot *sm.*; *a fi în termeni buni cu cineva* être en bons termes avec qqn.
termic, -ă *adj.* thermique.
termina 1. *vt.* terminer, finir, achever; **2.** *vr.* se terminer, s'achever, prendre fin.
terminaţie *sf.* termination *sf.*
terminologie *sf.* terminologie *sf.*
termită *sf.* termite *sm.*
termocentrală *sf.* centrale thermique *sf.*
termomentru *sn.* thermomètre *sm.*
termos *sn.* thermos *sf.*
tern, -ă *adj.* terne.
teroare *sf.* terreur *sf.*
terorist, -ă *smf.* terroriste *sm.*
teroriza *vt.* terroriser.
tertip *sn.* subterfuge *sm.*, artifice *sm.*
terţ, -ă *adj.* tiers, -erce.
terţiar, -ă *adj.* tertiaire.
tescovină *sf.* marc *sm.*
tescui *vt.* presser.
test *sn.* test *sm.*
testament *sn.* testament *sm.*
teşi *vt.* aplatir.
tetanus *sn.* tétanos *sm.*
teu *sn.* té *sm.*
tevatură *sf.* escalandre *sm.*, querelle *sf.*, tapage *sm.*; tohu-bohu *sm.*
text *sn.* texte *sm.*
textil, -ă *adj.* textile.
textile *sf. pl.* tissus *sm. pl.*
textual, -ă *adj.* textual, -elle.
tezaur *sn.* trésor *sm.*
teză *sf.* thèse *sf.*; épreuve écrite *sf.*

tibia *sf.* tibia *sm.*
tic *sn.* tic *sm.*, manie *sf.*
ticăi *vi.* faire tic-tac.
ticălos, -oasă *adj.*, *smf.* misérable, canaille *sf.*, capule *sf.*
ticăloşie *sf.* vilenie *sf.*, infamie *sf.*
tichet *sn.* ticket *sm.*
tichie *sf.* bonnet *sm.*
ticlui *vt.* arranger; forger.
ticsit, -ă *adj.* bondé, -e.
tifon *sn.* gaze *sf.*
tifos *sn.* typhus *sm.*
tigaie *sf.* poêle *sf.*
tighel *sn.* piqûre *sf.*, arrière-point *sm.*
tigru *sm.* tigre *sm.*
tihnă *sf.* calme *sm.*, paix *sf.*, tranqulité *sf.*, commodité *sf.*, aise *sf.*, loisir *sm.*; *în ~* tranquillement, à son aise.
tihni *vi.* jouir de, profiter.
tihnit, -ă *adj.* calme, paisible.
tijă *sf.* tige *sf.*
timbra *vt.* timbrer.
timbru *sn.* timbre *sm.*, timbre-poste *sm.*
timid, -ă *adj.* timide.
timiditate *sf.* timidité *sf.*
timonier *sm.* timonier *sm.*
timorat, -ă *adj.* timoré, -e.
timp *sn.* temps *sm.*; *cu timpul* petit à petit; *la ~* à point nommé; *acum ceva ~* il y a quelque temps; *cât ~* tant que; *din ~ în ~* de temps à autre; *pe timpuri* autrefois, jadis.
timpan *sn.* tympan *sm.*
timpuriu, -ie 1. *adj.* prémature, -e; **2.** *adv.* prématurément, de bonne heure.
tină *sf.* boue *sf.*, fange *sf.*
tinctură *sf.* teinture *sf.*
tinde *vi.* tendre, aspirer.
tinerel, -ică 1. *adj.* jeunet, -ette; **2.** *smf.* jeune homme *sm.*, jeune fille *sf.*
tineresc, -ească *adj.* jeune.
tineret *sn.* jeunesse *sf.*, jeunes *sm. pl.*
tinereţe *sf.* jeunesse *sf.*
tinichea *sf.* fer-blanc *sm.*
tinichigerie *sf.* ferblanterie *sf.*
tinichigiu *sm.* ferblandier *sm.*
tip *sm.* type *sm.*, individu *sm.*
tipar *sn.* presse *sf.*; imprimerie *sf.*; *a da la ~* faire imprimer, publier; *a fi sub ~* être sous presse; *greşeli de ~* coquilles, fautes d'impression.
tipări *vt.* imprimer.
tipăritură *sf.* imprimé *sm.*, publication *sf.*
tipic, -ă 1. *sn.* règle *sf.*, norme *sf.*, *după ~* conformément aux normes; **2.** *adj.* typique.
tipicar, -ă *adj.* tatillon, -onne; formaliste, routinier, -ère.
tipograf *sm.* imprimeur *sm.*; typographe *sm.*
tipografie *sf.* typographie *sf.*
tipsie *sf.* plateau *sm.*
tiptil *adv.* tou doucement, futivement; *a umbla ~* marcher à pas de loup.

tir *sn.* tir *sm.*
tiradă *sf.* tirade *sf.*
tiraj *sn.* tirage *sm.*
tiran *sm.* tyran *sm.*
tiranic, -ă *adj.* tyrannique.
tiranie *sf.* tyranie *sf.*
tiraniza *vt.* tyranniser.
tirbuşon *sn.* tire-bouchon *sm.*
titan *sm.* titan *sm.*
titanic, -ă *adj.* titanesque, titanique.
titirez *sm.* toupie *sf.*
titlu *sn.* titre *sm.*
titular, -ă *adj.* titulaire.
tiv *sn.* ourlet *sm.*
tivi *vt.* ourler.
toaletă *sf.* toilette *sf.*; *a-şi face toaleta* faire sa toilette.
toamnă *sf.* automne *sm.*; *astă-~* l'automne dernier; *de ~* autumnal, de l'automne.
toană *sf.* caprice *sm.*, lubie *sf.*; *a fi în toane bune* être de bonne humeur.
toarce *vi.* filer; *(despre pisici)* ronronner.
toartă *sf.* anse *sf.*; *a fi prieteni la ~* être ami et compagnon avec qqn.
toast *sn.* toast *sm.*
toasta *vi.* toaster.
tobă *sf.* tambour *sm.*, *a bate ~* tambouriner; divulguer un secret; *~ mare* grosse caisse; *~ mică* caisse claire; *a fi ~ de carte* être un puits de science; *~ de eşapament* pot d'échappement.
tobogan *sn.* tobogan *sm.*
toboşar *sm.* tambour *sm.*
toc *sn.* étui *sm.*, *tocul uşii* cadre d'une porte; *~ de ochelari* l'étui à lunettes; *~ de revolver* l'étui du revolver; *pantofi cu ~* souliers à talons.
toca **1.** *vt.* hacher; **2.** *vi.* caqueter; *a ~ la cap pe cineva* casser la tête à qqn.; *a ~ averea* manger son capital.
tocană *sf.* fricassee *sf.*, ragout *sm.*
tocă *sf.* toque *sf.*
tocător *sn.* hachoir *sm.*; tranchoir *sm.*
tocătură *sf.* hachis *sm.*
toci **1.** *vt.* émousser; user; **2.** *vi.* piocher; **3.** *vr.* s'émousser, s'user; *a-şi ~ hainele* user ses vêtemets; *(despre elevi)* potasser, piocher.
tocilar, -ă *sm.* rémouleur *sm.*; *(despre elevi)* piocheur, -euse *sm.*
tocilă *sf.* pierre à aguiser *sf.*
tocmai *adv.* juste; justement; précisement; *nu ~* pas tout à faite; *~ la timp* à point nommé.
tocmeală *sf.* mrchandage *sm.*
tocmi **1.** *vr.* marchander; **2.** *vt.* engager, embaucher
togă *sf.* toge *sf.*
toi *sn.* fort *sm.*; *a fi în ~* batter son plein.
toiag *sn.* bourdon *sm.*, baton *sm.*

T

tolăni *vr.* se prélasse.
tolbă *sf.* gibecière *sf.*, carnassière *sf.*
tolera *vt.* tolérer.
tolerant, -ă *adj.* tolérant, -e.
tolerabil, -ă *adj.* tolerable.
toleranţă *sf.* tolerance *sf.*
tom *sn.* tome *sm.*, volume *sm.*
tombolă *sf.* tombola *sf.*
tomnatic, -ă *adj.* d'automne, autumnal, -e; *flăcău ~* vieux garçon.
ton *sn.* *(muz.)* ton *sm.*; *(peşte)* thon *sm.*
tonaj *sn.* tonnage *sm.*
tonalitate *sf.* tonalité *sf.*
tonă *sf.* tonne *sf.*
tonic, -ă *adj.* tonnique; *vin ~* vin tonnique.
tonicitate *sf.* tonicité *sf.*
tonifica *vt.* tonifier, fortifier.
tonomat *sn.* juke box *sm.*
tont, toantă *adj.*, *smf.* nigaud, -e; niais, -e; balaurd, -e.
tonus *sn.* tonus *sm.*
top *sn.* rame *sf.*
topaz *sn.* topaze *sf.*
T
topi 1. *vt.* fonder; **2.** *vr.* fonder, se dissoudre; déperir, languir; *a se ~ după cineva* être fou de qqn.; *a ~ cânepă* rouir le chanvre.
topică *sf.* ordre des mots *sm.*; topique *sf.*
topire *sf.* fonte *sf.*; rouissage *sm.*
topitor *sm.* fondeur *sm.*
topografie *sf.* topographie *sf.*
toponimie *sf.* toponymie *sf.*
topor *sn.* hache *sf.*; *din ~* grossier, -ère, rustre.
toporaş *sm.* violette *sf.*
torace *sn.* thorax *sm.*
torcător, -oare *smf.* fileur, -euse.
torcătorie *sf.* filature *sf.*
torent *sn.* torrent *sm.*
torenţial, -ă *adj.* torrential, -elle.
torid, -ă *adj.* torride.
toropeală *sf.* torpeur *sf*; apathie *sf.*
toropit, -ă *adj.* amolli, -e; engourdi, -e.
torpila *vt.* torpiller.
torpilă *sf.* torpille *sf.*
torpilleur *sm.*
tors 1. *sn.* *(despre lână)* filage *sm.*; **2.** *adj.* *fir ~* file *sm.*
tort *sn.* tarte *sf.*; *(ţesătură)* toile de chanvre *sf.*
tortura *vt.* torturer.
tortură *sf.* torture *sf.*
torţă *sf.* torche *sf.*
tos *adj.* *zahăr ~* sucre en cristaux *sm.*
tot 1. *adj.* *nehot.* tout; entier; complet; total; **2.** *pron.* *nehot.* tout; **3.** *adv.* toujours; **4.** *sn.* tout, le tout.
total, -ă 1. *adj.* total, -e; **2.** *sn.* total *sm.*, montant *sm.*
totalitar, -ă *adj.* totalitaire.
totalitate *sf.* totalité *sf.*
totaliza *vt.* totaliser.
totdeauna *adv.* toujours.

totodată *adv.* en même temps.
totuna *adv. mi-e ~* cela m'est égal.
totuşi *adv.* pourtant, toutefois, cependant.
tovarăş, -ă *smf.* camarade *smf.*; compagnon *sm.*; associé *sm.*; *~ de drum* compagnon de voyage.
tovărăşie *sf.* camaraderie, compagnie; *a face ~* se lier d'amitié.
toxic, -ă *adj.* toxique.
toxicitate *sf.* toxicité *sf.*
toxină *sf.* toxine *sf.*
trabuc *sn.* cigar *sm.*
trac *sn.* trac *sm.*
tractor *sn.* tracteur *sm.*
tractorist, -ă *smf.* tractoriste *smf.*
tracţiune *sf.* traction *sf.*
tradiţie *sf.* tradition *sf.*
tradiţional, -ă *adj.* traditionnel, -elle.
traducător, -oare *smf.* traducteur, -trice.
traduce *vt.* traduire.
traducere *sf.* traduction *sf.*
trafic *sn.* trafic *sm.*
traficant, -ă *smf.* trafiquant, -e.
trage 1. *vt.* tirer, tracer; **2.** *vi.* peser; descendre; *a ~ la un hotel* descendre dans un hotel; **3.** *vr.* descendre, provenir; *a se ~ dintr-un neam mare* sortir de haut lieu; *a se ~ de şireturi cu cineva* être à tu et à toi avec qqn.; *a ~ foloase* tirer profit; *a ~ pe sfoară* rouler; *a ~ cu urechea* espionner; *a ~ colpotele* sonner les cloches; *a ~ în piept* inhaler; *a ~ o palmă* flanquer une gifle; *a ~ la aghioase* dormir comme une souche.
tragedie *sf.* tragédie *sf.*
tragere *sf.* tirage *sm.*; *~ la sorţi* triage au sort; *~ la ţintă* tir *sm.*; *~ de inimă* ardeur.
tragic, -ă 1. *adj.* tragique; **2.** *sn.* tragique *sm.*
tragicomedie *sf.* tragi-comédie *sf.*
trahee *sf.* trachée *sf.*
trai *sn.* vie *sf.*, existence *sf.*
traiectorie *sf.* trajectoire *sf.*
trainic, -ă *adj.* durable, solide.
traistă *sf.* besace *sf.*
trambulină *sf.* tremplin *sm.*
tramvai *sn.* tramway *sm.*, tram *sm.*
trandafir *sf.* rose *sf.*, *(arbust)* rosier *sm.*
trandafiriu, -ie *adj.* rose.
transborda *vt.* transborder.
transcrie *vt.* transcrire.
transfer *sn.* transfert *sm.*; transfèrement *sm.*
transfera *vt.* transférer.
transfigura *vt.*, *vr.* (se) transfigurer.
transforma *vt.*, *vr.* (se) transformer.
transformator *sn.* transformator *sm.*
transfug *sm.* trasfuge *sm.*

transfuzie *sf.* transfusion *sf.*
transhumanţă *sf.* transhumance *sf.*
translator *smf.* interprète *sm.*
translaţie *sf.* translation *sf.*
translucid *adj.* translucide.
transmisibil *adj.* transmissible.
transmisie *sf.* emission *sf.*; transmissione *sf.*
transmite *vt.* transmettre.
transparent, -ă *adj.* transparent, -ente.
transparenţă *sf.* transparence *sf.*
transpira *vt.* transpirer.
transpiraţie *sf.* transpiration *sf.*
transplanta *vt.* transplanter.
transport *sn.* transport *sm.*
transporta *vt.* transporter.
transpune *vt.* transposer.
transversal, -ă *adj.* transversal, -e.
tranşă *sf.* tranche *sf.*
tranşee *sf.* tranchée *sf.*
tranzacţie *sf.* transaction *sf.*
tranzit *sn.* transit *sm.*
tranzitiv, -ă *adj.* transitif, -ive.
tranziţie *sf.* transition *sf.*
trap *sn.* trot *sm.*
trapez *sn.* trapeze *sm.*
tras, -ă *adj.* tiré, -e.
trasa *vt.* tracer.
traseu *sn.* tracé *sm.*
trata *vt.* traiter, négocier.
tratament *sn.* traitement *sm.*
tratat *sn.* traité *sm.*
tratative *sf. pl.* négociations *sf. pl.*
traversa *vt.* traverser
traversă *sf.* traverse *sf.*
travesti *vr.* se travestir.
trăda *vt.*, *vr.* (se) trahir.
trădare *sf.* trahison *sf.*
trădător, -oare *adj.*, *smf.* traître, -esse.
trăgaci *sm.* gâchette *sf.*
trăgător, -oare *smf.* tireur, -euse.
trăi *vi.* vivre; *a-şi ~ traiul* vivre sa vie; *a ~ pe spinarea cuiva* vivre aux dépends de qqn.
trăinicie *sf.* durabilité *sf.*
trăncăni *vi.* bavarder.
trăsătură *sf.* trait *sm.*
trăsnaie *sf.* lubie *sf.*, frasque *sf.*
trăsnet *sn.* foudre *sf.*
trăsni **1.** *vi.* foudroyer; **2.** *vt.* frapper; **3.** *vr.* devenir fou; *a-i ~ prin minte cuiva* passer par la tête.
trăsnit, -ă *adj.*, *smf.* toqué, -e, timbré, -e.
trăsură *sf.* voiture à cheval *sf.*
trâmbă *sf.* rouleau *sm.*
trâmbiţa *vi.*, *vt.* claironner.
trâmbiţă *sf.* clairon *sm.*, trompette *sf.*
trândav, -ă *adj.*, *smf.* paresseux, -se, oisif, -ive, fainéant, -e.
trândăvi *vi.* fainéanter.
trândăvie *sf.* paresse, oisivité *sf.*

trântă *sf.* lutte corps à corps *sf.*, rixe *sf.*

trânti **1.** *vt.* jeter par terre; *a ~ ușa* clauqer la porte; **2.** *vr.* se jeter, s'étendre.

trântor *sm.* faux bourdon *sm.*

treabă *sf.* travail *sm.*, besogne *sf.*, ouvrage *sm.*, occupation *sf.*, affaire; *a avea ~ cu cineva* avoir affaire à qqn.

treacăt *sn.* passage *sm.*; *în ~* en passant.

treaptă *sf.* marche *sf.*; échelon *sm.*

treaz, -ă *adj.* éveillé, -e; vigilant, -e.

trebui **1.** *vi. impers.* falloir; **2.** *vt. impers.* devoir, falloir; *cum trebuie* bien, comme il sied; *așa-ți trebuie!* tu ne l'as pas volé!.

trebuincios, -oasă *adj.* nécessaire.

trebuinţă *sf.* besoin *sn.*, nécessité *sf.*

trecătoare *sf.* pas *sm.*

trecător, -oare **1.** *adj.* passager, -ère; **2.** *smf.* passant, -e.

trece **1.** *vi.* passer; **2.** *vt.* passer; **3.** *vr.* se faner, vieillir; *a ~ peste* passer outre; *a ~ drept* passer pour.

trecere *sf.* passage *sm.*; influence *sf.*; *în ~* en passant; *om cu ~* personne influente.

trecut, -ă **1.** *adj.* passé, -e; vieilli, -e, fané, -e; **2.** *sn.* passé *sm.*; *anul ~* l'année passé; *în ~* naguère, autrefois.

treflă *sf.* trèfle *sm.*

trei *num. card.* trois.

treiera *vt.* battre les céréales.

treierat *sn.* battage des céréales.

treierătoare *sf.* batteuse *sf.*

treilea, treia *num. ord.* le (la) troisième.

treime *sf.* tiers *sm.*

treisprezece *num. card.* treize.

treisprezecelea, -zecea *num. ord.* le (la) treizième.

treizeci *num. card.* trente.

treizecilea, -zecea *num. ord.* le (la) trentième.

tremă *sf.* tréma *sm.*

tremur *sn.* tremblement *sm.*; frémissement *sm.*

tremura *vi.* trembler, frémir.

tremurător, -oare *adj.* tremblant, -e, frémissant, -e.

tren *sn.* train; *~ personal* train omnibus *sm.*; *~ accelerat* train rapide *sm.*; *~ rapid* train express *sm.*

trenă *sf.* traîne *sf.*

trenci *sn.* imperméable *sm.*

trening *sn.* complet pour le sport *sm.*

trepăda *vi.* s'affairer, s'agiter.

trepăduș *sm.* saute-ruisseau *sm.*

trepida *vi.* trépider.

trepidaţie *sf.* trépidation *sf.*

trepied *sn.* trépied *sm.*

T

treptat, -ă 1. *adj.* graduel, -elle; 2. *adv.* graduellement.
tresă *sf.* galon *sm.*
tresălta *vi.* tresaillir.
tresări *vi.* sursauter.
tresărire *sf.* tresaillement *sm.*, sursaut *sm.*
trestie *sf.* roseau *sm.*; *~ de zahăr* canne à sucre.
trezi *vt.*, *vr.* éveiller, réveiller; se dégriser; *a ~ interesul cuiva* éveiller l'interêt de qqn.
trezire *sf.* réveil *sm.*, éveil *sm.*
tria *vt.* trier.
triaj *sn.* triage *sm.*
trib *sn.* tribu *sf.*
tribunal *sn.* tribunal *sm.*
tribună *sf.* tribune *sf.*
tribut *sn.* tribut *sm.*
tributar, -ă *adj.* tributaire.
tricicletă *sf.* tricycle *sm.*
tricolor *adj.* tricolore.
tricota *vt.* tricoter *sm.*
tricotaj *sn.* tricotage *sm.*
tricou *sn.* tricot *sm.*
trident *sn.* trident *sm.*
trifoi *sn.* trèfle *sm.*
triftong *sm.* triphtongue *sf.*
trigonometrie *sf.* trigonométrie *sf.*
tril *sn.* trille *sm.*
trilogie *sf.* trilogie *sf.*
trimestrial, -ă *adj.* trimestriel, -elle.
trimestru *sn.* trimestre *sm.*
trimis *sm.* envoyé *sm.*, délégue *sm.*
trimite *vt.* envoyer, expédier.
trimitere *sf.* envoi *sm.*
trio *sn.* trio *sm.*
tripla *vt.* tripler.
triplu, -ă *adj.* triple.
trist, -ă *adj.* triste.
tristeţe *sf.* tristesse *sf.*, *cu ~* tristement.
trişa *vi.* tricher.
triton *sm.* triton *sm.*
triumf *sn.* triomphe *sm.*
triumfa *vi.* triompher.
triumfal, -ă *adj.* triumphal, -e.
triumfător, -oare *adj.* triomphant, -e.
triunghi *sn.* triangle *sm.*
triunghiular, -ă *adj.* triangulaire.
trivial, -ă *adj.* trivial, -e;
trivialitate *sf.* trivialité *sf.*
troacă *sf.* baquet *sm.*; hardes *sf. pl.*
troc *sn.* troc *sm.*
trofeu *sn.* trophée *sm.*
troian *sn.* monceau de neige *sm.*
troieni 1. *vt.* couvrir de neige; 2. *vr.* être bloqué par la neige.
troleibus *sn.* trolleybus *sm.*
trombă *sf.* trombe *sf.*
trombon *sn.* trombone *sm.*
trompă *sf.* trompe *sf.*
trompetă *sf.* trompette *sf.*
tron *sn.* trône *sm.*
trona *vi.* trôner.
tropăi *vi.* piaffer; trépigner.
tropăit *sn.* piaffement *sm.*; trépignement *sm.*
tropic *sn.* tropique *sm.*

tropical, -ă *adj.* tropical, -e.
trosni *vi.* craquer; crépiter.
trosnitură *sf.* craquement *sm.*
trotinetă *sf.* troitinette *sf.*
trotuar *sn.* trottoir *sm.*
trubadur *sm.* troubadour *sm.*
truc *sn.* truc *sm.*
trudă *sf.* peine *sf.*
trudi *vi.*, *vr.* peiner.
trufanda *sf.* primeur *sm.*
trufaş, -ă *adj.* orguilleux, -euse.
trufe *sf.* orgueil *sm.*
trunchi *sn.* tronc *sm.*; souche *sf.*
trunchia *vt.* tronquer.
trup *sn.* corps *sm.*
trupă *sf.* troupe *sf.*
trupesc, -ească *adj.* corporel, -elle.
trupeş, -ă *adj.* corpulent, -e, bien en chair.
trusă *sf.* trousse *sf.*
trust *sn.* trust *sm.*
tu *pron. pers.* tu, toi.
tub *sn.* tube *sm.*, tuyau *sm.*
tubercul *sn.* tubercule *sm.*
tuberculos, -oasă *adj.*, *smf.* tuberculeux, -euse.
tuberculoză *sf.* tuberculose *sf.*
tubular, -ă *adj.* tubulaire.
tufă *sf.* buisson *sm.*; touffe *sf.*
tufiş *sn.* buisson *sm.*
tulbura *vt.*, *vr.* (se) troubler, (se) boulverser.
tulburător, -oare *adj.* troublant, -e, boulversant, -e.
tulbure *adj.* trouble.
tulpină *sf.* tige *sf.*
tumbă *sf.* culbute *sf.*
tumefiat, -ă *adj.* tuméfié, -e.
tumoare *sf.* tumeur *sf.*
tumult *sn.* tumulte *sm.*
tumultos, -oasă *adj.* tumultueux, -euse.
tun *sn.* canon *sm.*
tuna *v. impers.* tonner.
tunde *vt.* tondre, couper les cheveux.
tundră *sf.* toundra *sf.*
tunnel *sn.* tunnel *sm.*
tunet *sn.* tonnerre *sm.*; grondement *sm.*
tunică *sf.* tunique *sf.*
tunisian, -ă 1. *adj.* tunisien, -enne; **2.** *smf.* Tunisien, -enne.
tuns, -ă 1. *adj.* tondu, -e; les cheveux coupé; **2.** *sn. (despre oi)* tonte *sf.*
tupeu *sn.* toupet *sm.*
tur *sn.* tour *sm.*
turaţie *sf.* giration *sf.*
turba *vi.* enrager, rager.
turban *sn.* turban *sm.*
turbare *sf.* rage *sf.*
turbă *sf.* tourbe *sf.*
turbină *sf.* turbine *sf.*
turbulent, -ă *adj.* turbulent, -e.
turc, -ă 1. *adj.* turc; **2.** *smf.* Turc.
turelă *sf.* tourelle *sf.*
turism *sn.* tourisme *sm.*
turist, -ă *smf.* touriste *sm.*
turlă *sf.* tourelle *sf.*
turmă *sf.* troupeau *sm.*
turn *sn.* tour *sf.*

turna 1. *vt.* verser; couler, mouler; *(a denunța)* moucharder; **2.** *vi.* pleuvoir; *a ~ gaz pe foc* jeter de l'huile sur le feu.
turnător *sm.* fondeur *sm.*; *(fig.)* mouchard *sm.*
turnătorie *sf.* fonderie *sf.*
turneu *sn.* tournée *sf.*
turtă *sf.* galette *sf.*; *~ dulce* pain d'épice *sm.*
turti **1.** *vt.* aplatir, tasser; **2.** *vr.* *(fam.)* s'affaiser.
turturea *sf.* tourturelle *sf.*
turturel *sm.* tourtereau *sm.*
turui *vt.* jacasser.
tuse *sf.* toux *sf.*
tuş *sn.* encre de Chine *sf.*
tuşă *sf.* touché *sf.*
tuşi *vi.* tousser.
tuşieră *sf.* tampon encreur *sm.*
tutelă *sf.* tutelle *sf.*
tutelar, -ă *adj.* tutelaire.
tutore *sm.* tuteur *sm.*
tutui *vt.*, *vr.* (se) tutoyer.
tutun *sn.* tabac *sm.*
tutungerie *sf.* débit de tabac *sm.*
tutungiu *sm.* débitant de tabac *sm.*

Ţ

ţambal *sn.* tympanon *sm.*
ţanc *sn.* *la ~* à point, à temps.
ţandără *sf.* éclat *sm.*; *a-i sări ~* prendre la mouche; *a se face ~* voler en éclat.
ţanţoş, -ă *adj.* orguilleux, -euse; fier, -ère; arrogant, -e.
ţap *sm.* bouc *sm.*; *(bere)* bock *sm.*; *~ ispăşitor* bouc émissaire.
ţară *sf.* pays *sm.* patrie *sf.*, état *sm.*; *la ~* à la campagne; *om de la ~* paysan; *a pune ~ la cale* organiser.
ţarc *sn.* enclos *sm.*, clôture *sf.*; parc *sm.*
ţarină *sf.* champ labouré *sm.*; champ *sm.*
ţaţă *sf.* *pop.* tante; *(peior.)* commère *sf.*
ţăcălie *sf.* barbiche *sf.*
ţăcăni **1.** *vi.* cliqueter; **2.** *vt.* taper à la machine; **3.** *vr.* devenir maboul, -e.
ţăran, -că *smf.* paysan, -anne.
ţărănesc, -ească *adj.* rustique, paysan, -ne.
ţărănime *sf.* paysannerie *sf.*
ţărână *sf.* pousière *sf.*
ţărm *sn.* ravage *sm.*, bord *sm.*, littoral *sm.*
ţaruş *sn.* pieu *sm.*, piquet *sm.*
ţâfnă *sf.* arrogance *sf.*; *a-i sări ~* s'emporter.
ţâfnos, -oasă *adj.* irascible; arrogant, -ante; orgueilleux, -euse.
ţânc *sm.* gosse *sm.*
ţânţar *sm.* moustique *sf.*
ţâr *sm.* hareng saur *sm.*
ţârâi *vi.* s'égoutter; *(greiere)* faire cri-cri; *(sonerie)* tinter.
ţâşni *vi.* jaillir, gicler.
ţâşnitură *sf.* jaillissement *sm.*; gielement *sm.*
ţâţă *sf.* sein *sm.*, mamelle *sf.*; *copil de ~* nourisson; *a da ~* allaiter.
ţâţână *sf.* gond *sm.*
ţeapă *sf.* pal *sm.*; *(ghimpe)* épine *sf.*; *a trage în ~* empaler.
ţeapăn, -ă *adj.* rigide, raide.
ţeastă *sf.* crane *sm.*
ţeavă *sf.* tuyau *sm.*; tube *sm.*; *(de armă)* canon *sm.*
ţel *sn.* but *sm.*
ţelină *sf.* céleri *sm.*
ţepos, -oasă *adj.* épineux, -euse.
ţesală *sf.* étrille *sf.*
ţesăla *vt.* étriller.
ţesător, -oare *smf.* tisserand *sm.*, tisseur *sm.*
ţesătorie *sf.* tissage *sm.*

ţesătură *sf.* tissue *sm.*; toile *sf.*
ţese *vt.* tisser; *(despre păianjen)* filer; *a ~ o intrigă* ourdir une intrigue.
ţesut *sn.* tissu *sm.*; tissage *sm.*
ţevărie *sf.* tuyauterie *sf.*
ţicneală *sf.* folie *sf.*; toquade *sf.*; manie *sf.*
ţicni **1.** *vt.* fêler; **2.** *vr.* se toquer.
ţicnit, -ă *adj.* toque, -e, timbré, -e.
ţigan, -că *smf.* tzigane; gitan, -ne.
ţigară *sf.* cigarette *sf.*; *(de foi)* cigare *sm.*
ţiglă *sf.* tuile *sf.*
ţine **1.** *vt.* tenir; garder; soutenir; *a ~ un secret* garder un secret; *a ~ în mână* tenir à la main; *a ~ minte* se souvenir; *a ~ cont de* tenir compte de; **2.** *vr.* se tenir; s'accrocher; s'abstenir; *a se ~ de cuvânt* tenir parole; **3.** *vi.* tenier; durer; *a ~ de cald* tenir chaud; *a ~ dreapta* tenir la droite.
ţintă *sf.* petit clou *sm.*; cible *sf.*; but *sm.*; *a trage la ~* tirer à la cible; *a privi ~* regarder fixement.
ţinti *vt.* viser, braquer; aspirer; *(cu ochii)* braquer ses yeux sur.
ţintui *vt.* clouer.
ţinut *sn.* région *sf.*, pays *sm.*; contrée *sf.*
ţinută *sf.* tenue *sf.*, maintien *sm.*; comportement *sm.*, attitude *sf.*
ţipa *vi.* crier, pousser un cri; *a ~ la cineva* engueuler qqn.
ţipar *sm.* anguille *sf.*
ţipăt *sn.* cri *sm.*
ţipător, -oare *adj.* criard, -arde.
ţipenie *sf.* *nici ~* personne.
ţiţei *sn.* pétrole *sm.*
ţiui *vi.* tinter.
ţiuit *sn.* tintement *sm.*
ţoală *sf.* hardes *sf. pl.*
ţoapă *sf.* rustre *sm.*
ţol sautiller; danser.

Ţ

U

ucenic, -ă *smf.* apprenti *sm.*; disciple *sm.*

ucenicie *sf.* apprentissage *sm.*

ucide *vt.* tuer, assassiner.

ucidere *sf.* meurtre *sm.*, assassinat *sm.*

ucigaş, -ă *smf.* assassin, -e, criminel *sm.*, meurtrier, -ère, tueur, -euse.

ucigător, -oare *adj.* meurtrier, -ère, assassin, -e.

ud, -ă *adj.* mouillé, -e, humide, trempé, -e.

uda 1. *vt.* tremper, mouiller; *(a stropi)* arroser, asperger; **2.** *vr.* se tremper, se moiuller.

udat, -ă *adj.* trempé, -e; mouillé, -e; arrosé, -e;

udătură *sf.* arrosage *sm.*; boisson alcoolique *sf.*

uger *sn.* pis *sm.*

uimi *vt.* étonner, surprendre, stupéfier, éblouir.

uimire *sf.* étonnement *sm.*, stupéfaction *sf.*

uimit, -ă *adj.* stupéfait, -e; frappé, -e.

uimitor, -oare *adj.* étonnant, -ante.

uita¹ *vt.* oublier, omettre.

uita² *vr.* regarder; *a se ~ cu coada ochiului* regarder du coin de l'œil; *uite!* tiens!, regarde!.

uitare *sf.* oubli *sm.*

uitătură *sf.* regard *sm.*; coup d'oeil *sm.*

uituc, -ă *adj.* oublieux, -euse.

ulcea *sf.* cruche *sf.*, pot *sm.*, broc *sm.*

ulcer *sn.* ulcère *sm.*

ulei *sn.* huile *sf.*

uleios, -oasă *adj.* huileux, -euse, gras, -sse.

uliţă *sf.* ruelle *sf.*

uliu *sm.* épervier *sm.*

ulm *sm.* orme *sm.*

ulterior, -oară 1. *adj.* ultérieur, -e; **2.** *adv.*. ultérieurement.

ultim, -ă *adj.* dernier, -ère, ultime.

ultimatum *sn.* ultimatum *sm.*

ultragia *vt.* outrager, offenser, insulter.

ultraj *sn.* outrager *sm.*, offense, injure *sf.*

utltrascurtă *adj.* *(rază)* ultracourte.

ultrasunet *sn.* ultrason *sm.*

ultraviolet, -ă *adj.* ultraviolet, -ette.

uluc *sn.* auge *sf.*; gouttière *sf.*

ulucă *sf.* planche *sf.*, ais *sm.*; palissade *sf.*

ului *vt.* éblouir.
uluire *sf.* confusion *sf.*
uluitor, -oare *adj.* éblouissant, -ante.
uman, -ă *adj.* humain, aine.
umanism *sn.* humanisme
umanist *adj.*, *smf.* humaniste *adj.*
umanitar, -ă *adj.* humanitaire.
umanitarism *sn.* humanitarisme *sm.*
umanitate *sf.* humanité *sf.*
umaniza *vt.*, *vr.* (s')humaniser.
umăr *sm.* épaule; ~ *la* ~ côte à côte; *a pune umărul la* donner un coup d'épaule; *umărul obrazului* la pommette; *a ridica din* ~ hausser les épaules.
umbla *vi.* aller; marcher; rouler, circuler; errer, vagabonder; *a ~ după cineva* poursuivre qqn. de ses assiduités; *umblă sănătos!* bon voyage!; *a-i ~ gura* jaser comme une pie; *a ~ cu minciuni* raconter des menteries.
umblat, -ă *adj.* *(drum)* fréquenté, -e; *(oameni)* qui a beaucoup voyagé.
umblet *sn.* marche *sf.*; démarche *sf.*
umbrar *sn.* tonnelle *sf.*
umbră *sf.* ombre *sf.*; *a pune în ~* éclipser; *la ~* à l'ombre.
umbrelă *sf.* *(de ploaie)* parapluie *sf.*; *(de soare)* ombrelle *sf.*
umbri *vt.* ombrager.
umed, -ă *adj.* humide; moite.
umeraş *sn.* cintre *sm.*
umezeală *sf.* humidité *sf.*
umezi *vt.*, *vr.*. (s')humecter.
umfla **1.** *vt.* gonfler, enfler; **2.** *vr.* s'enfler, se gonfler, se boursoufler; *(despre ape)* monter; *a ~ plânsul* fonder en larmes; *a se ~ în pene* se pavaner, se rengorger.
umflătură *sf.* enflure *sf.*, inflammation *sf.*
umil, -ă *adj.* humble.
umili *vt.*, *vr.* (s')humilier.
umilinţă *sf.* humilité *sf.*
umilire *sf.* humiliation *sf.*
umor *sn.* humour *sm.*
umoristic, -ă *adj.* humoristique.
umple **1.** *vt.* emplir, remplir; *a ~ de bucurie* combler de joie; **2.** *vr.* s'emplir, se remplir.
umplutură *sf.* *(culinar)* farce *sf.*; remplissage *sm.*; bourre *sf.*, fatras *sm.*; *(de pământ)* remblai *sm.*
un, o *art. nehot.* un, une.
unanim, -ă *adj.* unanime.
unanimitate *sf.* unanimité *sf.*; *în ~* à l'unanimité.
unchi *sm.* oncle *sm.*; *(fam.)* tonton *sm.*
unchiaş *sm.* vieillard *sm.*
undă *sf.* onde *sf.*
unde *adv.*. où; *a nu avea de ~* ne pas avoir de quoi; *de ~ şi*

până ~ à quel titre?; *da de* ~ pas de tout.
undeva *adv.* quelque part.
undiţă *sf.* ligne *sf.*
undui *vi.* ondoyer.
unduios, -oasă *adj.* ondoyant, -e.
unealtă *sf.* outile *sm.*, instrument *sm.*; ustensile *sm.*
unelti *vt.* comploter, ourdir, conspirer.
uneltire *sf.* intrigue *sf.*, complot *sm.*, machimation *sf.*, conspiration *sf.*
uneori *adv.* parfois.
unge *vt.* lubrifier, graisser, oindre; *a ~ o mașină* graisser une machine; *a-și ~ gâtul* se rincer la gorge.
ungere *sf.* graissage *sm.*
ungher *sn.* coin *sm.*, recoin *sm.*
unghi *sn.* angle *sm.*
unghie *sf.* ongle *sm.*; *nici cât negru sub* ~ point, goutte.
unghiular *adj.* angulaire.
unguent *sn.* onguent *sm.*
ungur, -oaică *smf.* Hongrois, -oise.
uni 1. *vt.* unir, assembler, réunir, joindre; **2.** *vr.*. se rallier.
unic, -ă *adj.* unique.
unicitate *sf.* unicité *sf.*
unifica *vt.* unifier.
unificare *sf.* unification *sf.*
uniform 1. *adj.* uniforme; **2.** *adv.* uniformément.
uniformă *sf.* uniforme *sm.*
uniformiza *vt.*, *vr.* (s')uniformiser.
unilateral, -ă *adj.* unilatéral, -e.
unire *sf.* union *sf.*
unison *sn.* unisson *sm.*; *a fi la ~ cu cineva* être d'accord avec qqn.
unit, -ă *adj.* uni, -e, joint, -e; solidaire.
unitar, -ă *adj.* unitaire.
unitate *sf.* unite *sf.*
univers *sn.* univers *sm.*
universal, -ă 1. *adj.* universel, -elle; **2.** *adv.* universallement.
universitar, -ă *adj.* universitaire.
universitate *sf.* université *sf.*
uns, -ă *adj.* enduit, -e; graissé, -e.
unsoare *sf.* graisse; huile *sf.*; onguent *sm.*
unsprezece *num. card.* onze.
unsprezecelea, -zecea *num. ord.* le (la) onzième.
unsuros, -oasă *adj.* gras, grasse
unt *sn.* beurre *sm.*
untedelemn *sn.* huile *sf.*
untură *sf.* graisse; *(de porc topită)* saindoux *sm.*
unu, una 1. *num. card.* un, une; *este ora* ~ il est une heurre; **2.** *pron. nehot.* l'un, quelqu'un; *tot unul și unul* triés sur le volet; *până la unul* jusqu'au dernier.
ura[1] *interj.* hourra!

ura[2] *vt.* souhaiter.
uragan *sn.* ouragan *sm.*
urangutan *sm.* orang-outang *sm.*
uraniu *sn.* uranium *sm.*
urare *sf.* vœu *sm.*, souhait *sm.*, félicitation *sf.*
ură *sf.* haine *sf.*
urâcios, -oasă *adj.* maussade, désagréable.
urât, -ă 1. *adj..* laid, -e; *(timp)* mauvais, -e.; ignoble, villain, -e. **2.** *adv.* désagréablement, vilanement; *a se uita ~* regarder de travers; **3.** *sn.* ennui *sm.*; *a muri de ~* s'ennuyer beaucoup; *a ține de ~* tenir compagnie; *a vorbi ~* dire des gros mots.
urâţenie *sf.* laideur *sf.*
urâţi *vr.* enlaidir *vi.*
urban, -ă *adj.* urbain, -e.
urbanistică *sf.* urbanisme *sm.*
urca 1. *vr.*, *vi.* monter; gravir; **2.** *vt.* hausser, monter; *a ~ o scară* monter un escalier; *a ~ un deal* gravir une colline; *a ~ prețul* hausser le prix.
urcare *sf.* montée *sf.*; ascension *sf.*; hausse *sf.*
urcător, -oare *adj.* grimpant, -e.
urcior *sn.* cruche *sf.*
urcuş *sn.* pente *sf.*, montée *sf.*
ureche *sf.* oreille *sf.*; *a fi numai ~* être tout oreilles; *a sparge ~* casser les oreilles; *până peste ~* pardessus la tête; *~ acului* le chas d'une aiguille; *a scăpa ca prin ~ acului* l'échapper belle; *a fi tare de o ~* être sourd;
urgent, -ă 1. *adj.* urgent, -e; **2.** *adv.* d'urgence.
urgenţă *sf.* urgence *sf.*
urgie *sf.* fléau *sm.*, calamité *sf.*
urgisi *vt.* exécrer, opprimer.
uriaş, -ă 1. *adj.*, *smf.* géant, -e; **2.** *adj.* gigantesque.
urina *vi.* uriner.
urî 1. *vt.* hair; **2.** *vr.* *a i se ~* en avoir marre, en avoir assez.
urla *vi.* hurler; pousser des cris.
urlet *sn.* hurlement *sm.*
urma 1. *vt.* suivre, continuer, *poursuivre*; *a ~ un sfat* suivre un conseil; *a ~ un curs* suivre un cours; **2.** *vi.* se suivre, se succéder; *ziua care ~* le jour qui suit; **3.** *vr.* se succéder, se suivre; *va ~* à suivre.
urmare *sf.* suite *sf.*; conséquence *sf.*; *prin ~* par conséquent.
urmaş, -ă *smf.* descendant, -e, sucesseur *sm.*; héritier, -ère.
urmă *sf.* trace; *~ de pas* trace de pas; sillage *sm.*; piste *sf.*; *a rămâne în ~* rester en arrière; *a ajunge din ~* rejiondre qqn.; *mai pe ~* plus tard; *a se uita în ~* regarder par dessus l'épaule; *~ lasată de barcă* sillage de bateau; *până la ~* jusqu'à la fin; *în urma* à la suite de.

urmări *vr.* poursuivre, suivre; hanter; obséder; *a ~ de aproape* suivre de près; *a ~ cu degetul* suivre du doigt; *a ~ cu ochii* suivre des yeux; *a ~ un scop* poursuivre un but.

urmărire *sf.* poursuite *sf.*

următor, -oare *adj.* suivant, -e, prochain, -e.

urnă *sf.* urne *sf.*

urni 1. *vt.* ébranler, mettre en branle, démarrer; **2.** *vt.* s'ébranler.

urs *sm.* ours *sm.*; *~ alb* ours blanc; *blană de ~* oursin *sm.*; *pui de ~* ourson *sm.*; *a vinde pielea ursului din pădure* vendre la peau de l'ours.

ursă *sf.* *Ursa-mare* la Grande-ourse, le Grand chariot; *Ursa mică* la Petite ourse, le Petit chariot.

ursar *sm.* montreur d'ours *sm.*

ursi 1. *vt.* prédestiner; **2.** *vi.* faire des sortilège.

ursită *sf.* sort *sm.*, destin *sm.*; fatalité *sf.*

ursitoare *sf.* fée *sf.*

ursoaică *sf.* ourse *sf.*

ursuz, -ă *adj.* maussade, morose.

urticarie *sf.* urticaire *sf.*

urzeală *sf.* trame *sf.*

urzi *vt.* ourdir; comploter; tramer.

urzică *sf.* ortie *sf.*

usca 1. *vt.* sécher, dessécher; *(despre rufe)* essorer; **2.** *vr.* se dessécher; dépérir; *a i se ~ gâtul de sete* avoir très soif.

uscare *sf.* séchage *sm.*, desséchement *sm.*; essorage *sm.*

uscat, -ă *adj.* sec, séche; desséché, -e, aride; terre ferme; *frunze ~* feuilles mortes; *obraz ~* visage émacié; *păr ~* cheveux raides; *armata de ~* l'armée de terre.

uscăciune *sf.* sécheresse *sf.*

uscătorie *sf.* *(de rufe)* séchoir *sm.*; *(de produse alimentare)* sécherie *sf.*

uscatură *sf.* bois mort *sm.*

uscăţiv, -ă *adj.* maigre, sec, séche.

ustensilă *sf.* ustensile *sm.*, outil *sm.*

ustura *vt.* piquer; brûler.

usturător, -oare *adj.* cuisant, -e; blessant, -e.

usturoi *sm.* ail *sm.*; *căţel de ~* gousse d'ail.

uşă *sf.* porte *sf.*; *(la vehicule)* portière *sf.*; *a bate la ~* frapper à la porte; *a strânge cu ~* mettre au pied du mur; *a da pe ~ afară* mettre à la porte.

uşier *sm.* huissier *sm.*

uşor, -oară 1. *adj.* léger, -ère; facile; doux, douce; aisé, -e; *o problemă ~* un problème facile; *somn ~!* bonne nuit; *muzică ~* musique légère; *viaţă ~* vie aisée; **2.** *adv.* facilement, légèrement, doucement, aisément.

uşura 1. *vt.* alléger; *a ~ o suferinţă* soulager; faciliter; 2. *vr.* se soulager
uşurare *sf.* allégement *sm.*; soulagement *sm.*
uşuratic, -ă *adj.* frivole.
uşurinţă *sf.* facilité *sf.*; légèrité *sf.*; aisance *sf.*; *cu ~* avec aisance, facilement.
uter *sn.* utérus *sm.*
util, -ă 1. *adj.* utile; *în timp ~* en temps util; 2. *adv.* utilement; *a îmbina ~ cu plăcutul* joindre l'utile à l'agréable.
utila *vt.* outiller, équiper.
utilaj *sn.* outillage *sm.*, équipement *sm.*
utilitarism *sn.* utilitarisme *sm.*
utilitate *sf.* utilité *sf.*
utiliza *vt.* utiliser.
utilizare *sf.* utilisation *sf.*
utopic *adj.* utopique.
utopie *sf.* utopie *sf.*
uvertură *sf.* ouverture *sf.*
uz *sn.* usage *sm.*; *a face ~ de* se servir, utiliser; *scos din ~* hors d'usage.
uza *vt.*, *vr.* (s')user.
uzare *sf.* détérioration *sf.*, usure *sf.*
uzinare *sf.* usinage *sm.*
uzină *sf.* usine *sf.*
uzita *vt.* faire usage de, user.
uzual, -ă *adj.* usual, -elle.
uzufruct *sn.* usufruit *sm.*
uzură *sf.* usure *sf.*, détérioration *sf.*; fatigue *sf.*, affaiblissement *sm.*
uzurpa *vt.* usurper.
uzurpare *sf.* usurpation *sf.*

V

vacant, -ă *adj.* vacant, -e.
vacanţă *sf. (şcolară)* vacances *sf. pl.*; *(concediu)* vacance *sf.*, congé *sm.*
vacarm *sn.* vacarme *sm.*
vacă *sf.* vache *sf.*; *lapte de ~* lait de vache; *carne de ~* viande de boeuf; *~ de lapte* vache à lait; *vaca-domnului* coccinelle *sf.*, bête à bon dieu.
vaccin *sn.* vaccin *sn.*
vaccina *vt.* vacciner.
vaccinare *sf.* vaccination *sf.*
vad *sn. (de râu)* lit *sm.*; *(de trecere)* gué *sm.*
vadră *sf.* mesure de capacité (*environ* 13 l); seau *sm.*, baquet *sm.*
vag, -ă 1. *adj.* vague; **2.** *adv.* vaguement.
vagabond, -ă *adj.* şi *smf.* vagabond, -e; clochard, -e; errant, -ante.
vagabonda *vi.* vagabonder.
vagabondaj *sn.* vagabondage *sm.*
vagon *sn.* wagon *sm.*, voiture *sf.*; *~-restaurant* wagon-restaurant; *~ de dormit* wagon-lit; *~ de bagaje* fourgon *sm.*, wagon à bagages.
vagonet *sn.* wagonet *sm.*
vai *interj.* hélas!, oh!, malheur!; *~ de lume* péniblement; *~ de mine!* malheur à moi!; *cu chiu cu ~* à grand-peine.
vaiet *sn.* plainte *sf.*, lamentation *sf.*, gémissement *sm.*
vajnic, -ă *adj.* énergique, ferme résolu, -ue; fort, -e; vaillant, -e; acharné, -e.
val *sn.* vague *sf.*, flot *sm.*; *~ mării* les flots de la mer; *un ~ de oameni* une foule; *valuri-valuri* successivement; cylindre *sm.*, rouleau *sm.*
valabil, -ă *adj.* valable.
valabilitate *sf.* valabilté *sf.*
vale *sf.* valée, vallon *sm.*; *la ~* en aval, en bas; *mai la ~* plus bas; *în ~* dans la vallée; *a porni la ~* dévaler; *peste dealuri peste văi* par monts et par vaux; *a-şi lua valea* décamper; détaler.
valenţă *sf.* valence *sf.*
valet *sm.* valet *sm.*
valid, -ă *adj.* valide.
valida *vt.* valider.
validitate *sf.* validité *sf.*
valiză *sf.* valise *sf.*
valmă *sf.* désordre *sm.*, pagaille *sf.*, tohu-bohu *sm.*; *de-a valma*

pêle-mêle; *a da valma* se ruer.
valoare *sf.* valeur *sf.*, mérite *sm.*; *a pune în ~* mettre en relief.
valora *vi.* valoir.
valorifica *vt.* mettre en valeur, valoriser.
valorificare *sf.* valorisation *sf.*
valoros, -oasă *adj.* *(despre oameni)* valeureux, -euse; *(despre lucruri)* précieux, -euse, de valeur.
vals *sn.* valse *sf.*
valsa *vi.* valser.
valută *sf.* devise *sf.*
valvă *sf.* valve *sf.*
valvârtej *sn.* tourbillon *sn.*; désordre *sm.*, tohu-bohu; *a intra ~* entrer en coup de vent.
valţ *sn.* cylindre *sm.*
vamal, -ă *adj.* douanier, -ère.
vamă *sf.* douane *sf.*
vameş *sm.* douanier *sm.*
vampir *sm.* vampire *sm.*
van, -ă *adj.* vain, -e.
vană *sf.* vane *sf.*
vandalism *sn.* vandalisme *sm.*
vanilie *sf.* vanille *sf.*
vanitate *sf.* vanité *sf.*
vanitos, -oasă *adj.* vaniteux, -euse, vain, -e.
vapor *sn.* bateau *sm.*, navire *sm.*, vapeur *sm.*
vaporaş *sn.* bateau-mouche *sm.*
vapori *sm. pl.* vapeur *sf.*
vaporiza *vt.* se vaporiser.
vaporos, -oasă *adj.* vaporeux, -euse.
var *sn.* chaux *sf.*; *~ nestins* chaux vive; *lapte de ~* lait de chaux *sm.*
vară *sf.* été *sm.*
vargă *sf.* verge *sf.*, baguette *sf.*; *a tremura ca ~* trembler comme une feuille; raie *sf.*
varia *vi.* varier.
variabil, -ă *adj.* variable.
variabilitate *sf.* variabilité *sf.*
variantă *sf.* variante *sf.*
variaţie *sf.* variation *sf.*
varice *sf. pl.* varice *sf.*
varicelă *sf.* varicelle *sf.*
varietate *sf.* diversité *sf.*, variété *sf.*
variolă *sf.* variole *sf.*
varză *sf.* chou *sm.*; *~ acră* choucroute *sf.*
vas *sn.* vase *sm.*, recipient *sm.*; *(la plural)* vaiselle *sf.*; *(navă)* vaisseau *sm.*, navire *sm.*; *~ de sânge* vaisseux sanguins; *a spăla vasele* laver la vaisselle.
vasal, -ă *smf.* vassal *sm.*
vasalitate *sf.* vassalité *sf.*
vascular, -ă *adj.* vasculaire.
vaselină *sf.* vaseline *sf.*
vast, -ă *adj.* vaste.
vată *sf.* ouate *sf.*, cotton hydrophile *sm.*
vatelină *sf.* ouatine *sf.*
vatman *sm.* wattman *sm.*
vatră *sf.* cheminée *sf.*, foyer *sm.*; emplacement *sm.*; demeure

V

sf., maison *sf.*; *a lăsa la ~* démobiliser.

vază[1] *sf.* vase *sm.*

vază[2] *sm.* estime *sf.*, considération *sf.*, prestige *sm.*; *de ~* marquant, -e; de marque.

văcar *sm.* vacher *sm.*, bouvier *sm.*

văcăriţă *sf.* vachère *sf.*

văcsui *vt.* cirer les souliers.

vădi *vt.* s'avérer.

vădit, -ă **1.** *adj.* évident, -e; avéré, -e; démontré, -e; **2.** *adv.* évidemment, visiblement; *e ~* c'est évident.

văduv, -ă *adj.* veuf, veuve.

văduvie *sf.* veuvage *sm.*

văgăună *sf.* revin *sm.*; gîte *sf.*, tanière *sf.*

văicăreală *sf.* lamentation *sf.*

văicări *vr.* se lamenter.

văita *vr.* gémir, se lamenter.

văl *sn.* voile *sm.*

vălătuc *sm.* rouleau *sm.*

văluros, -oasă *adj.* moutonneux, -euse.

vămui *vt.* percevoir de droits de douane; *(fig.)* soutirer, chipper.

văpaie *sf.* flambée *sf.*; *(fig.)* éclat *sm.*

văr, vară *smf.* cousin, -e; *~ primar* cousin germain.

văratic, -ă *adj.* estival, -e.

vărga *vt.* rayer.

vărsa **1.** *vt.* verser; répandre; vomir, rendre; **2.** *vr.* se jeter; *a ~ lacrimi* verser des larmes.

vărsare *sf.* *(a unui râu)* embouchure *sf.*; *~ de sânge* carnage *sm.*

vărsat *sn.* petite vérole *sf.*, variole *sf.*; *ciupit de ~* grêlé, -e; *~ de vânt* varicelle *sf.*

vărsător *sm.* *(zodiac)* le signe du verseau.

vărui *vt.* blanchir à la chaux, enduire de chaux, chauler.

văsărie *sf.* vaiselle *sf.*

vătaf *sm.* intendant *sm.*

vătăma *vt.* nuire; endommager.

vătămator, -oare *adj.* nuisible, nocif, -ive.

vătrai *sn.* tisonnier *sm.*

vătui *vt.* ouater.

văz *sn.* vue *sf.*

văzduh *sn.* air *sm.*

vâjâi *vi.* *(despre vânt)* siffler, mugir; *(despre motoare)* vrombir.

vâjâit *sn.* sifflement *sm.*; mugissement *sm.*; vrombissement *sm.*

vâlcea *sf.* vallon *sm.*, val *sm.*

vâltoare *sf.* ramous *sm.*, tourbillon *sm.*

vâlvă *sf.* rumeur *sf.*, tapage *sm.*, agitation *sf.*, effervescence *sf.*, ramous *sm.*

vâlvoi *adj. invar.* ébouriffé, -e.

vâna *vt.* chasser; pourchasser.

vânat *sn.* gibier *sm.*

vână *sf.* veine *sf.*

vânăt, -ă *adj.* bleu foncé; *(despre oameni)* livide; *pătlăgea vânătă* aubergine *sf.*
vânătaie *sf.* bleu *sm.*, meurtrissure *sf.*
vânătoare *sf.* chasse *sf.*
vânător *sm.* chasseur.
vânătoresc, -ească *adj.* de chasse.
vânjos, -oasă *adj.* vigoureux, -euse, fort, -e.
vânos, -oasă *adj.* veineux, -e; fort, -e.
vânt *sn.* vent *sm.*; *bate vântul* le vent soufflé; *este* ~ il fait du vent; *a-şi face* ~ prendre son élan; *ce* ~ *te aduce?* quel bon vent t'amène?; *a face cuiva* ~ pousser qqn., se débaraser de qqn.; *a se da în* ~ *după ceva* raffoler de.
vântura 1. *vt.* vanner; transvaser; **2.** *vr.* s'agiter; *a* ~ *lumea* bourlinguer.
vântură-lume *sm.* aventurier *sm.*
vânzare *sf.* vente *sf.*; *(fig.)* trahison *sf.*
vânzător, -oare *smf.* vendeur, -euse; *(jur.)* vendeur, venderesse.
V **vânzoli 1.** *vt.* remuer, mettre sens dessus dessous; **2.** *vr.* s'agiter, se tourmenter.
vârf *sn.* *(despre munţi)* sommet *sm.*, cime *sf.*, faîte *sm.*; bout *sm.*, pointe *sf.*; ~ *nasului* le bout de nez; *în* ~ *picioarelor* sur la pointe des pieds; *din* ~ *buzelor* du bout des lèvres.
vârî 1. *vt.* fourrer, introduire; *a-şi* ~ *minţile în cap* s'assagir; **2.** *vr.* se fourrer.
vârstă *sf.* âge *sm.*; *în* ~ âgé, -e; *de o* ~ du même âge.
vârstnic, -ă *adj.* âgé, -e.
vârtej *sn.* tourbillion *sm.*, ramous *sm.*
vârtos, -oasă 1. *adj.* fort, -e, vigoureux, -euse, robuste; dur, -e, solide; **2.** *adv.* vigoureusement, fortement.
vâsc *sn.* gui *sm.*
vâscos, -oasă *adj.* visqueux, -euse.
vâslaş *sm.* rameur *sm.*
vâslă *sf.* rame *sf.*; aviron *sm.*
vâsli *vi.* ramer, canoter.
veac *sn.* ère *sf.*, siècle *sm.*, âge *sm.*, époque *sf.*, temps *sm.*; *în vecii vecilor* éternellement, à tout jamais; *pe* ~ pour toujours, à jamais.
vecernie *sf.* vépres *sf. pl.*; soir *sm.*
vechi, veche *adj.* ancien, -ne, antique, vieux, vieil, vieille.
vechime *sf.* ancienneté *sf.*; antiquité *sf.*
vechitură *sf.* vieillerie *sf.*; friperie *sf.*, hardes *sf. pl.*
vecie *sf.* éternité *sf.*; *pe* ~ pour toujours
vecin, -ă *adj.*, *smf.* voisin, -e.

vecinătate *sf.* voisinage *sm.*, proximité *sf.*; *în ~* à proximité, dans le voisinage.
vedea 1. *vt.* voir, apercevoir; se rendre compte, remarquer, considérer, *cât vezi cu ochii* à perte de vue; *a nu ~ bine* avoir la vue faible; *a fi bine văzut* être bien vu; *a ~ de departe* avoir la vue longue; *a ~ cu ochi buni* voir d'un bon œil; **2.** *vi.* surveiller, s'occuper, veiller, prendre garde, faire attention.
vedenie *sf.* vision *sf.*, hallucination *sf.*
vedere *sf.* vue *sf.*; carte postale illustrée *sf.*; *la prima ~* à première vue; *a scoate la ~* exposer; *a avea în ~* avoir en vue; *având în ~ că* vu que, compte tenu.
vedetă *sf.* vedette *sf.*
vegeta *vi.* végéter.
vegetal, -ă 1. *adj.* végétal, -e; **2.** *sf.* végétal *sm.*
vegetarian, -ă *adj.* végétarian, -enne.
vegetativ, -ă *adj.* végétatif, -ive.
vegetaţie *sf.* végétation *sf.*
veghe *sf.* veille *sf.*; *a sta de ~* veiller.
veghea *vt., vi.* veiller.
vehement, -ă *sf.* véhément, -e.
vehicul *sn.* véhicul *sm.*
vehicula *vt.* véhiculer.
velă *sf.* voile *sf.*
veleitate *sf.* velléité *sf.*
velin, -ă *adj. hârtie velină* papier vélin.
velniţă *sf.* tapis roumain *sm.*; couverture *sf.*
velodrom *sn.* vélodrome *sm.*
venal, -ă *adj.* venal, -e.
venalitate *sf.* vénalité *sf.*
venă *sf.* veine *sf.*
venera *vt.* vénérer.
venerabil *adj.* vénérable
veneraţie *sf.* vénération *sf.*
venetic, -ă *smf.* métèque *sm.*
veni *vi.* venir, arriver, survenir; *a ~ la timp* arriver à temps; *a ~ pe lume* naître; *bine ai ~!* soyez le bienvenu!; *un du-te-vino* un va-et-vient; *a-şi ~ în fire* reprendre ses esprits; *a-i ~ a plânge* avoir *envie* de pleurer; *a-i ~ rău* se trouver mal; *vorba ~* c'est une manière de parler.
venin *sn.* venin *sm.*
veninos, -oasă *adj.* vénéneux, -euse, venimeux, -euse.
venire *sf.* venue *sf.*, arrivée *sf.*
venit *sn.* revenu *sm.*
ventila *vt.* ventiler.
ventilator *sn.* ventilateur *sm.*
ventilaţie *sf.* ventilation *sf.*, aération *sf.*
ventricul *sn.* ventricule *sm.*
ventriloc, -ă *smf.* ventriloque.
ventuză *sf.* ventouse *sf.*
verandă *sf.* veranda *sf.*
verb *sn.* verbe *sm.*

verbal, -ă **1.** *adj.* verbal, -e; **2.** *adv.* verbalement.
verde **1.** *adj.* vert, -e; cru, -e; **2.** *adv.* vertement; **3.** *sn.* vert *sm.*; *fructe ~* fruits verts; *a spune ~ în față* dire vertement, dire carrément; *a vorbi verzi și uscate* conter des vertes et des pas mûres.
verdeaţă *sf.* verdure *sf.*; végétation *sf.*
verdict *sn.* verdict *sm.*
vergea *sf.* verge *sf.*, baguette *sf.*
veridic, -ă *adj.* véridique
verifica *vt.* vérifier.
verificare *sf.* vérification *sf.*
verificator, -oare *smf.* vérificateur, -trice, controleur, -euse.
verigă *sf.* chaînon *sm.*, anneau.
verighetă *sf.* alliance *sf.*
verişor, -oară *smf.* cousin, -e.
veritabil, -ă *adj.* véritable.
vernisaj *sn.* vernissage *sm.*
verosimil, -ă *adj.* vraisemblable.
verosimilitate *sf.* vraisemblance *sf.*
vers *sn.* vers *sm.*
versant *sn.* versant *sm.*
versat, -ă *adj.* versé, -e.
verset *sn.* verset *sm.*
versifica *vi.* versifier.
versificator, -oare *smf.* versificateur *sm.*, rimeur *sm.*
verisificaţie *sf.* versification *sf.*
versiune *sf.* version *sf.*
verso *sn.* *invar.* verso *sm.*
vertebrat, -ă *adj.* vertébré, -e.
vertebră *sf.* vertèbre *sf.*
vertical, -ă **1.** *adj.* vertical, -e; **2.** *sf.* verticale *sf.*
vertiginos, -oasă *adj.* vertigineux, -euse.
vervă *sf.* verve *sf.*
verzui, -e *adj.* verdâtre.
vesel, -ă *adj.* allègre; joyeux, -euse; gai, -e.
veselă *sf.* vaiselle *sf.*
veselie *sf.* gaîté *sf.*
vest *sn.* sg ouest *sm.*; occident *sm.*
vestă *sf.* veste *sf.*
veste *sf.* nouvelle *sf.*, information *sf.*, avis *sm.*; *a prinde de ~* se rendre compte, apprendre; *fără de ~* à l'improviste; *a da de ~* informer, prévenir.
vesti *vt.* annoncer, informer, signaler.
vestiar *sn.* vestiaire *sm.*
vestibul *sn.* vestibule *sm.*
vestic, -ă *adj.* occidental, -e.
vestigiu *sn.* vestige *sm.*
vestimentar, -ă *adj.* vestimentaire.
vestit, -ă *adj.* célèbre, renommé, -e; fameux, -euse; illustre.
vestitor, -oare **1.** *adj.* annonciateur, -trice; **2.** *sm.* héraut *sm.*, messager, -ère.
veston *sn.* veston *sm.*
veşmânt *sn.* vêtement *sm.*
veşnic, -ă **1.** *adj.* éternel, -elle, perpétuel, -elle; **2.** *adv.* éternellement.

veşnicie *sf.* éternité *sf.*
veşted, -ă *adj.* fané, -e; flétri, -e.
veşteji *vr.* se faner, se flétrir.
veteran *sm.* vétéran *sm.*
veterinar *adj.* vétérinaire.
veto *sn.* veto *sm. invar.*
veveriţă *sf.* écureuil *sm.*
vexa *vt.* vexer, offenser.
vezică *sf.* vessie *sf.*
viabil, -ă *adj.* viable.
viabilitate *sf.* viabilité *sf.*
viaduct *sn.* viaduc *sm.*
viageră *adj. rentă ~* rente viagère.
viaţă *sf.* vie *sm.*; *a scăpa cu ~* echapper à la mort; *în ~ mea* de ma vie.
vibra *vi.* vibrer.
vibraţie *sf.* vibration *sf.*
vicepreşedinte *sm.* vice-président *sm.*
viceversa *adv.* vice-versa.
vicia *vt.* vicier.
vicios, -oasă *adj.* vicieux, -euse.
vicisitudine *sf.* vicissitude *sf.*
viciu *sn.* vice *sm.*
viclean, **-ă** *adj.* ruse, -e; perfide; hypocrite, fourbe.
viclenie *sf.* ruse *sf.*, fourberie *sf.*, perfidie *sf.*
vicleşug *sn.* ruse *sf.*
victimă *sf.* victime *sf.*
victorie *sf.* victoire *sf.*
victorios, -oasă *adj.* victorieux, -euse.
vid *sn.* vide *sm.*
vidră *sf.* lotre *sf.*
vie *sf.* vigne *sf.*
vier *sm. (persoană)* vigneron *sm.*; *(animal)* verrat *sm.*
viermănos, -oasă *adj.* rempli de vers.
vierme *sm.* ver *sm.*
viermui *vt.* gouiller, fourmiller.
viespar *sn.* guêpier *sm.*
viespe *sf.* guêpe *sf.*
vietate *sf.* être *sm.*; animal *sm.*
vietnamez, -ă 1. *adj.* vietnamien, -enne; **2.** *smf.* Vietnamien, -enne.
vieţui *vi.* vivre.
vieţuitor, -oare 1. *adj.* vivant, -e; **2.** *smf.* être *sm.*
viezure *sm.* blaireau *sm.*
vifor *sn.* tourmente de neige *sf.*; tempête *sf.*; orage *sm.*
vifornişă *sf.* tempête de neige *sf.*
viforos, -oasă *adj.* orageux, -euse; impétueux, -euse.
vigilent, -ă *adj.* vigilant, -e.
vigilenţă *sf.* vigilance *sf.*
vigoare *sf.* vigueur *sf.*; vitalité *sf.*, énergie *sf.*
viguros, -oasă *adj.* vigoureux, -euse.
viitor, -oare 1. *adj.* futur, -e; prochain, -e; **2.** *sn.* avenir *sm.*; *în ~* à l'avenir; profession *sf.*, carrière *sf.*
vijelie *sf.* orage *sm.*
vijelios, -oasă 1. *adj.* orageux, -euse; **2.** *adv.* tempétueusement, orageusement.

V

vilă *sf.* villa *sf.*
vileag *sn.* *a da în* ~ divulguer.
vilegiatură *sf.* villégiature *sf.*
vilegiaturist, -ă *smf.* vacancier, -ière, estivant, -ante.
vin *sn.* vin *sm.*
vină *sf.* faute; *de* ~ fautif, -e, coupable; *fără* ~ innocent, -e; *din* ~ à cause de; *a da* ~ *pe* rejeter la faute sur, accuser; délit *sm.*, infraction *sf.*
vinde *vt.* vendre.
vindeca *vt.*, *vr.* guérir.
vindecare *sf.* guérison *sf.*
vindicativ, -ă *adj.* *vi.*ndicatif, -ive.
vineri *sf.* vendredi *sm.*
vinicol, -ă *adj.* vinicole.
vinietă *sf.* vignette *sf.*
vinificare *sf.* vinification *sf.*
vinovat, -ă *adj.* coupable, fautif, -ive.
vinovăţie *sf.* culpabilité *sf.*
vioară *sf.* violon *sm.*
vioi, -oaie *adj.* vif, -ive
vioiciune *sf.* vivacité *sf.*
viol *sn.* viol *sm.*
viola *vt.* violer.
violă *sf.* viole *sf.*
violent, -ă **1.** *adj.* violent, -ente; **2.** *adv.* violemment.
violenţă *sf.* violence *sf.*
violet, -ă **1.** *adj.* violet, -te; **2.** *sf.* *(bot.)* violette *sf.*
violoncel *sn.* violoncelle *sm.*
violoncelist, -ă *smf.* violoncelliste *smf.*
violonist, -ă *smf.* violoniste *smf.*
viorea *sf.* violette *sf.*
vioriu, -ie *adj.* violacé, -e.
viperă *sf.* vipère *sf.*
vipuşcă *sf.* passepoil *sm.*
vira *vi.*, *vr.* virer.
viraj *sn.* virage *sm.*
virament *sn.* virement *sm.*
viran *adj.* *loc* ~ terrain vague.
virgin, -ă *adj.* vierge.
virginal, -ă *adj.* virginal, -e.
virgulă *sf.* virgule *sf.*
viril, -ă *adj.* virile, -e.
virilitate *sf.* virilité *sf.*
viroagă *sf.* ravine *sf.*
viroză *sf.* virose *sf.*
virtuos, -oasă **1.** *adj.* vertueux, -euse; **2.** *smf.* virtuose *sm.*
virtuozitate *sf.* virtuosité *sf.*
virtute *sf.* vertu *sf.*; *în virtutea* en vertu de.
virulent, -ă *adj.* virulent, -e.
virulenţă *sf.* virulence *sf.*
virus *sm.* virus *sm.*
vis *sn.* rêve *sm.*, songe *sm.*; *ca prin* ~ comme en rêve; *de* ~ trop beau, irréel; ~ *urât* cauchemar *sm.*
visa *vt.* rêver, faire un rêve.
visare *sf.* rêverie *sf.*
visător, -oare *adj.*, *smf.* rêveur, -euse.
viscere *sn. pl.* viscères *sm. pl.*
viscol *sn.* tourmente *(de neige)* *sf.*
viscoli *vi.* *vt.* tourbilloner la neige.

V

viscoză *sf.* viscose *sf.*
visterie *sf.* trésorerie *sf.*
vişin *sm.* griottier *sm.*
vişinată *sf.* liqueur de griottes *sf.*; cherry *sm.*
vişină *sf.* griotte *sf.*
vişiniu, -ie *adj.* rouge foncé, bordeaux.
vital, -ă *adj.* vital, -e.
vitalitate *sf.* vitalité *sf.*
vitamină *sf.* vitamine *sf.*
vită *sf.* bête *sf.*, animal *sm.*
viteaz, -ă *adj.*, *smf.* brave, vaillant, -e, intrépide.
vitejeşte *adv.* vaillament, bravement, héroiquement.
vitejie *sf.* vaillance *sf.*, bravoure *sf.*
viteză *sf.* vitesse; *în ~* en vitesse, à toute vitesse.
viticultor *sm.* viticulteur *sm.*, vigneron *sm.*
viticultură *sf.* viticulture *sf.*
vitraliu *sn.* vitrail *sm.*
vitreg, -ă *adj.* *frate ~* demi-frère; *mamă ~* belle-mère.
vitregie *sf.* hostilité *sf.*; méchanceté *sf.*
vitrină *sf.* vitrine *sf.*
vitriol *sn.* vitriol *sm.*
viţă *sf.* *(de vie)* vigne *sf.*; *de ~ veche* de vieille souche.
viţea *sf.* génisse *sf.*
viţel *sm.* veau *sm.*
viu, vie **1.** *adj.* vivant, -e; vif, vive; *culori vii* couleurs vives; **2.** *smf.* vivant, -e; **3.** *adv.* vivement.
vivacitate *sf.* vivacité *sf.*
vivat *interj.* vivat! vive!
viza *vt.* viser.
vizavi *adv.* vis-à-vis.
viză *sf.* visa *sm.*
vizibil, -ă *adj.* visible.
vizibilitate *sf.* visibilité *sf.*
vizieră *sf.* visière *sf.*
viziona *vt.* voir, visionner.
vizionar, -ă *adj.*, *smf.* visionnaire *sm.*
vizita *vt.* visiter.
vizitator, -oare *smf.* visiteur, -euse.
vizită *sf.* visite *sf.*; *a face o ~* rendre visite, faire une visite.
vizitiu *sm.* cocher *sm.*
viziune *sf.* vision *sf.*
vizor *sn.* viseur *sm.*
vizual, -ă *adj.* visuel, -elle.
vizuină *sf.* tanière *sf.*, antre *sm.*; terrier *sm.*
vlagă *sf.* force *sf.*, vigueur *sf.*
vlăgui *vt.* épuiser, éreinter, affaiblir; assoupir.
vlăjgan *sm.* gaillard *sm.*
vlăstar *sn.* pousse *sf.*, rejet *sm.*; rameau *sm.*; *(fig.)* rejeton *sm.*, descendant *sm.*
voal *sn.* voile *sm.*
voala *vt.*, *vr.* (se) voiler.
voaletă *sf.* voilette *sf.*
vocabular *sn.* lexique *sm.*, vocabulaire *sm.*
vocal, -ă *adj.* vocal, -e.
vocală *sf.* voyelle *sf.*
vocalic *adj.* vocalique
vocativ *sn.* vocative *sm.*

vocaţie *sf.* vocation *sf.*

voce *sf.* voix *sf.*; *cu ~ tare* à haute voix; *a ridica ~* élever la voix.

vocifera *vi.* vociférer.

vodă *sm.* voivode *sm.*

vodevil *sn.* *vaudeville sm.*

vogă *sf.* vogue *sf.*

voi[1] *pron. pers.* vous; à vous.

voi[2] *vt.*, *vi.* vouloir; accepter, consentir.

voiaj *sn.* voyage *sm.*

voiaja *vi.* voyager.

voie *sf.* gré *sm.*, volonté *sf.*, permission *sf.*; *în ~* à l'aise; *cu ~* exprès; *de ~ de nevoie* bon gré, mal gré; *de bună ~* volontier; *fără ~* involontairement; *~ bună* bonne disposition; *a da ~* permettre; *a cere ~* demander permission.

voinic, -ă 1. *adj.* fort, -e, courageux, -euse; **2.** *sn.* brave *sm.*

voiniceşte *adj.* vaillamment, bravement, vigoureusement.

voinicie *sf.* bravoure *sf.*, courage *sm.*, vaillance *sf.*; vigueur *sf.*, force *sf.*; prouesse *sf.*

voinţă *sf.* vouloir *sm.*, volonté *sf.*; désir *sm.*; décision *sf.*; autorisation *sf.*, permission *sf.*; intention *sf.*; *rea ~* malveillance *sf.*

voios, -oasă 1. *adj.* dispos, -e; allègre; **2.** *adv.* allègrement.

voioşie *sf.* entrain *sm.*, bonne humeur, allégresse *sf.*, gaîté *sf.*

volan *sn.* volant *sm.*

volant, -ă *adj.* volant, -e.

volatil, -ă *adj.* volatile, -e.

volatiliza *vr.* se volatiliser.

volbură *sf.* volubilis *sm.*

volei *sn.* volley-ball *sm.*; *jucător de ~* volleyeur, -euse.

volt *sm.* volt *sm.*

voltă *sf.* voltă *sf.*

voltaj *sn.* voltage *sm.*

voltmetru *sn.* voltmètre *sm.*

volubil, -ă *adj.* volubile, loquace.

volubilitate *sf.* volubilité *sf.*

volum *sn.* volume *sm.*

voluminos, -oasă *adj.* volumineux, -euse.

voluntar, -ă 1. *adj.* bénévole, volontaire; **2.** *sm.* volontaire *sm.*

voluptate *sf.* volupté *sf.*

voluptos, -oasă *adj.* voluptueux, -euse.

vomita *vt.* vomir.

vopsea *sf.* teinture *sf.*; couleur *sf.*

vopsi *vt.* paindre, colorer; teindre *(despre păr).*

vopsitor *sm.* teinturier *sm.*

vopsitorie *sf.* teinturerie *sf.*

voracitate *sf.* voracité *sf.*

vorbă *sf.* parole *sf.*, mot *sm.*, discourse *sm.*, entretien *sm.*; *este vorba de* il s'agit de; *a sta de ~* causer; *vorbe goale* contes en l'air; *fără a scoate o ~* sans mot dire; *nici ~* bien sûr; *a lăsa ~* annoncer; *vorba vine* c'est une façon de parler; soi-disant; *nici nu poate fi vorba* il n'en est pas question.

vorbăreţ, -eaţă *adj.* bavard, -e, loquace.

vorbărie *sf.* bavardage *sm.*

vorbi 1. *vi.* parler, dire, causer, converser; *a ~ încet* parler bas; *a ~ tare* parler haut; *la drept vorbind* à vrai dire; *a ~ frumos* bien parler; **2.** *vr.* s'entendre, se mettre d'accord; **3.** *vt.* exprimer, dire; commenter.

vorbire *sf.* parler *sm.*; langage *sm.*

vorbitor, -oare 1. *adj.* parlant, -e; *(fig.)* éloquent, -e; **2.** *smf.* orateur, -trice; **3.** *sn.* parloir *sm.*

vostru, voastră 1. *adj. pos.* votre; *(pl.)* vos; **2.** *pron. pers. pos.* le, la vôtre; *(pl.)* les vôtres.

vot *sn.* vote *sm.*

vota *vi.*, *vr.* voter.

votiv, -ă *adj.* votif, -ive.

vrabie *sf.* moineau *sm.*

vraci *sm.* sorcier *sm.*

vraf *sn.* tas *sm.*, monceau *sm.*, amas *sm.*

vraişte 1. *sf.* désordre *sm.*; **2.** *adv.* sens dessus-dessous.

vrajă *sf.* sortilege *sm.*; charme *sm.*

vrajbă *sf.* dissension *sf.*, discorde *sf.*; dispute *sf.*; querelle *sf.*

vrăji *vt.* ensorceler; charmer, fasciner.

vrăjitor, -oare *smf.* socier, -ère.

vrăjmaş, -ă 1. *adj.* hostile; horribile; **2.** *sm.* ennemi *sm.*

vrăjmăşie *sf.* hostilité *sf.*, haine *sf.*

vrea *vt.* désirer, vouloir, prétendre, demander.

vreasc *sn.* brindille *sf.*

vrednic, -ă *adj.* diligent, -e, actif, -ive, appliqué, -e; digne; *~ de milă* pitoyable; *~ de admirație* digne d'admiration.

vrednicie *sf.* application *sf.*; capacité *sf.*; valeur *sf.*

vrej *sn.* vrille *sf.*

vreme *sf.* temps *sm.*, moment *sm.*; *de la o ~* depuis quelque temps; *din ~ în ~* de temps à l'autre; *pe vremuri* jadis, autrefois; *din ~ ce* puisque; *în ~ ce* tandis que; *~ frumoasă* beau temps; *~ urâtă* mauvais temps; *e ~ bună* il fait beau.

vremelnic, -ă *adj.* temporaire, transitoire, provisoire, passager, -ère, éphémère.

vreodată *adv.* quelquefois, autrefois, parfois; un jour, à l'avenir.

vrere *sf.* volonté *sf.*, désir *sm.*; décision *sf.*

V

vreun, vreo 1. *adj. nehot.* un, une; quelque, quelconque; *peste ~ două zile* dans deux jours; **2.** *adv.* à peu près; près de; environ; *vreo câteva* quelques unes; *vreo câțiva* quelques uns; *acum ~ cinci ani* il y a quelque cinq ans.
vreunul, vreuna *pron. nehot.* quelqu'un, quelqu'une.
vui *vi.* bruire, gronder, mugier, retentir, vrombir; frémir, résonner.
vuiet *sn.* rumeur *sf.*; grondement *sm.*; vrombissement *sm.*; mugissement *sm.*
vulcan *sm.* volcan *sm.*
vulcanic, -ă *adj.* volcanique.
vulcaniza *vt.* vulcaniser.
vulcanizare *sf.* vulcanisation *sf.*
vulg *sn.* plèbe *sf.*
vulgar, -ă 1. *adj.* vulgaire; **2.** *adv.* vulgairement.
vulgaritate *sf.* vulgarité *sf.*
vulgariza *vt.* vulgariser.
vulgarizator, -oare *smf.* vulgarissateur *sm.*
vulnerabil, -ă vulnérable.
vulpe *sf.* renard *sm.*
vulpoi *sm.* renard *sm.*; *(fig.)* vieux renard *sm.*, fine mouche *sf.*
vultur *sm.* aigle *sm.*, vautour *sm.*

V

W

water-polo *sn.* water-polo *sm.*
watt *sm.* watt *sm.*
week-end *sn.* week-end *sm.*, fin de semaine.
whisky *sn.* whisky *sm.*
wolfram *sn.* wolfram *sm.*

X

xenofob, -ă *adj.* xenophobe.
xilofon *sn.* xylophone *sm.*
xilograf *sf.* xylographe *sm.*
xilogravură *sm.* xylogravure *sf.*

Y

yankeu *sm.* yankee *sm.*
yard *sm.* yard *sm.*
yoga *sf.* yoga *sm.*
yoghin *sm.* yogi *sm.*
yuan *sm.* yuan *sm.*

Z

za *sf.* maille *sf.*; haubert *sm.*

zadar *sn.* *în ~* en vain, vainement, inutilement.

zadarnic, -ă **1.** *adj.* vain, -e, inutile; **2.** *adv.* vainement, inutilement.

zaharicale *sf. pl.* sucreries *sf. pl.*; friandises *sf. pl.*

zaharină *sf.* saccharine *sf.*

zaharisi *vr.* se cristaliser.

zaharniţă *sf.* sucrier *sm.*

zahăr *sn.* sucre *sm.*; *~ cubic* sucre en morceaux; *~ tos* sucre en cristaux.

zambilă *sf.* jacinthe *sf.*

zar *sn.* dé *sm.*

zare *sf.* horizon *sm.*; *în ~* à l'horizon.

zarvă *sf.* tapage *sm.*, tumulte *sm.*, vacarme *sm.*; dispute *sf.*; chahut *sm.*

zarzavagiu *sm.* marchand des quatre saisons *sm.*

zarzavat *sn.* legumes *sm. pl.*

zarzăr *sm.* abricotier *sm.*

zarzără *sf.* abricot *sm.*

zaţ *sn.* composition typographique *sf.*; *(la cafea)* marc *sm.*

zăbală *sf.* mors *sm.*

zăbavă *sf.* délai *sm.*, retardement *sm.*; *fără ~* immédiatement, sans délai, tout de suite.

zăbovi *vi.* s'attarder *vr.*

zăbrea *sf.* barreau *sm.*

zăcământ *sn.* gisement *sm.*

zăcea *vi.* reposer; gésir; *a ~ în pat* garder le lit; *aici zace* ci-gît.

zădărî *vt.* taquiner, harceler.

zădărnici *vt.* déjouer, faire échouer.

zădărnicie *sf.* inutilité *sf.*, vanité *sf.*, futilité *sf.*

zăduf *sn.* canicule *sf.*

zăgaz *sn.* barrage *sm.*, digue *sf.*, écluse *sf.*

zăgăzui *vt.* endiguer.

zălog *sn.* gage *sm.*

zămisli *vt.* créer, concevoir; produire.

zănatic, -ă *adj.*, *smf.* écervelé, -e, toqué, -e.

zăngăni *vi.* tinter, sonner, cliqueter.

zăpadă *sf.* neige *sf.*; *om de ~* bonhomme de neige.

zăpăceală *sf.* confusion *sf.*, trouble *sm.*; désordre *sm.*, tohu-bohu *sm.*

zăpăci 1. *vt.* étourdir, désorienter; **2.** *vr.* se troubler; perdre la tête.

zăpăcit, -ă *adj.* étourdi, -e, ahuri, -e.

zăpuseală *sf.* canicule *sf.*; chaleur torride *sf.*

zări *vt.* apercevoir.

zău *interj.* ma foi!

zăvoi *sn.* bocage *sm.*

zăvor *sn.* verrou *sm.*

zăvorî *vt.* verouiller.

zâmbet *sn.* sourire *sm.*

zâmbi *vi.* sourire.

zâmbitor, -oare *adj.* souriant, -e.

zână *sf.* fée *sf.*

zâzanie *sf.* intrigue *sf.*, discorde *sf.*; *a băga ~* semer la discorde.

zbate *vr.* se débattre; se torumenter, s'agiter; *a se ~ ca peştele pe uscat* se débattre comme un poisson sur la paille.

zbârci *vr.* se rider.

zbârcitură *sf.* ride *sf.*

zbârli *vr.* se hérisser; *(despre păr)* être ébouriffé; *(despre oameni)* se fâcher; *a se ~ la cineva* rudoyer qqn.

zbârnâi *vi.* bourdonner.

zbârnâit *sn.* bourdonnement *sm.*

zbengui *vr.* s'ébattre, folâtrer.

zbenguială *sf.* ébats *sm. pl.*

zbici *vr.* essorer.

zbiera *vi.* pousser des cris; hurler, rugir.

zbieret *sn.* hurlement *sm.*, rugissement *sm.*

zbir *sm.* sbire *sm.*

zbor *sn.* vol; *în ~* en plein vol; *a-şi lua ~* s'envoler.

zbucium *sn.* tourment *sm.*

zbuciuma *vr.* se tourmenter, se débattre.

zbughi *vt. a o ~* prendre la poudre d'escampette; déguerpir.

zbura *vi.* voler; s'envoler; *a-şi ~ creierii* se brûler la cervelle; survoler.

zburător, -oare 1. *adj.* ailé, -e; **2.** *sf.* oiseau *sm.*

zburda *vi.* gambade, folâtrer, sauter; *a-i ~ inima* avoir de soleil plein de coeur.

zburdalnic, -ă *adj.* espiègle, folâtre.

zburdălnicie *sf.* espièglerie *sf.*

zdravăn, -ă 1. *adj.* vigoureux, -euse, robuste, solide; **2.** *adv.* fortement.

zdrăngăni *vi.* cliqueter, tinter; *a ~ la vioară* racler du violon.

zdreanţă *sf.* haillon *sm.*, chiffon *sm.*, loque *sf.*

zdreli *vt., vr.* (s')égratigner.

zdrelitură *sf.* égratignure *sf.*

zdrenţăros, -oasă *adj.* loqueteux, -euse, déguenillé, -e.

zdrenţui *vr.* se déchirer, tomber en lambeaux.

Z

zdrobi *vt.* briser, casser, écraser, broyer; détruire.
zdrobitor, -oare *adj.* ecrasant, -e; accablant, -e.
zdruncina *vt.* secouer, cahoter; ébranler.
zdruncinătură *sf.* secousse *sf.*, ébranlement *sm.*
zeamă *sf.* jus *sm.*; soupe *sf.*
zebră *sf.* zebra *sm.*
zece *num. card.* dix.
zecelea, zecea *num. ord.* le (la) dixième.
zecimal *adj.* décimal.
zecimală *sf.* décimale *sf.*
zecime *sf.* dixième *sm.*
zefir *sm.* zéphyr *sm.*, brise *sf.*
zeflemea persiflage; *a lua în ~* persifler.
zeghe *sf.* manteau paysan *sm.*
zeitate *sf.* divinité *sf.*
zeiţă *sf.* déesse *sf.*
zel *sn.* zèle *sm.*
zelos, -oasă *adj.* zélé, -e.
zemos, -oasă *adj.* juteux, -euse, succulent, -e.
zenit *sn.* zénith *sm.*
zer *sn.* petit-lait *sm.*
zero *sn.* zéro *sm.*
zestre *sf.* dot *sf.*
zeţar *sm.* compositeur *sm.*
zeu *sm.* dieu *sm.*, idole *sf.*
zevzec, -eacă *adj.* nigaud, -e, niais, -e.
zgaibă *sf.* égratignure *sf.*; *(pop.)* gale *sf.*
zgardă *sf.* collier de chien *sm.*, laisse *sf.*
zgâi *vr.* écarquiller les yeux; braquer les yeux sur, regarder avec insistence.
zgâlţâi *vt.* secouer.
zgândări *vt.* attiser, aviver; attiser.
zgârcenie *sf.* avarice *sf.*
zgârci **1.** *sn.* cartillage; **2.** *vr.* lésiner *vi.*
zgârcit, -ă *adj.*, *smf.* avare *smf.*
zgâria *vt.* griffer; rayer; grater; *a ~ hârtia* griffoner.
zgârie-brânză *sm.* harpagon *sm.*, grippe-sou *sm.*
zgârie-nori *sm.* grate-ciel *sm.*
zglobiu, -e *adj.* espiègle; vif, -ive.
zgomot *sn.* bruit *sm.*
zgomotos, -oasă *adj.* bryuant, -ante.
zgribuli *vr.* grelotter.
zgripţuroaică *sf.* mégère *sf.*
zgrunţuros, -oasă *adj.* grumeleux, -euse, rugueux, -euse.
zgudui *vt.* ébranler, faire trembler, secouer violemment; remuer, émouvoir, boulverser.
zgură *sf.* scorie *sf.*
zi *sf.* jour *sm.*, journée *sf.*; *~ de ~* chaque jour; *a doua ~* le lendemain; *la ~* à terme; *într-o ~* un jour; *într-o bună ~* un beau jour; *~ lucrătoare* jour ouvrable; *pe ~ ce trece* chaque jour davantage; *în ~ noasrte* de nos jours; *~ de naştere* anniversaire *sf.*
ziar *sn.* journal *sm.*

ziarist, -ă *smf.* journaliste *smf.*
ziaristică *sf.* journalisme *sm.*
zicală *sf.* dicton *sm.*, proverbe *sm.*
zice *vt.* dire; parler; raconter; affirmer; *va să zică* c'est-à-dire; *mai bine zis* à proprement parler, plutôt; *a ~ din gură* chanter.
zid *sn.* mur *sm.*; muraille *sf.*
zidar *sm.* maçon *sm.*
zidărie *sf.* maçonnerie *sf.*
zidi *vt.* construire, bâtir; murer.
zidire *sf.* construction *sf.*
ziditor, -oare *smf.* constructeur, -trice, bâtisseur-euse.
zilier, -ă *smf.* journalier, -ère.
zilnic, -ă 1. *adj.* quotidian, -enne; **2.** *adv.* journellement.
zimbru *sm.* aurochs *sm.*, bison *sm.*
zimţat *adj.* crénelé, -e.
zinc *sn.* zinc *sm.*
zis, -ă 1. *adj.* surnommé, -e, alias; **2.** *sf.* dire; *aşa ~* soi-disant.
zimţi *sm. pl.* crénelage *sm.*; dents *sf. pl.*
zloată *sf.* giboulée *sf.*
zmeu *sm.* dragon; *(jucărie)* cerf-volant *sm.*
zmeură *sf.* framboise *sf.*
zoaie *sf.* eau sale *sf.*, lavure *sf.*
zob *sn. a face ~* voler en éclats.
zodiac *sn.* zodiaque *sm.*
zodie *sf.* signe du zodiaque *sm.*
zoios, -oasă *adj.* crasseux, -euse.
zonă *sf.* zone *sf.*
zoologie *sf.* zoologie *sf.*
zootehnie *sf.* zootechnie *sf.*
zor *sn.* hâte *sf.*, urgence *sf.*
zorea *sf.* belle du jour *sf.*
zori 1. *vi.*, *vr.* se presser, se hâter; **2.** *vt.* obliger; faire hâter.
zori *sm. pl.* aube *sf.*; *în ~* à l'aube.
zornăi *vi.* cliqueter, tinter.
zorzoane *sf. pl.* colifichets *sm. pl.*, falbala *sm.*, fanfreluche *sf.*
zugrav *sm.* peintre en bâtiments *sm.*
zugrăveală *sf.* peinture de murs *sf.*
zugră*vi. vt.* peindre.
zuluf *sm.* boucle *sf.*
zumzăi *vi.* bourdonner.
zumzet *sn.* bourdonnement *sm.*
zurbagiu, -ie *sm.* tapageur *sm.*
zurgălău *sm.* grelot *sm.*
zvelt, -ă *adj.* élancé, -e, svelte.
zvâcni *vi.* palpiter; *(ţâşni)* bondir.
zvânta *vt.* essorer, sécher *vi.*
zvârcoli *vr.* se tortiller, s'agiter, se tourmenter.
zvârli *vt.* jeter; lancer.
zvon *sn.* bruit *sm.*, rumeur *sf.*; *circulă ~ că* le bruit court que.
zvoni *vr.* répandre le bruit; *se zvoneşte că* le bruit court.

Tiparul executat de tipografia
SHIK & ȘTEFAN